宁夏60年民生巨变

1958-2018
宁夏回族自治区

国家统计局宁夏调查总队 编

黄河出版传媒集团
宁夏人民出版社

昔日——城里人家里的家具(2003年,银川)

如今——城里人家里的家具(2018年,银川)

昔日——农民家里的家具(2003年，西吉县)

如今——农民家里的家具(2018年，西吉县)

昔日——农民步行去赶集(2004年,隆德县)

如今——农民坐公交去购物(2014年,原州区)

昔日——农民人工收割小麦(2000年,同心县)

如今——小麦收割已实现机械化(2017年,青铜峡市)

昔日——农民人工插秧(2007年,永宁县)

如今——水稻收割已实现机械化(2013年,青铜峡市)

昔日——农民使用役畜收获马铃薯(2002年,隆德县)

如今——马铃薯种植已实现机械化(2018年,盐池县)

昔日——城里人居住的小区环境（1992年，银川）

如今——城里人居住的小区环境（2018年，银川）

昔日——山区农民居住的房屋(1997年,西吉县)

如今——山区农民居住的房屋(2018年,西吉县)

昔日——山区农民居住的窑洞（2006年，原州区）

如今——山区农民的新农村（2018年，泾源县）

昔日——川区农民居住的房子（2005年，青铜峡市）

如今——川区农民居住的房子（2018年，青铜峡市）

如今——九年义务教育免费(2007年,泾源县)

如今——农村小学生免费吃营养午餐(2018年,西吉县)

如今——城里人在外用餐很普遍(2018年，银川)

如今——外卖成为新的用餐方式(2018年，银川)

如今——网购快递车穿行于大街小巷(2018年,银川)

如今——共享单车、轿车成为人们出行的选择(2018年,银川)

如今——广场舞得到老年人的青睐(2018年,银川)

如今——城里人健步走成常态 (2018年,银川)

如今——农民业余生活更丰富(2013年，隆德县)

如今——农村文体设施更完善(2018年，隆德县)

如今——城里的汽车比自行车还普遍（2018年，银川）

如今——微信支付已普遍（2018年，银川）

序

黄河之水滚滚东去，蜿蜒磅礴唯富宁夏。我们的故乡宁夏在黄河河套已经走过了六十个春秋。

六十年沧海桑田，六十年栉风沐雨。六十年来，宁夏全区各族人民不忘党恩、牢记使命，呕心沥血、持续努力，埋头苦干、攻坚克难，励精图治、开拓创新，谱写了一曲曲可歌可泣的劳动赞歌，创造了一个个惊天动地的辉煌业绩，抒写了一页页载入史册的时代篇章。六十载奋发图强，四十年改革开放，宁夏发展日新月异，人民生活焕然一新。六十年的历程，几度风雨，几经坎坷，一代一代的宁夏儿女以坚挺的脊梁屹立于黄河之畔，用勤劳的双手打造了"塞上江南"这一道亮丽的风景线。

六十年春华秋实，六十年硕果累累。值此宁夏六十年华诞之际，国家统计局宁夏调查总队倾心编纂《宁夏60年民生巨变》一书，用"数字"述说宁夏六十年城乡变迁，用"图表"展现宁夏六十年民生改善，用"文字"记载宁夏六十发展轨迹，并携全体干部职工向宁夏六十年华诞献礼。《宁夏60年民生巨变》中数字全面系统，图表生动直观，表现形式立体多样，将是您了解宁夏民生改善、经济发展、社会进步的专用"字典"，也将是宁夏统计调查系统带着您回首宁夏"年轮"、感受宁夏速度、见证宁夏奇迹的文化典籍。

六十年为民情怀，六十年改革创新。站在新的起点，开启新的征程。宁夏统计调查将继续发挥好"轻骑兵"作用，坚持用数据说话、为决策服务，团结一致、众志成城，为宁夏努力实现经济繁荣、民族团结、环境优美、人民富裕，确保与全国同步建成全面小康社会作出更大的新贡献。

国家统计局宁夏调查总队总队长

2018年9月7日

绪论

六十一甲子，春华变秋实。60年以来，在自治区党委、政府的正确领导下，宁夏发生了翻天覆地的变化，取得了经济建设和社会事业共同发展的辉煌成就，极大地改变了过去"一穷二白"的面貌，人民生活质量不断改善，人民获得感幸福感安全感明显增强。

"天下黄河富宁夏"。宁夏回族自治区成立以来，自治区党委、政府高度重视粮食生产，特别是1978年改革开放以后，各级政府千方百计加大农业基础设施建设，推进粮食总量稳定增长，为宁夏实现农业跨越式发展和粮食持续增长奠定了稳固的基础。1958—2017年，全区粮食总产量由69.6万吨增加到368.2万吨，比1958年增加298.6万吨，增长4.3倍。从不同发展阶段看，1958—1978年，全区粮食产量首次突破百万吨大关，1978年达到118万吨，1993年跃上新台阶，跨越200万吨，达到205.3万吨。改革开放以来，宁夏农民生产积极性空前高涨，农业发展进入黄金期，仅15年粮食总量翻了一番，增加了近100万吨。1993—1998年间，国家出台粮食保护价收购等系列惠农政策，粮食总量从205.3万吨跃升至294.9万吨，年均增加18万吨，成为历史上增量最高阶段。2002年全区粮食总量突破300万吨，又上了一个新台阶，10年时间粮食总量增加了近100万吨。2002年，粮食种植面积达到1322万亩，创历史最大规模，粮食综合生产能力明显提高。2004年以来，粮食生产进入结构调整和提质增效时期，粮食总产量实现9年连增，连续12年稳定在300万吨以上，2012年突破370万吨。2014年全区粮食亩产和总产量创历史最高水平，分别达到326.6公斤和377.9万吨。2016年宁夏人均拥有粮食552公斤，粮食人均占有量超过全国平均水平,居全国第七位,西北五省第二位。

60年来,宁夏畜产品供应从严重匮乏到供应充足,畜牧产业实现了量与质的"双重"突破,成为促进农民增收的主导产业之一,为增加农民收入,助力全区顺利脱贫攻坚发挥了重要作用。畜牧业的快速发展也极大地丰富了城乡居民的菜篮子,改善了居民的膳食结构,提高了居民营养水平。2017年,宁夏畜牧业产值达150.96亿元,比1958年增长656倍,年均增长11.6%,比1978年增长174倍,年均增长14.1%,远远高于GDP的增长速度。2017年全区肉类总产量达32.2万吨,比1978年增长25倍,年均增长8.7%;人均肉产量为47.23公斤,比1978年增长12.7倍,年均增长6.9%。2017年全区牛奶产量已达153.3万吨,比1978年增长413.4倍,年均增长16.7%;2009—2016年牛奶总产量稳居全国前十位;截至2017年底,猪、牛、羊存栏量分别达到70.7万头、118.3万头、554.7万只,与改革开放初期的1978年相比,牛、羊存栏分别增长了5.6倍、87.4%,猪存栏减少了1.32万头。2017年底,猪、牛、羊出栏量分别达到99.2万头、71.0万头、622.7万只,与1978年相比,分别增长了2.8倍、125.6倍、26.1倍。

"民亦劳止,汔可小康",这是中国人亘古以来的梦想,也是宁夏全体人民的期盼,如今变成现实。宁夏回族自治区成立60年以来,宁夏农村发生了一系列深刻的变化,农村改革取得了显著的成就,农民生活水平明显提高,贫困状况大为改善,农民人均可支配收入从1957年的102元增至2017年的10738元,增长了104倍;人均生活消费支出从1957年的81元增加至2017年的9982元,增长了122倍。改革开放之初,大多数人在温饱线上挣扎,贫困人口占整个农村人口的绝大部分,经过40年的发展,宁夏农民收入实现跨越式增长,农民人均可支配收入从1978年的116元增加到2017年的10738元。特别是党的十八大以来,精准扶贫成效举世瞩目。2012—2017年五年间,宁夏完成生态移民39.8万人,累计减贫71.9万人,贫困发生率五年下降了16.9个百分点。宁夏城乡居民、山川农民收入差距不平衡态势明显减弱,城乡居民收入比从最高2012年的2.87:1下降到2017年的2.74:1,沿黄灌区与中南部地区农民收入比由最高2000年的2.7:1降为1.5∶1，差距明显缩小。农村居民吃的质量全面改善，穿、住、用、行发生了巨大变化，农民人均生活消费支出从1978年的91元增加到2017年的9982元，40年间人均消费支出增长了109倍。由短缺变丰盈，农民的日子甜起来。粮票、布票、油票乃至肉票、鱼票、鸡蛋票流行的年代一去不复返，商品流通渠道延伸到农村每个角落，米袋子满、菜篮子丰、农产品市场琳琅满目。“民以食为天”，当前农民食品消费的主旋律是“吃”的精细，“喝”的爽口，“补”的合理，饮食结构由“量”的满足转向“质”的提高。农民肉、蛋、水产品、瓜果等食品消费数量显著增加，2017年农村居民人均消费猪肉5.99公斤、牛羊肉7.46公斤、家禽5.88公斤、水产品1.28公斤，比1983年分别增加1.38公斤、5.13公斤、5.60公斤、1.25公斤。“新三年，旧三年，缝缝补补又三年”的捉襟见肘已成为过去，农民对穿着的需求逐渐由“穿得暖”向“穿得好”转变，不仅追求“温度”，更加追求“风度”，追求个性化和品牌化。农民的衣着消费从1983年的29元增加到2017年的719元，增长了24倍。“住有所居”，农民居住实现了由漏风漏雨的“土坯房”到宽敞明亮的“砖瓦房”，再到今天的楼上楼下。农村居民人均年末住房面积由1983年的10.4平方米，增加到2017年的32.7平方米，增长2.1倍。“出门靠步行，通信靠写信”的时代早已结束，如今宁夏农村基本实现村村通公路、通班车，私家车在农村也开始普及。通信工具从无到有，从低级到智能化，网络全覆盖，极大地方便了农民的出行和联络。2017年每百户农民家庭拥有家用汽车28辆，摩托车72辆，电动自行车66辆，移动电话291部；2017年，农民人均交通通信支出1675元，1983年仅为1.2元。农村耐用消费品实现了“更新换代”和“稳步升级”，功能齐全、样式美观的各类家用电器进入寻常百姓家。从“老四件”（自行车、手表、缝纫机、收音机）到“新六件”（电视机、洗衣机、录音机、电冰箱、电风扇、影碟机），再到油烟机、热水器、空调、照相机、录像机、家用计算机等新型耐用消费品，农民的消费档次大大提高。2017年每百户热水器拥有量83台，电冰箱95台、计算机23台，洗衣机102台。

“曾经一步跨千年，今朝跑步奔小康”，经过60年的艰苦奋斗，宁夏城镇居民收入呈现明显的阶段性，特别是改革开放后，城镇居民收入发生了巨大变化，城镇居民生活由温饱进入全面小康。从自治区成立到改革开放的20年，宁夏城镇居民人均可支配收入从1957年的216元增长至1978年的346元，增长60.2%，年均增长2.3%。2017年城镇居民人均可支配收入为29472元，比1957年增长135倍，年均增长8.5%。随着城镇居民收入的稳步增长和消费环境的持续改善，居民消费能力大幅提升，消费结构明显优化，城镇居民人均生活消费支出从1957年的205元增至2017年的20219元，增长了97.6倍。改革开放以来，城镇居民收入来源多样化，消费结构不断发生新的更大变化。特别是十八大以来，网络消费成为居民消费的新宠儿，城镇居民消费理念发生了显著变化，由生存性向发展型和享受型消费的步伐明显加快，2012—2017年，城镇居民人均生活消费支出由14513元增加到20219元，年均增长6.9%。居民生活质量进一步提高，更注重身体健康和精神享受，饮食从传统的家庭式自我服务向省时省力的社会化服务过渡，食品消费从量的扩张阶段进入质的提高阶段，健康着装融入时尚潮流，家庭设备用品由经济实用向品牌、智能、便捷、节能方向发展，交通通信引领消费新热潮。空气净化器、高档乐器、健身器材这些新兴产品逐渐走进居民家庭。休闲娱乐成为生活新常态，外出旅游成为新热点。2017年城镇居民人均住房建筑面积31.4平方米，与改革初期相比翻了一番。城镇居民平均每百户拥有健身器4台、中高档乐器7台，汽车拥有量38辆，较2012年增加22辆，增长了1.4倍。2017年宁夏城镇居民人均医疗保健支出1937元，较2012年增加692元，增长55.6%。

宁夏虽小不自小。回首六十年风雨历程，几代宁夏人用勤劳智慧的双手把一个荒凉贫瘠之地发展成为如今西北大漠上一颗璀璨的明珠。忆往昔峥嵘岁月，看今朝城乡巨变。翻开宁夏回族自治区成立60年来的历史长卷，为你揭开宁夏社会经济变迁的面纱，带你去追寻塞上江南一个甲子最耀眼的足迹，你会惊诧于它的沧桑巨变……

主要年份城镇居民人均可支配收入

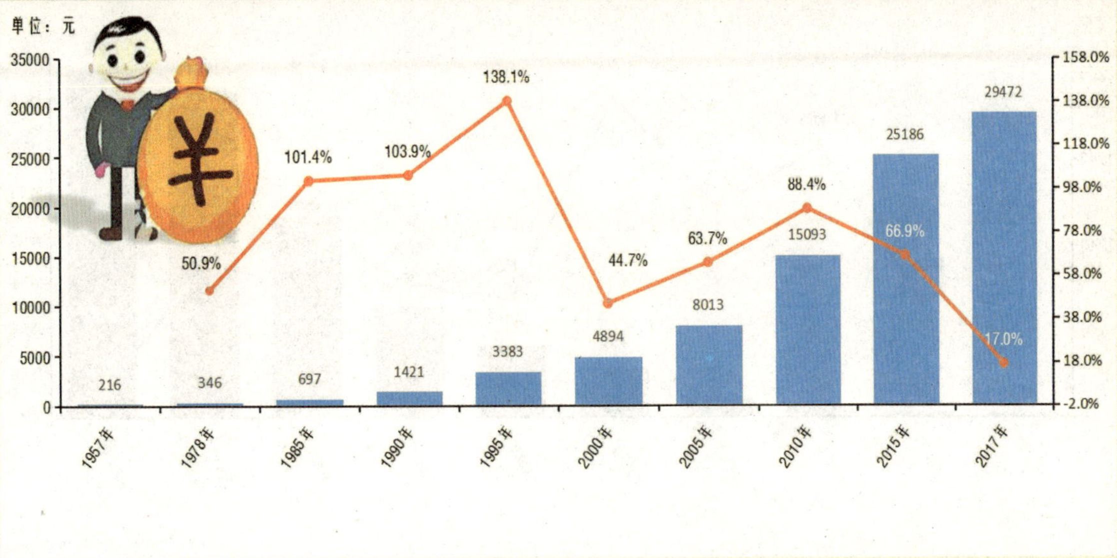

主要年份农村居民人均可支配收入

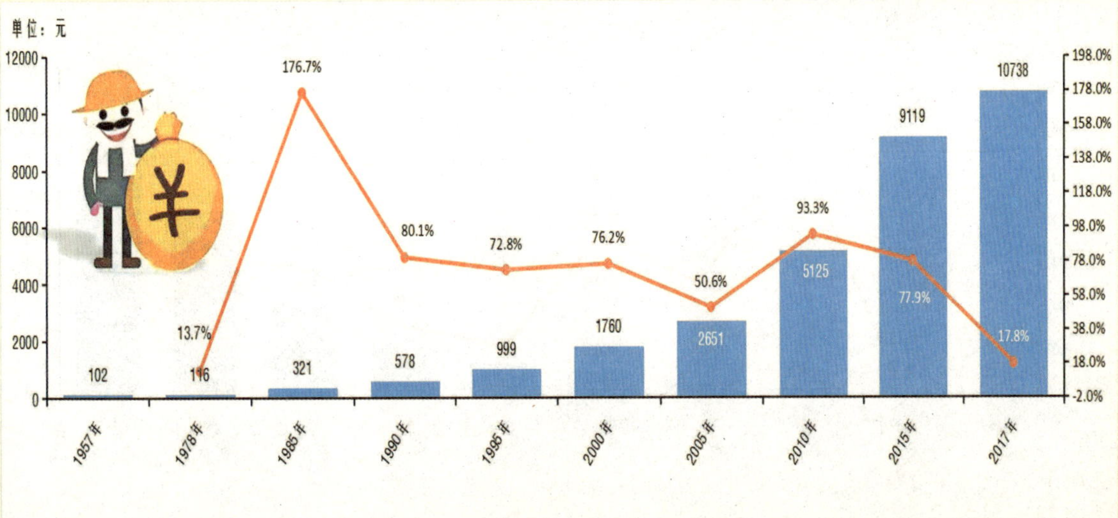

主要年份城镇居民人均生活消费支出

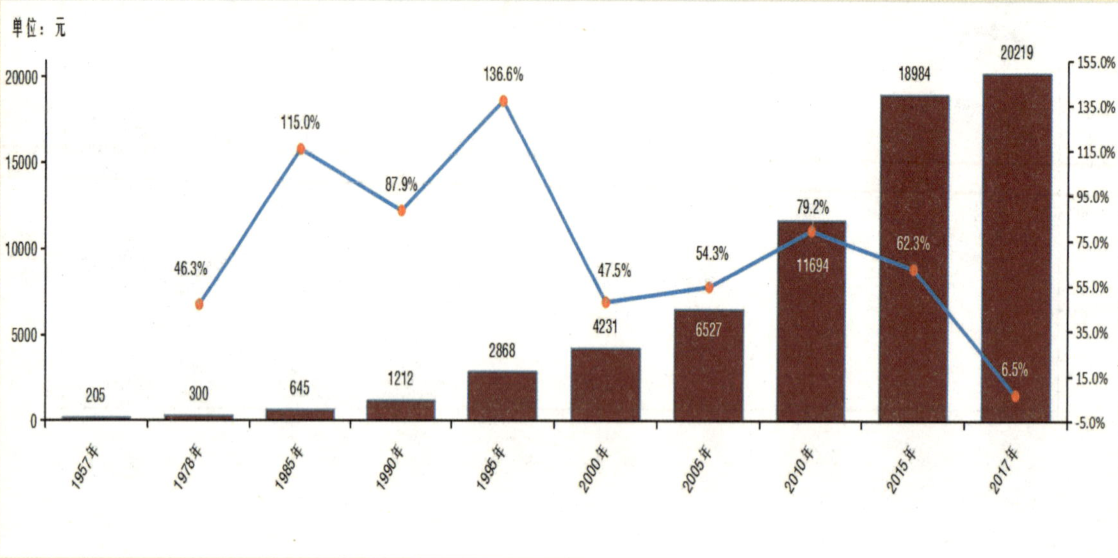

主要年份农村居民人均生活消费支出

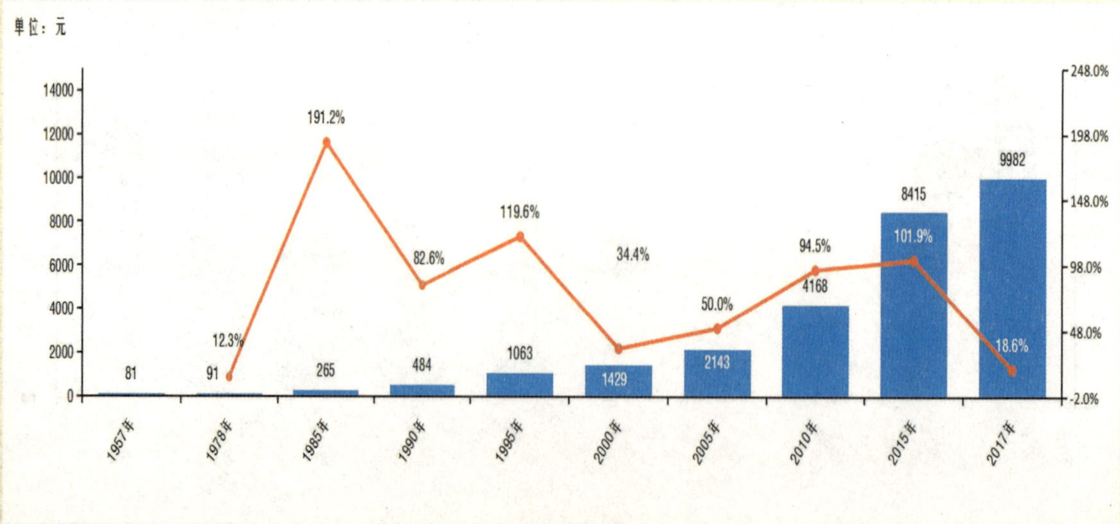

城镇居民生活消费结构

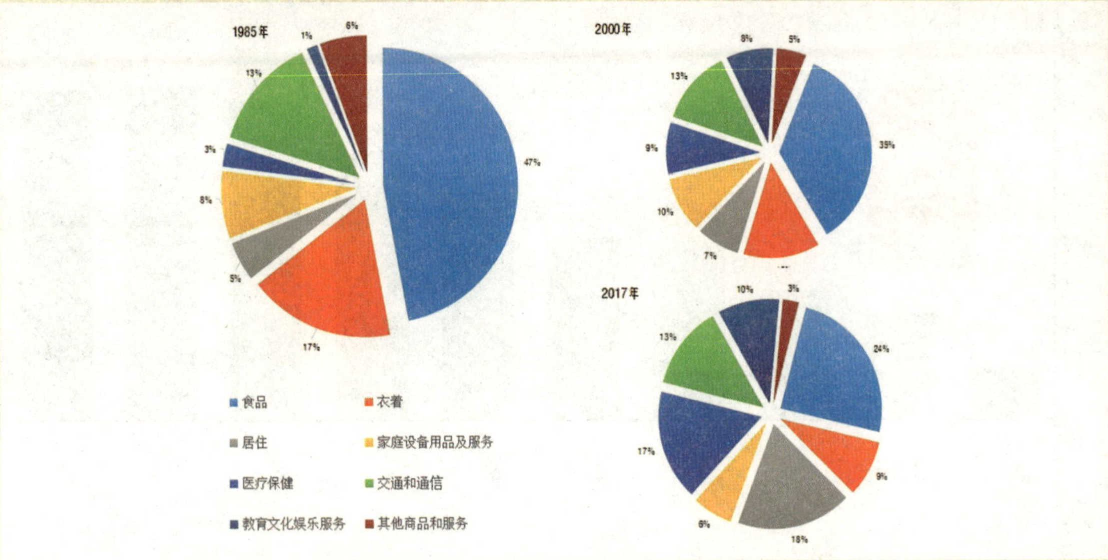

农村居民生活消费结构

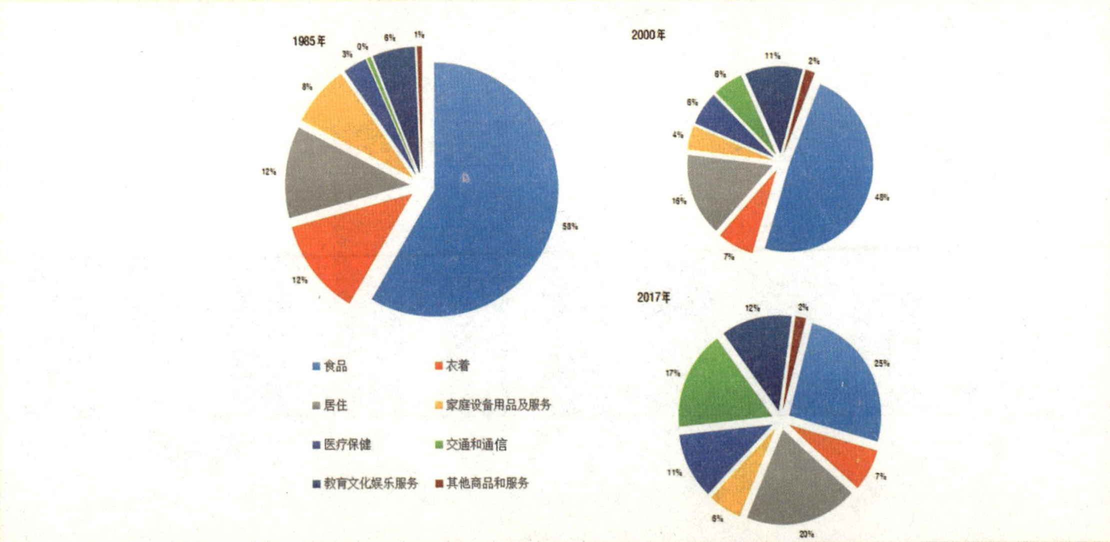

主要年份粮食产量变化图

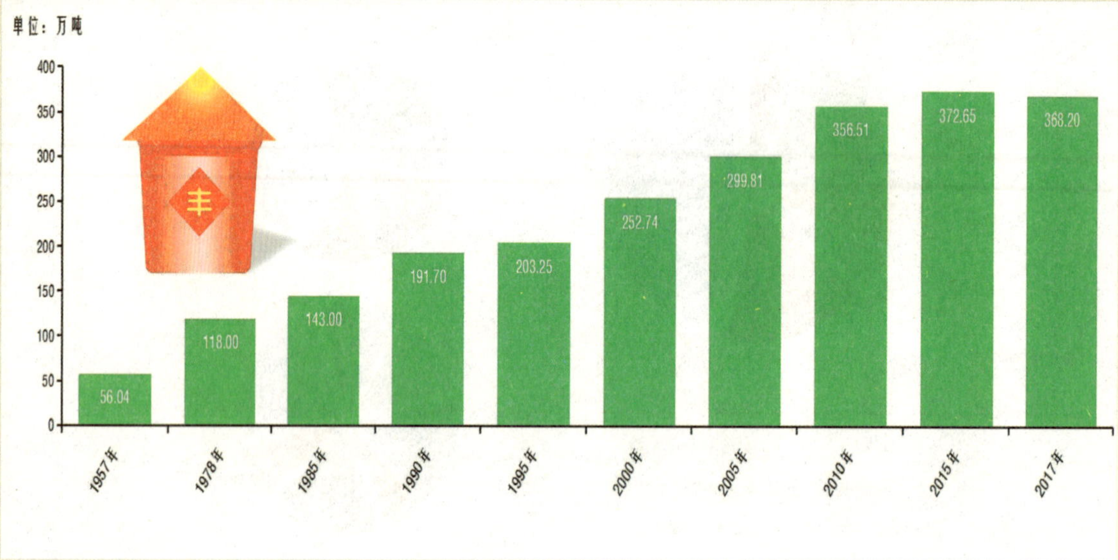

主要年份生猪存栏数量图

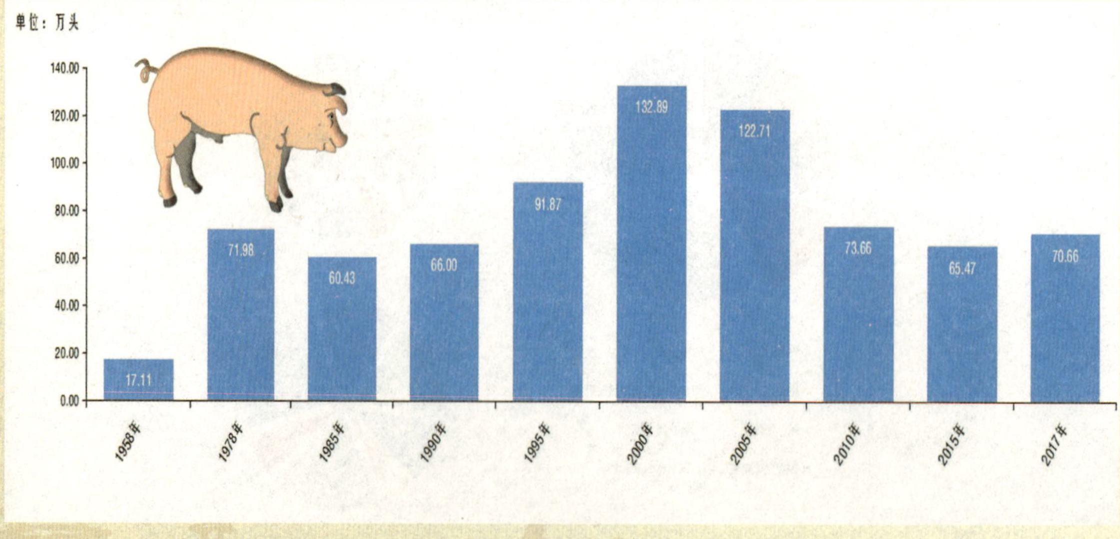

主要年份牛存栏数量图

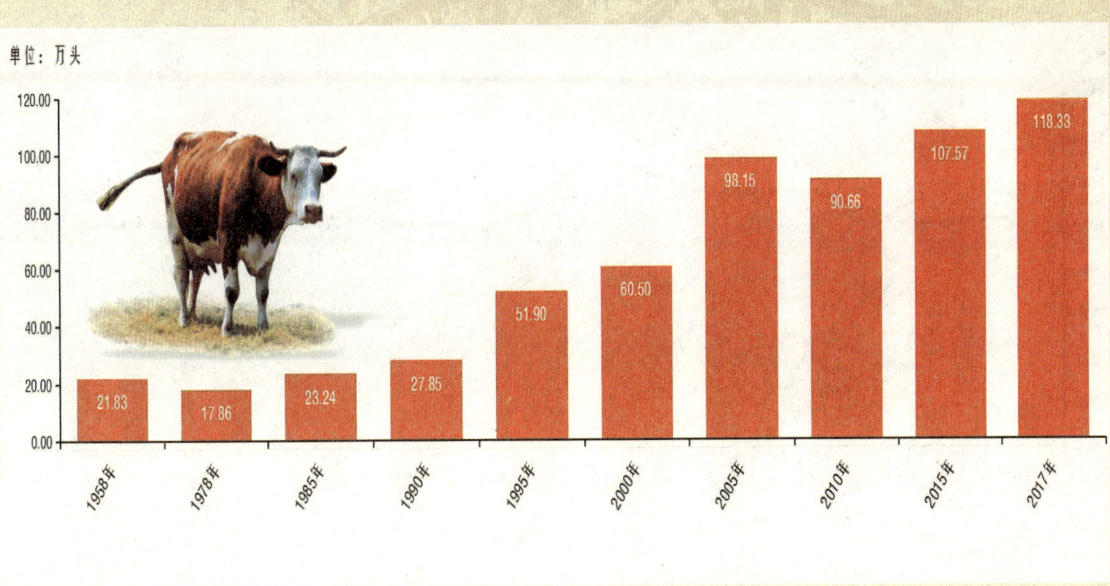

主要年份羊存栏数量图

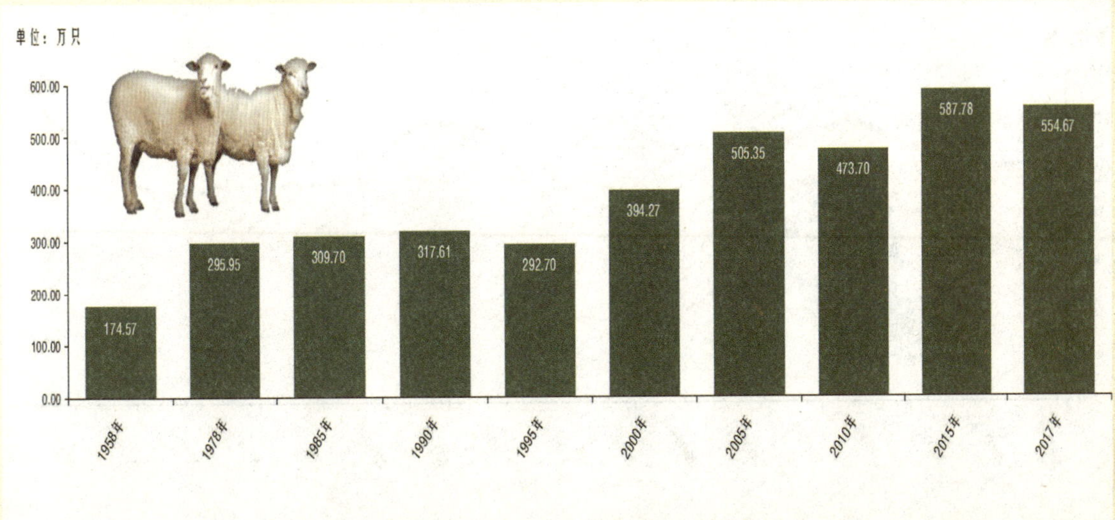

主要年份居民消费价格变动图

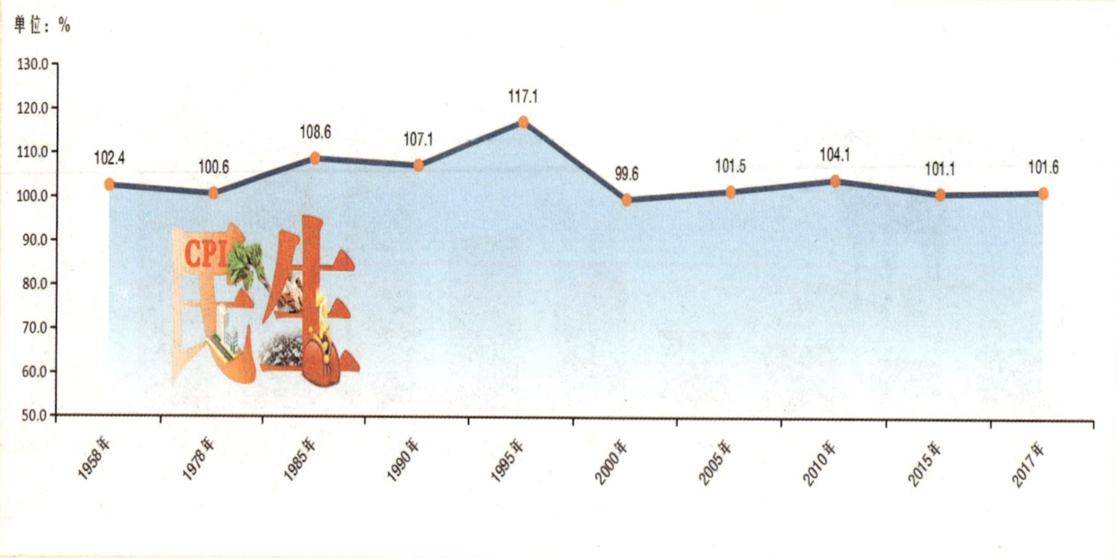

主要年份工业生产者出厂价格变动图

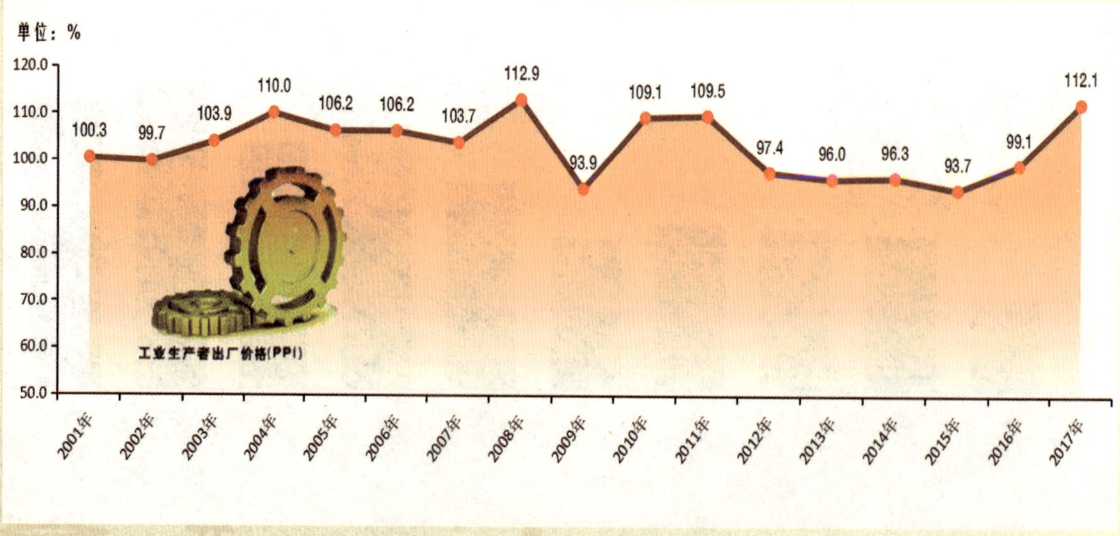

目 录

综合篇

区域篇

【城乡居民收入】

【城乡居民消费】

【粮食生产】

【畜牧业】

调查数据

【居民收入与消费】

【粮食生产】

【畜牧业生产】

【价格变化】

综合篇

ZONG HE PIAN

六十载增收不辍 一甲子春华秋实

宁夏回族自治区成立60年，经济发展成就举世瞩目，城乡面貌变化日新月异，基础设施建设突飞猛进，人民群众幸福感与日俱增，特别是党的十八大以来，在习近平同志"小康路上一个都不能少"的指示指引下，宁夏广大干部群众在自治区党委、政府坚强有力领导下，紧紧围绕创新驱动、脱贫富民、生态立区"三大战略"，持续推进经济转型发展、强力补齐增收短板、开创民生事业新局面。2017年宁夏城镇居民人均可支配收入29472元，比1957年的216元增长了135倍，比1978年的346元增长了84倍，2017年宁夏农民人均可支配收入10738元，比1957年的102元增长了104倍，比1978年的116元增长了92倍。

一、60年栉风沐雨，城乡融合取得新进展

（一）城镇化进程加快推进，宁夏居民收入增长强劲。

1992年10月，以邓小平南方谈话和十四大为标志，中国社会主义改革开放和现代化建设进入新的阶段，宁夏抓住机遇、深化改革，创新思路，以城镇化建设为突破口，带动工业、农业快速发展，第二、第三产业活力释放，城镇财富创造能力快速提升，远大于农业产出，城镇吸引就业能力进一步增强，农业转移人口市民化进程加快推进，城乡一体化特征更加突显。随着城市化进程的加快推进，以城带乡，以工促农，城乡融合发展，城乡居民共享经济发展成果成为新时代的主题，城乡全体居民收入增长呈现新气象。1990—2017年，城市化率由26%提高到58%，提高了32个百分点。2017年宁夏全体居民人均可支配收入20562元，较2000年增长了6.4倍，年均增长12.5%。其中，转移净收入3843元，年均增长14.1%，占可支配收入的比重由2000年的14.0%提高到2017年的18.7%，提高4.7个百分点。财产净收入820元，年均增长14.7%，占可支配收入的比重由2000年的2.5%提高到2017年的4.0%，提高1.5个百分点。工资性收入12270元，年均增长13.4%。经营净收入3628元，年均增长8.7%。居民收入结构发生显著变化。

（二）收入分配日趋合理，城乡收入差距创历史新低。

宁夏回族自治区成立60年来，社会经济持续发展，居民收入不断提高，宁夏居民经历了从求生存到求生活再到享受生活的巨大进步，城乡居民收入差距经

历了从扩大到缩小到再次扩大到再次缩小的过程，印证了宁夏经济发展有走过历史的弯路，有改革开放、包产到户解放农村生产活力的探索，有在面对经济发展从注重效率到兼顾效率与公平的思维转换，有面对精准扶贫重大历史任务的坚强意志。宁夏城乡居民收入比从1958年的2.11:1扩大至1978年的2.99:1。改革开放以来，城乡居民收入快速增长，城镇居民内部和农村居民内部收入差距开始逐渐拉大，但城乡差距逐步缩小，到1990年，宁夏城乡居民收入比为2.46:1。进入20世纪90年代，城乡居民收入实现跨越式增长，到2008年城乡居民收入差距扩大到3.21:1，达到历史较高值。此后几年，特别是十八大以来，随着各项惠农政策助推农民增收，城乡居民收入差距持续缩小，到2017年缩小至2.74:1。

二、60年跨越发展，城镇居民增收铸辉煌

自治区成立初期，面对落后的生产力，发展缓慢的经济状况，自治区党委、政府带领宁夏城镇居民迅速恢复生产，并在很短的时间内改善了吃饭穿衣问题，实现城镇居民安居乐业。改革开放以后，随着收入的大幅提高，城镇居民生活水平不断改善，特别是2012年以来，党的十八大报告根据我国经济社会发展实际，在党的十六大、十七大确立的全面建设小康社会目标的基础上，提出到2020年实现国内生产总值和城乡居民人均收入比2010年翻一番。宁夏党委、政府在党中央、国务院的领导下，带领宁夏各族人民积极推动经济转型升级，采取稳增长、调结构、惠民生、促就业等措施，城镇居民收入保持了持续稳定增长。

（一）城镇居民收入大幅提高，生活水平跨越几个台阶。

自治区成立60年来，宁夏城镇居民生活水平从基本消除贫困，到解决温饱，再到实现总体小康，向全面建设小康社会目标迈进，连续跨越几个台阶。恩格尔系数从56.7%左右下降至27%，实现了从温饱到富裕的转变。（恩格尔系数达59%以上为贫困，50%—59%为温饱，40%—50%为小康，30%—40%为富裕，低于30%为最富裕。）

争取温饱的20年（1958—1978年）。中华人民共和国成立后，我国经济快速恢复，城镇居民收入稳步提高，从自治区成立到改革开放的20年，宁夏城镇居民人均可支配收入从1957年的216元增长至1978年的346元，增加60.2%，年均增长2.3%。

解决温饱，迈向总体小康（1979—1991年）。改革开放以后，特别是从1984年我国经济改革的重心从农村转移到城市，国家随之出台了一系列收入分配体制改革的措施，理顺了一些不合理的收入分配关系，价格补贴也由暗补改为明

补，城镇居民收入水平较改革开放前和改革开放初有了明显的提高，消费水平也随之提高。人均可支配收入从1978年的346元增加到1991年的1565元，增长3.5倍；人均生活消费支出从1978年的300元增长到1991年的1347元；恩格尔系数从20世纪70年代的50%以上下降到1991年的48.3%，城镇居民生活基本上摆脱了贫困，解决了温饱，迈向总体小康。

实现了由总体小康向全面建成小康社会跨越（1992—2011年）。这19年间，宁夏城镇居民真正实现了富起来，党中央、国务院深化收入分配制度改革，努力实现居民收入增长和经济发展同步、劳动报酬增长和劳动生产率提高同步，效率和公平兼顾，确保了城乡居民收入和财富的快速增长。2011年，宁夏城镇居民人均可支配收入17291元，比1992年增长8.5倍，年均增长12.6%；人均生活消费支出从1992年的1506元增长到2011年的13305元，年均增长12.2%；恩格尔系数从1992年的47.0%下降到2011年的34.8%，宁夏城镇居民生活实现了总体小康，并向全面小康迈进。

向全面建成小康社会扎实迈进（2012至今）。2017年宁夏城镇居民人均可支配收入29472元，较2012年增长51.1%，年均增长8.6%。增速慢于农村居民年均增速1.0个百分点。2017年宁夏城乡居民人均可支配收入之比为2.74（农村居民收入=1），较2012年下降0.13。随着经济发展步入新常态，宁夏城镇居民收入增速呈逐年减缓态势，但收入结构更趋合理、收入来源更加多元、增收渠道更加稳定，实现了向全面建成小康社会扎实迈进。

（二）市场经济蓬勃发展、收入来源日趋多样。

自治区成立以来，在一系列富民政策的支持下，宁夏城镇居民收入增长驶入快车道，收入水平迅速提高。改革开放更是给宁夏城市经济发展注入了空前的活力，工资制度进行了多次改革，国家公务员和企事业单位职工工资大幅度提高。2017年宁夏城镇居民人均可支配收入比1985年增加了41.2倍，其中工资性收入2017年为19569元，比1985年的人均598元增长了31.7倍；民营经济蓬勃发展，城镇居民的经营性收入也因此有了大幅度的增长，2017年，宁夏城镇居民人均经营净收入为3062元，比1995年增长了55.7倍，而在1985年，民营经济还不为社会所接受，宁夏城镇居民人均经营性收入仅为4元。同时，随着资本市场和房地产市场体系的逐步建立和完善，居民财产性收入已从当初小额的银行利息逐步向多元化方向发展，随着城镇居民财富的持续积累，投资渠道不断拓宽，不仅财产性收入的来源日趋多元，收入水平也大幅度提高，1985年，宁夏城镇居民的利息收入是财产性收入的主要来源，比重占60%以上。2017年，城镇居民人均财产性收入已达1270元，比1985年增长了126倍，财产性收入占人均可支配收入的比重由1985年的1.4%提高到2017年的4.3%，其中房屋、机械、厂房等出租租金占财产性收入的比重从自治区成立初期的几乎为零提高到2017年的26.5%，城镇居民的银行利息收入占财产性收入比重由原来的超过50%降为2017年的几乎为零，城镇居民的财产性收入来源发生了根本性变化。

（三）社会保障机制逐步完善，低收入群体稳定增收。

随着城市经济的蓬勃发展，社会保障覆盖面不断扩大，保障水平不断提高，离退休老人的收入也在同步增加。2017年，宁夏城镇居民人均离退休金和养老金收入为7120元，占可支配收入的24.2%，是1985年的253倍，年均增长18.9%，比可支配收入增长快6.7个百分点。与此同时，宁夏城镇居民的社会救济和补助、政策性生活补贴、报销医疗费收入也大幅增长，特别是报销医疗费，随着医疗保障体系的健全，宁夏城镇居民医疗报销比例逐年增大，2017年人均报销医疗费收入465元，占转移性收入的6.0%。2017年宁夏城镇居民20%低收入群体人均可支配收入为9535元，收入水平占全区平均水平的32%，比1998年增长了4.9倍。

三、60年砥砺奋进，宁夏农民增收谱新篇

自治区成立60年以来，在党中央、国务院的关心和大力支持下，宁夏各级党委、政府始终把解决农村贫困人口的温饱问题作为经济和社会发展的重要任务来抓，特别是“十八大”以来，宁夏各级党委、政府一直把调结构、转方式，寻找农民增收新动能作为民生工作的重中之重，在农业供给侧结构性改革方面进行了积极探索，开了头、有进展，大力推进精准扶贫工作、贫困地区农民生活质量得以全面改善，针对性的出台多项增收措施，农民收入保持了稳定增长、消费水平持续提高。

（一）农民收入跨越式增长，收入市场化和非农化的基本格局已经形成。

自治区成立初期，经过解放初期的土地改革运动，农民生产积极性得以调动，农业生产得到恢复和发展，但中间受急于求成“左”的错误以及“文化大革命”的影响，到1978年，宁夏农民人均可支配收入为116元。从1957年到1978年的20年间，农民收入只增加了14元。党的十一届三中全会，是我党历史上的重要转折，也是宁夏农业发展史上的重大转折。全会通过了《关于加快农业发展的若干决定（草案）》，在农村展开了一系列以市场为导向的体制改革。推行家庭联产承包责任制，调整农村产业结构，实行合同定购和市场贸易，农民具有了生产经营自主权，为农村提供了一个鼓励生产发展的激励机制，1978—1982年四年时间

农民收入水平翻了一番。1982-1986年，党中央连续发布五个一号文件，使农业发展局面有了根本转机，四年时间农民收入又增长了63.3%；1987—2003年，卓有成效的农村改革给农业生产带来了生机和活力，国家进一步大幅提高农副产品收购价，农产品买方市场逐步形成等利好形势决定了农民收入总体增长态势，但与此同时，改革中心转入城市、农村产业结构调整、农资价格全面上涨等因素致使农民收入短期止步不增，甚至有所减少。收入增长减缓且波动大，成为这一阶段农民增收的主要特点，这一阶段农民人均可支配收入由383元增加到2129元，平均增长11.3%。2004—2011年，党中央第二次连续发布八个一号文件，实施了税费改革、免除农业税、粮食直补、良种补贴、农资综合补贴等惠民政策，给农村注入了新的生机和活力，对农民增收起到积极的推动作用。2011年，宁夏农民人均可支配收入达到5931元，比2004年的2435元，增加3496元，年均增长13.6%，比1979年增加5792元，增长了41.7倍，年均增长12.4%。

党的十八大以来的5年，是农民收入增长进程中极不平凡的5年，从中央到地方，各级党委、政府一直把调结构、转方式，寻找农民增收新动能作为“三农”工作的重中之重，农民收入持续增长、增速在全国排位略有上升。2017年，宁夏农村居民人均可支配收入10738元，比全国平均水平13432元少2694元，位居全国第25位。2012—2017年期间，宁夏农民人均可支配收入增长60.1%，年均增长率为9.9%，高于城镇居民可支配收入8.6%的年增长率。与此同时，宁夏农民收入货币化程度不断提高，农业收入占可支配收入的比重快速降低。2017年，宁夏农民人均现金可支配收入10637元，占可支配收入的99%，比1983年59.5%的货币收入率提高了39.5个百分点，第一产业净收入占可支配收入的比重为26.4%，比1985年的65.9%下降了39.5个百分点。

（二）收入差距不断缩小，精准扶贫成效举世瞩目。

受地理位置的限制，长期以来，宁夏沿黄灌区农民收入要远高于全区平均水平，但“苦瘠甲天下”的南部贫困地区农民收入一直处于较低水平，且收入来源单一，抗风险能力差。随着国家和自治区各项惠农政策的不断深入，特别是党的十八大以来，精准扶贫工作的深入推进，宁夏山川农民收入差距不平衡态势明显减弱，2017年宁夏沿黄灌区农民人均可支配收入12660元，比全国平均水平13432元仅低772元，南部贫困地区农民人均可支配收入8347元，比全国平均水平低5085元，沿黄灌区与中南部贫困地区农民可支配收入比创历史新低，相当于改革开放初期的水平。自治区成立60年来，宁夏沿黄灌区与中南部贫困地区农民可支配收入差距经历了从低到高再到低的过程，1978年宁夏沿黄灌区与中南部贫困地区农民收入比为1.21∶1，但随着市场经济对宁夏农民收入的影响不断加大，这一比例最高时达到了2000年的2.68∶1，但近年来又有所下降，2017年降至1.52∶1。1981年至2000年，沿黄灌区农民收入年均增长13.2%，快于中南部山区农民收入年均增长率2.3个百分点，2000年以后，中南部山区农民收入加档提速，增速高于沿黄灌区，2000年至2017年，中南部山区农民收入年均增长13.0%，高于沿黄灌区农民收入年均增长率3.7个百分点，这说明近年来宁夏农民收入增长正在向良性方向发展。

单位：%

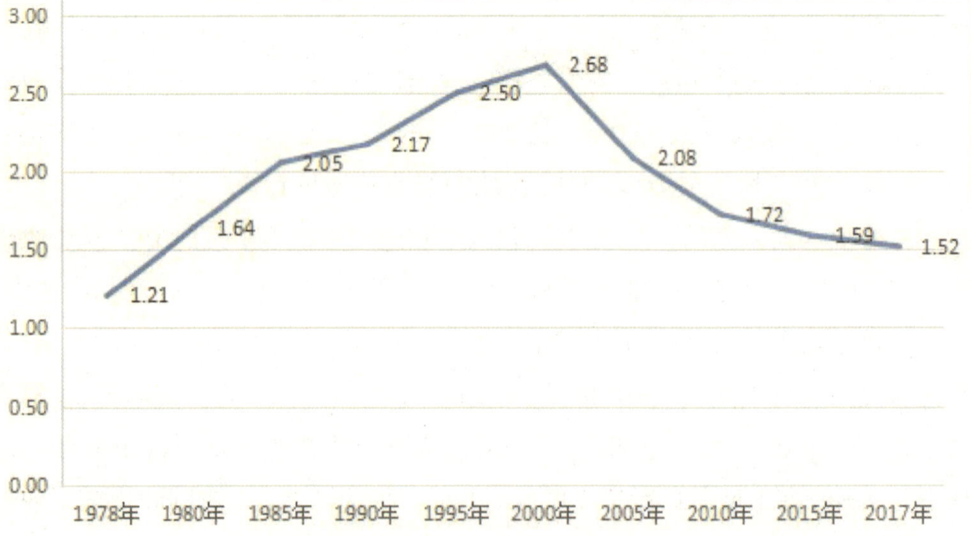

图1　主要年份宁夏沿黄灌区与中南部贫困地区农民可支配收入比

（三）收入结构明显变化，区域不平衡性相对减弱。

长期以来，宁夏农民家庭经营收入占可支配收入的比重与全国和西北五省相比都居高不下，家庭经营净收入占可支配收入的比重最高时达到了1990年的83.2%，在以后的年份虽然有所下降，但降幅较慢，但是十八大以来，这一状况得以明显改善，农民收入结构发生了较大变化，农业收入占可支配收入的比重逐年下降，2017年宁夏农民人均农业净收入2020元，占可支配收入的18.8%，而2011年这一比重为28.7%。与此同时，家庭经营净收入占可支配收入的比重也从2011年的49.7%降至2017年的39.6%。另外宁夏农民财产性和转移性收入占可支配收入的比重长期以来相对偏低。随着近年来农村社会保障改革的不断健全和完善，农民转移性收入出现了高速增长，这种情况也得到了改善，2011—2017年间，宁夏农民转移净收入年均增长20.0%，比2005—2010五年间13.7%的年均增长率快了6.3个百分点。人均财产性和转移性收入占可支配收入的比重也由

2005年以前的10%以下增至2017年的21.1%。

（四）新业态新动能持续增强，农民收入来源更加多元化。

长期以来以农牧业为主的家庭经营收入是宁夏农民收入的主要来源，1983至1998年，农民家庭经营净收入占可支配收入的比重均在70%以上，1990年甚至高达83.2%，随着经济活力不断增强，农村劳动力逐步从土地上释放，农民收入来源多样化，农民家庭经营收入占可支配收入的比重开始逐年下降，由1998年的74.1%下降到2017年的39.6%，同时，农民工资性收入由1983年的46元增加到2017年的4224元，增长了91倍，远快于可支配收入增长36倍的速度，占可支配收入的比重逐年上升，由1983年的15.8%上升至2017年的39.3%，与家庭经营收入鼎足而立。十八大以来，以乡村旅游、农村电商为代表的农村新产业新业态蓬勃兴起，各类新型经营主体大批涌现，返乡回乡下乡创业创新成为新的热潮，正在为宁夏农民收入增添新动能。一是随着农村土地制度改革的深化，农民土地资源得以盘活，财产性收入逐步多元化。2011年宁夏农民财产性收入中租金和转让土地承包经营权收入及其他占财产性收入的99.1%，2017年这三项占财产性收入的比重降为95.0%，红利收入、保险收益、出租机械专利版权等收入异军突起。二是农民非农产业收入增速较快，来源更加多元。2017年宁夏农民人均非农产业净收入1415元，占可支配收入的13.2%，2011年这一比重为12.4%，与此同时，农民非农产业收入中的住宿餐饮业、交通运输业等传统产业增速趋缓，租赁及商务服务业、居民服务修理、农林牧渔服务业等行业收入从无到有、增长较快。三是扶农惠农力度持续加大，农民转移净收入大幅增长。2000—2017年转移性收入增长了46倍，近年来，尤其是十八大后，精准扶贫如火如荼，惠农政策有效落地，产业扶持突出因地制宜、政策兜底提供生活依靠、学生补助放飞理想希望，2011—2017年，宁夏农民转移净收入占可支配收入的比重稳定增加，由9.9%增加至18.0%，提高了8.2个百分点，转移支付促农增收成效显著。

六十年风雨兼程，六十年沧桑巨变，宁夏农村状况由破到新、由新到美的变化过程仿若一幅画卷，展示着只有中国共产党才能领导劳动人民翻身解放，赢得社会主义现代化建设的胜利；宁夏农民生活由穷到富、由富到强的发展历史就是一卷史书，诉说着只有中国共产党才能带领人民群众实现全面小康，实现中华民族的伟大复兴。

执笔人：苏春燕　张新华

城乡面貌日新月异　民生福祉持续改善

宁夏回族自治区成立60年以来，随着城乡居民收入水平贫富两重天的变化，居民生活方式也发生了沧桑巨变，饮食从争取温饱到衣丰食足再到今天的健康饮食；居住从漏风漏雨的土坯房到危房改造实现安全住房再到今天的楼上楼下；交通从依靠步行到村村通公交再到私家车普及……宁夏城乡居民消费结构和消费环境发生了巨大变化。宁夏城镇居民人均生活消费支出从1957年的205元增至2017年的20219元，增长了97.6倍，恩格尔系数从1957年的62.0%降为2017年的27.1%。农民人均生活消费支出从1957年的81元增加至2017年的9982元，增长了122倍，恩格尔系数从1957年的72.9%降为2017年的27.6%。

一、城镇居民消费水平大跨越，铸就幸福安康新生活

宁夏回族自治区成立60年以来，宁夏城镇居民人均可支配收入由1957年的216元增至2017年29472元，增长了135倍。人均生活消费支出从1957年的205元增至2017年的20219元，增长了97.6倍。在收入增长的同时，宁夏城镇居民生活水平也得以迅速提高，并发生了天翻地覆的变化，从温饱型向小康型，继而向富裕型消费逐步转变，形成了每个时代经济社会发展的缩影。

（一）1957—1978年：受收入水平低的限制，改善幅度较小。

自治区成立后，随着国民经济的恢复和发展，城镇居民生活质量有了一定的改善，但是受限于改革开放前的收入水平，改善的幅度不大，从1957年到1978年，宁夏城镇居民家庭人均生活消费支出由205元提高到300元，提高了46.3%，年均增长1.8%。在居民消费结构方面，改革开放前，城镇居民70%以上的消费都用在衣食温饱方面，家庭恩格尔系数一直在50%以上，城镇居民仍在温饱最低线上徘徊。这一时期，城镇居民的消费主要是商品性消费，服务性消费的比重较低。改革开放前城镇居民生活质量的变化主要体现在以下几个方面。第一，在衣着方面，城镇居民的衣着较为单调，衣着消费以购买衣料制作服装为主。据调查，1957年宁夏城镇居民家庭平均每人全年的衣着支出为28.3元，到1978年为

74.5元，是1957年的2.6倍，占生活消费支出的比重从13.1%上升至24.8%。第二，在食品消费方面，改革开放前，宁夏城镇居民食品消费主要是以粮食和副食为主，其他食品的消费较少。1957年，人均食品消费支出为126元，占生活消费支出的62.0%。到1978年，副食消费明显增加，占到了总食品消费支出的50%以上。第三，在居住条件方面，自治区成立初期，宁夏城镇居民家庭住房十分紧张，人均居住面积很小，没有自己的房屋产权，每一间瓦房或土房住3—5人的户普遍存在，1978年，城镇居民人均居住面积只有4.5平方米。第四，在交通方面，在自治区成立初期，宁夏的交通非常落后，首府银川只有两三路公共汽车，其他城市没有公共汽车，到市县多是土路，坐班车到固原需要两三天时间，去外省出差、探亲，火车每天只有两三趟。通信事业更是落后，居民对外联系主要靠写信、打电话，发电报要上邮局排队，对外联系十分不便。

（二）1979—1991年：居民生活质量不断提高，消费条件逐步优化。

这一时期，宁夏城镇居民人均生活消费支出由1979年的383元增加至1991年的1347元，增长了2.5倍，主要表现在衣食住行等生存型消费项目支出大幅增长。

1. 居民服装开始绚丽多姿。改革开放以来，在服装颜色上也不再仅有灰、蓝、绿、黑几种颜色，人们开始追求服装的舒适美观，1980年城镇居民家庭人均全年衣着消费为80元，到1991年，衣着消费上升至233元，是1980年的2.9倍。

2. 饮食质量提高、结构改善。改革开放前，由于农产品供应短缺，居民需要凭证或票购买粮食，副食等，随着经济体制的改革和农业农村经济的发展，到20世纪80年代末，农产品供给大量增加，城镇居民摆脱了农副产品凭票证供应的时代，使得城镇居民的食品消费开始从追求数量转向追求质量。1979年宁夏城镇居民家庭人均全年食品消费为204元，到1991年，食品消费上升至655元，年均增长10.2%。与此同时，食品消费中粮食消费量基本持平，肉禽蛋奶消费量大幅增加。

单位:%

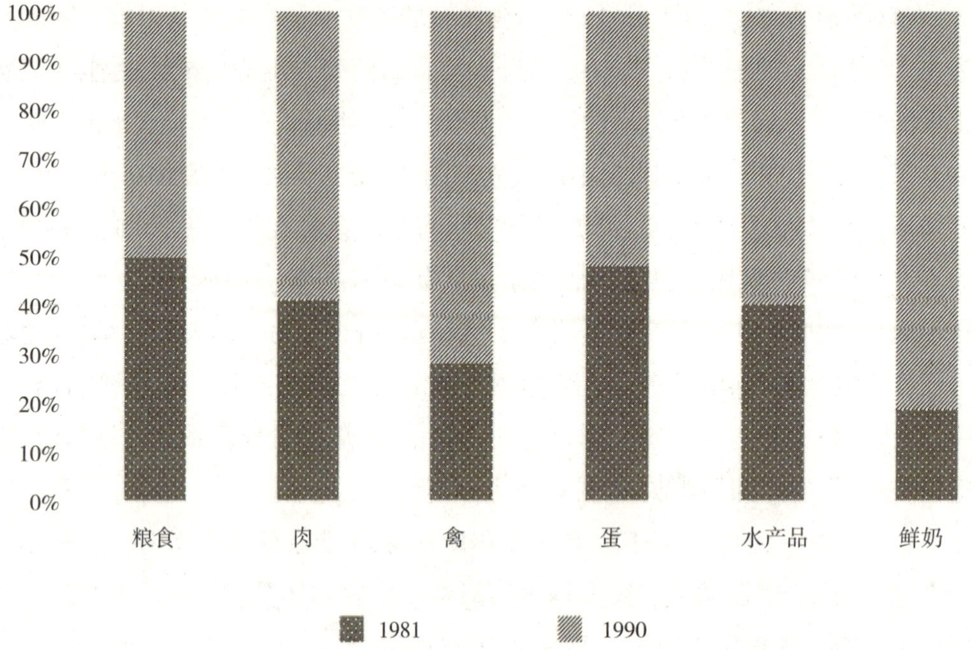

图1　1981、1990年宁夏城镇居民食品消费变动图

3. 城镇居民住房条件显著改善。主要体现在人均居住面积大幅增加，家居设备日益完善。改革开放前，大多数城市居民都居住在十分简陋的筒子楼或平房里，1980年人均居住面积仅为5.0平方米，无房户、缺房户和拥挤户普遍存在。到1990年，城镇居民人均居民面积达到了10.3平方米，比1980年增加了1倍。在居住面积增大的同时，居住环境也日益优化，一些现代化的电器逐渐进入家庭，以彩色电视机为例，1981年，城镇居民彩色电视机百户拥有量只有2台，而到1990年已经上升至84台，电冰箱从20世纪80年代中期开始进入家庭，到1990年，百户城镇居民已拥有电冰箱27台，这些家居设备引导了住房方面的革命，使人们生活在舒适，安全和方便的环境中。

4. 交通运输开始多元化和快捷化。改革开放带来了宁夏交通运输事业变革，城镇居民出行难的局面有所改善。到1990年底，全区城镇居民人均交通费支出15.2元，比1981年增加了2.4倍，与此同时，城市公共交通条件不断改善，公交服务水平有所提高，极大地方便了居民的出行。

（三）1992—2011年：高收入增长推进居民消费发生重大变革。

随着城镇居民收入水平大幅度提高，城乡收入差距不断扩大；宁夏居民摆脱了短缺经济的困扰，商品市场由卖方市场转入买方市场，消费者选择充分自由；

城镇就业、住房、医疗、教育等各项制度改革取得突破性进展，居民收入预期不稳定性增强。这些因素都对城镇居民的消费内容产生了深刻的影响。宁夏城镇居民人均生活消费支出由1992年的1506元增长至2011年的13305元，增长了7.8倍。具体说来：

1. 食品方面，城镇居民食品消费由“动物性食品+粮食+鲜菜”的消费阶段逐渐进入“动物性食品+鲜菜+粮食”的消费阶段。猪牛羊肉、鲜蛋、植物油等食品消费上升缓慢，鲜奶、水产品等食品消费上升较快，食品消费从量的扩张阶段进入质的提高阶段。

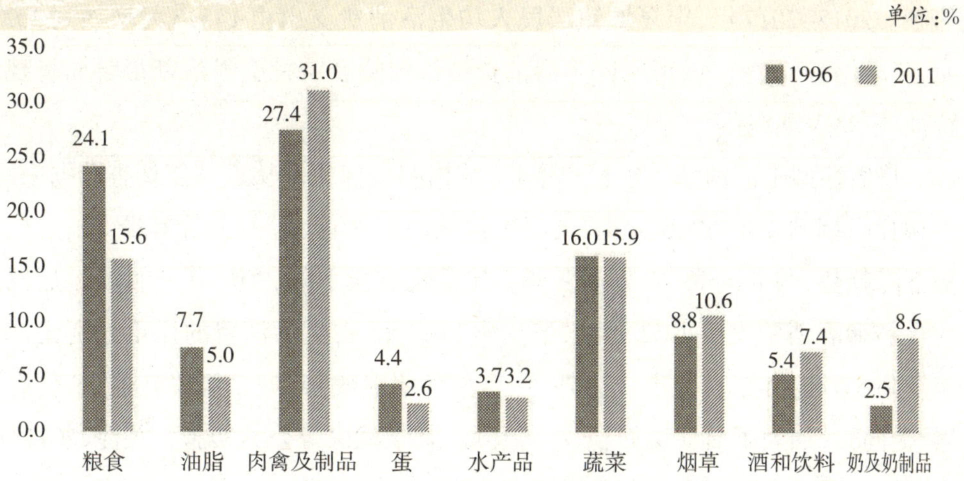

图2　宁夏城镇居民食品消费结构变动情况

2. 衣着方面，人们开始追求衣着的档次和款式，并发展到追求个性和品位，衣着消费逐步朝成衣化、个性化、品牌化、休闲化方向发展。健康着装融入时尚潮流。2011年，宁夏城镇居民人均衣着消费支出1550元，占消费支出的11.6%，其中服装消费占衣着消费支出的74.5%。

3. 用品方面，用品消费从生存型向发展型转移。城镇居民对大多数耐用品消费需求出现饱和，用品支出比重开始下降。微波炉、空调、电脑、小汽车等新型耐用品在其生活中发挥着越来越重要的作用。每百户拥有电冰箱从1992年的45台增至2011年的90台，每百户拥有空调从1992年的0.2台增至2011年的12台，每百户拥有移动电话由1998年的2部增至2011年的197部，互联网也在2005年以后进入城镇居民家庭，2011年宁夏城镇居民每百户拥有接入互联网的电脑46台，接入互联网的手机12部，而2005年，这一数据仅为15台和0.3部。

4. 居住方面，城镇住房制度改革进入实质阶段，1998年下半年国家停止了住房实物分配制度，城镇居民依靠单位改善居住条件的观念开始转变，住房消费支出大幅度增加，到2011年底，宁夏城镇居民人均居住建筑面积30.3平方米，98.6%的家庭用上了自来水，83.8%的家庭居所中有厕所浴室，87%的家庭使用管道天然气或液化气作燃料。居住环境不断美化，居民出行更加方便，居住小区功能更加完备。

（四）2012—2017年：生活消费呈现新特征，居民幸福感显著提升。

十八大以后，随着宁夏城镇居民收入的稳步增长和消费环境的持续改善，居民消费能力和意愿进一步提升。以旅游、体育、健身消费为重点的闲暇消费掀起热潮。2012-2017年，宁夏城镇居民人均生活消费支出由14513元增加到20219元，年均增长6.8%。城镇居民生活消费结构伴随经济社会发展新形势而呈现新特征，主要表现在：

1. 生存型生活消费支出稳步增长，结构明显优化。从近五年调查数据来看，人均食品烟酒支出在“八大类”支出中依然高居榜首，但占生活消费支出的比重呈下降趋势，与此同时，衣着消费所占比重也有所下降，2017年宁夏城镇居民人均食品烟酒消费支出4952元，衣着支出1768元，占生活消费的比重分别比2012年下降5.6和3.1个百分点。另外，住房条件明显改善，城镇居民在追求“住有所居”的同时，加大了对住房面积、小区环境、就学就医等公共实施的关注，2017年，宁夏城镇居民人均期末拥有房屋面积面积35.7平方米。

2. 发展型消费成为城镇居民消费热点。城镇居民医疗保健意识在增强，居民购买保健品、例行体检等成为常态，2017年宁夏城镇居民人均医疗保健支出1937元，比2012年增加692元，占生活消费比重由8.6%提升至9.6%。交通通信引领消费新热潮，城镇居民在吃、穿、住等消费得到满足的同时，对交通工具选择有了新要求，家庭轿车成为日常消费品，2017年末宁夏城镇居民每百户拥有汽车38辆，较之2012年增加22辆，增长了1.4倍。城镇居民“重教”意识强烈，各类兴趣辅导班、文化课程补习班等使得城镇居民不断加大子女教育费用支出。2017年，宁夏城镇居民人均教育娱乐消费支出2630元，占生活消费支出的13.0%，比2012年提升3个百分点。

3. 享受型消费比重不断提高。城镇居民对于生活耐用消费品的质量有了更高要求。随着商品市场的不断繁荣，各类新型耐用家庭设备层出不穷，家庭设备用品由经济实用向品牌、智能、便捷、节能方向发展。2017年宁夏城镇居民人均生活用品及服务支出1257元，比2012年增加259元，但是占生活消费比重变动不大。随着经济社会发展，城镇居民家庭耐用消费品拥有情况也在发生变化。移动手机的普及，使得固定电话拥有量下降。智能手机的高清照相功能以及携带便捷的特性，使得照相机、摄像机的在居民家庭生活中不再重要。空气净化器、高档乐器、健身器材也走进普通家庭。

二、农民生活蒸蒸日上 农村面貌日新月异

（一）消费序列变化显著，生存质量全面提升。

1958—1978年的20年间，虽然随着收入的增长农民生活有所改善，但绝大多数依然处于贫困状态，1978年，宁夏农民人均生活消费支出90.7元，比1957年增加10.2元，20年增长了12.7%，年均增长0.6%，解决温饱成为农民生活的头等大事。

20世纪80年代，农民生活消费的八项支出构成比重序列从大到小为：食品、衣着、家庭设备、居住、文教娱乐，其中食品、衣着合计支出占生活消费支出的75%左右。以1985年为例，农民人均生活消费支出为265元，其中食品消费支出155元，衣着消费支出32元，分别占生活消费总支出的61%和13%。这一时期，农民消费的主要特征是生存资料数量上的扩张，而文教娱乐、医疗保健、交通通信等支出所占比重较小（三者合计在10%以下）。宁夏农村居民消费结构呈现出典型的“生存型消费”特征。

20世纪90年代，农民消费的八项支出构成比重序列从大到小排列为：食品、居住、衣着、家庭设备、文教娱乐、医疗保健、交通通信等。影响居民消费较大的依然是食品支出与衣着支出，但所占比重有所下降，居住支出增长较快，超过衣着和家庭设备支出上升到第二位，以1995年为例，当年农民人均生活消费支出为1063元，其中食品消费支出612元，占生活消费总支出的57.6%，居住消费支出146元，占生活消费总支出的13.8%。衣着消费支出84元，占生活消费总支出的7.9%。这一时期，虽然农民食品支出依然占比较大，但食品消费结构升级较快，粮食、蔬菜类等一般食品的消费量下降，营养类的肉禽蛋的消费则从无到有、成倍上升，农村居民消费呈现出“食品集约型消费”特征。

进入新世纪，农民消费的八项支出构成比重序列从大到小排列为：食品、居住、医疗保健、交通通信、文教娱乐、衣着、家庭设备等。食品支出所占比重快速下降，居住支出所占比重有所上升，反映农村再度兴起新一轮建房热潮，家庭设备支出所占比重明显降低，另外医疗保健、交通通信支出所占比重大幅提高。以2005年为例，当年农民人均生活消费支出为2094元，其中食品消费支出922元，占生活消费总支出的44%，比上一阶段下降14个百分点；居住消费支出346元，

占生活消费总支出的16.5%；医疗保健、交通通信、文教娱乐支出共555元，占生活消费总支出的26.5%，这一时期，文教娱乐、交通通信、医疗保健快速增长，比上一时期提高了12.8个百分点。说明发展型、享受型消费在农民消费中占有一席之地，标志着农民消费正向"享乐发展型"迈进。

十八大以来，农民消费的八项支出构成比重序列从大到小排列为：食品、居住、交通通信、文教娱乐、医疗保健、衣着、家庭设备等。食品支出所占比重进一步下降，居住支出所占比重依然较大，但用途由原来的农村住房改善转变为在城镇为子女就读、婚嫁买房，交通通信支出比重大幅增加，购买家用轿车、通信费、上网费是主因。以2015年为例，当年农民人均生活消费支出为8415元，其中食品消费支出2453元，占生活消费总支出的29.2%，比上一阶段下降15个百分点；居住消费支出1561元，占生活消费总支出的18.5%；交通通信消费支出1071元，占生活消费总支出的43.6%，这一时期随着收入水平的稳定增长，农民生活消费方式发生了翻天覆地的变化，用一个世纪追寻的吃饱穿好已完全实现并实现了向健康、时尚转型，旅游、保健成为农民消费的新向标，精神层次的消费成为农民生活消费支出增加的主要方向。

（二）物质精神双重享受，消费层次优化升级。

食品消费品种丰富，营养状况大有改善。20世纪80年代初，农民以食粗粮为主，菜、肉、蛋、油等食品消费的很少，以吃饱为主要目标、无法实现"讲营养"的奢望。实行家庭承包以后，农民在解决粮食自给问题的同时，菜、肉、蛋、油等食品的消费量也有了较大增长。特别是进入21世纪后，农民生活质量明显改善，饮食结构由"量"的满足转向"质"的提高，由吃饱到吃好再到今天的吃健康。一是主食消费比重下降，副食消费迅速增加。人均主食支出占食品支出的比重由1979年的63.8%，下降到2017年的23.0%，降低了40.8个百分点。二是肉、禽、油、蛋、奶等动物性食品消费增加，营养状况显著改善。2017年，宁夏农民人均肉禽蛋奶消费支出744元，占食品消费指出的37.9%；人均饮食服务消费支出285元，占食品烟酒消费支出的11.3%。人均消费猪肉6公斤、牛羊肉7.5公斤、奶及奶制品7.5公斤，与1984年相比，分别增长27.7%、2.3倍、74倍。

衣着消费趋向时尚，穿着更加舒适高档。改革开放后，随着农民温饱问题的解决，衣着消费观念逐步更新，其突出的变化是，对原布的购买量逐步下降，对成衣的购买量逐步增加，并越来越讲究穿着的质量、款式、花样，且趋于高档化、城市化。2017年，人均衣着消费支出719元，比1981年的人均20元增长了35倍，年均递增10.5%。过去一统天下的布鞋、胶鞋和凉鞋，已被各种皮鞋、旅游鞋、时装鞋所替代，2017年宁夏农村居民人均鞋类支出168元，占衣着消费支出的23.4%。

住房日趋宽敞舒适，居住环境持续改善。改革开放后，特别是十八大以来，随着新农村建设、精准扶贫政策的落实，各地不断加大危房改造力度，排排砖瓦房个个新村落拔地而起，成为农村经济快速发展最鲜明的写照。一是居住宽敞明亮。农村居民人均年末住房面积由1983年的10.3平方米，增加到2017年的32.3平方米，增长2.2倍。2017年，砖木结构和钢筋混凝土结构住房面积达到31.8平方米，占住房面积的98.4%，比1981年的40.2%提高了58.2个百分点；二是居住条件改善。2017年，平均每平方米住房价值达到909元，是1981年的4.1倍。全区8.1%的农户住房拥有水冲式厕所，96.0%的农户住房拥有取暖设备，89.7%的农户使用炊事清洁燃料，90.5%的农户饮用安全卫生水，63.8%的农户住宅外有水泥或柏油路面。

高档生活用品从无到有，普及程度迅速提高。农村居民对耐用品的消费从自行车、手表、缝纫机、收音机“老四件”，到电视机、洗衣机、录音机、电冰箱、电风扇、影碟机“新六件”，再到抽油烟机、热水器、空调、家用计算机等新型耐用消费品，消费档次大大提高。到2017年底，农民家庭每百户耐用消费品拥有量：电冰箱95台、洗衣机101台、热水器82台，一些农户还购买了抽油烟机、微波炉、空调等生活用品。

社会事业蓬勃发展，交通、通信、文教、医疗成消费亮点。随着精准扶贫战略的大力实施和新型农村合作医疗的全面推进，宁夏农村文教、卫生、通信等社会事业迅速发展，成为十八大来农民生活消费新亮点。2017年，宁夏农民人均交通通信、文教娱乐和医疗保健支出达4034元，比1983年的人均13.5元增长297倍。其中，交通通信支出1688元，1983年为1.2元；文教娱乐支出1194元，1983年为7.4元；医疗保健支出1152元，1983年为4.9元。2017年，每百户农民家庭拥有家用汽车28辆，摩托车72辆，电动自行车64辆、移动电话290部，其中接入互联网的手机162部。

1978年后，国家和地方政府不断加大对农村各种基础设施的投入力度，农村居民生存环境极大改善。2017年，已全部实现村村通电、通电话、通公路，通公共汽车率为86.6%，56.2%的村庄安装了健身器材。农村义务教育阶段学生杂费全部免除，新型农村合作医疗实现全覆盖。

单位:%

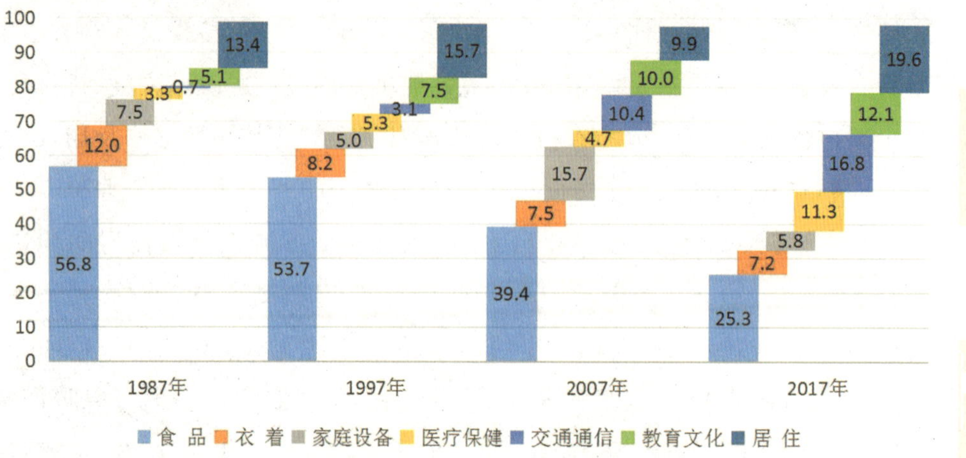

图3　主要年份宁夏农民生活消费结构变动图

宁夏回族自治区成立六十年,农民生活实现了三次重大跨越。1984年,农民的恩格尔系数为58%,首次降到60%以下,实现生活质量的第一次跨越——由贫困到温饱;1981—1999年,农民的恩格尔系数在50%—59%之间,农民由基本解决吃饭穿衣问题到温饱,农村居民生活消费水平处在温饱阶段。2000年,农民的恩格尔系数降到50%以下,实现了农村居民生活质量的第二次跨越——由温饱到小康;2000—2009年,农民的恩格尔系数在40%—50%之间,农村居民生活消费水平整体处在小康阶段。2010年以后,农民的恩格尔系数降到40%以下,实现了农村居民生活质量的第三次跨越——由小康到富裕。

执笔人:苏春燕

风雨兼程扶贫路　硕果累累满枝头

——宁夏贫困地区脱贫显实效

自治区成立60年来，宁夏贫困地区各族人民认真贯彻改革开放的各项方针政策，深入实施脱贫富民战略，从“三西”扶贫到“八七”攻坚，从“双百”计划到移民吊庄，从黄河善谷到生态移民，从“大水漫灌”到“精准滴灌”……扶贫，一直是这里民生发展的主旋律。特别是十八大以来，在自治区党委、政府的正确领导，在兄弟省区和国家各部委大力支持下，宁夏扶贫开发工作精确瞄准贫困群体实施整村推进，以农村基础设施建设、产业帮扶、生态移民、劳动力转移培训为切入点，在精准识别、精准施策、精准帮扶、精准脱贫上取得显著实效，为贫困地区农民增收带来新景象。

一、精准扶贫显成效，农民收入上台阶

(一)收入保持快速增长。

自治区成立60年来，宁夏贫困地区(包括盐池县、同心县、红寺堡区、原州区、西吉县、隆德县、泾原县、彭阳县9县(区))农民收入不断跨上新台阶，从自治区成立初期的不到100元增长至2017年的8347元，特别是改革开放以来，贫困地区农民得益于经济长足发展，得益于各项扶持政策的红利，得益于自身的艰苦奋斗，农民人均可支配收入从1977年的74.3元增加到2017年的8347元，40年间增长了111.3倍，年均增长12.5%，超出全区农村平均水平0.1个百分点。

单位：元

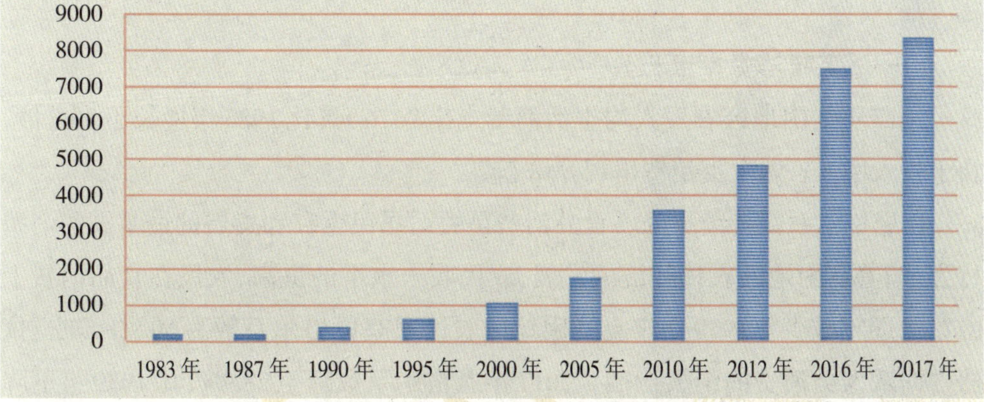

图1　主要年份贫困地区农民人均可支配收入

(二)与沿黄灌区平均收入水平差距不断缩小。

2017年宁夏贫困地区农民人均可支配收入是全区农村平均水平的77.7%,是沿黄灌区农村平均水平的65.9%,沿黄灌区与中南部贫困地区农民可支配收入收入为1.52:1,是改革开放以来历史最低水平。自治区成立60年来,宁夏沿黄灌区与中南部贫困地区农民可支配收入差距经历了从低到高再到低的过程:1978年宁夏沿黄灌区与中南部贫困地区农民收入比为1.21:1,但随着市场经济对宁夏农民收入的影响不断加大,这一比例最高时达到了2000年的2.68:1,十八大以来,随着精准扶贫工作的深入推进,2017年降至新低1.52:1,差距明显缩小,这说明近年来宁夏农民收入增长正在向良性方向发展。

(三)持续增收能力不断提高。

随着贫困地区农民就业机会增多,农民工资性收入占可支配收入的比重不断增加。另外,近年来精准扶贫出台多项政策提升农民生产、创业技能,积极拓展农民就业渠道和职业专业化程度、大力发展乡村特色旅游业,为贫困地区第二、第三产业发展提供了契机。2017年宁夏贫困地区农民人均工资性收入3470元,与1978年相比,年均增长10.5%,占可支配收入的比重为41.6%,成为农民收入增长的主导。对传统农业的依赖下降,2017年贫困地区农民人均经营净收入3479元,与1978年相比,年均增长13.2%,保持了稳定增长,但一产经营净收入占经营净收入的比重与1978年相比出现下降,与此同时,非农产业收入占比逐年上升。农业不再是贫困地区农民家庭经营收入的主要来源,贫困地区农民从事非农行业的种类更加广泛,收入来源更加多样。2017年,贫困地区农民人均财产性和转移性收入1397元,与1978年相比,年均增长16.5%,占可支配收入的比重为16.7%。

二、消费结构喜改善,同步走向小康路

(一)八大项消费齐增长。

2017年贫困地区农民人均生活消费支出7676元,比1985年增长了40.3倍,快于收入增长。八大类消费出现齐增态势。

1. 恩格尔系数持续下降。食品消费是关系居民生存和发展的最基本的消费行为,随着贫困地区农村经济的发展,农民收入水平的提高,农民在食品消费上的花费逐年减少。1979年宁夏贫困地区农民家庭恩格尔系数为69.8%,“吃”依然占据八大类消费的绝大份额。2017年恩格尔系数降至28.9%,比1979年下降了40.9个百分点。贫困地区农民生活整体由缺吃少穿向温饱和小康迈进。

2. 穿衣打扮越来越讲究。穿着打扮体现人的精神面貌，随着生活水平的逐步提高，“御寒保暖”“有衣可穿”的衣着需求已经逐渐成为过去，贫困地区农民对服装的选择也开始注重品牌与款式，讲究时尚、质感。2017年宁夏贫困地区农民人均衣着消费支出540元，比1979年增长32.1倍，年均增长9.6%。随着交通和物流行业的发展，贫困地区农民购买衣着的渠道也变宽，衣着类消费占比从1979年的17.6%降至7.0%。

3. 居住消费成为农村消费的亮点。随着新农村建设、美丽乡村建设、危房改造等项目在贫困地区实施，农村居民居住环境大为改善。2017年贫困地区农民人均居住消费支出1490元，比1979增长338.6倍，比2000年增长15.4倍。贫困地区人均住房建筑面积从1985年的10.3平方米，增长到2017年的28.0平方米，增长2.7倍。在人均居住面积增加的同时，住的舒适已经成为农民新的追求目标，贫困地区农村居民住房中有了卫生设施，太阳能热水器、空调的户数比重均有所提高。

4. 中高档耐用消费品拥有量稳步提升。随着农村用电、用水等基础设施建设投入力度的加大，农村家电下乡政策、电价补贴等一系列惠农政策的实施，贫困地区农民家庭拥有的耐用消费品不仅品种丰富，而且数量也日益增多。电视机、洗衣机等“老三件”在贫困地区农民家中已经普及，热水器、电冰箱、微波炉等家用设备在农村实现快速发展。贫困地区每百户拥有的黑白电视机从1983年的0.5台到1999年的58台，增长了115倍，彩色电视机从1983年没有到1999年每百户拥有26台，到2017年达到每百户拥有117台。洗衣机由1987年的1.2台，增长到2017年的94台。20世纪80、90年代，冰箱和电话只是农民心中的一个梦想。2017年贫困地区每百户拥有电冰箱86台。微波炉、空调、计算机、健身器材、中高档乐器也开始走入贫困地区农民的生活

5. 交通通信越来越通畅。随着农村经济的快速发展，现代化的交通和通信工具进入贫困地区农民家庭。一方面，手机和网络已经成为人们互相沟通的重要工具和方式。据调查资料显示，2000年宁夏贫困地区农民家庭每百户拥有的电话机仅有6台，2010年达到55台，年均增长24.8%。移动电话从2001年的0.8部增长到2017年293部，年均增长44.6%。另一方面，贫困地区农民所使用的交通工具越来越先进，交通费用支出也大幅增长。1983年贫困地区农民每百户拥有自行车的数量是53辆，摩托车汽车都属于奢侈品，1993年，每百户拥有自行车112辆，摩托车3辆，2015年摩托车拥有量达到90辆，摩托车成为了农民进城务工、办事经商的重要交通工具。居民家庭的交通支出和通信费用所占的比重由

1985年的0.4%上升到2017年的13.9%。

6. 文化娱乐服务增多，义务教育支出下降。由于实行农村中小学生义务教育阶段学杂费和书本费减免政策，贫困地区中小学生还享受“营养早午餐”“雨露计划”等教育救助专项补贴。1985年人均教育文化支出5元，占生活消费支出比重为2.7%，2005年支出111元，占比为6.8%，年均增长16.8%。2005—2010年间，随着贫困地区教育减免政策的深入实施，教育支出比重出现下降趋势。随着贫困地区农村经济的不断发展和农民收入的稳步提高，旅游休闲也走入寻常农家。近年来，宁夏全域旅游的进一步开阔，乡村旅游的崛起，农民家门口就是景区、景点，旅游休闲不再是贫困地区农民“痴心妄想”的事情。

7. 医疗保健消费支出呈下降之势。随着贫困地区新型医疗合作制度的推广和农村药品市场的逐步规范，贫困地区农民看病难、就医难问题解决取得明显实效。1985年，宁夏贫困地区农民人均医疗保健消费支出4元，占消费支出的2.2%，2005年人均医疗支出147元，占比9.1%，2017年人均医疗保健支出845.9元，比1985年增长191倍占生活消费支出的11%，乡村医疗条件的改善，贫困地区农民不再害怕生病、生不起病。2005年以来，宁夏对贫困村实施分期分批整村推进扶贫工作，“大病保险”“贫困保险”等精准扶贫健康政策的实施，贫困家庭因病致贫率也逐年下降。

8. 化妆、装饰等奢侈品消费看好，网购成为农村新时尚。随着农村经济的发展、农民收入的增加，农民愈来愈注重生活质量，购买化妆品、美容美发、项链、戒指等曾经不太敢想的奢侈品，开始受到部分农民青睐。2017年贫困地区农民人均消费支出118元，比1985年增加117.5元，年均增长18.6%。农民从网上购买化妆品、衣服及其他家庭用品支出明显增加。

（二）“三个升级”，质更优。

改革开放以来，农村消费环境的显著改善、农民收入的大幅增长，促进了贫困地区农民消费水平的快速提高，消费结构持续优化升级，正在由生存型消费向发展型和享受型消费升级、由物质型消费向服务型消费升级、由传统消费向新型消费升级。

表2　主要年份宁夏贫困地区农民消费结构表

单位:元/人

年份	1985年	1990年	1995年	2000年	2005年	2010年	2015年	2017年
生活消费支出	185.9	295.4	743.3	906.3	1624.3	3002.6	6646.3	7675.6
食品烟酒	118.6	203.6	499.4	544.9	803.7	1394.3	2231.6	2215.1
衣着	22.4	25.0	51.9	54.6	100.4	212.2	525.2	540.1
居住	20.7	29.7	65.3	97.0	232.1	483.2	1159.5	1490.1
生活用品及服务	13.5	13.3	40.7	35.1	58.1	164.4	393.8	467.9
交通通信	0.8	4.6	17.4	38.9	151.5	257.1	801.3	1066.4
教育文化娱乐	5.0	11.6	33.6	80.9	111.3	172.4	781.7	932.4
医疗保健	4.4	6.8	29.6	39.9	146.9	260.2	657.2	845.9
其他用品和服务	0.5	0.8	5.4	15.0	20.4	58.9	95.8	118.0

1. 从生存型消费向发展型和享受型消费升级。农村居民用于食品烟酒、衣着和居住的消费支出规模不断上升,在整个消费支出中的比重不断下降。1985—2017年农村居民消费支出中食品烟酒、衣着和居住的人均消费规模从162元提高到4245元,支出占比从87.1%下降到55.3%。(见图2)

单位:%

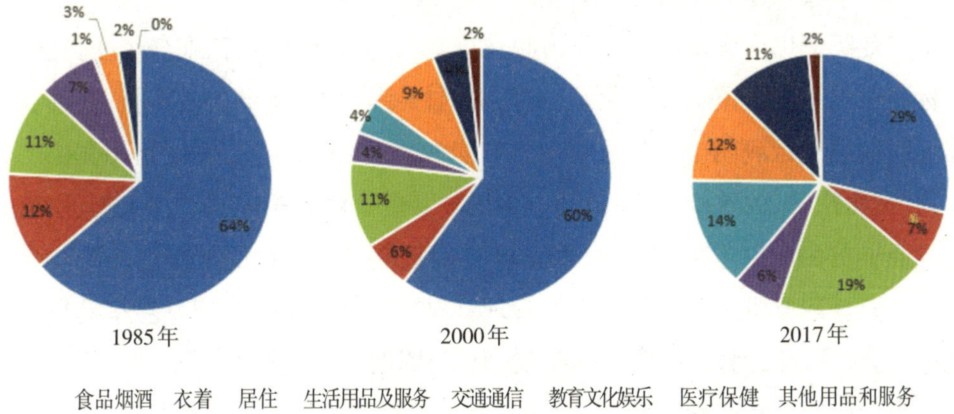

图2　主要年份宁夏山区农民消费支出结构表

2. 从物质型消费向服务型消费升级。农村居民对服务性消费支出明显增加,已经成为农村居民消费的新亮点。医疗保健、交通通信、文教娱乐以服务型消费为主的消费支出从1985年的10元增加到2017年的2845元,支出占比从5.4%上升到37.1%,服务性消费成为生活消费的主流。

3. 从传统消费向新型消费的升级。随着互联网向农村加速渗透，国家加快农村网络建设，大幅提升宽带网络速率，支持互联网 + 农业和农村电商配送，着力解决信息消费面临的突出问题，网络购物渐成农村居民新的消费方式。随着80后、90后成为社会的中坚力量和最重要的消费主体，这一群体更加注重消费的体验、消费的个性化。贫困地区农民人均交通通信消费支出由1985年的0.8元增加到2017年的1066元，出现消费的历史性突破。

三、生活条件大变样，跨上致富快车道

（一）基础设施状况有了大改善。

据自治区扶贫办公布数据显示：2017年宁夏336个整村推进及脱贫销号村的脱贫情况和“五通八有”较之前有较大改善。通广播电视率达到100%，通信息率达到97.3%，贫困地区和外界交流程度大大提高，基本改变了信息闭塞、与外界交流少，思想守旧的状况；“要想富，先修路”，宁夏336个村通公路率达到97.3%，通客车达到97.6%。农村公路通了，改善了贫困地区农民生产生活条件，激活了农村经济发展的潜力，刺激了农村居民消费的多样性，树立了“村容整洁”和“乡风文明”的社会主义新农村。20世纪80年代初期，宁夏贫困地区农民多喝窖水、苦咸水和污染水，2017年宁夏贫困地区99.7%的贫困村农民家中有自来水，改善了贫困地区农民长期不安全不卫生的饮水造成的健康危害。

（二）文化教育卫生扶贫实现贫困人口全覆盖。

宁夏把文化扶贫惠民工程作为脱贫攻坚的一项重要内容，在各个扶贫县区，高标准建成一批乡镇综合文化站，实现贫困村综合文化服务中心全覆盖。同时，加大对贫困地区刺绣、剪纸、泥塑等手工艺文化产品的开发，发展相关文化产业作为“文化扶贫”的重要内容，推动文化增收富民。随着精准扶贫深入推进，建立建档立卡贫困家庭学生信息库，对全区贫困家庭中正在接受教育的各阶段学生进行全面登记造册，建立档案，动态管理。对建档立卡贫困家庭学生享受资助情况进行全程跟踪，因情施策，确保其获得有效资助，完成学业。

推动优质医疗资源下沉，公立医院全部取消药品加成，乡镇远程会诊、村级标准化卫生室基本实现全覆盖。2016年，我区制定《宁夏精准扶贫“扶贫保”工作实施方案》，为全区15万户建档立卡贫困户、58万建档立卡贫困人口提供精准扶贫“扶贫保”产品，除家庭成员意外伤害保险，“扶贫保”还包括大病补充医疗保险、借款人意外伤害保险和优势特色产业保险。切实减少建档立卡贫困户因意外和因病返贫、致贫的情况。

（三）生活用燃料有了大变化。

随着农村经济的不断发展，农民生活水平得到迅速提高，农村居民日常生活用燃料也发生了质的变化。传统的以农作物秸秆、柴草、树枝等日常生活用品燃料已逐步被煤炭、液化气、沼气等替代。据调查显示：2017年宁夏8个国定贫困县农户家中以煤炭为主要炊用能源的农户占34.4%，以电为主要炊用能源的农户占48.5%，还使用柴草为炊用能源的仅占15.3%。

综上所述，六十年的沧桑巨变，六十年的光辉历程进一步说明，自治区成立六十年来，经过历届各级党委、政府坚持不懈的努力，各族人民艰苦奋斗，宁夏实现了从输血式、救济式扶贫向造血式、开发式扶贫转变，从分散帮扶、普惠扶持向精准扶贫、精准脱贫转变，形成了党政主导、全社会参与的扶贫工作机制，专项扶贫、行业扶贫、社会扶贫"三位一体"大扶贫格局不断巩固提升，扶贫开发工作取得显著成效，中南部地区面貌发生了脱胎换骨的变化。贫困地区各族群众生活总体上实现了从贫困到小康的历史性跨越，正意气风发的朝着全面建成更高水平的小康社会目标阔步前进。

执笔人：哈婷

宁夏农民工发展变化情况

农民工是我国改革开放后社会经济发展的特殊群体，40年来，宁夏农民工规模不断壮大，新生代农民工占据半壁江山；农民工就业、文化程度、劳动技能、收入水平以及社会保障程度发生显著变化。

一、农民工变化特征

（一）历史发展变化引领农村劳动力转移。

1958年，我国的农民也曾向城市转移，但具有盲目性和分散性。1978年，随着改革开放大潮，越来越多的农村富余劳动力向城市转移，以巨大的流动人口形式涌入城市，去追寻世世代代、祖祖辈辈期盼的“城市梦”，农民工这一特殊社会群体随之产生，被称为我国现代化建设的一支新型劳动大军。1979年至1983年，家庭联产承包责任制开始实行，户籍制度和农产品统购统销制度限制，大批知青进城和下放职工落实政策回城，城市就业压力加大，严禁农民工流动。1984年以前的改革初期，农村劳动力向非农产业转移的主要模式是“离土不离乡，进厂不进城”。

1985年开始，越来越多的农村富余劳动力转移到城镇和乡镇企业就业，国家政策允许农民自带口粮进城务工。据抽样调查资料推算，1978—1987年，宁夏农村转移到非农产业的劳动力年均1.1万人左右。1988—1991年，受宏观经济政策治理整顿以及农村劳动力自身条件影响，宁夏农村劳动力转移徘徊不前。

1992年，党的十四大召开，正式确立了我国建立社会主义市场经济目标，东部发达地区经济快速发展，国家对劳动力流动政策是输出地有组织、输入地有管理、流动中有控制。各级政府对劳动力流动主要采取从单纯限制转向控制与规范的办法，宁夏农村劳动力开始大规模转移。1992—1996年，宁夏农村劳动力移到非农产业年均3.1万人左右。

1997年以来，国家确立了市场经济改革思路，积极推进城乡劳动力市场一体化和劳动力自由流动。宁夏全面启动了实现农村基本小康建设目标，宁夏南部山区吊庄移民和扶贫开发力度进一步加大，农业产业化和工业化稳步推进，西部大开发战略实施，为广大农民在非农产业就业提供了良好的环境，宁夏农村劳动力转移速度加快。1997—2007年，宁夏农村劳动力转移到非农产业年均4余万人。

（二）乡镇企业发展带动农村劳动力就业岗位增加。

20世纪90年代开始，东部乡镇企业发展异军突起，个体私营企业开始崛起，农民工流动从“离土不离乡”就地转移，到出现“离土又离乡”大规模“民工潮”现象。大量农民工来到城市，填补了城市“剩余”就业岗位，但他们不属于城市人，是城市中的边缘群体。这个时期的农民工就业流动性强，有的在农闲季节外出务工、亦工亦农，有的长期在城市居住、生活和工作，成为产业工人的重要组成部分。他们虽然尚未成为城市居民，但与农民有很大区别，生产生活方式、思想观念已受到现代城市的熏陶。90年代的宁夏农民工从业地点往往选择自己家乡的周围城镇，以乡镇企业打工为主，从业人员中以男性为主。

（三）政策驱动推动农民工规模不断壮大。

进入21世纪，国家对农民工政策发生了根本性转变，放开并支持农村劳动力流动。以2002年党的十六大为起点，政策目标从单纯的就业向就业、安居、公共服务、城市融入等综合目标转变。经过改革开放40年的发展变迁，中国社会阶层结构出现新变化，工人队伍空前壮大，农民工成为工人队伍中庞大的新生力量。据抽样调查资料推算，2009—2017年，宁夏农民工平均每年增加3万人，2017年，宁夏农民工总量达到96.9万人，占农村从业人员的四成以上。

二、农民工规模构成特点

（一）农民工总量大幅增加。

改革开放40年，随着城镇化进程不断推进，宁夏各级党委、政府高度重视农民工问题，先后制定了一系列保障农民工权益和改善农民工就业环境政策措施，取得显著成效。宁夏农村劳动力从农业生产中转移速度加快，农民工从无到有，从少数农村劳动力外出打工到大规模农民工涌向城市，规模不断壮大。据抽样调查资料推算，2009年底，宁夏农民工总量达73万人，到2017年自治区第十二次党代会召开，宁夏农民工总量增加到96.9万人，8年间增加了23.9万人，增长32.7%，年均增长3.6%。

（二）本地农民工增速加快。

从2013年到2017年宁夏农民工总量及构成变化情况看，本地农民工与外出农民工均以两位数增长，本地农民工增速快于外出农民工，所占比重呈上升趋势。农民工愿意回家乡务工，表明城乡差距、地域差距逐渐缩小，农民工在家乡不仅有务工收入，而且还有宅基地、承包地等收益。据抽样调查资料推算，2017年，宁夏本地农民工21.8万人，比2013年增加5.7万人，增长35.4%；外出农民工75.1万人，比2013年增加7.1万人，增长10.4%，本地农民工增速高出外出农民工25个百分点。从农民工总量构成看，本地农民工占农民工总量的22.5%，比2013年提高3.4个百分点；外出农民工占农民工总量的77.5%，比2013年下降3.4个百分点。

（三）外出务工首选西部地区。

从农民工外出打工地点选择看，农民工在宁夏区内务工人数逐年增加，区外务工人数减少，而区外务工的农民工又首选西部地区。据抽样调查资料推算，2017年，在本乡镇以外外出农民工宁夏区内务工农民工65.6万人，比2013年增加7.9万人，增长13.7%，占农民工总量的67.7%；区外务工农民工9.5万人，比2013年减少0.8万人，占农民工总量的9.8%。其中，西部地区农民工6万人、东部地农民工2.9万人、中部地区农民工0.5万人、其他地区农民工0.1万人；西部地区农民工占农民工总量的6.2%，分别高出东部地区、中部地区和其他地区3.2、5.7和6.1个百分点。

单位：万人

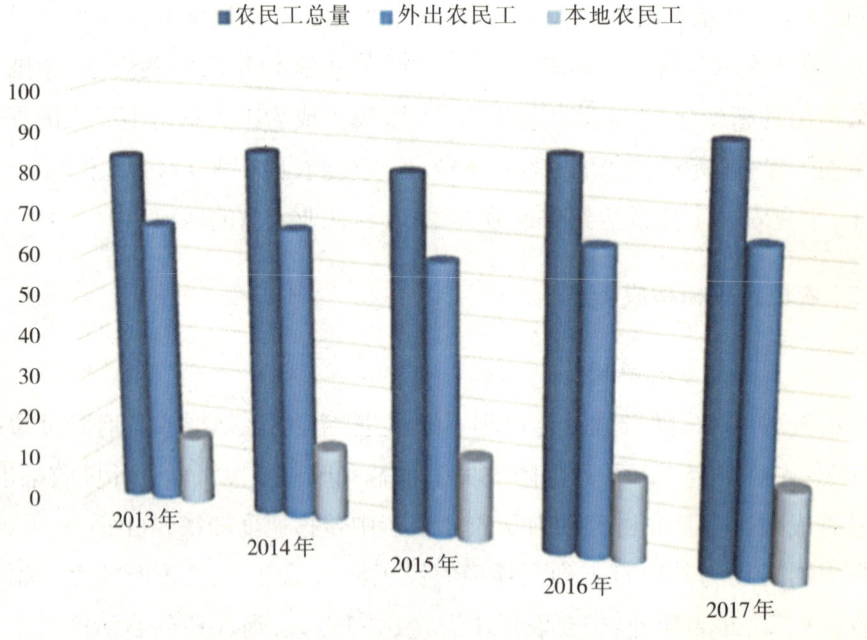

图1　2013—2017年宁夏农民工总量及分布

三、农民工就业结构调整

（一）女性农民工比重上升。

改革开放初期到20世纪90年代末，农民工主要从事城市繁重和高危体力劳动，流动性强，没有固定的工作地点，多以男性为主。随着农业现代化的快速发展，农业机械化水平不断提高，农村富余劳动力增加，越来越多的女性农民从土地中“解放”出来，她们纷纷走出农村外出打工。2017年，女性农民工比重上升。女性农民工27.9万人，占28.8%，比2013年提高4.1个百分点；男性农民工69万人，占71.2%，比2013年下降4.1个百分点。青壮年农民工占五成以上。40岁以下农民工占54.9%，比2013年下降12.3个百分点；农民工老龄化趋势显现，2013至2017年，40岁以上农民工比重逐年上升，分别为32.8%、33.8%、40.0%、41.4%、45.1%，2017年比2013年提高12.3个百分点。

表1 2013—2017年宁夏农民工年龄构成

单位：%

	2013年	2014年	2015年	2016年	2017年
16—20岁	5.9	6.3	5.0	3.9	3.2
21—30岁	38.0	34.0	30.8	33.0	31.7
31—40岁	23.3	25.9	24.2	21.7	20.0
41—50岁	21.8	22.4	26.5	29.1	28.1
50岁以上	11.0	11.4	13.5	12.3	17

（二）农民工文化程度提高。

从农民工受教育程度看，宁夏农民工文化程度不断提高，外出农民工文化程度高于本地农民工，新生代农民工文化程度高于老一代农民工。2013至2017年高中及以上的农民工文化程度比重逐年上升，分别为21.4%、22.7%、23.8%、24.3%、26.6%，2017年比2013年提高5.2个百分点。

（三）农民工就近就业转移加快。

从改革开放初期，国家严禁农民工流动，到80年代国家默许农民流动，再到20世纪90年代国家鼓励和引导农村剩余劳动力逐步向非农产业转移，从2002年国家开始放开并支持农民工流动。但近几年宁夏外出农民工回流现象显现。与此同时，宁夏相继出台了鼓励农民工返乡创业的优惠政策，对返乡农民工加强职业技能培训，给予创业辅导和创业技能补贴，宁夏农民工就业流向发生变化，逐渐由外出向本地回流，农民工返乡就近就业转移速度加快。2017年与2013年相比，本地农民工增速高出外出农民工25个百分点；乡外县内农民工36.2万人，增速达22.3%；县外区内农民工29.4万人，上升4.6%；从转移到区外就业情况看，“西进”比重位居榜首，相邻省份，新疆、陕西、内蒙古是宁夏农民工外出就业主选省份。

单位：万人

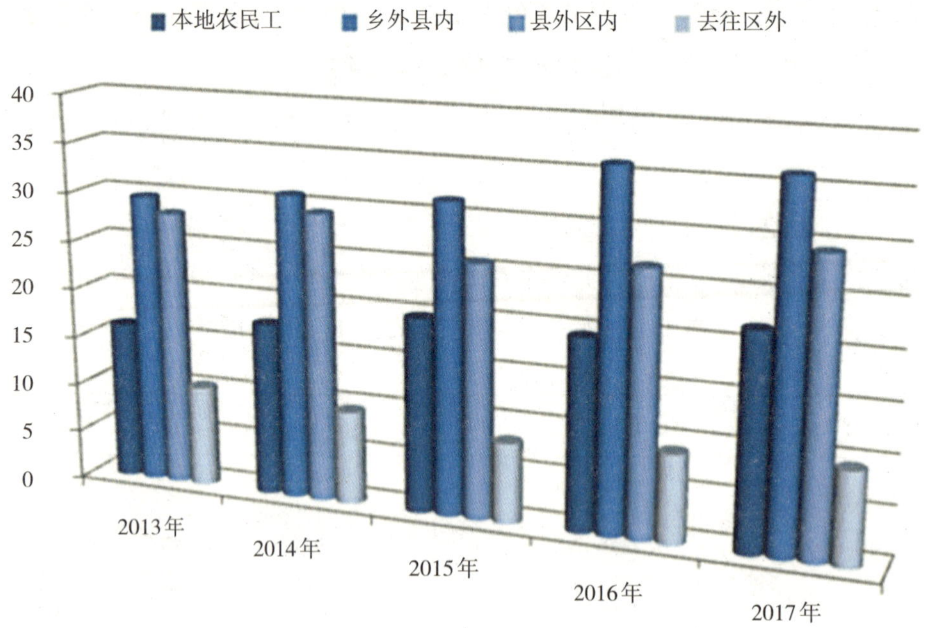

图2　2013—2017年宁夏农民工流向变化情况

（四）农民工就业结构多元化。

外出农民工就业稳定性提高，行业涉及领域广泛。从外出农民工从事现职时间看，2017年，从事当前工作年限2—5年的占25.7%，比2013年提高2.8个百分点。从不同职业看，宁夏农民工涉及职业领域广泛，分别从事于生产设备操作、运输、专业技术、商业、服务业等领域。从不同产业看，从事第一产业、第二产业比重下降，第三产业比重上升。2017年，宁夏农民工从事第一产业0.8万人，占农民工总量的0.8%，比2013年下降0.4个百分点；第二产业40.5万人，占农民工总量的41.8%，比2013年下降8.9个百分点；第三产业55.6万人，占农民工总量的57.4%，比2013年提高9.3个百分点。从不同行业看，农民工从事行业趋于多元化，从业结构调整，但主选行业仍为制造业和建筑业。近五年，宁夏农民工从事制造业比重均占13%以上，建筑业均占23%以上。受宏观经济形势及固定资产投资等因素影响，房地产市场发展速度放缓，建筑工程开工不足，从业人员减少，比重呈下降趋势，2017年与2013年相比，建筑行业比重下降5.5个百分点，制造业下降2.4个百分点。随着电子商务的快速发展，快递业呈现良好发展势头，从业人员逐年递增，带动交通运输、仓储和邮政业比重上升，2017年占12.7%，比2013年上升2.5个百分点。

表2 2013—2017年宁夏农民工行业分布构成

单位:%

指 标	2013年	2014年	2015年	2016年	2017年
第一产业	1.2	0.6	1.1	2.1	0.8
第二产业	50.7	45.8	41.7	41.9	41.8
制造业	16.3	13.8	13.4	14.2	13.9
建筑业	28.6	25.2	23.1	23.1	23.1
第三产业	48.1	53.6	57.2	56.0	57.4
批发和零售业	10.3	11.8	14.4	14.0	13.3
交通运输仓储和邮政业	10.2	10.1	12.3	12.4	12.7
住宿和餐饮业	8.6	8.5	8.7	7.4	7.3
居民服务修理和其他服务业	10.1	11.3	10.3	9.5	9.0

(五)农民工选择就业方式多样化。

具有群体特征的农民工相对比较封闭,城市生活空间有限,具有很强的血缘、亲缘和地缘传统意识,喜欢结集"同乡会"同舟共济。从外出就业选择方式看,农民工以自发方式为主,占68.1%;政府(单位)组织占1.1%;中介占1.1%;亲朋好友占27.8%;其他方式占1.9%。

(六)新生代农民工市民化意愿增强。

2010年中央一号文件首次使用了新生代农民工提法,宁夏新生代农民工不断壮大,改变了农村从业人员结构,为农村从业人员素质的提高和观念的转变起到了促进作用。据推算,2017年宁夏新生代农民工占农民工总量的五成以上。新生代农民工文化素质高,视野开阔,对新生事物适应能力强;属于发展型农民工,价值观和生活方式逐渐城市化,对物质和精神的享受追求较高,更看重工作环境和发展前景;具有较强的维权意识和法律意识,敢于用法律手段维护自身权利;对工资待遇和社会保障要求高,消费欲望较强。因此,新生代农民工具有彻底融入城市的强烈需求和趋势,渴望扎根城市,市民化意愿不断增强。

四、农民工收入增加,社会保障程度提高

(一)农民工工资增长。

随着宁夏经济持续健康稳步发展,各级政府对农民工工作非常重视,先后多次出台提高最低工资标准、提高农民工工资待遇、保障农民工合法权益等政策措施,农民工工资水平不断提高,高收入人群比重上升,交通运输仓储业收入位居榜首,东部地区收入高于其他地区。宁夏外出就业农民工月均工资收入从2009

年的1544元增加到2017年的3758元，八年间增加了2214元，增长1.4倍，年均增长11.8%。从收入分组看，2017年与2013年相比，高收比重提高，3000–5000元占49.6%，提高8个百分点；5000元以上占19.4%，提高9.7个百分点。从地区收入情况看，东部地区收入增速高于其他地区。2017年，东部地区月均收入5219元，年均增长16.9%；中部地区月均收入5790元，年均增长15%；西部地区月均收入3661元，年均增长5.2%。分行业收入看，2017年，交通运输、仓储和邮政业收入位居榜首，月均达6247元；建筑业位居第二，月均4002元；制造业位居第三，月均3492元。

单位：元

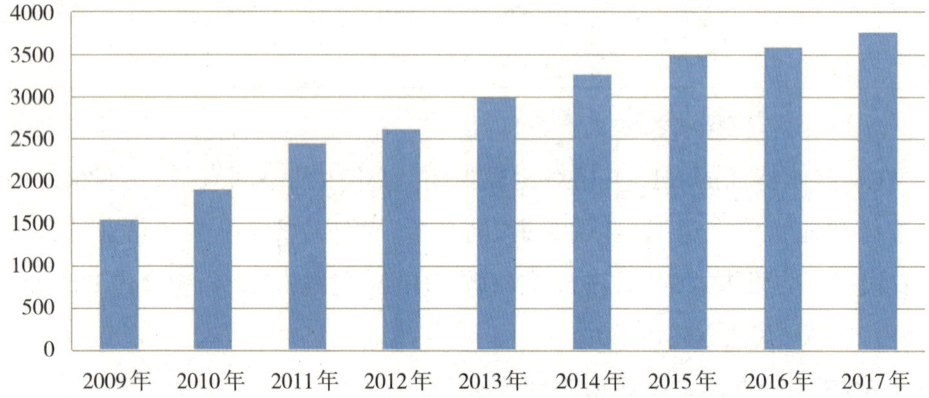

图3　2009—2017年宁夏农民工月均收入变化情况

（二）农民工合法权益得到保障。

近年来，宁夏各地各部门高度重视农民工权益保障问题，不断促进用工单位与农民工依法签订并履行劳动合同，扩大社会参保覆盖面。宁夏外出农民工签订劳动合同比例逐年提高。2013年至2017年，分别为27.8%、29.5%、31.8%、32.5%和33.8%。宁夏农民工参加医疗保险和养老保险的比重分别由2013年的99.1%和68.4%，提高到2017年的99.9%和76.9%，医疗保险参保基本实现全覆盖，养老保险参保率有待提高。2017年，单位或雇主为外出农民工缴纳养老保险的占13.8%、工伤保险占19.8%、医疗保险占15.3%、失业保险占13.6%、生育保险占9.4%、住房公积金占6.8%，分别比2013年提高5.2、7.1、5.0、7.2、5.7和2.3个百分点。

表3 2013—2017年宁夏农民工缴纳五险一金比例

单位:%

指 标	2013年	2014年	2015年	2016年	2017年
缴纳养老保险	8.6	9.2	11.5	10.7	13.8
缴纳工伤保险	12.7	12.9	14.3	19.0	19.8
缴纳医疗保险	10.3	10.2	12.4	13.6	15.3
缴纳失业保险	6.4	7.6	10.9	10.4	13.6
缴纳生育保险	3.7	4.9	7.2	7.4	9.4
缴纳住房公积金	4.5	5.3	6.4	6.8	6.8

(三)农民工工资拖欠有效控制。

政策先行,多措并举。宁夏各级党委、政府及时出台各项措施,全面治理拖欠农民工工资现象。相关部门坚持把解决拖欠农民工工资联动机制与构建和谐劳动关系、完善农民工工资保证金制度及建立高效的清欠办案机制相结合。在企业和用人单位内积极建立劳动保障守法诚信制度、工资支付保证金、农民工工资发放实名制、欠薪应急周转金等制度,确保农民工工资及时发放到位,农民工工资拖欠情况明显好转。2017年,单位或雇主拖欠农民工工资的比重仅占3.9%,比2013年下降5.8个百分点。

执笔人:黄亚萍

注:1. 农民工统计口径:户口性质为本地农业户口且在本年度从业状况属于以下几种情况:(1)外出农民工,即外出从业6个月及以上的农村劳动力;(2)本地农民工,即从事本地非农活动6个月及以上的农村劳动力;(3)期末举家外出的农村劳动力。

2. 数据来源:《50年城乡巨变》;《宁夏农民工监测调查》;《宁夏农民工市民化进程动态监测调查》。

粮食生产实现跨越发展

民以食为天，粮食是稳定社会、发展经济，实现百姓安居乐业的基础。粮食问题始终关系着一个国家、地区和民族的安全。宁夏农业发展历史悠久，银川平原自古以来就有“塞上江南”的美誉。1949年中华人民共和国成立以来，国家和自治区政府高度重视宁夏粮食生产，特别是1978年改革开放以后，在国家扶贫开发政策有力支持下，在宁夏党委、政府的大力扶持下，各级政府加大农业基础设施建设，为实现农业跨越式发展奠定了稳固的基础，全区粮食生产呈现持续稳定的良性增长态势。

一、宁夏粮食生产发展历程回顾

回顾宁夏粮食生产60年的发展历程，大致可分为五个阶段：

(一)第一阶段(1949—1966年)，粮食生产恢复发展期。

中华人民共和国成立初期，宁夏有步骤地完成了民族地区土地改革，彻底改变了长期束缚生产力发展的封建生产关系，充分调动起了广大农民的种粮积极性。1958年宁夏回族自治区成立时，全区粮食产量69.63吨，与解放初期相比增长了1倍。但1960—1962年期间因遭受严重的自然灾害，农业生产全面下滑，后经1963—1966年3年的调整恢复，宁夏农业生产开始走出低谷，1966年粮食产量达到80.9万吨，与1958年相比增长16.2%。这一时期，通过引导农民走互助合作道路，解放了生产力，同时在改善农业基础设施、提高农业物质装备水平、加快农业科技进步等方面取得了一定成效，生产方面以稳定扩大种植面积，发展传统优势品种为主。

(二)第二阶段(1967—1978年)，粮食生产缓慢增长期。

1967年宁夏粮食产量89.5万吨，虽然经历了“文化大革命”“人民公社”，压抑了农民的生产积极性，但“农业学大寨”期间，加强农田基本建设、农业机械化运动的开展也增强了粮食生产的物质技术基础，为今后的粮食生产发展打下了良好的基础条件。1978年宁夏粮食产量增长到118万吨，与1967年相比提高31.8%。这一时期玉米种植开始在宁夏推广使用，化肥施用量也开始大幅增加，全区粮食产量呈现缓慢增长趋势。

（三）第三阶段（1979—1998年）粮食生产快速增长期。

1979年党的十一届三中全会后，宁夏农村积极推行落实家庭联产承包生产责任制，农村改革政策的实施再一次调动起了广大农民的生产积极性，农业生产获得了高速全面的发展，化肥和良种也得到大面积推广使用，科技进步推动粮食产量快速增长，粮食生产发展速度明显加快。1984年粮食产量首次突破150万吨大关，达154.5万吨，全区粮食实现了自给有余，结束了从外地调入粮食的历史，1993年粮食总产突破200万吨大关。1979—1984年的5年间，全区粮食产量跨越了50万吨的增量台阶，年均增量达到8万吨。

（四）第四阶段（1998—2007年）粮食生产结构调整期。

这一时期国家加大对粮食生产补贴力度，因地制宜调整农业生产结构，压缩夏粮面积、扩大秋粮面积，大力发展玉米、马铃薯等优势特色产品，这一时期也是对粮食结构进行调整的最大时期，特别是2005年开始实施的减免农业税政策，进一步调动了农民种粮的积极性，高效优质粮食品种所占比重明显增加。2000年以来自治区党委政府进一步发挥粮食产业优势，积极调整农业产业结构，制定了“稳定面积、提高单产、提质增效”的发展战略，推动高产、高效、高端的“三高”农业生产，全区粮食生产稳步发展，单位产量和总量不断提升，2002年全区粮食总量突破300万吨大关。2007年宁夏粮食播种面积1284.5万亩，与1998年相比增长4.8%。其中，水稻、玉米、马铃薯播种面积与1998年相比分别增长15.8%、43.9%和105.9%，小麦面积减少25.2%。全区粮食产量达323.5万吨，与1998年相比增长9.7%。其中玉米、马铃薯产量与1998年相比分别提升了47.2%和1.03倍。

（五）第五阶段（2007—2017年）粮食生产品质提升期。

这一时期在国家惠农政策的支持下，宁夏农业生产条件得到不断改进，农业科技生产力水平持续增强，全区粮食种植结构进一步优化，玉米、水稻等农作物单产水平也得到不断提高。2011年以来宁夏各地加大农业科技投入，积极推广优质高产良种技术、科学栽培技术，根据土壤情况采用测土配方施肥，加强田间病虫害预测预报系统建设，完善农业科技应用服务体系建设，提高粮食单产水平和产品质量，增强粮食生产抵御自然灾害风险的能力。2012年全区粮食总量突破370万吨，最高的2014年达到377.9万吨。2016年宁夏人均拥有粮食552公斤，粮食人均占有量超过全国平均水平，居全国第七位，西北五省第二位，宁夏粮食生产呈现跨越式发展。2015年自治区加大财政资金对农业的支持力度，整合各类项目资金1.85亿元投入粮食生产及高产创建，以高产创建和绿色增产模式攻关为平台，落实粮油高产万亩示范面积120万亩。2012年宁夏水稻小面积种植亩产达947.5公斤，创历史最高纪录；2015年小麦匀播技术试验点理论亩产超过650公斤，创宁夏小麦单产最高纪录。

二、60年来宁夏粮食生产发展成效显著

60年来，宁夏粮食生产之所以成效显著，实现跨越式发展，以下经验值得汲取。

（一）政策给力，粮食总量60年增长4.3倍。

宁夏的粮食作物主要是小麦、水稻、玉米和马铃薯，以及部分荞麦、豆类等夏、秋杂作物。中华人民共和国成立初期，宁夏积极推进土地改革，全区粮食生产稳步推进，1958年全区粮食产量69.6万吨，与1950年相比增加1.1倍。党的十一届三中全会后，随着农村家庭联产承包责任制的推行，进一步激发了广大农民的种粮生产积极性，1978年全区粮食总产达118万吨，首次突破百万吨大关，粮食生产走上了稳步发展的康庄大道。1993—1998年间，国家出台粮食保护价收购等系列惠农政策，全区粮食总量从205.3万吨跃升至294.9万吨，年均增长18万吨，成为历史增量最高阶段。进入21世纪后，中央连续出台全方位保护农民利益的“三农”一号文件，提出了废止农业税、粮食直补、良种补贴、提高最低收购保护价、农机补贴、农资补贴，以及加大农田基础建设的财政专项支持力度等政策措施，2006年全区粮食总量突破310万吨，并持续9年连创新高。2015年宁夏下达各类种粮强农惠农资金近10亿元，其中：粮食直补资金0.8亿元、农资综合补贴资金6.4亿元、良种补贴资金0.7亿元，并对种粮大户种粮面积达到200亩的每亩给予50元补贴。各项惠农政策的建立完善，充分调动了种植户种粮生产积极性，2017年宁夏实现粮食总产368.2万吨，与1958年相比增加298.6万吨，增长4.3倍，与1978年相比增加250.2万吨，增长2.1倍，全区粮食生产发展强劲。

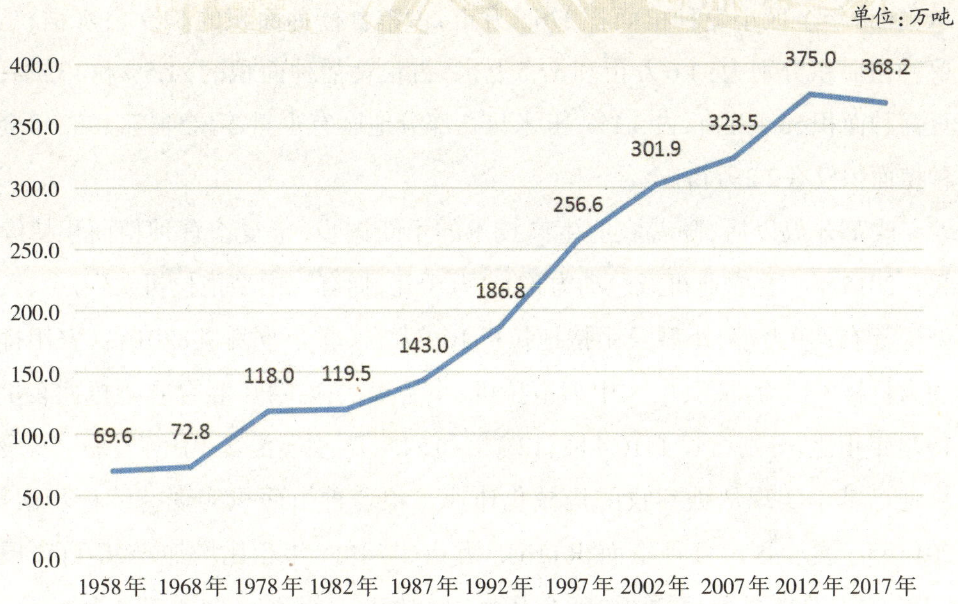

图1　宁夏粮食总量主要年份增长趋势

四大主要作物中水稻、玉米、马铃薯产量呈现快速增长。2017年全区水稻产量达到63.9万吨，与1958年相比增加51.7万吨，增长4.2倍，与1978年相比增加35.9万吨，增长1.3倍；玉米产量214.9万吨，与1978年相比增加208.9万吨，增长34.8倍；马铃薯产量36.7万吨，与1958年相比增加24.7万吨，增长2.1倍，与1978年相比增加28.2万吨，增长3.3倍。

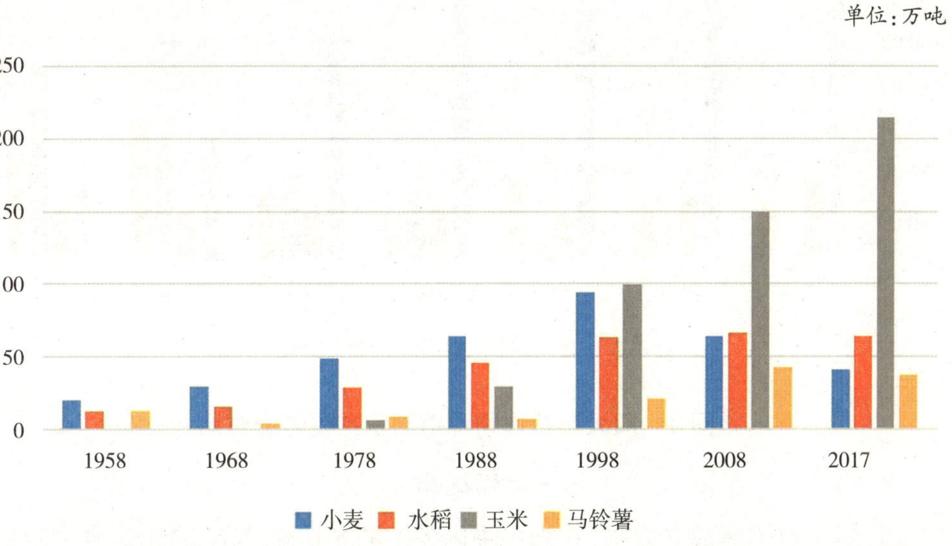

图2　四大粮食作物主要年份产量对比

（二）技术支持，粮食种植面积稳步增长。

解放初期，宁夏粮食作物主要为小麦，种植方式多以单种为主。历史数据显示：1958年全区小麦种植面积276.2万亩，占粮食播种面积的64.9%；水稻、马铃薯种植面积分别为91.6万亩和57.5万亩，占粮食播种面积的21.5%和13.5%；大豆播种面积56.4万亩，占5.1%；玉米只在部分地区有少量零星种植，1962年全区种植面积仅有2.2万亩。

改革开放以后，随着农业生产技术的不断进步，宁夏粮食种植面积持续增长。2015年宁夏农业机械总动力831.3万千瓦，拥有大中型拖拉机5.3万台，大中型配套农具9万部，小型及手持拖拉机16.1万台，联合收割机8201台，农用排灌动力机械3.15万部，其中大中型拖拉机、小型手扶拖拉机、联合收割机拥有量与1978年相比，分别增长了10.4倍、12.3倍和54.8倍，引黄灌区、中南部平川及缓坡耕地已基本实现从种到收的机械化作业。粮食种植面积实现持续稳步增长，2017年宁夏全区粮食种植面积1163.3万亩，与1958年相比增加65.9万亩，增长6.1%。其中小麦种植面积198.8万亩，与1958年相比减少了77.4万亩，减少28.0%；水稻种植面积112.9万亩，与1958年相比增加21.3万亩，增长23.2%；玉米种植面积435.5万亩，与1978年相比增加408.7万亩，增长15.3倍；马铃薯种植面积242.8万亩，与1958年相比增加185.4万亩，增长3.2倍。

单位：万亩

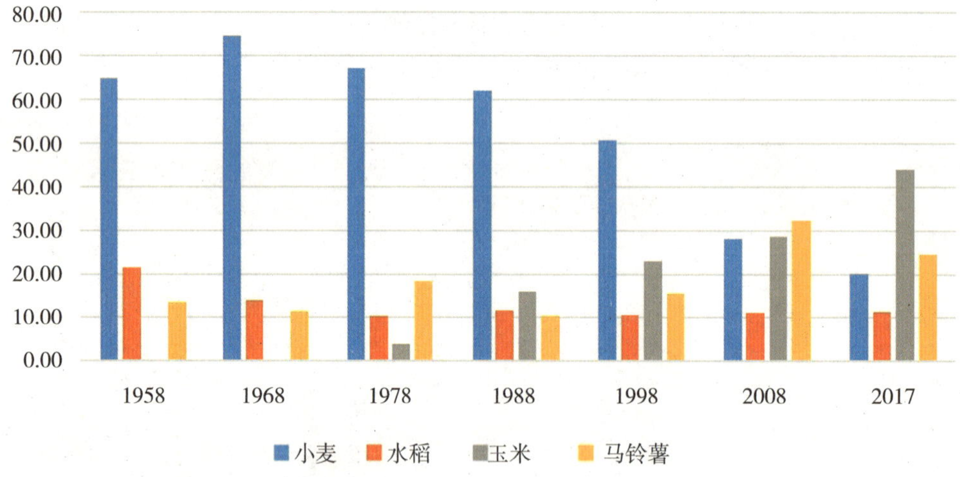

图3　四大粮食作物种植面积主要年份对比

（三）设施改善，粮食单产水平大幅提升。

1958年自治区成立以来，在党中央国务院的亲切关怀下，自治区党委政府的正确领导下，全区大兴农田水利基本建设和农业基础设施建设，从平整土地、配套水利渠系建设、做好水库除险加固、加快坡改梯田建设等方面入手，全区农业基础设施建设取得重大突破。1978—2008年的30年间，先后兴建了固海、盐环定、红寺堡等一大批大中型扬黄工程，将近10万公顷的平坦旱地变成了可以灌溉的优质农田，有效地改善了宁夏中部干旱带的生态环境面貌，打破了水资源的瓶颈制约，从根本上改善了“靠天吃饭”的被动局面，提高了区域粮食安全生产能力。

与此同时，农用薄膜的广泛推广使用，宁夏农业用地保墒、盐碱地和低洼地改造，测土配方施肥、种子工程、旱作节水农业的推广，极大地改善了农业生产条件，对粮食单产水平的提高也起到了极大的推动作用。川区传统的麦套玉米种植方式被用水量少、省人工、更便于机械化操作的单种玉米所替代，单种玉米种植比例已占到川区全部玉米种植面积的80%以上，而地膜玉米的种植方式则有效地提升了玉米单位产量，资料显示：2016年宁夏玉米亩产达到485.4公斤，排名居全国第三位，西北五省第二位，仅低于吉林和新疆。农业技术的进步，生产条件的改善以及精耕细作程度的不断提升，为粮食稳定增长提供了坚实的保障，全区粮食生产能力明显提升。随着农业技术能力的不断提升，农业生产施用化肥量也逐年递增，数据显示：2015年农业化肥施肥量达到107万吨，与1978年相比增加了84.2万吨，提高了3.7倍，对提高粮食综合生产能力起到积极的推动作用。2017年宁夏粮食作物亩产316.5公斤，与1978年相比增长了2.1倍。其中小麦单产205.8公斤，比1978年增长93.2%；水稻单产566.3公斤，比1978年增长43.2%；玉米单产493.4公斤，比1978年增长1.2倍；马铃薯单产151公斤，比1978年增1.2倍。

单位：公斤/亩

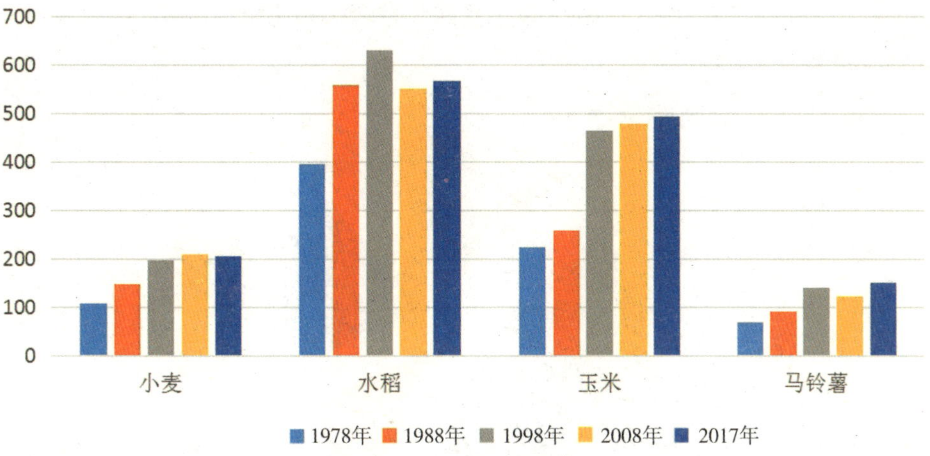

图4　四大粮食作物相关年份单产增减变化对比

（四）经济拉动，粮食种植结构明显优化。

在粮食产量大幅增长的同时，宁夏粮食种植结构也发生了较大变化。特别是2002年以来自治区党委政府确保粮食稳定增产，针对南部山区气候特点、农产品价格持续走高，以及食品原料、饲料需求增加明显的有利时机，加大农业结构调整力度，实施"压夏增秋"策略，减少小麦种植面积，增加玉米、马铃薯等秋粮种植面积。以玉米、马铃薯为代表的秋粮种植面积呈现迅猛增长。2017年全区玉米种植面积达到435.5万亩，与1978年相比增加了408.74万亩，年均增加13.6万亩；小麦种植面积为198.8万亩，与1978年相比减少257.2万亩，年均减少8.6万亩。2017年全区小麦、水稻、玉米、马铃薯四大粮食作物种植面积比重也由1978年的67.3∶10.4∶4∶18.3，调整为20.1∶11.4∶44∶24.5。

单位：%

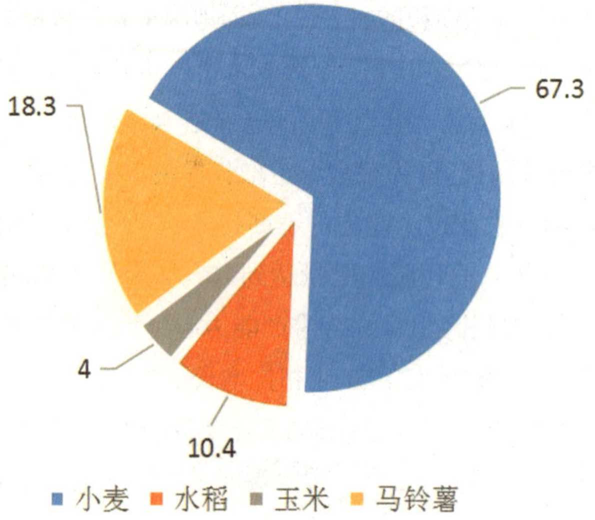

图5　1978年宁夏四大粮食作物比重

单位：%

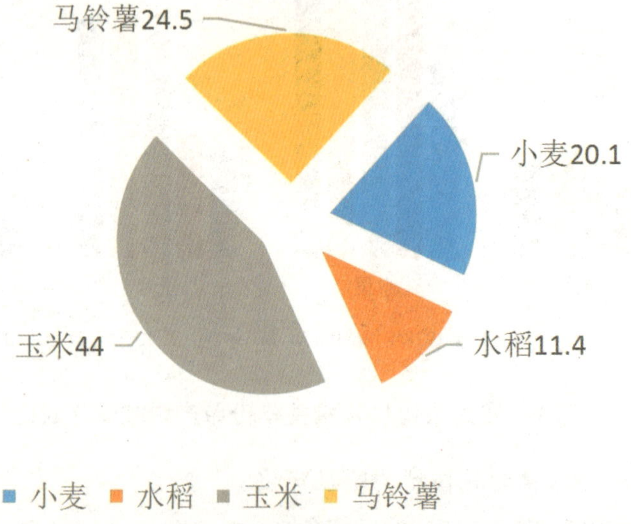

图6　2017年宁夏四大粮食作物比重

执笔人：潘瑜

畜牧业生产成绩斐然　肉蛋奶供应充足

自治区成立60年来，特别是改革开放40年来，国家和自治区以市场为导向，加大畜牧业支持力度，相继出台一系列扶持政策，畜牧业基础不断加强，科技支撑力度不断加大，生产方式与发展方式发生根本转变。不断增强畜牧业市场竞争力，大力提高组织化程度，区域化布局、专业化生产逐步形成。全力健全畜牧业保障体系，逐步提高抗风险能力，主要畜禽饲养规模不断扩大，畜产品产量不断增加，畜牧业生产保持了较快的增长态势，逐步实现了由数量型向质量效益型的转变。

一、畜牧业生产能力大幅度提升

（一）综合生产能力显著提高。

60年来，畜牧业综合能力显著提升，特别是在经济进入新常态后，牧业发展越来越受到各级党委政府的重视，成为新的经济增长点。

1.畜牧业产值实现高速增长。统计数据显示，2017年，宁夏畜牧业产值达150.7亿元，比1958年增长656倍，年均增长11.6%，比1978年增长173.5倍，年均增长14.1%。畜牧业产值占农林牧渔业产值的比重不断提高，2017年畜牧业产值比重为28.1%，超过1/4，比1958年提高了17.4个百分点，比1978年提高了10个百分点，对国民经济增长的拉动作用不言而喻。

2.畜产品产量大幅度增加。自治区成立初期，宁夏肉类产量不足1万吨，改革开放初期全区牛奶产量也只有几千吨，80年代中期全区鸡蛋产量也仅有1万多吨。经过60年的发展，尤其是改革开放40年以来，国家相继放开了畜产品价格政策，畜牧业生产周期加快，肉蛋奶产量大幅增加（表1），畜产品极大丰富。2017年全区肉类总产量达32.2万吨，比1978年增长25.2倍，年均增长8.7%；人均肉产量为47.23公斤，比1978年增长12.7倍，年均增长6.9%。2017年全区牛奶产量已达153.3万吨，比1978年增长413.4倍，年均增长16.7%；2009—2016年牛奶总产量稳居全国前十位；人均牛奶占有量已达224.89公斤，比1978年增长211.2倍，年均增长14.7%，已达到发达国家水平；人均牛奶占有量连续多年来稳居全国第二位(内蒙古自治区第一)。2017年全区禽蛋产量10.59万吨,比1985年增长8.4倍,年均增长7.3%,人均禽蛋占有量从1985年的2.76公斤,增加到2017年的15.53公斤,增长了4.6倍,年均增长5.5%。

表1　主要年份宁夏畜产品产量

单位:万吨

年份	肉类总产量	其中			牛奶	禽蛋产量
		猪肉	牛肉	羊肉		
1978	1.23	0.97	0.03	0.23	0.37	—
1980	1.9	1.49	0.03	0.38	0.42	—
1985	3.36	2.43	0.11	0.81	1.27	1.13
1990	6.41	3.68	0.61	1.6	3.14	1.51
1995	10.02	5.21	1.66	1.72	11.71	3.76
2000	19	9.34	3.31	3.3	23.6	7.57
2001	21.06	10.05	3.85	3.86	27.6	8.7
2002	22.79	10.37	4.23	4.47	30.75	9.04
2003	23.38	10.66	3.74	5.52	38.59	8.71
2004	24.35	10.16	4.66	6.06	46.06	7.82
2005	25.85	10.67	5.2	6.4	57.85	7.83
2006	21.6	8.0	5.6	5.5	64.73	5.2
2007	22.8	8.3	6.5	5.7	79.5	5.7
2008	23.62	8.48	6.84	5.88	89.41	6.45
2009	25.54	9.16	7.28	6.8	81.14	7.48
2010	25.92	8.53	7.49	7.35	84.59	7.15
2011	25.25	7.32	7.48	7.85	96.06	7.29
2012	26.53	7.67	7.91	8.45	103.49	6.18
2013	27.39	7.09	8.67	9.04	104.19	7.44
2014	28.51	7.65	8.79	9.51	135.74	8.3
2015	29.22	7.08	9.75	10.11	136.53	8.78
2016	30.9	7.47	10.42	10.52	139.47	9.66
2017	32.2	7.77	10.92	11.01	153.33	10.59

(二)养殖规模扩大,特色产业快速发展。

中华人民共和国成立初期到十一届三中全会期间,宁夏畜牧业生产以生猪为纲,生猪生产占主导地位。改革开放后,伴随着人们消费需求结构的调整,畜牧业不断转变生产结构,猪牛羊禽全面生产,肉牛、奶牛、肉羊等特色产业快速发展。

生猪生产快速增长后波动前行。1958—1978年期间,由于生产技术落后,宁夏生猪生产虽然存栏不断增加,但商品率、出栏率和肉产量处于较低水平。改革开放到2005年期间,生猪生产实现持续较快增长,存出栏肉产量同步增长。但2006年之后的10余年间,受全国性猪周期和生产结构调整的共同影响,生猪存出栏和肉产量都有所萎缩，生产在波动中前行。2017年生猪存栏70.7万头，比1958年增长3.1倍，年均增长2.4%；生猪出栏99.2万头，比1978年增长2.8倍，年均增长3.5%。

肉牛养殖从无到有快速发展。自治区成立至改革开放初期，对于集体经济和农户而言，牛是作为生产资料主要用于农业耕作，而不是作为商品畜，不到万不得已是不会轻易宰杀耕牛的。1978年时全区牛肉产量只有300吨，人均不足2公斤，居民饮食几乎与牛肉无关。改革开放后，特别是20世纪90年代中期以后，随着农业机械化水平的提高及之后的土地流转速度的加快，牛已经退出耕作的功能，而成为商品畜，存出栏量逐年快速增加，生产效益不断提高。与此同时，随着奶牛养殖的快速发展，淘汰奶牛也成为牛肉增产的重要来源，寻常百姓家里的日常消费已经离不开牛肉。2017年末，宁夏牛存栏118.3万头（其中，肉牛存栏79.9万头、奶牛38.4万头），比1978年增长5.6倍，年均增长5.0%；牛出栏71万头，比1978年增长125.8倍，年均增速13.2%（见图1），牛肉产量大幅度增长，价格高位运行，为养殖户带来丰厚的回报。党的十八大以来，国家推进农业供给侧结构性改革，部分市县针对市场需求变化，结合精准扶贫，以提高农业供给质量为主攻方向，采用企业+农户的协作模式，引进高端肉牛安格斯进行肉牛品种改良换代，以满足高端消费者的个性化需求，实现了农户与企业、质量与效益的多赢。

单位：万头

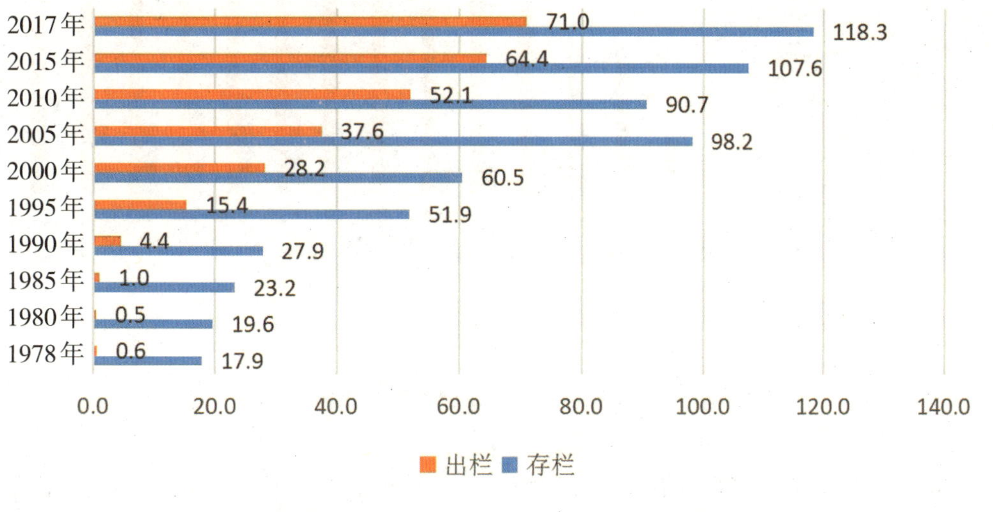

图1　主要年份宁夏牛存出栏变化情况

奶牛养殖实现跨越式发展。改革开放前，喝牛奶是中国老百姓在外国电影中才可以看到的场景，能够喝上牛奶几乎是一种奢望。宁夏奶牛养殖起步于改革开放初期的1978年，那时是一家一户的小规模养殖，并未形成产业，全区奶牛存栏不足200头，牛奶产量仅为0.37万吨，人均牛奶占有量仅为1.06公斤。20世纪90年代，宁夏奶牛养殖业逐步发展起来，奶牛产业初步形成。1995年在政府强有力的政策支持下，宁夏奶牛养殖实现了第一次跨越，当年生牛奶产量超过10万吨。之后的10余年，依据独特的地理优势，奶牛养殖进入快速发展阶段，2005年末奶牛存栏15.8万头，生牛奶产量超过50万吨，奶牛养殖实现了第二次跨越。2007年之后，宁夏奶业进入规范建设阶段，2012年全区生牛奶产量已突破100万吨大关，实现了再一次新的跨越。2017年，全区奶牛存栏已达38.4万头，生牛奶产量已达153.3万吨，为1978年的414.4倍，年均增长16.7%（见图2）。经过38年的发展，宁夏奶牛养殖规模化水平是所有畜禽中最高的，牛奶品质不断优化，多项指标达到或超过欧盟标准，近年来宁夏生产的牛奶除满足本区需要外，已经成为蒙牛、伊利、夏进等国内知名乳制品企业生产高端牛奶的奶源基地，在全国奶业占有一席之地，也堪称小省区的大产业。

单位：万头、万吨

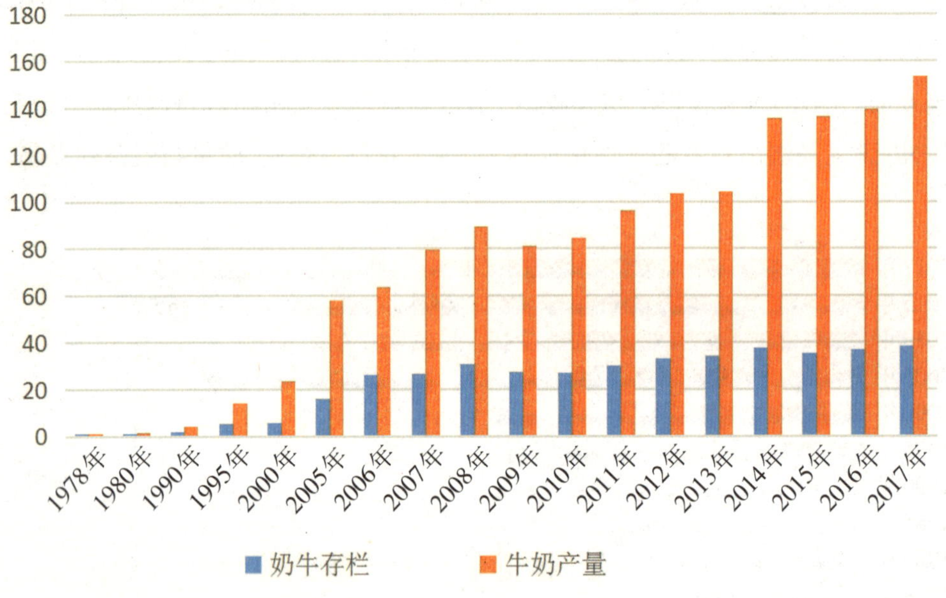

图2　主要年份奶牛存栏及牛奶产量

肉羊传统产业不断优化升级。宁夏是肉羊的主产区和主要消费地，由于养殖技术要求不高、生产周期相对短、经济效益好，一直是宁夏中南部干旱地区的农民增收致富的传统优势产业。自治区成立之初，宁夏羊存栏仅有100多万只，改革开放之初的1978年羊存栏也不足300万只。由于科技水平低，商品率较低，1978年羊肉产量仅为2000多吨。90年代开始，随着需求不断增加，养羊业饲养方式不断改进，传统产业不断升级，生产快速发展，饲养周期缩短，羊肉产量大幅度提升。2017年末，羊存栏554.7万只，是1958年的3.2倍，比1978年增长87.4%；羊出栏622.7万只，是1978年的26.1倍，年均增长8.8%（见图3）。养殖结构也发生了很大变化，产毛产肉高的绵羊比重增加，由1965年的53.1%增加到1978年的61%和2017年的80.3%。近几年来，宁夏加大优质农产品在各大媒体的宣传力度，羊肉区外市场进一步扩大，品牌羊肉驰名全国。盐池县作为养羊大县，年饲养量占全区的十分之一以上，“盐池滩羊”地理标志商标入选全国十大富农商标精准扶贫典型案例。杭州G20峰会、金砖会议将“盐池滩羊”肉指定为会议专用羊肉，“盐池滩羊”品牌效应已经逐步显现，目前在北京、上海、杭州等大中城市开设几十家“盐池滩羊肉”专卖店和商场专柜，并已进入176家大型餐饮企业。

单位：万只

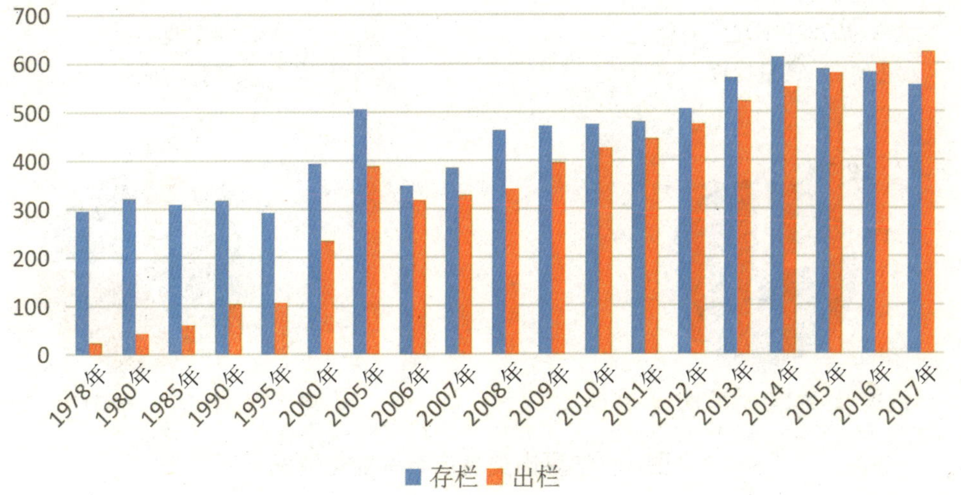

图3 主要年份宁夏活羊存出栏情况

家禽养殖渐成规模。改革开放前，农村居民饲养家禽以一家一户为主，主要是为了满足自食所需。由于商品率低，城镇居民消费主要依靠定量供应或自己养殖，吃鸡蛋几乎为奢侈消费。十一届三中全会以来，尤其是1985年国家放开农产品价格以后，农村居民有了生产经营自主权，以市场为导向的家禽养殖加快发展，生产效益稳步提升，专业化规模化家禽养殖场也如雨后春笋发展起来。2017年末宁夏活家禽存栏1150.7万只，出栏1104.5万只。其中，蛋鸡存栏810.6万只，占家禽存栏的70.5%，禽蛋产量10.6万吨，比1985年增长8.4倍，年均增长7.3%，人均禽蛋占有量从1985年的2.76公斤增加到2017年的15.53公斤，增长了4.6

倍，年均增长5.5%。

二、生产结构发生显著变化，区域化专业化规模化布局基本形成

(一)生产结构日趋合理。

60年来，宁夏畜牧业生产结构从以“猪肉为纲”的单一生产结构逐步调整为猪牛羊禽等多样化生产结构，人民菜篮子也越来越丰富。从肉类构成结构看，猪肉在肉类总产量中的比重持续下降，而牛羊肉等比重则呈上升之势。2017年全区肉类总产量为32.2万吨，其中，猪肉产量为7.77万吨，占肉类总产量的比重为24.1%，比1978年下降了54.8个百分点；牛羊肉产量为21.93万吨，占68.1%，比1978年上升47.0%，其中，牛肉的比重从2.4%上升到33.9%，上升了31.5个百分点，羊肉的比重从18.7%上升到34.2%，上升了15.5个百分点；禽肉等其他肉类比重也达到了7.8%(见图4)，表明可供老百姓选择的肉食更加丰富。

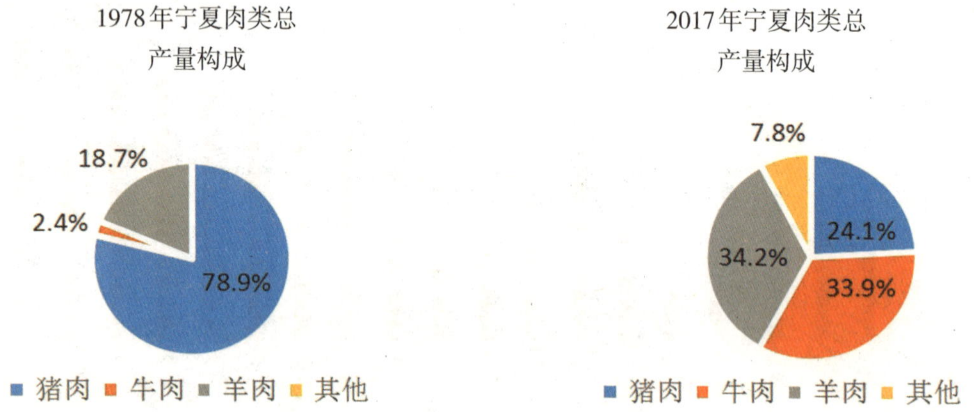

图4　宁夏肉类生产结构变化情况

(二)生产布局基本形成。

按照《宁夏回族自治区现代农业“十三五”发展规划》要求，“十三五”期间宁夏要做大草畜产业，以节本增效为重点，加快高产奶牛培育、肉牛肉羊杂交改良和滩羊保种选育与产业开发，加强标准化规模养殖基础设施建设，加大基础母畜扩群增量，目前奶牛、肉牛及肉羊养殖产业布局已基本形成。2017年末，银吴奶业核心区(以兴庆区、西夏区、贺兰县、灵武市、利通区、青铜峡市为主)奶牛存栏31.4万头，生牛奶产量127.3万吨，分别占宁夏奶牛存栏和牛奶总产量的81.8%和83.0%；中卫、石嘴山奶业发展区(以沙坡头区、中宁县、惠农区、平罗县为主)年末奶牛存栏6.8万头，生牛奶产量25.8万吨，分别占宁夏奶牛存栏和牛奶总产量的17.7%和16.8%。2017年末，引黄扬黄灌区肉牛产业板块(以永宁县、平罗县、同

心县、盐池县等为主)肉牛14.6万头，牛肉产量2.4万吨，分别占宁夏肉牛存栏量和牛肉总产量的18.3%和22.0%；环六盘山区优质肉牛产业板块(以原州区、彭阳县、西吉县、泾源县、隆德县等为主)年末肉牛存栏44.7万头，牛肉产量5.0万吨，分别占宁夏肉牛存栏量和牛肉产量的55.9%和45.8%。2017年末，盐池、同心、红寺堡、海原等中部干旱带滩羊核心区羊存栏231.9万只，羊肉产量4.6万吨，分别占宁夏羊存栏和羊肉总产量的41.8%和41.8%；以灵武市、平罗县、西吉县、原州区等引黄灌区及环六盘山区肉羊杂交改良生产基地年末羊存栏164.8万只，羊肉产量3.5万吨，分别占宁夏羊存栏和羊肉总产量的29.7%和31.8%。

(三)规模化程度不断提升。

经过多年的市场竞争和优胜劣汰，宁夏畜牧业生产结构进一步优化，规模化、标准化、产业化为一体的规模养殖日益壮大。在良种繁育、动物疫病防控、饲草饲料生产、产品质量安全、抵御风险能力、生态环境保护等方面的优势明显，对整个产业发展具有示范引领作用。第三次农业普查结果显示，2016年末，宁夏奶牛养殖规模化程度已达95.1%，家禽养殖规模化程度已达86.4%，生猪养殖规模化程度已达74.8%，肉羊养殖规模化程度为48.0%，肉牛养殖规模化程度为32.7%。奶牛、家禽、生猪养殖的规模化程度相对较高，而肉羊和肉牛的规模化程度依然较低。

三、畜牧业对满足人民日益增长的美好生活需求、增加农民收入、助力脱贫攻坚的作用显著增强

(一)促进了城乡居民健康生活水平的提高。

统计数据显示，自治区成立之初，宁夏城乡居民人均肉类消费只有2.8公斤，改革开放初期也仅有5.3公斤，禽蛋消费仅有0.2公斤，几乎没有牛奶可供消费。改革开放40年来，畜牧业发展为居民消费肉蛋奶提供了基础，大众膳食结构更加多元化。住户调查资料显示，2017年宁夏农村居民人均分别消费肉、蛋、奶19.4公斤、4.08公斤和7.54公斤，分别比1995年增加11.13公斤、3.01公斤和7.25公斤，增长1.35倍、2.81倍和25倍。2017年宁夏城镇居民人均分别消费肉、蛋、奶21.1公斤、6.84公斤和18.74公斤，分别比1995年增加2.85公斤、0.64公斤和15.97公斤。

(二)畜牧业成为新时代农民增收的新亮点。

近几年来，宁夏农民增收势头明显减缓，大幅度增收的后劲不足。在此背景下，稳定发展的畜牧业已成为农民增收的新亮点。住户调查资料显示，2017年

宁夏农村居民人均可支配收入10738元，比上年增长9.0%。其中，人均牧业收入为734.3元，增长16.2%，增幅比农村居民人均可支配收入增幅高出7.2个百分点，牧业收入直接拉动农民人均收入增长1个百分点。

（三）畜牧业助力脱贫攻坚作用明显。

在“十一五”生态移民工程和新时代精准脱贫攻坚中，自治区出台一系列扶持畜牧业发展的政策措施，实施“见犊补母”、饲草补贴、圈棚补贴、金融扶持等政策，并提高建档立卡户养殖补贴标准，将养殖业确定为贫困地区的支柱产业，积极引导六盘山连片特困地区发展肉牛养殖业，农民肉牛养殖的积极性提高，在推动贫困地区畜牧业加速发展的同时，农民获益颇丰。住户调查数据显示，2017年宁夏中南部地区农村居民人均可支配收入8346.5元，比2010年增加4731.5元，增长130.9%，年均增长12.7%。其中，人均牧业收入1398.2元，比全区平均水平高663.9元，高出90.4%；人均牧业收入比2010年增长113.9%，年均增长11.5%；人均牧业收入占第一产业的比重达48.7%，比2010年提高6.3个百分点。畜牧业对增加贫困地区农村居民收入的作用明显，为确保自治区到2020年现行标准下农村贫困人口全部脱贫提供了重要支撑。

执笔人：姬博文

宁夏价格体制改革成绩斐然

价格作为经济调控的杠杆历来都是最有效的手段之一。1978年以前，我国实行计划经济管理体制，政府对价格的管理实行高度集中的计划价格体制，98%以上的产品由国家定价，商品价格既不反映价值，也不反映市场供求变化，高度集中的计划价格体制严重制约了生产力的发展，1958—1978年的20年间，宁夏居民消费价格平均仅上涨0.9%，农民人均收入只增加了14.3元，平均每年仅增加0.7元，城镇居民收入增加130元，平均每年增加6.2元。

改革开放以来，宁夏价格体制改革有序推进，商品和服务价格的市场化程度不断提升，市场决定价格的机制日趋完善，市场在资源配置中的基础性作用不断增强，价格体制改革成绩斐然。

一、价格改革为农村经济注入活力

我国是一个农业大国，我国的价格改革首先是从调整农产品价格开始。从1953年开始直到1979年，我国一直对关系国计民生的粮食实行统购统销政策，粮食价格实行统一管理，1978年，中央明确提出，在完成征购任务后，允许粮食进行集市贸易和议价经营，实行多年的粮食统购统销政策开始松动，此后以农产品为重点，先后6次对农产品价格进行了较大幅度的调整，提高粮、棉、油、蛋等18种农产品收购价格；逐渐放开由国家定价的一、二、三类农产品价格，扩大议价购销部分，虽然初始阶段的价格改革对原有计划体制并没有大的触动，但却为农村经济的发展注入了活力，1979年因提高农产品收购价格，农民增收108亿元。得益于农产品价格上涨，1978—1985年，宁夏农民人均可支配收入由116元增加到321元，年均增长15.7%，农业总产值由64860万元（按80年不变价计算）增加到111151万元，年均增长9.4%。

二、市场定价机制初步形成

1985年粮食购销实行“双轨制”后，虽然粮食价格在一定程度上仍由政府定价，但国家逐年减少合同数量。1987年党的十三大进一步强调发展商品经济离不开市场的发育和完善，由此价格改革在更广阔的经济领域展开。大部分农副产品价格全面放开，农副产品收购总额中国家定价的商品只占28%，指导价占15%，市场调节价占到57%。同时放开了缝纫机、国产手表、自行车、黑白电视机等十多种工业消费品价格，1984年国家又出台了工业生产资料价格改革方案，规定企业完成计划后，超产部分可按市场价格出售，从此，生产资料“双轨制”正式确立。80年代中后期，按照“国家调节市场，市场引导企业”的方针政策，价格体制改革突破了原有计划体制的束缚，市场定价的比重大大提高，市场定价机制初步形成。

三、“价格闯关”为经济体制改革奠定基础

1987年价格改革进入攻坚阶段，一方面，随着价格的逐步放开，国家直接管理逐步收缩，而间接管理没有相应跟上，另一方面为解决我国长期存在的农产品和基础工业品价格偏低的问题，中央实行“价格闯关”政策，大幅度提高了农产品收购价格；调高了肉、蛋、蔬菜等副食品价格；放开和调高了名烟名酒价格；调整了电、煤、原油等生产资料的价格，市场价格出现大幅波动，1988—1989年宁夏居民消费价格同比分别上涨17.1%和17.2%，针对居高不下的物价形势，中央及时出台了“治理经济环境，整顿经济秩序，全面深化改革”的方针政策，1987年以来进入困境的价格改革，从1992年开始有了实质性的进展，国家物价局和国务院有关部门管理的737种生产资料和交通运输价格，放开了648种，国家管理的60种农产品收购价格放开了50种。轻工产品除了食盐和部分药品外，全部放开。1993年，钢铁产品价格和大多数机械产品价格实现了价格并轨。1994年，陆上原油价格和煤炭价格也实现了价格并轨。“价格闯关”推动了价格的全面放开，价格的全面放开，为市场定价机制的进一步完善创造了条件，并最终为经济体制改革奠定了基础。

四、以市场形成价格为主的价格机制基本建立

经过持续三年的治理整顿，价格改革的市场化方向更加明晰，1992年10月召开的党的十四大报告明确指出：“价格改革是市场发育和经济体制改革的关键，应加快步伐，积极理顺价格关系，建立以市场形成价格为主的价格机制”。在十四大报告指引下，我国价格改革进入了一个新的历史时期，在理顺价格关系的同时规范价格行为成为这一时期的主要任务。1997年颁布的《价格法》对价格活动作出了系统、全面的法律规范，这标志着价格改革进入法制化轨道。2000年国家继续深化价格改革，一是放开了一批重要商品价格，进一步完善价格形成机

制；二是改革成品油价格形成机制，实现其与国际市场接轨；三是取消医疗服务收费政府定价，实行政府指导价和市场调节价，取消市场调节价药品流通差率控制；四是下放了中央对教育收费、旅游门票价、部分民航、铁路运价、进口化肥的定价管理权限。1996—2000年，95%的商品价格都由市场供求形成，这标志着，经过二十年的改革，以市场形成价格为主的价格体制基本建立。

五、市场在资源配置中的基础性作用不断增强

2001年以来，为规范市场行为，国家先后颁布了《关于商品和服务实行明码标价的规定》《价格行政处罚程序的规定》《制止价格垄断行为暂行规定》《价格违犯行为举报规定》《物业服务收费明码标价规定》等法律法规，同时积极疏导价格矛盾，一是坚持优质优价，按保护价敞开、收购农民余粮；二是实施支持水利和公用事业发展的价格政策，提高城乡供水价格，推行两部制水价和阶梯式水价；三是实施了政府价格决策听证制度，提高了政府管理价格的透明度和科学性。这一系列法律法规的出台，进一步明确了依靠市场机制能够解决的，都交给市场，市场通过价格涨落及时、准确、灵活地反映供求关系变化，传递供求信息，实现资源配置。政府的职责和作用主要是保持宏观经济稳定，加强和优化公共服务，保障公平竞争，加强市场监管，维护市场秩序，弥补市场失灵。20世纪90年代后期，宁夏的物价走势充分印证了市场这只“看不见的手”对资源配置、经济活动的调节作用。1997年，市场粮食供大于求，宁夏粮食价格连年走低，居民消费价格持续低迷，1997—2006年，居民消费价格指数分别为103.8%、100%、98.7%、99.6%、101.6%、99.4%、101.7%、103.7%、101.5%、101.9%。2006年以后，随着国际粮食、能源价格上涨，宁夏市场物价一路走高；同时为实现跨越式发展，宁夏经济提速，投资升温，高速度高投资的发展模式对原材料的需求旺盛，原油、钢材、粮食、煤炭等大宗商品价格持续高位运行，2007—2011年，宁夏居民消费价格总水平分别上涨5.4%、8.5%、0.7%、4.1%、6.3%。十八大以后，宁夏以新理念适应新常态，投资下降，经济降速，2012—2017年宁夏物价平稳运行，居民消费价格分别上涨2%、3.4%、1.9%、1.1%、1.5%、1.6%。

目前，中国特色社会主义进入新时代，我们要以改革开放40周年，自治区成立60周年为重要契机，着力把握以下要点，使其在经济社会发展中发挥更大的促进作用。

（一）处理好政府和市场的关系是关键。

党的十八届三中全会通过的《中共中央关于全面深化改革若干重大问题的

决定》明确指出，经济体制改革是全面深化改革的重点，核心问题是处理好政府和市场的关系，使市场在资源配置中起决定性作用。虽然我国社会主义市场经济体制已经建立，但依然存在不少体制性弊端，在处理政府和市场的关系方面，存在政府越位和缺位现象。政府越位，会影响市场这只“看不见的手”对资源配置、经济活动的调节作用；政府缺位，则弱化了政府这只“看得见的手”对弥补市场失灵的作用。深化价格体制改革，必须处理好政府和市场的关系，充分发挥市场在资源配置中的决定性作用，这是深化我国经济体制改革的必然选择。

（二）要素市场化是完善市场经济体制的关键。

习近平总书记在党的十九大报告中指出：“经济体制改革必须以完善产权制度和要素市场化配置为重点，实现产权有效激励、要素自由流动、价格反应灵活、竞争公平有序、企业优胜劣汰。”这充分说明，要素市场化是完善市场经济体制的关键。改革开放以来，我国形成了比较健全的商品市场，但生产要素市场发展滞后，土地、资金、劳动力等要素价格形成机制不健全，要素价格不完全由市场供求决定，定价规则缺乏透明，政府不当干预依然存在，由此导致资本市场既有规范的证券市场，又有不规范的地下融资市场；土地市场和劳动力市场存在城乡二元的市场形态。完善市场经济体制，必须加快要素市场化改革，没有要素市场化配置，就不能形成统一、开放、竞争、有序的市场体系。

（三）坚定市场化改革道路。

习近平总书记在党的十九大报告中指出：“清理废除妨碍统一市场和公平竞争的各种规定和做法”，这是我们党对社会主义经济体制改革认识不断深化的结果，从根本上说，就是坚定市场化改革道路。改革开放以来，市场化改革促进了我国经济的快速发展，这是有目共睹的，但问题也不断显现，市场的开放性不够，市场准入限制不当，部分领域存在行政性垄断，要素市场发展滞后，竞争的公平性还有待进一步提高等，坚定市场化改革道路，清理废除妨碍统一市场和公平竞争的各种规定和做法，是解决这些深层次问题的根本所在，也是使市场在资源配置中起决定作用的重要举措。

执笔人：苏玉英

宁夏工业生产者出厂价格变动特征及影响分析

工业生产者出厂价格指数(简称PPI),是反映一定时期内全部工业企业产品第一次出售时价格变化趋势和变动幅度的相对数。PPI作为经济运行的信号灯和重要先行指标,不仅反映工业产品供求关系和结构的状况,也直接影响工业发展速度和效益。对监测宏观经济运行情况、分析预测下游产品价格变化趋势也具有重要作用。因此,全面客观分析PPI变化趋势及影响因素,准确把握价格信号的预警作用,对预判宁夏工业经济运行规律,推进工业高质量发展有重要的参考价值。

一、宁夏PPI变化轨迹

全球范围内的重大事件及重大历史变革,会对价格运行产生显著影响。1997年亚洲金融危机、2001年底中国加入世贸组织和2008年国际金融危机三项重大事件对PPI影响深远,宁夏自1997年开始编制工业生产者出厂价格,据此结合价格波动周期,将1997年以来宁夏PPI运行划分为六个阶段:

(一)第一阶段(1997—2002年)。

需求拉动减弱,轻度收缩型价格波动。1997年亚洲金融危机爆发,外需紧缩压力加大。同时,经过改革开放20多年的飞速发展,我国经济供给能力大幅提高,消费市场由卖方市场逐渐转变为买方市场,国内部分行业产能过剩,市场竞争日益激烈。亚洲金融危机后,宁夏PPI一直在低位徘徊,总体呈下降之势。

(二)第二阶段(2003—2004年)。

自我国加入世贸,国际大宗商品价格走势对PPI的影响日益显著,在这两年内,受国内扩大固定资产投资规模、对外贸易快速增长以及西部大开发战略的稳步实施,宁夏工业生产整体保持快速增长。2003年PPI价格稳步上行,2004年PPI达到了一个峰值(109.97%)。

(三)第三阶段(2005—2009年)。

由于经济出现过热迹象,国家加强了宏观调控,价格在经历2003—2004年的大幅上涨之后趋向平稳,PPI涨幅逐年下降。2008年,煤炭、原油、铁矿石、钢材等基础性、资源性上游产品价格像“过山车”一样，上半年高涨，下半年则快速下降。2008年宁夏PPI达到历史最高(112.9%)。国际金融危机爆发后，国内外经济受到严重影响，2009年PPI继续快速下行并跌落至谷底(93.9%)。

(四)第四阶段(2010—2011年)。

我国政府启动“四万亿”投资计划对抗国际金融危机，受货币投放量等因素的影响，2010—2011年PPI上行，2010年PPI为109.1%，2011年达到新的峰值(109.5%)。

(五)第五阶段(2012—2016年)。

2012年受全球经济低速，需求不振的影响，钢材、煤炭和有色金属等多数重要生产资料价格走弱，加之我国调整经济结构，经济增速回落，价格再次下行。2012、2013、2014年PPI分别为97.4%、96.0%、96.3%，特别是2015年，受国内产能过剩、有效需求不足和国际市场输入性通缩压力共同影响，PPI持续下跌至近年来最低点，为93.7%。

(六)第六阶段(2016—至今)。

2015年11月10日，国家主席习近平在中央财经领导小组第11次会议上首次提到了“供给侧改革”，在此基础上，李克强总理在《“十三五”规划纲要》编制的工作会议上提出，要“在供给侧和需求侧两端发力，促进产业迈向中高端”。随着供给侧改革的逐渐推进，2016年9月PPI由负转正，结束了53个月连续下降态势，而后涨幅快速攀升。2017年，受供给侧结构性改革成效显现和国际大宗商品价格上行的影响，宁夏PPI达到2009年以来最高，为112.1%。(见图1)

单位:%

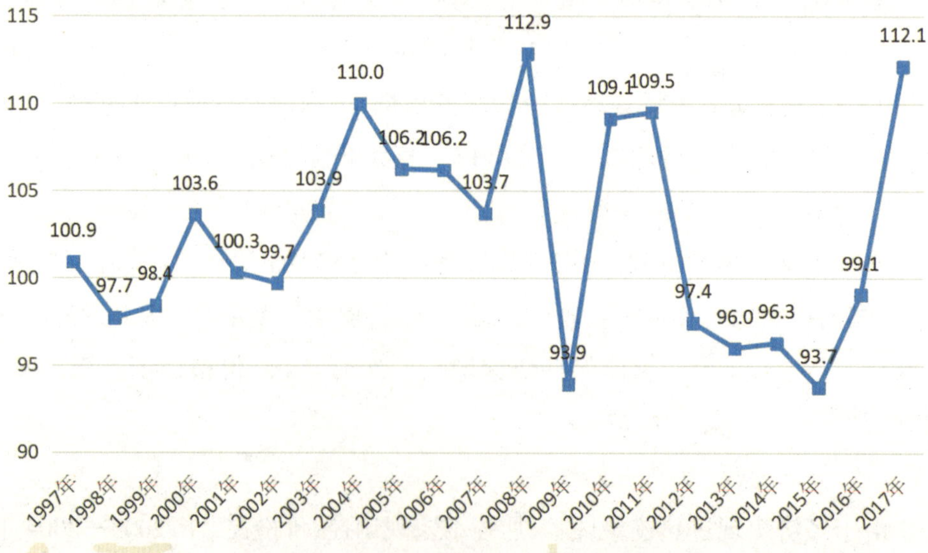

图1　1997—2017年宁夏PPI走势图

二、影响PPI变动的主要因素

(一)国家宏观经济政策的影响。

PPI是社会再生产过程中初始阶段的价格,它灵敏地反映宏观经济调控政策措施的效果和宏观政策环境的变化。从宁夏PPI的变动运行轨迹观察,正是反映了国家宏观调控手段从压缩投资规模、抑制物价上涨,实施适度从紧的财政货币政策,到实施积极稳健的财政货币政策,以及西部大开发,扩大内需拉动经济增长,再到加大对工业生产的总量控制和结构调整等措施应用的成效。

为抵御2008年国际金融危机的冲击,国家骤然实行了旨在有效扩大内需、促进增长、提振市场信心的四万亿投资计划,我国经济因此而重新呈现快速增长态势,投资规模迅速扩大,投资需求急剧升温,导致以生产资料为主导的工业生产者价格持续上涨,宁夏PPI涨幅从2009年12月的0.2%提高到2011年8月的11.8%,其中生产资料出厂价格涨幅由0.1%提高到11.8%。经济局部过热、部分行业产能过剩的问题进一步加剧和凸现,为今后PPI的持续走低埋下了伏笔。其后我国提出"稳中求进"的经济工作总基调,调低GDP增速预期目标,引导各方面把工作着力点放到加快转变经济发展方式、切实提高经济发展质量和效益之上,全国乃至宁夏PPI很快随之重回下行通道。

(二)国际国内市场价格波动的影响。

随着全球经济一体化的快速发展,国际国内市场价格波动对市场价格的影响日趋明显,特别是大宗原料因其同质性较高,价格联动效应十分明显,一些国际资源性产品价格波动直接左右和影响了国内市场产品价格的走势。原油及其加工产品、有色金属、化学原料及化学制品等产品的价格与国际市场价格的联动性也十分明显。

从历史的角度来看,在近十年间,宁夏PPI分别在2009年2月—2009年11月和2012年4月—2016年8月的两个阶段出现过持续下行态势。而这两个阶段中,前者正好为国际金融危机时期,后者则为欧债危机以及世界地缘政治局势紧张时期,其共同之处在于其时世界经济增长疲软,主要经济体复苏乏力,国际市场需求减弱。特别是2015年,国际大宗商品需求和价格持续下滑,为近年来最差行情,能源价格比2014年暴跌45.1%,非能源价格比2014年下跌15.1%,均连续4年下跌。2015年12月18日,纽约期货市场轻质原油价格为34.73美元/桶,创2009年2月18日以来最低水平。国际大宗商品价格的暴跌给国内生产领域带来了不小的输入性通缩压力,同时导致了国内大宗商品价格的走低,成为推动国内

PPI持续下行的重要力量。

(三)自身产业结构的影响。

宁夏是一个“倚重倚能”的工业产业结构,重工业占80%左右,产业结构及产品相对单一,产品附加值低,抗击市场风险能力弱,对市场需求变化反应敏感。工业行业多以原材料基础性产业为主,下游市场对其影响巨大。因此,当下游企业出现需求旺盛、价格快速上涨时,宁夏的主要产品价格也会跟涨,从而拉动整个PPI价格的上涨,相反下游价格出现快速回落,也会相应回落,从而引起PPI价格的回落。

宁夏的工业产品中,资源性产品占主要地位,煤炭、石油加工、有色金属、黑色金属等产品是宁夏工业经济的主要支撑力量,其价格的变动直接影响PPI走势。2017年以来,随着供给侧结构性改革持续深入,煤炭、黑色金属、有色金属等价格的快速上行,是拉动宁夏PPI大幅上涨的主要原因。

三、PPI对宁夏经济的影响

(一)PPI对GDP增长的影响。

GDP是以市场价格计算的一个国家或地区所有常住单位在一定时期内生产活动的最终成果,也就是说,在生产的产品和服务一定的情况下,价格越高,以市场价格计算的经济规模(现价GDP)就越大,反之亦然。观察宁夏经济增长变化可以看出,现价GDP速度与PPI变化轨迹基本吻合,即PPI较高时,也是现价GDP增长较快的时候,反之,PPI回落,现价GDP增速也同步下降。在市场经济条件下,市场需求信息会直接反映在PPI的变化上,进而传导到生产领域。在价格反弹时,市场需求旺盛,企业获利增加,生产速度加快,反映生产总成果的GDP就会随之加快。可见,PPI的变化对企业经营者信心、未来预期以及一个地区经济增速的快慢都有着至关重要的影响。自2013年以来,随着PPI的深幅回落,宁夏GDP也回落至个位数增长。(见图2)

单位:%

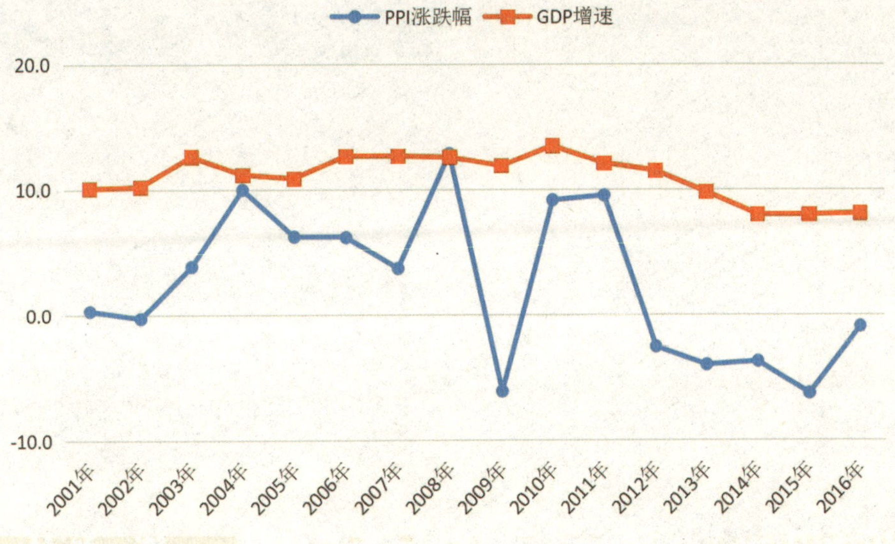

图2　2001—2016年宁夏PPI涨跌幅与GDP增速走势

(二)PPI对企业经济效益的影响。

2003年以来,随着PPI的快速反弹,企业积极参与市场竞争,加大革新改造力度,提高生产效率,经济效益明显提高,2003年宁夏规模以上工业企业实现利润总额11.5亿元,2011年则上升为175.7亿元,年均增长40.6%。2012年以来,受宏观经济整体增速放缓影响,市场有效需求严重不足,产品价格持续走低,企业盈利增长的难度不断加大。2012—2015年宁夏规模以上工业企业主营业务收入年均增长5.2%,实现利润总额为负增长,企业效益回落明显。

(三)PPI对企业发展的影响。

工业品价格下降引起企业利润下滑的同时,导致企业资金短缺,长此以往将引起市场需求不足,继而必然制约其未来发展。2016年,宁夏规模以上工业企业应收账款净额为583.84亿元,比2015年增长20.0%;规模以上工业企业存货734.75亿元,比2015年增长0.7%。大量的资金沉淀,加剧了企业流动资金紧张的局面,使企业负担加重。当前市场供大于求的格局表明,经济、价格下行压力依然存在。

执笔人:郭樑

区域篇

QU YU PIAN

数说银川市城乡居民收入60年巨变

2018年，是宁夏回族自治区成立60周年，银川市作为宁夏回族自治区首府城市，同宁夏回族自治区共同走过了60年的光辉历程，也为宁夏发展注入了活力，取得了辉煌的成就。自治区成立60年来，银川市经济社会发生了翻天覆地的变化，城乡居民收入大幅度增长，居民生活水平大幅提高。特别是改革开放40年以来，银川市综合经济实力不断增强，城乡面貌发生深刻变化，就业环境不断改善，城乡居民收入连续上了几个大的台阶，城乡居民生活实现了从“贫困”到“温饱”再到“小康”的历史跨越，正在大踏步地朝着全面小康目标迈进。

一、夯实民生基础——收入水平历史性突破

1958—2017年，银川市地区生产总值由0.84亿元增加到1803.17亿元；人均地区生产总值由221元增加到81656元，经济的快速增长为城乡居民收入提高打下坚实基础，城镇居民收入在2016年突破了3万元级大关，农村居民收入在2014年突破了万元级大关，2017年银川市城镇居民人均可支配收入32981元，比1958年的222元增长了147.6倍，年均递增8.8%；农村居民人均可支配收入13087元，比1978年的131元增长了98.9倍，年均递增12.5%。城乡居民收入增长速度表现出明显的阶段性变化。

（一）1958—1978年，银川市城乡居民收入增长缓慢，处于停滞不前的阶段。

改革开放以前的20年，由于“大跃进”“文革”和三年自然灾害等政治和自然原因，严重影响了经济发展和人民生活水平的提高，整个国民经济几乎到了崩溃的边缘。全国的食品和轻工产品严重短缺，市场消费品供应严重不足，主要商品普遍凭票供应，城乡居民生活在温饱线上长期徘徊。同时农民在“一大二公”的体制下，仅从事单纯的农业生产，收入基本来源于农业生产，生产收入又主要来源于集体分配，导致农民生产积极性不高，生产发展缓慢，农民收入低，这一阶段城乡居民收入徘徊不前。

1978年银川市城镇居民家庭人均可支配收入只有346元，比1970年增长19.9%，比1965年增长31.1%，比1958年增长55.7%，20年间平均仅递增

2.2%。1958—1978年主要年份银川市城镇居民人均可支配收入及增长情况见下表：

表1　主要年份银川市城镇居民人均可支配收入及增长幅度

单位：元、%

年　份	1958年	1960年	1963年	1965年	1966年	1970年	1975年	1976年	1978年
可支配收入（元）	222.3	223.6	226.1	263.9	268.7	288.6	315.6	321.2	346.1
增长幅度（%）	—	0.6	1.1	16.7	1.8	7.4	9.3	1.8	7.7

注：以上各年的增长幅度均是以上一个主要年份为基数计算的增幅。

1960—1963年的三年自然灾害，银川市城镇居民家庭人均可支配收入年均仅增长0.4%；1965—1975年的"文革"，银川市城镇居民家庭人均可支配收入增长19.6%，年均递增1.8%。

（二）1979—2000年，是我国改革开放政策实施以来的前20年时间，城乡居民收入进入快速增长阶段。

十一届三中全会以后，随着经济体制政策的逐步深化，国家出台了一系列收入分配政策和措施，国家几次较大范围较大幅度地提高职工工资，加之奖金及工资外收入大幅增长，使城镇居民收入水平显著提高。农村方面，农村家庭联产承包责任制的实行和农业产业结构调整的实施，农产品流通体制的改革，发展适度规模经营，极大地调动了广大农民的生产积极性，使长期禁锢的农村生产力得以很快解放，尤其是银川市委、市政府从1995年开始在全市掀起了小康建设的热潮，以增加农民收入为核心，以小康建设总揽农村工作全局，1998年在全区率先实现农村小康，农村经济发展也迅速步入了快车道。银川市经济的迅速繁荣发展带动了城乡居民收入水平大幅度提高。2000年，银川市城镇居民人均可支配收入5583元，比1978年的346元，增长了15.1倍，年均递增13.5%，比1958—1978年年均增速高11.3个百分点。银川市农村居民人均可支配收入2804元，比1978年的131元，增长了20.4倍，年均递增14.9%。

（三）2001—2010年，银川市经济快速发展和综合实力显著增强，城乡居民收入进入稳步增长阶段 。

进入21世纪以来，随着产业结构的调整和优化，就业渠道不断拓宽，各行各业人员收入明显提高，且在国家和地方出台福利性津贴补助的推动下，银川市城镇居民可支配收入稳步增长，2006年突破了万元级大关。农村方面，2004年党和国家采取“三补贴，两减免”政策，激发了农民种粮的积极性，促进了农民增收。2010年城镇居民人均可支配收入16955元，比2000年增长了2.0倍，年均递增11.7%,农民人均可支配收入6369元，比2000增长了1.3倍，年均递增8.6%。

（四）2011—2017年，银川市经济发展进入“新常态”，城乡居民收入进入平稳增长阶段。

银川市各级政府深入贯彻落实习近平总书记重要讲话精神，围绕落实“五位一体”总体布局和“四个全面”战略布局，发挥好首府城市“龙头”示范带动作用，推动银川市经济实力上了一个大台阶。2016年，银川市城镇居民人均可支配收入突破3万元级大关，达到30478元，2017年增加到32981元,比2010年增长了94.5%，年均递增10.0%；2014年，农村居民人均可支配收入突破万元大关，达到10275元，2017年增加到13087元，比2010年增长了1.1倍，年均递增10.8%，城乡居民人均可支配收入实现了“双突破”。（见图1）

单位：元/人、%

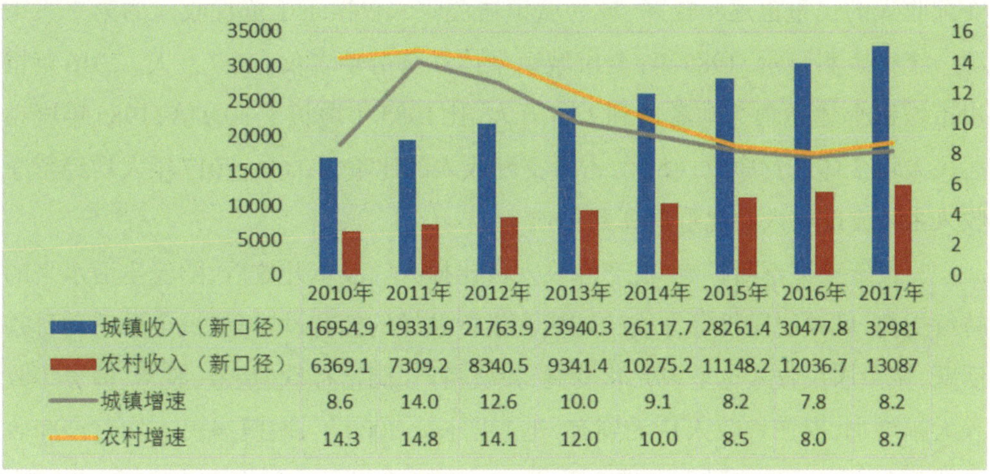

图1　2010—2017年银川市城乡居民收入增长情况

二、收入结构优化—收入来源趋于多元化

（一）城镇居民收入来源趋于多元化。

改革开放前，银川市城镇就业者中绝大多数为国有和集体职工，就业形式和收入渠道极为单一，工资性收入几乎是唯一的来源。改革开放后，随着产业结构的调整和优化，就业面迅速扩宽，收入分配制度发生了历史性转变，城镇居民收入逐渐形成了以工资性收入、经营性收入、财产性收入、转移性收入四大部分，收入逐步呈现多元化。

1. 收入渠道不断拓宽，工资性收入不再是绝对主体。自治区成立以来，工资性收入一直是城镇居民家庭收入的主要来源，占可支配收入的八成以上。20世纪90年代之后，随着经济体制改革的不断深化和收入分配方式的演变，以及产业结构的调整和优化，就业渠道不断拓宽，为城镇居民增加收入创造了条件，城镇居民获得收入的渠道趋向多元化，收入构成发生了较大变化，工资性收入占可支配收入的比重逐年下降。2017年，城镇居民人均工资性收入21323元，占可支配收入的比重已经下降到64.7%。

2. 个体私营经济迅速崛起，经营性收入成为收入的第二大来源。改革开放40年，从"大银川"——"两个最适宜"——"绿色、高端、和谐、宜居"城市发展理念，银川市城乡建设迈上新台阶，来银就业人数不断增加。随着改革的不断深入，人们就业观念的逐渐转变，内退、下岗、失业人员重新就业，非公有制经济的向前发展，以及"大众创业，万众创新"政策的引领，推动从事个体私营经济的人数持续增长，个体私营劳动者在城镇就业者中的比重不断加大，经营性收入占可支配收入的比重也逐年提高，成为城镇居民收入仅次于工资性收入的第二大来源。统计资料显示，1985年，全市城镇个体私营劳动者仅有0.7万人，2016年银川市城镇个体私营劳动者达到22.3万人，比1985年增长了30.9倍；1985年城镇居民人均个体经营净收入5元，占可支配收入的比重为0.6%；2017年人均经营净收入占可支配收入的比重提高到9.6%。

3. 投资渠道不断扩展，财产性收入占比提升。改革开放后，随着生活水平的持续提高，城镇居民投资方式的转变和投资领域的拓宽，城镇居民金融活动日趋活跃，城镇居民收入也呈多元化发展，投资房产、储蓄存款、基金、股票、债券等收入大幅增加，财产性收入从无到有，迅速增长。2000年，城镇居民人均财产净收入达到22元，占可支配收入的比重为0.4%；2017年人均财产净收入1925元，占比提高到5.8%。

4. 社会保障体系更加完善，转移性收入提标提档。随着国家城市社会保障制度的改革和完善，银川市亦进一步完善城镇社会保障制度。一是不断完善城市低保制度，多次提高低保标准，城镇居民低保标准已提至570元/月。二是做好养老保险工作，扩大基本养老保险覆盖面，多次提高最低工资标准，银川市最低工资标准已提至1660元/月。三是国家连续13年出台了企业离退休人员离退休金上调政策，同时实行采暖费明补政策，补助标准连续提高，民族团结奖等的发放，保证了离退休人员收入随着经济的发展和社会的进步稳步提高，促进了城镇居民人均转移性收入获得了快速增长。2000年，城镇居民人均转移净收入达到

1016元，占可支配收入的比重为18.2%；2017年人均转移净收入6551元，占比提高到19.9%。其中，离退休金和养老金标准的提高，以及社会救济收入的大幅增长是城镇居民转移性收入快速增长的主要因素。

（二）农村居民收入结构日益多元化。

改革开放前，银川市农村居民从集体所得的工分收入是最主要的收入来源。改革开放后，尤其是2004年至2018年中央连续出台了15个指导“三农”工作的一号文件，取消农业税、精准扶贫等一系列的惠农政策出台，农村经济快速发展，伴随经济结构的调整和市场经济的发展，农村居民收入来源结构发生了很大变化，从单纯以家庭经营收入成为农民收入的主体，到工资性收入和经营性收入并驾齐驱，再到工资性收入成为农民收入的主要来源，从单一性走向多元性。

1. 经营性收入占比逐年下降，仍是农民收入的重要来源。家庭联产承包责任制后，农户成为独立的经营单位，收入来源由集体统一经营为主转向家庭经营为主，随后很长一段时间农村居民的收入来源都是单一的一产经营性收入。2004年农村居民人均经营净收入2886元，占人均可支配收入的比重为82.4%，2017年人均经营净收入5633元，占可支配收入的43.1%，所占比重大幅收窄。

2. 农村劳动力流动性加大，工资性收入已经成为支撑农民收入的主体。随着经济的发展，各级政府把劳务经济作为解决“三农”问题的突破口，城镇化和农业产业化进程加快，农村大量劳动力向非农产业转移，并在城镇得到更多的就业、创业机会，确保了农民工资性收入的稳定增长。与此同时，政府出台政策及资金支持鼓励乡镇企业优先聘用本地农民工，有针对性地职业培训，提升农民就业技能和市场竞争力，加强企业与农户的用工信息的对接，也为农村居民稳定就业提供了政策保障，促进了农村居民工资性收入的快速增长。2004年农村居民人均工资性收入462元，占人均可支配收入的比重为13.2%；2017年人均工资性收入6103元，占可支配收入比重上升到46.6%，工资性收入已经成为支撑农民收入的主体。

3. 金融市场盘活，财产性收入呈现多元化。近年来，随着农民收入的提高以及农村金融市场的逐年走活，银川市政府积极指导龙头企业、专业合作社流转土地，同时农民借助离市区近的优势，农民整合闲置院落、园地等房产资源，将农村房屋租赁给企业作为仓储、物流配送点，拓宽农民收入来源，农民拥有的财产形式越来越多样化，财产净收入改变了原由以利息收入和转让土地承包经营权收入为唯一来源模式，财产净收入呈现了多元化的新特点。2004年农村居民人均财产净收入74元，占人均可支配收入的比重为2.1%；2017年人均财产净收入395

元，占可支配收入比重上升到3.0%。

4. 惠民政策力度大，转移性收入成为农民增收的重要支撑。农村居民转移性收入主要来源于各种政府补贴、养老金、赡养费等。近十几年来，各项支农惠农政策持续推进，粮食综合补贴等一系列支农惠农政策和农村医疗卫生、养老保险等社会保障措施的贯彻落实，农民普遍得到实惠，特别是国家多次对农村养老金提标，及妥善解决失地农民养老问题，失地农民领取大额养老保险的人数增加，脱贫攻坚工程给农村居民带来了更多的实惠，转移性收入在农村居民收入当中的分量越来越重，成为农村居民收入最具有保障的增长元素。2004年农村居民人均转移净收入81元，占人均可支配收入的比重为2.3%；2017年人均转移净收入955元，占可支配收入比重上升到7.3%。

执笔人：李雪辉

永宁县城乡居民收入快速增长结构不断优化

改革开放40年来，永宁县认真落实贯彻国家出台的各项政策措施，经济社会全面发展，社会财富急剧增加，人民群众得到了更多改革开放的实惠，城乡居民收入实现了跨越式增长。

一、农村居民收入快速增长、结构不断优化

(一)经济快速发展，农民收入逐年提高。

十一届三中全会以后，随着农村经济体制改革的逐渐深入，1980年永宁县开始实行以家庭联产承包制为核心的农村经营体制，农业产业结构逐步调整；十四大以后，乡镇企业异军突起，为农村经济注入了新活力，农村富余劳动力向第二、第三产业转移，农民收入快速增长。1981年，永宁县农村居民人均可支配收入318元，1986年超过500元，1990年超过1000元，1996年超过2000元，2000年达到2694元，比1981年增加了2376元，增长近8.5倍。

(二)2000年以后，农民收入逐步稳定快速增长。

表1　2000—2012年永宁县农民可支配收入

单位：元、%

年份	农民人均可支配收入(元)	比上年增加	增幅(%)
2000	2694		
2001	2873	180	6.7
2002	2999	126	4.4
2003	3152	153	5.1
2004	3658	506	16.1
2005	3575	–83	–2.3
2006	3897	322	9.0
2007	4442	546	14.0
2008	5029	587	13.2
2009	5432	403	8.0
2010	6247	815	15.0
2011	7195	949	15.2
2012	8225	1030	14.3

进入21世纪，宁夏回族自治区在全国率先实施了减免农业税费、建立粮食直补制度、加大农业基础设施投入力度等多项惠农政策。2004年起，以税费改革为突破口的各项涉农改革进一步深化，永宁县农业逐步走向专业化、产业化发展方向，农民增收出现重大转机，农民收入连续多年保持快速增长。2000年到2012年间永宁县农民人均可支配收入平均增速9.9%，其中2000—2005年间环比增速较慢，2005年以后农村居民人均可支配收入进入快速增长时期，2006年到2012年人均可支配收入平均增速12.7%。

表2 2013—2017年永宁县农村居民人均可支配收入四大项增长情况

指标名称	2013年	占可支配收入比重(%)	2017年	占可支配收入比重(%)	增加额	增幅(%)
可支配收入(元)	9223		12855.3		3632.3	39.4
一、工资性收入	3265.4	35.4	4685.7	36.4	1420.3	43.5
二、经营净收入	4821.1	52.3	6672.3	51.9	1851.2	38.4
三、财产净收入	497.3	5.4	769.3	6.0	272.0	54.7
四、转移净收入	639.2	6.9	727.9	5.7	88.7	13.9

1. 工资性收入稳定增长，成为拉动农民增收的重要力量。十八大以来，永宁县加快农村城镇化建设，集体流转土地，制定并实施农村城镇化建设项目，整合偏远村庄，将群众集中到小城镇和中心村生活，推进农村经济快速发展；同时，永宁县开展区外劳务输出、引进劳动密集型企业解决失地农民及生态移民就业难题等。农民工就业环境不断优化，就业制度、保障制度进一步完善。2017年永宁县农民人均工资性收入4686元，比2013年增加1421元，增长43.5%。

2. 家庭经营依然是农民增收的支柱产业。2013年以来，永宁县政府加快现代农业发展步伐，全县农业步入了良性发展的快车道，龙头企业带动农村产业融合，农业合作社快速发展，逐步实现了从传统农业向现代农业的转变。同时，永宁县深化经济体制改革，快速推进小城镇建设，加大对小微服务业、个体工商户的政策扶持，农村三产快速发展，农民收入渠道日益拓宽。

3. 财产红利增长速度加快。随着永宁县农业发展方式转变和农业产业结构调整步伐的不断加快，永宁县农村土地流转不断有新突破，按照依法自愿有偿原则，以出租为主，流转面积逐年扩大，目前永宁县土地流转面积达到17万亩。加之设施温棚租金价格不断走高，农村出租房屋增加，五年来，财产净收入的占比不断扩大，增速加快，2017年财产净收入比2013年增长1.5倍。

4. 惠民政策助力农民增收。十八大以来，永宁县积极落实各项惠民政策，及时发放各类农民生产生活补贴；认真落实宁夏回族自治区相关社会保障政策，实现农村社保、医保全覆盖，提高新型农村养老保险、失地农民大额养老保险发放标准。2017年永宁县农民人均转移净收入728元，比2013年增长13.9%。

二、城镇居民收入水平大幅增长

（一）经济快速发展，增资政策助力可支配收入快速增长。

2005—2012年是永宁县城镇居民收入的快速增长期。特别是2000年以后，国家和地区多次出台增资政策，永宁县城镇居民可支配收入快速增长，2005—2017年城镇居民可支配收入的年增速高于11.0%，2006年永宁县城镇居民人均可支配收入突破万元大关，2012年永宁县城镇居民人均可支配收入达到19252元。2005—2012年，永宁县城镇居民收入大幅增长的原因有以下几个方面：

1. 增资政策出台，推动居民收入增长。2005年起，国家连续提高企事业单位离退休金，并逐步扩大养老保险覆盖面；2006年规范公务员工资和各级公务员津补贴；与此同时，义务教育阶段教师和基层医疗卫生单位职工先后实施了绩效工资，自治区政府出台机关事业单位职工取暖补贴政策，并逐步提高取暖补贴标准以及效能建设奖等增资政策的出台助推居民收入快速增长。

2. 经济快速发展，带动城镇居民收入增加。永宁县在大力实施“工业强县”战略下，启元药业等多家大型规上企业落户永宁，工业生产持续快速增长，经济保持快速健康发展势头，2012年实现地区生产总值94.23亿元，相比2005年增长近4倍。在经济快速发展的基础上，永宁城镇居民就业率不断提高，各行业职工工资奖金、津贴和福利大幅度增长。

3. 社会保障制度逐步完善，低收入群体直接受益。一是不断完善城市低保制度，多次提高城市低保标准，扩大了城市低保覆盖面。二是多次提高了最低工资标准。永宁县由2005年的420元提高到2012年的1020元。三是积极推进城镇居民基本医疗保险制度的改革工作。以上政策措施的实施使城镇贫困家庭和低收入家庭直接受益，为维护社会稳定和促进经济社会发展发挥了积极作用。

（二）十八大以来，城镇居民收入平稳增长，结构不断优化。

表3　2013—2017年永宁县城镇居民人均可支配收入四大项增长情况

单位：元、%

指标名称	2013年	占可支配收入比重（%）	2017年	占可支配收入比重（%）	增加额	增幅（%）
可支配收入（元）	21177.4		29210.8		8033.4	37.9
一、工资性收入	15759.3	74.4	21736.8	74.4	5977.5	37.9
二、经营净收入	2201.3	10.4	3229.5	11.1	1028.2	46.7
三、财产净收入	936.3	4.4	1393.2	4.8	456.9	48.8
四、转移净收入	2280.5	10.8	2851.3	9.8	570.8	25.0

1. 城镇居民收入由高速增长转向平稳，收入结构稳定。在经济发展的新常态下，永宁县城镇居民收入进入平稳增长阶段。相对于2005—2012年城镇居民可支配收入增速在11.0%以上，在当前经济新常态下，宏观经济发展大环境稳中趋缓，2013年以后增速回落到10.0%以内，2017年城镇居民收入达到29211元，增幅8.4%。城镇居民收入步入平稳增长阶段，且四大项收入占可支配少比例变化小，结构稳定。

2. 工资性收入仍然是城镇居民的主要收入来源。从构成四项收入来看，工资性收入对可支配收入增长贡献率最大。2013年和2016年中，城镇居民人均可支配收入中74.4%来自于工资性收入。五年期间，工资性收入增收贡献率为74.4%，经营净收入增收贡献率为12.8%，财产净收入和转移净收入的增收贡献率分别为5.7%和7.1%。

3. 政策红利助推工资性收入和转移性收入增长。2013年以来自治区连续提高最低工资标准、落实多项增资政策，有力地推动了工资性收入稳步增长。同时，在国家“惠民”政策的指导下，各级政府重视城镇低收入家庭和离退休人员的生活，积极落实国家各项政策，制定最低工资标准、最低生活保障制度和其他惠民的相关政策，连续调整最低工资标准，提高低保标准和退休金水平，对转移性收入的增长贡献较大。

4. 城镇三产平稳增长。近年来，宁夏不断制定出台促进经济发展政策，大众创业、万众创新氛围浓厚，私营经济实现复苏发展；加之政府职能部门简政放权、推行“一站式”办公、实施“营改增”税收政策等措施，永宁县政府加大对私营个体经济的培育和扶持力度，不断完善就业和创业服务体系，切实减轻个体工商户的创业负担和经营成本，使家庭经营收入继续保持较快增长。2017年永宁县城镇居民人均第三产业经营净收入3031元，比2013年累计增长21.8%，增速相比2013年提高0.6个百分点。

三、十八大以后，城乡居民收入差距缩小

（一）城乡收入跑赢GDP，经济发展含金量提高。

五年间，永宁县农村居民人均可支配收入累计增长39.4%，比同期GDP累计增速快10.6个百分点，城镇居民人均可支配收入累计增长37.9%，比同期GDP累计增速快9.1个百分点。分年度看，2013—2017年，农民可支配收入增速分别为12.1%、9.8%、8.5%、7.9%、8.3%，除2014以外，农民收入增长均快于GDP增长；城镇居民人均可支配收入增速分别为10.0%、8.7%、9.0%、7.4%、8.4%，2015年起，城镇居民收入增速均快于GDP增长。

（二）农民收入增速快于城镇居民，城乡居民收入比有所收窄。

五年间，永宁县农村居民可支配收入增速持续快于城镇。从增速看，2017年农民收入比2013年累计增长39.4%，比同期城镇居民收入增长37.9%的速度快1.5个百分点。城乡居民收入比有所收窄，2013年，城乡居民收入比为2.3:1，到2017年下降为2.27∶1。

单位：元/人、%

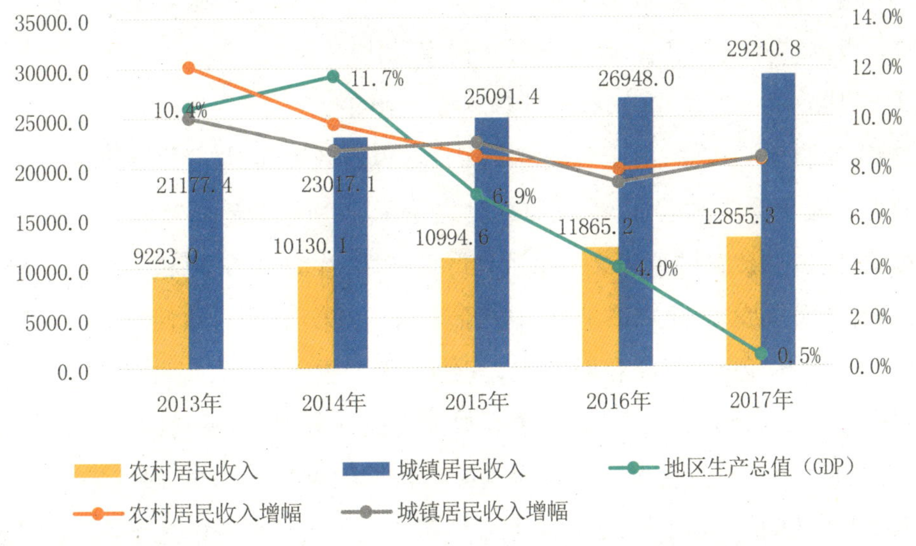

图1　2013—2017年永宁县城乡居民人均可支配收入及地区生产总值对比表

执笔人：王乃钰

喜看60年贺兰县城乡居民收入发展的峥嵘历程

自治区成立60周年、改革开放40周年以来，在党和政府的正确领导下，贺兰县全体干部、群众务实苦干、开拓创新，全县社会经济同全国一样发生了翻天覆地的变化，城乡居民收入水平实现跨越式发展。

一、农民收入分阶段呈现新特征，收入水平不断增加、结构实现多元化

自20世纪50年代农业集体化生产开始，农民生产经营粗放，收入来源单一，农民收入主要是从集体统一经营中获取。改革开放以后，特别是80年代中后期，贺兰县通过家庭联产承包制的实行、发展乡镇企业，发展产业化经营、有效改善农业生产条件、减免农业税和实行种粮补贴政策等措施的实施为农民增收拓宽了渠道。伴随经济结构的调整和市场经济的发展，以往的格局发生了根本变化，收入来源结构变化显著，从单一性走向多元化。

（一）1958—1979年：农民收入徘徊不前的20年。

1958年自治区成立，由于对经济工作指导思想的失误，加之三年严重自然灾害，致使农业生产遭到破坏，农民收入随之下降。1966年至1975年，十年的“文革”运动，使贺兰县农村经济又一次遭到严重破坏，片面强调“以粮为纲”，忽视农村经济的全面发展，禁止农民从事家庭经营、第二、第三产业，致使农民收入来源渠道狭窄，结构单一，均以农业为主，其他产业严重滞后，农民收入徘徊不前。1978年，贺兰县农民收入在经受改革开放前自然灾害、政治运动的寒流后，呈现恢复性增长，当年贺兰县农民人均可支配收入增加到131元，是1977年的两倍，是1962年的2.6倍。自治区成立的这前20年贺兰县农村居民的生活水平一直处于跌宕起伏变化无常的阶段。

（二）1980—1993年：农民收入增长初露“尖尖角”阶段。

十一届三中全会以来，农村实行了以家庭联产承包责任制为核心的经营制度，极大地解放了生产力，充分调动了农民生产积极性。1980年农民人均可支配

收入收入达到201元，比1979年增加114元，增长2.3倍。卓有成效的农村改革给农业生产带来了生机和活力，各项改革措施的全面实施，农村产业结构的不断调整，商品经济空前活跃，这13年期间政治、经济等都历经不懈探索，县委、县政府着力解决“增收”问题，农民收入稳定增长成为主流趋势。到1988年贺兰县农村居民人均可支配收入达到690元，是8年前的3.4倍，8年间年均增长16.7%。1990年农村居民人均可支配收入突破1000元到达1053元，自1990年开始农业生产形势良好，粮食产量连年丰收，但是农民收入和农业的增长不协调，出现增产不增收的情况，三年间发展处于停滞状态，到1993年贺兰县农村居民人均可支配收入是只有1057元，和1990年收入水平相当，1980—1993年年均增长13.6%。

（三）1994—1996年：农民收入增长进入“满天星”阶段。

邓小平同志南方谈话及中国共产党第十四次全国代表大会的召开，给农村经济注入了新的活力。乡镇工业企业异军突起，大批农村富余劳动力向第二、第三产业转移。同时，国家连续两年提高农副产品收购价格，农村和农业形势一片大好，农村居民人均可支配收入稳跨2000元大关，由1994年的1304元增加到1996年的2328元，累计增加1024元，年均增长33.6%。

（四）1997—2003年：农民收入进入增速放缓阶段。

乡镇企业的发展经历了短暂的辉煌之后，受资金、技术、劳动力素质等多种因素的制约，发展遇到瓶颈。同时，自1997年以来农产品价格持续4年低迷，农民增产不增收。农村居民人均可支配收入由1997年的2586元，增加到2003年的3114元，累计增加528元，年均增长3.1%。

（五）2004—2014年：农民收入增长步入“满堂红”的黄金阶段。

贺兰县农民人均可支配收入经历了快速发展的10年，农民收入来源由单一产业支撑向多产业齐头并进发展。由2004年的3572元增加到2014年的10667元，10年间增长了2.0倍，年均增速在11.6%。收入结构中工资性收入快速发展，占比逐年攀升；家庭经营纯收入稳步增长，占比逐年放缓；财产性及转移性收入逐年增加，已成为增加农民收入的有利补充。

（六）2015—2017年：农民收入增长进入“新纪元”阶段。

十八大以来，面对错综复杂的宏观经济环境和经济下行的压力，贺兰县县委、县政府主动适应经济发展新常态，随着经济增速从高速增长转向中高速增长，农村居民收入增幅也呈逐年放缓态势，2015—2017年农村居民人均可支配收入增速分别是9.0%、8.0%、8.8%。2017年农村居民人均可支配收入13668元，与2015

年相比增长17.5%,年均增长8.4%,与全区平均水平持平。

单位:元/人

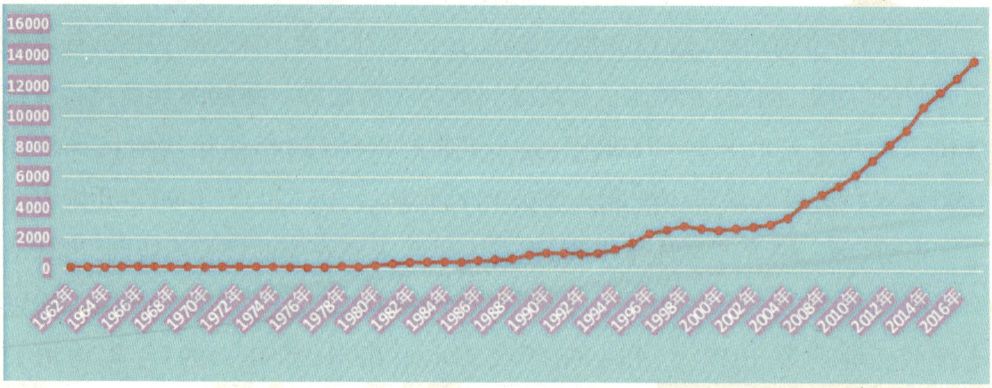

图1　1962—2017年贺兰县农村居民可支配收入变化情况图

经过60年的不断探索贺兰县农村居民收入得到了稳定有序的增长,2017年农民收入水平是5年前1.7倍,是20年前的5.3倍,是50年前的120倍,年均增长10.9%。由自治区成立前20年的突增突降,中间20年的快速发展,到后20年的稳定发展,书写和见证贺兰县农村经济的发展变化、见证了改革开放前后40年贺兰县的蜕变。

单位:%

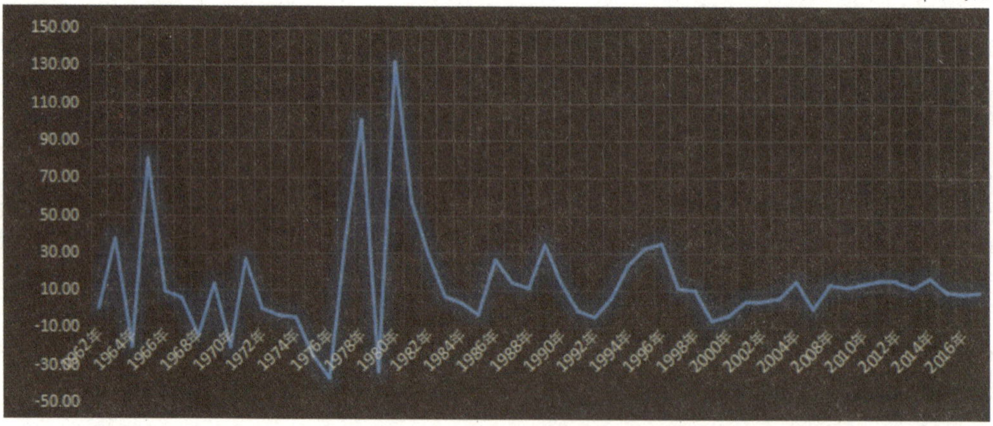

图2　1962—2017年贺兰县农村居民可支配收入增幅变化图

(七)农民人均可支配收入增长的几个特点。

1. 家庭经营收入稳步增长,占农民收入的比重稳中趋降,但在农民收入中仍占主导地位,对农民增收的贡献突出。2017年贺兰县农民人均家庭经营净收入5308元,比1988年增加4711元,年均增长7.8%,家庭经营净收入占农民人均可支配收入的比重由1988年的91.7%下降到2007年的78.0%,再下降到2017年的38.8%,下降52.9个百分点,但在农民人均可支配收入中仍占主导地位。在家庭经营收入中,农业净收入由1989年的966元增加到2007年的2597元、到2017年增加至3123元，增长了2.2倍，年均增长4.2%，为农民增收作出了重要贡献。2017年家庭经营净收入对农民增收的贡献率达39.1%。

2. 工资性收入大幅上升，成为农民增收的主要动力。随着农村经济的快速发展以及农业机械化程度的不断提高，农村富余劳动力不断增加。政府实施了“阳光工程”等农民工就业技能培训工程，增强了农民工就业的技能，拓宽了农民工就业渠道；同时，政府加大了对恶意拖欠农民工工资的处罚力度，出台了农民工意外伤害保险等政策，农民工外出务工吃上了定心丸，大量农村富余劳动力进入城市务工，农民工资性收入大幅度增加，成为农民增收的一大亮点和主要动力。2017年贺兰县农民人均工资性收入6873元，是10年前的9.4倍，是1988年的好几百倍，年均增长24.4%；工资性收入占农民人均可支配收入的比重由1988年的1.8%上升到2007年的16.8%，到2017年的50%，提高了40多个百分点。工资性收入对农民增收的贡献率达到62.1%。

3. 惠农政策等增收成效明显，农民财产和转移性收入快速增长。近年来，土地流转、房屋租金等财产性收入的出现有力拉动了农村居民财产性收入，加之国家不断加大支农惠农政策力度，切实保护好农民的合法权益。惠农政策从粮食直补、良种补贴，到农机具购置补贴、农资综合直补等各种惠农政策的综合能量释放，有效地增加了农民转移性收入。2017年人均财产性净收入和转移性净收入是1487元，是2007年的6.5倍，是1988年的35倍，年均增长13.1%。

二、城镇居民收入水平及结构发生了根本性变化

改革开放以来，在县委、县政府的正确领导下，不断创新发展理念，全面做好稳增长、促改革、调结构、惠民生，促进经济平稳健康发展、社会和谐稳定。面对复杂多变的宏观经济环境，有效推进各项改革，贺兰县经济保持了平稳发展，为城镇居民收入的稳定增长带来有利条件。截至2017年贺兰县城镇居民人均可支配收入达到28641元，比2005年增长3倍，年均递增12.3%，其中工资性收入19928元，占69.6%，增收贡献率为62.5%；经营净收入2190元，占7.6%，增收贡献率为11.3%；财产净收入1346元，占4.7%，增收贡献率是17.5%；转移净收入5177元，占18.1%，增收贡献率为8.6%。

（一）“十五”期间，城镇居民收入开始“补偿性”增长。

随着国民经济实力的增强，国家和自治区多次出台调整了行政事业单位的工资，并进行了工资制度改革和收入分配机制的调整，着力提高企业、事业及机关单位人员工资；企业推行效益工资制度，实行员工报酬与企业效益挂钩；非公

有经济不断发展，私营、个体企业的迅速成长；此外，居民的投资意识明显增强，财产性收入也逐渐进入居民的收入范围；建立健全了社会保障制度，提高最低生活保障、最低工资、离退休人员工资标准。这些政策措施的有效实施，大大推动了城镇居民收入的提高。到2005年底贺兰县城镇居民人均可支配收入水平达到7100元。

（二）“十一五”期间，城镇居民收入进入加速增长阶段。

“十一五”期间，贺兰县把提高人民生活水平摆在更加突出的位置，不断完善收入分配制度，实施积极的就业和再就业政策，建立健全社会保障体系，重视增加中低收入户收入，解决涉及群众利益的突出问题，使城镇居民收入水平大幅提升，“十一五”期间是贺兰县经济社会发展最快、城乡面貌变化最大、人民生活水平提高较快的时期、也是老百姓得到实惠最多的时期。到2008年贺兰县城镇居民人均可支配收入突破万元大关，达到11980元；2010年达到1.5万元，是2005年的2.1倍，年均递增15.8%，与全区年均增长速度相当，是改革开放以来城镇居民收入增长最快的时期，也是老百姓得到实惠最多的时期。

（三）“十二五”期间，城镇居民的收入进入稳定增长阶段。

“十二五”时期，是贺兰经济社会发展极不平凡的五年。面对国际、国内经济下行压力持续加大的严峻形势和转型发展的繁重任务，贺兰县人民政府团结带领全县各族人民，积极应对挑战，奋力攻坚克难，统筹推进稳增长、调结构、促改革、惠民生各项工作，全县经济社会保持了快速健康发展，保障了城镇居民收入稳步增长，与全区平均水平相对差距有所缩小。“十二五”期间贺兰落实的多项增资政策有力地拉动了居民增收。机关事业单位职工津补贴调整、效能考核奖发放与提标、机关事业单位未休年休假补贴制度、民族团结进步奖发放与提标、公务员养老金制度改革等政策的实施拉动机关事业单位工资性收入增长，加之“十二五”期间贺兰县城镇化快速发展，2015年末城镇化率达到48.8%。比2010年提高了近11.4个百分点。在2013年贺兰县城镇居民人均可支配收入突破2万元大关，达到209067元，到“十二五”末2015年贺兰县城镇居民人均可支配收入达到24548元，比“十二五”初的16890元增加7658元，增长45%。

（四）“十三五”后，城镇居民收入水平转入新常态。

“十三五”时期，是全面建成小康社会的决胜期，是全面深化改革的攻坚期，是贺兰县创新发展、转型追赶的关键期，全县以“富民强县、跨越发展”为目标，有序推进各项民生事业的开展。2016年是“十三五”开局之年，城镇居民收入增长实现开门红，城镇居民人均可支配收入是26468元，比2015年增加1920元，增长

7.8%，2017年城镇居民收入水平达到28641元，比2015年增加4093元，增长16.7%，是2005年的4.0倍。

单位：元/人

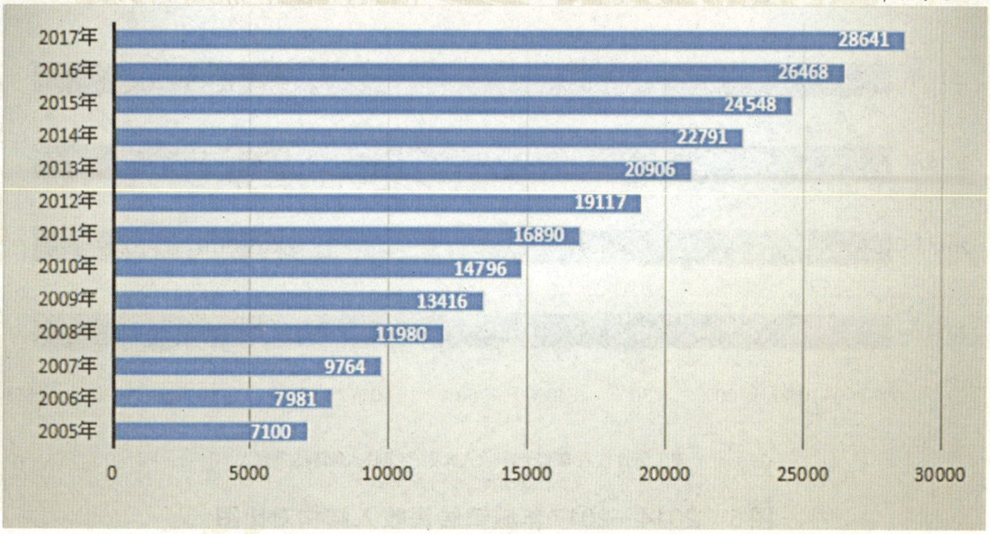

图3　2005—2017年贺兰县城镇居民可支配收入情况图

单位：%

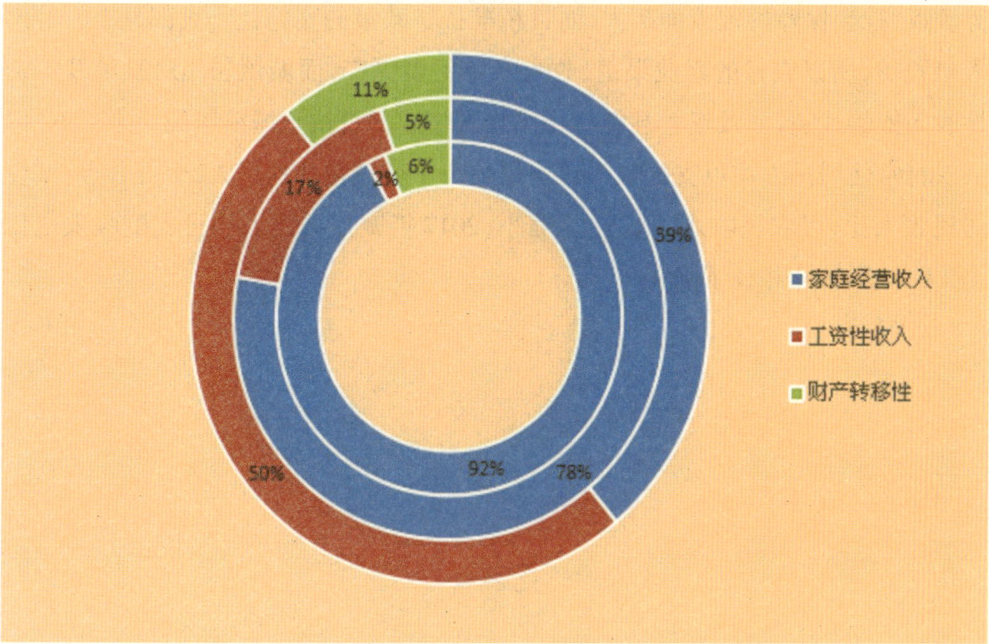

图4　1988、2007、2017年贺兰县农村居民收入结构对比图

2014年，贺兰县城镇居民人均工资性收入、经营净收入、财产净收入和转移净收入占可支配收入的比重分别为：73%、5%、3%和18%，工资性收入占绝对主体地位。2017年这四项收入比重分别为70%、7%、4%和19%，工资性收入的比重

降低了3个百分点，经营净收入、财产和转移收入的比重分别提高了2.1和1个百分点，城镇居民收入结构多元化特征更加明显。

单位：%

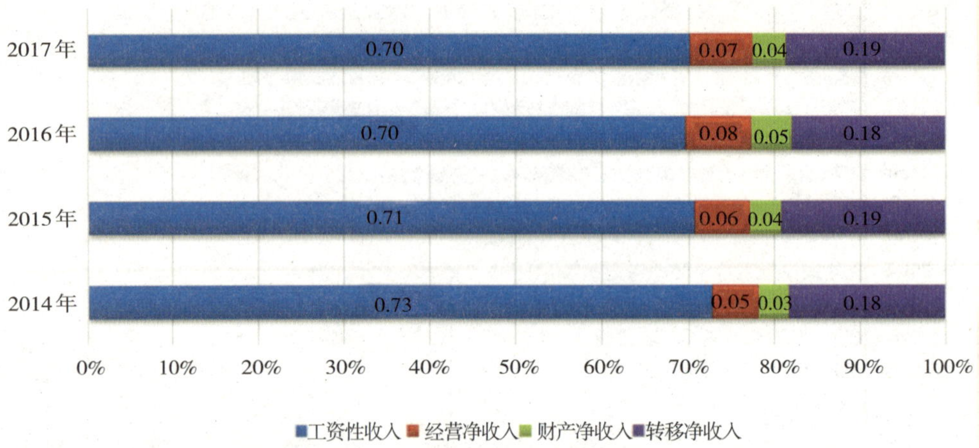

图5　2014—2017年城镇居民收入结构对比图

随着改革的深入以及市场经济体制的健全与完善，农村社会保障体系逐步发展健全、取消了农业税和减免了教育费用同时大面积实现了养老、医疗、低保等政策，社会保障的覆盖面扩大，而且精准扶贫政策的实施让一大部分农村贫困人口脱贫，所以农村的就业渠道、收入来源更多更广，而城镇居民对政策及工资性收入依赖性强，导致贺兰县农村居民收入增速一直快于城镇居民，“十二五”以来农村常住居民人均可支配收入年均增幅高于城镇常住居民2.2个百分点；城乡居民收入比（以农民收入为1）逐年缩小，2017年城乡居民人均可支配收入之比为2.1，与2009年相比下降0.3。

单位：%

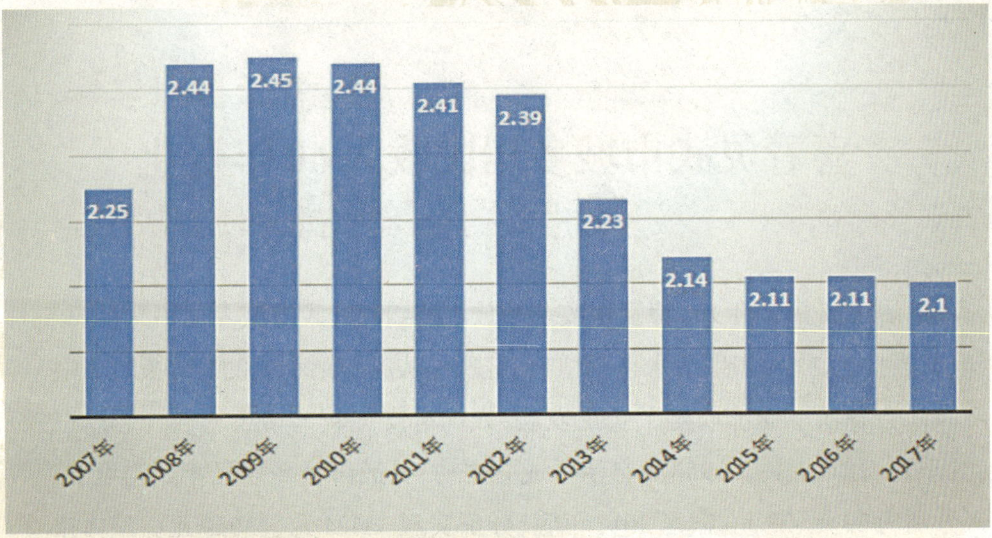

图6　2007—2017年贺兰县城乡居民收入倍差图

纵观自治区成立60年来贺兰县城乡居民生活水平的可喜变化，充分证实了只有在党的统一领导下，坚持改革开放，坚持自力更生，解放思想，一切从实际出发，理论联系实际，实事求是，因地制宜地发展本地经济，促进各项社会事业协调均衡发展才是硬道理。当前贺兰的发展站在新的历史起点之时，我们必须顺应经济体制深刻变革、社会结构深刻变动、利益格局深刻调整、思想观念深刻变化，以及党面临的机遇前所未有、面对的挑战也前所未有的新形势新情况，进一步凝聚改革共识，坚定改革方向，完善改革举措。不断创新充满活力的体制机制，实现贺兰县经济社会的跨越式发展。相信贺兰的明天更美好。

执笔人：刘连霞

喜看灵武市城乡居民收入60年变化

自治区成立60年来，特别是改革开放40年来，灵武市城乡居民生活日新月异、蒸蒸日上，收入和生活水平双增长，实现了从温饱到小康的稳步发展，国民经济和社会各项事业都取得了长足发展，人均可支配收入增长喜人，陆续突破百元、千元、万元大关。1958年自治区成立之初，灵武市城乡居民年人均可支配收入分别为29元、23元，截至2017年底，分别实现30624元、13659元。整体来看，城乡居民人均可支配收入发展经历了三个阶段，分别为：1958至1977年，缓慢增长阶段；1978至1997年，快速增长阶段；1998至2017年，持续增长阶段。

一、城乡居民收入稳步发展

单位：元/人

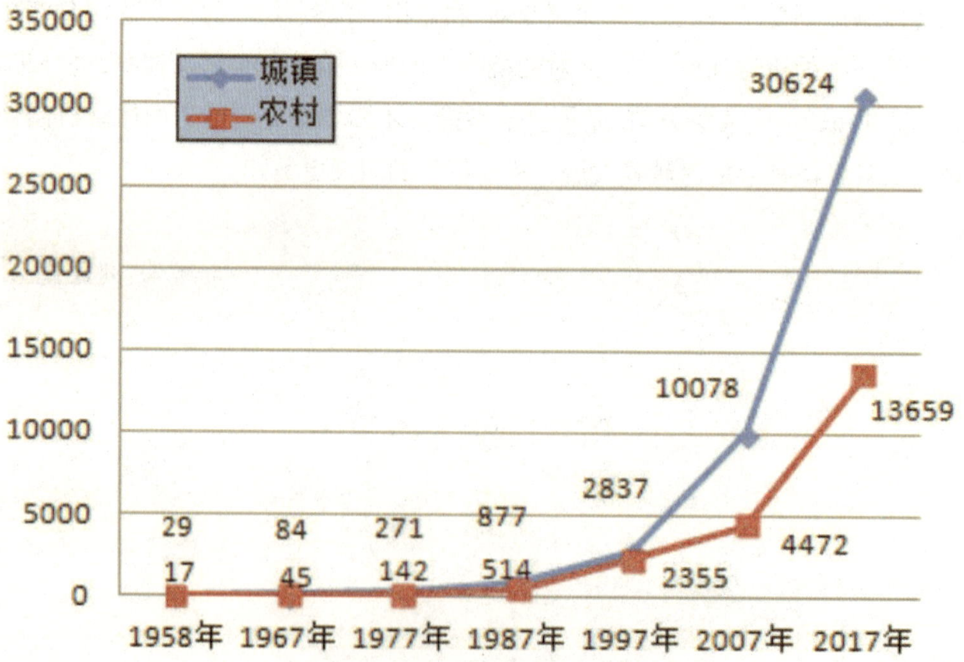

图1　城乡居民主要年份可支配收入变化

（一）1958至1977年，收入缓慢增长，居民人均可支配收入突破百元。

自治区成立初期，与当时全国发展情况相同，生产力落后，经济发展缓慢。

1958年“大跃进”、人民公社化运动，之后三年自然灾害，使农业遭受重创、农村生产力遭到严重破坏，国民经济比例失调，人民生活受到严重影响，城乡居民生活水平低下，人均收入不足50元。1958年至1977年，20年间城镇居民人均可支配收入增长242元，农村居民人均可支配收入仅增长125元。

（二）1978至1997年，收入快速增长，居民人均可支配收入超过千元。

1978至1987年间，十一届三中全会胜利召开，改革开放政策惠及全国，带动城乡居民收入稳步增加。1978年、1987年、1997年城镇居民人均可支配收入分别为305元、877元和2837元，较1978年增长1.9倍和8.3倍，城镇居民生活水平蒸蒸日上。

农业生产以家庭联产承包责任制为主要形式，调动了农民生产积极性，推动农业和农村经济双发展，有效拉动农民增收。1990年农村居民人均可支配收入达777元，1994年农村居民人均可支配收入达1258元，农民人均收入正式步入千元行列。1978年、1987年、1997年农村居民人均可支配收入分别为159元、514元和2355元，较1978年增长2.2倍和13.8倍，农民收入和生活水平逐步提高。

（三）1998至2017年，收入持续增长，居民人均可支配收入跨入万元。

2007年城镇居民人均可支配收入首次过万元，达10078元，2012年仅用5年时间就突破2万元，达到20300元，2017年已经突破3万元，达30624元。这20年间，城镇居民人均可支配收入由3191元增长至30624元，增长近8.6倍。

随着市场经济体制逐步完善，收入基数的增加，增长幅度放缓，2002年农村居民人均可支配收入2892元，仅比上年增长0.9%。2008年农村居民人均可支配收入5238元，同比增长达17.1%，是增幅最高的一年。2011年农村居民人均可支配收入7649元，比1998增加5130元，增长3倍。2012年农村居民人均可支配收入8707元，2014年农村居民人均可支配收入首次过万元，达10756元，2017年农村居民人均可支配收入为13659元，相比2012年增加4952元，增长1.6倍。

二、城乡居民收入结构日趋多元化

纵观城乡居民收入，主要有工资性收入、经营净收入、财产净收入和转移净收入四大项，支撑着居民增收，随着经济和社会的发展，收入结构日趋多元化。

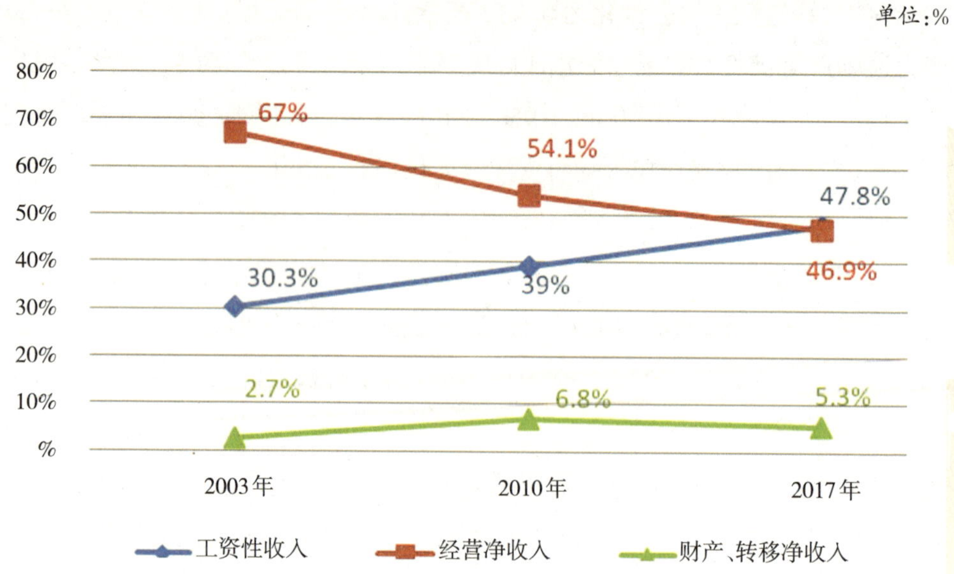

图2　农村居民主要年份收入结构占比变化

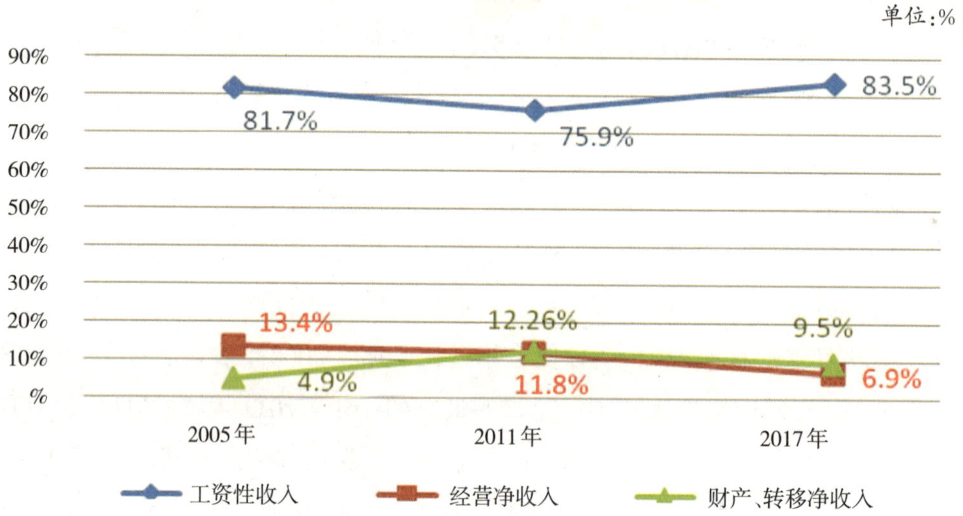

图3　城镇居民主要年份收入结构占比变化

(一)工资性收入是居民增收的重要组成部分。

2005年、2011年、2017年城镇居民人均工资性收入分别为5869元、13561元、25570元,占人均可支配收入的81.7%、75.9%和83.5%。工资性收入在城镇居民收入中始终处于主导地位,引领着城镇居民增收。

2003年农民人均工资性收入912元,占人均可支配收入的30%;2005年农民人均工资性收入超过千元,达1101元,占人均可支配收入的30.3%;2010年农民人均工资性收入2594元,占人均可支配收入的39.0%;2017年农村居民人均工资性收入为6529,占人均可支配收入的47.8%。由此看出,工资性收入在农民收入中的比重越来越大，对收入的影响也逐步增加。

（二）经营性收入有效拉动居民增收。

2005年、2011年、2017年城镇居民人均经营净收入分别963元、2108元、2130元，分别占人均可支配收入的13.4%、11.8%和6.9%。

2003年农民人均经营净收入2036元，占人均可支配收入的67%，其中第一产业的收入1437元、第二第三产业收入599元，分别占家庭经营净收入的70.6%、29.4%；2010年农民人均经营净收入3598元，占人均可支配收入的54.1%，其中第一产业收入2026元、第二第三产业收入1572元，分别占经营净收入的56.3%、43.7%；2017年经营净收入6402元，占人均可支配收入的46.9%，其中第一产业净收入3856元，第二第三产业净收入2546元，分别占经营净收入的60.2%和39.8%。

（三）财产性、转移性收入助推居民增收。

2005年、2011年城镇居民人均财产净收入、转移净收入分别为352元、2191元，占人均可支配收入的4.9%和12.3%，2017年城镇居民人均财产净收入、转移净收入2924元，占人均可支配收入的9.5%。

2003年农村居民财产、转移净收入共计82元，占人均可支配收入的2.7%；2010年财产、转移性净收入共计452元，占人均可支配收入的6.8%；2017年财产净收入、转移净收入共计729元，占人均可支配收入的5.3%。

三、四因素促城乡居民收入长足发展

自治区成立60年来，城乡面貌和经济变化日新月异，居民收入和生活水平不断提高，这些巨大变化主要得益于以下几个方面。

（一）改革开放和正确的经济发展政策，推动居民收入结构变化，持续增收。

联产承包责任制的实施，改变了原有的“大锅饭”体制，调动了农民积极性，增加和提高了农民来自农业方面的收入；经济体制的变革，让社会经济更加活跃，居民收入来源日趋多元化，各类技术发展，带动农业生产机械化、规范化、现代化，解放了劳动力，让更多农民从农田里走出来。同时，多种经济共存的局面，推动市域第二、第三产业发展和繁荣，助力推动城乡居民收入上台阶；城乡统筹发展，为居民创造更多增收机会。农民能够走出农村，城镇居民能够有更多就业机会，有效拓宽了就业渠道，切实增加收入。新农村建设，不仅改善了农村面貌，同时让许多农民在家门口就业，增加家庭收入。

（二）市域环境优越，经济发展稳定，为居民增收创造良好环境。

灵武地理环境优越，适于发展农牧业，形成了有机大米、长红枣、山草羊等品牌的农牧产品产业，增加了来自一产收入；市域经济发展平稳，创业环境优越，第二、第三产业经营人员和收入逐年增长；依托能源化工基地、羊绒产业园区等优势产业和企业，城乡居民就业和收入稳步增长。

（三）居民思想意识解放和眼界开阔，自觉寻求发展。

随着国家经济大环境和社会的快速发展，城乡居民思想意识更加开放，愿意走出去、尝试谋求新发展，使得越来越多的居民创业，不仅带动家庭收入增加，同时创造了更多就业岗位，促进居民增收。

（四）国家各项政策扶持和救助补贴，推动居民增收。

“三农”问题始终是国家关心的重点工作。60年来，国家先后制定了一系列支农、惠农、富农政策，如保护和提高粮食等农产品价格，2002年实施的税费政策，农民负担逐步减轻，实行“五补一免”等，调动了农民发展农业积极性，确保了农业收入稳步提高；多次工资调整政策，以及各类技能培训和招聘会顺利开展，切实提高了居民就业率和工资水平，大力推动城乡居民收入增加；国家鼓励和扶持多种经济发展，让居民有意愿、有能力从事各类经营活动，切实增收；逐年强化的清欠农民工工资政策，以及近年开始实施的为农民工购买意外保险政策，让广大农民工能够安心外出务工，能够劳有所获；近年来城乡规划，使得部分城乡居民获得高额拆迁补助，有了投资成本，开展各种理财、投资和经营活动，拓宽收入门路；各类补贴按时发放，直接增加了居民收入，尤其是社会保障体系日趋完善，社保资金持续增长，足额按时发放，让广大离退休人员和老年人收入得到保障，老有所养，实实在在增加了收入。

六十年间，灵武市城乡面貌变化巨大，城乡经济长足发展，人民收入和生活水平显著提高，在党和政府的正确领导下，全市干部、群众团结拼搏、务实苦干、开拓创新，建设更加和谐、美好的灵武；不忘初心，牢记使命，为把我国建设成为富强、民主、文明、和谐的社会主义强国共同奋斗，贡献力量。

1983年灵武县汽车站

20世纪90年代初灵武城区东北角

2017年灵武鼓楼俯瞰

2017年灵武唐城夜景

执笔人：马丹凤 王玉龙

60年来石嘴山市城乡居民收入实现历史性跨越

改革开放以来，石嘴山市城乡居民收入保持快速增长，2017年，城镇居民人均可支配收入达到28186元，是1981年的61.9倍，年均递增12.1%；农村居民人均可支配收入达到12880元，是1985年的28.5倍，年均递增11.4%。自治区第十一次党代会以后，面对错综复杂的经济环境，石嘴山市积极适应经济发展新常态，克服资源枯竭的现实，以转变经济发展方式为主线，不断深化供给侧结构性改革，扎实做好稳增长、促改革、调结构、惠民生、防风险等各项工作，城乡居民收入实现了持续增长，收入结构不断优化，为实现经济繁荣、人民富裕，与全国同步建成全面小康社会的目标奠定了坚实基础。

一、城镇居民收入结构日益优化

（一）工资性收入稳步提高。

改革开放初期，国家对机关、文教卫生、企业等部门部分职工工资进行了调整，提高了工资类别，普遍实行计件工资制和奖励制度，建立起各种津贴制度，较大幅度地提高了职工的工资水平。1985年1月，国务院发出《关于国营企业工资改革问题的通知》，国营大中型企业实行职工工资总额同企业经济效益挂钩的办法，国家对企业的工资实行分级管理的体制。1993年10月，结合机构改革和公务员制度的推行，机关和事业单位改革现行工资制度，建立了符合各自特点的工资制度与正常的工资增长机制，基本形成了以工效挂钩制度、工资指导线制度、劳动力市场工资指导价位制度、最低工资保障制度和企业工资收入监督检查制度为主要内容的工资宏观调控体系。2015年印发的《宁夏回族自治区事业单位工作人员收入分配制度改革实施意见》，对收入制度再次改革。调查资料显示，石嘴山市城镇居民人均工资性收入由1983年的476元增加到2017年的18064元，增长36.9倍，年均增长11.3%，虽然近几年占可支配收入的比重逐步下降，由1983年的95.7%下降到2017年的64.1%，下降了31.6个百分点，但仍是可支配收入的首要来源，也是城镇居民收入增长的主要因素。

（二）非公有制经济发展迅速，促进城镇居民收入水平的提高。

党的十一届三中全会以来，国家对收入分配政策进行了较大的调整，从根本上打破了平均主义的分配格局，城镇居民收入多元化的格局逐步形成，居民收入结构发生了根本性的变化。石嘴山市非公有制经济发展迅速，带动了城镇居民就业和再就业，个体经营等非工资性收入逐年增加，成为城镇居民收入的重要组成部分。2017年石嘴山市城镇居民人均经营净收入为2235元，而1983年仅为2.2元，年均增长22.6%。所占比重由1983年的0.4%上升到201年的7.9%。

（三）城镇居民的投资意识增强，财产性收入成为增收新亮点。

随着投资渠道的逐步拓宽，城镇居民理财意识逐渐增强，投资股票市场的热情高涨，股息与红利收入已逐渐成为财产性收入的主要来源；收入的持续增长带动了居民的购房热情，拥有两套及以上房屋的家庭增多，出租房屋收入成为居民财产性收入的来源之一。2017年石嘴山市城镇居民人均财产净收入达到768元，比1983年的1.5元增长511.0倍，年均增长20.1%，所占比重由1988年的0.1%上升到201年的2.7%。

（四）养老制度不断完善，转移性收入快速增长。

近年来，各级政府在增加在职人员收入的同时，注重提高低保户、离退休人员和下岗人员等弱势群体居民的收入。国家先后13次了调整了离退休人员收入，补助标准也逐年提高，保证离退休人员工资按时足额发放，使离退休人员的生活得到有效保障。调查资料显示，2017年石嘴山市城镇居民人均转移净收入达到7119元，比1983年的21.6元增长328.6倍，年均增长18.6%。所占比重由1983年的3.9%上升到2017年的25.3%。

二、农村居民收入来源多样化

（一）城乡统筹发展，农民工资性收入稳步增长。

城乡统筹发展，推进城镇化建设，是持续促进农民增收、解决“三农”问题的有效途径之一。近年来，石嘴山市以提高城镇化质量为重点，以调整产业结构为基础，以增强城镇综合承载能力为支撑，以建设工业之城、创新之城、生态之城、宜居之城为目标，加快农业转移人口市民化，强力推进新型城镇化，城镇化率由1979年的40.3%上升到2017年的75.2%。城镇化速度的加快，促使大多数农民从土地中解放出来，在城镇中获得较为稳定的职业收入，随着石嘴山市工业经济持续快速发展，给农民外出打工创造了良好的机遇，务工收入逐年增加。2017年石嘴山市农村居民人均工资性收入8382元，比2000年增长26.7倍，占农民收入比重由2000年的11.1%上升到2017年的36.7%。

(二)农业持续发展，农民经营净收入持续提高。

20世纪70年代末80年代初，石嘴山市农民收入的主要来源于农业和牧业，“以粮为纲”的经济模式使农民的收入来源单一，家庭经营收入占纯收入的比重较大。进入21世纪以来，石嘴山市以培育优势产业、推进农业产业化为重点，大力实施以工促农、以城带乡战略，有力提升了农业综合生产能力和效益，农民农业收入稳步提高。但同时，随着城镇化进程的稳步推进和土地流转的持续开展，石嘴山市农民收入结构发生变化，经营性收入的比例逐年下降。2017年石嘴山市农村居民人均经营净收入2328元，占农民收入比重由2000年的85.2%下降到2017年的20.8%，下降了64.4个百分点。

(三)推进土地流转，助推农民财产净收入增长。

2006—2009年，石嘴山市在稳定和完善农村土地承包关系的基础上，积极推进土地适度规模经营，以提高农业规模化、集约化经营水平，2014年全市土地流转面积已经达到55.33万亩。土地流转的持续推进，拉动农村居民财产净收入增长。2017年石嘴山市农村居民人均财产净收入75元，比2000年增长8.8倍，占农民收入比重由2000年的0.3%上升到2017年的3.1%。

(四)落实社会保障政策，农民转移净收入比重增加。

石嘴山市持续落实农村养老政策、进一步完善了多项农业补贴政策，提高了统筹城乡医疗保险标准，助推了农村居民转移净收入的稳定增长；2005年10月1日石嘴山市开始发放农村居民最低生活保障，从2005年的420元/年到2017年的3150元/年，标准提高7.5倍，拉动了农民收入增长。2017年石嘴山市农村居民人均转移净收入399元，比2000年增长3.8倍，占农民收入比重由2000年的3.7%上升到2017年的15.3%。

执笔人：丁成玉

60年来惠农区居民迈步奔小康

石嘴山市惠农区地处宁夏最北端，常住人口20.7万人，城镇化率84.01%。自治区成立60年来，特别是改革开放40年来，惠农区随着经济快速发展，城市化进程稳步推进，城乡居民收入发生了从贫困到温饱再到奔小康的巨变。十八大以来，主动适应经济发展新常态，狠抓转型升级，培育发展新动能，居民收入持续稳定增长，结构更趋优化。

一、城乡居民收入波浪式增长

随着改革开放、金融危机、撤县立区、经济发展、产业转型、乡村振兴等政治经济形势变化，惠农区城乡居民收入呈现出波浪式增长态势。

（一）农民收入破万元，获得感不断提升。

自治区成立以来，惠农区经过辖区变更、老工业基地兴衰转型、引黄灌溉农业科技园建设等不断发展，农民收入持续增长，获得感、幸福感不断提升，1958—2017年，惠农区农民收入从49元提高到12857元，年均增长9.9%。

改革开放之前，在人民公社生产管理体制下，农民生产积极性不高，农民收入增长缓慢。1958—1978年农民收入从49元提高到97元，增长98%，年均增长3.5%。

改革开放以来，农村家庭联产承包责任制、农业税费减免、粮食直补和农业供给侧结构性改革等政策的实施，农业基础设施不断完善，农村经济活力不断激发，农民收入持续快速增长。1978—2017年农民收入从97元提高到12857元，年均增长13.3%。收入水平在1994年破千元、2014年破万元；增长幅度在1995年最大为29.7%，其中1994—1997年增速都在20%以上，2007—2014年增速都在两位数以上。（见图1）

单位：元、%

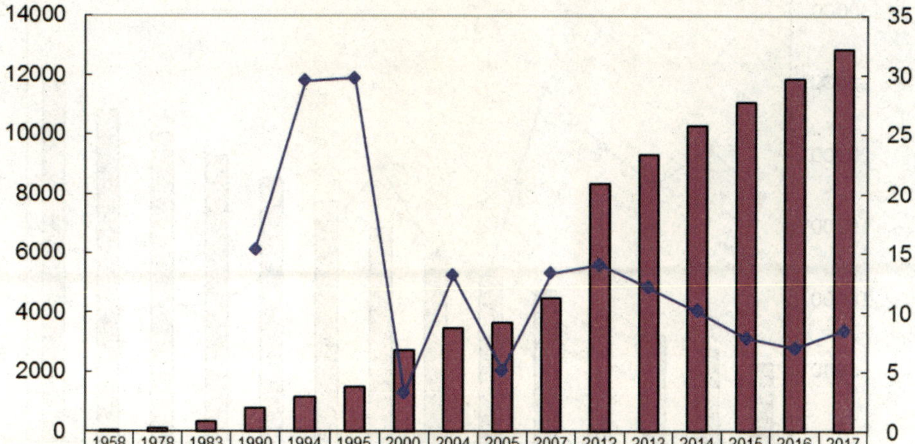

	1958	1978	1983	1990	1994	1995	2000	2004	2005	2007	2012	2013	2014	2015	2016	2017
收入(元)	49	97	344	775	1143	1482	2740	3484	3660	4491	8321	9325	10269	11074	11850	12857
增速(%)				15.3	29.5	29.7	3.2	13.1	5.1	13.3	14.0	12.1	10.1	7.8	7.0	8.5

图1　惠农区不同年份农民收入增长变化图

十八大以来，惠农区加快建设现代农业科技园区，提高生产经营集约化、规模化、标准化程度，实现农业提质增效、农村和谐美丽、农民生活富裕。2012-2017年农民收入从8321元提高到12857元，增长54.5%，年均增长9.1%。

（二）城镇居民收入持续稳定增长。

撤县立区以来，惠农区面对错综复杂的经济形势和资源枯竭后转型发展的繁重任务，加快新型工业化和城乡一体化进程，城镇居民收入持续稳定增长。2004—2017年城镇居民收入从5544元提高到25056元，增长3.5倍，年均增长12.3%。增长幅度在2008年最大为20.6%、2016年最小为7.5%，其中2004—2012年增幅都在两位数以上（见图2）。城乡居民收入差距扩大后持续缩小至稳定，城乡居民收入比（以农民收入为1）由2004年的1.59扩大到2008年的2.12，又下降到2017年的1.95。

十八大以来，惠农区围绕打造工业转型升级示范区、文化创意产业试验区、生产性物流集聚区，注重科技创新，加快转型发展，城镇居民收入与经济增长同步。2012—2017年城镇居民收入从16777元提高到25056元，增长49.3%，年均增长8.4%。

单位：元、%

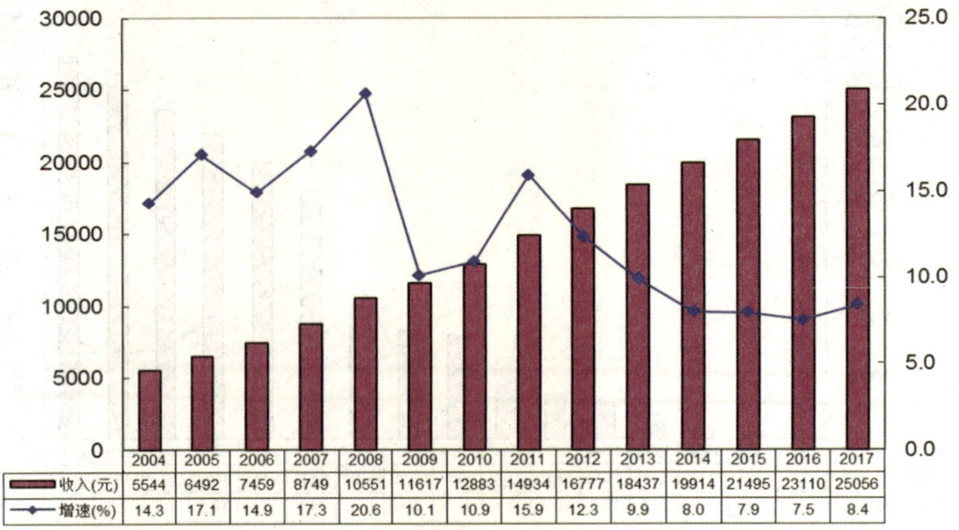

图2　惠农区不同年份城镇居民收入增长变化图

二、城乡居民收入结构多元化

（一）农民增收渠道拓宽。

自治区成立时，农民生产经营粗放，收入来源单一，主要从集体统一经营中获取。改革开放后，伴随经济结构调整和市场经济的发展，家庭经营收入成为农民收入的主体。减免农业税费和粮食直补后，农民财产和转移性收入开始增多。十八大以来，农民增收渠道不断拓宽，收入结构从单一到多元，工资性收入占比超过第一产业经营净收入。（见表1）

表1　惠农区不同年份农民收入及构成情况表

单位：元、%

	1958	1978	1987		2007		2012		2017	
				构成%		构成%		构成%		构成%
可支配收入(元)	49	97	492	100	4491	100	8321	100	12857	100
一、工资性收入			47	9.6	1361	30.3	3263	39.2	5211	40.5
二、经营净收入			409	83.1	2982	66.4	4525	54.4	6298	49.0
1.第一产业净收入			343	69.7	2358	52.5	3554	42.7	4706	36.6
（1）种植业净收入			246	50.0	1976	44.0	3085	37.1	3992	31.0
（2）牧业净收入			95	19.3	382	8.5	469	5.6	714	5.6
2.非农产业净收入			65	13.3	624	13.9	971	11.7	1592	12.4
三、财产净收入					27	0.6	134	1.6	562	4.4
四、转移净收入					121	2.7	399	4.8	786	6.1

1. 工资性收入占比大幅提升。城市化进程的不断推进和农村劳动力的大量解放,务工收入成为农民增收的主渠道。工资性收入占可支配收入比重由1987年的9.6%提高到2017年的40.5%,占比大幅提升。2015年工资性收入占比首次高于第一产业经营净收入0.9个百分点,并持续扩大到2017年的3.9个百分点。

2. 财产净收入占比上升,第一产业经营净收入占比下降。随着现代农业的快速发展和土地流转规模的不断扩大,第一产业经营净收入占可支配收入的比重呈缓慢下降趋势,截至2017年底,流转面积达15.5万亩,从土地流转中获得的收益持续快速增长。第一产业经营净收入占可支配收入比重由1987年的69.7%下降到2017年的36.6%;财产净收入占比由2007年的0.6%提高到2017年的4.4%。

3. 转移净收入占比稳步上升。社会保障政策提标扩面,促进了农民转移净收入的持续快速增长,在可支配收入中所占比重稳步上升,占比由2007年的2.7%提高到2017年的6.1%。

(二)城镇居民增收"四轮驱动"。

撤县立区以来,以资源消耗型和劳动密集型为主的传统产业大量吸收劳动力,城镇居民工资收入增长明显。十八大以来,深入推进供给侧结构性改革,着力推动产业优化升级,"四轮驱动"助推城镇居民收入稳定增长。受国家收入再分配、大众创业万众创新等政策和人口老龄化率上升的影响,城镇居民转移净收入占可支配收入的比重不断上升,工资性收入占比不断下降。工资性收入占比由2007年的81.9%下降到2017年的65.7%;经营净收入占比由2007年的7.8%下降到2017年的6.1%;财产净收入占比由2007年的0.8%徘徊提高到2017年的1.9%;转移净收入占比由2007年的9.5%提高到2017年的26.3%。(见表2)

表2　惠农区不同年份城镇居民收入及构成情况表

单位:元、%

	2004	2007		2010		2012		2017	
			构成%		构成%		构成%		构成%
可支配收入	5544	8749	100	12883	100	16777	100	25056	100
一、工资性收入		7167	81.9	10165	78.9	13640	81.3	16474	65.7
二、经营净收入		682	7.8	927	7.2	1342	8.0	1522	6.1
三、财产净收入		69	0.8	271	2.1	34	0.2	470	1.9
四、转移净收入		831	9.5	1520	11.8	1761	10.5	6590	26.3

三、城乡居民收入分配合理化

在经济发展和产业转型过程中，惠农区城乡居民收入分配制度、机制和格局都发生了巨大变化，尤其是在城乡一体、提高农民收入和低收入群体收入等方面取得显著效果，城乡居民在户籍、就业、社保和住房等方面的差距明显缩小。

（一）城乡二元经济结构发生转变。

伴随着现代化进城不断加快和一系列促进城乡经济协调发展的改革举措和政策措施实施，城乡有别的治理体制、城乡分割的市场体系、城乡分离的工业化模式和实行有别的投入机制得到极大改善，有利于城乡一体化的体制和机制不断健全完善，惠农区农业科技园的建设和乡村旅游的大力发展，城乡二元经济结构正在不断向现代一元经济社会结构发生转变，城乡得到统筹发展。

（二）农民工权益保障水平不断提升。

改革开放以前，农村劳动力转移受约束；改革开放以后，农村劳动力转移以较大规模和较快速度进行，但大都从事体力劳动获得较低收入，城市居民就业为职工，农民就业为民工；近年来，特别是十八大以来，城乡居民就业基本同工同酬，企业共同缴纳社保，农民工权益保障水平得到大幅提升。

（三）社会保障逐渐城乡一体。

惠农区居民基本医疗保险缴纳方式、标准、报销比例和灵活就业人员养老保险缴纳标准、补贴实现城乡统筹，覆盖面广。城乡户籍基本没有差距，城乡居民申请公租房要求一致。农村土地流转、使用和配置方式机制更加健全，失地农民再就业和缴纳领取养老保险体系日益完善。

执笔人：魏建国

改革开放40年
平罗县城乡居民收入大幅增长

改革开放以来，平罗县以全面建设小康社会为主线，把提高城乡居民收入水平作为重要发展目标，千方百计增加居民收入，始终坚持与时俱进、科学发展，确保改革开放40年来城乡居民收入实现了稳定、可持续增长。

一、城乡居民收入与经济发展同步增长

1978—2017年，“四个十年”间平罗县城乡居民收入水平实现跨越式发展。“四个十年”以来，平罗县经济总量迅速扩大，发展逐年加快。2017年GDP达到157.82亿元，与1978年相比增长291.3倍；2017年平罗县城镇居民人均可支配收入达到24607元，与1978年相比增长56.6倍；2017年平罗县农村居民人均可支配收入达到13276元，与1978年相比增长88.7倍。城乡居民收入实现了与经济发展的同步增长。

表1 “四个十年”间平罗县GDP与城乡居民可支配收入对比表

单位：亿元、元

年份	GDP(亿元)	农村居民收入(元)	城镇居民收入(元)
1978	0.54	148	427
1988	2.54	687	960
2008	64.65	5200	11109
2017	157.82	13276	24607

二、城乡居民收入水平大幅增长

(一)城镇居民收入快速增长。

改革开放以来，平罗县城镇居民收入进入快速增长阶段。据城镇居民家庭抽样调查资料显示，1985—1990年为平罗县城镇居民收入增长相对较快的时期。在此期间，国家在经济发展的基础上实施工资制度改革，多次调高职工工资，增加福利待遇，提倡多渠道就业，促使城镇居民收入水平大幅提高。

单位:元/人

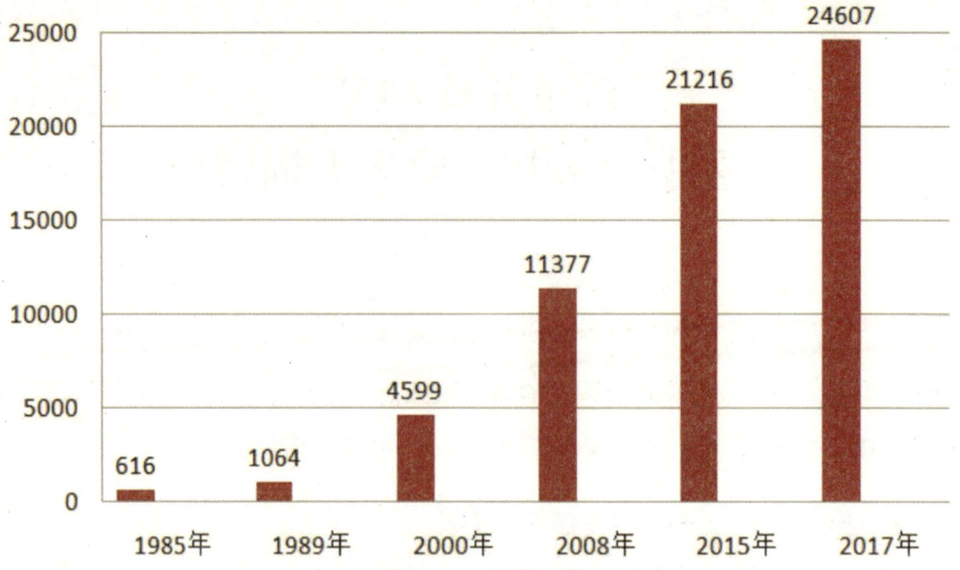

图1　主要年份平罗县城镇居民人均收入情况

1989年平罗县城镇居民人均收入首次突破千元关口,达到1067元;1990年继续增长达到1108元,比1985年增加477元,5年增长75.6%。1990—2000年是改革开放取得巨大成就的10年,2000年城镇居民人均可支配收入达到4491元,比1990年增加3383元,10年增长3.1倍,由此实现"温饱"向"小康"迈进。

进入21世纪以来,经济发展更加迅速,国家连续出台增资政策,调高机关事业单位职工工资、社会平均工资、社保养老金、离退休金、城市低保标准,城镇居民收入持续快速增长。2008年平罗县城镇居民人均可支配收入突破万元大关,达到11109元。直至2015年越过2万元关口,达到21216元,比2000年增加16725元,15年间增长3.7倍。2013年以前,平罗县城镇居民收入增速水平常年维持在9%以上,自此之后,受全球经济危机阵痛影响,平罗县城镇居民收入增速开始回落,2014—2017年间,增速分别为7.8%、7.5%、7.2%、8.2%。

(二)农村居民收入增长迅猛。

自党的十一届三中全会后,平罗县在农村推行和完善以家庭承包为主要形式的农业生产责任制,鼓励农民发展多种经营,推动了农村经济的蓬勃发展,极大调动了农民的生产积极性,释放出农业增收潜能,农产品产量大幅增加,农民收入快速增长,农民收入由1978年的148元提高到1990年的871元,增长4.9倍。

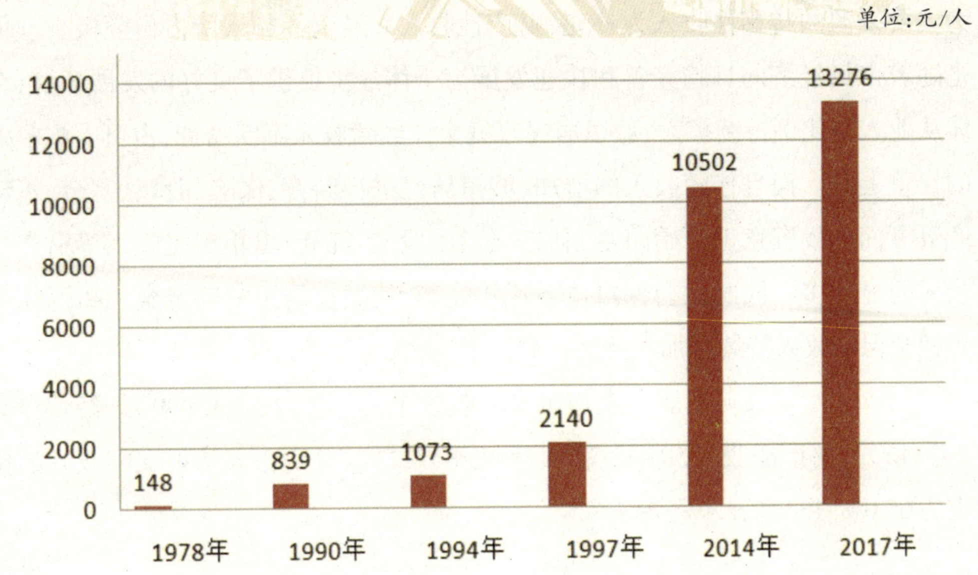

图2　主要年份平罗县农村居民人均收入情况

1992年党的十四大召开,为农村经济发展注入新活力,乡镇企业和私营经济得到快速发展,农村居民外出务工机会增多,农副产品收购价格提高。1994年农民人均收入突破千元关口,达到1115元。1994—1997年,仅仅3年时间,平罗县农村居民收入实现翻番,相继突破2000元关口,1997年达到2224元。

进入新世纪,平罗县农村居民收入保持增长态势。2006年1月1日起《农业税条例》废止,这意味着在我国沿袭2000年之久的这项传统税收的终结,而且国家相继出台了粮食直补、农资综合补贴等支农惠农政策。同时平罗县不断加大农业基础设施投入力度,农民种植粮食的积极性高涨,农民收入呈现稳步增长态势。2014年,平罗县农村居民人均可支配收入突破万元大关,达到10502元。2007—2014年间,平罗县农村居民收入增速一直维持"两位数"增长,分别为12.6%、11.0%、13.9%、15.4%、14.4%、12.3%、10.2%。2015—2017年受到经济下行的影响,平罗县农村居民收入增速开始回落,增速分别为7.6%、7.9%、8.9%。

三、城乡居民收入多元化发展

城乡居民收入来源均由四大块内容构成,分别是工资性收入、经营性收入、财产性收入和转移性收入。

(一)城镇居民收入结构日趋完整。

改革开放后,平罗县城镇居民收入由单纯依靠工资性收入向收入多样化趋势发展。以往城镇居民收入的结构基本稳定在以工资性收入为主导,以养老金为主要来源的转移性收入为补充，财产性收入和经营性收入所占份额极少。但是随着市场经济的日趋完善和快速发展为个体经济提供了良好的发展环境，个体从业人员比例持续扩大，城镇居民家庭个体经营收入不断增加，占可支配收入的比重上升。而且伴随收入的增加，城镇居民进行储蓄、保险、股票、基金、不动产等方面的投资意识开始萌生，利息、分红、股息、红利、出租房屋收入等财产性收入明显增多。同时社会保障体系逐年完善，使城乡居民的养老金和离退休金等社会保障收入持续增加。

2017年平罗县城镇居民人均可支配收入中，工资性收入15999元、经营净收入3246元、财产净收入591元、转移净收入4772元，分别占人均可支配收入的比重为65.0%、13.2%、2.4%、19.4%。

单位：%

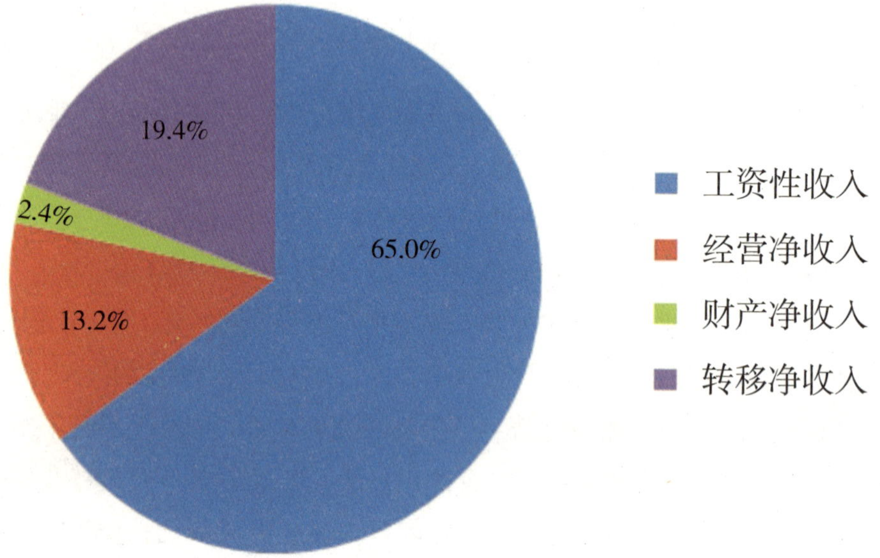

图3　2017年平罗县城镇居民人均可支配收入构成

（二）经营收入是农村居民收入的主要来源。

家庭联产承包责任制确立以后，农民家庭经营收入所占比重不断上升。1988年，农民家庭经营净收入占农民人均可支配收入的比重为84.6%，之后随着市场经济的发展，农民家庭经营净收入所占比重缓慢下降。2007年，农民人均家庭经营净收入达到3141元，相比1988年增长4.6倍，占农民人均可支配收入的比重下降为67.8%，下降了16.8个百分点。2017年，平罗县农民人均经营净收入6545元，占人均可支配收入中的比重为49.3%，其中，农业收入4304元，牧业收入1076元，第二、第三产业收入1158元。

改革开放后，平罗县大力调整农业经济结构，加快农业产业化进程，发展现代高效农业，提高了农业生产的质量和效益，农民通过农业生产获得的收入稳步增长。随着农村经济的发展，农民收入渠道越来越宽，以农业为主要收入来源的格局发生改变，收入来源多元化，农业收入比重大幅度降低。农业内部结构不断调整优化，设施蔬菜、蔬菜制种等优势特色产业生产规模迅速扩大，油料等经济作物播种面积和产量不断攀升，农业依然是农民收入的重要来源。

市场经济的发展为农村第二、第三产业发展提供了良好的发展环境。特别是新世纪以来，平罗县利用西部大开发的有利时机，加快基础设施建设，为农民发展第二、第三产业带来了良机，以交通运输业、批发零售业、住宿餐饮业、居民服务修理为主体的农村第二、第三产业发展迅猛，农民第二、第三产业收入快速增长。2007年，平罗县农民家庭第二、第三产业收入达到484元，占经营净收入的比重为15.4%；2017年，平罗县农民家庭第二、第三产业收入达到1158元，占经营净收入的比重为17.7%。

（三）工资性收入成为农民增收的重要渠道。

改革开放前，平罗县农村劳动力转移受体制约束，转移总量较小，转移渠道不宽。改革开放后，随着农村经济体制改革的深入和全国经济迅猛发展，为农民外出务工创造了有利条件，农民纷纷走出家门外出务工，农民工资性收入持续快速增长。1988年、2007年、2017年这三年平罗县农民人均工资性收入分别达到77元、1067元、3832元，占当年人均收入的比重分别为11.2%、23.1%、28.9%，工资性收入已成为农民增收的重要来源。

2017年平罗县农村居民人均可支配收入中，工资性收入3832元、经营净收入6545元、财产净收入454元、转移净收入2446元，分别占人均可支配收入中的比重为28.9%、49.3%、3.4%、18.4%。

单位：%

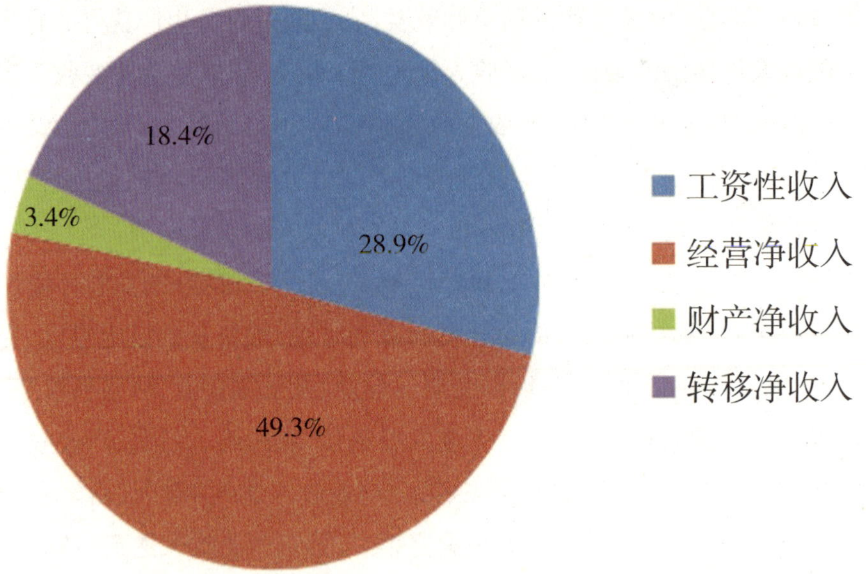

图4　2017年平罗县农村居民人均可支配收入构成

四、因地制宜促进城乡居民收入可持续增长

（一）加快经济发展水平，努力实现充分就业。

居民收入的提高，归根结底取决于经济的发展水平。要继续积极主动地适应经济发展新常态，致力稳增长、促改革、调结构、惠民生，努力提高经济发展效益，着力保障县域经济平稳运行，为城乡居民稳定增收创造有利条件。通过引导居民创业、外出就业，消化就业存量，提高就业增量。发挥地区产业优势，大力发展新兴产业，增强吸纳劳动就业能力，培育和完善劳动力市场，实现城乡居民充分稳定就业。

（二）推进三次产业融合，培育发展新动能。

继续以产业融合为重点，致力通过产业联动、产业聚集、体制创新等方式推动农村经济转型发展，将“互联网+”与平罗“一优四特”产业发展相融合，通过互联网实现农产品优质优价。大力推广新技术、新品种，积极扶持特色优质农业，扩大产业规模，促进农民增收。积极扶持龙头企业和农产品加工业，延伸农产品产业链，提高农产品附加值。积极发展农村第二、第三产业和个体、私营经济，逐步加大农民非农产业收入比重，优化收入结构，促进农民收入稳定较快增长。

（三）加强城乡社会保障建设，加大对困难群体的救助。

进一步提高城乡基本养老、医疗保障待遇标准和水平，让居民减少后顾之忧。健全社会保险制度，使灵活就业人员参保方便，新增添一些鼓励性政策，吸引企业参保。继续抓好养老、失业、医疗、工伤、生育等社会保险的扩面征缴，将尽可能多的从业人员纳入到社会保险制度中来。积极开展面向下岗失业人员、城市低保户、特困户、残疾人等特困群体的社会救助、社会福利、社会保障等服务；完善医疗救助、住房援助、上学援助、应急援助、社会互助等一系列制度。

执笔人：刘嵩

60年来吴忠市民生跨越奔小康

自治区成立60年来，在党中央和自治区党委、政府的正确领导下，吴忠市委、政府坚决贯彻落实中央、自治区各项决策部署，团结带领全市各族人民团结奋斗、艰苦创业，城乡居民生活发生了翻天覆地的变化。特别是改革开放40年来，随着社会经济快速发展，城乡居民收入大幅提高，居民生活水平连续跨越几个台阶，从基本消除贫困，到解决温饱，再到实现总体小康，人民生活正朝着更加殷实、宽裕的全面小康社会目标迈进。

一、城乡居民收入水平显著提高

（一）1958—1978年：居民生活温饱不足。

1958—1978年，改革开放以前，由于“大跃进”“三年自然灾害”“文化大革命”等自然和政治因素，全国粮食和副食品十分短缺，社会经济发展受挫，城乡居民收入低速徘徊，人民生活基本上处在温饱不足状态。

表1　1953—1975年吴忠居民消费年均增长速度

单位：%

时期	全体居民	农民	非农业居民
“一五”时期	12.2	7.6	17.4
“二五”时期	1.2	2.4	–1.5
1963–1965	5.1	–6	23.5
“三五”时期	8	6.3	9.5
“四五”时期	—	5.6	–7.1

（二）1979—1990年：居民生活恢复性增长。

党的十一届三中全会以后，特别是从1984年我国经济改革的重心从农村转移到城市，国家随之出台了一系列收入分配体制改革的措施，调整了一些不合理的收入分配关系，城镇居民收入水平较改革开放前和改革开放初有了明显的提高，消费水平也随之提高。城镇居民人均可支配收入从1983年的466元增加到1990年的1582元，增长2.4倍，年均增长19.1%；城市居民家庭人均生活消费支出从1983年的443元增长到1990年的1199元；恩格尔系数由1983年的54.3%下降至1990年的53.2%。

改革开放以后，随着农村家庭联产承包责任制在全国的推行，农村居民生活水平大幅提高。人均可支配收入从1985年的377元增加到1990年的689元，增长82.8%，年均增长12.8%；人均生活消费支出从1985年的275元增加到1990年的531元；恩格尔系数1990年达到52.5%，比1985年下降4.6个百分点。到1990年，城乡居民家庭恩格尔系数都已小于60%，城乡居民生活基本上摆脱了贫困，解决了温饱。

（三）1991—2000年：居民生活水平快速提高。

1991年以后，城镇居民家庭人均可支配收入从1991年的1501元增长到2000年的4541元，年均增长13.1%；2000年人均生活消费支出增长到3801元，恩格尔系数降到37.5%。

在此期间，农村经济改革迈出了重大步伐并取得了很大的进展和突破，为农民收入的增长奠定了良好的基础。农村居民家庭人均可支配收入从1991年的716元增长到2000年的2331元，年均增长14%；2000年人均生活消费支出1641元，恩格尔系数降到44.3%。

（四）2001—2010年：城乡居民收入实现跨越增长。

十六大召开后，收入分配制度的改革进一步加大，吴忠市各级政府切实落实各项增收措施，工资制度改革使机关事业单位职工工资明显提高，城镇居民收入有了较快的增长。城镇居民家庭人均可支配收入从2001年的5031元增长到2010年的12940元，年均增速11.1%，城镇居民收入突破万元大关；人均生活消费支出从2001年的4378元增长到2010年的10400元；恩格尔系数从2001年的34.6%下降到2010年33.9%。

在此期间，党中央、国务院先后出台了逐步减免农业税、实行粮食直补等一系列前所未有的惠农举措，大大提高了农民的生产积极性，使农民真正得到了实惠，对农民收入的增加起到至关重要的作用。另外，扶贫开发力度的加大，新农村建设的推进，也为农民增收注入动力。农村居民家庭人均可支配收入从2001年的2488元增长到2010年的5153元，年均增长8.4%；2010年人均生活消费支出达到3763元，恩格尔系数降到40.1%。

（五）2011—2017年：向全面建成小康目标迈进。

党的十八大以来，城乡居民收入持续稳步增长，收入来源渠道更加多元化，收入结构更加优化，居民的钱袋更加殷实。2017年，城镇居民人均可支配收入由“十一五”末的12940元增加到25364元，年均增速10.1%，人均生活消费支出16299元，恩格尔系数降到29%；农村居民人均可支配收入由“十一五”末的5153

元增加到10912元，增长1.1倍，年均增速11.3%，人均生活消费支出达到9023元，恩格尔系数降到30.8%。

二、城乡居民收入来源日益多元化

（一）城镇居民收入结构优化。

在城镇居民收入水平跨越式增长的同时，收入构成也发生了一些变化。工薪收入虽然仍是城镇居民人均可支配收入的主体，但其比重逐步降低，经营净收入、财产性收入和转移性收入的比重都有不同程度的提高。

表2　城镇居民收入结构变化表

单位：%

项　目	1995年	2002年	2010年	2017年
总收入	100	100	100	100
工资性收入	83.4	69.6	66.1	58.8
经营性收入	0.1	6.9	11.2	15.8
财产性收入	1.0	0.6	1.7	4.2
转移性收入	15.5	22.8	21	21.2

1. 工资性收入比重逐步下降。改革开放前，城镇居民就业者中绝大多数为国有和集体职工，就业形式和收入渠道比较单一，工资性收入几乎是收入的唯一来源。改革开放以后，经济体制的改革为城镇经济注入了活力，城镇居民收入的内部结构逐渐优化。各种经济类型的企业从无到有，就业渠道的拓宽使得城镇居民的收入来源逐渐增多，工资性收入不再是城镇居民收入的绝对主体。2017年，城镇居民人均工资性收入16681元，占总收入的比重下降到58.8%，比1995年下降了约24.6个百分点。

2. 经营净收入对城镇居民增收贡献增强。随着社会经济体制改革的不断深入和非公有制经济的发展，推动从事个体经营的人数持续增加，个体劳动者在城镇就业中的比重逐年扩大，经营净收入在总收入中的比例也逐年提高，成为城镇居民增收的重要来源。1995年，城镇居民人均家庭副业生产收入只有3.37元，仅占总收入的0.1%，几乎可以忽略不计。到2017年，城镇居民人均经营性收入已达到4471元，占总收入的比重达到15.8%，带动了居民收入的快速增长。

3. 财产性收入占比逐步提高。改革开放以前，城镇居民的收入渠道相 对单一，主要来源于劳动者的劳动收入。随着企业股份制的推行，股票债券等有价证券发行量的增加，城镇居民的金融活动日趋活跃，居民投资意识不断增强，带动了财产性收入的逐步增长。1995年城镇居民人均财产性收入仅有34元。2017年城镇居民人均购买股票、债券及储蓄等所得的利息、红利等财产性收入已达到1204元，比1995年增长35.4倍，占总收入的比重也从1995年的1.0%提高到4.2%。

4. 社会保障制度日趋完善促进转移性收入稳步增长。随着经济体制改革的深入和中国整体经济实力的提升，国家加紧对城市社会保障制度的改革和完善，更加注重民生。城市社会保障制度逐渐成熟，保障范围不断扩大，社会救助体系日益健全，形成了与经济增长相适应的、覆盖全部城镇居民的住宅、教育、就业、医疗、养老保险、劳动保护、住房、生育制度等项目的社会保障体系。与此同时，城镇居民人均转移性收入获得了快速增长，2017年城镇居民人均转移性收入为6032元，占总收入的21.2%，比1995年提高5.7个百分点。其中，养老金、离退休金标准的提高及社会救济收入的大幅增长是拉动转移性收入快速增长的主要因素。

（二）农村居民的收入渠道拓宽。

改革开放之前30年，农村居民从集体所得的工分收入是最主要的来源。改革开放后，农村居民收入来源逐步多元化。

表3　农村居民收入结构变化表

单位：%

项　目	1990年	2000年	2010年	2017年
总收入	100	100	100	100
工资性收入	11.8	15.3	17.9	30.1
经营性收入	86.0	80.4	76.7	60.5
财产性收入	0.00	1.2	1.1	1.0
转移性收入	2.20	3.1	4.3	8.4

1. 家庭经营收入成为农民收入的主体。1990年农村居民家庭总收入中，经营收入占86%。家庭联产承包责任制的实行，使农户成为独立的经营单位，收入来源由集体统一经营为主转向家庭经营为主。到2017年农村居民人均家庭经营收入也由1990年的802元增长到2017年的9964元，增长11.4倍。

2. 农村劳务经济的发展，促进了农村居民工资性收入的快速增长。随着政府把发展劳务经济作为解决“三农”问题的突破口，促进了农民工资性收入的快速增长。2017年农民人均工资性收入为4969元，比1990年的111元增长43.8倍；工资性收入占家庭总收入的比重也由1990年的11.8%上升到2017年的30.1%，提高了18.3个百分点。工资性收入已经成为农民增加收入的重要来源。

3. 强农惠民政策为农村增收提供保障。自2004年起，中央一号文件连续14年聚焦“三农”工作，吴忠市各级政府坚持不懈地把解决好“三农”问题作为工作重中之重，随着精准扶贫工作的深入推进，各项惠农惠民政策的落实为农村居民持续增收提供了强有力的保障。2017年农村居民人均转移性收入达到1378元，占总收入的8.4%，比1990年提高6.2个百分点。

三、2020年吴忠市城乡居民收入展望

从居民收入实现翻番目标来看，2020年吴忠市城乡居民人均可支配收入目标值分别为25880元和10306元（2010年不变价）。2017年城镇居民人均收入为21808元（2010年不变价），比2010年增加8868元，增长68.5%，比目标值低4072元，要实现城镇居民收入目标，今后（2018—2020）年均收入实际增速在5.9%以上就可实现目标；2017年农村居民人均收入为9383元（2010年不变价），比2010年增加4230元，比2010年增长82.1%，比目标值低923元，要实现农村居民收入目标，今后（2018—2020）年均收入实际增速在3.2%以上就可实现目标。十八大以来，城乡居民人均可支配收入年均实际增速分别为7.1%和8.4%，按照以上增速预测，2020年吴忠市城乡居民收入分别达到26790元和11952元，均能实现翻番目标。

执笔人：马晓庆

利通区城乡居民收入水平显著提高

自治区成立60年来，特别是改革开放以来，利通区各族人民携手共建、奋发图强、艰苦创业，国民经济和社会各项事业都取得了长足发展。利通区自古以“塞上江南，鱼米之乡”著称，著名的秦汉渠贯穿辖区，引黄灌溉历史悠久，目前已形成了粮食、养殖、蔬菜、林果、餐饮住宿、休闲旅游等支柱产业。截至2017年底，利通区城镇居民可支配收入已达27387元，比1983年增长57.8倍，农村居民可支配收入达13675元，比1983年增长47.5倍。

一、城乡居民收入水平大幅提高

(一)城镇居民收入增长变化。

1. 1949—1958年城镇居民收入恢复缓慢增长时期：解放初期，利通区在行政划分上称吴忠县，人民生活穷困不堪，大部分人的生活仅维持在最低的生存水平线上。统计资料表明，1949年国民人均年现金收入不足百元。面对这样的局面，党和国家采取了一系列措施，恢复和发展生产，稳定物价，实施广就业、低工资，确保人人有饭吃，以安定人民生活。当时吴忠全民职工年工资510元。从1953到1957年，被称为中华人民共和国成立后中国经济建设的第一个“黄金时代”。其间，中央人民政府治理恶性通货膨胀，稳定市场物价，对手工业和私营工商业进行社会主义改造，积极发展国营经济。

2. 1958—1978年城镇居民收入下降及复苏时期：1963—1965年、1966—1970年，1971—1975年。三个阶段全国开展“社教”和“文革”运动，生产生活遭受严重破坏。这三个时段吴忠职工工资增长缓慢，年均分别仅递增-0.7%、4.5%、7.3%。

3. 1990—1999年城镇居民收入进入增长期：随着经济不断发展，从1990年到1999年，利通区城镇居民人均可支配收入由1582元增加到4045元，增长1.6倍，年均递增11.0%。

4. 2000—2007年利通区城镇居民收入快速增长阶段：随着西部大开发有序进行，利通区经济得到了前所未有的快速发展。经济的增长带动了城镇居民收支的大幅增加，2000年利通区城镇居民人均可支配收入4541元，比1983年增长8.7

倍。特别是党的十六大、自治区第九次党代会召开后，在国家一系列扩大内需，努力提高城乡居民收入政策带动下，利通区委、政府采取扩大就业，增加投入等举措，使吴忠市居民收水平稳步增长。2007年利通区城镇居民可支配收入首次突破万元，达到10895元，比2000年增长1.4倍。

5. 2008—2017年城镇居民收入稳步快速发展阶段：从2008到2017这10年间，利通区委政府努力采取有力措施增加机关企事业单位职工收入的同时，把解决就业和再就业，提高低收入户、下岗失业、离退休以及被雇人员等弱势群体的收入作为构建和谐社会的重要内容，全力以赴落实各项收入分配政策，保证了不同阶层城镇居民收入水平全面快速增长，利通区城镇居民家庭收入水平显著提高，2008年可支配收入达到11825元，比1983年增长24.4倍，2017年利通区城镇居民人均可支配收入27387元，比2008年增长1.3倍。

单位：元/人

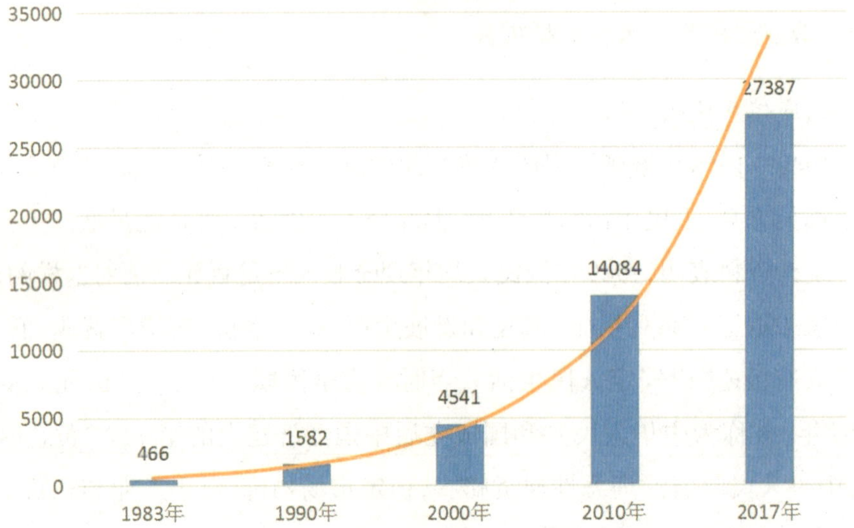

图1　1983—2017年利通区城镇居民可支配收入增长图

（二）农村居民收入增长变化。

1. 1949—1958年，农村居民收入缓慢增长阶段。中华人民共和国成立后，通过土地改革，农民分得土地，生活始有所靠，但因家庭底子薄，生活比较困难。1958年农村人民公社化后，实行按劳取酬，工分值随当年收入而异，男八分、女七分，这时期农民收入以较慢的速度缓慢增长。1958年农民人均收入仅为53元。

2. 1958—1978年，农村居民收入下降及恢复阶段。由于遭受三年自然灾害，1959年利通区人均收入仅为66元。"文化大革命"十年中，农业生产受到极左路线的破坏，粮食产量下降。1970年人均收入70元，比1959年增长6.0%，1972年人均收入为82元，1975年人均收入增长到111元，比1972年增长35%。1978党的十一届三中全会后，农业生产得到恢复和发展，农民收入从低谷跃上高峰，达到127元，这是农民收入的第一次突破。

3. 2000—2006年，农民收入大幅增长阶段。自1981年吴忠市农村实行农业大包干生产责任制后，农业生产迅速发展，农民收入大幅增长，这是农民收入增加的第二次突破口。2000年随着西部大开发战略实施及党的十六大、自治区第九次党代会召开、促进农民收入呈现多元化态势，收入明显提高。据统计：2000年利通区农村居民人均可支配收入达到2842元，比1978年增长21.4倍，2006年农村居民人均可支配收入4300元，比2000年增长51.3%。

4. 2007—2017年农民收入高速增长时期。2007年吴忠市提出将建成十大产业基地，通过产业基地的建成，推进现代农业建设，加快农业科技进步、强化农业基础条件、转变农业增长方式、增强农业生产能力，从而实现农业增产，农民增收，农村稳定，构建和谐新农村。据调查资料显示：2007年农民人均可支配收入4966元，比1978年增长38倍，2017年农民人均可支配收入13675元，比2007年增长1.75倍。

单位：元/人

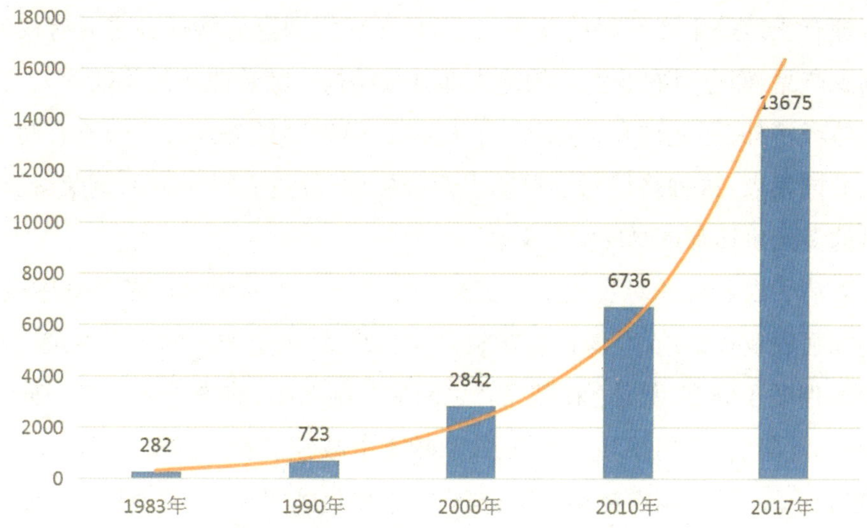

图2　1983—2017年利通区农村居民可支配收入增长图

二、居民收入增长主要来源

（一）城镇居民收入增长的主要来源。

1. 经济社会又好又快发展，促进城镇居民收入增长。近年来，利通区经济和社会发展取得了重大成就，经济社会发展速度明显加快，经济实力明显增强。特别是国家、地方出台的一系列增收政策对推动收入水平提高起到积极作用。

2. 公务员增资机制带动整体收入水平大幅提高。近年来，国家加大了公务员的增资力度，先后三次出台了提高机关、事业单位职工工资标准的政策，实行艰苦边远地区津贴。2001年，出台了按照公务员年度考核结果增发第13个月奖励工资政策，有力带动了总体收入水平的提高。2006年，国家进行公务员工资制度改革，并向基层低职务人员倾斜，与此同时，实行了职工生活补贴和工作津贴。

3. 社会保障制度逐步完善，低收入群体收入增速加快。近年来，利通区按照自治区的政策要求，不断完善城镇社会保障制度，多次提高城市低保标准，扩大城市低保覆盖面。同时，做好养老保险工作，推进完善医疗保险制度改革，出台了促进养老、医疗、失业保障等一系列政策措施和办法，多次提高了最低工资标准，不断增加公益性岗位，解决"4050"人员就业问题，城镇贫困家庭和低收入家庭直接受益，为维护社会稳定和促进经济社会发展发挥了积极作用。

（二）农村居民收入增长的主要来源。

1. 制度不断变革，激励农户增收。党的十一届三中全会后，实行家庭联产承包责任制和统分结合的双层经营体制，农户作为经营主体的地位被确立下来，农户不但拥有土地等生产资料的使用权，而且在交售国家订购任务之后有权处置剩余的农产品，拥有对农业生产的绝大部分收益权。随着改革的不断深入，农村中除集体经济外，还允许私营经济、合伙经营、股份制经济以及不同所有制经济成分的共同发展，这种格局对于调动农户积极性、促进农村经济的繁荣、带动农民收入的多元化具有重要现实意义。

2. 取消了农业税并对农业生产实行补贴政策。农村税费改革是党中央、国务院为加强农业基础地位、保护农业利益、维护农村稳定作出的重大决策。农村税费改革理顺了国家、集体、农民三者之间的分配关系，有效地遏制了面向农民的乱收费、乱集资、乱罚款和各种摊派，从根本上减轻了农民负担。近年来，国家又相继出台了一系列惠农补贴政策，使农民直接得到实惠，极大地提高了农民的生产积极性。

3. 统筹城乡发展，改善农村经济发展环境。近些年来，利通区委政府统筹城乡经济共同发展，改善了农村经济发展环境，加快了农村劳动力转移，扩大了农村居民就业空间，拓宽了农民增收门路。

自治区成立60年来，在党的领导下，利通区各族人民的生活一步步走向富裕。跨入新世纪，党中央又提出了全面建成小康社会的宏伟目标。在新的历史时期，十九大报告中明确了“两步走”的奋斗目标：第一阶段，从2020年到2035年，在全面建成小康社会的基础上，再奋斗十五年，基本实现社会主义现代化；第二阶段，从2035年到本世纪中叶，在基本实现现代化的基础上，再奋斗十五年，把我国建成富强民主文明和谐美丽的社会主义现代化强国。决胜全面建成小康社会，使经济更加发展、民主更加健全、科教更加进步、文化更加繁荣、社会更加和谐、人民生活更加殷实，利通区各族人民在党的各项惠民强民政策带动下会早日同全国人民一道实现全面小康生活。

执笔人：孙娟

红寺堡区城乡居民收入显著增长 居民生活水平普遍提高

红寺堡区自2009年成立以来坚持以“培育产业、调整结构、关注民生”为主线，强力推进新型工业化、农业现代化、服务业多元化“三化进程”，多元化多层次促进红寺堡区城乡居民增收。

一、区域不断扩大，收入翻倍增加

2009年9月正式成立吴忠市红寺堡区，总面积1999.12平方公里，管辖2镇2乡，2010年城镇居民人均可支配收入10354元，农村居民人均可支配收入2981元。今天的红寺堡区行政区域是由同心县原新庄集乡、韦州镇北部、石炭沟乡、中宁县东部、吴忠市利通区南部、盐池县西部等地经多次划归而成，辖2镇3乡64个行政村、5个社区，总面积2767平方公里，2017年城镇居民人均可支配收入21198元，是2010年的2.0倍，农村居民人均可支配收入7896元，是2010年的2.6倍。城乡居民收入持续增加，居民消费观念日渐转变，由生存型消费向享受型消费稳步转变，消费水平进入了一个由温饱向总体小康过渡的新阶段。

二、城乡居民收入特点突出

(一)十八大以来城镇居民收入增长最快。

红寺堡区自成立以来，短短8年的时间里，城镇居民人均可支配收入翻倍，年均增长10.1%。但分阶段看，2010年至2013年，红寺堡区城镇居民收入快速增长，年均增长13.7%。2013年以来，即党的十八大以来，城镇居民收入进入新常态增长，年均增长8.6%。

表1　2009年以来红寺堡区城镇居民收入情况

单位：元/人

	2010年	2011年	2012年	2013年	2014年	2015年	2016年	2017年
全年可支配收入	10354	11879	13528	15223	16489	17875	19412	21198
(一)工资性收入		6104	8851	12029	11788	12839	14076	15872
(二)经营净收入		4581	4463	3968	4120	4352	4461	4365
(三)财产净收入		402	249	61	276	330	442	462
(四)转移净收入		792	595	327	305	355	433	499

1. 2010—2013年：城镇居民收入高速增长阶段。2013年红寺堡区城镇居民人均可支配收入15223元，较2010年增加4869元，年均增长13.7%。这四年是红寺堡区加快发展、攻坚克难、奋进崛起的四年，也是红寺堡区站在新起点、谋划新蓝图、取得新进展的四年。

单位：元/人、%

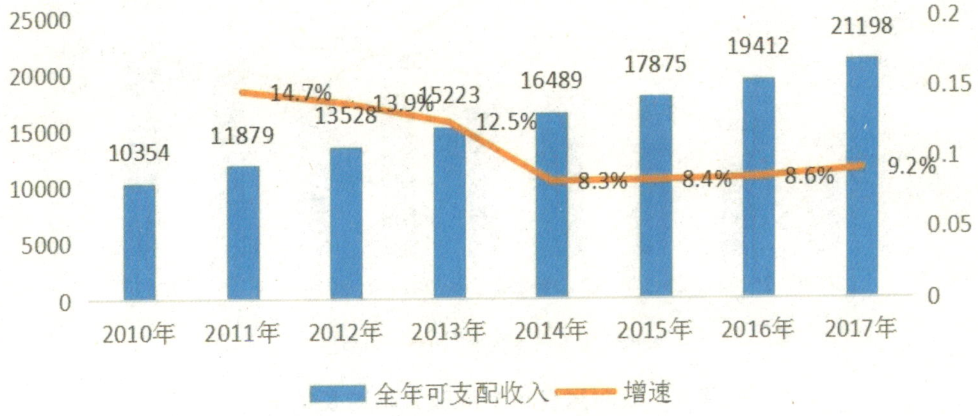

图1　城镇居民收入与增长情况

2. 2014—2017年：城镇居民收入中高速增长阶段（见图1）。2017年红寺堡区城镇居民人均可支配收入21198元，较2014年增加4709元，年均增长8.2%。其中人均工资性收入15872元，较2014年增加4084元，增长23.0%；经营净收入4365元，较2014年增加245元，增长5.9%；人均财产净收入462元，较2014年增加186元，增长67.4%；人均转移净收入499元，较2014年增加194元，增长63.6%。

（二）农村居民收入增长出现阶段性特点。

1. 农民收入持续增长(2009—2014年)。

表2　2009年以来红寺堡区农村住户收入情况

单位:元/人

	2009年	2010年	2011年	2012年	2013年	2014年	2015年	2016年	2017年
全年可支配收入	2981	3443	3956	4533	5211	5837	6408	7081	7896
(一)工资性收入			2412	2799	3227	3448	3733	4029	4496
(二)经营净收入			1236	1434	1613	1756	1938	2026	2223
(三)财产净收入			83	32	39	-12	12	14	16
(四)转移净收入			225	267	331	645	725	1012	1161

从表2可以看出,2009—2014年农村居民收入持续增长,逐渐进入新常态增长阶段。2014年红寺堡区农民人均可支配收入5837元,较2009年增加2856元,年均增长14.4%。这一时期,为了增加农民收入,红寺堡区有效实施以下三项措施,助推农村居民得到更多实惠。

单位:元/人、%

图2　农村居民可支配收入与增长情况

(1)坚定不移地实施"统筹城乡发展工程",促进当地富余劳动力就业,促进农民工资性收入增加。2014年农民人均工资性收入3448元,较2011年增加1036元,年均增长12.7%。一是扎实推进"大县城"建设,大面积拉动城镇居民及周围农民就业。二是扎实推进农村基础设施建设,带动本地农民工务工收入增加。三是着力抓好科技和人才工作,促进农民工资性收入增加。四是扎实开展"自治区农业科技示范县"创建活动和科技特派员创业行动,全面实施新型农民培训工程和生态移民技能培训工程。以自治区实施"塞上英才"工程和"国内引才312

计划”为契机，启动科技研发、教育实训、产业开发、社会实践和技术咨询等“人才培养工程”，推动经济与科技相结合、产学研相结合，实现人才培养的“无缝对接”。

(2)坚定不移地实施“农业增效工程”，拉动农民经营净收入。2014年农村人均经营净收入1756元，较2011年增加520元，年均增长12.4%。一是加快推进设施农业基地化建设。加快“节水、高效、优质、生态”现代农业发展，继续巩固提升现代林果产业基地，加快推进日光温室园区建设工程，重点抓好小拱棚示范基地建设。按照“龙头企业+经济合作组织+农户”的模式，采取租赁、转包的方式，规模流转土地1万亩，带动新建6个千亩露地蔬菜基地，全区发展设施农业2.5万亩，订单农业1.5万亩，发展设施农业12.9万亩，亩均收入万元以上，是当时相比较效益最高、农民增收最快的朝阳产业。二是加快推进葡萄产业标准化生产。紧抓自治区发展贺兰山东麓百万亩葡萄长廊的机遇，规划建设“一园一城两镇”葡萄产业基地。打造集葡萄种植、葡萄酒加工、葡萄生态旅游为一体的体现农业现代化、新型工业化的葡萄产业园区。采取“整村推进”和“企业带动、大户联动”的模式，2013年底总规模达到11.6万亩，亩均收入达5000元左右，使得农民家庭经营收入明显增加。

(3)坚定不移地实施“社会事业繁荣工程”，建立健全城乡居民社会保障体系，抢抓人才培养，解决农民后顾之忧，大幅提高农民转移性收入。2014年农民人均转移净收入645元，是2011年的2.9倍。这四年，红寺堡区着力完善社会保障体系，以基本养老、基本医疗为重点，抓好统筹城乡居民“两险”和生态移民基本养老、医疗保险关系转移接续工作。全面实施“社会保障卡”和“一档多制”管理制度，扎实开展“社保政策进万家”活动，不断扩大养老、失业、医疗、工伤、生育保险覆盖面。争取老年活动中心立项建设，逐步健全和完善基层社保网络。推行重度残疾人津贴、高龄津贴保障制度，逐步完善“残有所依”和“老有所养”的社会保障体系。

2. 农民收入增长回暖(2015—2017年)。

2017年红寺堡区农民人均可支配收入7896元，较2015年增加1488元，年均增长11%(见图2)。从收入结构看，农民收入呈现以下三个特点：

(1)工资性收入快速增长，对农民增收的贡献最大。三年来，红寺堡区农民人均工资性收入由3733元增加到4496元，增加了762元，年均增长9.1%，对农民人均可支配收入增长的贡献率达51.2%，在红寺堡区农民人均可支配收入中位列第一。五年来工程项目较多，其中水利工程、小城镇(小集市)建设、高速公路工程、市政工程投资、农村公路建设等用工数量持续增加，本地打零工的人数增多，务工时间加长，拉动本地农民务工收入。用于企业种植葡萄、枸杞、黄花菜、中药材等，锄草、放水等管护工作用工量较大，有效解决本地农民工闲置问题。

（2）家庭经营收入齐增，占据可支配收入主力。2017年由于粮食价格和特色经济作物价格稳中有增，畜产品明显上涨，农民从一产获得的收益实现了较高增长。三年来，红寺堡区农民家庭经营净收入由1938元增加为2223元，其中第一产业净收入从1692元增加为1895元，占可支配收入的比重从26.4降为24.0%，对可支配收入的贡献率13.6%；第三产业由229元增长为314元占可支配收入比重由3.6%上升为4.0%，对全年可支配收入的贡献率增加。

（3）收入来源日益丰富，收入结构不断优化。2015年工资性收入、经营净收入、财产净收入、转移净收入分别占可支配收入的比重为58.3%、30.2%、0.2%、11.3%，2017年四项收入比重分别为56.9%、28.2%、0.2%、14.7%，转移性净收入增长60.1倍。三年来，红寺堡区社会保障体系不断完善，出台“33211”健康扶贫保障体系；基础母羊、基础母牛、见犊补母、禁牧还草等补贴发放到位；2015年以来红寺堡区“3+X”产业成效显著，各项产业补贴政策为农民转移性收入推波助澜。

执笔人：马玲

数说盐池百姓收入新变化

盐池，作为宁夏的东大门，屹立在陕甘宁蒙四省交界处。六十年来，在党的坚强领导下，全县人民众志成城、艰苦奋斗、砥砺前行，经济总量不断攀升，社会民生发展不断取得突破、居民收入更是实现了跨越式发展。

一、改革开放以来，农村居民收入日益增多，多源并进

盐池县地域面积宽广，人均土地面积较多，农牧业一直以来都是老百姓收入的主要来源，在自治区成立初期，盐池县农业基础设施落后，农业科技水平较低，农业发展较为缓慢。

据县志记载，1960年前后，受“大跃进”的错误及自然灾害的影响，盐池县粮食连续三年的大减产，农民收入无法满足正常温饱，进入了“低标准、瓜菜代”时期。1966—1976年，十年间，粮食产量以平均7.8%的速度递减，1975年粮食总产只有1371万斤，比1949年还低140万斤。据可查资料显示，1978年，农村居民人均可支配收入仅为127元。

单位：元

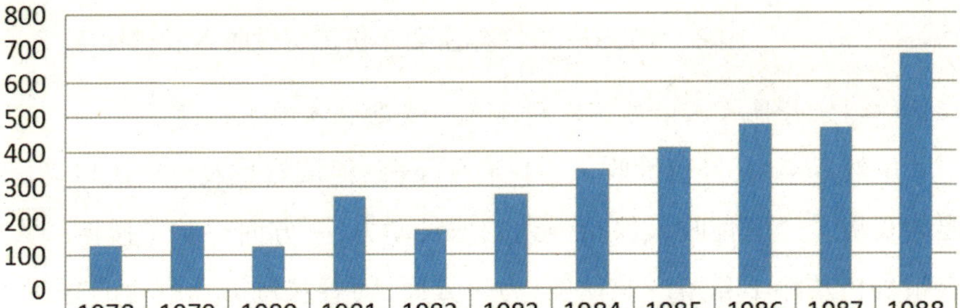

	1978	1979	1980	1981	1982	1983	1984	1985	1986	1987	1988
人均可支配收入（元）	127	185	124	271	173	275	347	411	477	467	682

图1　1978—1988年盐池农村居民人均可支配收入

随着改革开放以来，政府不断加大对农村基础设施、经济发展的投入力度，促使农民收入的增长势头迅猛，图1显示，1988年的农村居民人均可支配收入是1978年的5.4倍，年均增长率18.3%，居民收入实现了快速增长。

1985年，盐池县农村居民人均可支配收入411元，其中家庭经营净收入为

351元，占人均可支配收入的比重为85.3%，2017年，盐池县农村居民人均可支配收入9549元，其中经营性收入占居民人均可支配收入为72%，家庭经营性收入占比的降低，凸显出收入结构更加合理、稳定。

（一）工资性收入稳步增长。

随着经济的快速化发展，城市建设对于劳动力的需求愈加旺盛，吸引着越来越多的农村劳动力放下锄头，走进工地，农村居民的工资性收入逐步增长。统计资料显示，1985年，盐池县农村居民人均可支配收入中，工资性收入14元，占全年人均收入的3.5%，2017年，盐池县农村居民工资性收入为1237元，占农村居民人均可支配收入的比重为12.9%，是85年的85.9倍，占可支配收入的比重较1985年的提高了9.4个百分比，已成为农村居民可支配收入的重要支撑力量。

单位：元/人、%

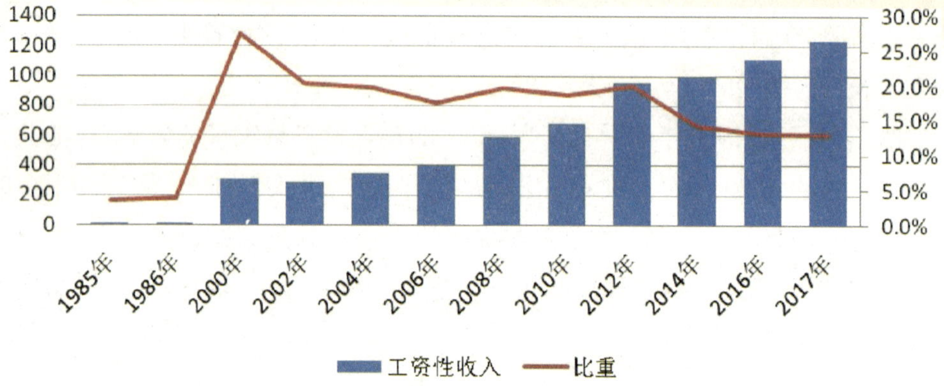

图2　1985—2017年主要年份工资性收入及占比

（二）经营性收入依然是农村居民可支配收入的主引擎。

虽然近年来，经营性收入占比有所下降，但依然是农村居民可支配收入的主要增长极。经营性收入保持强劲的增长动力，一方面得益于盐池县大力推动小杂粮种植及滩羊养殖产业发展，另一方面，随着农村第三产业的兴起，三产经营收入的重要性也在不断的提升。

农牧业的收入，占据着可支配收入的半壁江山。1985年盐池县家庭经营净收入351元，其中农业净收入100元，牧业净收入154元，二者占农村人均可支配收入的比重为61.9%，是农村居民最主要的收入；2017年，盐池县农村居民经营性净收入为6849元，其中农业净收入1272元，牧业净收入4122元，二者占农村居民人均可支配收入的比重为56.5%。

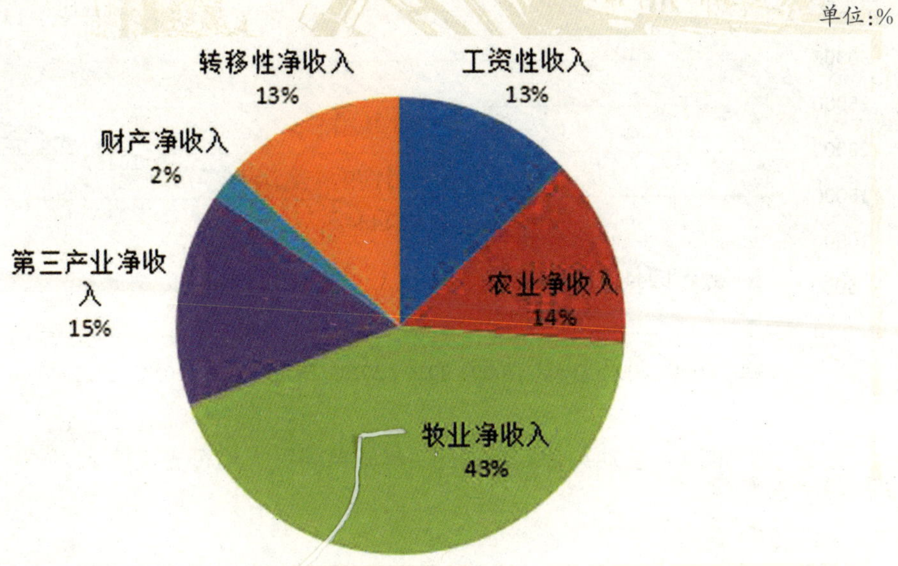

图3　2017年盐池县农村居民人均可支配收入结构

（三）转移性收入实现快速增长。

2000年，盐池县农村居民转移净收入43元，占人均可支配收入收入的比重为2.9%，而2017年，转移净收入为1257元，占人均可支配收入的比重为13%，18年间，转移净收入增加了1223元，占可支配收入的比重提升了11.1个百分点。

转移收入实现快速增长主要得益于国家对“三农”问题的高度重视，从2004—2017年，中央一号文件连续14年关注“三农”问题，并制定出台的一系列惠农补贴政策，土地改革、包产到户、取消农业税等，这是60年来，老一辈农民所经历的，这些经历经常会勾起他们的回忆、引出他们的感慨：“以前我们种地要给国家交钱，现在竟然是国家给钱让种地，党的政策是越来越好了。”与以前相比，十八大以来，尤其是精准扶贫以来，政府加大对农业的补贴力度，小杂粮种植补贴、养殖棚圈建设补贴、养殖补贴等一系列激励性补贴出台，鼓励老百姓大力发展农业、提升收入，政府的投入，反应到转移性收入的快速增长。

二、城镇居民收入成倍增长，特点突出

盐池县的发展可以说是今非昔比，多年来，勤劳的盐池人，用自己的汗水见证着盐池县的快速发展，城市环境越来越好了、教育卫生等公共服务越来越强了、公共设施服务越来越便利了，更重要的是，收入越来越高了。

2017年盐池县城镇居民人均可支配收入24677元，同比增长8.8%，是2005年城镇居民人均可支配收入的4.4倍。

单位:元/人

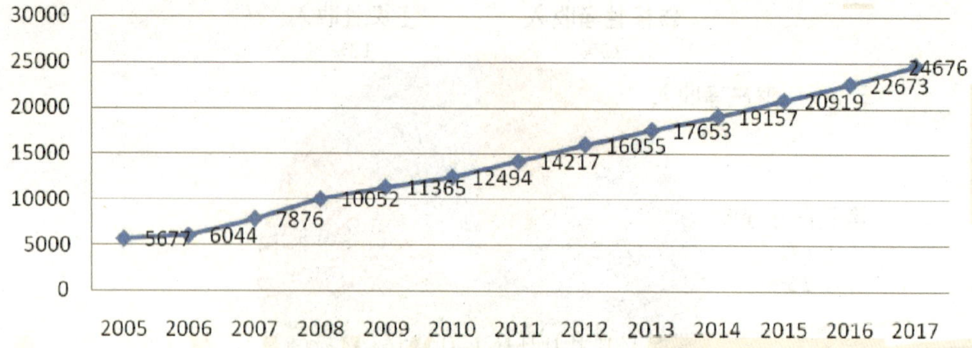

图4　盐池县2005—2017年城镇居民人均可支配收入

单位:%

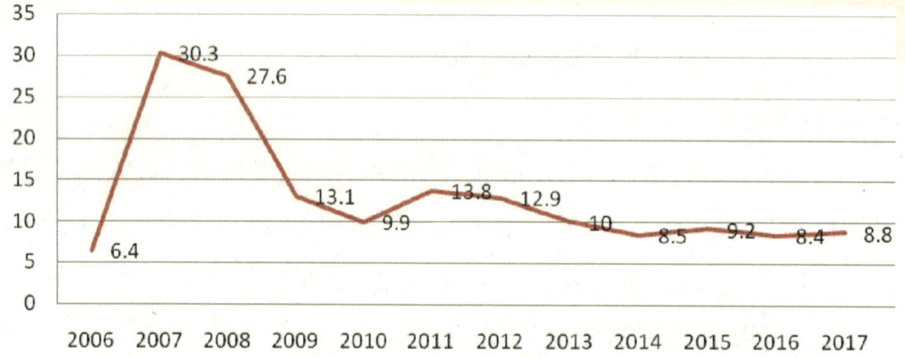

图5　盐池县2006—2017年城镇居民人均可支配收入增速

图5显示,13年间盐池县城镇居民收入一直呈现增长态势,2007年、2008年是盐池县城镇居民收入增长最快的两年。从2012年开始,城镇居民可支配收入增速开始下降并逐步的趋于平稳,近年来一直在8.8上下波动。

从2015—2017年,城镇居民人均可支配收入一直呈现增长态势,年均增长13.0%。

(一)工资性收入独占鳌头。

工资性收入是城镇居民收入的主要来源,承担着居民可支配收入增长的发动机作用。工资性收入的持续增长,一方面得益于进城务工人员的工资年年上升,小工工资从2010年的90元/天左右,上涨至现在150元/天左右,其他行业工资也呈现出增长态势;另一方面得益于机关事业单位人员工资的长效调整机制,基层工资等实现了大幅上涨,同时效能目标考核奖励也在逐步提升,从2015年至2017年,效能目标奖金已增加了5000元。

单位:%

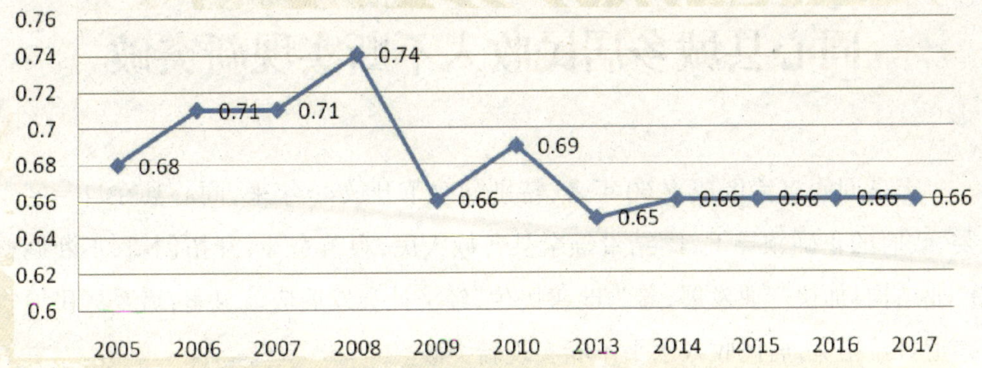

图6　工资性收入占城镇居民人均可支配收入比重

(二)转移性收入稳步增长。

随着政府加大对民生保障的投入力度,城镇居民离退休金等逐年提升,转移性收入也在逐步的提升,2005年转移净收入为700元,占可支配收入的比重为12.3%,2017年转移性收入为3521元,占可支配收入的比重为14.3%。

自治区成立60年来,勤劳的盐池人,用双手取得了一个又一个成绩,城乡居民收入实现了跨越式发展,社会经济发展取得了巨大的成就,未来的日子里,在自治区党委和政府的正确领导下,盐池县委和政府必将带领全县人民取得更大的突破。

执笔人:郭晓勇

同心县城乡居民收入不断实现新突破

宁夏回族自治区成立60年来，特别是改革开放40年来，同心县在自治区党委、政府的正确领导下，团结带领全县各族人民，艰苦奋斗，开拓创新，不断调整产业结构，加快产业发展，着力改善民生，经济社会发展成就显著，城乡居民增收渠道日益拓宽，居民收入水平不断实现新突破。

一、农民收入实现历史性变革

(一)农民收入增长的阶段性变化。

宁夏回族自治区成立以后，同心县人民在党和政府的领导下，面对自然条件恶劣的不利因素，积极开展生产，发扬自力更生的精神，努力发展经济。由于建国初期同心县农业基础设施薄弱、科技水平低下，农业生产受自然条件的影响较大，粮食产量低而不稳，农民收入徘徊不前。但是在改革开放以后，随着国家政策向农村倾斜力度的增加，农民收入水平不断提高，收入增速逐渐平稳。

1982—2000年期间，中国农村全面实行了家庭联产承包责任制，使农民摆脱了旧的生产体制束缚，农村生产力得到解放，经济快速发展，农民收入大幅增长，1982年农民人均可支配收入为83元，2000年农民人均可支配收入达到1260元，比1982年增长了14.2倍。2001—2017年期间，随着中央、自治区和同心县政府的各项支农惠农政策增加，促进农民收入持续稳定增长。2001年农民人均可支配收入为1295元，到2017年农民人均可支配收入达到8216元，比2001年增加了6921元，增长了5.3倍。

单位：元、%

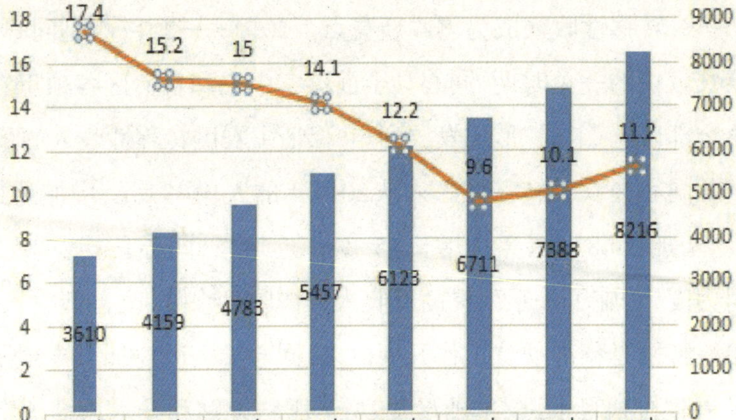

	2010年	2011年	2012年	2013年	2014年	2015年	2016年	2017年
可支配收入（元）	3610	4159	4783	5457	6123	6711	7388	8216
增幅（%）	17.4	15.2	15	14.1	12.2	9.6	10.1	11.2

图1　2010—2017年同心县农民人均可支配收入

（二）改革开放后农民收入呈现多元化增长。

1. 工资性收入稳定增长。自治区成立初期，同心县农民收入来源主要以出售农产品为主，工资性收入极少。随着农业生产力的提高，农村富余劳动力随之增加，到20世纪90年代后期，国家城市化建设进程加快，农民纷纷走出家门，多渠道获取农业以外的收入，劳务输出以其广阔的空间，得到了迅速的发展，当前已成为农民增加收入的主要途径之一。2010年同心县农民工资性收入1253元，占人均可支配收入的36.6%，2017年占人均可支配收入的比重为38.5%，比2010年提高了1.9个百分点。近年来随着同心县农村外出务工人员教育水平的提高和外出挣钱意识的不断增强，更多文化水平较高的年轻人走出了面朝黄土背朝天的农业种植模式，走向了不同的工作岗位，工资性收入已成为农民增收的"铁杆庄稼"。

2. 家庭经营收入不断增加。改革开放以来，农民有了生产经营自主权，农牧业生产得到了快速发展，家庭经营收入规模不断扩大，农民家庭经营净收入由1981年的人均113元，增加到2017年的3958元，增长34.0倍。主要原因是农村家庭联产承包责任制的实施和社会主义市场经济的发展，极大地解放了生产力，农民拥有生产经营的自主权，打破了旧的生产模式，由过去的计划指令种植向市场需求种植转变，什么能赚钱就种什么，生产经营方式发生了根本性变革。2017年农业人均净收入达到1887元，与改革初期的1981年相比，增加了1820元，增长27.3倍；牧业人均净收入达到1557元，与1981年相比增加了1526元，增长了

67.8倍。

3. 转移性收入成为增收新亮点。2010——2017年是同心县农民转移性收入增长较快的一个时期，同心县全面落实中央和自治区各项惠农补贴政策，补贴资金全部以“一卡通”形式发放到户，保证了农民转移性收入的稳步增加。

同心县农民转移性收入从2010年的人均397元，增加到2017年的人均1078元，增加了681元，年均增长15.3%。近年来，同心县县委、政府不断加大转移支付力度，实施了一系列提高低收入群体收入水平、改善低收入群体生活状况的政策。特别是精准扶贫工作开展以来，同心县委政府加大专项扶贫资金投放力度，开展整村项目推进、基础母牛、增产肥料补贴和技术培训等惠民措施，同时双到工程、整村推进、互助资金和千村信贷贴息等项目的全面落实，从政策和力度上都增加了农民转移性收入的增长。

二、城镇居民收入不断迈上新台阶

（一）2000—2017年同心县城镇居民收入快速增长。

2000年以来同心县大力发展县域经济，重点发展特色产业，推进工业园区建设，大力扶持个体私营经济发展，不断优化创业环境，以创业带动就业，实现县域经济快速协调发展，带动城镇居民收入大幅提高。城镇居民调查资料显示2000-2017年同心县城镇居民收入实现较快增长，人均可支配收入从2000年的2995元增加到2017年的22101元，连续跨关，经历了“十五”“十一五”“十二五”三个重要规划时期，增加了19106元，增长6.4倍。

“十五”期间同心县城镇居民人均可支配收入从2000年的2995元增加到2005年的4807元，增加了1812元，增长60.5%，年均增速为9.9%。“十一五”期间同心县城镇人均可支配收入从2005年的4807元增加到2010年的10867元，增加了6060元，增长了1.3倍，年均增速为17.7%。“十二五”期间同心县城镇居民人均可支配收入从2010年的10867元增加到2015年的18758元，增加了7891元，增长72.6%，年均增速为11.5%。

单位：元、%

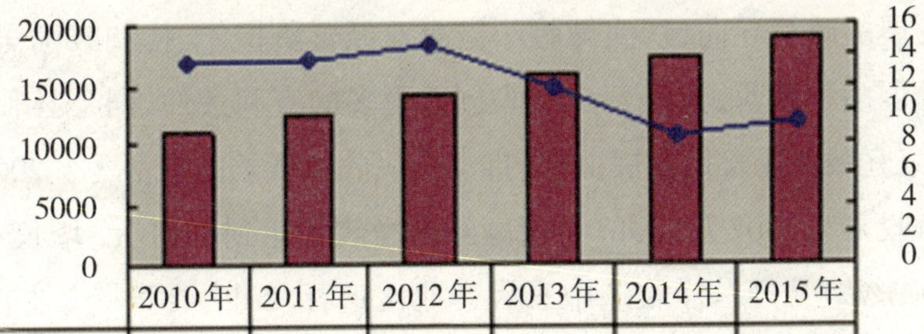

	2010年	2011年	2012年	2013年	2014年	2015年
可支配收入（元）	10867	12337	14127	15774	17131	18758
增幅（%）	13.35	13.53	14.51	11.66	8.6	9.5

图2　2010—2015年同心县城镇居民可支配收入及增长情况

（二）城镇居民收入多元化，收入结构发生显著变化。

同心县城镇居民可支配收入趋向多元化，从四大收入占可支配收入的比重看，工资性收入占可支配收入的比重最大，其次是经营性收入，随着国家大幅提高养老金、社会救助的标准，转移净收入比重上升较快占比逐年增大，财产性收入对可支配收入的贡献最小。

1. 多方发力促进工资性收入增长。

（1）各项工资政策落实到位。国家多次上调行政事业单位工资津贴标准，理顺工资正常增长机制，提高效能奖金、民族和谐奖金标准。期间宁夏多次上调最低工资标准，由2006年的380元/月（宁夏三类地区（山区九县））上调到2017年的1480元/月，增长了2.9倍。

（2）就业形势良好。一是固定资产投资的大幅增长，充分增加了就业岗位，带动劳动力就地转移，有力的促进城镇居民工资性收入增加。二是同心县不断扩建和新建了各类农贸市场和商业中心，努力打造工业“一园四区”的格局，累计规上工业企业达到55家。2017年全县完成社会消费品零售总额13.2亿元，同比增长10.1%。工商业的蓬勃发展，不断新增就业岗位，扩大了城镇居民就业群体，增加了工资性收入。

（3）增加公益性岗位，扶持重点人群就业。政府通过扩大购买公益性岗位安置有劳动能力的城镇零就业家庭人员、城镇失业人员中的“4050”人员，残疾人员等，通过增加城镇就业规模从而带动城镇居民工资性收入增长。

（4）市政民生工程建设劳动力需求逐渐增大。随着经济发展同心县市政民生工程项目逐渐增多，对各专业技术人员需求量大，催生城镇富余劳动力就地转移就业，增加城镇居民临时性工资收入。

2. 经营性收入为收入增长注入新活力。受益于近年来同心县大力推动产业发展的政策导向，切实减轻小微企业经营负担，支持和鼓励居民自主创业，引导开展多种经营，为经营户增收创造更多的有利条件，同心县私营企业、小微企业、家庭服务业长足发展，成为推动居民收入增长的新活力。2006年城镇居民经营净收入为1307元，2017年家庭经营净收入达到3761元，增长了1.9倍，年均增速10.1%。从经营净收入中三大产业比重看，2017年第一产业收入236元；第二产业收入785元，第三产业收入2739元。三次产业结构由2013年的16:25:58，调整到2017年的6:21:73，第三产业的比重上升较快。

3. 转移净收入增长势头强劲。一方面，国家不断提高城镇居民养老金和社会救济及补助标准，增加居民政策性生活补贴收入。另一方面，国家不断提高报销医疗费的比例，关注低收入家庭和离退休人员的生活，加大财政转移支付力度，提高最低生活保障、离退休人员工资标准，推动了城镇居民转移性收入的提高，使我县城镇居民转移净收入由2006年人均484元，增加到2017年的1535元，增长2.2倍，年均增速11.1%。

4. 财产净收入所占比重逐年攀升。2006年城镇居民财产净收入为104元，到2017年居民财产净收入为1138元，增长了9.9倍，年均增长24.3%。政府不断创造有利条件，着力提高居民财产性收入比重，一是推动居民房屋、宅基地等财产出让、转让、租赁、抵押、入股等制度，使居民财产在流转中增加收入。二是拓宽民间资本投资渠道，放宽居民投资领域，降低投资门槛，引导民间资本进入实体经济，依法增加红利、租金和利息等财产性收入。

执笔：马少波　余露

改革开放40年青铜峡市城乡居民生活发生巨大变化

自治区成立60周年、改革开放40年来，青铜峡在改革开放的浪潮中拼搏奋进，主动适应经济社会发展新常态，经济快速发展，综合实力显著增强，城乡面貌日新月异，城乡居民收入快速增长，为居民生活的不断改善和升级换代提供了必要的物质保障。城乡居民生活水平不断改善和提高，向着更美好方向大踏步迈进。据资料显示：1981年的农民人均可支配收入为291元，到2017年农民人均可支配收入达到13135元，增加12844元，年均增长11.2%。

一、改革开放以来城乡居民收入来源多元化

改革开放以来，青铜峡市城乡居民生活发生了翻天覆地的变化，城乡居民经历了从脱离贫困，解决温饱，到迈向小康，生活越来越美好。

（一）城乡居民增收渠道渐趋丰富多元。

改革开放初期，城镇居民收入来源仅限于工资收入、离退休金收入、少量的个体劳动者收入及零星的赡养、赠送收入。随着改革的深入，居民除了以上收入项目外，还增加了开工厂、店铺等经营性收入，增加了如出租房屋收入、投资收入、利息等财产性收入，增加了社会救济收入、赔偿收入、报销医疗费等转移性收入。

随着青铜峡市经济的发展，实力逐步提升，市政府多次出台工资制度改革及调整政策，着力提高企业、事业及机关单位人员工资。企业推行效益工资制度，实行员工报酬与企业效益挂钩，城镇居民分享企业发展和财富积累的实惠，实现地方经济、企业效益以及居民收入的同步提高。与此同时，经济体制改革不断深化，非公有经济不断发展，私营、个体企业雨后春笋般迅速成长，居民家庭经营性收入不断增加。此外，居民的投资意识明显增强，固定资产及金融资产增加，为城镇居民的财产性收入增加奠定了良好的基础。各级政府重视建立健全社会保障制度，关注低收入家庭和离退休人员的生活，加大财政转移支付力度，提高最低生活保障、离退休金和其他相关标准，增加了城镇居民转移性收入。

在家庭联产承包责任制实施前，农村的劳动力被集中在人民公社作为公社

社员从事集体劳动，1982年以前，农民收入主要来自务农收入。1982年实行家庭联产承包责任制后，农民有了土地的经营自主权，农民生产积极性显著增强，在促进农村生产力提高的基础上，劳动力开始向其他产业和地区转移，青铜峡市农民收入增长开始进入快车道。特别是农业税取消后，国家对农业生产进行补贴，并为农民提供医疗、养老保障，改善农村基础设施修路架桥、提供安全饮水、改造农村泥草房、提高社保标准、实施精准脱贫战略等惠农惠民政策，实实在在的减轻了农民负担，极大地促进了农民收入的增长，农民收入逐步形成了工资性收入、经营净收入、财产净收入、转移净收入同步增长的多元化格局，2017年农村居民人均可支配收入的四大项工资性收入、经营净收入、财产净收入、转移净收入，占比分别为49.2%、43%、2.4%、5.4%。

（二）城乡居民收入阶段性特点明显。

1. 城镇居民收入增速由高到低，增长态势逐步趋稳。从改革开放后的“七五”到“十五”期间，青铜峡市城镇居民收入大幅增长，到“十五”末，即2005年青铜峡市城镇居民人均可支配收入7915元。迈入“十一五”后，青铜峡市调结构，促改革，城镇居民人均可支配收入进入高速增长期，2007年城镇居民人均可支配收入首破万元大关，达到10060元，增长15.1%，之后保持快速增长，到2014年，城镇居民人均可支配收入首破2万元大关，达到20292元，增长8.4%。“十二五”期间，2011—2015年，青铜峡市城镇居民人均可支配收入由15112元增加到22003元，年均增加1378元，年均增长9.8%。进入“十三五”后，青铜峡市城镇居民人均可支配收入增速逐步趋稳，2017年城镇居民人均可支配收入25547元，同比增长8.1%。（见图1）

单位：元/人

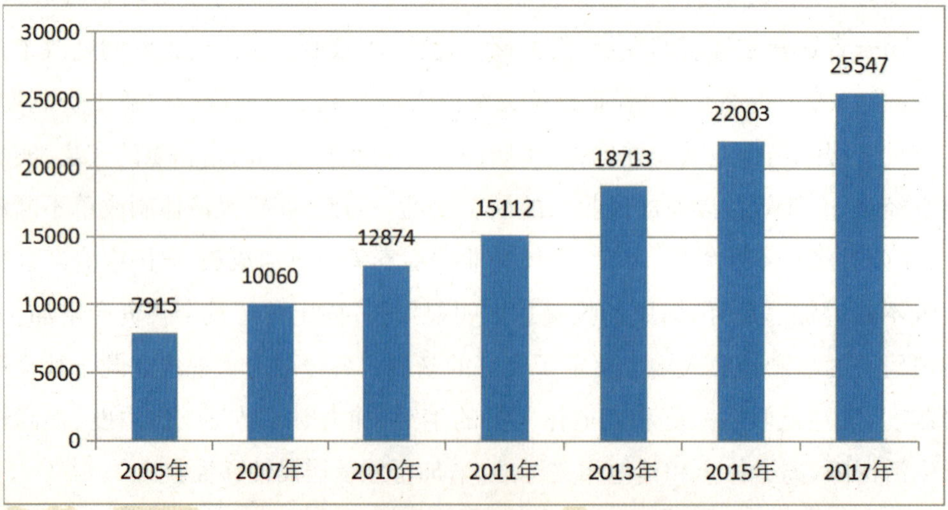

图1　青铜峡市城镇居民人均可支配收入

2. 农民收入呈现四个阶段性特征。第一阶段，1981—1990年的稳步增长阶段。十一届三中全会以后农村家庭联产承包制的推行，使压抑的农村生产力得到解放，农民生产积极性空前高涨，粮食等农产品产量连续多年增产，促进了农村居民收入快速增长。1990年农村居民人均可支配收入达743元，较1981年的291元增长1.6倍，年均增长11.0%。

第二阶段，1991—1997年的快速增长阶段。在国民经济全面快速发展情况下，农民收入渠道进一步拓宽，农民外出从业和从事第二、第三产人员迅速增加，有力地促进了农村居民收入的增长。1997年农村居民人均可支配收入2360元，比1991年增加1631元，增长2.2倍，比第一阶段快10.6个百分点。

第三阶段，1998—2003年的缓慢增长阶段。受自然灾害和物价上涨等因素的影响，农民收入增速放缓。2003年农村居民人均可支配收入3218元，比1998年增加701元，增长0.3倍，年均增长仅为5.0%。

第四阶段，2004—2014年的较快增长阶段。经过前几年的休养生息，在党中央全面建设小康社会和进行新农村建设的大好局面下，在各项惠农政策情况下，农村居民收入保持了多年的较快增长态势。2014年农村居民人均可支配收入10435元，比2004年增加6690元，增长1.8倍，年均增长10.8%。(见图2)

单位：元/人

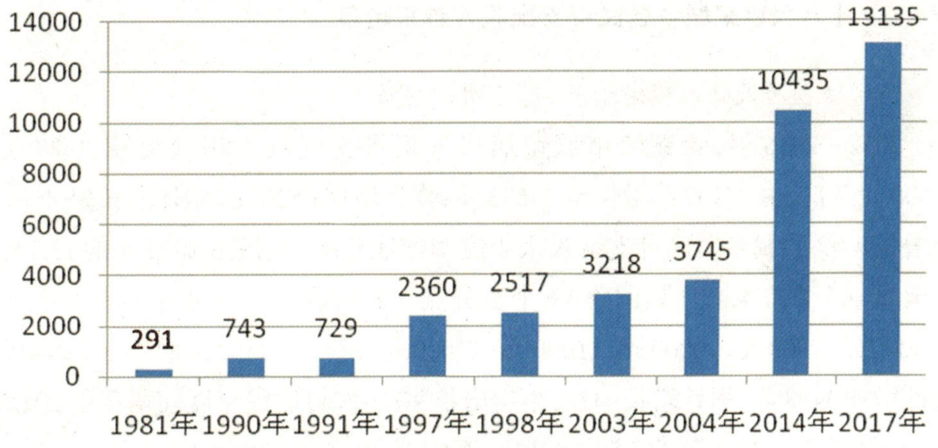

图2　青铜峡市农村居民人均收入阶段性增长

3. 农民收入千元跃升年限逐渐缩短。1994年，青铜峡市农民人均收入首度突破千元，达到1172元，自1975年起，历时19年；1996年，突破2000元，达到2101元，历时2年；2002年，突破3000元，达到3060元，历时6年；2006年，农民人均收入突破4000元，达到4343元，历时4年；2008年，农民人均收入突破5000元，达到

5373元，历时2年；2010年，突破6000元，达到6464元，历时2年；2011—2013年，从7000突破至9000元，达到9457元，均历时1年；2014年，首度突破万元关口，达到10435元，历时1年。总体上呈现出，农民人均收入千元台阶跃升年限逐渐缩短的态势。（见图3）

单位：元/人

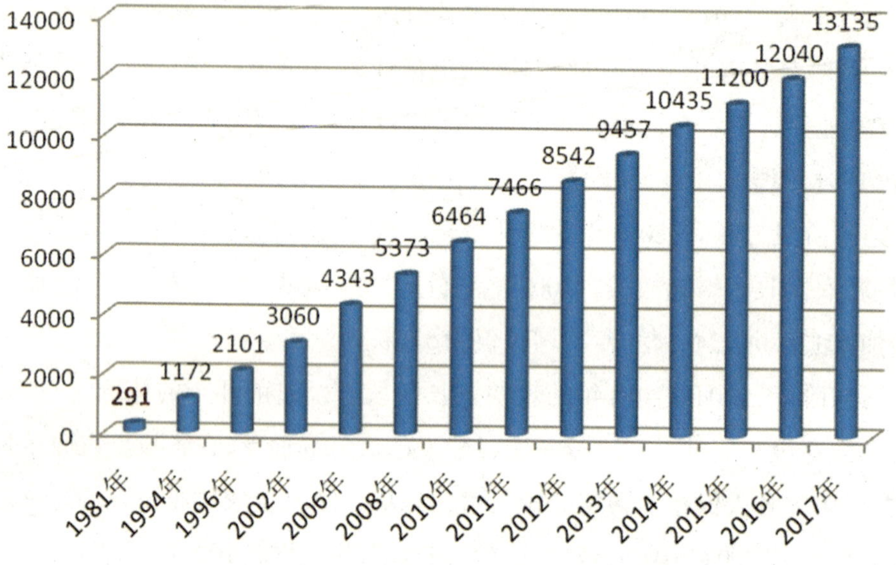

图3　青铜峡市农民人均可支配收入跃升年份

二、十八大以来城乡居民可支配收入越来越多

（一）城乡居民收入稳定增长，增速明显趋缓。

2012—2016年，青铜峡市城镇居民人均可支配收入相继突破20000元、22000元关口，由17107元增长至23633元，累计增加6526元，累计增长38.1%，年均增长8.4%。城乡居民可支配收入年度间增速趋缓，城镇由2012年的13.2%下降至2016年的7.4%，增幅回落5.8个百分点。农村居民人均可支配收入相继突破8000元、9000元、10000元、11000元、12000元关口，由8542元增长至12040元，累计增加3498元，累计增长41%，年均增长9%。农村居民年度间增速由2012年的14.4%下降至2016年的7.5%，增幅回落6.9个百分点。（见图4）

单位:元/人、%

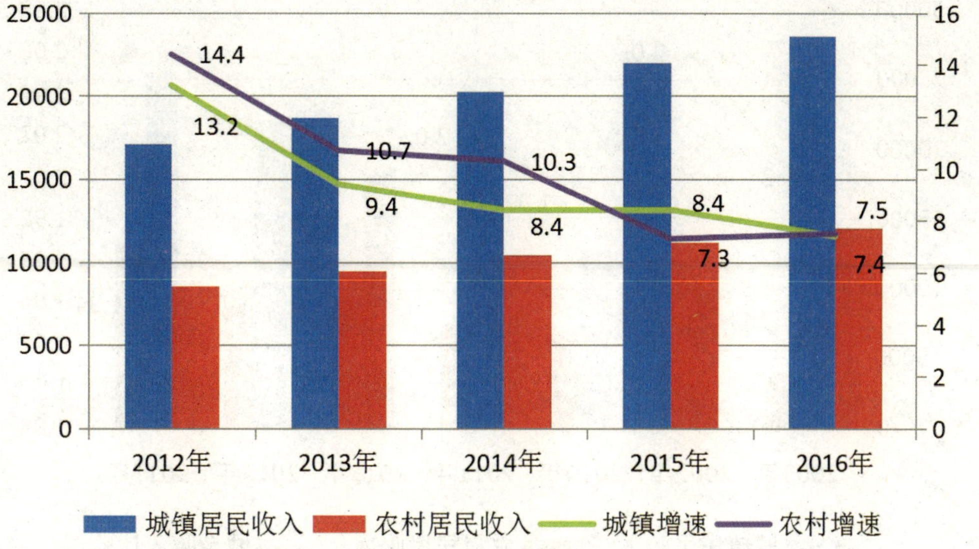

图4　2012—2016年青铜峡市城乡居民收入变化情况

(二)城乡居民收入水平与全区平均值差异较大,增幅低于全区平均值。

从收入水平看,青铜峡市城镇居民人均可支配收入均低于全区平均水平,且差距逐年增大,城镇居民由2012年的2400元扩大至2016年的3520元。而农村居民人均可支配收入均高于全区平均水平,农村居民人由2012年的1766元扩大至2016年的2188元,差距也逐年增大。从收入增幅来看,2012—2016年,青铜峡市城乡居民收入增幅低于全区平均水平,但差距逐年缩小。

三、城乡居民收入差距越来越小

改革开放以来,受支持一部分人先富起来的政策影响,城乡居民收入差距出现拉大趋势。党的十八大以来,青铜峡市经济快速发展,城乡统筹力度不断加大,全面推进新农村建设,农村居民收入快速增长,增速连续多年赶超城镇居民,从2010年起,年年增速高于城镇居民。城乡居民收入差距不断缩小。城乡居民收入比由2007年的2.1缩小到2017年的1.9(见图5)。随着城乡居民收入的不断增长,现在的城乡均衡发展相比较2007年处于较高水平,存在着质的飞跃。城乡居民收入差距的不断缩小,是青铜峡市城乡区域均衡发展、城乡居民共享经济社会发展成果的有力体现。

单位:元/人

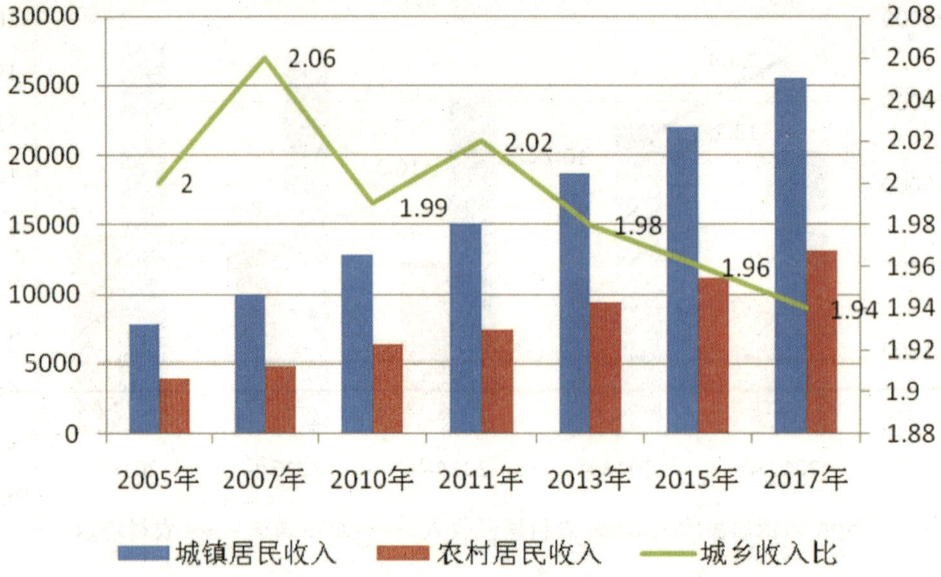

图5　青铜峡市城乡居民收入差距情况

四、城乡居民收入离“全面小康”目标越来越近

(一)2017年青铜峡市城镇居民收入翻番目标实现程度为99.2%,离目标越来越近。

实现2020年比2010年收入翻番目标,青铜峡市城镇居民人均可支配收入达到25748元,按照2010年不变价格计算,到2017年青铜峡市城镇居民收入翻番目标实现程度为99.2%。从2017年城镇居民人均可支配收入8.1%的增速来看,完成翻番目标毫无压力。

(二)2017年青铜峡市农村居民收入提前实现收入翻番目标。

实现2020年比2010年收入翻番目标,按照2010年不变价格计算,2020年青铜峡市农村居民人均可支配收入达到12928元,而2017年青铜峡市农村居民人均可支配收入已达到13135元,超目标207元,提前实现收入翻番目标。

执笔人:张玮

固原市60年城乡居民收入巨变

六十年风雨兼程，一甲子辉煌巨变，自自治区成立60周年以来，尤其是改革开放40年以来，固原这方“贫瘠”甲天下的地区，在党的领导关怀下，在各族群众的不懈努力下，城乡基础设施建设全面加强，经济结构不断优化，经济实力显著增强，生态环境明显改善，城乡居民收入持续提高，民生改变日新月异，不断实现着新的跨越。

一、城乡居民收入阶梯形增速提高

纵观固原市城乡居民收入60年来的变化历程，大体上经历了5个不同时期，呈现出阶梯形增速提高。

（一）曲折徘徊时期（1978年之前）。

在十一届三中全会召开之前，固原地区城乡居民收入一直在一个较低的水平曲折徘徊发展。中华人民共和国成立之初，固原地区农业基础薄弱，经济建设发展缓慢，一方面要努力摆脱靠天吃饭的农业生产状态，一方面要克服生产生活资料的匮乏来发展经济，城乡居民收入微薄。到1978年，城镇居民人均收入162元，农村居民人均收入只有49元。

单位：元/人

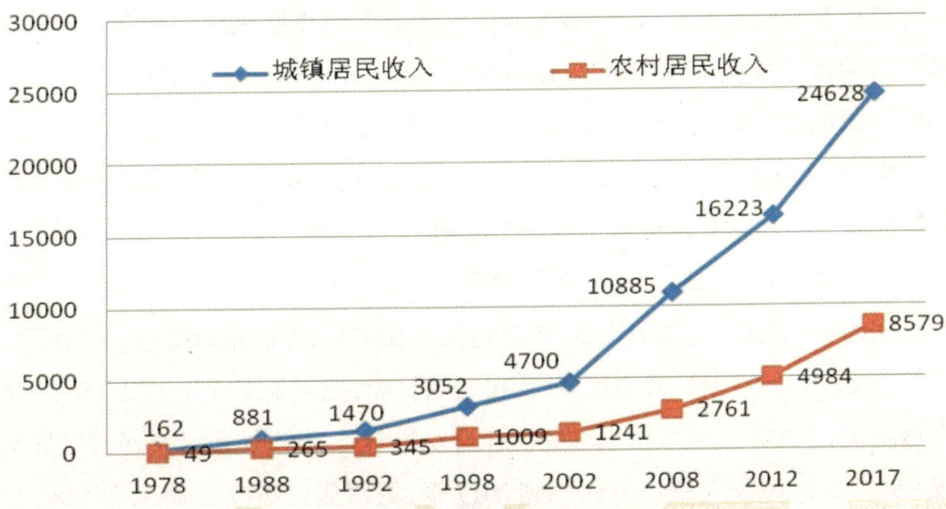

图1　主要年份固原市城乡居民收入情况

（二）恢复发展时期（1979—1992年）。

十一届三中全会以后，党坚持经济建设工作为中心，实行联产承包责任制，有计划的改造中低产田，积极发展第三产业，城市居民工资体制不断变革，尤其是1983年中央开始加强对“三西”地区的扶持开发和1985年国家对机关事业单位、国有企业实行“劳酬结合，职责相符”的工资结构改革，这些举措都为城乡居民收入水平的提高奠定了基础，城乡居民收入增长明显。到1992年，城镇居民人均可支配收入1470元，比1978年增加1308元，增长8.1倍；比1985年增加834元，增长1.3倍，年均增长12.7%。农村居民人均可支配收入345元，比1978年增加296元，增长6.0倍；比1985年增长66.3%，年均增长7.5%。

（三）提速发展时期（1993—2002年）。

固原地区这一时期主要以实施扶贫开发、深化社会主义市场经济改革为主，调整优化农业农村经济结构，加快发展工业经济和非公有制经济，城乡居民收入稳定增长，于1999年基本解决了山区广大人民群众的温饱问题。到2002年，城镇居民人均可支配收入4700元，比1992年增加3231元，增长2.2倍，年均增长12.3%；农村居民人均可支配收入1241元，比1992年增加896元，增长2.6倍，年均增长13.6%，城乡居民收入自2001年开始步入“一年更比一年好”的持续增长阶段。

（四）快速发展时期（2003—2012年）。

固原地区以2002年撤地设市、自治区第三次固原工作会议、西部大开发等机遇为契机，认真贯彻党的十六大、十七大精神，出台一系列惠民政策和措施，不断提高城镇居民工资水平，努力推进农业产业化进程，着力培育劳务、草畜、马铃薯和旅游四大支柱产业，城乡居民收入取得历史性突破。到2012年，城镇居民人均可支配收入16223元，比2002年增加11523元，增长2.5倍，年均增长13.2%，城镇居民可支配收入于2008年突破1万元大关；农村居民人均可支配收入4984元，比2002年增加3743元，增长3.0倍，年均增长14.9%，成为60年来城乡居民收入年均增长速度最快的一个时期。

（五）稳定发展时期（2013—2017年）。

党的十八大以来，固原市委、市政府统筹稳增长，促改革，调结构，惠民生，围绕经济繁荣、民族团结、环境优美、人民富裕目标，把握生态优先、富民为本、绿色发展定位，坚持以脱贫攻坚统领经济社会发展全局，促进城乡社会经济又好又快发展，城乡居民收入稳定增长。到2017年，城镇居民可支配收入24628元，比2012年增加8405元，增长51.8%，年均增长8.7%；农村居民可支配收入8579元，比2012年增加3595元，增长72.1%，年均增长11.5%。

二、城镇居民收入结构变化显著

（一）工资性收入增加迅速。

2017年固原市城镇居民工资性收入18468元，比1987年的788元增长22.4倍，2017年工资性收入占到可支配收入的75.0%，工资收入的翻番增长，充分体现了城镇居民收入的显著提高。

（二）城镇收入结构日趋合理。

2017年固原市非工资性收入占比由1987年的11.7%上升了13.3个百分点，上升到25.0%。工资性收入在家庭总收入中的比重明显下降，表明个体经营收入、家庭财产收入和转移性收入逐渐成为城镇收入的重要组成部分，城镇居民收入结构日趋稳定合理。

（三）城镇收入来源日益拓宽。

2017年的城镇人均财产收入达到885元，比1988年的人均3元增加882元；人均转移性收入达到3053元，比1988年的人均111元增长26.6倍。收入来源渠道的日益拓展表明城镇收入理财方式由以储蓄为主转变为以投资、资产增值等为主的收入格局，人民群众的"钱袋子"越来越鼓。

（四）城镇就业不断增长。

2017年城镇常住人口就业面达到41.3%，户均就业人口1.4人，每一位就业者负担人数从2001年的2.49人下降到2017年的2.42人。可以看出随着城镇经济的逐年发展，城镇居民就业渠道不断拓宽，尤其是大众创业的社会氛围的形成，更促进了城镇就业的增长。

三、农村居民收入结构多元化发展

（一）劳务收入成为农民增收的支柱产业。

从20世纪80年代末开始，固原市就坚持把劳务输出作为有效转移劳动力和提高农民收入的重要举措来抓。2017年固原市转移就业人数达到32.0万人，转移就业收入61.4亿元，人均转移就业收入1.9万元，转移就业收入占到农民可支配收入的43.6%。外出务工方式也由个别、零散外出转变为政府组织为主、中介组织和劳务经纪人为辅，闽宁、宁新、长三角等区域重点用工企业劳务协作为主、开展"订单式""定向式"培训为主的新型外出务工方式。农民外出务工方式由短期型到常年型，体力型向技能型，分散型向规模型不断转变，工资性收入有了质的转变。2017年固原市农民人均劳务收入3741元，比1990年的44元增加了3697元，增长84.0倍，劳务收入占出收入的比重比1990年提高了31.1个百分点，对农民收入增长的贡献率达到57.0%。

（二）家庭经营收入结构多样化。

虽然农户家庭经营收入在农民收入中的比重呈逐年下降趋势，但是经营收入的来源越来越“丰富多彩”。一是农牧业收入随着农业生产条件的逐年改善、农业技术和农业投入的不断增加，农产品产量和畜牧业出栏大幅提高。2017年人均粮食产量617.9公斤，比1990年增长1.3倍；2017年畜牧业牛存栏44.8万头，出栏32.5万头，羊存栏94.4万只，出栏114.3万只，猪存栏14.0万头，出栏18.5万头，比1990年牛、羊、猪存栏同比分别增长8.3倍、4.2倍和2.7倍，出栏分别增长79.9倍、17.1倍和5.0倍。随着畜产品养殖规模化、商品化的发展程度不断增强，畜产品价格上涨和需求量增长，尤其是肉牛养殖的巨大的变化，使牧业收入成为推动固原市农民收入增长的重要因素，2017年固原市农民人均农牧业收入2870元，比1990年增加2821元，增长57.8倍。二是第二和第三产业逐渐成为农民增收的新亮点。随着农村基础设施的不断完善、农村经济的不断发展和物流、电商等政府惠农政策的陆续出台，给农村第二和第三产业的发展提供了良好机遇，农民从事第二和第三产业人数增多，尤其是交通运输业、服务业和住宿餐饮业发展迅速，从业人员增多，促进农民收入增长。2017年固原市农民人均第二和第三产业收入652元，比1990年增加604元，增长12.5倍。

（三）转移性收入惠民作用明显。

固原市自80年代以来一直坚持因地制宜、种草种树、改善山区环境的工作理念，到2017年末，森林覆盖率达到25.1%，生态环境持续改善，农村养老、低保标准逐年提升，扶贫力度不断增强，农民转移性收入中的退耕还林、社会保障、扶贫补助等收入对农民增收的作用不断提高。2017年固原市农民人均转移性收入1360元，比1990年增加1325元，增长43.1倍，年均增长14.9%，是农民可支配收入四大项中增长速度最快的。

（四）扶贫效果显著，贫困人口保障增强。

随着农村经济的发展和农民收入的不断提高，固原市脱贫攻坚举措更实，对贫困人口扶持更足，从基础设施建设、产业、金融、异地搬迁、教育、医疗等各个方面帮助和保障贫困户脱贫奔小康。截至2017年底，固原市村道通路率95%，自来水入户率94.5%，为7.9万贫困户贷款33.8亿元，户均4.3万元，覆盖率80.1%，“扶贫保”实现贫困人口全覆盖。2017年投入扶贫资金5.6亿元，每户建档立卡户户均投入扶贫资金2978元，相当于2017年农民人均纯收入的34.7%。2017年固原市建档立卡户18.8万，比2002年贫困人口减少45.1万人，贫困发生率为8%，比2002年降低了13个百分点。

执笔人：徐亮

原州区城乡居民收入变化显著

自治区成立60年来，特别是改革开放40年以来，原州区经济发生了翻天覆地的变化，城乡居民收入显著提升，离实现全面建成小康社会的奋斗目标越来越近。

一、城乡居民收入变化显著

居民收入水平是衡量居民贫富程度的标识，决定着人们的生活质量。随着改革开放的不断推进，经济社会的不断发展，促使原州区城乡居民收入呈逐年增长趋势。2017年原州区城镇居民人均可支配收入达到26258元，比1997年增长8.0倍，比2007年增长1.5倍，年均增长11.6%。

改革开放以来，农业和农村经济快速发展，农民人均可支配收入不断增长。2017年原州区农村居民人均可支配收入达到8961元，比1997年增长9.1倍，年均增长12.3%。

随着脱贫攻坚战的打响，各级政府不断出台惠民政策，极大地提升了农村居民收入水平，城乡收入差距不断缩小。2007年城乡收入水平比为4.4:1，2017年缩小到2.9:1。

二、原州区城镇居民收入呈现四个主要特点

（一）工资性收入成为城镇居民收入的主力军。

改革开放40年来，国家先后多次调整行政机关事业单位工资，国家公务员工资改革政策兑现并补发了工资，使得机关事业单位人员收入明显提高。1997年原州区城镇居民人均可支配收入为2907元，其中工资性收入为2139元，占可支配收入的比重为73.6%；2007年城镇居民人均可支配收入为10605元，其中工资性收入为7009元，占可支配收入的比重为66.1%。2017年城镇居民人均可支配收入为26258元，其中工资性收入为18049元，占可支配收入的比重为68.70%。工资性收入占可支配收入的比重超过一半以上，是城镇居民收入的主力。

（二）经营净收入增长速度较快。

随着改革开放步伐的不断前进，原州区城区面貌发生了巨大变化。1961年，城区南北街道只有4条，东西街道7条，1995-2000年，以县城道路改造为突破口，以排水建设为重点的市政工程建设步伐加快。2010年之后的小西湖公园改造、古雁岭公园、人民广场等基础设施的完善和建设，旧城改造、海绵城市建设等极大地促进了餐饮、批发零售、出租车、建筑装潢等行业的快速发展，个体户收入和从业者稳步增加。1997年原州区城镇个体经营者净收益只有137元，到2007年经营净收入为982元，2017年达到2436元。2017年比1997年增加了2299元，增长16.7倍，年均增长15.5%。

（三）转移净收入增幅较大。

近些年，各级政府不断完善社会保障制度，制定出台各种惠民政策，切实提高了离退休人员和低收入群体的收入水平。2017年城镇居民人均转移净收入为4575元，比2007年增加了2561元，增长1.3倍，比1997年增加了4088元，增长8.4倍。2017年养老金收入和最低生活保障收入分别为5737元和369元，比2007年分别增加4226和305元。转移净收入的不断提高，使得离退休人员和低收入群体生活得到显著改善。

（四）财产净收入强势增长。

随着市场经济的不断发展，资本市场日趋活跃，股票、基金等成为居民投资理财的主要渠道，同时随着移动支付的快速发展，涌现出大量适合年轻人的快速理财产品，年轻人也加入了理财大军。伴随着子女进城上学、旧城改造等城镇房屋出租已然成为城镇居民的主要投资手段，城镇居民财产净收入快速上涨。1997年城镇居民人均财产净收入只有143元，2007年为599元，2017年为1197元。2017年比1997年增加1054元，增长7.4倍，年均增长速度为11.2%。

三、农村居民收入呈现三个主要特点

（一）工资性收入逐渐成为农村居民收入的主力。

改革开放初期，农村居民的工资性收入几乎没有。随着改革开放的不断深入，城镇化进程的快速发展，一个庞大的农民工群体应运而生。农民纷纷走出家门，借着改革开放的春风，寻找农业以外的收入，特别是20世纪90年代初期的赴闽打工潮，赴疆打工潮，使得劳务收入逐渐成为农民致富的方式之一。据原州区寨科乡村民丁某回忆，1998年自己有幸成为寨科乡第一批去福建打工的农民工，在工地干活每天收入15—16元，总共打工2.5个月，打工收入1000多元，那年由

于粮食减产，农业收入不足3000元，打工收入成为家庭收入的又一来源。1997年农民人均可支配收入887元，其中劳动者报酬收入211元，占比为23.8%；2007年农民人均可支配收入为2438元，其中工资性收入为1080元，占比为44.3%；2017年农民人均可支配收入为8961元，其中工资性收入为4088元，占比为45.6%。务工收入在农民总收入中的比重在逐渐增大，对农民收入的拉动效果逐渐显现。

（二）家庭经营收入结构发生变化。

随着社会经济的发展，农民的生产方式也发生了变化，从以粮食种植业为主向畜牧养殖、经济林业、特色种植方面发展。原州区蔡川村海某介绍，90年代，自家收入主要以种地为主，由于劳力少，家庭很困难，现在除了种地，还养殖肉牛，同时还有5亩的红梅杏，光红梅杏的收入每年都能达到1万元左右。1997年农民人均家庭经营净收入为656元，其中种植业收入为471元，占比为72.0%，牧业收入为88元，占比为13.5%；2007年农民人均家庭经营净收入为1098元，其中农业收入538元，占比为49.0%，牧业收入为356元，占比为32.4%；2017年农民人均经营净收入为3296元，其中农业收入为698元，占比为21.0%，牧业收入为1644元，占比为50.0%。种植业收入占家庭经营收入的比重在逐步下降，由1997年的72.0%下降到2017年的21.0%；牧业收入占家庭经营收入的比重逐步上升，由1997年的13.5%上升到2017年的50.0%，农村产业结构发生变化，农民收入逐渐多元化。

（三）转移净收入发展迅速。

随着西部大开发、脱贫攻坚等国家战略的不断推进，国家对西部贫困地区的扶贫力度不断加大。特别是“十八大”以来，脱贫攻坚战全面打响，政府不断出台各种惠农支农政策，固原市作为宁夏脱贫攻坚的主战场，更是受到各方的大力支持。同时农村最低生活保障收入、农村居民养老收入都有较大幅度上涨。各种利好政策促使农民转移性收入快速增长，1997年转移及财产净收入总计才18.1元，2007年转移净收入为249元，到2017年为1533元，2007到2017年，转移净收入年均增长速度为19.9%。

《礼记·礼运篇》中道“故人不独亲其亲，不独子其子。使老有所终，壮有所用，幼有所长，鳏寡孤独废疾者，皆有所养”的大同社会，在中国特色社会主义进入新时代的前提下更是我们应该追求的最高境界，社会的迅猛发展，人民生活水平的不断提高，加速了新时代的到来和大同社会的实现。

执笔人：丁丽虹

西吉县城乡居民收入发生巨大变化

宁夏回族自治区成立60年以来，西吉县城乡居民面貌发生了翻天覆地的变化，特别是改革开放40年来，城乡社会经济及基础设施建设突飞猛进，城乡发展布局日趋合理，城乡居民生活水平、生活环境有了根本性的改善。党的十八大以来，西吉县委、政府主动适应新常态，抓机遇、破瓶颈，抓基础、补短板，抓脱贫、促发展，着力改善民生，把促进居民收入快速增长和提高居民生活消费质量水平放在全县工作的突出位置，不断完善政策措施，加大财政投入，千方百计减轻居民负担，努力促进增收。

一、全县经济总量持续增加

宁夏回族自治区成立以来，西吉县经济实力显著增强。1993年地区生产总值1.5亿元，到2005年增加到10.3亿元，2010年增加到24.8亿元，到2017年实现地区生产总值61.5亿元，是1993年的41倍，年均现价增长16.7%。

单位：亿元

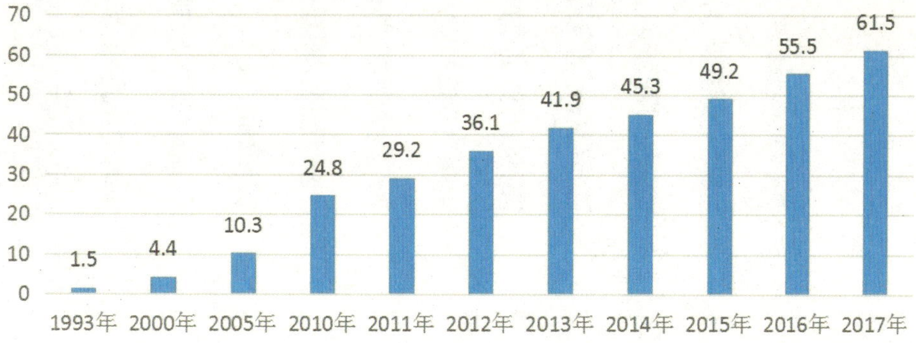

图1　1993—2017年西吉县地区生产总值

二、农村居民收入显著提高

自治区成立60年以来，西吉县农村发生了一系列深刻的变化。中华人民共和国成立之初，农民人均可支配收入仅为42元。经历了轰轰烈烈的土地改革、农村经济体制改革，农民从极度贫困到获得了土地当家做主再到迈向小康生活，极大地激发了广大农民生产的积极性和向往美好生活的热情，国民经济总体实力明显增强，农民生活水平显著提高，贫困状况大为改善。

(一)改革开放后增长最快。

纵观60年来西吉农民收入变化历程，改革开放以来，农民得到的实惠最多，收入增长最快。

1. 1958—1978年：徘徊不前阶段。1959年，宁夏回族自治区刚刚成立，西吉县农民人均可支配只有35元，经过解放初期的土地改革运动，农民生产积极性得以调动，农业生产得到恢复和发展。随着生产发展，收入增加，1965年全县农民人均可支配收入达到61元，与1959年相比，增加26元，增长74.3%。但从1966年开始，受极左思想的错误影响，加之体制弊端日益显现，挫伤了农民的生产积极性，使农民收入长期徘徊在35元左右，粮食消费主要靠国家返销，农民收入消费水平持续低迷。

单位：元/人

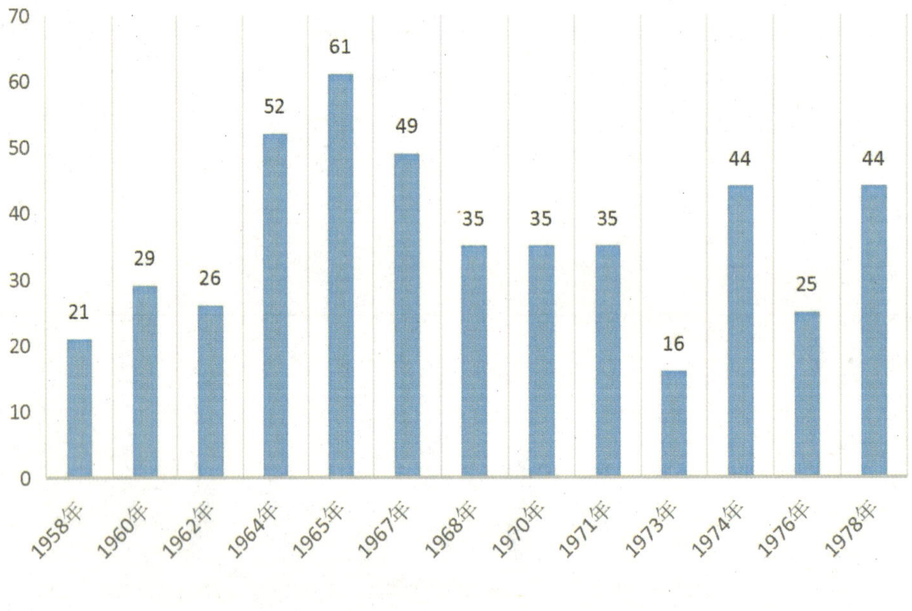

图2　1958—1978年西吉县农民人均可支配收入

2. 1978—1984年：快速增长阶段。十一届三中全会以后，农村经济体制的改革，联产承包责任制的实行较大幅度地提高了农副产品收购价格，极大地调动了农民生产生活的积极性。随着改革开放的不断深入，全县的农村经济实力不断壮大，农民收入显著提高，由1978年的44元增加到1984年的227元，年均增长31.5%。

3. 1985—2002年：跨越式增长阶段。以十二届三中全会为标志，经济体制改革全面展开，初步奠定了市场经济运行机制的基础。随后以邓小平同志南方谈话和十四大召开为标志，确定了全面建设中国特色社会主义市场经济体系的理论。在这一理论的指导下，为农村剩余劳动力的转移提供了契机，大批的剩余劳动力向第二、第三产业转移，这一时期的农村经济得到了全面发展，农民收入获得了高速增长。随后受2000年的自然灾害影响以及乡村企业发展受经济大环境的影响遇到瓶颈制约，农民收入增速放缓。但总体来看，这一阶段农民收入实现了跨越式增长。2002年农民人均可支配收入为1192元，比1984年的227元增加965元，增长了4.3倍，年均增长9.7%。

单位：元/人

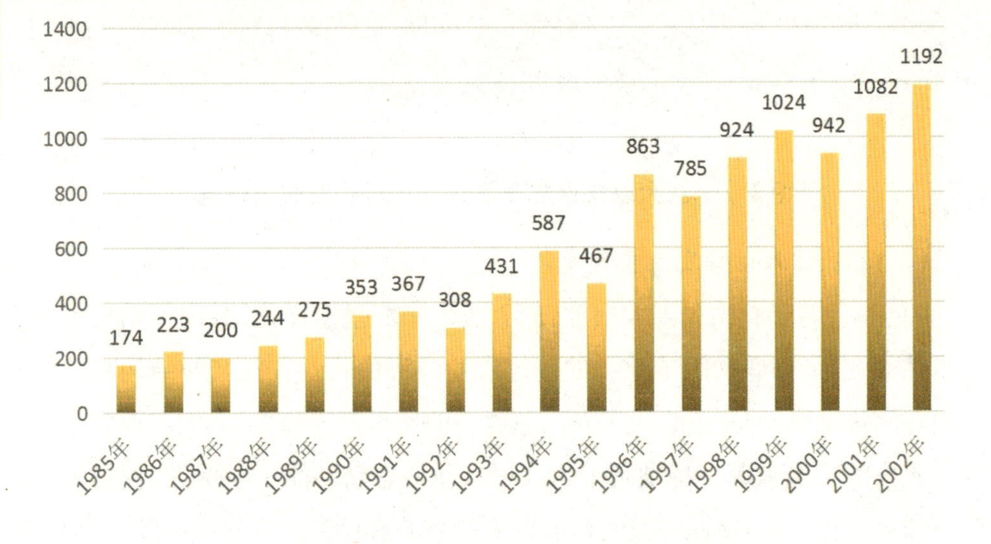

图3　1985—2002年西吉县农民人均可支配收入

4. 2003—2011年：持续增长阶段。2004年以来，中央出台了减免农业税费、粮食直补、农机补贴、加大农业基础设施投入力度等一系列鼓励和扶持农业生产、增加农民收入的政策。西吉县紧紧抓住这个发展机遇，加大对农业的投入，给农村注入了新的生机和活力，马铃薯产业、草畜产业和劳务经济开始快速发展，农民收入增速迅速回升。2003年西吉农民人均可支配收入1320元，2011年增加到4195元，比2003年增长2.2倍，年均增长15.5%。

5. 2012—2017年：稳步增长阶段，增速放缓。党的十八大以来的五年，是农民收入增长进程中极不平凡的五年，从中央到地方，各级党委政府一直把调结构、转方式，寻找农民增收新动能作为“三农”工作的重中之重，农民收入保持了稳中有进、稳中有新的良好态势。这五年来，西吉县政府始终把扶贫开发作为加快经济社会发展和增进民生福祉的关键之举，2017年，西吉农村居民人均可支配收入8401元，比2012年增加3535元，增长72.6%，年均增长18.9%。

单位：元/人、%

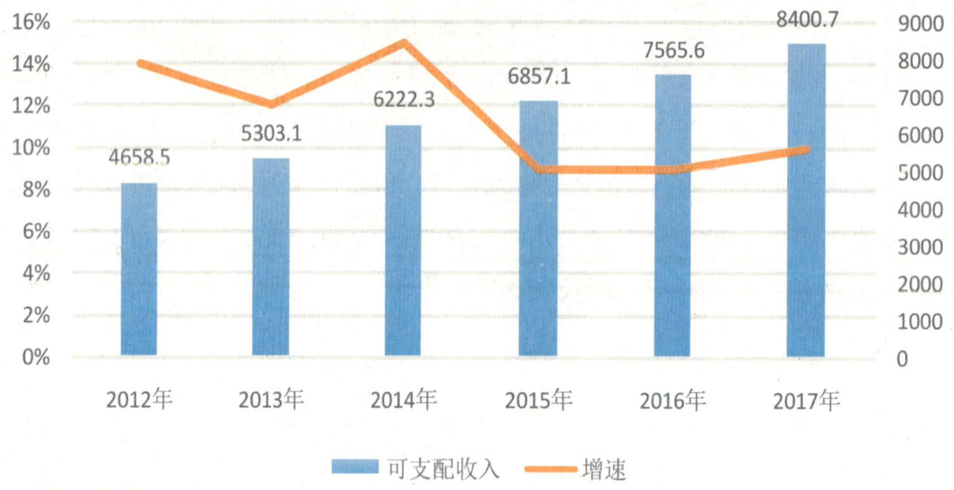

图4　十八大以来西吉县农民人均可支配收入情况

（二）农民收入结构发生重大变化。

60年来，随着农民收入大幅度提高，收入来源呈多样化，其内部结构也发生根本性的变化，彻底摆脱了单一的传统农业经济模式。农村产业结构趋向合理并向多元化发展，种植业收入占农民总收入的比重逐渐降低，非农产业收入成为农民收入的重要来源。特别是十八大以来新业态新动能不断增强，农民收入来源更加多元化。以乡村旅游、农村电商为代表的农村新产业新业态蓬勃兴起，各类新型经营主体大批涌现，返乡下乡创业成为新的热潮。

1. 生产经营收入比重不断上升。60年以来，农民生产经营收入构成发生深刻变化，尤其是改革开放以来，中央先后发布20个“一号文件”，为“三农”全面发展立下汗马功劳。第一产业收入比重下降，第二、第三产业收入比重上升；在第一产业收入中，种植业收入比重下降，牧业收入比重上升。2017年西吉县农民人均第一产业收入为3505元，占生产经营收入的比重由1983年的93.7%下降为88.3%；2017年第二、第三产业收入为465元，比2005年增长5.5倍，所占比重为11.7%，比重不断上升。随着农村产业结构的调整，农业生产全面增长，农业内部构成变化比较突出。2017年与1983年比较，农民人均种植业收入大幅度增长，占生产经营收入的比重由81.2%下降为56.2%；2017年牧业收入1252元，是1983年的70.7倍，占生产经营收入的比重由9.1%上升为31.5%。

2. 劳务收入快速增长。改革开放后随着农村经济体制改革的深入和全国经济迅猛发展，为农民外出务工创造了良好环境，尤其是十八大以来，农民务工收入持续快速增长。2017年西吉县农民人均工资性收入达到3120元，比2005年的579元增长4.3倍，比1990年的49元增长62.7倍。2017年到1990年年均增速达到16.6%，比人均可支配收入年均增速还快，工资性收入已经成为农民增加收入的重要来源。

3. 生产商品化货币收入比重上升。随着农村社会化、商品化进程的逐步加快，改变了过去较长时期农村经济自给、半自给状况及以农为主的单一生产结构，农村居民以实物收入为主的状况逐步被货币收入的迅速提高所替代。1981年，西吉县农村居民出售农副产品收入人均仅为17元，占总收入的15.2%。2017年农民全年出售产品收入提高到2019元，比1981年增长117.8倍，占总收入的比重为37.3%，比1981年提高了22.1个百分点。生产商品化进程加快，农民货币化程度提高，可支配能力增强，必将推动农民收入增长方式和消费方式的转变，使农民的生产、生活消费越来越多地纳入到全社会的市场经济循环中来，进而促进农民增收步伐的加快。

4. 转移收入增长迅猛。随着农村社会保障改革的不断健全和完善，种粮不用纳税反而给补贴，国家出台了粮食直补、购置和更新大型农机具补贴、良种补贴等一系列优惠政策，受到农民尤其是种粮农民的普遍欢迎，尤其是十八大以后，农民转移性收入出现了高速增长，2011—2017年间，西吉县农民转移净收入年均增长29.7%，比2005—2011年间4.1%的年均增长率快了25.6个百分点。

三、城镇居民收入大幅增长，收入结构显著变化

宁夏回族自治区成立60年以来，随着社会主义市场经济体制的建立和逐步完善，西吉县城镇居民生活发生了翻天覆地的变化。随着经济的快速增长，西吉县城镇居民收入的大幅提高，从基本消除贫困，正在向全面建设小康社会目标迈进。到2017年城镇居民人均可支配收入达到23240元，比2005年6250元增长2.7倍，年均增长11.6%。

（一）收入水平迅速提高。

党的十八大报告根据我国经济社会发展实际，在党的十六大、十七大确立的全面建设小康社会目标的基础上，提出到2020年实现国内生产总值和城乡居民人均收入比2010年翻一番。西吉县县委、县政府在党中央、国务院、自治区的领导下，带领西吉县人民积极推动经济转型升级，采取稳增长、调结构、惠民生、促就

业等措施，城镇居民收入保持了持续稳定增长态势。

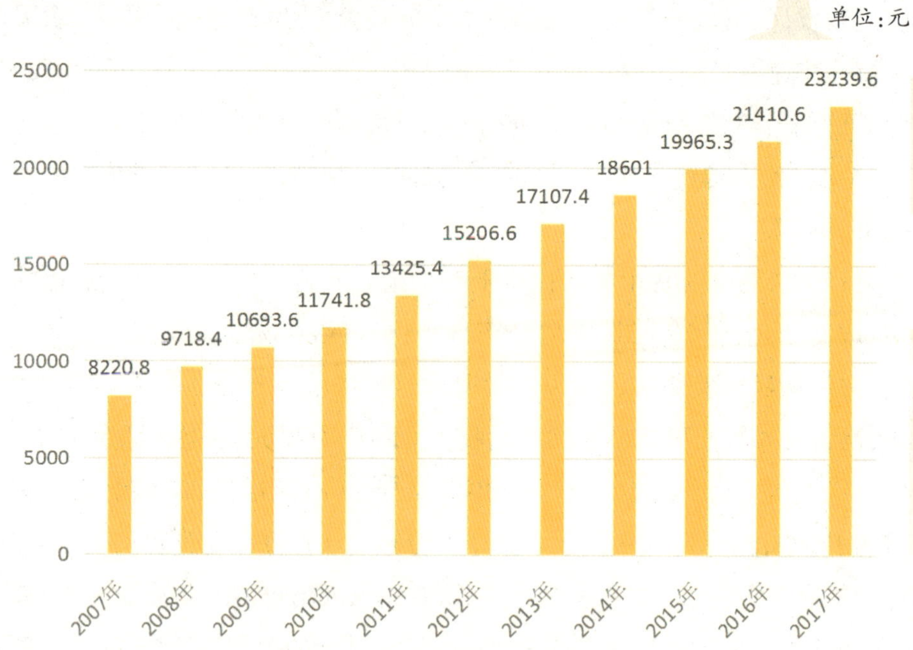

图5　西吉县2007—2017年城镇居民人均可支配收入

（二）工资性收入迅速增加。

改革开放初期，国家对机关、文教卫生、企业当部门部分职工工资进行了调整，提高了工资类别，普遍实行计件工资制和奖励制度，建立起各种津贴制度，较大幅度提高了职工的工资水平。2000年以来，宁夏回族自治区党委、政府贯彻执行国家各项宏观调控政策，以科学发展观统揽全局，紧紧抓住西部大开发的历史机遇，大力发展县域经济，国民经济持续、健康、快速发展，进一步贯彻落实“按劳分配与按生产要素分配结合起来”的分配原则，更好地发挥工资分配的激励功能，更好地调动各类劳动者积极性，西吉县城镇居民人均工资性收入由2005年的5308元增加到2017年的19198元，增长2.6倍，年均增长11.3%。虽然近几年占可支配收入的比重逐年下降，但仍保持在80%以上，仍然是可支配收入的首要来源，也是城镇居民收入增长的主要因素。

（三）收入结构向多元化发展。

从1984年我国经济改革的重心从农村转移到城市以来，国家对收入分配政策进行了较大的调整，从根本上打破了平均主义的分配格局，城镇居民收入多元化的格局逐步形成，居民收入结构发生了根本性的变化。2007年西吉县城镇居民人均工资性收入7733元，到2017年增加到19198元，年均增长9.5%；2007年家庭人均经营收入387元，到2017年增加到2841元，年均增长22.1%；人均转移净收入429.元，到2017年增加到730元，年均增长5.4%。城镇居民收入中，人均财产净收入和经营净收入所占的比重从2007年到2017年提高了将近10个百分点。收入构成的这种变化意味着城镇居民获得收入的手段越来越多。

（四）城市反哺农村，城乡居民收入比逐渐缩小。

改革开放以来，虽然西吉县城乡居民人均收入得到了高速增长，但是城乡收入差距随着市场经济体制的确立和市场竞争的不断加剧而不断扩大。十八大以来，社会发展进入新常态，居民收入稳步增长的同时，“三农”投入持续加大，精准扶贫稳步推进，农民生活水平得到了有效提升，城乡居民收入差距逐年缩小，居民的幸福感显著增强。2005年西吉县城乡居民收入比达3.6，从2012年以后连续下降，2017年城乡居民收入比将至2.8，与2005年相比下降了0.8。

单位：%

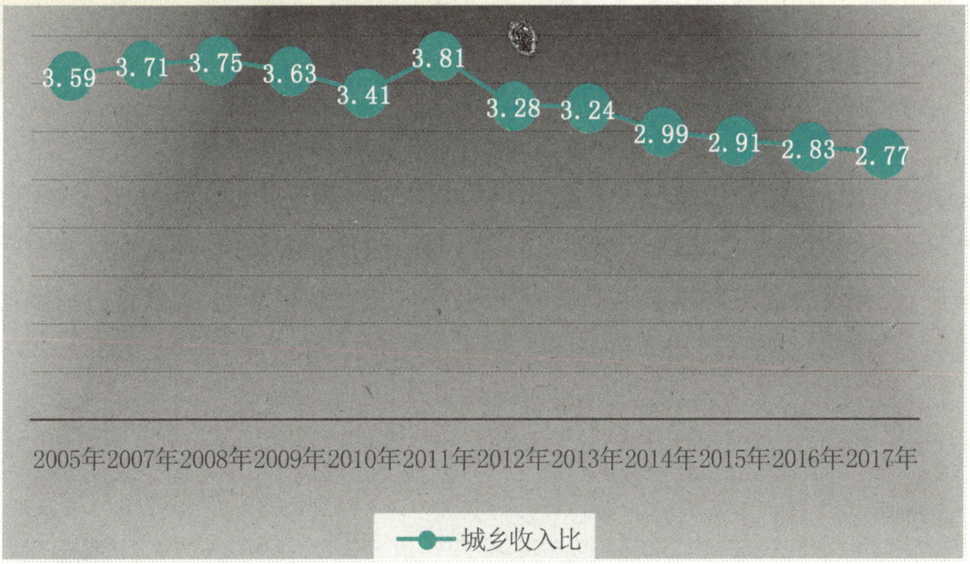

图6　2005—2017年西吉县城乡收入比

执笔人：韩舒伊

从城乡居民收入看隆德县60年巨变

自治区成立60年来，隆德县经济快速发展，城乡居民收入快速增长，生活水平不断提高，城乡面貌发生了翻天覆地的巨变。特别是改革开放以来，城乡进行的一系列经济体制改革，大大解放了生产力，促进城乡经济的快速发展，解决了城乡居民的温饱问题。进入新时代，隆德县城乡居民生活水平显著提高，已进入由温饱转向建设全面小康社会的关键时期。

一、隆德县经济水平不断提升

自治区成立以来，隆德县城乡经济不断发展，县域经济水平提升。从图1可以看出，地区生产总值从1958年的826万元增加到2017年的250126万元，60年间隆德县地方生产总值翻了8番以上，直线上升的柱形，昂扬高歌，标志着改革开放、经济发展的红利越来越丰厚，人民共享的蛋糕越来越大，为隆德县城乡居民收入不断增长打下了坚实基础。

单位：万元

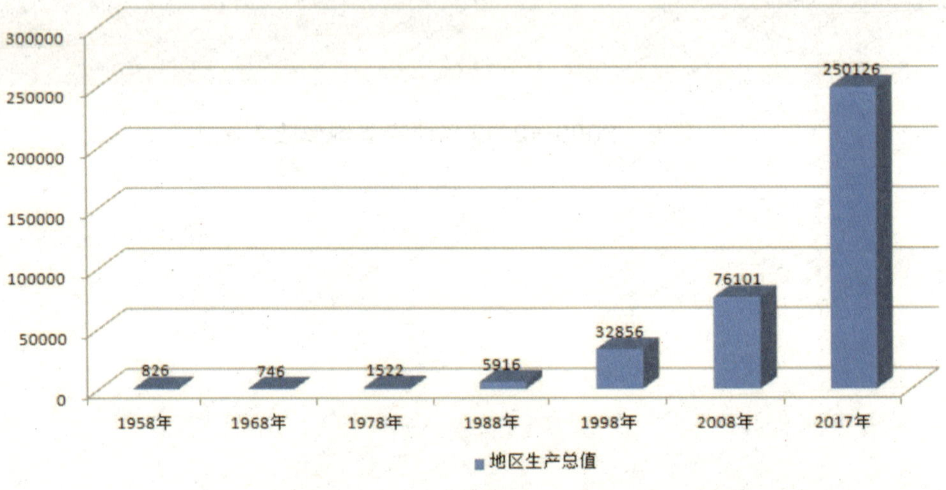

图1　1958—2017年的隆德县地区生产总值

二、城乡居民收入不断增长

（一）1958—1978年缓慢增长阶段。

改革开放之前，隆德县农村居民多从事单纯的农业生产，收入主要来源于计划经济集体分配。由于受各种因素影响，经济发展缓慢，收入增速不高，生活水平较低。1958年隆德县农村居民人均可支配收入仅为23元，到1978年为53元，20年间增加了30元，年均增长4.3%。

（二）1979—1983年高速增长阶段。

这一时期是收入结构单一、农业进入恢复增长时期，农民收入主要来源是农业收入。农村居民可支配收入由1979年的81元增加到1983年的205元，增长1.5倍，年均以26.1%的速度增长。

单位：元/人

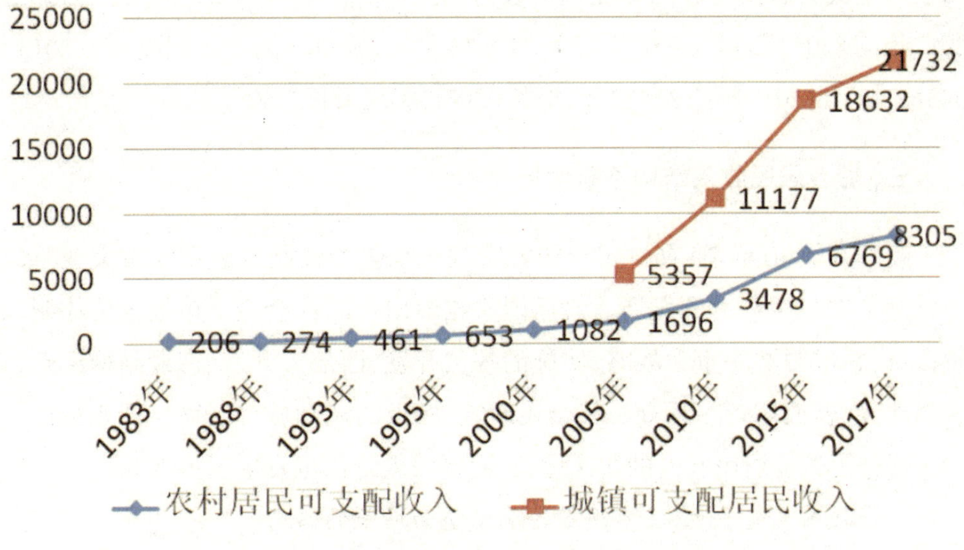

图2　1983—2017隆德县城乡居民可支配收入变化趋势

（三）1984—1994年持续增长阶段。

这一时期是收入结构由单一农业收入向多元化收入转变时期，农民收入呈低水平增长态势。农村居民人均可支配收入也由1984年的183元增加到1994年的645元，增长2.5倍，年均增长13.4%。

（四）1995—1998年快速增长阶段。

这一时期是收入呈现多元化快速增长时期，尤其是生产性收入和非生产性收入得到全面提升。农村居民人均可支配收入突破千元大关，由1995年的653元增加到1998年的1069元，增长0.6倍，年均以17.9%的速度增长。

（五）1999—2004年增速回落阶段。

这一时期收入呈现收入结构多元化、高水平稳定增长特点，收入结构发生重大变化，货币程度大幅提高。农村居民人均可支配收入由1999年的1072元增加到2004年的1502元，增长0.4倍，年均增长7.0%。

（六）2005—2012年快速增长阶段。

这一时期城乡居民收入结构进一步优化，收入渠道呈现多元化，经济发展带动城乡居民收入快速增长。农村居民人均可支配收入由2005年的1696元增加到2012年的4672元，7年间增长1.8倍，年均增长率为15.6%。城镇居民可支配收入由2005年的5357元增加到2012年的14568元，7年间增长1.7倍，年均增长率为15.4%。

（七）2013—2017年高质量增长阶段。

这一时期城乡居民收入增速放缓，由注重速度向注重质量发展转变，第二、第三产业成为居民增收的新亮点。农村居民可支配收入由2013年的5350元到2017年的8305元，增长0.6倍，年均增长11.6%。城镇居民可支配收入由2013年的16214元到2017年的21732元，增长0.3倍，年均增长7.6%。

三、城乡居民收入结构不断优化

改革开放40年来，农村实行的家庭联产承包责任制经营制度重大变革，有力推动了农村生产力的发展。之后国家相继出台的社会主义市场经济体制、赋税改革、精准脱贫等重大战略，实施的扶贫开发、西部大开发、产业结构调整、新农村建设、营改增等一系列惠民富民政策，极大的调动城乡居民生产积极性，有力地促进了城乡居民收入的快速增长，而且收入结构也发生了重大变化。

（一）收入渠道多元化，实现多轮驱动全面增长的格局。

1978年农民收入85.6%来自于种植业收入，20世纪80年代后期到90年代，农民收入由单一的种植业发展到劳务收入、农牧业、家庭经营第二、第三产业、转移性等多项收入来源。尤其是20世纪90年代中期以来，农民收入结构发生重大变化，非农产业收入成为农民收入的主要来源。1983年农业经营性收入占到农民可支配收入的71.1%，比1978年降低了28.9个百分点。2017年第一产业收入占到可支配收入的15.5%，分别比1978年和1983年降了84.5和55.6个百分点。2017年隆德县农村居民人均非农收入达到5953元，比1983年的88元增长了66.6倍，年均以13.2%的速度增长，所占比重由1983年的24.0%提升到2017年的71.7%，提高了47.7个百分点。

（二）劳务收入快速增长，成为城乡居民增收的主力军。

长期以来，隆德县县委、县政府把劳务输出当作增加农民收入的铁杆庄稼来抓，成为扩大就业、增加收入、脱贫致富的亮点工程。2017年隆德县农村居民人均工资性收入达到3455元，比1983年的43元增加了3412元，增长79.3倍，年均以13.8%的速度增长。工资性收入占可支配收入的比重也由1983年的21.7%提升到2017年的42.7%，增加了21个百分点。2017年隆德县城镇居民人均工资性收入达到18408元，较2005年的3785增加了14623元，增长3.9倍。工资性收入占可支配收入的比重也由2005年的40.5%提升到了2017年的84.7%，增长44.2个百分点。从中可以看出，工资性收入已是隆德县城乡居民收入的主要来源。

（三）转移性收入是城乡居民增收亮点。

隆德县地处贫瘠甲天下的西海固，是国家扶贫的重点区域。从"三西"扶贫到六盘山连片贫困区攻坚再到精准扶贫精准脱贫工作，转移性支付对隆德县城乡居民增收发挥了重要作用。2017年隆德县农村居民转移性收入分别达到1728元，比1983年的32元增加了1696元，年均以12.4%的速度增长，增长53.0倍。占可支配收入的比重也由1983年的15.8%提高到2017年的20.8%。2017年隆德县城镇居民人均转移性净收入达到1672元，较2005年的1307元增加了365元，年均增长2.1%。

（四）家庭经营第二、第三产收入水平低，但增速高。

改革开放以来，农民收入结构向多元化发展，工业、运输业、批零贸易服务业有了快速发展，拓宽了农民收入来源，家庭经营性第二、第三产业成为农民收入的重要组成部分。2017年农村居民人均第二、第三产业净收入达到724元，比1983年的7元增加717元，增长102.4倍，年均以14.6%的速度增长。2017年隆德县城镇居民人均第二、第三产业净收入达到1129元，比2005年的462元增加667元，增长1.4倍。

回顾自治区成立60年，尤其是改革开放40年，隆德县城乡发生了巨大变化，城乡居民收入快速增长，生活水平显著提高，这得益于党和国家发展改革带来的巨大福祉和实惠，得益于隆德人民艰苦奋斗取得的巨大成就。但也必须认识到隆德县与川区、全国的差距，收入增速放缓、增速渠道狭窄、差距扩大、城乡地域差距等问题成为居民增收瓶颈，需要突破。展望未来，应立足我国主要矛盾转化为人民对美好生活向往和发展不充分不平衡的变化，创造美好生活，增加民生福祉，与全区全国2020年同步进入小康社会努力奋斗。

执笔人：白晶辉、王强

泾源县农民收入与生活消费巨变

自治区成立60年来，特别是改革开放以来，在中国共产党的正确领导下，在各项民生政策的惠及下，泾源县各族人民团结一心、艰苦奋斗、务实苦干，经济发展取得了巨大成就，民生得到前所未有的改善，农民收入和生活消费发生了翻天覆地的巨变。

一、农民收入大幅增加

泾源县农民收入的增加可谓是翻天覆地，2017年农村居民人均可支配收入达到7842元，较1982年的108元，增长72.5倍。收入的增长经历了不同阶段，结构发生了巨大变化。

（一）泾源县农民收入历史回顾。

1958年自治区成立至1977年改革开放前。生产收入主要来源于集体分配，加上“文化大革命”“大跃进”“三年自然灾害”等因素，农村经济发展缓慢，农民收入偏低，徘徊在温饱线上。

1978年改革开放至1987年10年间收入起伏波动较大。1986年、1987年两个年份收入同比下降。1987年农村居民人均可支配收入150元，同比下降9.4%。

1988至1997年10年间收入高速增长。1997年农民人均可支配收入734元，较1988年增长3.1倍，年均增长17.1%。

1998至2007年10年间收入稳步增长。1998年农村居民人均可支配收入为812元，2007年农村居民人均可支配收入2167元，较1998年增长1.7倍，年均增长11.5%。

2008至2017年10年间收入快速增长。2017年农民人均可支配收入7842元，较2008年增长2.1倍，年均增长13.3%。

（二）收入结构变化。

改革开放以来，泾源县农民收入结构发生了较大变化，由原来的农业为主，转变为收入多元化。

1. 工资性收入比重不断增加，成为农民增收的重要来源。随着农业结构调整、生产力不断提高，农民外出就业人数不断增加，工资性收入快速增长。2017年农村居民人均工资性收入达到3449元，占可支配收入的比重为43.9%，比1997年的33.2%，提高了10.7个百分点。

2. 家庭经营收入大幅增长、比重下降。改革开放前，农民主要收入来源于生产经营，随着农业结构调整，农村经济不断发展，农民生产经营收入大幅提高，占收入比重不断下降。2017年农村居民人均家庭经营净收入3366元，比1987年的130元增长了24.9倍，但是占收入的比重为42.9%，比1987年的86.5%下降了43.6个百分点。

3. 财产和转移性收入大幅增加、比重提高。得益于党和政府对民生的大力投入，泾源县农村居民2017年人均财产和转移净收入1027元，比1987年的15元增长了67.5倍。占收入的比重由1987年的10.1%，提高到2017年的13.1%。

4. 收入的货币化程度大幅提高。随着市场经济的快速发展，农民收入实物部分占比减少，现金收入占比大幅提高。2017年农村居民人均可支配收入中现金收入达7655元，占收入比重达97.6%，比1987年的53.3%提高了44.3个百分点，农村居民可供生活消费的现金占比大幅增加，为改善生活提供了更多可能性。

5. 农村居民收入差距逐渐减小。1987年、1997年、2007年、2017年这四个年份，全区农村居民人均可支配收入分别是泾源县农村居民收入的2.5倍、2.3倍、1.6倍、1.4倍。可见30年来，泾源县农民与全区农民收入间的差距在逐渐减小，朝着共同富裕的方向发展。

（三）农民增收的因素

泾源县农民收入大幅增长，主要得益于以下几个因素：

1. 党的领导是根本保证。在中国共产党的坚强领导下，中国获得了和平发展的机会。党及时纠正了“文化大革命”“大跃进”等极左路线，作出了以经济建设为中心，坚持改革开放的英明决策。把工作重心转移到经济建设上来，极大地调动了农民生产积极性。中国共产党始终坚持把人民放在最高位置，把实现好、维护好、发展好最广大人民根本利益作为衡量一切工作得失的根本标准，出台实施了大量惠及百姓、惠及民生的国家战略和政策，是农民增收的根本保证。

2. 生产力提高、农民辛勤劳动是基础。随着经济社会不断发展，科学技术的进步不断运用在生产当中，劳动者素质不断提升，生产力得到大幅提高。从生产性固定资产来看，2017泾源县农村居民人均生产性固定资产5344元，比1987年的35元增长151.7倍。2017年泾源县农村就业劳动力中文盲或半文盲比例为

24.8%，比1987年的82.9%，下降58.1个百分点。生产力大幅提升的同时，泾源县农民在中国共产党的领导下团结一心、艰苦奋斗，为了美好生活辛勤劳动，这些都是收入增加的基础。

3. 社会主义市场经济优势得到充分发挥。社会主义市场经济是中国共产党的理论创新，是社会主义经济体制的一次重大变革。社会主义市场经济以稳中求进为工作总基调，坚持以人民为中心的发展思想，坚持使市场在资源配置中起决定性作用、更好发挥政府作用，坚持适应我国经济发展主要矛盾变化完善宏观调控。我国经济发展取得了举世瞩目的成就，为农民增收奠定了坚实基础。

4. 城镇化促进农民增收。经过城镇化的不断发展，农业向着第二、第三产业转变，农村逐渐向城镇转变，农民逐渐向着市民转变，产业结构转变带动农民增收。改革开放之初，泾源县农民收入中家庭经营收入占的比重超过八成，随着城镇化的不断推进，农民由乡村向城镇转移，工资性收入快速增加，可见城镇化对农民增收的促进作用。

二、农民生活消费大幅提高

自治区成立初期，农村经济主要是集体经济，泾源县农民生活水平低，生活消费的需求停留在吃饱、穿暖、有地方住等基本需求上。随着收入的不断增长，泾源县农生活不断得到改善，生活消费大幅提高。2017年农民人均生活消费支出7031元，比1987年的134元增长51.5倍。农民生活消费更加注重质量，在物质消费的基础上，非物质消费快速增加。

（一）膳食结构大幅优化。

2017年农民人均食品烟酒支出2212元，比1987年的94元增长22.5倍。2017年农民人均消费肉类5.9公斤、禽类6.0公斤、食用油6.9公斤、蛋类4.5公斤，分别比1987年增长28.7倍、10.4倍、2.1倍、3.9倍。农民饮食更丰富、更有营养。恩格尔系数由1987年70.3%下降到2017年31.5%，下降38.8个百分点。

（二）衣着更加时尚多样.

农民衣类穿着由原先的黑色、灰色等单一色调，款式简单、材质多为粗布，向着色彩多样、款式新颖、面料丰富发展。鞋类由原来的布鞋，变为现在的运动鞋、皮鞋等。农民不仅注重衣类、鞋类的质量，还注其美观、舒适、品牌等。农民从最初的购买布料、手工制作衣服为主，演变成购买成品衣服。2017年人均衣着类消费593元，比1987年的12元增长48.4倍。

（三）居住更加安全舒心。

农民居住条件，由最初的土坯房和窑洞，变成如今的农家小院砖瓦房，富裕农民甚至盖了楼房。2017年泾源县在脱贫攻坚中消除了全县所有危房、土坯房，通过危房改造政策，帮助农民住得更加安全、舒心。2017年农民人均居住类消费1219元，比1987年的15.元增长80.2倍。2017年农民人均居住面积达到23.7平方米，比1987年的9.5平方米增长1.5倍。

（四）耐用品更加现代。

随着社会不断发展、农民收入不断增加，农民家庭耐用消费品的需求从最初的缝纫机、收音机、钟表等，向着如今的洗衣机、电冰箱、微波炉等发展。在家电下乡惠农政策的促进下，2017年人均家庭设备及用品支出480.9元，比1987年的1.4元增长了342.5倍。2017年泾源县农民每百户拥有洗衣机97.6台、电冰箱59.2台、微波炉2.5台，现代化、智能化的家电让农民生活更加方便。

（五）交通通信更加便捷。

泾源县农民从最初的交通不便、通信不畅，短途靠步行、长途靠汽车，通信靠写信发电报的年代，演变成如今出行可以选择汽车、高铁、飞机，通信随时可以选择手机无线通话、互联网视频通话。手机已经普及，家用汽车也越来越快地进入农民家庭。交通和通信的快速发展，带给农民前所未有的便捷。2017年人均交通通信支出875.5元，较1987年的1.4元，增长624.4倍。2017年泾源农民每百户拥有手机293.4部，拥有家用汽车12.1辆。

（六）教育文化娱乐需求快速增加。

在满足日益增长的物质生活需求的同时，泾源县农民文化娱乐需求不断增加，更加重视子女的教育，希望子女通过知识和技能改变命运，拥有更好的工作和生活。2017年人均教育文化娱乐支出669.8元，比1987年的3.8元增长175.3倍，占生活消费支出的比重达到9.5%，比1987年提高了6.7个百分点。

（七）医疗保健大幅改善。

随着医疗保障制度不断完善、医疗条件不断改善，泾源县农民医疗保健状况得到大幅改善。农民参加医疗保险后，看病费用报销普遍在七成以上，看病难、看病贵的问题得到有效解决。农民更加关心自己的健康，2017年人均医疗保健支出902.4元，比1987年增长了308.1倍。

执笔人：周振环

彭阳县蹄疾步稳谋发展
尽心竭力促进居民增收

彭阳自1983年建县以来，在县委、县政府一以贯之的坚强领导下，抢抓机遇，科学定位，以增加城乡居民收入为核心，全力抓改革，调结构，促增收，惠民生，大力发展四大支柱产业，积极实施民生福祉工程，统筹推进经济社会全面发展，生动演绎了“勇于探索、团结务实、锲而不舍、艰苦创业”的彭阳精神，使城乡居民收入成倍增多，离全面小康的奋斗目标越来越近。

一、城镇居民收入快速增长，收入结构不断优化

建县以来，彭阳经济社会得到较快发展，城镇居民家庭收入迅速提高，2017年城镇居民人均可支配收入达到23345元，是2010年的11831元的2.0倍，年均增长10.2%，比GDP年均增长速度高出0.3个百分点。从增速看，受全国、全区经济结构调整转型新常态大环境的影响以及收入基数不断增大，近八年彭阳县城镇居民人均可支配收入增幅逐年收窄，由建县初期的两位数高增长变为长足发展的一位数稳增长。

单位：元/人

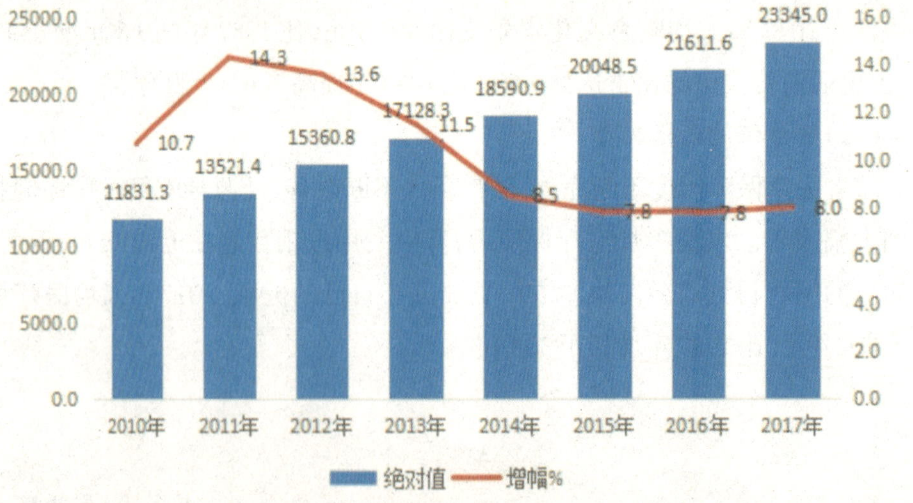

图1　2010—2017年彭阳县城镇居民人均可支配收入

单位:元/人

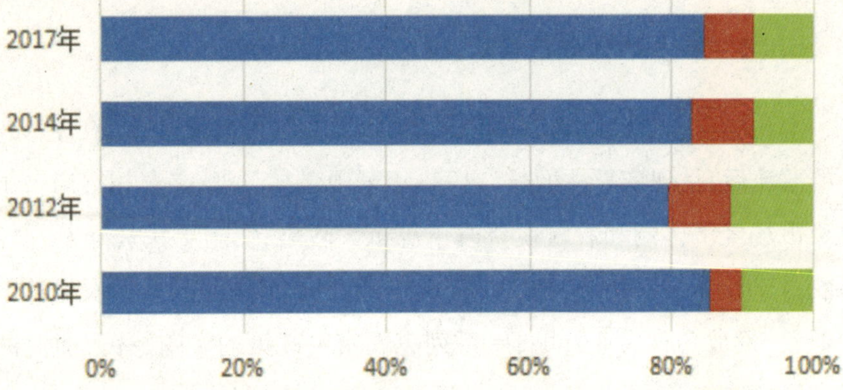

	2010年	2012年	2014年	2017年
■工资性收入	10599.0	12949.8	15358.4	19755.2
■经营净收入	530.3	1437.7	1668.2	1604.6
■财产转移净收入	1265.1	1896.3	1564.3	1985.2

图2　主要年份彭阳县城镇居民人均可支配收入构成

(一)工资性收入稳步增加。

2017年彭阳县城镇居民人均工资性收入为19755元,是2010年的10599元的1.9倍,年均增长递增9.3%。一是期间行政事业单位多次出台增资政策,上调基本工资、津贴标准;二是企业经济持续健康发展,经济效益提高带动职工工资水平大幅提高,且拖欠工资现象大幅减少,有力推动了城镇居民收入增长。

(二)经营净收入较快增长。

2017年彭阳县城镇居民人均经营净收入1605元,比2010年的530元增长3倍,年均递增17.0%。一是创业带动就业,对私营、个体经济发展的利好扶持,为大学生及下岗失业人员发放无息贷款鼓励创业,创造良好的经营环境、提供优质的政府服务,促进私营、个体经营发展;二是观念引导消费,随着城镇居民收入水平不断提高、消费观念日益变化,购物、娱乐、餐饮等消费大幅增长,拉动了批零贸易、餐饮业等经营净收入的增长,至2017年社会消费品零售总额87393万元,与2010年相比增加48152万元,年均增长12.1%。

(三)财产及转移净收入比重提高。

2017年彭阳县城镇居民人均财产净收入1985元,比2010年的1265元增长1.6倍,年均递增1.3%。股票、债券等金融资产规模不断扩大,居民投资多元化,退休人员工资、养老金、低保、产业扶持补贴等相继增加、城镇居民拥有的财产性及转移性收入占全部收入的比重逐步提高。

二、农村居民收入成倍增长，收入渠道不断拓宽

十一届三中全会以来，彭阳县农民收入在经受改革开放前自然灾害、政治运动的寒流后，呈现恢复性增长。1983年彭阳建县以来，国家相继出台了建立社会主义市场经济体制和农村税费改革等重大战略，实施了扶贫开发、西部大开发、新农村建设等一系列重大工程，实现新型农村合作医疗、新型农村社会养老保险全覆盖，发放各种农业补贴，一系列惠农富民政策的实施，有力地促进了农业农村经济的快速发展，进而带动农村居民收入快速增长。

（一）农村居民人均可支配收入成倍增长。

建县34年，彭阳农民人均可支配收入逐年提高（除1999年、2000年遇特大旱灾，农民人均可支配收入连续两年负增长），均保持上升趋势。由1984年的187元增加到2017年的8790元，增加了8603元，增长了46.0倍，年均递增12.4%。农民收入增长经历了“低水平稳步增长—多元化快速增长—短期波动—持续快速增长”四个阶段。

单位：元/人

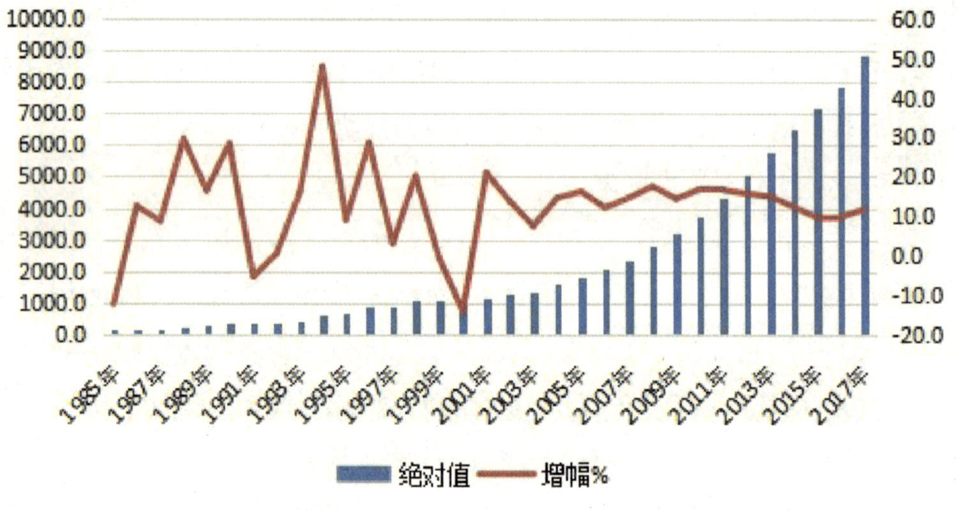

图3　主要年份彭阳县农村居民人均可支配收入

1984—1994年，低水平稳步增长。在经历了“大跃进”“文化大革命”“三年自然灾害”等政治自然灾难后，和全国一样，彭阳县实行了十一届三中全会确定的家庭联产承包责任制，农民生产积极性空前高涨，全县农村经济实力不断壮大，农民收入稳步提高。这一时期农民收入虽出现多元化苗头，但仍以农业为主，受

降雨、自然灾害等因素影响，波动较大。农民人均可支配收入由建县初（1984年）的187元增加到1994年的634元，增长3.4倍，年均递增13.0%，突破500元大关。

1995—1998年，多元化快速增长。这一时期是“彭阳精神”形成的关键阶段，全县农业基础建设进一步夯实，生态建设取得阶段性成果，劳务经济蓬勃发展，第二、第三产业发展迅速，彻底打破了长期单一的农村经济格局，农民收入步入多元化快速增长阶段。农民人均可支配收入由1995年的691元增加到1998年的1100元，增长0.6倍，年均递增16.8%，突破1000元大关，在固原地区率先实现了解决温饱问题。

1999—2000年，连续负增长。1999年、2000年全县遭遇大旱，粮食减产，全县农业受到重创。2000年是建县以来粮食产量和农民收入减幅最大的一年，分别下降42.7%和14.0%，农民收入仅943元，重新跌回千元以下。农业受挫，再一次让彭阳人民清醒地认识至全县农业基础依然薄弱，靠天吃饭的现状没有得到根本性改变，也更加坚定了生态立县的信念。

2001—2017年，持续快速增长。进入21世纪，中央决定实施西部大开发战略，并相继出台了减免农业税，发放粮食直补等各项补贴，实施退耕还林等一系列强农惠民政策。彭阳县紧紧抓住这一大好的发展机遇，积极培育“劳务、草畜、林果、蔬菜”四大支柱产业，大力发展设施农业，农业产业化经营初具规模，统筹城乡发展，建设“六个彭阳”，农业农村经济迅速壮大，农民收入持续快速稳定增长。农民人均可支配收入由2001年的1141元增加到2017年的8790元，增长6.7倍，年均递增13.6%，人均可支配收入接近9000元大关。

（二）农村居民人均可支配收入来源多元化。

改革开放以来，随着社会主义市场经济体制的逐步建立，农村经济体制改革的不断深化，“三农”问题成为人们关注的焦点。彭阳县抢抓西部大开发、扶贫攻坚等机遇，培育四大产业，壮大农村经济，拓宽农民增收渠道。

表1　主要年份彭阳县农民人均可支配收入构成情况表

单位：元、%

	1984年		1994年		2004年		2012年		2017年	
	收入水平(元)	构成(%)	收入水平(元)	构成(%)	收入水平(元)	构成(%)	收入水平(元)	构成(%)	收入水平(元)	构成(%)
全年人均可支配收入	187.3	100.0	633.8	100.0	1598.0	100.0	5049.7	100.0	8790.1	100.0
工资性收入	12.9	6.9	104.8	16.5	539.0	33.7	2277.0	45.1	3930.0	44.7
家庭经营收入	145.1	77.5	507.2	80.0	857.0	53.7	2301.3	45.6	3897.6	44.3
一产收入	132.1	70.5	446.0	70.4	700.3	43.8	1961.8	38.8	3486.9	39.7
①农业收入	110.2	58.8	362.9	57.3	508.1	31.8	1331.9	26.4	2834.3	32.2
②林业收入	4.3	2.3	12.2	1.9	17.9	1.1	78.8	1.6	1166.1	13.3
③牧业收入	17.6	9.4	70.9	11.2	174.3	10.9	551.1	10.9	242.0	2.8
二、三产收入	13.0	6.9	61.2	9.7	156.7	9.8	339.7	6.7	1616.6	18.4
财产及转移性收入	29.3	15.6	21.8	3.4	202.0	12.6	471.4	9.3	527.3	6.0

1. 农民收入结构发生根本性变化，实现了多元化快速增长。1984年，全县农民收入的70.5%来自第一产业收入，随着社会主义市场经济的稳步推进，农民收入由单一的种植业向劳务、牧业、家庭经营第二、第三产业、财产转移性收入等多来源、多渠道发展。特别是20世纪90年代中期以来，农民收入结构发生重大转折，非农产业收入成为农民收入的主要来源。2017年全县第一产业收入占农民人均可支配收入的39.7%，比1984年降低了30.8个百分点。其中种植业仅占可支配收入的32.2%，比1984年降低了26.6个百分点。人均非农可支配收入达到5303元，比1984年的55元增长95.4倍，年均递增14.8%，占可支配收入的比重提高了30.8个百分点。

单位：%

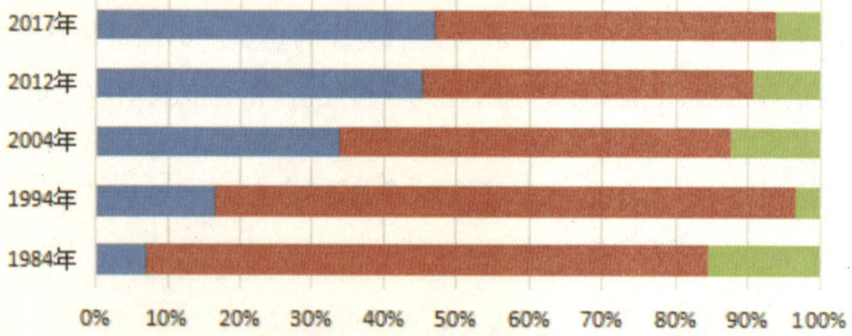

	1984年	1994年	2004年	2012年	2017年
■工资性收入	12.9	104.8	539.0	2277.0	3930.0
■家庭经营收入	145.1	507.2	857.0	2301.3	3897.6
■财产及转移性收入	29.3	21.8	202.0	471.4	527.3

图4　主要年份农民人均可支配收入来源占比

2. 劳务产业蓬勃发展，成为农民收入的重要来源和推动增收的不竭动力。彭阳县始终把发展劳务产业作为增加城乡居民收入的重要举措，强化青壮年劳动力培训，拓展转移就业基地，培育壮大劳务中介组织。特别是近年来，进一步巩固提升“全国农村劳动力转移就业工作示范县”成果，劳务输出人数稳定在5万人以上。2017年农民人均工资性收入达到3930元，占农民人均可支配收入收入的44.7%，比1984年的13元增长了301.3倍，年均递增18.9%。占人均可支配收入的比重提高了37.8个百分点。

3. 家庭经营第一产业特色化、产业化，仍然是农民收入的主体和确保增收的基础。作为传统的农业大县，第一产业发展是全县农民增收的基础。近年来，彭阳县大力培育特色支柱产业，以辣椒种植为主的设施农业，以杏子生产加工为主的林果产业，以紫花苜蓿生产加工和肉牛、朝那鸡养殖为主的草畜产业迅速崛起，打破了传统农业生产方式，大农业收入稳定增长。2017年农民人均第一产业净收入3487元，比1984年增长26.4倍，年增递增10.4%。

4. 强农惠民政策有效落实，财产转移性收入成为农民收入的重要补充。近年来国家相继出台了一系列惠农政策，农民各项补贴收入逐年增加。随着城镇化的推进和农村土地流转的兴起，农民征地收入、土地流转收入也不断增加，还有农村低保面扩大、扶贫开发力度加大、退耕还林补贴收入基本稳定等，也给农民带来了更多实惠，农民财产转移性收入增幅较大。2017年农民财产转移净收入达到527元，比1984年的29元增长17.2倍，年均递增9.2%。

5. 家庭经营第二、第三产业多元化发展。建县以来，全县农民收入结构多元化发展，特别是近年来在煤炭、石油资源开发的带动下，农村工业、运输业、餐饮贸易业、服务业有了长足发展，从而拓宽了农民收入来源渠道，第二、第三产业多元化发展，占比逐年攀升。2017年全县农民人均家庭经营第二、第三产业收入达到1617元，占农民人均可支配收入的18.4%，比1984年的13元增长123.4倍，年均递增15.7%。

三、进一步增加城乡居民收入的展望

从调查数据来看，目前我县城乡居民增收渠道仍然单一，增收难度不断加大，如何拓宽城乡居民增收渠道，进一步增加城乡居民收入，是亟待全县干部群众破解的严峻课题，也是彭阳与全全区同步建成小康社会的重点和难点。

（一）大力弘扬“彭阳精神”，拓宽城乡居民增收渠道。

“勇于探索、团结务实、锲而不舍、艰苦创业”的彭阳精神，是历届县委政府一

任接着一任干，一张蓝图绘到底的负重拼搏、开拓创业精神的真实写照，是彭阳25万各族人民脚踏实地、苦干实干经验的总结，更是引领彭阳发生翻天覆地变化的精神财富。我们要继续大力弘扬彭阳精神，抢抓国家新一轮扶贫开发和宁夏"两区建设"的重大历史机遇，争取国家更大支持，以时不我待、只争朝夕的紧迫感，以攻坚克难、奋发有为的精神状态，进一步解放思想，率先发展、科学发展，拓宽城乡居民增收渠道，推动城乡居民收入增长。

（二）加强劳动技能培训，切实做好就业工作。

随着经济的不断发展，企业用工的门槛不断升高，因此，劳动就业局等部门应组织有针对性、实用性的技能培训，如：电子通信、信息管理、汽车维修等适应当前用工要求的技能。同时为有就业愿望的人员提供务工渠道，不断提高低收入城乡居民的收入水平。

（三）稳定粮食生产，调整优化种植业内部结构。

作为农业大县，彭阳要在稳定粮食生产的基础上，不断调整种植业内部结构。近年来，粮食单产逐年提高，设施农业成效显著，确保了农民收入不断增长的基础。今后，要继续狠抓粮食生产不放松，加大资金投入，强化基础设施建设，依靠增加科技投入，推广新品种、新技术，发展旱作节水农业，扩大优势高产作物种植，合理流转土地防止"撂荒"，进一步优化种植业内部结构，促进农业增效，农民增收。

（四）继续挖掘潜力，进一步拓宽农民增收渠道。

坚定不移地抓好劳务产业，确保工资性收高速增长；抓住煤矿、石油资源开发优势，在第二、第三产业上创收入；依托饲草优势，在发展养殖上求突破；在林果开发、设施农业、特色产业方面扩规模，提质增效。

（五）加强品牌孕育，拓展特色产品市场。

2017年，彭阳生产的食用菌荣获"第十一届中国国际食品博览会BioFach China2017产品金奖"，这是生态彭阳特色农产打出的亮丽名片。通过品牌孕育、产品开发、技术创新、产业振兴等多方式并举，重点支持农产品牌化、特色化、名优化，促使产品更新换代，努力扩张红河辣椒、彭阳果脯、彭阳红梅杏、彭阳甜瓜等产品的市场，发挥磁场效应，提升附加值增收入。

执笔人：黄莹

中卫市城乡居民收入三“主”鼎立各称雄

中卫市成立以来，在中卫市委、政府的正确领导下，全市各级党政部门紧紧围绕党的各项方针政策，始终把增加城乡居民收入作为头等大事来抓，在稳定第一产业的同时，积极推进第二、第三产业发展，加大招商引资力度，积极扶持小微企业，鼓励居民创业，多渠道促进城乡劳动力就业，并积极完善各项社会保障政策，为城乡居民收入可持续增长奠定了坚实基础。

一、农村居民收入成倍增长，三大主力贡献突出

农村居民收入问题不仅直接关系农民生活水平的提高和改善，而且也影响着当地经济能否全面、协调可持续发展。自治区成立以来，特别是改革开放40年来，中卫农村发生了一系列深刻的变化，农村改革取得了举世瞩目的成就，农村居民可支配收入从2003年的2179元增加到2017年的9365元，增长了3.3倍，年均增长11.0%。

单位：元/人

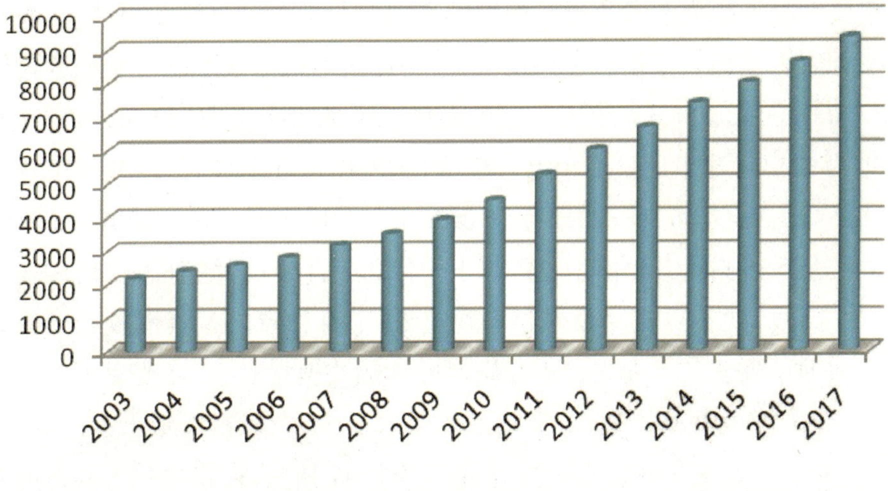

图1　中卫市2003—2017年农村居民可支配收入变化情况

建市以来，由于党的农村政策的调整以及一些自然灾害的发生，导致农村居

民收入增长不是匀速的，而是经历了抛物线式的运行轨迹，如图2所示。农民收入增长主要可以划分为三个阶段，即2004—2006年：蓄势酝酿阶段，收入呈稳中有增态势；2007—2014年：政策效果显现阶段，收入快速增长，增速均在两位数以上；2015—2017年：巩固提高阶段，收入可持续增长。14年来，中卫市农村面貌发生了翻天覆地的变化，农村经济取得了举世瞩目的成就，虽然农民收入的增长有曲折与波动，但总体上是不断向上的增长趋势。

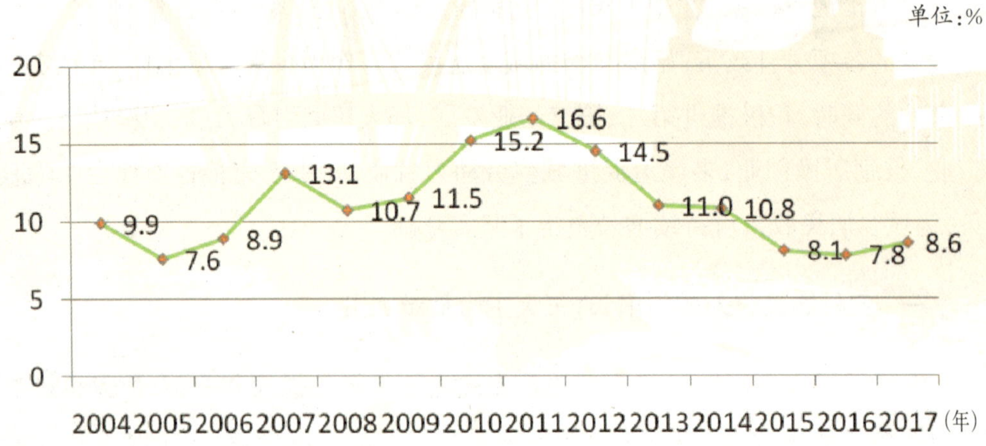

图2　中卫市2004—2017年农村居民可支配收入增速对比

建市以来，中卫市农村居民收入在持续增长的同时，内部结构发生了较大变化，农村居民收入形式从自给自足向商品化转变，收入来源不断多元化。

（一）工资性收入稳步提高，是农村居民收入增长的主要支撑。

工资性收入指劳动者通过各种途径得到的全部劳动报酬和福利，在农村居民可支配收入中具有举足轻重的地位，所占比重高低直接反映一个地区发展水平和城市化进程。2003年中卫市农民人均工资性收入仅为718元，占可支配收入比重为32.9%，建市后呈逐年上升趋势，所占比重逐渐提高；2009年工资性收入为1423元，占比36.3%；2012年为2450元，占比突破40.0%；2017年为4222元，占比达到45.1%。14年间比重上升了12.2个百分点，绝对额增长5.9倍，年均增长13.5 %，快于可支配收入年均增速2.5个百分点。工资性收入已成为中卫市农民收入增长的主要支撑。工资性收入的快速增长，主要受以下几个因素影响：一是农业发展机械化，对劳动力的需求减少，农民得以走出家门务工，获取劳动报酬；二是文化教育水平提高、信息化程度加快，使得农村劳动力的素质整体提高，就业途径拓宽，对外界社会的适应能力增强；三是农业向专业化、规模化发展，土地流转速度加快，部分农民角色发生变化，由务农变务工；四是特色农业产业规模逐年扩大，如设施蔬菜、枸杞、硒砂瓜、马铃薯等，对劳动力的需求增多，吸引大批妇女、老人就近打零工，特色农业成为农民就近务工的主要阵地。

单位：元/人、%

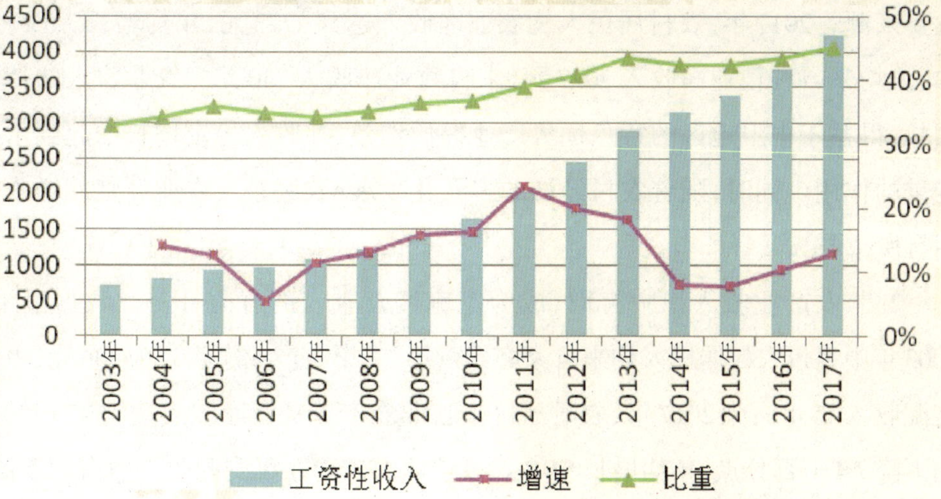

图3　农村居民2003—2017年工资性收入、增速和比重

（二）家庭经营净收入持续增长，是农村居民收入增长的坚实基础。

建市以来，中卫市农村居民家庭经营业保持强劲的发展势头，为收入稳定增长起到举足轻重的作用。尤其是近几年，非农产业迅速崛起，更是拓宽了农民家庭经营收入的增长渠道。

单位：元/人

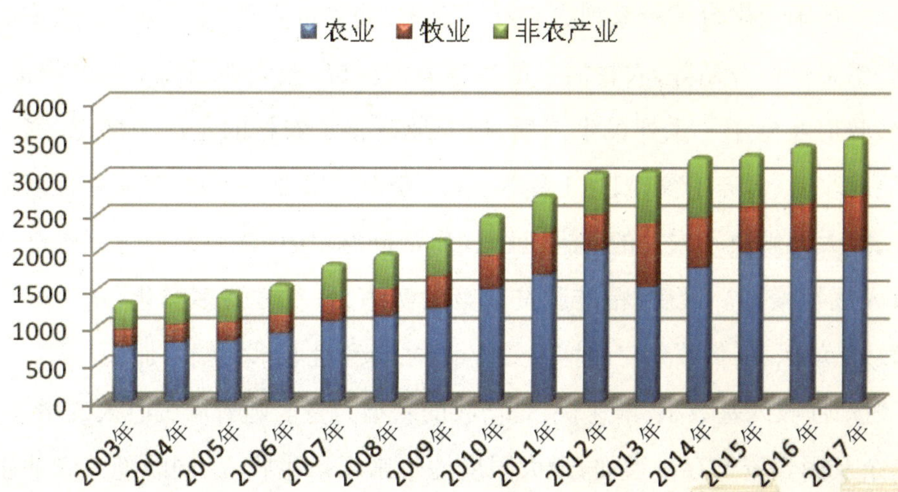

图4　农村居民2003—2017年家庭经营净收入的构成

1. 农业收入持续增长，依然是家庭经营收入的主体。2003年，农村居民人均来农业方面的净收入为1005元，其中，人均来自种植业净收入742元，来自牧业净收入243元。农业净收入占全部可支配收入的46.1%，是农村居民收入的主要来源。2017年，农村居民人均农业净收入达到2773元，年均增长7.5%，其中，人均来自种植业净收入2027元，来自牧业净收入740元。农业收入的持续增长，得益于中卫地区的特色优势产业提质增效，在收入稳定增长中起到举足轻重的作用。同时，随着农村经济的多元化发展，农民来自农业经营的增收作用有所减弱。

2. 非农产业收入稳中有增，成为家庭经营收入的有力补充。数据显示，2003年中卫市农村居民人均来自家庭经营第二、第三产业净收入为336元，占可支配收入15.4%；到2017年，农村居民来自非农产业经营净收入达到750元，占比下降7.4个百分点，年均增长5.9%。虽然非农产业在可支配收入中占比不高，但随着经济发展，农村居民参与市场活动的能力、意识在不断增长，非农产业对农村居民收入的拉动作用会逐渐增强。

（三）财产和转移净收入迅猛增长，是拉动农村居民收入增长新型力量。

2003年中卫市农村居民人均来自财产和转移方面的净收入仅为121元，占可支配收入的比重仅为5.5%，2017年达到1620元，比重上升了11.8个百分点，累计增长12.4倍，年均增长20.4%。

政府转移支付是促进转移性收入增长的直接因素。首先，为了巩固农业的基础地位，国家出台了一系列惠农补贴政策，如粮食直补、农资补贴、退耕还林还草、生态草原补贴等，农村居民的负担着实减轻，极大地提高了生产积极性。其次，政府实施了一系列民生工程，极大地改善了农村的生活条件，如家电补贴、危房改造、营养午餐、阳光工程等，农民获得感增强。再次，各项社保政策的完善，极大地解决了农民的养老、就医、生活问题，居民来自政府方面的社会保障收入逐年增加。最后，精准脱贫政策的实施，扶贫方式多样化，从生产到生活、教育、就医等，低收入户的增收效应明显，转移性收入大幅增加。

财产性收入基数小、增速快，是增收的新型力量。随着居民收入的增长，资金结余及固定资产存量增加，最大限度地带来了衍生收入，同时随着农业生产的规模化、专业化，土地流转速度加快，农民来自出让承包土地经营权租金收入也快速增长，这一系列因素带动农民财产净收入也相应快速增加。

二、城镇居民收入增多三倍，三“主”鼎立各称雄

中卫市成立以来，社会经济发生了翻天覆地的变化，城市面貌焕然一新，人民生活水平显著提高，精神文化生活日益丰富，全市人民在实现小康的基础上，向着美丽和谐富裕的新生活大步迈进。近年来，随着国家多次调整行政事业单位工资标准，制定企业职工工资指导线，中卫市也相应出台了一系列增收富民措施，拉动城镇居民可支配收入快速增长。调查数据显示，2004年，中卫市城镇居民人均可支配收入仅为6099元，到2017年达到25345元，增长了3.2倍，年均增长11.6%，高于农村居民可支配收入增速0.6个百分点。

单位：元/人

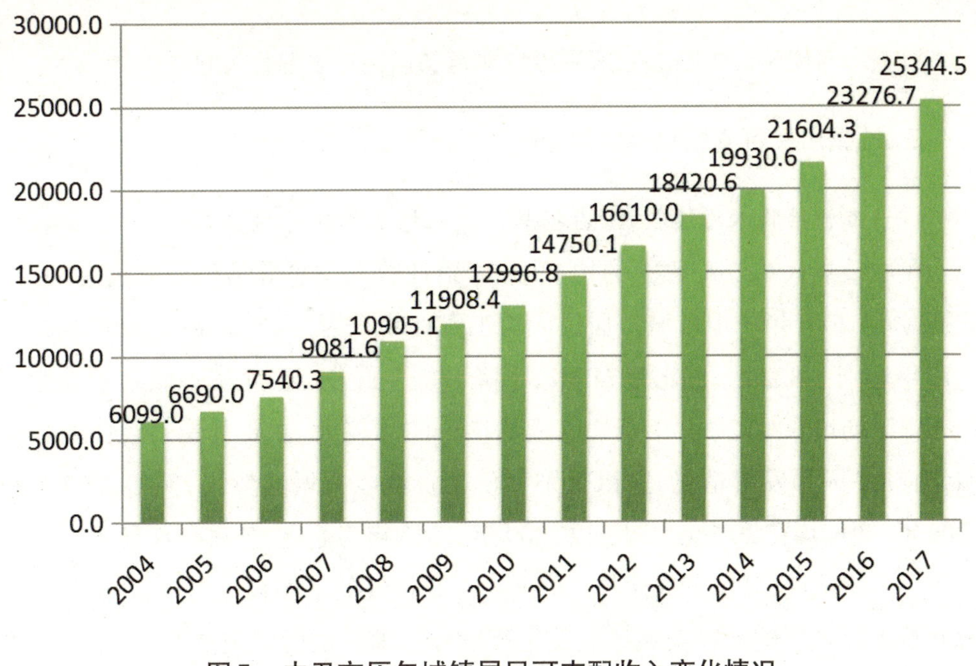

图5　中卫市历年城镇居民可支配收入变化情况

纵观城镇居民可支配收入增长轨迹，增速起伏较大。从2004—2017年，可支配收入增速走势呈M形，最高年份为2007年，增速高达20.4%，最低年份为2016年，增速仅为7.7%，城镇居民收入可谓在曲折中前进。从收入结构看，收入由单一的工资形式向多元化发展，家庭经营净收入、转移净收入和财产净收入比重上升，这说明城镇居民家庭收入格局发生了较大改变。

单位:%

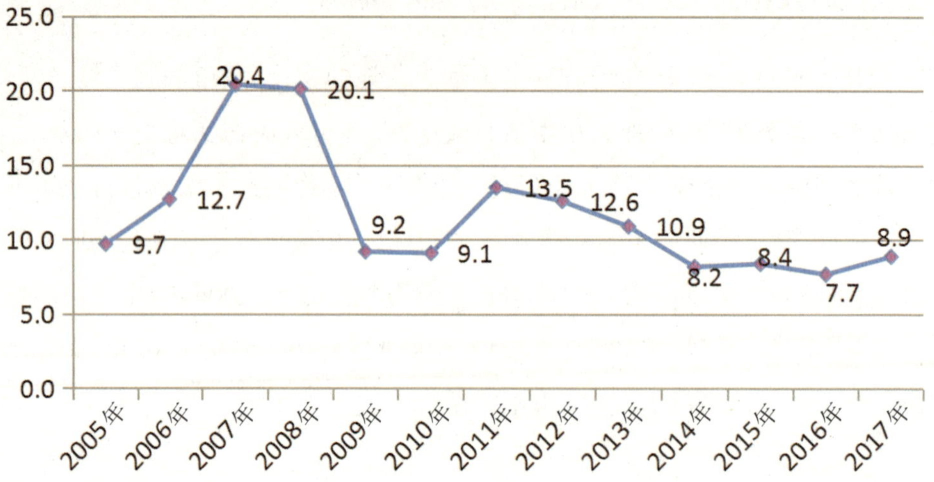

图6 中卫市2005—2017年城镇居民可支配收入增速

三、城镇居民可支配收入结构分析

(一)工资性收入增速较快,占据居民收入增长的主导地位。

在城镇居民可支配收入的构成中,工资性收入的主导地位始终没有动摇。数据显示,2004年中卫市城镇居民人均工资性收入为5342元,占比为87.6%,到2017年达到18822元,占比为74.3%,下降13.3个百分点。工资性收入累计增长2.5倍,年均增长10.2%。工资性收入的增长波动较大,主要是受政策性因素影响,有补发或预发等情况,所以个别年份工资性收入增速较快,例如2007年和2008年,增速均在20个点以上;以2009年、2013年为起点,各有一波稳中有增的走势。总体来说,居民工资性收入的增长对政策性的依赖较为明显,其次是受经济发展大环境影响。拉动城镇居民工资性收入增长的因素主要有:一是行政事业单位工资改革是历年工资收入变化的主因,例如前后几次规范津补贴、发放民族团结奖和政府效能目标考核奖、落实带薪休假制度、出台职工住房补贴、公车改革等政策,均对城镇居民工资收入增长影响较大;二是国家制定的企业工资指导线、最低工资标准逐年提高,以及为保护劳动者权益出台的高温补贴、节假日加班工资标准提高等,也为工资收入增长增加了动力;三是近几年中卫市加大招商引资力度,同时扶持中小企业发展,工业和服务业发展迅速,城市化建设进程加快,为居民就业拓宽了渠道。

单位：元/人、%

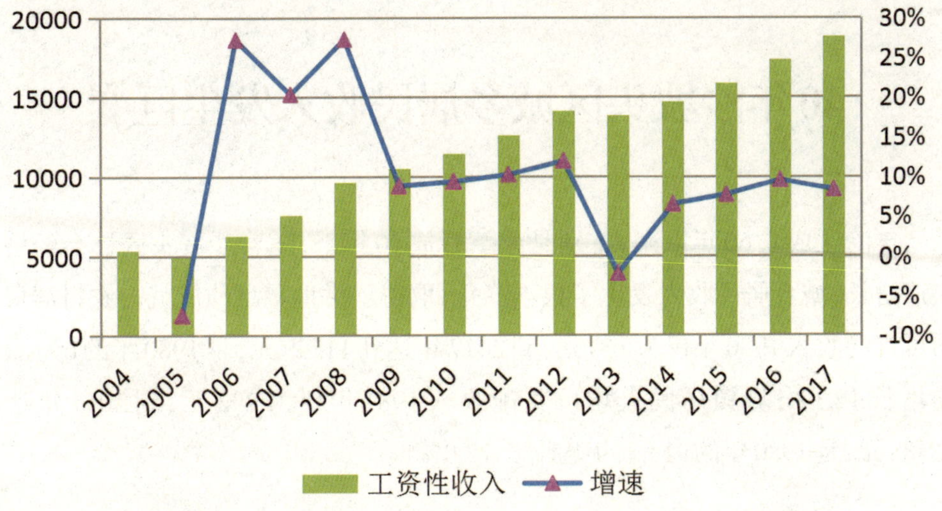

图7　中卫市城镇居民2004—2017年工资收入及增速

（二）经营净收入占比上升，成为居民收入增长的重要组成部分。

建市以来，中卫市不断调整经济结构，大力发展非农产业，延长产业链条，因地制宜发展旅游业，扶持小微企业，鼓励居民积极创业，个体经济遍地开花，从而带动城镇居民经营净收入快速增长。2004年，中卫市城镇居民人均来自家庭经营业净收入262元，到2017年达到2116元，累计增长7.1倍，年均增长17.4%，占比上升3.4个百分点，达到8.3%。

（三）财产和转移净收入快速增长，成为居民收入增长的潜力因素。

2004年居民人均财产和转移净收入为495元，2017年达到4406元，累计增长7.9倍，年均增长18.3%。占比从8.1%上升到17.4%，仅次于工资性收入。随着收入的增长，居民资产积累日益丰厚，投资理财意识增强，财产性收入逐渐增多，存款利息、出租房屋和其他资产以及投资理财收入成为居民财产性收入主要来源。同时建市以来，各级政府不断完善养老、医疗、救助、失业等社会保障政策，离退休金、养老金以及其他社会保障、救助发放标准、就医报销比例逐年提高，成为拉动转移性收入增长的主要因素。

执笔人：张玲

40年沙坡头区城乡居民收入发生巨变

自治区成立60年以来，特别是改革开放40年来，随着沙坡头区社会经济的快速增长，城乡居民收入发生了根本变化，取得了举世瞩目的成就。农村居民人均可支配收入1980年仅为163元，到2017年达到11249元，是1980年的69倍，年均增长12.1%；城镇居民人均可支配收入1981年仅为292元，到2017年达到26488元，是1980年的91倍，年均增长13.0%。

一、城乡居民收入增长的阶段性变化显著

近40年来，沙坡头区城乡居民收入增长经历了阶段性波动增长，不同阶段居民收入增长具有不同的特点，城镇、农村居民每一个阶段影响收入增长的主要因素有所不同。40年间城乡居民收入增长大致历程可分七个阶段：

表1　1980—2017年沙坡头区城乡居民可支配收入增长情况

单位：元/人、%

城镇居民可支配收入						农村居民可支配收入					
年份	收入	增速（%）	年份	收入	增速（%）	年份	收入	增速（%）	年份	收入	增速（%）
1980			1999	4007.8	8.9	1980	163.0		1999	2665.7	3.3
1981	292.1		2000	4296.0	7.2	1981	203.0	24.0	2000	2620.1	-1.7
1982	363.4	24.4	2001	4783.6	11.4	1982	253.9	25.2	2001	2853.1	8.9
1983	440.3	21.2	2002	5269.1	10.2	1983	304.0	19.8	2002	2946.8	3.3
1984	483.9	9.9	2003	5710.6	8.4	1984	323.0	6.4	2003	3088.3	4.8
1985	696.1	43.9	2004	6318.3	10.6	1985	358.3	10.9	2004	3347.9	8.4
1986	820.3	17.8	2005	6904.6	9.3	1986	426.9	19.1	2005	3517.2	5.1
1987	908.3	10.7	2006	7770.4	12.5	1987	473.0	10.8	2006	3816.2	8.5
1988	967.6	6.5	2007	9684.3	24.6	1988	591.7	25.1	2007	4155.5	8.9
1989	1156.7	19.5	2008	11415.8	17.9	1989	660.7	11.7	2008	4538.0	9.2
1990	1263.3	9.2	2009	12414.7	8.8	1990	737.1	11.6	2009	4936.5	8.8
1991	1438.1	13.8	2010	13595.7	9.5	1991	838.4	13.7	2010	5627.9	14.0
1992	1615.5	12.3	2011	15494.5	14.0	1992	829.6	-1.0	2011	6498.7	15.5
1993	2008.6	24.3	2012	17487.1	12.9	1993	847.3	2.1	2012	7352.6	13.1
1994	2624.0	30.6	2013	19293.3	10.3	1994	1159.7	36.9	2013	8145.8	10.8
1995	2910.3	10.9	2014	20919.7	8.4	1995	1450.3	25.1	2014	8971.5	10.1
1996	3104.2	6.7	2015	22702.7	8.5	1996	1963.7	35.4	2015	9669.2	7.8
1997	3535.0	13.9	2016	24338.8	7.2	1997	2351.7	19.8	2016	10375.3	7.3
1998	3679.6	4.1	2017	26487.8	8.8	1998	2579.4	9.7	2017	11249.2	8.4

注：2013年以前城乡居民收入按2013年以后新的口径进行调整。

（一）第一阶段：1978—1985年，快速增长阶段。

1978年十一届三中全会启动了家庭联产承包责任制为主要内容的农村体制改革，从家庭联产承包责任制到允许农民进城自由买卖再到允许农民进城务工，随着农村一系列政策措施的推行，极大地调动了农民的生产积极性。农民人均可支配收入由1980年的163元增加到1985年的358元，5年净增加195元，增长1.2倍，年均递增17.0%。

1984年我国经济改革的重心从农村转移到城市，国家随之出台了一系列收入分配体制改革的措施，城镇居民收入水平较改革开放前和改革开放初有了明显的提高。城镇居民人均可支配收入从1981年的292元增加到1985年的696元，增长1.4倍，年均递增24.3%。

（二）第二阶段：1986—1992年，稳定增长阶段。

这一阶段，沙坡头区农村家庭多种经营规模不断扩大，促进了农民收入的总量增长和收入结构的改善，但由于农产品供给出现了结构性和地区性过剩，农产品出现"卖难"，价格下降。农民人均可支配收入由1985年的358元增加到1992年的827元，增长1.3倍，年均增长12.7%，收入增速比上个阶段明显回落。在此期间，城镇居民家庭人均可支配收入从1985年的696元增长到1992年的1616元，7年净增920元，增长1.3倍，年均增长12.8%，增速比农村居民收入增速快0.1个百分点。

（三）第三阶段：1993—1998年，高速增长阶段。

进入20世纪90年代初期，农民收入增长迅速下滑，1992年、1993年农民人均可支配收入分别下降1.0%和增长2.1%，处于徘徊状态，比"七五"末的1990年回落了11.6个百分点，到1994年农产品价格大幅度上涨，农村第二、第三产业开始起步并快速发展，农民收入迅速回升。这一年农民人均可支配收入突破1000元大关，达到1160元，增速达到36.9%。到1998年农民人均可支配收入由1992年的830元增加到2580元，7年净增加1750元，增长2.1倍，年均递增20.8%，成为自改革开放以来，农民收入增加最多，增速最快的时期。

在此期间，国家出台了一系列积极扶植和支持非公有制经济发展的政策，在全国掀起了兴办私营个体企业的高潮，非公有制经济得到迅速发展，不仅解决了就业，也增加了城镇居民的收入。城镇居民人均可支配收入从1992年的1616元增长到1998年的3680元，6年净增2064元，增长1.3倍，年均增长14.7%，增速比农村居民收入慢6.1个百分点。

（四）第四阶段：1999—2005年，低速徘徊增长阶段。

这一阶段农民收入增长大幅度回落，是沙坡头区农业和农村经济发展进入了一个缓慢增长的新阶段的反映。2005年农民人均可支配收入达3517元，比1998年的2579元增长36.4%，7年间年均只增长4.5%，比上一阶段回落18.7个百分点，是改革开放以来增速最低的时期。

这一时期，各级政府切实落实各项增收措施，促使效益好的企业纷纷增加职工工资及奖金、福利补贴；工资制度改革使机关事业单位职工工资明显提高，城镇居民收入有了较快的增长。城镇居民人均可支配收入从1998年的3680元增长到2005年的6905元，7年净增3225元，增长87.6%，年均增长9.4%，增速比农村居民收入增速快4.9个百分点。

（五）第五阶段：2006—2009年，稳定增长阶段。

这一阶段党和政府出台支农惠农政策的力度不断加大，粮食等农产品价格走高，农民收入稳定增长。2009年农民人均可支配收入达到4937元，比2005年的3517元，增加1420元，增长40.4%，年均递增8.8%。

这一时期，城镇居民人均可支配收入从2005年的6905元增长到2009年的12415元，四年净增5510元，增长79.8%，年均增长15.8%，增速比农村居民收入增速快7.0个百分点。

（六）第六阶段：2010—2014年，为新一轮快速增长阶段。

这一阶段也是"十二五"实施期间，沙坡头区农民收入增速加快，实现了连续五年保持两位数增长的新格局。2014年，农民人均可支配收入达到8972元，比2009年增长81.3%，年均增长12.7%，比上一阶段的年均增速8.8%提高3.9个百分点。

这一时期，城镇居民人均可支配收入从2009年的12415元增长到2014年的20920元，增长68.5%，年均增长11.0%，增速比农村居民收入增速低1.7个百分点。2014年城镇居民可支配收入突破2万元，达到20920元。

（七）第七阶段：2015—2017年，新常态下的稳定增长阶段。

近三年来，受宏观经济走势影响，沙坡头区经济发展进入低速换挡的转型期，城乡居民收入增速有所波动，总体呈现"高位平稳回落"的态势。2017年农民人均可支配收入突破1.1万元，达到11249元，比2014年增长25.4%，年均增长7.8%。

这一时期，2017年城镇居民人均可支配收入达到26488元，比2014年净增5568元，增长26.6%，年均增长8.2%，增速比农村居民收入增速快0.4个百分点。

单位:%

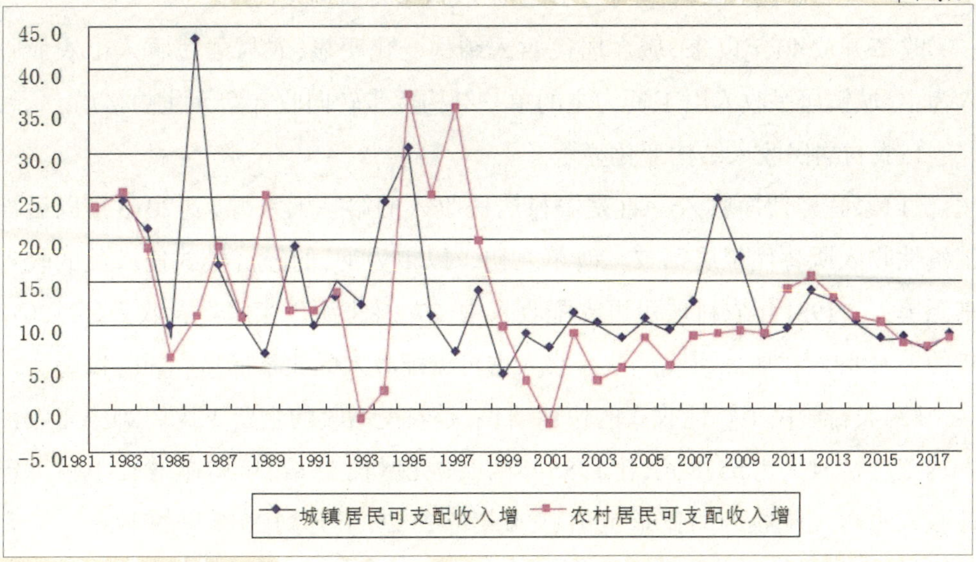

图1　1980—2017年沙坡头区城乡居民人均可支配收入增速

二、城乡居民收入增长变化的基本特征

(一)城乡居民收入成倍增长,城乡差距逐步拉大。

改革开放近40年来,沙坡头区城乡居民收入发生了巨大变化。可支配收入成倍增长,但城乡差距逐步拉大。城乡居民人均可支配收入从1980年的1.6∶1扩大到2017年的2.4∶1。

单位:%

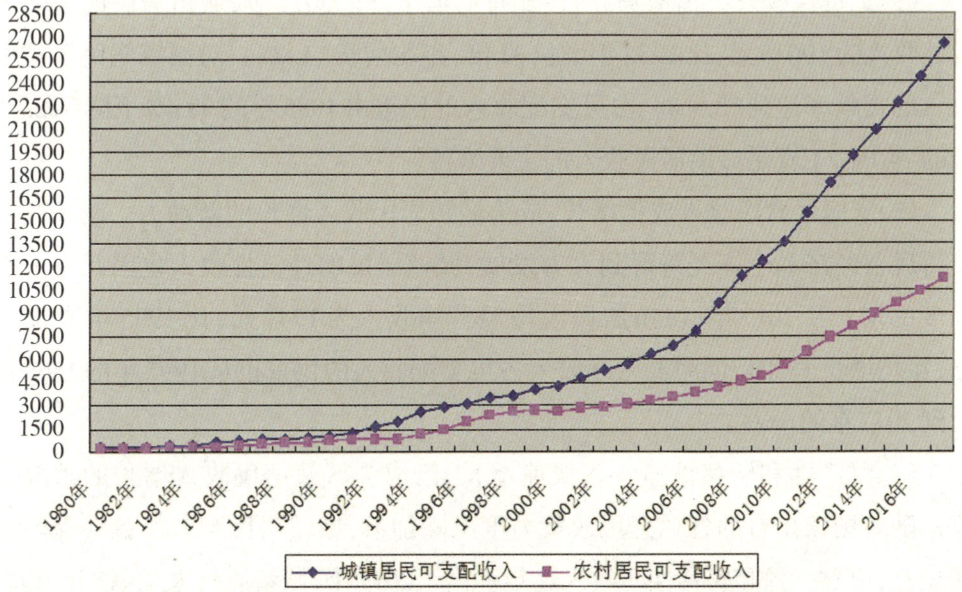

图2　1980—2017年沙坡头区城乡居民人均可支配收入

（二）城乡居民的收入结构发生变化，收入来源日益多元化。

改革开放40年以来，城乡居民收入结构变化明显，农村居民收入以农业收入为主，城镇居民收入以工资为主的单一结构逐步转向收入多元化的格局。

1. 农村居民收入结构变化显著。

（1）家庭经营净收入一直是农村居民收入的第一大来源，到2013年以后被工资性收入所替代位居第二。改革之初，“以粮为纲”的经济模式使农民的收入来源单一。1981年农村居民可支配收入中，27.2%来源于家庭经营收入，到2010年的27年间农村居民家庭经营净收入占可支配收入的比重保持在50%以上。

（2）农村居民工资性收入的快速增长，是农民增收的主要支撑。2017年农民人均工资性收入为5578元，比1985年的108元增长51倍，年均递增13.1%；工资性收入占可支配收入的比重也由1990年的21.2%上升到2017年的49.6%，上升了28.4个百分点，对农民可支配收入的贡献率为52.0%。工资性收入已经成为农民增加收入的主要来源。

（3）农村居民财产性和转移性净收入是农民增收的新亮点。随着国家各项支农惠农扶持政策力度不断加大，农民享有的社会保障不断完善，使转移性净收入逐年提高。2017年农民财产性和转移性净收入人均为1580元，比1985年的34元增长45倍，年均增长12.7%；占可支配收入的比重也由1985年的9.6%上升到2017年的14.0%，上升了4.4个百分点，对农民可支配收入的贡献率14.2%。

2. 城镇居民收入来源日益多元化。

（1）工资性收入大幅增长，所占比重有所下降。2017年，城镇居民的人均工资性收入为19635元，比1985年增长31倍，年均增长11.8%。对城镇居民可支配收入的贡献率达到73.5%。占可支配收入的比重由1985年的98.4%下降到2017年的74.1%，工资是城镇居民收入的主要来源。

（2）家庭经营净收入成倍增长，成为城镇居民收入增长的新动力。改革开放使得民营经济和个体经济得到大力发展，城镇居民的经营性收入也因此有了大幅度的增长。2017年，城镇居民人均经营净收入为1747元，比1995年增长34倍，年均增长18.4%；同时经营净收入占可支配收入的比重也从1995年的1.7%扩大到2017年的6.6%。

（3）财产性和转移性净收入快速增长，已成为城镇居民收入增长的重要支撑。随着国家出台的各项惠民政策力度不断加大，城镇居民享有的社会保障不断完善，使财产性和转移性净收入逐年提高。2017年，城镇居民人均财产性和转移性净收入5106元，比1995年增长17倍，年均增长14.7%；财产性和转移性净收入占可支配收入的比重由1995年的9.9%提高到2017年的19.3%，对城镇居民收入增长的贡献率达20.4%，成为城镇居民增收的新亮点。

纵观近40年的发展历程来看，沙坡头区社会经济发展取得了举世瞩目的成就，特别是撤县设市以来，城乡居民收入的持续稳定增长，居民生活逐步摆脱了贫困，于20世纪80年代末总体上达到了温饱。特别是1992年以后，城乡居民生活水平迅速提高，并于1997年进入总体上实现了由温饱向基本小康的飞跃，目前城乡居民生活更加宽裕，朝着实现全面小康的步伐迈进。

执笔人：朱昊

“数”说中宁县60年城乡居民收入辉煌巨变

2018年是宁夏回族自治区成立60周年，60年来中宁县各族人民在党的关怀下，在历届县委、县政府的领导帮助下，负重拼搏、锐意进取、务实苦干、克难奋进，经济社会各项事业取得了辉煌的成就，农业和农村经济得到了飞速发展。值此自治区成立60年大庆之际，为全面反映中宁县60年来的辉煌成就，我们特对全县城乡居民收入变化情况做了量化分析。

改革红利和经济蛋糕越来越多，越来越大，城乡居民的收入与日俱增，越来越好。60年前的1958年，中宁县职工人均工资469元，农民人均收入大约为50元。到2017年，全县城镇和农村居民人均可支配收入分别达到25293元和11245元，分别比60年前增长53.9倍和224.9倍，是改革开放初期的1978年的39.3倍和162.0倍。60年间中宁县城乡居民收入水平连续跨越了几个台阶，从消除贫困到解决温饱，再到实现总体小康，正在向全面小康社会快速迈进。

一、停滞徘徊阶段（1958—1978年）

中华人民共和国成立初期，1953—1957年国家实施“一五”计划，全国人民致力于恢复和发展国民经济，中国社会生产力大大解放，各族人民的生产积极性得到了空前高涨，中宁县经济社会发展得到了迅速的恢复和发展，到1958年，中宁县职工平均工资469元，农民人均收入50元。但从1958年起20年期间，全国经历了“大跃进”和“文化大革命”等时期的艰难曲折发展，全县经济社会发展虽比解放初期取得较大的发展，但因“大跃进”，加上三年的自然灾害，农业减产，财政困难，国家无力给职工发放工资，农业生产发展缓慢，“文革”更是给全县人民生产生活造成了停滞不前的局面。

1977年，全县职工平均工资达到673元，比"一五"末的水平还低44元，下降6.1%，农民人均收入仅为32元，比1958年减少18元，下降36%。在此20年期间，全县经济社会出现了长期的缓慢增长时期。

1. 缓慢增长的阶段（1958—1976年），1958年全县社会总产值3291万元，粮食总产量6989万斤，职工平均工资469元，农民人均收入50元，到1976年社会总产值6199万元，粮食总产量达到8142万斤，职工平均工资683元，农民人均收入仅为32元，经过"十年动乱"，分别比1958年增长88.4%、16.4%和47.8%，年均分别增长3.2%、0.8%和2.2%，农民人均收入还减少18元，下降36%。

2. 快速增长阶段（1976—1978年），拨乱反正后，由于党在城市和农村采取了一些相关政策，社会生产力得到了相应解放，使全县经济社会得到了快速发展，1978年全县社会总产值8007万元，粮食总产量达到11189万斤，农民人均收入达69元，分别比1976年增长30.8%、37.4%和2.15倍，年均分别增长14.4%%、17.2%和46.6%。

二、过渡期的平稳增长阶段（1979—1988年）

1978年党的十一届三中全会召开，拉开了改革开放的序幕，中宁县历届政府认真贯彻落实党中央出台的各项政策措施，不断深化经济体制改革，经济社会全面发展，社会财富急剧增加，人民群众得到了更多改革开放的实惠。城乡居民收入不断提高，实现了跨越式增长，1978年到1988年这十年全县人民摆脱了贫困，解决了温饱，逐步走向了富裕。到1988年，全县经济社会总产值19746万元，粮食总产量达到20385万斤，分别比1978年增长2.5倍和1.8倍。1988年职工平均工资1448元，农民人均可支配收入527元，分别比1981年增长2.1倍和2.3倍。

表1　1981—1988年中宁县城乡居民收入情况表

单位：元、%

年份	城镇居民平均工资	增幅	农民人均可支配收入	增幅
1981	680	—	230	—
1982	745	9.6	293	27.7
1983	768	3.1	362	23.3
1984	846	10.2	385	6.5
1985	936	10.6	380	-1.2
1986	1111	18.7	440	15.6
1987	1241	11.7	485	10.4
1988	1448	16.7	527	8.5

单位：元/人

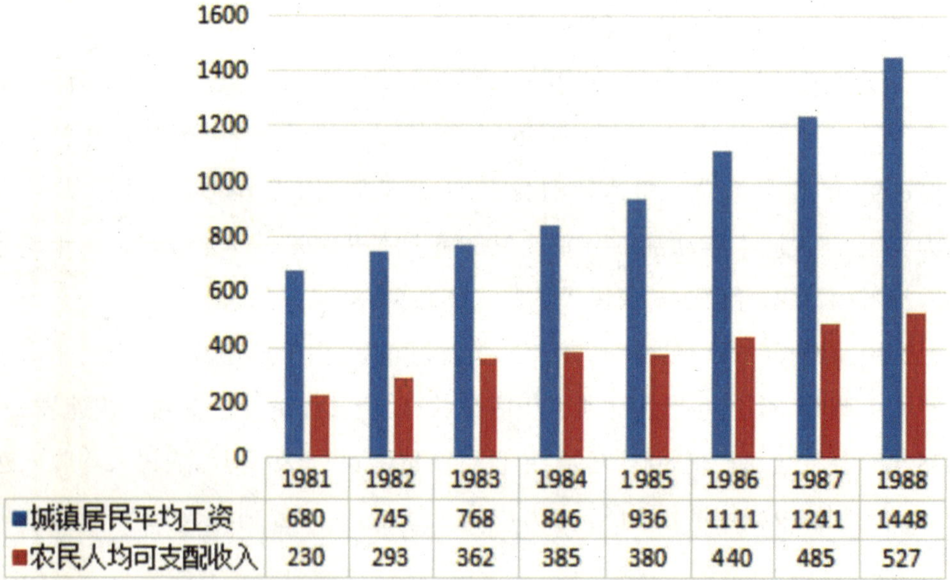

图1　1981—1988年中宁县城乡居民收入

三、高速发展阶段（1989—1999年）

随着改革开放的不断深入，中国经济围绕特区建设，积极发展商品经济，深化市场经济改革。党的十一届三中全会后，我国又进行了经济体制改革，城市中改革工资管理体制，城镇居民收入快速增长。农村中进一步强化农业基础地位，大力发展高产优质高效农业，积极调整农业产业结构，农业发展开始步入由传统农业向现代农业、粗放型农业向集约型农业、数量型农业向质量效益型农业转型的新阶段。这期间主要包括国家经济发展第八、第九个五年计划时期，党的十四大召开后，全国确定了全面建设有中国特色社会主义市场经济体系的理论。在这一理论的指导下，国家先后出台了一系列改革政策，给全县经济注入了新的活力。全县经济社会持续、稳定、健康、快速发展，城乡居民收入高速增长。1999年，城镇居民平均工资达到5850元，农村居民人均可支配收入2639元，比1988年分别增长3.0倍和3.9倍，年均分别增长13.5%和15.8%。

表2　1989—1999年中宁县城乡居民收入情况表

单位：元、%

年份	城镇居民平均工资	增幅	农村居民人均可支配收入	增幅
1989	1528	—	603	—
1990	1854	21.3	650	7.7
1991	1376	–25.8	688	6.0
1992	2252	63.7	733	6.4
1993	2652	17.8	843	15.0
1994	3244	22.3	1184	40.5
1995	4369	34.7	1510	27.6
1996	4651	6.5	1940	28.4
1997	4839	4.0	2228	14.9
1998	5544	14.6	2539	13.9
1999	5850	5.5	2639	3.9

单位：元/人

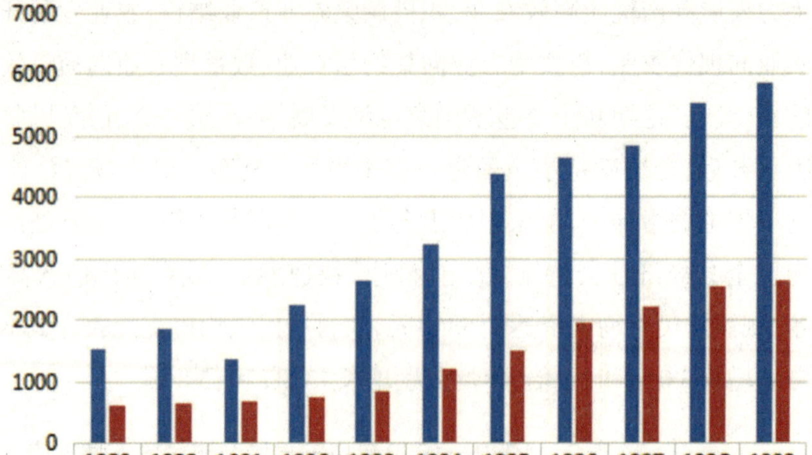

	1989	1990	1991	1992	1993	1994	1995	1996	1997	1998	1999
■城镇居民平均工资	1528	1854	1376	2252	2652	3244	4369	4651	4839	5544	5850
■农村居民可支配收入	603	650	688	733	843	1184	1510	1940	2228	2539	2639

图2　1989—1999年中宁县城乡居民收入

四、持续提高阶段(2000—2012年)

进入新世纪，尤其是2001年中央实施西部大开发以来，中宁县委、县政府更加拓宽了城乡发展，共同步入小康社会的步伐，始终坚定不移地贯彻落实党的各项经济政策。“十五”期间，全县城镇居民快速增长，城镇化率不断提高，特别是农村发生了巨大变化，中央连续出台减免农业税费、粮食直补、农机补贴、加大农业基础设施投入力度等一系列鼓励和扶持农业生产、增加农民收入的政策。全县逐步形成了粮食结构多元化、枸杞、红枣、苹果、硒砂瓜、畜牧五大特色产业规模化发展的新局面。全县枸杞种植面积由2000年的3.3万亩增加到2012年的20万亩，增长6倍，全县“优、特、新”的特色农业带动了全县农村经济发展的快速发展，特色产业的发展对持续稳定增加城乡居民收入起到了基础性的作用。2012年全县农民人均可支配收入达3997元，比“九五”末的2000年增加1349元，增长51%，年均增长3.5 %。

表3　2000—2012年中宁县城乡居民收入情况表

单位：元/人、%

年份	城镇居民人均可支配收入	增幅	农村居民人均可支配收入	增幅
2000	3755	—	2721	3.1
2001	4750	26.5	2785	2.3
2002	5390	13.5	2889	3.7
2003	5740	6.5	2857	-1.1
2004	6453	12.4	3122	9.3
2005	7117	10.3	3398	8.8
2006	7860	10.4	3700	8.9
2007	9468	20.5	4107	11.0
2008	11300	19.3	4262	3.8
2009	12476	10.3	4746	11.4
2010	13303	6.6	5434	14.5
2011	14689	10.4	6243	14.9
2012	16487	12.2	7148	14.5

中宁枸杞

五、高速增长到高质量发展阶段（2013年至今）

党的“十八大”以来，我国经济从过去主要依靠“出口+投资”拉动、以“高投入、高耗能、高污染”为主要特征的经济增长模式向更多依靠技术进步、创新推动和全要素生产率水平提高的发展模式的转变，经济发展实现了全面、均衡、绿色、可持续的高质量发展。顺应时代的发展潮流，中宁县委、政府主动适应经济发展新常态，积极推动经济转型发展升级，采取稳增长、促改革、调结构、惠民生、防风险等措施，大力促进城乡协调发展和民生改善，城乡居民可支配收入稳步增长，基本实现了居民收入增长与经济发展同步的预期目标，城乡居民之间收入差距逐步缩小，收入结构日趋合理，城乡居民生活蒸蒸日上。

（一）城乡居民收入持续增长。

2017年，中宁县城镇居民人均可支配收入25293元，比2013年增长37.5%，年均增长8.3%；农村居民人均可支配收入11245元，比2013年增长41.5%，年均增长9.1%。

单位：元/人

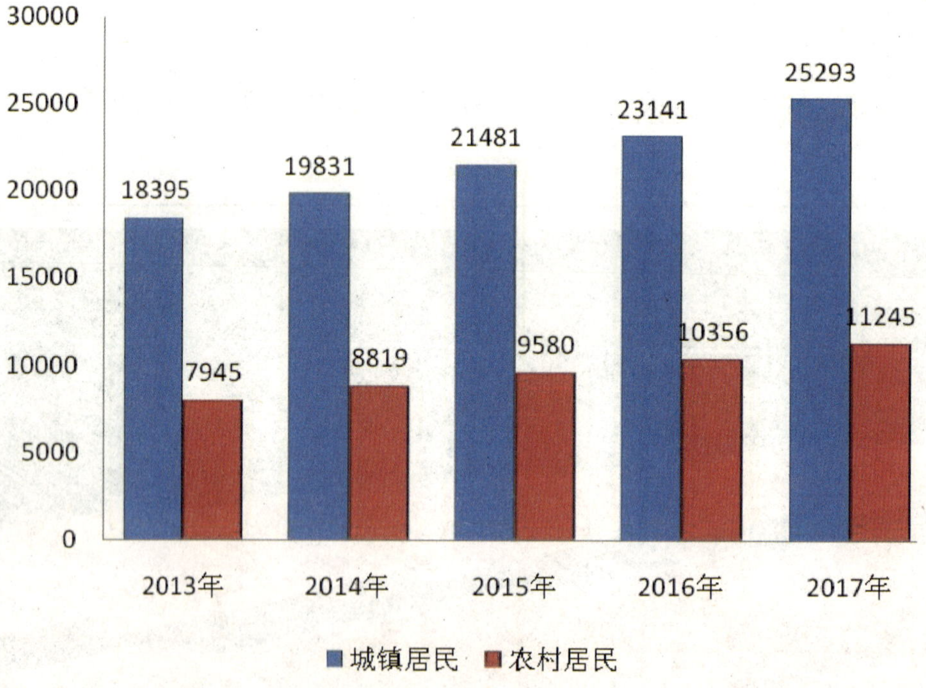

图3　2013—2017年中宁县城乡居民收入

（二）城乡居民增收趋势与经济发展同步。

5年来，城乡居民人均可支配收入增幅均高于同期GDP增幅。2013—2017

年，中宁县GDP年均增长6.2%，同期城镇居民人均可支配收入年均增速8.3%。

单位：%

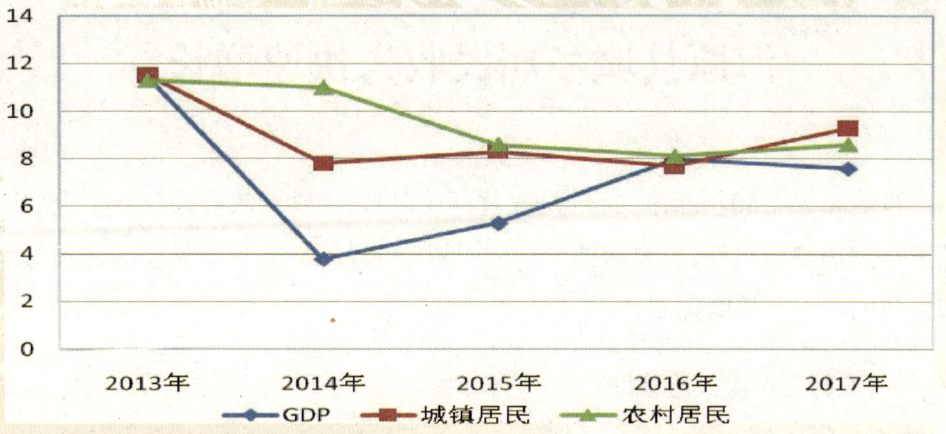

图4 2013—2017年中宁县城乡居民收入与GDP增速

（三）城乡居民收入差距进一步缩小。

中宁县不断优化收入分配制度，强化惠农支农政策，城乡统筹协调发展，城乡居民收入保持平稳增长，收入差距进一步缩小。按照城乡同口径人均可支配收入计算，城乡收入比值由2013年的2.32∶1缩小至2017年的2.25∶1。

单位：%

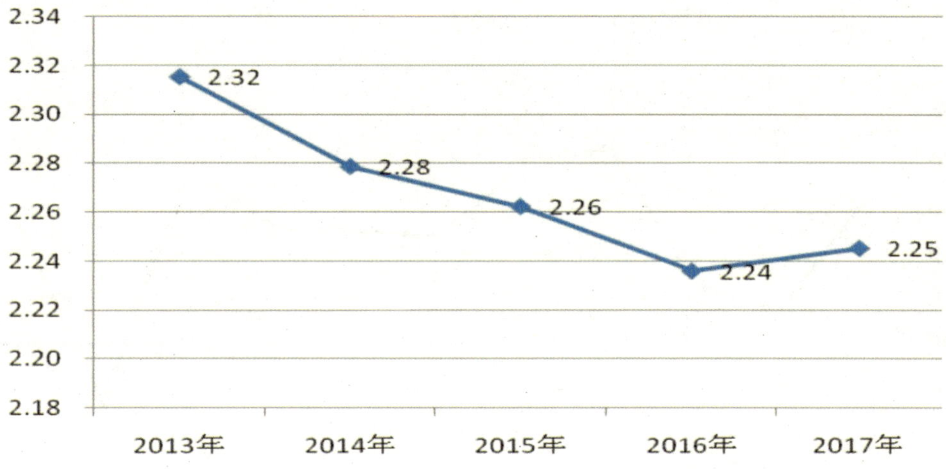

图5 2013—2017年中宁县城乡居民收入比

执笔人：李小平

海原县城乡居民收入快速增长

自治区成立60周年来，特别是改革开放以来，在党和政府的领导下，全县各族人民发扬震柳精神，负重拼搏，开拓进取，务实苦干，全县城乡经济蓬勃发展，城乡居民收入不断提高，生活水平显著提升。

一、农村居民收入显著增加

自治区成立60年来，海原县农村居民人均收入显著增长，由1958年的61元提高到2017年的7658元，60年提升了近126倍，农村居民收入显著增加，收入结构也发生了明显的变化。从数据来看，改革开放前后，农村居民差异明显。

（一）农村居民收入变动趋势。

1.改革开放前，农村居民收入起伏不断，停滞不前。受“浮夸风”“大锅饭”等影响，广大农民的生产积极性受到挫伤；“文革”期间，家庭副业和集市贸易又相继被砍掉，农村经济再次遭受挫伤。由于波折不断，收入来源单一，1958年到1978年，农村居民收入起伏不断，波动较大。

单位：元/人

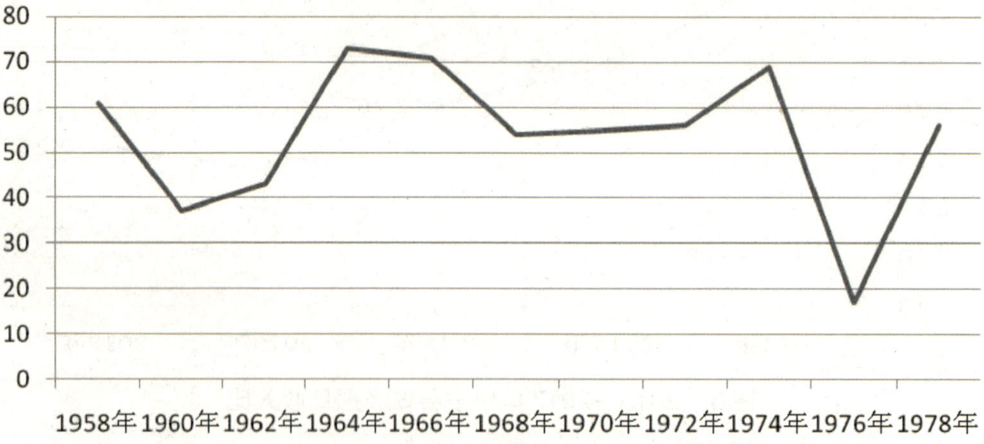

图1　改革开放前20年海原农村居民收入变化

2. 1979—1998年，农村经济复苏，农村居民收入快速增长。十一届三中全会以来，家庭联产承包责任制的实施，农村居民获得了生产经营自主权，农村居民的生产积极性提升，经济快速发展。随着农村副业的兴起，交通运输业及批发零售业等三产从业人员不断增加，农村居民的收入快速增长。

单位：元/人

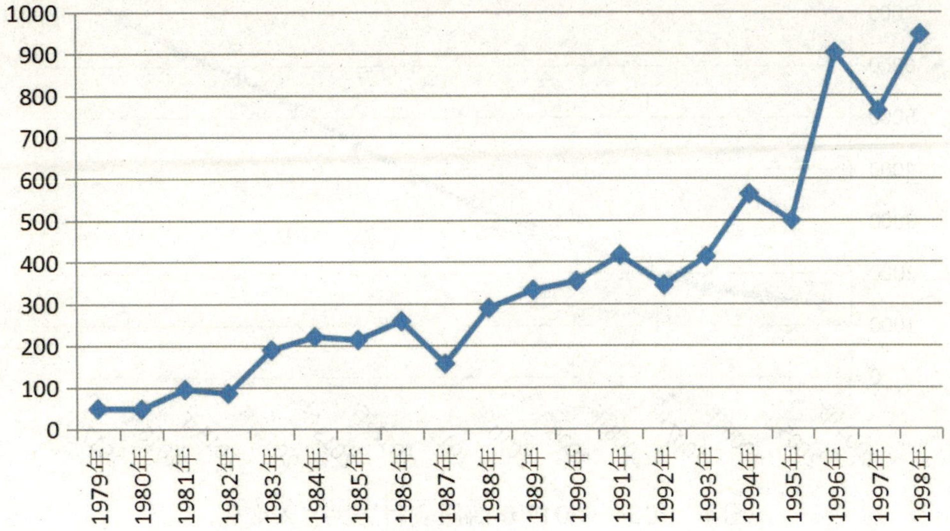

图2　1979—1998年海原县农村居民收入变化

3. 1999—2003年，农村居民收入低迷。由于农村市场化程度难以适应经济发展的需要，农产品相对过剩，价格下降，农业效益低下，这些问题导致这阶段农村居民收入增长低迷，其中2000年、2001年收入均低于1999年的1048元。

单位：元/人

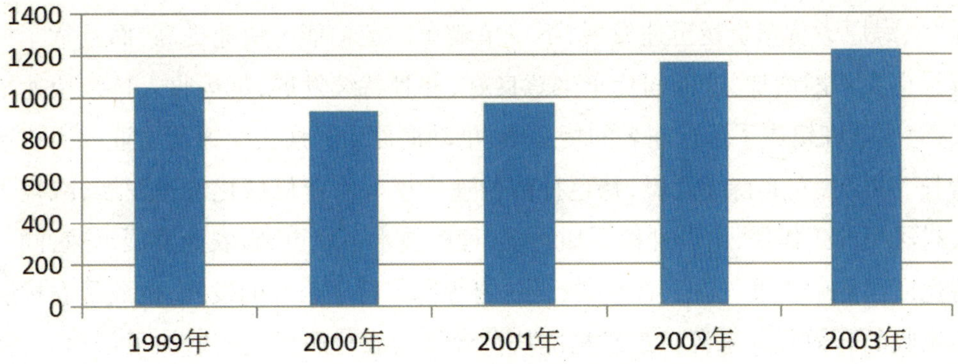

图3　1999—2003年海原县农村居民收入变化

4. 2004—2017年，农村居民收入高速增长，收入结构优化。得益于西部大开发战略的实施，同时从2004年起，中央锁定“三农”问题，明确提出促进农业发展、农民持续增收，在这期间一系列惠农政策大力实施，促进农村经济进入了快车道，农村经济快速发展，农村居民收入也高速增长，这期间农村居民收入年均增速高达14%。

单位:元/人

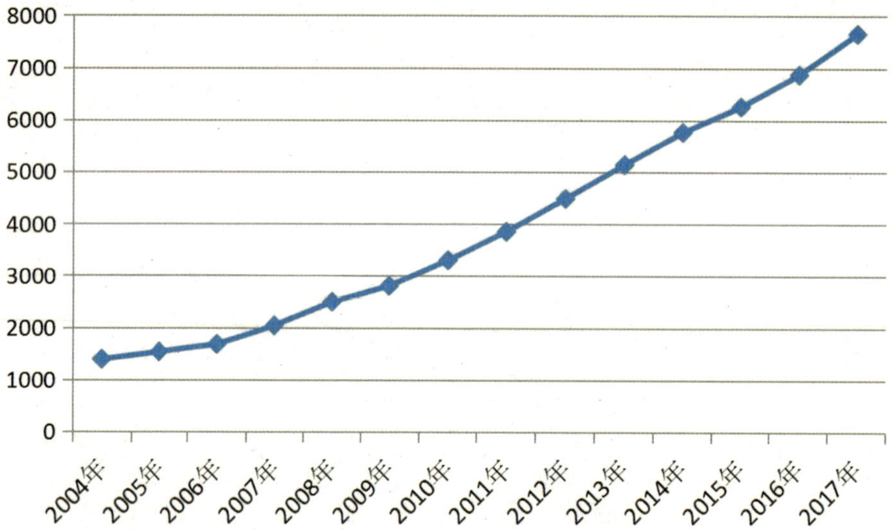

图4　2004—2017年海原农村居民收入变化

(二)农村居民收入结构优化。

在农村居民收入高速增长的这段时间,农村居民收入结构同时也不断得到了优化。首先是劳务输出,由于退耕还林政策实施,让更多的农民离开了土地,农村富裕劳动力的增加,给予了劳务输出必要的前提,劳务输出让农村居民工资性收入快速增长,并且让更多的人看到了增收的更多可能,主动离开了土地去务工,这些都推动了工资性收入快速增长。其次交通运输业快速发展,21世纪前10年,海原大货车货运迅速发展,不仅单辆车的运输能力快速提高,而且货车拥有量也在不断增加,这期间货车生意良好,并且持续发展,货运收入持续快速增长,海原李旺镇成了远近闻名的货运镇,推动海原农村居民交通运输业收入快速增长。再次,农业持续发展,特色种植快速发展。农业机械化快速发展,减轻了农村居民的工作量,由于种植更加科学,种植技术不断更新,农业发展迅速,同时特色产业如硒砂瓜、枸杞、香水梨、马铃薯等都取得了很好的发展,也成了农村居民增收的有效收入来源。最后精准扶贫政策为农村居民收入增加了新动力,精准扶贫政策的实施,在劳务输出、农牧业发展、农村基础设施建设等方面有一系列优惠政策,带动农村居民各项收入快速增加,并且一系列现金鼓励政策,直接带动了农村居民转移净收入的增加。

二、城镇居民收入显著增加

改革开放以来,海原县城镇居民收入大幅增加。2017年海原县城镇居民人均可支配收入22346元，与2003年人均4918元相比，增长了3.5倍。

1. 工资性收入迅速增长。2017年城镇居民人均工资性收入18271元，同比增长9.2%，占可支配收入的81.8%，对可支配收入增长的贡献率高达87.5%。工资性收入的快速增长，首先是因为国家机关及企事业单位职工工资多次调整，增长幅度很高，同时由于政府效能奖、民族团结奖、住房补贴、车补的发放，都较快推动了城镇居民工资性收入的增长；其次由于县城不断发展以及招商引资的加快，增加了许多就业岗位，也不断促进了工资性收入的增长。

2. 三产发展带动经营净收入增长。由于县城的持续发展，同时近几年大县城建设及棚户区改造工程提供了大量的就业岗位，吸引了越来越多的人来到了县城打工，流动人口的增加，带动了县城批发零售业及交通运输业的发展，推动了城镇居民第三产业收入的增加。

3. 财产净收入持续增长。由于流动人口的大量进入，对于出租房屋的需求快速增加，城镇居民房屋出租增加，房租收入快速增长，带动了城镇居民可支配收入的增加。

4. 转移净收入稳步增长。由于政策较好，城镇居民离退休金较快增长，同时社保的覆盖面很广，城镇居民养老金也较快增长，带动城镇居民转移净收入稳步增长。

三、城乡居民收入差距缩小

受城乡二元经济结构等因素的影响，长期以来海原县城乡居民收入差距较大。

（一）海原县城乡居民收入差距现状。

长期以来，海原县城乡居民收入差距较大，2003年，海原县城乡居民收入比高达4.1，城乡收入差距十分明显。海原县城乡居民收入差距较大主要是受城乡二元经济模式的影响，同时，海原农村经济基础薄弱，长期以来农村居民增收只能依靠农牧业，收入来源单一，也是海原城乡居民收入差距较大的主要因素。

长期以来，党和政府十分重视农村地区的发展以及农村居民的收入增长，对于城乡居民收入差距较大的问题也十分重视，多年来制定了一系列优惠政策努力推动农村经济发展，加快农村居民收入的增长，城乡居民收入差距在不断缩小。截至2017年，海原县农村居民人均可支配收入7658元，城乡收入比2.9，城乡居民收入差距3时代。

单位：元/人

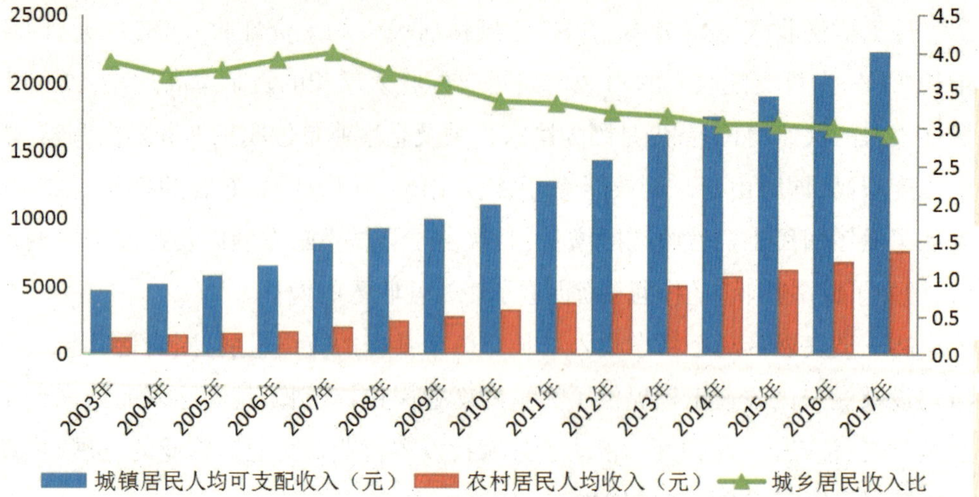

图5　海原县城乡收入比变化情况

（二）海原县城乡居民收入差距逐步缩小的主要原因。

城乡收入差距的缩小，是全面建设小康社会的重要内容。中国要强，农业必须强；中国要美，农村必须美；中国要富，农民必须富。长期以来政策推动有力，如21世纪初的“三农政策”，以及后来的农业税费改革、正在实施的精准扶贫政策以及已经开始的乡村振兴战略，都给予了农村地区经济发展强力的动力，海原县农村居民狠抓机遇，撸起袖子加油干，加快了农村地区经济的发展，农村居民收入也在不断增长，

1. 工资性收入加快成为缩小城乡收入差距的主要因素。2017年农村居民人均工资性收入3562元，同比增长19.3%，工资性收入的快速增长是缩小城乡收入差距的主要因素。

2. 一系列惠农政策有力推动。近几年在农牧业发展，出台了一些惠农政策，这些政策的实施，不仅增加了农村居民种植养殖的积极性，提高了农牧业的收入，并且直接增加了农村居民转移性收入。

3. 城乡一体化改革的推动。随着城乡一体化的推进，城乡居民养老医疗社保差距消除，直接缩小了城乡居民收入差距。

执笔人：李磊

60年来银川市城乡居民消费实现跨越式发展

光阴荏苒，沧海桑田。60年来，在中国共产党的正确领导下，在党的民族区域自治政策光辉照耀下，银川市经济社会发生了翻天覆地的变化。特别是改革开放40年来，银川市经济发展迅猛，城乡面貌焕然一新，人民生活蒸蒸日上，城乡居民消费能力节节攀升，消费结构持续优化，人民生活质量显著改善，实现了从温饱到小康的历史跨越。

一、城乡居民消费呈现跨越式发展

（一）城乡居民消费水平逐年增长。

2017年，银川市城镇居民人均消费支出23124.5元，比1958年增长109.1倍，60年间年均递增8.3%。农村居民人均消费支出11507.3元，比1978年增长102.7倍，40年间年均递增12.6%。

（二）恩格尔系数持续下降。

2017年，银川市城镇居民人均食品烟酒支出6178.9元，比1958年增长91.5倍，年均递增8.0%。恩格尔系数由1958年的60.0%下降至2017年的25.7%。2017年，银川市农村居民人均食品烟酒支出3218.4元，比1978年增长47.2倍，年均递增10.0%。恩格尔系数由1978年的71.2%下降至2017年的28.0%。恩格尔系数的下降标志着银川市城乡居民生活水平的进一步提高。

二、城乡居民消费结构趋于合理化

六十年来，随着城乡居民收入大幅增长，居民消费支出全面升级，由追求数量向追求质量转变，由生存型消费向发展型消费转变，并实现了向享受型消费质的飞跃。

（一）1958—1978年，城镇居民生活处于温饱阶段。

从1958年自治区成立到1978年的前20年，由于“文革”和三年自然灾害的影响，整个国民经济几乎到了崩溃的边缘。银川乃至全国的食品和轻工产品严重短缺，市场消费品供应严重不足，主要商品普遍凭票供应，居民家庭消费变化只是反映了当时的市场供应状况。1958—1978年，银川市城镇居民恩格尔系数在58%左右。这一时期，人民生活在温饱线上长期徘徊。1978年,银川市城镇居民人均消费支出306.1元，比1958年增长45.8%，20年间年均仅增长1.9%。其中，人均吃穿占消费性支出的比重为73.3%，比1958年仅回落3.0个百分点。20年间，城镇居民长期处于消费结构的低级阶段，整体上处于温饱状态。

（二）1978—2018年，城乡居民生活实现跨越式发展。

收入支撑消费，消费承托着生存、发展与享受。随着银川市城乡居民收入逐年提高，城乡居民生活质量逐步得到改善，并呈现出明显的阶段性特征。大体可分为三个阶段：第一阶段，1978—1993年，温饱型消费向多样性转变；第二阶段，1994—2009年，发展型消费快速增长；第三阶段，2010—2018年，享受型消费提档升级。

1. 1978—1993年，温饱型消费向多样性转变。这一阶段的城镇居民生活消费从300多元跃升至2000多元，农村居民生活消费接近1000元。随着产品日益丰富，供应量的充足，城乡居民物质生活更是极大地丰富。食品消费开始多样化，食物结构逐步优化，肉、禽、蛋、食糖等副食品消费量逐年增加。衣着消费由改革开放前的“新三年、旧三年、缝缝补补又三年”向品牌化个性化发展。1993年银川市城镇居民人均消费支出2160.0元，比1978年增长6.1倍，年均递增13.9%；吃穿占消费支出的59.5%，比1978年下降13.8个百分点。农村居民人均消费支出955.0元，比1978年增长7.6倍，年均递增15.4%；吃穿占消费支出的55.7%，比1978年下降38.0个百分点。这表明吃穿仍然是当期的主要消费方向，但城乡居民消费从“吃好穿暖”逐渐向“食品多样化、衣着品牌化”方向发展，消费结构由数量扩张型转向质量提高型。1993年银川市城镇居民人均购买粮食数量102.2千克，比1984年减少52.6千克；人均购买副食品消费支出668.2元，比1984年增长3.2倍。衣着消费由“自制化”向“成衣化”转变。1993年银川市城镇居民人均服装消费377.2元，占衣着消费支出的比重比1984年提高29.4个百分点；人均购买衣着材料占衣着消费支出的比重比1984年下降15.2个百分点。

2. 1994—2009年，发展型消费快速增长。这一阶段，城镇居民消费从2000多元突破万元大关，农村居民消费接近5000元。随着通信产业快速发展，国家进行医疗制度改革，居民更加关注子女的教育和个人健康。2009年银川市城镇居民人均消费支出12271.8元，比1994年增长4.7倍，年均递增12.3%。城镇居民人均发展型（医疗保健、交通通信和教育文化娱乐服务）消费支出4252.0元，占消费性支出的比重比1994年提高21.8个百分点。农村居民人均消费支出4817.0

元，比1994年增长3.1倍，年均递增9.9%。农村居民人均发展型消费支出1351.3元，占消费性支出的比重比1994年提高14.2个百分点。

（1）城乡居民追求精神富足，家庭“旅游、教育”投入增大。重视对教育的投入，精神文化生活需求向健康型和知识型发展，旅游、健身、娱乐已成为居民家庭业余生活消费的主流，有力地助推了居民教育文化娱乐消费支出的增长。2009年银川市城镇居民人均教育文化娱乐支出1416.8元，比1994年增长5.7倍。农村居民人均教育文化娱乐支出526.1元，比1994年增长14.2倍，年均增长19.9%。

（2）医疗保健需求旺盛，消费支出成倍增长。随着城乡居民生活水平的提高和医疗体制改革，居民注重自我养生、保健意识增强，购买保健品、体检等成为常态。2009年银川市城乡居民人均医疗保健支出分别为1092.7元和312.5元，比1994年增长了14.4倍和3.0倍。

（3）交通通信消费支出大幅增长，农村高于城镇。家用汽车进入百姓家中，电子产品更新换代，特别是互联网的普及极大地刺激了城乡居民信息通信消费，致使居民家庭用于通信消费日益增加。2009年银川市城镇居民人均交通通信支出1742.0元，比1994年增长15.7倍，年均递增20.6%，占消费性支出的比重由1994年的3.4%提高至2009年的14.2%，提高了10.8个百分点。农村居民人均交通通信消费支出512.7元，是1994年的9.5倍，年均递增17.0%，占消费性支出的比重由1994年的4.2%提高至2009年的10.7%，提高了6.5个百分点。2009年银川市城镇居民每百户拥有摩托车、助力车17.7辆、汽车5.4辆、家用电脑55.6台、接入互联网计算机42.9台、移动电话175.2部。

3. 2010—2017年，享受型消费提档升级。人们对汽车、商品房等显示家庭“装备”水平现代化、时尚化、高价值化的需求日趋旺盛，居民消费档次逐级提高。2017年银川市城镇居民人均消费支出23124.5元，比2010年增长了43.1%，年均递增5.2%。农村居民人均消费支出11507.3元，比2010年增长1.3倍，年均递增12.6%。2017年银川市城镇居民享受型（居住、家庭设备用品及服务、其他商品和服务）人均消费支出6330.0元，比2010年增长1.1倍，年均递增11.2%。农村居民人均享受型消费支出3102.0元，比2010年增长96.1%，年均递增10.1%。

（1）居住更加宽敞明亮。居民住房条件显著改善，住房质量明显提高，这是居民生活质量提高的一个重要标志。2017年银川市城镇居民人均居住支出4263.7元，比2010年增长1.9倍；人均住房建筑面积28.9平方米，比2010年增加2.5平方米。从住房产权看，住房私有率率达91.7%;从室内居住条件看，配套设施日臻完善，生活更加快捷方便。2017年农村居民居住钢混、砖混结构的房屋占

51.2%，比2014年增加9.9个百分点。

（2）耐用消费品不断升级。2017年银川市城镇居民每百户拥有空调29.2台，比2010年增加18.5台。计算机81.3台，比2010年增加23.9台。其中，接入互联网计算机70.9台，比2010年增加27.7台。2017年银川市农村居民每百户拥有电冰箱101.8台，比2011年增加42.2台。热水器82.2台，比2011年增加57.4台。2010—2017年银川市城乡居民每百户耐用消费品拥有量见下表：

表1　2010—2017年银川市城乡居民每百户耐用消费品拥有量

指　标	单位	城镇		农村	
		2017年	2010年	2017年	2011年
汽车	辆	37.9	7.1	38.2	—
摩托车	辆	8.4	8.1	68.6	77.4
助力车	辆	35.9	19.4	79.4	—
洗衣机	台	99.03	92.9	104.5	96.5
电冰箱	台	98.6	91.3	101.8	59.6
微波炉	台	67.8	55.8	19.8	12.9
彩色电视机	台	100.8	104.2	115.5	122.8
热水器	台	95.7	86.5	88.2	30.8
空调器	台	29.2	10.7	1.1	1.3
固定电话	部	19.1	56.5	5.8	30.9
移动电话	部	244.5	188.4	279.1	226.4
计算机	台	81.31	57.4	30.8	15.1
#接入互联网	台	70.9	43.2	11.1	—
照相机	架	29.60	22.3	5.4	4.7
中高档乐器	台	7.20	2.6	0.3	—

注：1. 城镇居民1978—2009年人均消费性支出为老口径数据，2010—2017年为新口径数据。
2. 农村居民人均消费支出1958—1977年为老口径数据。

执笔人：姬晓怡

永宁县城乡居民消费升级 生活水平蒸蒸日上

自治区成立60年来，永宁县委、县政府认真贯彻执行党和国家的各项方针政策，积极稳妥地推进各项改革，全县国民经济得到平稳、较快发展，人民逐渐富裕，城乡居民生活水平明显提高，生活质量进一步改善，居民消费结构日益多元化，消费形态向教育、医疗、旅游等服务领域延伸。

一、城镇居民消费质量逐年提高，消费结构发生显著变化

(一)城镇居民消费水平进一步提高。

随着城镇居民收入水平的大幅度提高，消费支出也持续增长，消费水平显著改善，城镇居民生活发生了天翻地覆的变化。2017年永宁县城镇居民家庭生活消费21052.3元，是2006年的3.4倍。

(二)城镇居民消费结构向发展型和享受型方向发展。

改革开放以来，特别是进入全面建设小康社会新阶段，城镇居民的生活质量由量的需求转变为质的飞跃，人们在满足高质量的物质生活的同时，开始追求更高层次的对美好生活的精神文化需求，居住、交通通信、文化娱乐、医疗保健成为了新的消费热点。

1. 住的更宽敞明亮。40年来，随着城市建设的飞速发展，永宁县民用住宅建设速度步伐加快，“住房”不再只是吃饭睡觉、遮风避雨的栖身之所，而是人们休养生息、享受生活的“安乐窝”。2017年永宁县城镇居民人均住房建筑面积为33.8平方米，住房结构功能齐全，居住环境迅速改善。具有现代化设施的商品住宅小区星罗棋布，小区内外各种便民配套设施一应俱全，有的小区还修建了凉亭、花坛、喷水池、设置了健身器材、石桌凳等设施供人们休闲娱乐，给人们的生活增添了乐趣和色彩。居民拥有了自己的住房后，更讲究房屋的舒适安逸、陈设美观，老住房旧貌换新颜,新房屋装修得豪华漂亮的家庭越来越多，使居住消费支出大幅度增长，2017年永宁县城镇居民人均居住支出为3067.0元，比2006年的618.4元增长了4倍。

2. 交通通信更便捷。近年来永宁县的交通、通信事业得到了迅猛地发展：公交车多、电动车多、私家车多已经成为了城镇的一道“风景线”，截至2017年底，永宁县平均每百户城镇居民拥有私家车17辆，摩托车8辆，助力车18辆，远高于2006年的水平；手机几乎是人手一部，智能手机已经成为了现代生活的“标配”，移动上网、快捷支付、网上购物只需动动指尖就可以实现，极大地方便了居民的生活。

3. 文化旅游消费成为新亮点。城镇居民收入持续增长，促进人们开始追求更高层次的精神生活。在酒吧、健身房、KTV、书店、生态度假村丰富自己的业余生活，利用“双休日”“黄金周”和“小长假”进行短、长途旅行，特别是随着在职人员带薪休假政策落实到位，国内的短、长线游以及国外旅游已经成为了城镇居民新的消费亮点。

4. 医疗保健意识增强。随着医疗卫生事业的长足发展、医疗服务水平的提高，城镇居民保健意识不断增强。随着国家医疗制度的改革，从建立健全城镇职工基本医疗保险制度、城镇居民基本医疗保险制度，到新型农村合作医疗制度，再到遍及城乡的卫生服务体系，实现了全民医疗保险，公共医疗卫生事业的公益性得到较好的诠释，“人人享有基本医疗服务”成为现实。过去“大病小治、小病不治”的现象有了较大改变。2017年永宁县城镇居民人均医疗保健支出1577.2元，占消费支出的比重为7.5%。

二、农村居民生活质量显著改善

农村居民收入持续增长，农村消费结构和消费环境发生了显著变化，农村居民生活水平由贫困到温饱，正快步向全面小康迈进。农村居民家庭生活消费支出从1985年的384.3元，提高到2017年的10093.6元，增加了9709.3元，年均增长10.8%。如图1所示。改革之前20年，永宁县农村居民收入完全依靠农业，但由于“左”倾错误思想的干扰，农业发展长期徘徊不前，农村居民收入增长缓慢，农村居民生活始终处于贫困状态。农村居民靠天吃饭，在温饱线上挣扎。经过改革开放60年的发展，永宁县农村经济生活明显改善，过去满足基本生存需要的“吃、穿”所占比重明显下降，居住、文化娱乐、交通通信等服务型性支出比重明显增长。

单位：元/人

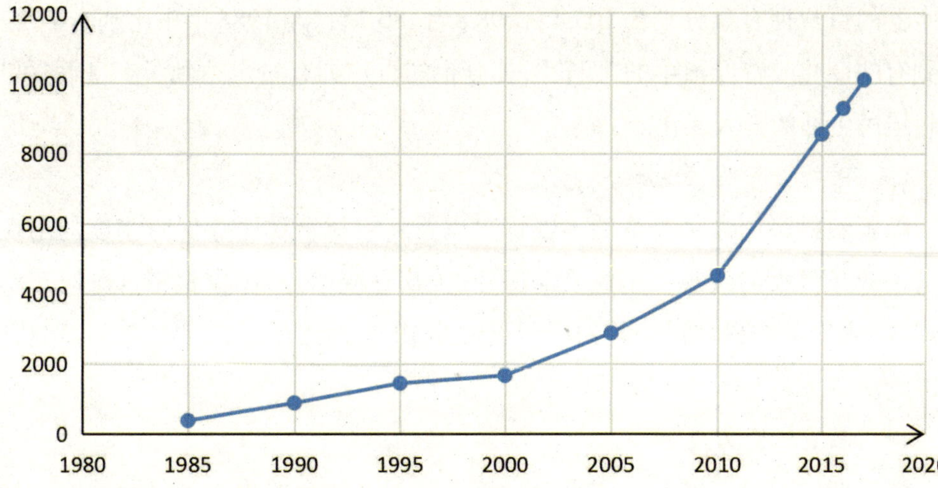

图1　永宁县农村居民家庭生活消费支出

(一)饮食种类多样化。

改革开放以后，农村居民由原来的粗茶淡饭转变为讲究吃好、档次提高、营养丰富。2017年，食品消费支出2583.9元，比1985年增长了10.5倍。农村居民餐桌上的肉类、蔬菜、水产品比重增加，内容丰富，饮食结构发生了明显变化。同时经济的高速发展，增加了人们的社会交往和外出就业机会，在外饮食也成了农村居民消费热点，2017年底，人均达到252.7元，占食品消费支出的8.1%。

(二)衣着消费成衣化时尚化。

随着收入增加，农村居民更加注重衣着打扮，"缝纫机""针线活"的时代已经一去不复返。而今，衣着的多元化、时尚化是农村居民的消费主流，农村居民的穿着讲究，面料高档、款式新颖的成衣是多数农村居民的首选。2017年，农村居民人均衣着消费872.5元，比1985年增加了824.3元，增长了17倍。

(三)居住条件明显改善。

30年前，农村居民住房条件较差，房屋简陋，以麦草土坯为主要建筑材料。如今，大多农村居民都搬入了中心村的楼房，未搬入楼房的农村居民也翻新了原有住房，以砖混材料和砖瓦砖木为主要建筑材料。2017年底，人均住房面积达到33.8平方米，比1985年增加了20.1平方米。

(四)耐用消费品进入寻常百姓家。

改革开放以来农村居民的购买力也有了质的飞跃。手机作为现代人必不可少的通信工具，是人们生活的重要组成部分，2017年末每百户拥有移动电话

281.1部,社会的进步速度着实让人惊叹。此外截至2017年底,洗衣机、电冰箱、热水器的百户拥有量分别为105.4台、98.8台、80.7台,与1985年相比基本都是从无到有的变化。曾经稀罕的“四轮”,如今也的百户拥有量也达到了43.4辆,可见农村居民生活的喜人变化。

(五)医疗条件明显改善。

随着农村医疗体系改革的不断深入以及新农村合作医疗保障制度的出现,农村医疗条件大为改观。小病及时医治,大病住院治疗,国家报销部分医疗费。2017年,永宁县农村居民人均医疗保健支出1018.4元,比1985年的2.6元增长了390.7倍。

(六)教育投资力度加大。

新时期的农村居民更加注重自身培训和子女教育的投入,以便增强自身的工作能力和子女适应社会的能力,学文化、学技术的氛围已在新时期的农村形成。2017年,永宁县农村居民人均文化教育支出952.4元,比1985年的4.4元增长了215.5倍。

执笔人:付冰宇

贺兰县城乡居民消费60年变化

自治区成立60周年特别是改革开放40周年以来，贺兰县社会经济同全国一样发生了翻天覆地的变化，城乡居民收入水平实现跨越式发展，人均消费支出成倍增长、消费结构进一步优化、城镇居民消费向富裕型迈进等变化，显现了城乡居民过上富裕的日子。

一、城镇居民消费全面增长

自1978年之后，中国经济开始发展，贺兰县城镇居民恩格尔系数逐渐下降，这既体现了城镇居民用于食品方面的支出在总消费支出中所占的比例逐渐减少，也说明了人们过上了更加富裕的日子。改革开放以来，城镇恩格尔系数比农村的低很多，说明生活在城镇的人们比生活在农村人的消费水平和生活质量要高，2017年贺兰县城镇居民的恩格尔系数为27%，城镇居民生活质量进一步提高。

单位：%

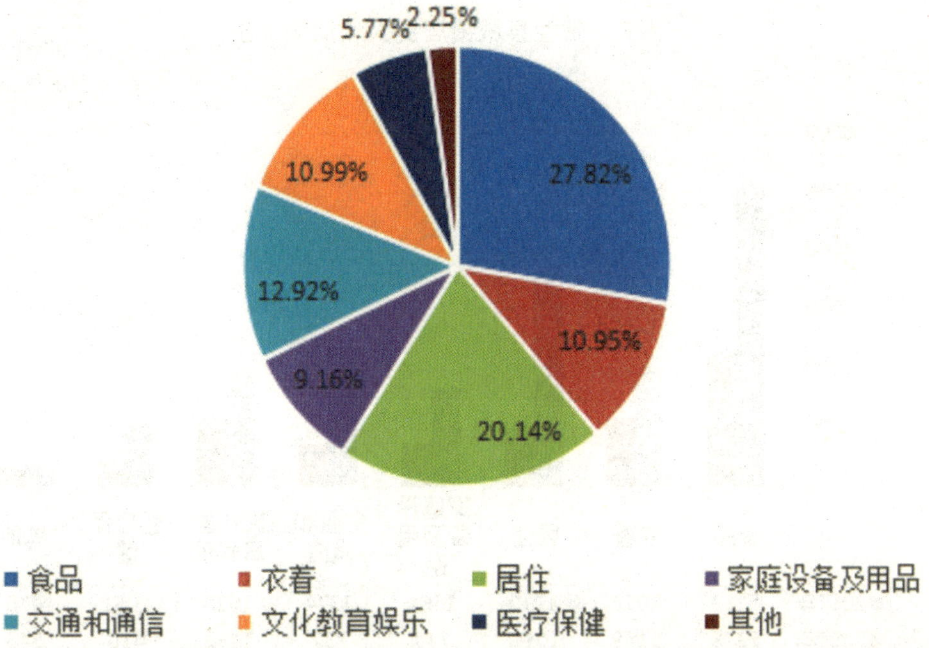

图1　2017年贺兰县城镇居民人均消费支出

（一）八大类消费支出全面增长。

2017年城镇居民消费支出为18376元，比2007年增加了10525元，增长1.3倍。其中食品支出为5112元，增长1.2倍。衣着支出为2012元，增长72.11%。居住支出为3699元，增长2.7倍。家庭设备及用品支出为1684元，增长1.27倍。交通和通信支出为2374元，增长2.2倍。文化教育娱乐支出为2020元，增长75.3%。医疗保健支出为1061元，增长1.6倍。其他用品及服务支出为413元，增长20.4%。

单位：元/人

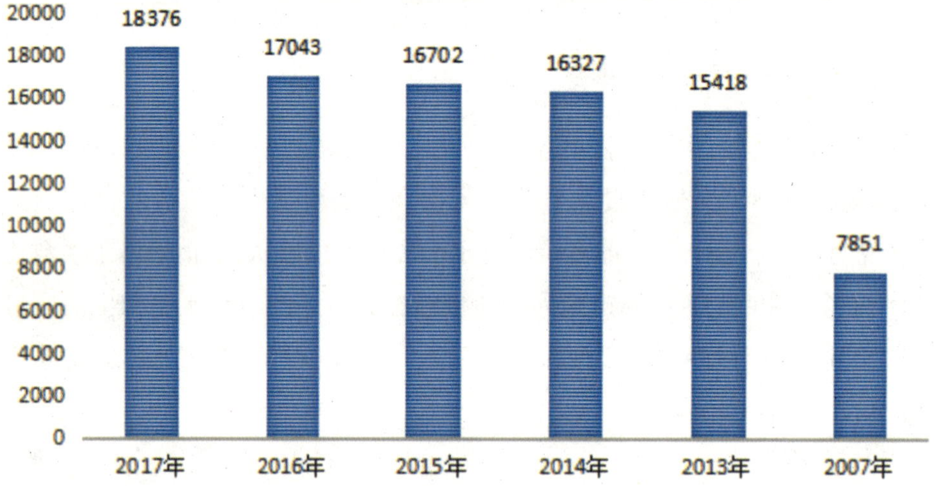

图2　贺兰县城镇居民人均消费支出

单位：元/人

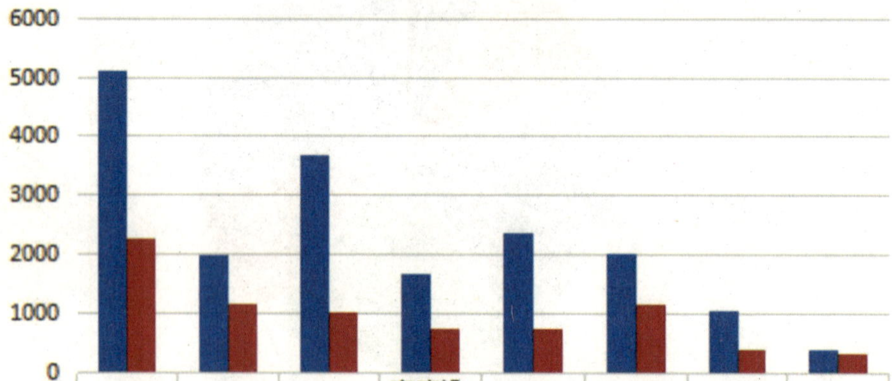

	食品	衣着	居住	家庭设备及用品	交通和通信	文化教育娱乐	医疗保健	其他
■2017年	5112	2012	3700	1684	2374	2020	1061	413
■2007年	2288	1169	1010	743	737	1152	410	343

图3　贺兰县2007年和2017年城镇居民消费支出

（二）消费结构优化，生活质量明显改善。

贺兰县城镇居民消费结构逐步优化，只顾吃饱穿暖的消费在县城已销声匿迹，城镇居民开启了小康消费模式，并向享受型消费迈进。较高的收入水平会激发新的消费需求，而需求层次的提升，会进一步增强消费者对消费品质量与安全程度的关注。

1. 食品消费呈现多样化，恩格尔系数提高。2017年，城镇居民人均食品支出5112元，同比增加380元，增长8.0%。自2007年以来，贺兰县城镇居民饮食消费的特点注重营养和健康，精米和白面的消费量明显下降，豆制品、薯类、小杂粮、水果及蔬菜等营养产品的消费量增加。饮食消费的社会化程度也明显提高。在外饮食支出快速增加，城镇居民饮食消费更趋合理化、营养化。

2. 衣着消费更趋时尚化，基本生活消费逐渐弱化。城镇居民收入的增加，他们更注重衣着的品质，逐渐追求品牌化、个性化。虽然城镇居民的衣着消费支出增加，但衣着消费占消费支出的比重下降，由2007年占比14.9%下降到2017年11.0%。

3. 居住消费增加，占消费支出的比重提高。居民在完成了家用电器“以旧换新”的消费革命后，在家庭装修方面也启动新一轮的消费刺激。2017年城镇居民居住消费支出为3700元，同比增加了474元，增长14.7%。其中租赁房房租支出为119元，同比增长88.7%。住房维修及管理支出为449元，同比增长1.3倍。水电燃料及其他支出为1357元，同比增长11.0%。城镇居民生活水平的日益提高，不仅满足于房屋面积的增加，而对居住环境提出了更高的要求，进一步推升了居住类消费的增加。同时，居住消费占消费支出的比重由2007年12.9%提高至2017年20.1%。

4. 医疗保健意识提高，医疗费用快速增长。伴随着我国市场经济的循序渐进的发展，政府取消了毕业后直接安排工作、就业后免费或低价分房等的政策。取而代之的是医疗保险及养老保险以社会为导向和除义务教育外教育收费市场化等改革新政。随着生活水平的提高，人们的保健意识也在提高，医保制度的深入实施以及医疗价格的上涨也促使城镇居民医疗保健支出增加。2007年城镇居民医疗保健支出仅仅为410元，2017年医疗保健支出达1061元，增加651元，增长1.6倍。

5. 交通和通信支出增长。随着城镇居民生活水平的提高，家庭交通工具迅速发展，互联网使用率不断提高，带动交通通信支出快速增长。2017年，城镇居民交通和通信消费支出为2374元，占消费的12.9%，比2007年增加1637元，增长

2.2倍。

二、农村居民消费改善明显

改革开放以后，贺兰县农民收入持续增长，农村消费结构结构和消费环境发生了显著变化，农村居民生活水平由贫困到温饱，进入向小康富裕平稳过渡的良性发展轨道。农民人均生活消费支出从1983年的309.8元，提高到2017年的13278.2元，增加了12968.4元，年均增长11.7%。贺兰县不断推进农业供给侧结构性改革，持续稳定促进农民增收，农村居民消费能力进一步提升，消费结构不断优化。随着贺兰县农村居民收入的持续增长，居民的生活水平和生活质量不断提高，居民的消费结构、消费水平和消费方式也发生了较大变化。服装鞋帽类、肉蛋禽类、烟酒类和粮油类等居民生存型消费继续延续增速放缓的态势；与此相反，金银珠宝、化妆品和家用电器、轿车等享受型消费则持续保持稳定增长的态势。

单位：元/人

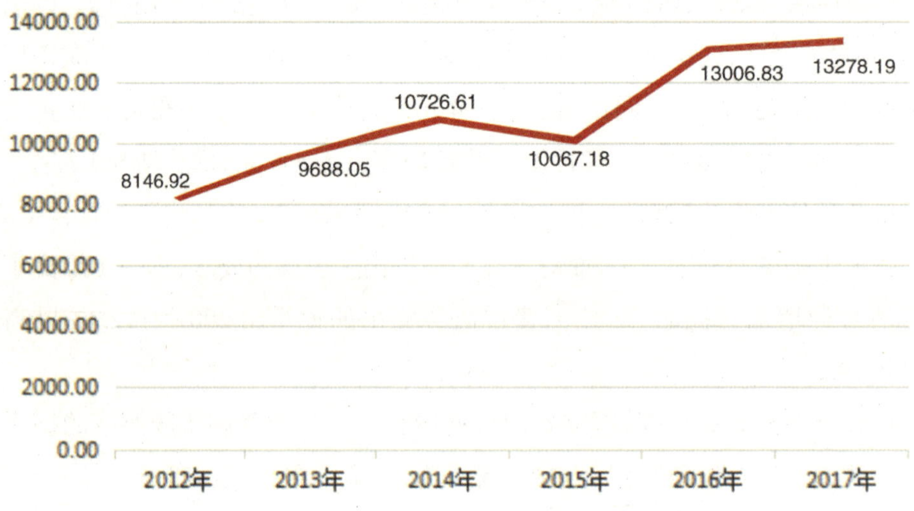

图4　贺兰县2012—2017年农民人均生活消费支出

（一）生存型消费稳步增加。

随着经济的增长与社会的发展，农民提升了消费水平，改善了生活条件。农村居民生活水平的提高，对生活质量要求的不断提高，生活用品及服务消费增长迅猛。时代的进步将整个社会的贫困线与平均生活水平提升到了新的高度。能够吃饱、穿暖、看电视，甚至农民阶层家庭的厨房开始装备煤气与电磁炉等，是经济发展与社会进步等赋予的基本生活条件。随着土地的流转与村落住房的楼阁化，农民阶层的生存性消费继续扩展。农村居民消费水平不断提高，居住条件更加完善。2017年农民人均生活消费支出为13278.2元，其中食品支出为3802.6元，衣着支出为1016.8元，居住支出为2639.6元。居住、交通通信、医疗保健、食品烟酒、衣着、生活用品及服务、其他用品和服务支出稳步增长。其中：食品支出占八大类消费支出的28.6%，仍然是影响消费水平的主力军；居住支出占消费支出的19.9%，这组数据表明，住房消费已成为家庭消费的热点。

单位：%

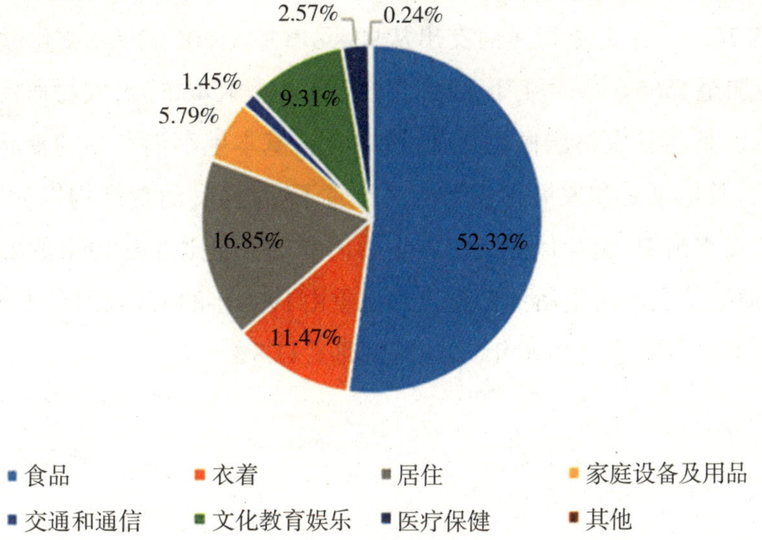

图5　贺兰县1990年农民人均生活消费支出

单位：%

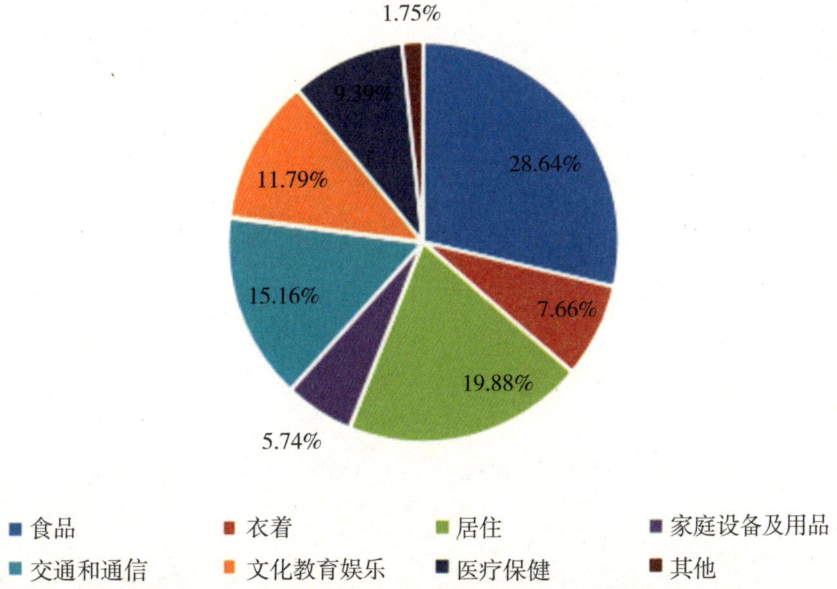

图6　贺兰县2017年农民人均生活消费支出

(二)享受型、发展型消费持续增长。

进入21世纪以来,短缺经济日渐消除,在住房、交通、通信和教育消费的带动下,掀起了新一轮消费结构升级,增长的消费不仅仅分布在吃、穿、家电等消费领域里,而且更多地投向住房、交通、通信和教育领域,消费多元化增长趋势越来越明显,消费水平快速提高。移动电话、家用电脑、数码电子产品等大量进入家庭,家用轿车消费也开始启动,教育消费支出明显上升,讲究品牌、要求舒适、追求个性的享受性消费逐步显现。家庭设备及用品支出由1990年的39.5元增加至2017年的762.1元;交通和通信支出从9.9元增加至2013.2元;文化教育娱乐由63.5元增加至1565.6元;医疗保健由17.5元增加至1246.5元,农村居民消费结构逐步改善。贺兰县农村居民生活消费结构中,基本生存消费中的食品支出比重逐年增长,其他享受和发展性消费支出比重不断提高,消费结构持续优化。如:在生活消费支出中,医疗保健支出占生活消费支出的比重由1990的2.6%提高到9.4%;交通通信支出占生活消费支出的比重由1990年的1.5%提高到15.2%;文化教育娱乐支出占比重由1990年9.3%提高到了11.8%。

执笔人:李怡

灵武市城乡居民60年生活巨变

宁夏回族自治区成立60周年来，尤其改革开放以来，灵武经济快速发展，社会面貌发生着日新月异的变化，城乡居民收入水平不断提高，生活质量明显改善，幸福指数节节攀升。

2017年灵武市城镇居民人均生活消费支出19415元，较2005年增加13063元，增长3倍；2017年农村居民人均生活消费11318元，较1990年增加10734元，增长19.4倍。（见图1、图2）。

单位：元/人

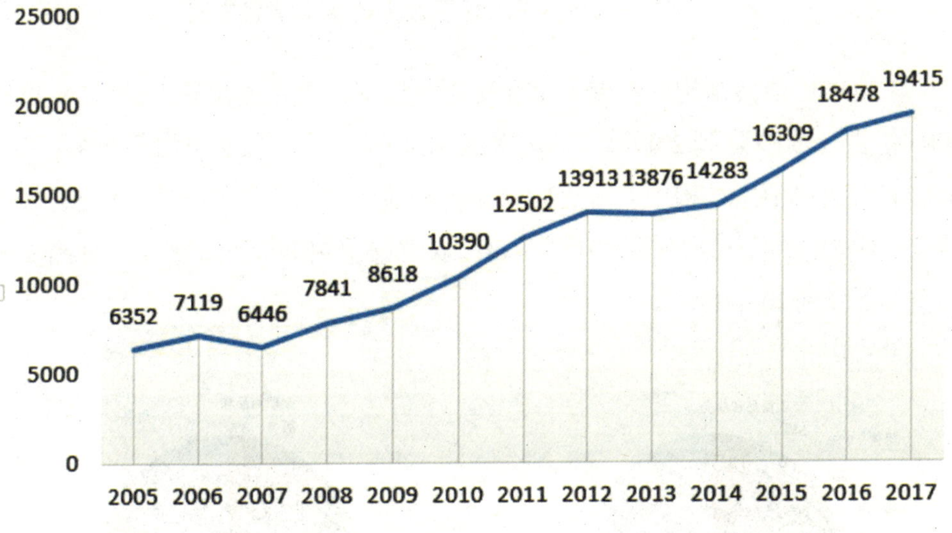

图1 2005—2017年城镇居民人均生活消费支出

单位:元/人

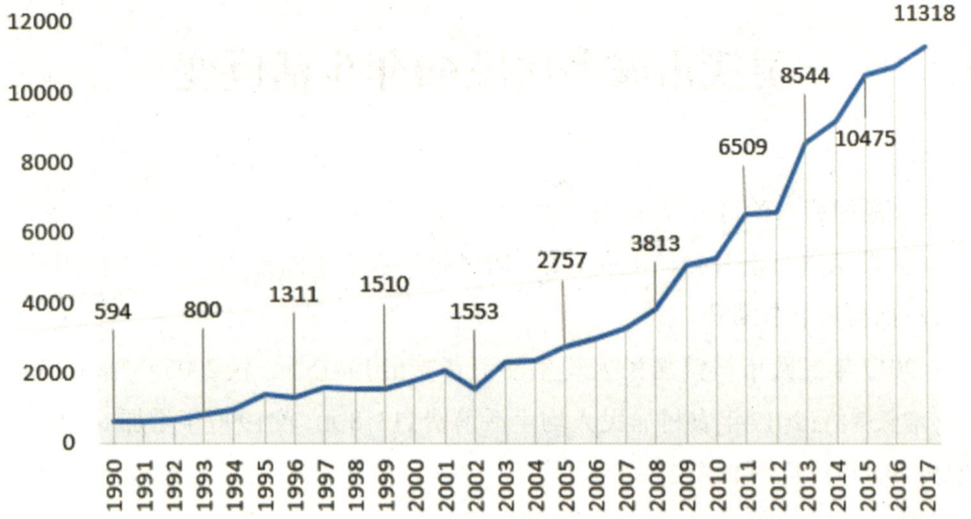

图2　1990—2017年农村居民人均生活消费支出

城镇居民消费结构中食品支出和交通通信支出占比变化最大,食品支出从2005年占比30%降到2017年17%,交通和通信支出从12%增加到28%(见图3)。农村居民消费结构中衣着、食品、交通和通信支出占比变化明显,交通和通信支出由1990年3%增加到2017年16%,衣着支出由18%下降到6%,食品支出由30%下降到20%。(见图4)

单位:%

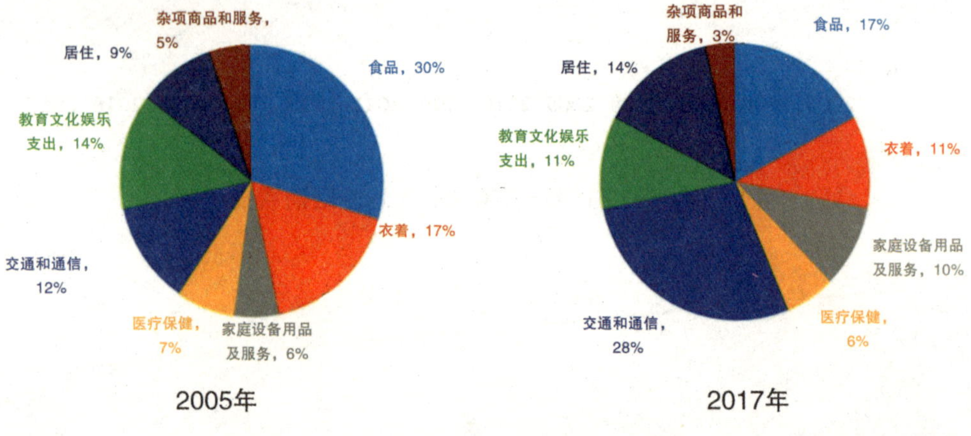

图3　城镇居民人均生活消费支出八大项对比

单位:%

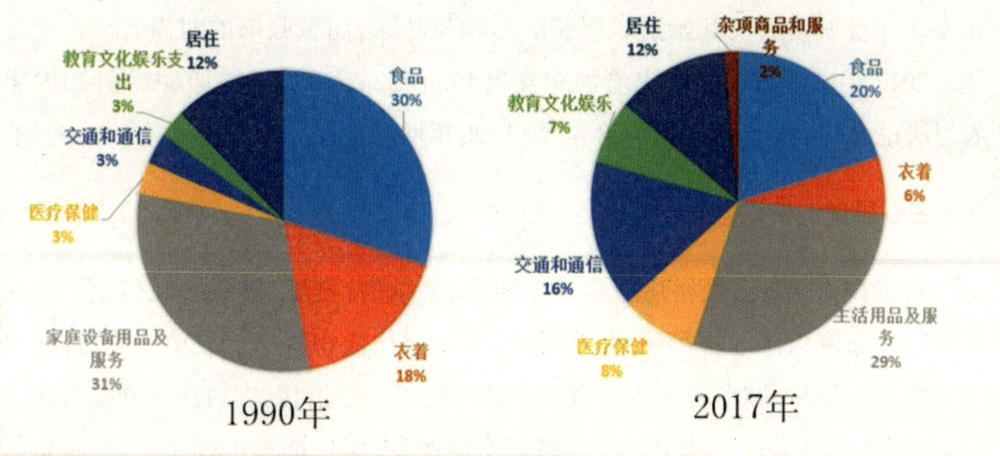

图4 农村居民人均生活消费支出八大项对比

一、食品消费结构发生明显变化

改革开放前,由于生产力水平不高,物资供应紧张,食品供应匮乏单调、大部分城乡居民还在追求满足温饱,肉、禽、蛋、水果等副食消费比重非常低,且凭票供应,一块红糖或豆腐乳,甚至是加了点食盐的辣椒面都曾经是分享的零食。20世纪90年代以来,随着改革开放、城乡经济迅速发展、居民收入水平逐步提高,温饱问题早已解决。到今天,居民餐桌上的饭菜已得到极大地丰富,菜场、超市、大卖场,琳琅满目的食品应有尽有,饮食习惯发生着巨大变化。主要表现在:一是食品消费水平不断提高。2017年城镇居民人均食品消费支出4480元,比2005年增加2606元;2017年农村居民人均食品消费支出2994元,比1990年增加2873元。二是食品结构多元化。随着社会不断发展,城乡居民对吃的要求也越来越高,不仅要吃好,还要吃的健康,食品结构更加丰富,主食占食品支出比重越来越小。三是在外就餐比重不断上升,随着农村居民外出务工、城镇居民双职工家庭数量增加以及居民在外娱乐活动逐步丰富,城乡居民在外饮食消费支出均不断增加。

二、衣着消费支出稳步提高

1978年前,因为各种生活用品都是计划供应,买块毛巾、汗衫等都需要布票,所以人们穿的比较破旧,真可谓新三年、旧三年、缝缝补补又三年。很多人根本没有两件以上可供替换的衣服,穿衣服的式样和颜色也很单调,当时的普遍流行色是黄、蓝、灰、青,样式只有中山服和列宁服。改革开放后,城乡居民衣着观念发生了巨大变化，更加注重生活品质，衣着消费已从低档、耐用型向高档、成衣化转变。并且城镇居民开始追求服装的品牌与品味，注重服饰的时尚、流行、个性化。2017年城镇居民人均衣着消费支出1936元，较2005年增加842元；2017年农村居民人均衣着消费支出928元，较1990年增加857元。

三、居住消费快速增长

20世纪70年代，农村房屋多是土坯房、茅草房；县城房屋最多三四层，多数是平房。家庭设施非常简陋，住房拥挤，人均居住面积很小。改革开放后，随着收入的不断提高，城乡居民改善居住条件的愿望十分迫切，农村居民开始自建住房，大部分家庭实现了从土坯房到砖瓦房的改变，居住面积也逐年扩大；城镇居民买房热情不断提高，大部分城镇居民拥有了属于自己的住房。同时，随着住房条件的好转，城乡居民对家庭环境的要求也越来越高，室内装修投入不断增加，耐用消费品也在更新换代，从70年代居民追求的“老三样”自行车、缝纫机、手表，到现如今电视、冰箱、洗衣机等消费品已成为普通百姓家庭的必需品，电脑、空调等高档耐用消费品也不再使城乡居民可望而不可即。2017年城镇居民居住消费支出2521元，较2005年增加1923元，其中生活用品及服务支出1760元，增加1399元。2017年农村居民人均居住消费支出1832元，较1990年增加1782元，其中生活用品及服务支出729元，增加604元。

四、交通、通信迅猛发展

20世纪七八十年代，交通、通信资源十分有限，最主要的交通工具是自行车，当时的道路建设也十分有限，县城到农村基本都是土路，老百姓出行十分困难。通信事业更加落后，老百姓对外联系主要靠写信，电话仅有少数富裕家庭拥有。改革开放后，灵武市交通、通信事业迅猛发展，公共交通条件日益改善，到今天，汽车、火车、飞机正在以人们几十年前无法想象的速度行驶着，大幅度缩短了老百姓出行的时间，极大地方便了人民的生产和生活。同时，随着收入不断增长，购买小汽车、摩托车家庭越来越多，2017年城镇居民人均购买交通工具的支出2714元，农村居民人均购买交通工具支出935元。随着通信事业不断发展，固定电话、移动电话、电脑宽带早已走入普通百姓家，网络发展日新月异，网上购物、移动支付也改变了老百姓的消费方式，通信消费快速增长。2017年城镇居民人均交通和通信支出5089元，较2005年增加4310元；2017年农村居民人均通信支出2367元，较1990年增加2353元。

五、文化生活更加丰富，教育重视程度提高

改革开放前，城乡居民文化生活十分单调，城镇居民主要娱乐为看报纸、听广播；农村居民文化生活更加贫乏，生活消费支出主要在吃、穿上。老百姓对教育的投入也非常少，完成小学、中学教育的青少年数量很少，接受大学教育更是寥寥无几。改革开放后，随着经济不断发展，党和政府大力推进“科教兴国”，城乡居民对培养下一代、对知识的渴求日趋强烈，越来越多的家庭培养子女迈进高等学府的大门，有效提高人民群众的文化水平。健康的教育娱乐，陶冶了老百姓的情操，造就了更多有文化、有素养的新世纪接班人。2017年城镇居民人均教育文化娱乐支出1922元，较2005年增加1054元；2017年农村居民人均教育文化娱乐支出1018元，较1990年增加1006元。

六、更加注重医疗保健、享受健康生活

自治区成立以来，党和政府始终把人民群众的健康放在重要位置，随着医疗事业的快速发展和居民水平的提高，城乡居民的医疗、保健意识逐步增强。2017年城镇居民人均医疗支出1078元，比2005年增加626元；2017年农村居民人均医疗保健支出1238元，比1990年增加1224元。

回顾自治区成立60年来灵武市城乡居民生活水平的变化，深刻感受到祖国日益强大，经济快速发展。灵武市城乡居民在灵武市委市政府的带领下享受着改革开放、经济发展的成果，也必将激励每一位历史的创造者奋发图强，肩负起国家强大、民族振兴的历史重任，开创更加辉煌的明天。

执笔人：马欣雨

山水园林石嘴山 人民生活迎巨变

宁夏回族自治区成立60周年以来,石嘴山市城乡居民收入不断增长,消费支出逐渐增加,消费水平大幅提高,消费结构更趋合理,生活质量明显改善,城乡居民生活由基本消除贫困,到解决温饱,再到实现总体小康,正在向全面建成小康社会目标迈进,人民生活发生了历史性巨变。

一、城乡居民消费水平大幅提高

60年来,居民收入大幅增加。城镇居民人均可支配收入由1979年的314元增加到2017年的28186元,扣除物价因素实际增长11.5倍,年均增长6.9%;农村居民人均可支配收入由1985年的451元增加到2017年的12880元,扣除物价因素实际增长4.4倍,年均增长5.4%。随着城乡居民收入不断增长,居民消费意愿增强,消费能力显著提升。城镇居民人均消费支出由1979年的278元增加到2017年的16947元,扣除物价因素实际增长8.5倍,年均增速6.1%;农村居民消费支出由1985年的312元增加到2017年的10845元,扣除物价因素实际增长5.6倍,年均增速6.1%。

二、城乡居民消费结构明显优化

(一)城乡居民家庭恩格尔系数显著下降。

改革开放以来,石嘴山市城乡居民生活质量不断改善,反映家庭富裕程度的恩格尔系数显著下降。城镇居民恩格尔系数由1979年的63.2%下降到2017年的30.7%,农村居民家庭恩格尔系数由1986年的56.4%下降到2017年的30.3%。

(二)生存型消费比重大幅下降。

城镇居民用于食品和衣着支出的比重大幅下降,由1979年的75.1%下降为2017年的40.4%,下降34.7个百分点;一般生活用品支出的比重由1979年的10.5%下降到2017年的5.7%,下降4.8个百分点。

(三)发展和享受型消费比重上升。

随着人们温饱问题的解决,在城乡居民生活消费支出中,发展和享受型消费比重上升。城镇居民用于交通通信、医疗保健、教育文化娱乐等发展和享受型消费支出比重由1979年的5.1%上升到2017年的36.5%，提高31.4个百分点。

（四）服务性支出比重不断提高。

城乡居民生活条件日益改善，家庭服务性消费的需求不断上升。2017年城镇居民家庭服务性消费为3413元，占消费性支出的比重为20.1%，比1979年的0.4%上升19.7个百分点；2017年农村居民家庭服务性消费为1609元，占消费性支出的比重为14.8%，比1986年的4.1%上升10.7个百分点。

三、城乡居民消费质量显著改善

（一）食品消费由“吃饱”向“吃好”转变。

建市以来，居民的食品消费经历了仅仅满足于“吃饱”到追求“吃好”以及对“营养化、多样化、方便化”转变的历史过程，特别是改革开放以来，市场商品极大丰富，居民消费的选择性增强，食品消费由主食型消费向副食型、营养、方便转变。2017年城镇居民人均食品支出5210元，其中肉、禽、蛋、奶等食品支出1252元，占食品支出的比重24%；2017年农村居民人均食品支出3286元，其中肉、禽、蛋、奶等食品支出1115元，占食品支出比重34%。消费观念的转变以及生活节奏的加快带动居民在外用餐次数明显增多，人们追究更加安全、优质的食品，消费额迅速增加，占食品支出比重也越来越大，2017年城镇居民人均在外饮食支出1102元，占食品支出的比重也由1979年的4%提高到2017年的21.8%；1986年农村居民人均在外饮食支出仅为5元，到2017年已达231元，占食品支出的比重也由1986年的2.8%提高到2017年的7%。

（二）穿着消费由单一低档向多样高档、时尚化转变。

改革开放前人们的穿着色彩单调，主要以棉布服装为主，样式雷同，服装款式更新较慢。20世纪80—90年代，人们大都购买布匹由裁缝加工制作，现在被工厂的流水线代替，服装的款式更加新颖别致。随着收入的增加和消费观念的转变，居民对衣着的要求由低档次的御寒保暖向美观、舒适、时尚的需求转化，服装款式体现出时装化、高档化的特征，真丝、高档棉麻、高档纤维面料等高档服装进入寻常百姓家庭。

2017年城镇居民人均衣着支出1641元，比1979年的31元增长53倍；2017年农村居民人均衣着支出810元，比1986年的4元增长202倍。尤其是党的十八大以来的五年间，城乡居民的着装观念随着石嘴山市经济社会的全面发展发生了新的变化，穿着更加追求时尚、张扬个性，注重品牌已逐渐成为穿着消费的主流。

（三）住房条件得到改变，配套设施更加齐全。

自治区刚成立时，石嘴山市多数居民住在阴暗潮湿的土平房或砖木结构的平房中，住房仅是用来遮风避雨、抵挡寒冷，一家几代混住在一起那是普遍现象，住房紧张的矛盾极为突出。进入20世纪80年代，石嘴山市党委和政府高度重视改善居民的住房条件，不断加大危旧房屋的改造度，使众多的家庭告别昔日阴暗、潮湿的土坯房，住进了宽敞明亮、配套设施完善的楼房，房屋结构由最开始的土坯房、砖木房逐步转变为砖混、框架的板楼和高层住宅。尤其是近些年来，特别是《物权法》出台后，人们拥有了房屋所有权和处置权，购买住房和住房装修已成为城乡居民新的消费热点，住房的需求也已从“有房住”逐步向“住大、住好、住舒适”转变，住房条件和环境发生了质的变化。2017年末，城镇居民人均住房面积达到29.9平方米，比1979年5.4平方米增加24.5平方米，增长4.5倍；农村居民人均住房面积44.0平方米，比1986年的14平方米增长2.1倍。与此同时，城乡居民的居住环境和居住质量也发生了质的变化，自来水使用率达百分之百。另外，居住条件的改善也带动城乡居民用于房租、水、电费、燃料支出明显增加。

（四）生活用品消费由“结实能用”向“高档耐用”发展。

石嘴山建立初期，城乡居民家庭耐用消费品主要以自行车、缝纫机、收音机、机械手表“老四件”为主，个别家庭才拥有黑白电视、录音机和照相机。进入20世纪80年代，彩电、冰箱、洗衣机、收录机、电风扇、照相机则成为城乡居民家庭的新宠。特别是进入新世纪，随着经济社会的快速发展和居民收入水平大幅度提高，高档耐用消费品已成为普通百姓家庭必需品，如电脑、手机、空调、家用汽车已开始步入百姓家庭，正不断改变着人们的生活方式，互联网、移动电话、有线电视使居民充分享受信息时代的交往便利。80年代使用沙发由过去的普通型发展到现在的设计新颖、质量考究、美观舒适的布艺、真皮、高档纯木沙发；其他诸如写字台等，也被新型成套家具所取代。另外，从个人用品消费看，各种金银珠宝饰品、美容用品支出大幅度增长；家用设备的数量和质量明显提高。2017年每百户城镇居民家庭拥有家用汽车30.9台，摩托车11.1台，中高档乐器3.9台，空调器13.5台，健身器材0.9套，拥有电脑58.9台，其中76.9%接入了互联网，拥有手机237.5部，其中63%接入了互联网；2017年每百户农村居民家庭拥有家用汽车16.4台，摩托车62.8台，空调器2台；拥有电脑17.1台，其中28.8%接入了互联网，拥有手机252.6部，其中：42.2%接入了互联网。

（五）交通和通信条件明显改善。

近十年来，石嘴山市交通、通信事业得到迅猛发展，公路网四通八达，城市公共交通条件不断改善，服务水平不断提高，彻底改变了城乡居民出行难的问题，人们的出行由自行车、摩托车逐渐变为公交车、私家车和高铁、飞机等交通工具，交通工具和道路的深刻变化使得人们的出行时间大幅缩短，沟通交往的频次也大幅增加，方便快捷成为趋势，每个人都可以成为说走就走的主角。同时，随着居民生活水平的提高和消费观念、消费环境的改变，住宅电话已被移动电话取代，接入互联网电脑数量的增加，人们对信息的需求越来越多，城乡居民的通信条件得到颠覆性的变化，不出家门，即可周知天下。2017年城镇居民人均交通支出1752元，人均通信支出693元。2017年农村居民人均交通支出698元，人均通信支出514元。

（六）教育文化娱乐消费受到青睐。

新世纪以来，家用电器设备越来越多地进入百姓家庭，人们已不仅仅满足于拥有，而更注重产品的档次和功能，高清电视、家庭影院、数码照相机、数码摄像机、家用电脑等已成为普通居民家庭之必需品。2016年末，城镇居民百户拥有彩电103.8台，并且随着电子技术的快速发展，人们从最开始购买普通笨重的彩色电视机、背投、等离子到现在的LED个性化高清彩电。城乡居民在满足物质生活的同时，更加注重生活质量和自身素质的提高，居民对子女及自身的教育更加重视，而且受教育程度也越来越高。加之，近年来各种文体设施的逐步增多以及部分文化活动场所的对外开放，都为城乡居民提供了各式各样的服务，城乡居民更加注重精神文化内涵的提高。旅游成为居民假日休闲的一种时尚和向往，特别是随着节假日时间的延长及在职人员带薪休假政策的落实到位，国内的短线游、长线游以及到国外旅游，正逐步成为城镇居民新的消费亮点，旅游人数不断增长，旅游消费支出大幅度增加。2017年城镇居民人均教育文化娱乐支出为2138元，占消费支出比重12.6%，比1979年的3.2%上升9.4个百分点。

（七）医疗保健意识增强。

“小病拖、大病扛、重病等着见阎王”，曾经是石嘴山市城乡居民看病的一个缩影，伴随着城乡居民生活水平的提高及医疗事业的快速发展，作为全国医疗改革试点城市，人们的医疗、保健意识逐步增强，各种医疗器材、保健品、保健服务已逐渐进入普通居民家庭，晨练、广场舞等锻炼方式越来越活跃，寻常百姓也开始走进健身房。社区医院的发展及社会保障政策全面覆盖，切实解决了居民“看病难”问题。居民医疗保健支出不断增加，2017年城镇居民人均医疗保健支出达到1599元，其中医疗器械及药品支出609元，医疗服务支出991元；2017年农村居民人均医疗保健支出达到1196元，其中医疗器械及药品支出403元，医疗服务支出793元。

执笔人：梁材

从衣食住行用看惠农区居民生活的变迁

惠农区全面深化改革，综合经济实力显著提升，民生全面改善。自治区成立六十年来，居民收入保持较快增长，城乡居民生活实现了由贫困到小康的历史性跨越，居民的消费理念发生了可喜变化，“吃”讲营养搭配，“穿”讲档次个性，“住”讲温馨舒适，“行”讲方便快捷，“用”讲升级换代，消费结构渐趋合理。1985—2017年，惠农区农村居民人均生活消费支出从299元增加到9500元，增长30.8倍，年均增长11.4%。2013—2017年，惠农区城镇居民人均生活消费支出从12966元增加到14202元，年均增长2.3%。从城乡居民消费结构看，六个显著变化令人可喜可贺。

一、食品消费追求营养、科学、绿色，恩格尔系数下降

民以食为天，从“食”的变化中，可以反映出城乡居民生活的贫富盛衰，可以体味社会历史的变迁。随着生活水平的提高，城乡居民食品消费品种逐步丰富、营养结构不断改善。

惠农区城镇居民的食品消费水平显著提高，健康饮食消费观念逐步深入人心，享受美食、注重天然、追求营养的倾向明显增强。城镇居民食品消费已摆脱过去以粮食为主的“主食型”，向营养丰富的“副食型”方向转变，整体上已转向质的提高阶段，饮食结构明显改善。

惠农区农村居民食品消费特点显著：一是食品消费讲究精。2017年惠农区农村居民的食品消费支出已达到2295元，是1988年的9.7倍，在食品消费方面，鸡、肉、鱼、蛋已成为百姓的“家常便饭”。二是外出用餐讲方便。近几年来不少农村居民走出家庭宴客待友，早已不足为奇，图的是省时方便，丰富新鲜。2017年惠农区农村居民人均在外饮食支出253元，是1988年的38倍，占食品消费支出的比重为11%，比1988年上升8.2个百分点。三是惠农区农村居民“恩格尔系数”降下来了，2017年恩格尔系数为32%，较1988年51%下降了19个百分点。

二、衣着消费向成衣化、时尚化方向发展

服装，作为一种群体性记忆，尽管只是一个表象符号，却以非文本的形式记录时代变迁的60年，人们的生活以加速度发生着翻天覆地的变化。惠农区城乡居民的衣着需求发生了三个转变，即从“穿暖”向“穿美”转变，从“一衣多季”向“一季多衣”转变，从“请裁缝做衣”到“上商场购衣”转变。曾经的“蓝海洋”“军装绿”是城乡居民穿着状态的真实写照，居民衣着消费以购买衣料制作服装为主。90年代，最显著的变化就是出现了专卖店，人们的穿着更加注重服装的质地、款式和色彩的搭配，服装的名牌化、时装化和个性化成为人们的一种追求，成衣化倾向也成为衣着消费的主流。服饰的变化是以经济的发展为前提的，同时也反映了人们的思想观念随着时代的变化而变化，从以往的“从众”心理到“追求个性”。2017年惠农区城镇居民人均衣着支出1298元，农村居民人均衣着支出786元，是1988年农村居民人均衣着支出的12倍，是1997年农村居民人均衣着支出的5.6倍，是2008年农村居民人均衣着支出的2.4倍。

三、居住条件显著改善，生活环境不断优化

(一)惠农区城镇居民从忧其屋到优其屋。

改革开放前惠农区城镇居民住的是低矮、简陋、陈旧的平房，由于房屋面积过窄，人均居住面积小。1998年，住房制度改革制度已经出台，福利分房时代终结，从此住房分配完全走上了商品化的道路，城镇居民人均住房面积不断增加，住房设施不断完善，智能、节能、环保成了住房设计考虑的要素。近年来更是通过建设廉租房和经济适用房来千方百计解决居民住房难的问题。大量住宅建成使用，使许多居民家庭告别设施简陋的住房，迁入宽敞明亮、设施齐全的楼房，居住条件明显改善。住房设施的改善更为明显，有空调设备或暖气的家庭占比增加，大部分居民家庭的厨房摆脱了烟熏火燎，用上了管道煤气和液化石油气。

(二)惠农区农村居民居住条件和居住环境更趋完善。

惠农区农村居民居住条件变化更为显著：一是房子越来越宽敞。2017惠农区农村居民人均住房面积达39平方米，较1997年增加21平方米。二是住房结构越来越好。农村居民住宅中，砖混结构的住宅已达到95%以上。三是房子越来越漂亮。在住房装修上，农村居民花费至少在万元以上。四是居住环境越来越现代化。在使用燃料上，农村居民以液化气为主的家庭占有相当比例。在饮用水上，绝大多数居民家庭的饮用水经过处理，农户安装了自来水。五是住房外

部环境改善，农户住宅外有石板或水泥等硬质路面。2017年人均居住消费支出1903元，比1988年增长126倍；2008年人均居住消费支出944元，比1988年增长62倍；1997年人均居住消费支出达306元，比1988年增长19倍。居住消费比重由1988年3.2%增加到2017年的20%，增加了16.8个百分点。

四、耐用消费品普及程度迅速提高，升级换代趋势增强

城乡居民生活最显著的变化体现在耐用消费品不断升级。改革开放前人们追求的“三转一响”的“老四件”，即自行车、缝纫机、手表和收音机已经成为家庭的普通消费品，有的如缝纫机甚至逐渐淡出居民消费的历史舞台；而改革初期以彩电、洗衣机、电冰箱、录音机等为主要代表的“新四件”也已经成为居民家庭普遍拥有的耐用消费品。伴随着收入的增加，城乡居民家庭设备的更新和升级更是如火如荼，空调、家用电脑、家用汽车、移动电话等。1988年惠农区农村居民家庭平均每百户仅拥有彩色电视机5台，洗衣机6.7台，自行车22辆，没有电冰箱，农村居民生活质量还很低。90年代，随着经济的发展，各类耐用消费品百户拥有量大幅提高，1997年每百户拥有彩电70台，洗衣机47.5台，自行车207辆，没有电冰箱；2008年每百户彩电拥有量增加到107台，是1988年的21倍；洗衣机78台，是1988年的12倍；电冰箱10台。2011年，新一代的耐用消费品取而代之，每百户拥有空调机3.3台，抽油烟机1.7台，家用电脑6.7台，移动电话150部，农村居民家庭耐用消费品进入更新换代期。家用电器的普及更加增添了居民生活的乐趣，把人们从繁重的家务劳动中解放出来，提高了生活质量。电气化、现代化的新的消费品走进了千家万户，并迅速发展壮大。

五、交通通信支出增长迅速，出行和沟通方式产生质的飞跃

80年代，惠农区道路建设十分落后，城乡居民的代步工具主要是自行车，1988年农村居民每百人拥有自行车35辆。此后的十年，随着社会经济的快速发展，交通运输业有了长足发展，城镇居民出行条件与便利程度明显改善。交通工具不断更新换代，90年代初期摩托车逐渐步入居民家庭，90年代后期，家用轿车也开始进入居民家庭。由于交通条件与便利程度的极大改善，人们对于出行要求的提高以及公交服务的改善等因素的影响，机动车数量的大幅增长正在改变着城市居民的出行方式。惠农区是包兰铁路、京藏高速公路和109、110国道以及滨河大道横贯全境，是宁夏与华北、东北、西北地区进行经济交流合作的主要通道和交通要塞。高速公路快速发展，为老百姓出行创造了良好的条件。

随着人民生活水平的不断提高，城乡居民的电脑、手机普及率也快速上升，经历了从无到有、从少到多、从单一功能到高精尖的发展过程。传统的寄信、发电报和电传方式，已被电子邮件、手机等现代通信手段代替，人际沟通和信息交流变得更快捷有效。随着乡村振兴战略的实施，各项政策的推进，以及物流、电信、交通等农村消费基础设施进一步完善，电子商务不断向广大农村地区延伸覆盖，农村居民收入快速增长，促进了农村居民消费潜力持续释放，消费市场不平衡状况不断改善，极大方便了城乡居民生活。2017年城镇居民人均交通通信费用支出为1758元，农村居民人均交通通信费用支出为1019元，是1997年农村居民人均交通通信费用支出的12.6倍，是2008年农村居民人均交通通信费用支出的1.9倍。

六、文化生活多精彩，消费呈现多元化

改革开放初期，城乡居民收入仅能维持物质生活，由于商品紧缺，主要的娱乐用品也就是收音机、广播，人们思想相对保守，获得信息的途径单一。进入90年代，城镇居民基本上解决了温饱问题，并逐步向小康迈进，彩电、收录机基本普及，人们从电视、录像中了解外面的世界。随着城乡居民物质生活水平的不断提高，人们开始不断追求精神文化生活，文娱类消费日益受到居民的青睐。人们生活方式由生存型到发展型转变，各种文化用品快速进入了普通家庭。广场文化、社区文化、校园文化和企业文化等群体性文体活动也蓬勃开展，从清晨的舞剑、习拳，白天的茶社书屋、音乐书吧、围棋，到傍晚的广场文化、跳舞，再到平时的种花养草、上网，异彩纷呈的文化娱乐生活陶冶着居民的情操，城镇居民家庭人均文化娱乐服务费支出迅速增长。

执笔人：赵琰

平罗县城乡居民消费水平日益提高

改革开放以来，平罗县域经济得到快速发展，城乡居民收入水平借势改革红利逐年提高，生活质量显著改善，消费需求从温饱型向小康型，继而向富裕型逐步转变。无论是城镇居民还是农村居民的消费需求，都在经济建设大潮中转型升级，日益提高。

一、市场经济大潮引发城乡居民消费革命

1978年，十一届三中全会正式确立了社会主义经济建设的战略目标，计划经济迈向市场经济的时代正式拉开帷幕。在进行制度改革以释放社会生产力的过程中，社会生产关系和要素配置也在发生着根本性转变。特别是过去只追求工业特别是重工业发展的理念作出转变，优先发展农业和轻工业的呼声越来越高，满足人民群众日益增长的物质文化生活需求成为社会经济发展的重要目标。

（一）城乡居民消费能力提高。

平罗县农村居民人均可支配收入从1978年的232元增加到1984年的378元，城镇居民人均可支配收入从1978年的427元增加到1984年的560元。由于收入水平增长，促进城乡居民对轻工业品产生巨大需求，从而带来了广阔的消费品工业市场，日用消费品十分畅销，消费物品长期供不应求的局面迅速缓解。

（二）家用电器开始兴起。

诸如电冰箱、电视机、洗衣机、收录机等新兴家用电器开始进入百姓家庭。应当说，家用电器的使用和推广是当时全国将工业化、信息化发展成就延伸至居民消费生活的表现，以这一时期家用电器生产和供应为代表，社会经济步入了以满足市场消费需求为重要导向的新增长期，也由此加速了经济结构向“轻型化”的转型。

二、经济热浪推动消费品升级换代

1985年开始，经济体制拉开了更为波澜壮阔的改革大幕。以城市企业改革为中心，在财政、金融、外贸、商业、价格等多领域广泛引入市场机制，切实迈开了

脱离计划经济的步伐。1994年党的十四大确立了建立和发展社会主义市场经济的改革目标,实施了“整体推进,重点突破”的改革战略。平罗县农村居民家庭生活消费支出从1985年的324元增加到1998年的1744元,增长了4.4倍,城镇居民家庭生活消费支出从1985年的606元增加到1998年的3118元,增长了4.1倍。

单位:元/人

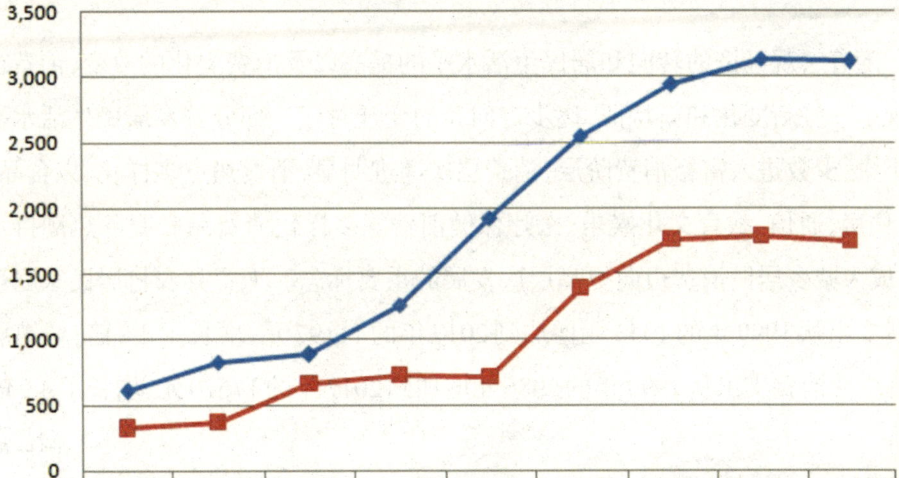

	1985年	1987年	1989年	1991年	1993年	1995年	1996年	1997年	1998年
城镇	606.1	830.6	883.0	1257.4	1926.0	2547.0	2939.0	3139.0	3118.0
农村	324.5	372.1	657.4	722.7	715.1	1391.4	1761.5	1781.8	1744.0

图1　1985—1998年主要年份城乡居民生活消费支出情况

(一)耐用消费品成为主要需求对象。

收入增长推进了城乡居民消费生活实现了改革开放以来的第二次变革,其主要标志是在80年代末至90年代初的几年时间,一些城镇家庭实现了从电冰箱、洗衣机、收录机和电视机的“三单一黑”变为“三双一彩”(单门冰箱变为双门冰箱、单缸洗衣机变为双缸洗衣机、单卡收录机变为双卡收录机、黑白电视机变为彩色电视机)的消费升级。传统四大件(收音机、缝纫机、手表和电风扇)消费品出现滞销,转而寻求升级换代发展。广大农民购买力的增加不仅用于新建住宅,自行车、缝纫机、收音机、手表“四大件”和一些高档消费品进入普通农民家庭。

(二)雷同化、排浪式消费模式较为普遍。

在80年代末90年代初,居民住房、医疗、教育、养老等社会保障改革滞后,居民消费支出渠道狭窄,居民对新兴家用电器、家具、消费需求增势凶猛,造成雷同化、排浪式消费。这种排浪式消费反映了居民温饱型消费的主要特点，仍处于不追求质量和特点，只要求数量满足的阶段。与此同时，城镇居民对肉蛋奶的消费进一步上涨，对教育、旅游、娱乐、通信、医疗保健等的服务消费拉动了服务业的快速发展。

三、改革红利刺激下的新时代消费特点

随着宏观经济的转向和居民生活水平的提高以及消费文化的改变，消费市场出现了一些新变化和新特征，逐步走向新的变迁时代。部分城乡居民生活水平进入小康，少数进入富裕消费阶层，消费层次递进明显，消费热点多样化，以食品、衣着、住房、通信、教育文化娱乐、医疗保健消费等多样化消费品和服务热潮持续升温，成为城乡居民消费迈向更高层次发展的重要标志。平罗县农村居民家庭生活消费支出从1999年的1943元增加到2017年的11197元，增长了4.8倍；城镇居民家庭生活消费支出从1999年的2986元增加到2017年的17620元，增长了4.9倍。

单位：元/人

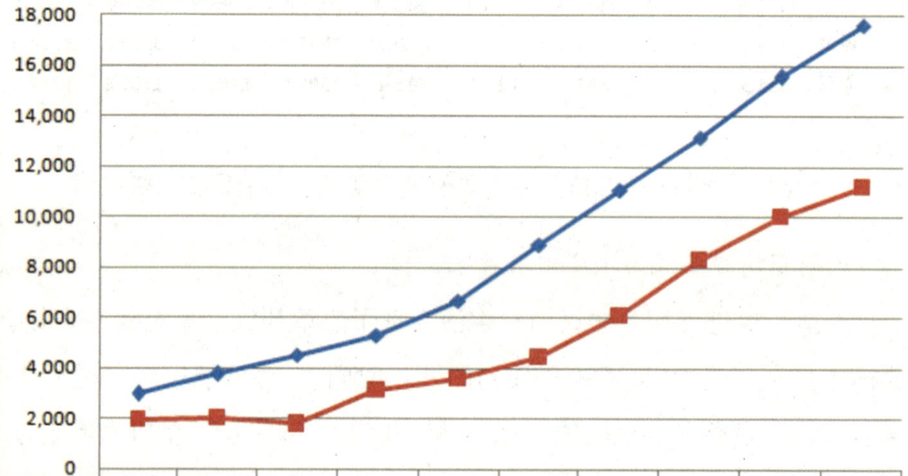

	1999年	2001年	2003年	2005年	2007年	2009年	2011年	2013年	2015年	2017年
城镇	2986.0	3754.0	4509.3	5299.0	6694.8	8928.0	11086	13167	15562	17620
农村	1943	2036	1790	3126	3601	4462	6081	8331	10036	11197

图2　1999—2017年主要年份城乡居民生活消费支出情况

（一）消费能力显著提升。

2017年平罗县城乡居民人均可支配收入达到17474元，达到了历史最高水平。收入的持续稳定增长给消费需求提供了最坚实的保障，居民消费能力显著提升。

（二）消费理念追求个性化。

与消费需求多样性密切相关的是当代社会中居民消费的个性化特点。现代社会更加开放与包容，人们普遍拥有了更大范围的自由与平等，不再像以前一样强调整齐划一与绝对平均。在消费领域，人们希望通过自身消费的个性化来树立其消费领域内的话语权，以此获得身份认同和自我表达，拥有突出自我的消费观念。追求高雅、层次、个性、品位、风格的消费需求越来越多。人们在消费过程中不仅仅关注消费品的使用价值，更关注其符号价值和象征意义；还要求商品具有艺术气息、消费环境的美化与舒适，希望提升消费场所的和谐氛围与艺术性。除了自然消费环境的优化之外社会消费环境的健康与文明也成为当代消费文化的一个新的追求目标。

（三）消费需求日趋多样化。

物质基础的进步为消费需求的满足提供了必要条件，与以前物质文化生活简单划一、物质短缺相比，当代居民的消费选择空间大大增加，不同阶层由于个性特征、经济实力和收入水平不同，产生多样化的消费需求，人们对衣、食、住、行、用、文娱、医疗、教育等诸多领域都有了更加丰富的要求。

1. 食品消费层次渐高。随着生活节奏的加快，饮食观念不断变化，由吃得饱逐渐向吃得营养、吃得绿色、时尚的新兴观念转变，饮食选择更加趋于营养化、健康化、均衡化，更加注重营养搭配，注重追求高品质饮食。从主要食品消费来看，食用油、肉、禽、蛋、奶等动物性食品消费支出比重均有不同程度的提高，蔬菜消费支出显著增加，营养结构有所改善。尤其是营养均衡、无公害、高蛋白低脂肪、多维生素的绿色、保健食品备受农民青睐。2017年平罗县城乡居民人均食品烟酒消费支出达到3616元，占可支配收入的比重为20.7%。

2. 衣着消费时尚化。无论是城镇居民还是农村居民，对服装的要求不再单纯关注实惠和实用，品牌化和个性化成为衣着消费的主流。穿着从“一衣多季”向“一季多衣”转变，时尚新颖的服饰成为城乡青年的首选，手机淘宝、微信购物等多样化的购物方式为年轻人提供款式新颖、个性潮流的服饰。中年人越来越注重服装的质地和档次。2017年平罗县城乡居民人均衣着消费支出1097元。

3. 住房消费持续升温。这反映了新时期城乡居民改善居住条件、购买住房的强烈愿望。在整体消费需求中，住房消费成为一大支柱，并对建筑装潢、家电器材、生活用品等消费项目具有重要影响。各种高档家用物品已成为居民生活质量提高的显著标志。家庭耐用消费品更新换代速度加快，智能网络电视、空调、微波炉、净水机、电脑等中高档家用电器已逐步走进居民生活。2017年平罗县城乡居民人均居住消费支出达到2402元。

4. 交通消费持续增加。一是伴随着我国汽车工业的蓬勃发展，加上国家出台的降低汽车购置税、关税、年检费用等利好政策推进实施，如今汽车不再是机关、企事业单位和老板的专利，陆续进入城乡居民家庭。二是城乡一体化的持续推进，城乡基础设施建设不断改善，公路网建设不断加强，为广大居民提供了便利的条件，居民购置交通工具数量增多，出行、运输方式逐步多元化。2017年平罗县城乡居民人均交通消费支出1629元。

5. 通信消费需求强劲。随着通信行业的迅速发展，各类手机等通信硬件产品换代升级加速，手机软件在人性化、智能化的方向上一路高歌猛进，以互联网为基础设施的产品正在影响着农村居民的生活习惯。2017年平罗县城乡居民人均通信消费支出566元。

6. 教育文化娱乐消费势头不减。一是随着城乡居民文化素质的不断提升，城乡居民对子女的教育关注度提高，精神文化生活向更高层次发展，加之城乡居民选择休闲娱乐的人数不断增多，加大了教育文化娱乐方面的消费支出。二是城乡居民在追求物质生活的同时，开始关注和追求更高层次的精神消费，广场舞、3D影院等多样的娱乐形式不断兴起。三是近年来旅游产业蓬勃发展，旅游线路增多，费用降低以及汽车拥有量增多推动农民文化娱乐服务费用大幅增加。2017年平罗县城乡居民人均教育文化娱乐消费支出1704元。

7. 医疗保健消费突飞猛进。由于健康知识的普及与医疗条件的改善，城乡居民的保健意识逐步增强。加上农村医疗保障越发健全，新型合作医疗广泛覆盖，医疗保健器材和滋补保健品迅速进入百姓家中，一些居民在经济条件得到改善的情况下，购买保健品、定期体检、及时就医等消费支出拉动医疗保健消费支出增长。2017年平罗县城乡居民人均医疗保健消费支出1466元。

执笔人：刘嵩

吴忠市城乡居民生活消费支出持续增长 生活质量不断提高

自治区成立60年来，吴忠市经济社会持续稳定发展，城乡居民收入水平不断提高，居民生活水平得到了根本上的改善，居民消费水平和消费结构发生了巨大的变化，城乡居民经历了从脱离贫困到解决温饱再到迈向小康的曲折历程。在进入全面建成小康社会的决胜阶段，城乡居民的生活由量的需求转向质的飞跃，人们在满足高质量的物质生活的同时，开始追求更高层次的精神文化消费。教育文化娱乐、居住、交通通信、医疗保健消费成为新的消费热点。

一、城镇居民消费质量逐年提高，消费结构发生显著变化

从自治区成立到改革开放前，城镇居民生活处在基本生存的较低水平。改革开放后，随着收入的增长，吴忠市城镇居民生活水平显著提高，生活消费结构明显改善。

单位：元/人

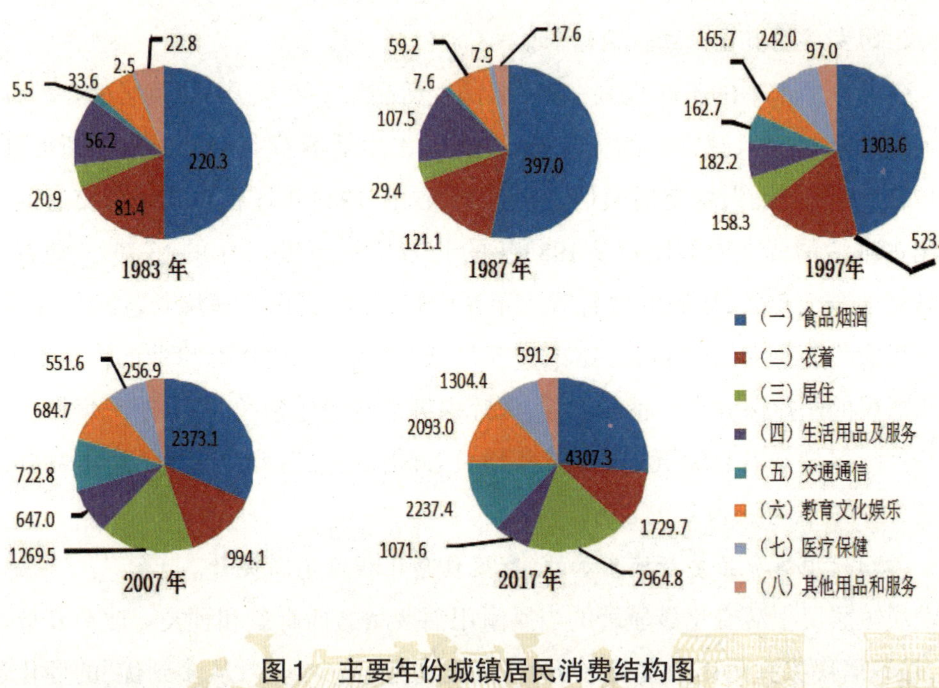

图1　主要年份城镇居民消费结构图

(一)人均消费支出不断增加,城镇居民生活消费由生存型向发展型和享受型转变。

2017年,城镇居民人均生活消费支出16299元,比1983年的443元增长了35.8倍,年均增长11.2%。随着生活水平和生活质量的不断提高,城镇居民八大类生活消费中,居住、交通通信、教育文化娱乐、医疗保健支出占生活消费支出的比重由1983年的4.7%、1.3%、7.6%和0.6%提高到2017年的18.2%,13.7%,12.8%和8.0%。食品烟酒、衣着支出占生活消费支出的比重逐年下降,比重由1983年的49.7%和18.4%下降为2017年的26.4%和10.6%,城镇居民生活消费支出由生存型消费向发展型和享受型消费转变。

(二)食品消费种类丰富多样,消费质量不断提高。

城镇居民的食品消费由过去的吃饱吃好转变为现在的品种更丰富、营养更全面、饮食结构更合理,更注重食品营养和科学搭配,丰富多样已成为居民饮食结构中最突出的特点。2017年,城镇居民人均食品烟酒支出4307元,比1983年增长18.6倍。随着交通的便捷和种养殖技术的提高,反季节大棚蔬菜、各种热带水果都已进入寻常百姓的家庭,各种餐饮店、美食街、小吃街在节假日市场爆满,在外就餐已成为居民生活的常态。2017年,城镇居民人均在外用餐支出923元,比2007年增长73.4%。城镇居民恩格尔系数(食品消费占消费性支出的比重)逐年下降,由1983年的49.7%下降至2017年的29.0%,标志着城镇居民生活质量进一步提高。

(三)发展型消费保持较快增长。

随着生活水平的不断提高,城镇居民生活品质不断提升,城镇居民在教育、交通通信和医疗保健方面的支出持续增长,占生活消费支出的比重不断提高。2017年,城镇居民人均交通通信支出2237元,比1983年增长405.8倍,交通通信支出占生活消费支出的比重从1983年的1.3%增长至2017年的13.7%。随着义务教育的全面普及,居民的教育观念不断增强,教育支出快速增长。2017年,城镇居民人均教育支出1344元,比2007年增长3.7倍。随着医疗事业的快速发展,城镇居民的医疗保健意识不断增强,医疗保健消费快速增长。2017年,城镇居民人均医疗保健支出1304元,比2007年增长1.4倍,占生活消费支出的比重由1983年的2.5%增长为2017年的8.0%。

(四)耐用消费品更新换代加快,家庭信息化程度不断提升。

城镇居民生活变化最显著的当属耐用消费品的拥有量和种类。改革开放以来,城镇居民家庭耐用消费品经历了"从无到有,从少到多,从多到优"的变化过程。从80年代城镇居民的三转一响(自行车、缝纫机、手表和收音机)到90年代的三大件(冰箱、彩电和洗衣机),已被现在的家用汽车、电脑、移动电话、空调和健身器材等消费品取代。2000年以后,居民家庭耐用消费品拥有量大幅增加,家电等耐用消费品更新换代加快,家用汽车开始进入寻常百姓家庭。2017年,城镇居民每百户拥有家用汽车35.6辆,比2007年增长53.8倍。平均每百户拥有电冰箱和空调分别为94.5台和10.2台,比2007年分别增长20.3%和57.2%。平均每百户拥有电脑59.6台,比2007年增长108.6%;其中,每百户接入互联网计算机由2007年的16.9台增长至2017年的46.6台,增长1.8倍。2017年,城镇居民平均每百户拥有移动电话260.9部;其中,移动电话接入互联网127.3部。家用电脑和移动电话的拥有量和接入互联网量的不断增加,促进城镇居民家庭信息化程度不断提升。

(五)居住环境更整洁优美,住房更舒适宽敞。

拥有一套属于自己的住房是城镇居民多年的梦想。随着经济的不断发展,城镇居民收入在不断增长的同时,居住环境和住房条件也发生了巨大的变化,住房市场化和老城区棚户区改造的完成,使城镇居民告别了拥挤、低暗、潮湿的平房,住进了宽敞、明亮、水电暖配套设施齐全的楼房。城镇居民人均住房面积由1998年的12.7平方米增加至2017年的32.9平方米。居住环境的不断改善带动居住消费支出逐年增加。2017年,城镇居民人均居住消费支出2965元,比1983年增长140.9倍。在住房更宽敞舒适的同时,小区环境也不断改善提高,居住小区活动广场、运动健身器材、活动中心、环境绿化等配套设施齐全,城镇居民居住环境发生了质的变化。

二、农村居民消费支出全面增长,生活质量不断改善

自治区成立以来,吴忠市农村居民的生产生活水平发生了巨大的变化。在20世纪80年代之前,农村居民温饱尚未解决,食品支出占整个消费支出的大部分。改革开放后,居住、交通通信、教育文化娱乐、医疗保健等方面的消费支出逐渐增加。进入21世纪,农村居民开始追求更加丰富舒适的生活,生活消费支出全面增长,生活质量显著提高。

表1　主要年份吴忠市农村居民八大类消费情况表

单位:元/人

指标名称	1985年	1990年	2000年	2007年	2017年
生活消费支出	286.1	694.1	1640.8	2804.1	9022.6
(一)食品烟酒	161.2	367.4	726.9	1161.8	2481.8
(二)衣着	33.5	73.0	133.5	238.2	746.3
(三)居住	49.5	131.4	270.7	347.4	1954.5
(四)生活用品及服务	17.2	44.7	87.8	150.8	606.6
(五)交通通信	1.2	10.7	111.6	328.5	1355.2
(六)教育文化娱乐	12.3	37.2	115.9	205.0	825.7
(七)医疗保健	9.5	26.9	152.2	290.1	906.9
(八)其他用品和服务	1.8	2.7	42.3	82.3	145.5

(一)基础条件不断改善,消费水平持续提升。

随着城乡一体化发展的加快,吴忠市农村水、电、路等基础设施不断发展和完善,农村居民生活水平不断提高。截至2017年年底,吴忠市乡道公路里程2302公里,村道公路里程4367公里,建制村通公路或水泥路率为100%,通客车率为99.6%,农村居民通电率为100%。截至2016年年底,吴忠市农村自来水普及率为88.8%。2017年,农村居民人均生活消费支出9023元,比1985年增长30.5倍。年均增长11.4%。

(二)食品消费质量不断提高,恩格尔系数显著下降。

80年代以前,农村居民处在解决温饱问题的阶段,农民期盼着能吃饱就行,冬天很难吃到绿色的蔬菜。改革开放以来,随着农村经济的发展,农民摆脱了食品消费匮乏的状况,食品消费由吃饱向吃好转变。同时,随着农村产业结构的调整和设施农业的快速发展,农民餐桌上的食物也逐渐丰富起来,大棚蔬菜、热带水果和南方蔬菜等已进入普通百姓的家庭,冬天吃到新鲜蔬菜和热带水果已成为农村居民生活的常态。2017年,农村居民人均食品消费支出2482元,比1985年增加2321元,增长30.5倍,食品消费占人均生活消费支出的比重由1985年的56.3%下降到2017年的27.5%。农村居民恩格尔系数不断下降,恩格尔系数由1985年的56.3%下降到2017年的30.8%,下降了25.5个百分点。

(三)住房条件不断改善,家庭耐用消费品实现稳步升级。

改革开放前,农村居民家庭一般都是土坯房,家庭耐用消费品更是稀少。改革开放后,随着农村基础设施的不断完善,农村居民收入的持续增加,农村居民的居住环境和居住条件也不断得到改善，居住水平得到了普遍的提高，农村居民家庭耐用消费品也快速增加。农村住房经历了80年代的土坯房逐渐向前砖后土房过渡，90年代到2000年逐渐向全砖瓦房发展，2010年以后，农村居民进城买房已成为常态。2017年，农村居民人均居住消费支出1955元，比1985年增长38.5倍，占生活消费支出的比重为21.7%。人均住房面积由1985年的14.2平方米增加至2017年的36.7平方米，人均增加了22.5平方米。2017年，农村居民每百户拥有耐用消费品数量为：洗衣机100.0台，冰箱94.9台，彩色电视机114.8台，摩托车79.1辆，移动电话287.2部，家用汽车24.2辆。其中，摩托车和移动电话比2007年分别增长172.4%和82.0%，家用汽车比2012年增长1.8倍。

（四）交通通信、教育娱乐、医疗保健支出不断增长，生活消费结构不断优化。

农村居民在物质生活水平提高的同时，在交通通信、文化教育娱乐、医疗保健方面的消费也不断增长。随着生活水平的不断提高，农村居民出行方式发生巨大变化，80年代的自行车、90年代的摩托车到现在的小轿车。通信方式也由80年代的写信、电报发展到90年代的固定电话，到现在的互联网和移动电话。2017年，农村居民人均交通通信消费支出1355元，比1985年增长1128.3倍，比2007年增长3.1倍。农村居民在文化教育方面的消费也不断增长。2017年，农村居民人均教育文化娱乐消费支出826元，比1985年增加814元，增长66.4倍。农村居民文化程度不断提高，农村劳动力中未上过学人数占比由1985年的32.7%下降为2017年的11.3%，初中文化程度人数占比由1985年的28.2%增长为2017年的45.0%。2017年，农村劳动力中大专及以上文化程度人数占劳动力人数的比重为3.2%。农村居民医疗保健意识不断增强，2017年，农村居民人均医疗保健支出907元，比1985年增加897元，增长94.4倍。

自治区成立60年来，吴忠市城乡居民一步步走向富裕。在物质生活丰富的同时，精神文化生活也不断提高。在全面建成小康社会的决胜期，吴忠市城乡居民在吴忠市党委、政府的领导下，为把我国建设成为经济更加发展、民主更加健全、科教更加进步、文化更加繁荣、社会更加和谐、人民生活更加殷实的社会主义现代化国家而努力奋斗。

执笔人：杜 金

60年利通区城乡居民物质文化生活水平实现质的飞跃

“耕地不用牛，点灯不用油，楼上楼下电灯电话”这是20世纪50年代人们向往的一种幸福生活。自治区成立60年来，特别是改革开放以来，利通区各族人民携手共建，艰苦创业，社会经济快速发展，城乡居民收入大幅提高，居民生活发生了翻天覆地的变化，人民向往的美好生活这一理想已经实现，并朝着建设全面小康社会目标迈进。

一、城乡居民消费水平显著增长

（一）自治区成立到改革开放前的20年，利通区城乡居民生活困难。

1958年，宁夏回族自治区刚刚成立，正赶上全国兴起“大跃进”高潮，紧接着三年困难时期，社会经济步入低谷，人民生活水平明显下降。1965—1976年，“文化大革命”期间，利通区城乡居民生活改善甚微，绝大多数生活消费品都凭票、凭证定量供应，物资匮乏，人民生活处在温饱不足状态。

（二）改革开放以后，城乡居民生活消费质量逐年提高，消费水平不断升级。

1979年至1990年是摆脱贫困、解决温饱、迈向总体小康阶段。随着改革开放不断深入，城乡居民收入大幅提高，市场物质供应日益充足，城乡居民的消费质量明显提高。1990年利通区城镇居民人均可支配收入达1582元，比1983年增加1116元；农村居民人均可支配收入达到723元，比1983年增加441元，生活消费热点从20世纪80年代“老三件”的自行车、缝纫机、手表到90年代“新三件”的彩电、冰箱、洗衣机。步入新世纪，城乡居民收入水平大幅提高，移动电话、电脑和家用汽车，逐步进入百姓家中，城乡居民生活消费支出快速增长。2017年城乡居民收入分别达到27387元和13675元，比2000年分别增长4.8倍、3.8倍；人均生活消费支出分别达到17829元和11272元，比2000年分别增长3.7倍、3.8倍。

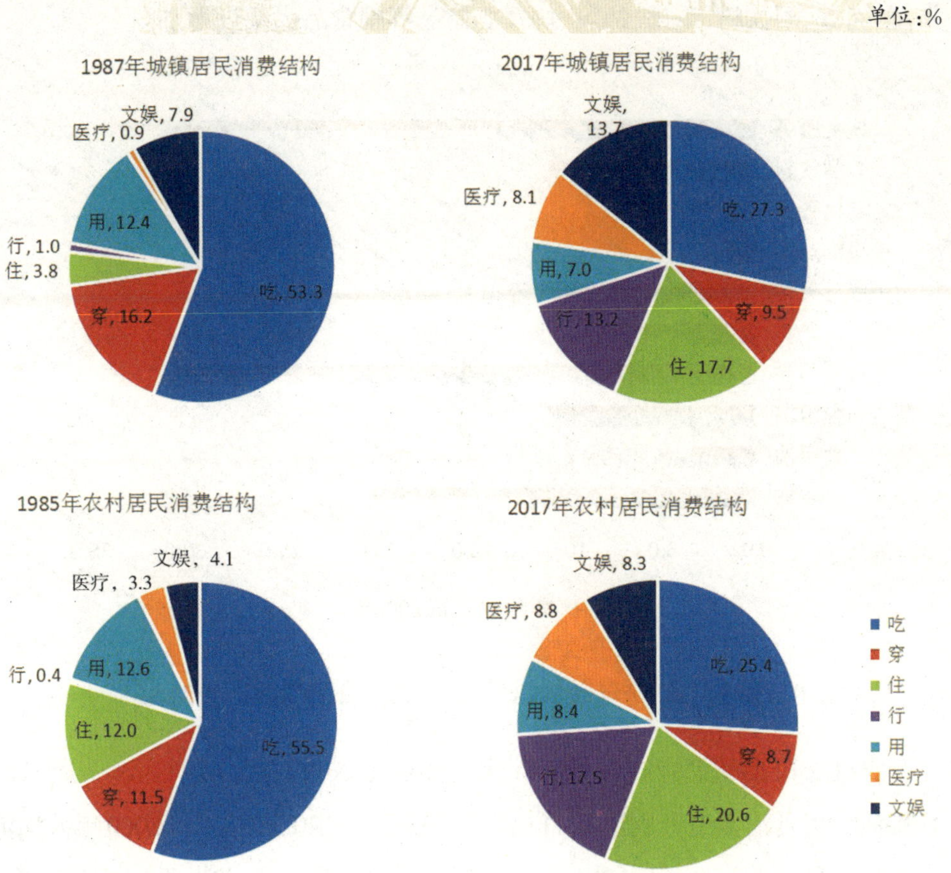

图1　1985年和2017年城乡居民消费结构变化

二、城乡居民生活质量明显改善，消费结构不断优化

(一)食品从短缺到富足，营养结构不断改善。

民以食为天，60年来，利通区城乡居民食品消费品种逐渐丰富、数量快速增加、营养结构不断改善。2017年城乡居民恩格尔系数分别降至30.2%和27.8%。随着物质生活的极大丰富，菜场、超市，琳琅满目的食品应有尽有，食品消费开始多样化，食物结构逐步优化，吃好、吃精，注重营养、追求方便的倾向越来越明显。肉、禽、蛋、鱼、虾、食糖等副食品消费量逐年增加，在外用餐支出持续增长。2017年城乡居民食品支出人均分别为4872元和2859元，比2000年分别增长2.4倍、2.3倍，年均增速分别达到7.5%和7.4%。

城镇居民食品消费逐渐向营养较为齐全的“副食型”发展，物质生活极大丰富，人们对吃的要求越来越高，开始从“吃饱”向“吃好”转变，讲究营养均衡，粗细搭配，肉禽、酒饮料、瓜果、蔬菜、奶及奶制品等副食品大幅度增加。

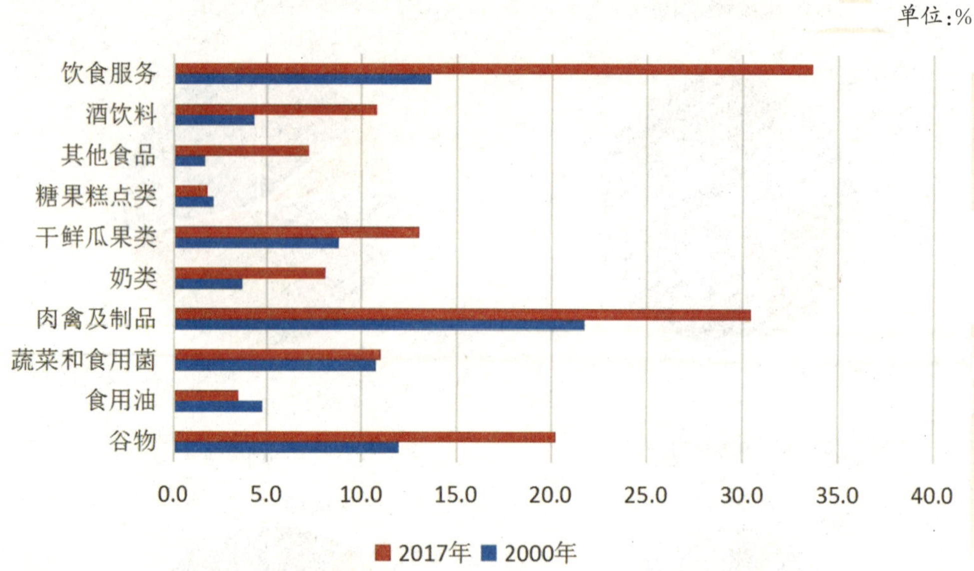

图2　2017年和2000年城镇居民食品消费比重对比

农村居民食品消费结构不断优化。2017年农村居民人均粮食、蔬菜、肉类、食用油等主食消费量分别达到113公斤、75.2公斤、20.3公斤，与2000年人均消费量相比分别下降110公斤、97.8公斤、3.5公斤和0.6公斤；与此同时，鱼虾、蛋、奶及奶制品、瓜果类人均消费量分别增加到1.7公斤、4.3公斤、8.6公斤和69.7公斤。

随着城乡居民收入水平的提高和生活观念的转变，以及生活节奏的加快，居民在外用餐次数明显增多，消费额迅速增加，占食品支出的比重也越来越大。2017年城镇居民人均在外就餐支出已达到1134元，比2000年增长4.8倍，占食品支出的比重为33.6%，比2000年提高了19.9个百分点；2003年农村居民人均在外饮食支出为122元，2017年增加到489元，增长3倍，占食品支出的比重从1.8%增长到17.1%。

（二）衣着消费实现成衣化、时尚化。

改革开放前，“新三年、旧三年、缝缝补补又三年”是城乡居民穿着状态的真实写照，城乡居民衣着消费以购买衣料制作服装为主。改革开放以来，城乡居民的穿着更加注重服装的质地、款式和色彩的搭配，服装的名牌化、时装化和个性化成为人们的一种追求，成衣化倾向也成为衣着消费的主流。2017年城乡居民人均衣着消费分别为1702元、997元，比1987年分别增长13.1倍、28.8倍。城乡居民的衣着支出逐年增加也体现出人们对时尚得体穿着的追求，服装亦已成为现代时尚生活的一个窗口。

（三）居住条件和居住环境极大改善。

改革开放以来，城乡居民居住状况变化极大，居住条件和居住环境明显改善。2017年，城镇和农村人均住宅面积分别达到34.5平方米、34.7平方米，比1978年分别增加28.2平方米和26.3平方米。城乡居民生活最显著的变化体现在耐用消费品不断升级。改革前人们追求的“三转一响”的“老四件”，即自行车、缝纫机、手表和收音机已经成为过去；而改革初期以彩电、洗衣机、电冰箱、录音机等为主要代表的“新四件”也已经更新换代，提档升级。至2017年末，城镇每百户居民家庭拥有家用汽车29.2辆、助力车31.4台、洗衣机96.1台、电冰箱99.1台、彩色电视机103.1台、空调18.9台、热水器95.2台、移动电话221.8部、计算机63.2台。农村每百户居民家庭拥有家用汽车33.1辆、助力车104.3台、洗衣机111.6台、电冰箱（柜）111.1台、彩色电视机129.5台、热水器121.1台、移动电话297.3部、计算机36.3台。

（四）交通工具快速更新，出行更加快捷。

改革开放后，随着经济的快速发展，人民生活节奏的加快，交流和沟通成为城镇居民生活中必不可少的需求，交通消费在消费支出中开始占据重要地位。2017年，城镇居民人均交通通信消费2349元，比1987年增长310倍，占消费支出比重的13.2%，比1987年上升12.2个百分点；农村居民人均交通通信消费1973元，比1990年增长570倍，占消费支出比重的17.5%，比1990年上升17个百分点。传统的交通通信方式已不能满足城镇居民越来越迫切的出行和沟通需求，人们追求更加方便、快捷的现代化交通方式。公共交通工具不再是出行的唯一选择，家用汽车、摩托车、电动车已经进入普通家庭，2017年城镇居民用于购买、使用家庭交通工具的支出为574元，占所有交通费用的34.5%。

（五）文化精神生活日益丰富。

随着城乡居民物质生活水平的不断提高，人们开始不断追求精神文化生活，文娱类消费日益受到居民的青睐。人们的休闲娱乐方式已从过去单调生活变得丰富多彩起来，茶楼、酒吧、书屋、农家乐等多种休闲娱乐场所如雨后春笋般呈现在人们的面前，人们的闲暇生活更加丰富。此外，随着运动场所和体育设施的不断增加，随处可见的社区健身一角，各大体育馆、游泳馆，各种健身房、瑜伽练功馆，都成了人们热衷的锻炼场所。居民家庭的教育投资理念也不断增强，无论是成人工作之余的充电，还是子女的课外兴趣班，居民的教育支出大幅增长。据统计数据显示，1987年城镇居民人均文化娱乐教育支出59元，2017年达2443元，年均增长13.2%；1985年农村居民人均文化娱乐教育支出仅12元，2017年达937元，年均增长14.6%。

自治区成立六十年，利通区发生了翻天覆地的变化，回顾过去，成就斐然；展望未来，充满了机遇与挑战，任重而道远。随着吴忠市战略定位大幅提升，利通区综合实力将进一步快速增强，广大城乡居民的生活，也将会更加富裕美好。

执笔人：马晓庆

红寺堡城乡居民生活从“生存型”迈向“享受型”

“红寺堡”之名始于明代，但红寺堡历史却源远流长可以追溯至秦国时期。现代红寺堡的发展从1999年1月30日中共红寺堡开发区工作委员会与红寺堡开发区管理委员会挂牌正式算起，这时红寺堡开发区正式成立。19年前的红寺堡是个不毛之地，风沙肆虐……现在的红寺堡，历任建设者和26万余移民群众用勤劳的双手在千古荒原建成了一座绿洲城市，像那殷红的玫瑰开在沙漠顽强而有生命力。

近20年的发展，红寺堡区得到了中央和自治区的政策、资金等各方面大力支持，区委政府始终坚持以解放思想、加快发展为主题，以调整产业结构为主线，采取一系列行之有效的措施，确保了全区经济社会持续、快速、健康、协调发展。城乡居民收入水平和生活质量进一步提高，有力促进了城乡居民的消费能力和水平的进一步提升。

一、城乡居民消费能力和消费水平逐步提升，生活质量稳步增强

过去的红寺堡区是“一个喇叭响全城，一个车轮滚到头”“一场风，从春刮到冬，天上无飞鸟，地上沙石跑”；住的是土坯房、走的是石子路、喝的是黄河水。再看看现如今的红寺堡区，区域综合实力大幅提升，经济指标实现翻番，高楼大厦平地起、时代小区遍地开花、走的是柏油路、喝的是自来水、生态环境优美。尤其是近五年的调查数据突出显示了居民的生活有了翻天覆地的变化：2017年城镇居民人均消费支出14596元，比2013年增加4029元，年均增长8.4%，恩格尔系数从28.7%下降到25.2%。2017年农村居民人均消费支出8134元，比2013年增加1948元，年平均增长7.1%，恩格尔系数从31.6%下降到26.4%。

二、城乡居民生活消费结构日趋完善，实现从生存型向发展型和享受型良性发展

2009年9月，国务院批复在开发区设立县级行政机构。8个县20多万回汉群众搬迁过来，组建了红寺堡区，下辖3乡2镇1个街道办事处。陆续再搬迁来了3

万多自发移民和十二五期间3.15万新移民。26万余人的移民区“搬得出、稳得住、能致富”的目标正在实现，并已经用短短近20年的时间，城乡居民生活实现了从生存到享受的变迁。

（一）生存型消费占比日趋合理。

红寺堡区城乡居民如前所述，多为宁夏发展较慢的山区县搬迁来的极贫困地区居民。更多的关于生存需要的要素都走向了“高端化”“合理化”——他们从吃饱穿暖向吃的绿色、吃的健康、穿的舒服方向消费，每年的收入增加使得红寺堡区城乡居民人均消费也在日趋增长，但人均生存型消费逐年减弱。以近五年的数据来看，2017年城镇居民人均生存型消费7663元，占人均消费总额的52.5%，比2013年的56.4%下降3.9个百分点。2017年农村居民人均生存型消费4360元，占人均消费总额的53.6%，比2013年的64.1%下降10.5个百分点。

（二）发展型消费占比份额增加。

一个地方的发展离不开经济、教育的发展，红寺堡区也不例外。社会事业协调发展，给红寺堡区带来了教育硬件设施和师资力量的配备。它从个位数学校数量增加了到现在的50余座，受教育学生也在日益增多。有了人才，有了实体经济的发展，工业园区，葡萄、黄花等特色种植基地相继建成，交通运输也日渐发展，居民安居乐业、寻求自我发展。数据显示，2017年城镇居民发展型人均消费5017元，占人均消费总额的34.4%.2017年农村居民发展型人均消费2874元，占人均消费总额35.3%，比2013年的26.5%提高8.8个百分点。

（三）享受型消费占比崭露头角。

红寺堡区开发建设的初期，在环境文化方面是一篇空白，搬迁的移民虽然都有自己的传统文化，但是文化生活还只是水中花，没有扎根。通过这些年的发展，政府在文化建设投入更多的资金，把红寺堡区的移民管、文化馆、体育馆相继建成，村里修建了高标准的文化广场，新打造的村级文化服务中心内阅览室、活动室等城乡居民有更多的选择，进行文化熏陶。“秦腔”“社火”“刺绣”等更多的非物质文化遗产在红寺堡区城乡形成燎原之势，丰富了城乡居民的业余生活，同时也增加了收入，带动了消费增加。通过近五年的数据比较可以看出红寺堡区城乡居民生活的享受、舒适程度在不断上升，统计数据显示，2017年红寺堡区城乡居民享受型人均消费为：城镇1916元，占人均消费的13.1%，比2013年的1605元增加311元；农村居民900元，占人均消费的11.1%，比2013年的609元增加291元。

红寺堡区发展20年，人民生活发生了翻天覆地的变化，从点着煤油灯到了现在的电灯,从骑自行车上班变成了开车上班,人民生活质量和水平爬上了更高的台阶。红寺堡区城乡也从一望无际的沙石地,发展成了沙漠里的绿洲,用勤劳和热情浇灌出了累累硕果。城乡居民的生活也从解决温饱到解决如何吃好。

执笔人:纳杰

盐池县城乡消费变化

自治区成立60年来，盐池县城乡消费发生了翻天覆地的变化。尤其是改革开放以来，“忽如一夜春风来，千树万树梨花开”，社会主义市场经济持续繁荣，人们生活水平不断提高，消费水平从实用型向享受型转变，农村居民家庭生活消费支出从1979年的146元上涨到2017年的9280元，增长近64倍。“衣食住行娱乐”也发生了根本性转变，穿着从“从众”心理向追求“个性”转变，食物挥别食不果腹迎来营养均衡，居住环境只见鳞次栉比的楼房不见破旧的屋顶，招手即是的出租车也解放了双脚。

一、消费水平分阶段性增长

纵观城乡居民消费历程，大体可分为四个阶段：

第一个阶段，新中国成立以来，实行计划经济体制，集中生产，统一分配，处于国家消费式时期。

第二个阶段，1978到1990年，国门打开，经济高速发展，人口流动性强，城镇化水平逐步提高，消费水平总体缓慢增长，这一时期属于家庭原始积累期，购买的消费品更多为标准批量生产的缝纫机、收音机、电视机等，就连结婚聘礼也为“三转一响”，家庭消费为这一时期的主旋律。

第三个阶段，1990年到2005年，消费水平稳步增长，但由于受到1997年亚洲金融危机全面爆发的影响，出口增长率下降、国内需求不振、失业增多，并遭受特大洪涝灾害等，政府虽积极采取扩大内需政策，刺激经济增长，一定程度上保持了国内经济的健康和稳定增长，但盐池消费仍受到不小影响，虽然消费支出逐年增长，但1995年到2000年消费增长率出现大幅度降低；

第四个阶段，2005年后，国家扩大内需刺激消费，居民消费呈现飞速增长，尤其是2008年举办奥运会后，居民消费热情更加高涨。近年来，盐池居民消费持续扩大升级，已进入消费需求持续增长、消费结构加快升级、消费拉动经济作用明显增强的重要阶段，呈现出从注重量的满足向追求质的提升、从有形物质产品向更多服务消费等一系列转变。

单位:元/人

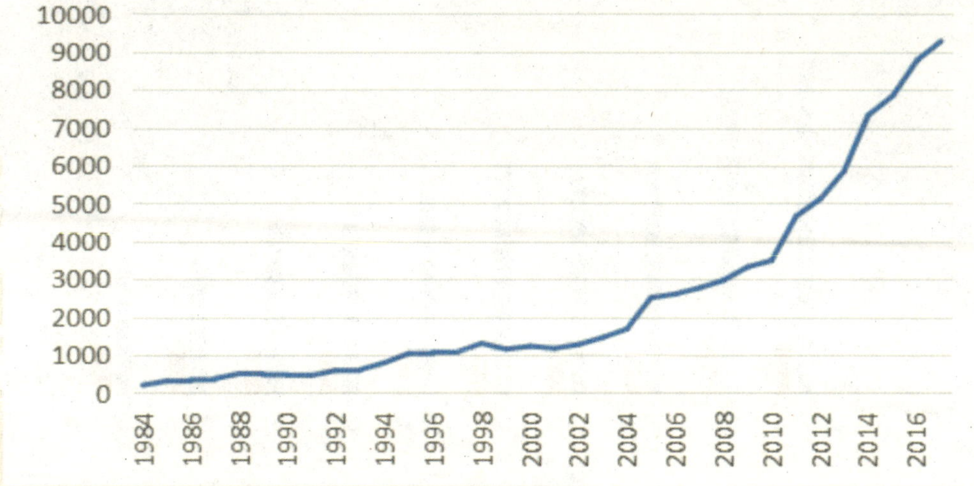

图1　主要年份盐池县农村居民家庭生活消费支出

从图1可以看出,1984年到1990年,盐池县农村居民人均消费从207元增加到469元,增长1.3倍;1990年到2005年,人均消费由469元增加到2513元,增长了4.4倍;2005年到2017年,这十二年来,消费从2513元上涨到2017年的9280元,增长了2.7倍,人均消费支出持续走高。

二、消费结构呈现多样化

(一)居民以满足吃、穿为主的消费阶段已经结束。

随着收入的增加,人们在衣着方面的支出也逐渐增加,但衣着消费所占比重却呈现下降趋势,这表明居民以满足吃、穿为主的消费阶段已经结束。

单位:元/人

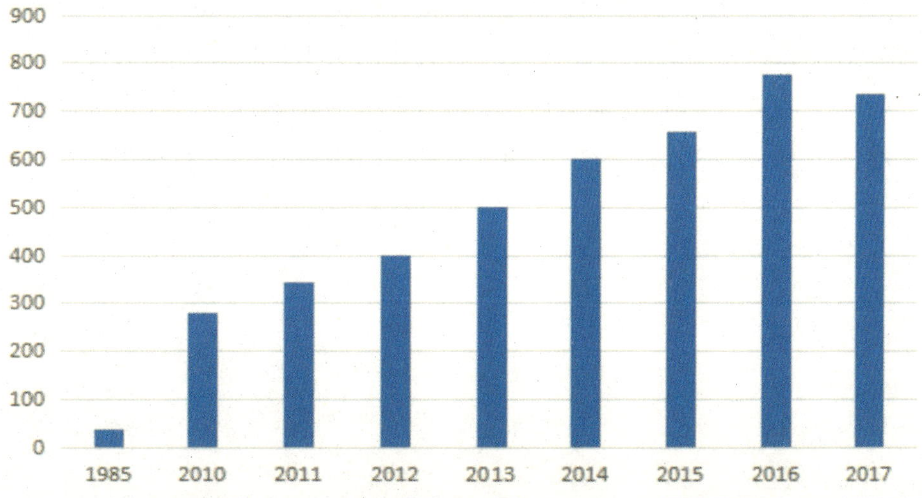

图2　主要年份盐池县农村居民家庭衣着消费支出

单位:%

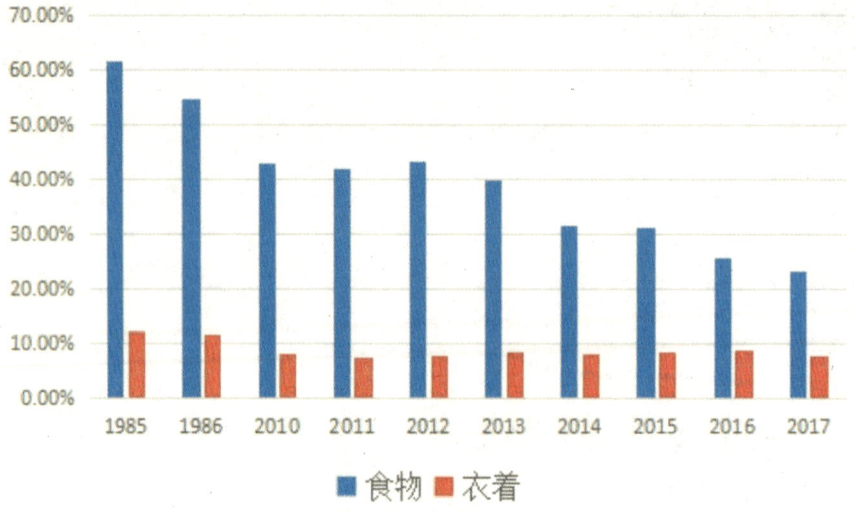

图3　主要年份盐池县农村居民家庭衣着和食物消费占比

图2表明,从1985年到2017年这32年以来,随着衣服质地、面料越来越高级,制作工艺越来越繁杂,衣服的价格不断上涨,从而导致衣着消费呈上涨走势。农村居民家庭衣着消费从1985年的37元增加到2017年的735元,增长了18.9倍。

但食物和衣着消费占比总体呈现下降趋势。图3表明,1985年食物和衣着消费占比分别为61.5%和12.1%,下降到2017年的23.4%和7.9%。居民以吃、穿为主的“生存型消费”退下历史舞台,“享受型消费”登上舞台。

(二)消费结构逐步升级。

食品消费在居民消费总额中所占的比例不断减少,其他消费开始扮演重要角色。盐池县农村居民除食品消费外的其他消费项目根据占比从大到小依次为:居住、交通通信及教育;城镇居民除食品消费外的其他消费项目根据占比从大到小依次为:交通通信、居住、衣着。消费结构的逐步升级,反映出盐池百姓的生活重心开始发生变化。

单位:%

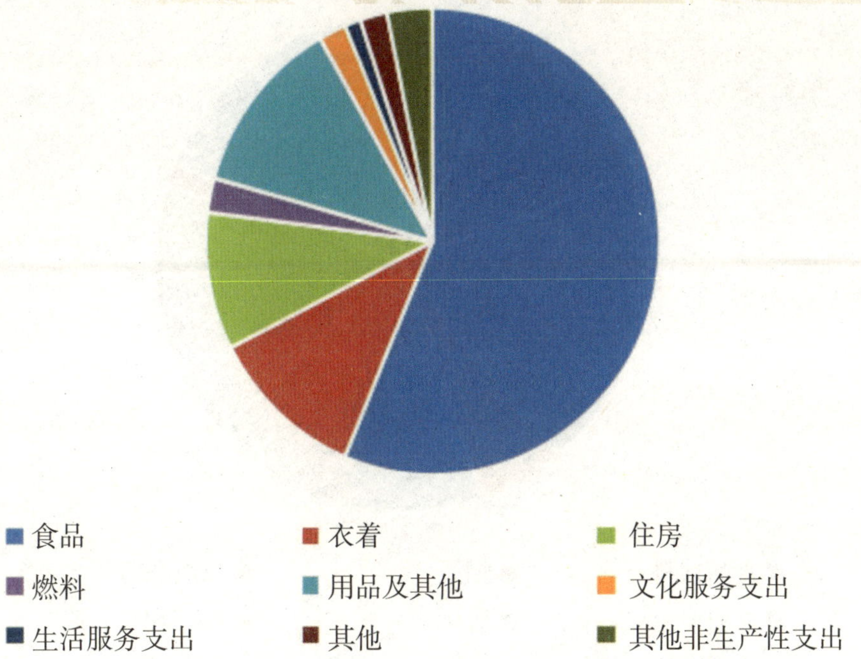

图4　1985年盐池居民人均生活消费支出及构成

图4显示,1985年各类消费占到农村居民生活消费前四项的为:食品、用品及其他、衣着和住房,占比分别为61.5%、13.5%、12.1%和10.3%,食品消费为主导消费。可见1985年,"吃得饱"仍是人们考虑的头等大事,居民生活水平较低。

单位:%

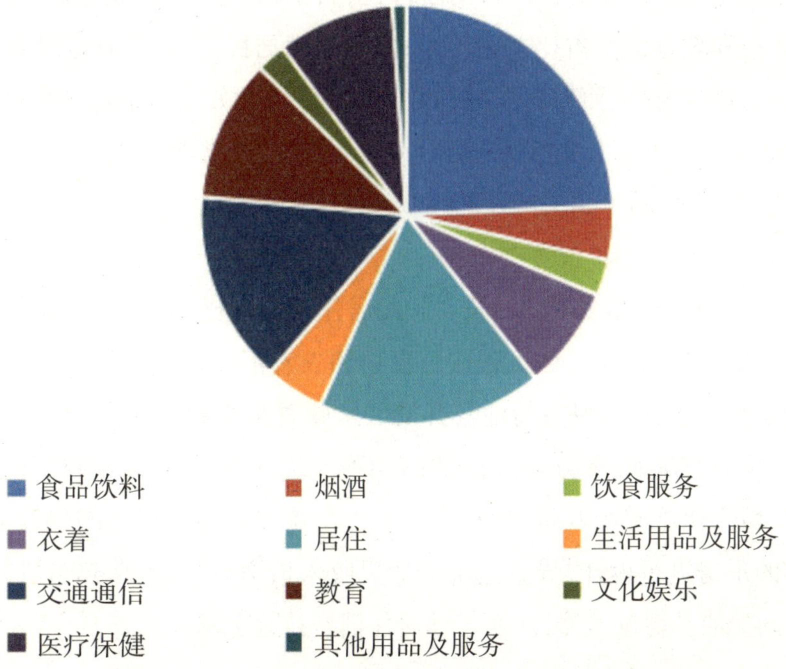

图5　2017年农村居民人均生活消费支出及构成

单位:%

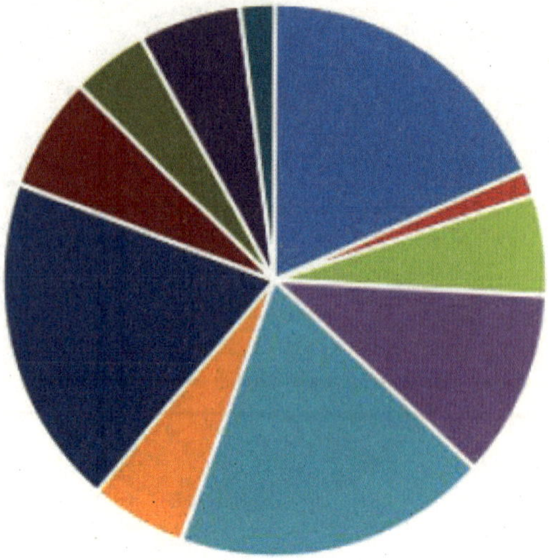

图6　2017年城镇居民人均生活消费支出及构成

图5和图6表明,2017年农村居民和城镇居民消费中食物分别只占到生活消费的23.7%和18.1%。对于农村居民而言,虽然食物仍然所占比重较大,但与居住、交通通信和教育消费占比差距不大;对于城镇居民而言,交通通信成为消费主流,占比达到19.5%。而农村居民和城镇居民在文化娱乐方面的消费也分别达到216元和687元,占比分别为2.3%和4.6%。文化娱乐方面的消费,不仅丰富了人们精神生活,也带动了相关产业的逐步发展。

(三)居住消费始终扮演重要角色。

无论是1985年还是2017年,城乡居民居住消费占比越来越大,从1985年的10.3%增长到2017年的17.7%。居住与食物和衣着不同,随着经济的发展,居民会更多的投资于住房。例如:盐池县开发区紫御华府尚未完工,就已售完全部住房,房屋均价为4200元/平方米。自2013年下半年,盐池县抓住棚户区改造等机遇,结合长城文化旅游产业带建设,启动了古城墙修复及环城公园建设项目,对长城周边的平房进行拆迁,导致这部分居民收入倍增,居民消费热情攀升,一定程度上拉动盐池县房价上涨,从而带动居住消费持续上涨。

执笔人:年凯莉

同心县城乡居民消费水平不断提高

自宁夏回族自治区成立以来，同心县城乡面貌发生翻天覆地变化，特别是改革开放40年来，随着国民经济的快速发展和综合经济实力的逐步增强，同心县城乡居民经历了从摆脱贫困，解决温饱，到迈向小康、决胜全面小康的发展历程，城乡居民消费水平不断提高，生活质量显著增强。

一、农村居民生活水平与质量明显提高

改革开放以来，随着农民收入的快速增加，农民兜里有了钱，购买能力和消费水平不断提高，农民生活水平和质量得到了明显提高和改善，食品丰盛，衣着讲究，住宅宽敞，用品俱全，农村居民的“衣、食、住、用、行”发生了巨大的变化。

2017年，同心县农民人均生活消费支出7815元，与改革初期的1981年相比增长了118.3倍，年均递增14.2%，2017年农村居民恩格尔系数为29.9%，比1981年下降48.5个百分点，农民生活水平由解决温饱型向发展型和享受型不断转变。

（一）食品消费品优质高。

2017年，同心县农民人均食品消费支出2337元，比2010年增加1578元，是2010年的3.1倍。在食品消费中，高蛋白、低脂肪产品受到青睐，肉、禽、蛋、奶及其制品等消费量快速增长。

（二）衣着方面追求美观。

随着农民消费需求的提高和消费市场的丰富多彩，同心县农民在衣着方面的消费水平日益提高。2017年农民衣着消费支出人均607元，比2010年增加386元，是2010年的2.7倍。农民已改过去的传统观念，由基本消费过渡到注重服装面料、款式以及季节服饰搭配的消费观念。

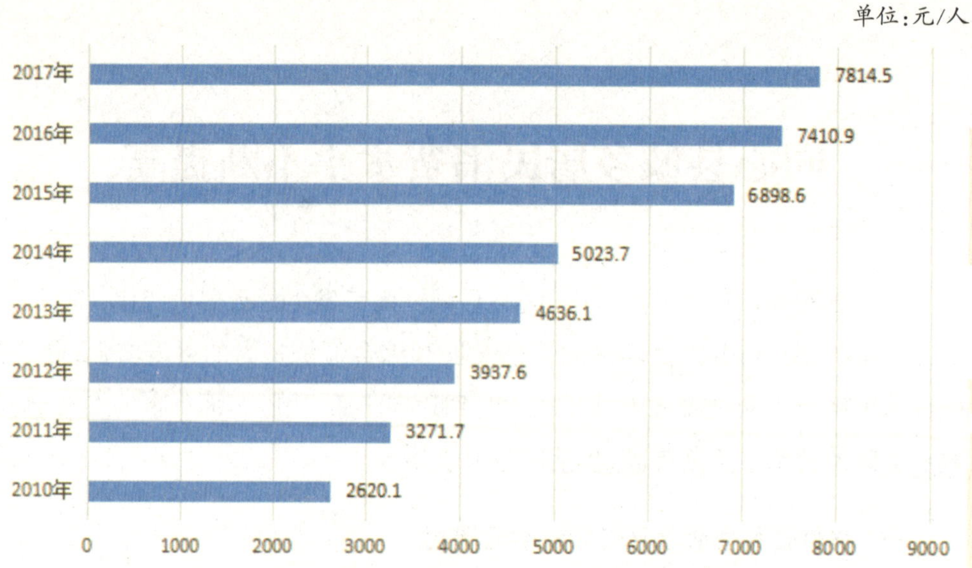

图1　2010—2017年同心县农民生活消费支出

（三）居住方面追求宽敞大方。

随着农民收入的不断增加，农民在居住方面的要求越来越高，追求宽敞明亮、舒适大方。住房的结构也由过去的土木结构变成了砖木和钢筋混凝土结构，门窗变成了铝合金门窗，并逐步追求精美室内装潢，农民的居住条件也逐渐向城里人靠近。2017年农民居住消费支出人均1737元，比2010年增加1240元，是2010年的3.5倍。

（四）生活用品及服务方面提档升级。

2017年同心县农民家庭生活用品及服务消费支出人均408元，比2010年增加181元，是2010年的1.8倍。随着农民收入的增加和消费水平的不断提高，农民家具更新频率增加，老旧的缝纫机、收音机和钟表消费时代已一去不返，家用器具数量和种类不断增添，洗衣机、冰箱、太阳能热水器已成为农民日常生活中不可缺少的必需硬件设备，抽油烟机、空调等也逐渐进入了农户家中。

（五）交通通信成为农民消费热点。

随着新农村建设的推进与实施，同心县农村村容村貌发生了巨大变化，家门口的土路变成了水泥路，手机网络已覆盖同心县全部农村，摩托车、手机早已成为农民家庭生活中的必需品，交通通信支出迅猛增长。2017年同心县农民交通通信支出人均1057元，比2010年增加748元，是2010年的3.4倍。

（六）教育投资力度逐年增加。

随着观念的更新，同心县农民对教育的重视程度提高，家长不惜财力为孩子创造好的学习环境，个别家长为了孩子上学在县城租住房屋陪读，2017年文教娱乐用品支出人均667元，比2010年增加448元，是2010年的3倍。

（七）医疗保健意识和观念增强。

随着生活水平的提高，农民就医观念发生了很大变化，自我保健意识不断加强，有病及时就医。2017年同心县农民医疗保健支出人均943元，比2010年增加625元，是2010年的3倍。

二、城镇居民生活质量显著提高

2005年9月同心县开始城镇住户调查工作，到2017年12年来，同心县城镇居民生活水平显著提高，居民幸福感不断增强，尤其十八大以来，经济发展的新动能,新消费模式不断涌现，居民生活消费呈现出全新变化。

（一）收入和消费同步快速增长。

2005年同心县城镇居民人均可支配收入4807元，到2017年增长到22102元，增长了3.6倍，年均增长13.6%。随着收入的快速增长，消费水平同步增加，增速与收入接近。2005年同心县城镇居民人均生活消费支出3435元，到2017年增加到15216元，增长了3.4倍，年均增长13.2%，与收入增速基本同步。

（二）居住更宽敞舒适。

2005年同心县城镇居民人均居住面积27平方米，自来水入户率92%，有独立厕所浴室卫生设备的户占比26%；到2015年人均居住面积32.1平方米，自来水入户率100%，有独立厕所浴室卫生设备的户占比83%。2017年人均居住面积32.7平方米，较2005年增加5.7平方米。2005年有监测数据以来，同心县城镇居民居住条件显著改善，居住更宽敞，安全饮水更有保障，卫生设备普及情况逐步提高。

（三）耐用消费品拥有量体现新变化。

从同心县城镇居民每百户耐用品拥有量看，主要呈现以下变化：

1. 家用汽车成为主要交通工具。从交通工具的变迁看，最大是变化是自行车从交通工具演变为为休闲健身工具，家用小汽车进入普通人家。2005年每百户拥有家用汽车4辆，自行车和摩托车是主要交通工具，家用汽车还是奢侈品。从2010年开始，家用汽车逐步取代摩托车和自行车成为城镇住户主要交通工具，到2015年家用汽车增加到23辆，到2018年初46辆，几乎每两户家庭就有一辆家用汽车,家用汽车驶入平常百姓家,成为主要交通工具。

表1　同心县城镇住户主要年份每百户耐用品拥有量情况

类	项目	单位	2005年	2010年	2015年	2017年
交通工具	1.家用汽车	辆	4	6	23	27
	2.摩托车	辆	72	94	68	70
	3.自行车	辆	128	—	—	—
	4.助力车	台	6	8	66	80
家用电器	5.彩色电视机	台	110	100	108	100
	6.其中:接入有线网	台	—	60	88	83
	7.洗衣机	台	102	100	92	90
	8.电冰箱(柜)	台	60	80	79	73
	9.微波炉	台	18	20	20	37
	10.空调	台	6	4	3	7
	11.热水器	台	36	36	56	63
	12.其中:太阳能热水器	台	—	—	56	63
信息工具	13.固定电话	线	76	94	10	10
	14.移动电话	部	100	160	260	247
	15.其中:接入互联网	部	—	0	88	167
	16.计算机	台	10	40	56	53
	17.其中:接入互联网	台	—	30	47	43

2. 家用电器日益丰富,智能化不断提高。从家用电器的变迁看,主要体现到升级换代提速,智慧家电普及。彩色电视机和洗衣机在2005年就已经普及。家电三大件自2005年以来的变化主要体现在产品的升级换代上,彩色电视机从显像管电视,到液晶电视,以及目前的网络电视智能电视,每一次的升级换代均给住户带来更佳视听体验。洗衣机由半自动向智能全自动升级,电冰箱由小容量向大容量低功耗智能化升级。

3. 信息化工具向微端发展。从信息化工具的变迁看,随着智能手机功能越来越完善,信息化工具向智能手机等微端发展。固定电话从2010年之后逐步退出家庭市场。移动电话自2005年就达到每户一部,从2005年开始增量较大。从2005年开始,信息化工具的变迁向微端发展,移动电话从2005年开始逐年增加,家用计算机从2015年开始呈现减少趋势。

(四)消费层次向发展型和享受型消费拓展。

1. 生存型消费的比重降低。通常将吃、穿、住等方面的消费定义为生存型消费，生存型消费是满足人们温饱安居的消费。2006年同心县城镇居民生存型消费支出2231元，占生活消费的60.9%，到2017年生存型消费支出8882元，占生活消费支出的58.34%，年均增长13.4%。

（1）恩格尔系数持续降低，城镇居民越来越富裕。食品消费是人类生存的第一需求，2006年同心县城镇居民恩格尔系数为33.0%，到2017年下降到27.5%，期间下降了5.5个百分点，平均每年下降0.5个百分点，说明随着收入的增加，居民在食物上的消费越来越低，消费重心向其他方面转移，居民越来越富裕。

（2）生存型消费比重降低，消费品质稳步提高。2006年同心县城镇居民生存型消费支出的比重为60.9%，到2010年下降到59.0%，到2017年降低到58.4%，生存型消费在居民生活消费中占比较大，但比重呈现递减趋势。虽然生存型消费的比重在降低，但是消费品质稳步提高，在食品消费中人们更趋于追求健康饮食，2006年人均肉类消费量16.4公斤，到2017年人均消费18.6公斤，肉类消费量小幅增长，从结构看牛肉增加，羊肉减少，禽肉大幅增加。营养价值高的奶类及制品消费量增长最快，由2006年人均7.7公斤，大幅增加到2017年人均19.8公斤。在衣着消费中品质消费健康消费主要体现在材料和款式更多样。居住消费从2006年到2017年年均增长17.1%，居住消费的高增长率一方面反映了资产价格的上涨，另一方面也体现出在满足基本居住需求后，居民追求住的更宽敞，装修更豪华。

2. 发展型消费的比重增加。通常将教育、交通通信、医疗保健定义为发展型消费，发展是人们为了寻求更好、更高地发展而产生的消费需求。2006年同心县城镇居民发展型消费支出978元，占生活消费支出26.7%，2017年占生活消费支出的29.7%，发展性消费支出占生活消费支出的比重从2006年到2017年稳步提升了3.0个百分点。

（1）教育支出增长最快。2006年同心县城镇居民人均教育支出196元，2017年人均教育支出1579元，年均增长20.9%。2006年以来随着社会经济的发展，人们更加注重子女教育、社会教育和成人教育，相应的教育支出大幅增长。

（2）医疗保健支出平稳增加，交通通信支出快速增长。2006年到2017年医疗保健支出年均增长8.8%，2006年以来医疗保健支出平稳增加。随着社会经济的发展，人们医疗保健需求增长较快，健康生活已成为新风尚。随着居民医疗保健需求的增加，逐步形成了全方位的医疗保障体系，加上政府多次进行药品价格和医疗体制改革，鼓励社会办医，使“看病难，看病贵”这一重要民生问题不断化解,居民的医疗保健支出增速平稳。交通和通信支出年均增长15.0%,同心县城镇居民从2006年以来交通通信工具发生了很大变迁,家用汽车的普及,推动了交通费用的增长;计算机的普及,使网络使用费逐步增加;智能手机及流量套餐的普及,促进了通信费用快速增长。

表2 主要年份城镇居民生活消费支出

单位:元/人、/%

项目	2006年	2010年	2015年	2017年	年均增长
家庭总支出	5059	9844	19259	21635	—
消费支出	3667	7869	13299	15216	13.8
其中:服务性消费支出	809	1630	—	5154	18.3
一、食品烟酒	1211	2333	3738	4190	11.9
二、衣着	542	1052	1533	1984	12.5
三、居住	478	1254	2632	2708	17.1
四、生活用品及服务	172	605	879	937	16.7
五、交通和通信	455	1130	1613	2117	15.0
六、教育文化娱乐服务	322	684	1602	1943	17.7
1.教育	196	304	1205	1579	20.9
2.文化娱乐	126	380	397	365	10.1
七、医疗保健	327	537	952	822	8.8
八、其他商品和服务	160	274	351	514	11.2

3. 享受型消费比重平稳。一般将娱乐文化服务、家庭设备用品、耐用消费品支出、其他商品和服务定义为享受型消费,享受型消费是提高劳动者生活水平、满足人们享受生活的消费。2006年同心县城镇居民享受型消费支出458元,占生活消费的比重12.5%,到2017年享受型消费支出1817元,占生活消费的11.9%,年均增长13.3%。2006年以来家用电器和文娱耐用品经历了一次大方面的升级换代,耐用品的升级换代不断提高生活水平。居民文化娱乐支出由2006年人均126元,增长到2017年的365元,年均增长10.1%;在文化娱乐支出中增长最快的是旅游支出,随着居民收入的增加,交通工具的便捷,旅游服务的完善,外出旅游的人群越来越多。

(五)生活消费呈现新特点。

1.服务性消费的比重持续上升。2006年服务型消费占生活消费支出的22.1%,到2017年比重上升到33.9%,说明生活消费正从物质型消费向服务型消费转变。平台经济、共享经济的兴起,使传统服务业里孕育出新服务,新业态。

美团、饿了么等平台经济入驻同心，汽车保养维修服务、婚纱摄影、旅行社、保健行业的不断发展，拉动了居民的服务型消费的增长。

2.网购和新支付方式丰富了消费生活。网络购物平台的兴起，增加了消费者的选择范畴，降低了消费成本，更好地满足了日益增加的消费需求，移动支付方式的普及，增加了支付环节的便捷性。网购和新支付方式使消费需求的满足不再受空间和地域限制，极大地丰富了人们的消费生活。

执笔人：罗永林　马少波

改革开放40年青铜峡市城乡居民生活消费巨大变化

自治区成立60年来，特别是改革开放40年以来，青铜峡市发生了翻天覆地的变化，一代又一代青铜峡人奋力拼搏，励精图治，大力促进了青铜峡市国民经济和社会各项事业蓬勃发展。目前已经形成了粮食、畜牧、蔬菜、瓜果、肉蛋奶等农副产品基地。随着经济社会的发展，城乡居民消费也发生了翻天覆地的变化，呈现出消费水平快速化、优质化、多元化和城乡趋同化的新格局。

一、农村居民生活消费快速化增长

从改革开放以来，农村居民消费发生了翻天覆地的变化，由改革开放初期的"凭票换购，满足温饱"到"自主消费，追求多样"再到"网上购物，种类繁多"，农村居民的生活越过越好，消费水平提质增速，生活发生着日新月异的巨大转变。从改革开放以来，农村首先进行改革，大力发展生产力，通过联产承包，人们的致富积极性大大提高，全市各族人民团结一致，齐心协力，农村的面貌焕然一新，道路平整，垃圾入池，绿化改造，环境整治，农民的生活质量大有提高。

（一）农村居民生活消费增速加快。

特别是进入了全面建成小康社会的新阶段，农村居民消费有了质的飞跃。现在农村居民的生活已经大有不同，电话、电脑已经习以为常，村容村貌也大有改观，村村通了水、电、网，硬化路都修到了家门口，村民出行不再是难事，年轻人都出去打工挣钱，家里的收入也比以前增加了。从"七五"到"八五"期间，农村居民消费增长4.3倍，并且在"八五"期间首次突破千元的消费大关，1995年农村居民人均消费1566元。在"十五"后在青铜峡市党委和政府的正确领导下，经济发展水平大幅提高，人们生活水平增长，居民消费水平增速加快，到"十一五"期末，2005年农村居民消费人均2567元，比1995年增长63.9%，2017年农村居民消费支出8936元，比2005年又增长了2.5倍，说明农村居民生活消费水平逐年提升。

单位:元/人

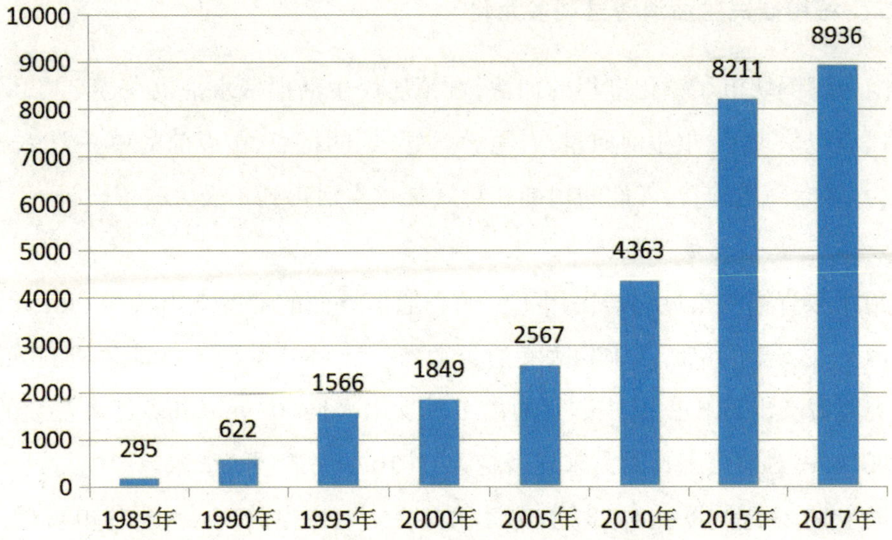

图1 青铜峡市农村居民生活消费支出

(二)农村居民生活必需品消费凸显优质化。

改革开放后,随着生活水平的提高,肉、鱼、蛋、奶成为了人们餐桌上的主食,人们开始追求吃的营养健康。2017年农村人均主要食物消费1962元,比1981年增长14.9倍。农民在基本生活食物有所改善的情况下,衣着也逐渐发生了变化,首先材料逐渐由棉布转化为化纤,颜色和款式也比以前要种类繁多,极大地满足了人们的需要,2017年农村人均衣着消费781元,比1981年增长27倍。住的方面,2017年农村居住消费支出2129元,比1981年增长151倍。改革开放前,人们的居住条件较差,二代同房的住房困难户相当普遍,1978年青铜峡市人均居住面积仅为8.1平方米,改革开放后城乡面貌和百姓住房条件都发生了极大地变化,而且现在比以前居住条件有了很大的改善,2017年青铜峡市农村居民人均住房面积36.5平方米,是1978年的4.5倍。目前,一部分农村居民住房有两套房子,农村有老房子,城里有新房子。如表1表明了居民从改革开放以来居民在食品、衣着、住房方面的消费变化情况。

表1 主要年份青铜峡市农村居民生活消费支出情况

单位:元/人

指标	1981年	1986年	1991年	1996年	2001年	2006年	2010年
食品	123	181	333	362	811	1234	1716
衣着	29	48	72	158	172	277	377
住房	13	40	77	439	397	1134	618

二、城镇居民生活消费呈现多元化

随着青铜峡市城镇化进程的加快，城镇居民生活消费水平也在逐年提高，城镇居民消费呈现"注重生活质量，看重教育娱乐"的特点，由以前的单一消费逐渐转变为多样、高质消费，人们的精神和物质文化生活得到了极大改善。

（一）交通、通信成为城镇居民生活消费新的增长点。

2017年青铜峡市城镇居民用于交通和通信方面的消费支出人均1462元，占生活消费性支出的9%，其中购买交通类消费支出882元，随着智能手机的普及，通信类消费支出581元，其中购买通信工具支出人均207元。随着经济社会的快速发展，居民对通信工具的需求越来越大，2010年底青铜峡市城镇居民每百户拥有移动电话204部，摩托车28辆，电冰箱94台，家用电脑62台，彩色电视机100台，家家都有彩电，洗衣机98台，城市生活条件改善，部分家庭还有汽车，方便了出行，智能手机、电动自行车、汽车成了城镇居民新的消费增长点，拉动消费支出不断增长。

单位：元/人

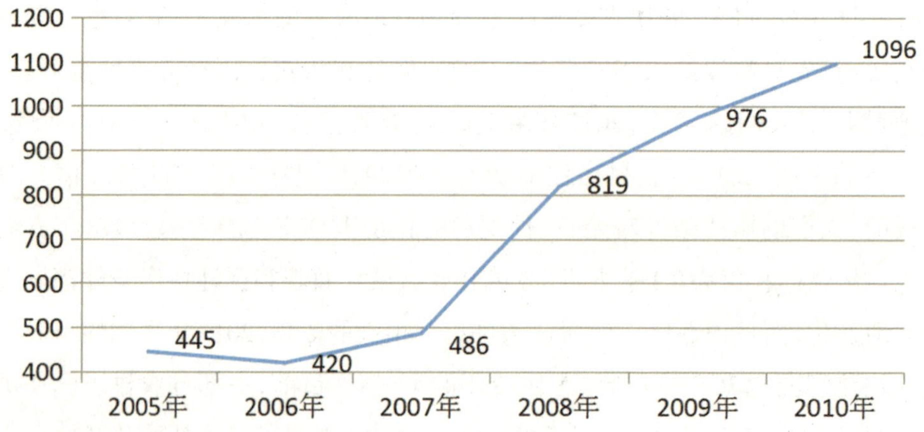

图2　主要年份城镇居民交通、通信支出情况变化图

（二）文化教育娱乐支出有所增长。

目前，随着人们生活水平的提高，居民的消费观念已经大有改观，"教育为立国之本"，教育对于个人和国家都是十分重要的，现在居民更加注重孩子的教育投入，消费支出优先确保孩子的教育支出费用，随着收入的增长和教育体制的深化改革，教育消费已经成为家庭消费中必不可少的项目之一，很多父母都希望子女受到良好的教育，从小学、初中、高中择校，从孩子学龄前的各种琴棋书画的培训班，再到初高中各种语数外理化生的家教费都在明显提高，随着社会的进步和发展，竞争压力与日俱增，许多进入社会工作的人参加各种技能、技术的培训，这些费用的开销刺激了居民家庭教育消费支出。2017年青铜峡市城镇居民人均教育娱乐消费支出为2075元，比2005增长4.2倍.随着人们生活水平的提高，出行旅游变成了人们放松身心，陶冶情操的一种新方式，青铜峡市近年来着力打造旅游景：黄河大峡谷、108塔，青铜峡拦河大坝、黄河楼景区随着青铜峡市大力推广，逐渐形成了一定的影响力，来青铜峡旅游的人越来越多，随着收入的增长，居民用于旅游消费的支出也逐年上涨，各种节假日和小长假都成为了人们外出旅游的最好时间，国内的短线旅游、自驾游，正助推旅游成为新的消费增长点，随着旅游的人数的增长，旅游消费支出也大幅增长，2017年城镇居民用于文化娱乐消费支出495元，比2005年的元增加了449元。

（三）医疗保健观念逐渐增强。

居民越来越重视健康的重要性，思想观念有了巨大转变，从“主动就医，治疗为主”变成了“主动预防、防治结合”，主动保健，加强身体锻炼，有病及时就医。2017年城镇人均医疗保健消费支出为896元，相比2005年的475元增加421元，医疗保健支出占生活消费的总支出由2004年的7.3%上升到2017年的11.1%，上升了3.8个百分点，随着国家居家养老、社区医院、医养结合等相关政策的出台和落实，城镇居民可以在就近的社区进行买药看病，比以前要方便很多，对于居民的身体健康是很有好处的。随着医保制度的改革和完善，大病医疗报销和公立医院改革试点工作的推进和落实，以后城乡居民将不会再为“看病难、看病贵”等问题发愁。

三、城乡居民消费情况呈现趋同化

（一）城乡居民消费同步发展、差距减小。

改革开放以来，农村居民的消费水平一直低于城镇居民，近年来随着国家的相关政策的落实，如精准扶贫、乡村振兴战略的提出，极大地促进了农村居民脱贫致富，尤其是党的十八大以来，青铜峡市经济进入快速发展的新阶段，城乡统筹协调发展，使得人们的消费水平有了大幅提升，从如图3可以看出城乡居民的消费支出呈现逐年缩小的趋势，说明了青铜峡市政府统一协调，促进城乡共同发展，这对于促进经济，以及城乡居民消费的提升是十分有利的。

单位：元/人

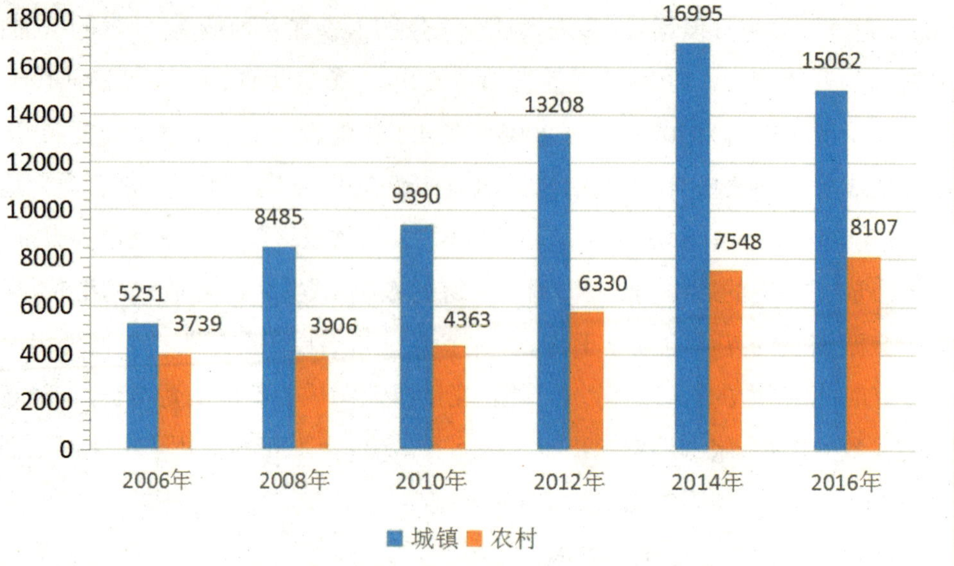

图3　青铜峡市城乡居民消费变化图

（二）城乡居民消费观念转变。

经济社会的快速发展和居民收入水平的提高，促使人们的消费观念发生了很大改变，居民消费由以前的吃饱穿暖到现在的多样化和个性化发展。从消费结构的方面分析，居民用于吃、穿的支出比重呈下降趋势，由1981年的66.7%下降为30.7%，下降了36个百分点。说明恩格尔系数呈下降趋势，人们的生活水平提高，用品支出由1981年的14.9%下降到2017年的6.6%，下降8.3个百分点。随着经济的发展，城乡居民的思想上还有消费观念都在逐渐发生变化，并且呈现趋同性的特点，首先人们都更加注重购买优质、健康的消费品，用于交通通信、医疗保健方面的支出比重由1983年的1.1%上升到2017年的24.2%，上涨了23.1个百分点，智能手机的普及激发了人们的消费热情，人们更加注重手机质量、品牌和耐用性。其次，城乡居民在购置消费品的种类上呈现趋同性，都热衷于购买平板电视、洗衣机、冰箱等生活用品，如图4可以看出城乡居民消费商品的变化情况，城乡居民交通通信支出都在呈现逐年增长的态势并且差距呈缩小态势，随着青铜峡经济社会的发展，相信城乡居民生活会在十三五取得更加瞩目的成绩。

单位:元/人

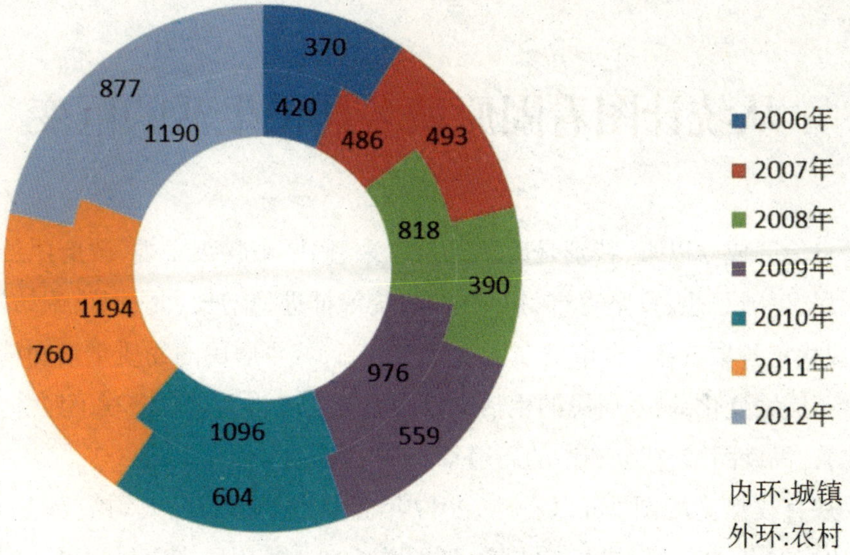

图4　城乡居民交通通信消费支出变化图

执笔人:宋翔

从统计图看固原城乡居民生活的巨变

自治区成立以来，特别是改革开放以来，固原市各级党委、政府团结带领各族人民，解放思想，攻坚克难，锐意进取，统筹推进稳增长、促改革、调结构、惠民生、保稳定各项工作，全市城乡面貌焕然一新，城乡居民的物质生活和精神生活发生了巨大变化，城乡居民的生活向着小康社会步步迈进。谱写了经济发展、民生改善、民族团结、社会和谐的新篇章。

从直线攀高的图1可以看出，2017年固原市城镇居民人均消费支出16565元，比1985年的602元增长27.5倍，年均增长10.9%；固原市农村居民人均消费支出7678元，比1985年的186元增长41.4倍，年均增长12.3%。

单位：元/人

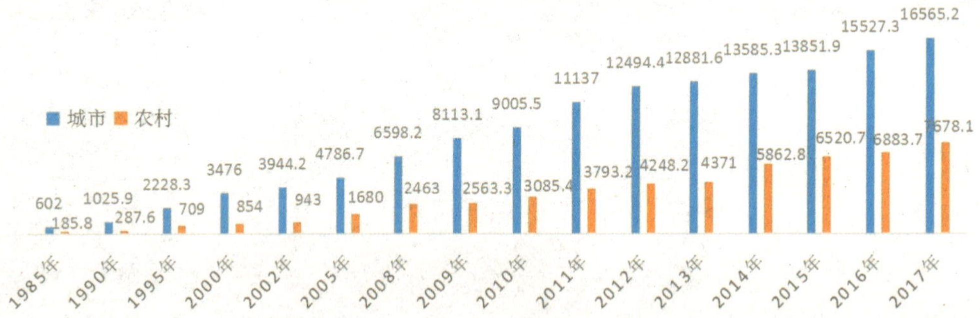

图1　主要年份城乡居民生活消费变化

一、吃——温饱朝着小康迈

20世纪80年代，固原市城乡居民生活消费最大的是食品支出，由于当时尚处于解决了温饱或基本解决了温饱阶段，所以大部分城乡居民吃的仍是“粗茶淡饭”。随着城乡居民收入的不断增加，居民消费观念由吃饱转向吃好，由增长数量转向提高质量，现在在吃的消费中不仅讲究营养质量，而且注重元素搭配，呈现食物品种多元化，蛋白质摄取量逐年提高，家庭餐桌日渐丰盛，鸡鸭鱼、猪牛羊肉已成为家常菜，营养越来越丰富。

2017年固原市城镇居民人均购买食品支出6643元，比1985年的319元增长20.8倍，年均增长10.0%；农村居民人均购买食品支出3225元，比1985年的112

元增长28.8元倍，年均增长11.1%。

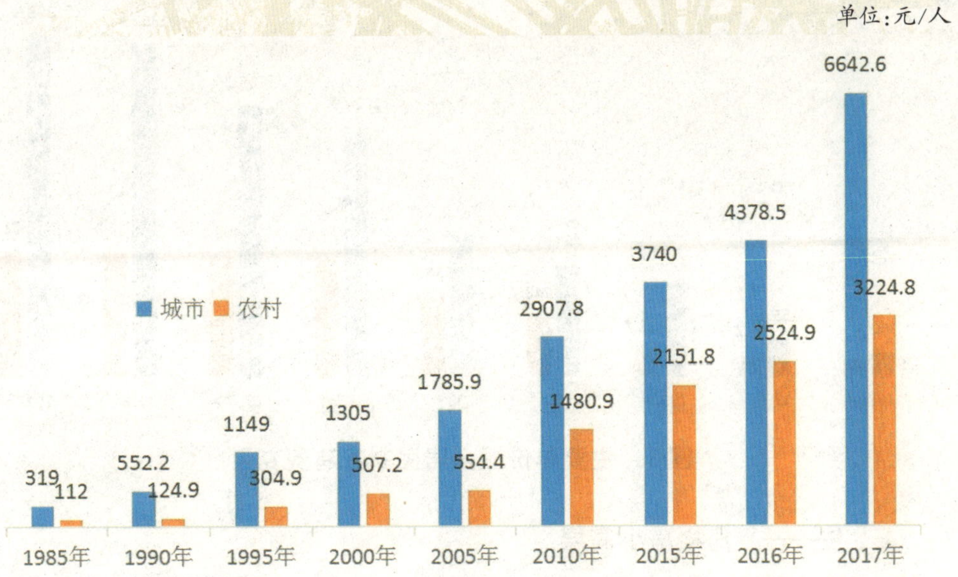

图2　主要年份城乡居民食品消费变化

从恩格尔系数看，固原市城乡居民食品消费占生活消费支出的比重呈逐年下降态势，城镇居民恩格尔系数由1985年的53%下降到2017年的40.1%，农村居民恩格尔系数由1985年的60.3%下降到2017年的42%。表明固原市城乡居民生活逐步向小康行列迈进。

二、穿——品牌时尚个性化

三四十年前，城乡居民的衣料以棉布为主，衣着色彩都是单调的“黑灰绿”，农村居民衣着、鞋均由农妇手工制作，是缺衣置衣的被动消费。如今，随着人们生活水平的提高及消费观念的改变，城乡居民衣着消费转向注重服装面料、舒适、款式、品牌及整套的主动消费。服饰色彩缤纷，款式新颖，衣着消费成衣化、高档化、多样化、个性化、休闲化、时尚化和品牌化，“一季多衣”取代了过去的“一衣多季”。皮鞋、旅游鞋取代了布鞋、胶鞋。大品牌、名牌服装店、鞋店在山城固原处处可见，反映出固原市城乡居民生活质量显著提高。2017年固原市城镇居民家庭人均衣着消费支出1398元，比1985年的96元增长14.5倍，年均增长8.7%；2017年固原市农村居民家庭人均衣着消费支出527元，比1985年的68元增长7.8倍。年均增长6.6%。

单位：元/人

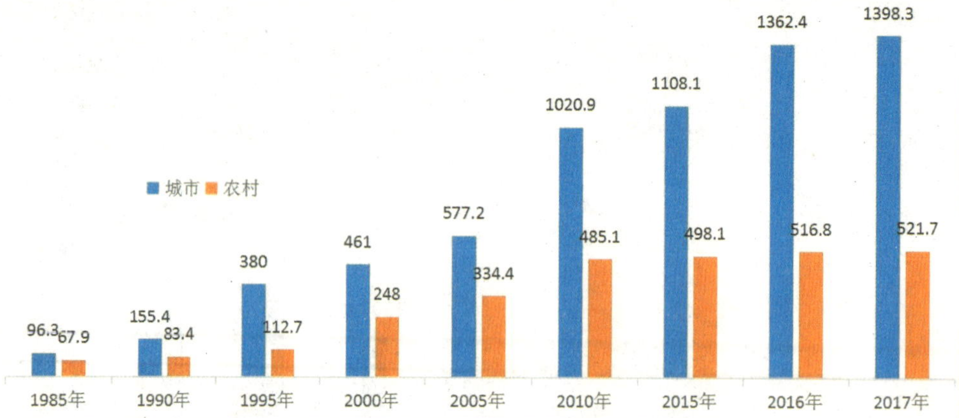

图3　主要年份城乡居民衣着消费变化

三、住——平房楼房小高层

“小康不小康，关键看住房”。40年前，固原市大多数城乡居民住在阴暗潮湿的平房或土坯房中，住房紧张的矛盾极为突出，一家三代挤在一间房子是普遍现象。随着住房商品化、货币化进程的加快，固原市各级政府在加快城镇化建设的同时，重视改善城镇居民的居住条件，不断加大安居工程的实施，使不少人喜迁新居，住房面积由小变大，住房结构由砖混平房变为钢混楼房，自有住房的比例大幅上升。农村随着危窑危房改造工程的持续进行，农民建设新居热情越来越高，新建房屋由土木结构转向砖木、砖混结构，个别农户还新建了混凝土结构的小楼房，住房不仅宽敞明亮，而且舒适美观，居住条件显著改善。2017年，固原市城镇居民人均居住面积达到32.9平方米，比1987年的11.7平方米增加21.2平方米；农村居民人均居住面积达到27.6平方米。2017年固原市城镇居民家庭人均居住消费支出3835元，比1985年的25元增长156.5倍，年均增长17.0%；2017年固原市农村居民家庭人均居住消费支出1443元，比1985年的19元增长755倍，年均增长14.5%。

单位：元/人

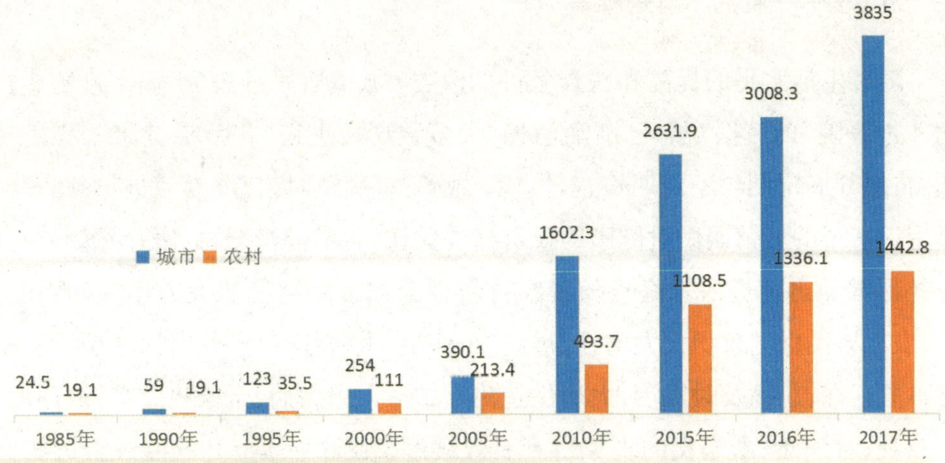

图4　主要年份城乡居民居住消费变化

四、行——步行转向小轿车

三四十年前，在城市，站在街道看到的是滚滚而来的自行车流；在农村，外出靠步行+自行车。而现在，城市交通业快速发展，看到的是“四多一少”，即：城市公交车多、出租车多，电动车多、私家小汽车多和自行车少；农村基本实现村村通公路，乡乡通班车，看到的是摩托车+班车+小轿车，步行的时代已经结束。交通条件的巨大变化，极大地方便了人们的出行和联络，与外界的交流日益频繁。2017年固原市城镇居民家庭人均交通通信消支出2356元，比1985年的6元增长428.3倍，年均增长20.5%；2017年固原市农村居民家庭人均交通通信支出1055元，比1985年的1元增长958.8倍，年均增长24.3%。

单位：元/人

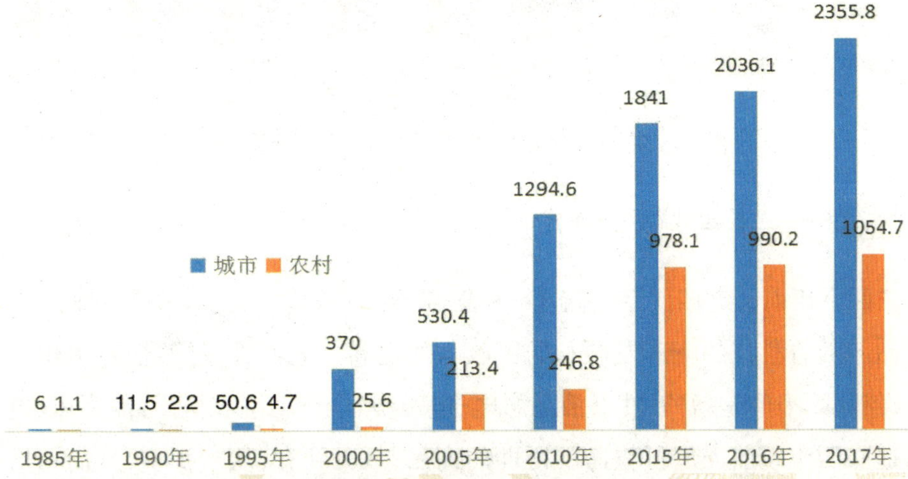

图5　主要年份城乡居民交通通信消费变化

五、医——看病不再是难事

随着生活水平的提高和医疗条件的改善，城镇居民过去“小病不进药店，大病才进医院”的就医观念已渐渐消失，大多数居民重视“花钱买健康”，积极、主动、自愿开展定期与不定期检查、体检，做到“有病及时治疗，无病提早预防”，一些生活富裕的城镇居民对健康的投资格外关注，各类健身器材、医疗保健器材和滋补保健品迅速进入家庭。随着农村新型合作医疗制度的大力实施和不断完善，农村居民保健意识大大增强，过去“小病拖，大病扛，挺不住时医院望”的现象已不复存在，小病及时医治，大病住院治疗，“一人患大病，全家将致贫”的问题有所改观，看病难、看病贵的现象得到有效缓解。图6总体上升的曲线告诉我们，2017年固原市城镇居民家庭人均医疗保健消费支出1175元，比1985年的6元增长217.4倍，年均增长17.9%；2017年固原市农村居民家庭人均医疗保健消费支出822元，比1985年的1元增长632.2倍，年均增长23.3%。

单位：元/人

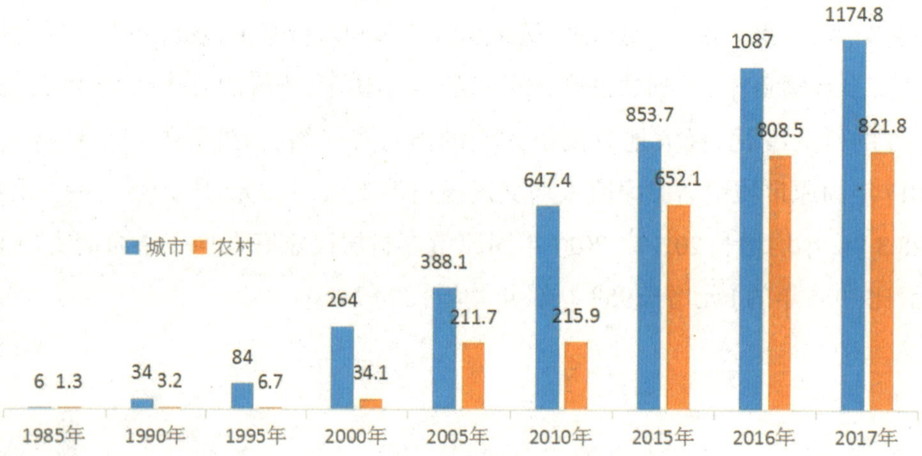

图6　主要年份城乡居民医疗保健消费变化

六、用——“老四件”更新换代

三四十年前，“老四件”（自行车、手表、缝纫机、收音机）是城乡居民的主要生活用品。随着科技的飞速发展和居民收入的提高，“老四件”已经悄然退出历史舞台，伴随而来的是新“五件”（液晶彩电、电饭煲、全自动洗衣机、智能手机、电冰箱），这些四十年前人们可望而不可即的商品，从无到有，从少到多，从简单低廉到精致高档，现在成了居民家庭生活中很平常的东西。2017年固原市城镇居民家庭人均生活用品及服务消费支出967元，比198 5 年的66元增长14.6倍，年均增长8.8%；2017年固原市农村居民家庭人均生活用品及服务消费支出454元，比2000年的34元增长13.3倍，年均增长8.4%。

单位：元/人

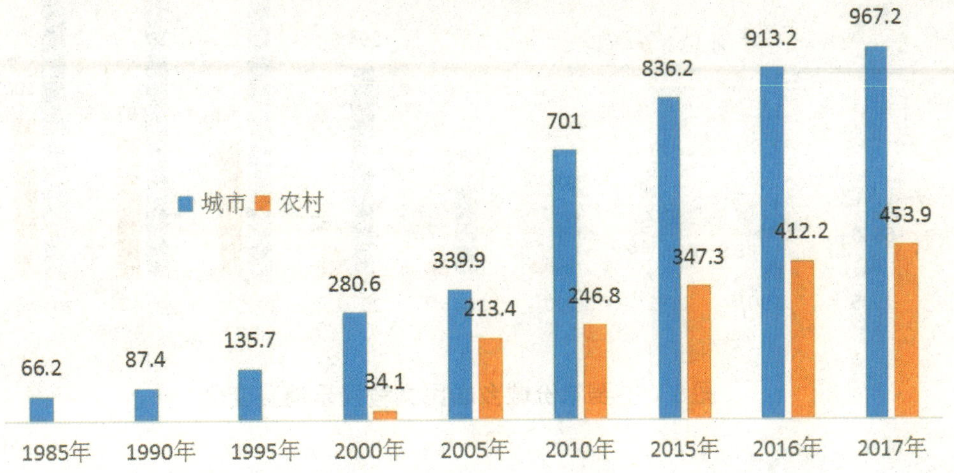

图7　主要年份城乡居民生活用品消费变化

七、精神文化生活丰富多彩

三四十年前的固原市城乡居民，精神文化生活相对单调，城镇居民在闲暇时间要么在居住地附近散散步，要么从当月生活费中挤出几毛钱去电影院看场电影；农村居民年轻人聚在一起打扑克，年老人聚在一起拉家常、聊聊天，偶尔遇到乡文化站在本村或邻村放电影时老老少少去看电影。而现在，在物质生活水平不断提高的同时，城乡居民对精神文化追求十分丰富，精神生活方式多姿多彩。城镇居民除看电视、电脑手机上网、健身外，每遇到“黄金周”“节假日”，全家外出旅游，感受美好大自然带来的愉悦。农村居民除看电视外，还订阅报纸杂志学习科技知识，跳广场舞、健身舞也成了农村亮丽的一景。2017年固原市城镇居民家庭人均教育文化娱乐消费支出2398元，比1985年增长36.2倍，年均增长11.5%；2017年固原市农村居民家庭人均教育文化娱乐消费支出1002元，比1985年增长455.5倍，年均增长21.1%。

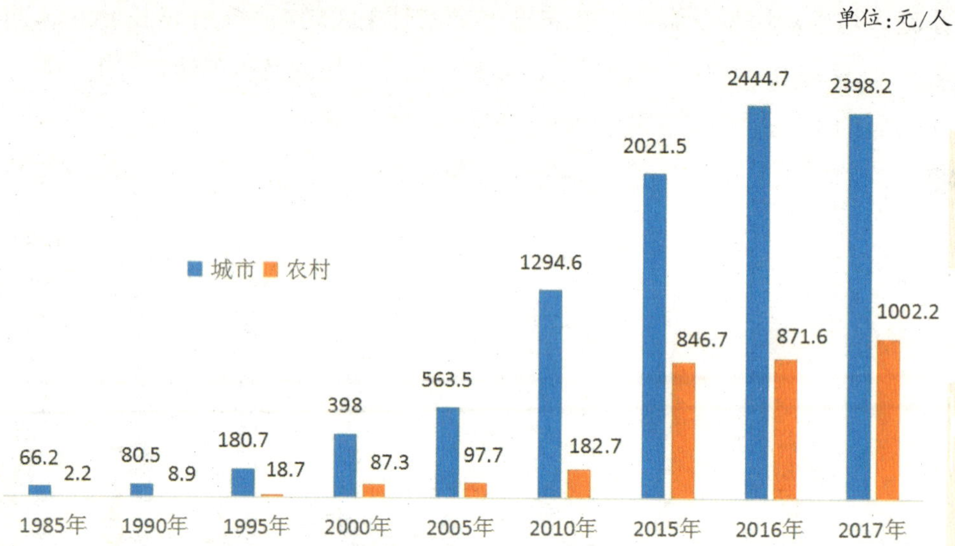

图8　主要年份城乡居民文教娱乐消费变化

执笔人：崔存良　周小燕

喜看原州区城乡居民60年生活新变化

1958年国务院决定成立宁夏回族自治区，设立固原专区，后又改称固原地区。2002年7月，国务院批准撤销固原地区和固原县，设立地级固原市下辖原州区。自治区成立60年来，特别是改革开放40年来，原州区发生了日新月异的变化，居民收入显著提高，衣、食、住、行等生活消费都发生了前所未有的变化。在党和政府的正确领导下，原州区人民努力拼搏，艰苦奋斗，使城乡面貌发生了翻天覆地的变化，生活水平不断提高。

一、城乡居民收入稳步增长

改革开放40年来，原州区和全国、全区一样，经济持续较快发展，城乡居民收入大幅增加。原州区城镇居民人均可支配收入由1987年的892元增加到2017年的26258元，增长28.5倍，年均增长11.9%；随着国家一系列促进农村经济发展的重大政策落实，农民负担不断减轻，增加农民收入等措施的出台与实施，使原州区农民收入持续稳步增长，农民收入水平由过去的数十元提高到数千元。据调查显示：原州区在自治区成立时农民人均收入只有50元。到1978年也才达到74元，20年来增加了24元，增速非常缓慢。2017年农民人均可支配收入已达8961元，比1987年的226元增长38.7倍，年均增长13.1%。收入是影响居民消费水平的决定性因素，居民收入水平是衡量居民贫富程度的标准，决定着人们的生活质量。消费水平的提高和消费结构的改善主要取决于收入水平的提高。

单位：元/人

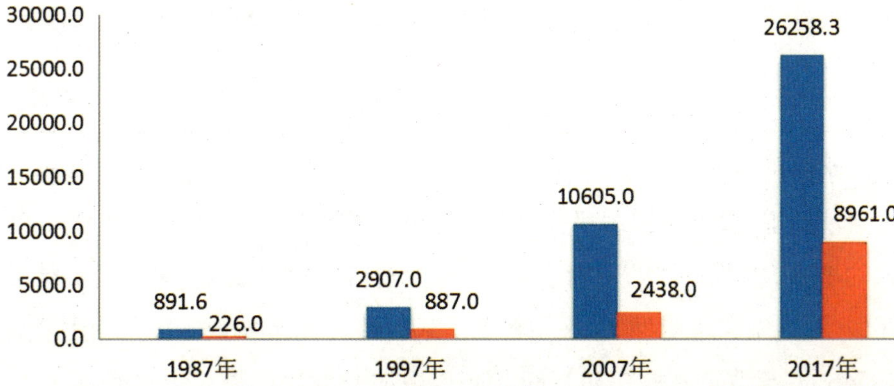

图1　1987—2017年原州区主要年份城乡居民收入变化

二、城乡居民消费支出日趋合理

(一)消费水平全面提高。

1958—1978年,原州区农民生活曾有过曲折的发展过程,与全国其他地方一样,经受了多项政治运动的干扰,国民经济受到严重影响,农业生产发展缓慢,相当一部分农民生活处于贫困状态,温饱都无法解决。改革开放以来,随着土地承包责任的实施,农民收入快速增加,农民兜里有了钱,购买能力和消费水平显著提高,农民生活水平由解决温饱型向不断改善和提高生活质量型转变。2017年,原州区农民人均生活消费支出9233元,与改革初期1987年的274元相比增加8960元,增长32.7倍,年均递增12.4%。

表1　1987—2017年原州区农村居民人均消费支出构成情况表

单位:元/人

指标名称	1987年	1997年	2007年	2017年
生活消费支出	273.8	721.9	1917.3	9233.4
(一)食品烟酒	166.9	501.4	849.3	2271.8
(二)衣着	26.0	45.9	104.2	518.0
(三)居住	46.0	61.8	398.2	2083.5
(四)生活用品及服务	11.1	21.8	63.1	545.6
(五)交通通信	1.7	13.1	194.3	1531.9
(六)教育文化娱乐	10.1	34.8	77.4	972.6
(七)医疗保健	8.7	33.9	210.2	1118.9
(八)其他用品和服务	3.3	9.0	20.5	191.0

收入水平的提高,也为城镇居民生活水平的不断改善奠定了坚实基础。在基本生活消费上,以前城镇居民往往只要求吃的饱、穿的暖、有住的地方,而伴随着收入的增多,生活条件的不断改善,居民消费观念逐步更新,家庭消费结构已从生存型、温饱型向享受型、发展型转变。2017年原州区城镇居民人均生活消费支出19546元,与改革开放初期1987年相比增加18821元,增长26.0倍,年均增长11.6%。

表2　1987—2017年原州区城镇居民人均消费支出构成情况表

单位：元/人

指标名称	1987年	1997年	2007年	2017年
生活消费支出	724.5	2457.7	6598.2	19545.8
（一）食品烟酒	358.8	1115.8	2311.8	4320.9
（二）衣着	126.0	390.3	866.6	1285.4
（三）居住	15.7	210.7	762.5	5201.6
（四）生活用品及服务	84.4	195.7	373.0	1258.2
（五）交通通信		102.3	778.3	2821.7
（六）教育文化娱乐	49.6	224.7	766.7	2946.8
（七）医疗保健	10.7	123.5	462.1	1425.9
（八）其他用品和服务	79.2	94.7	277.3	285.3

1978年，改革开放初建成的固原市场，位于现固原市原州区南河滩

（二）恩格尔系数不断下降。

恩格尔系数是反映人民生活水平的一个重要指标（食品支出占居民消费总支出的比重），农村居民恩格尔系数由1987年高达61.0%下降到2017年的26.8%，下降了34.2个百分点；城镇居民恩格尔系数由1987年的49.5%，已经下降到2017年的24.3%，下降了25.2个百分点，表明居民生活质量逐年改善，消费结构更趋合理。

单位：%

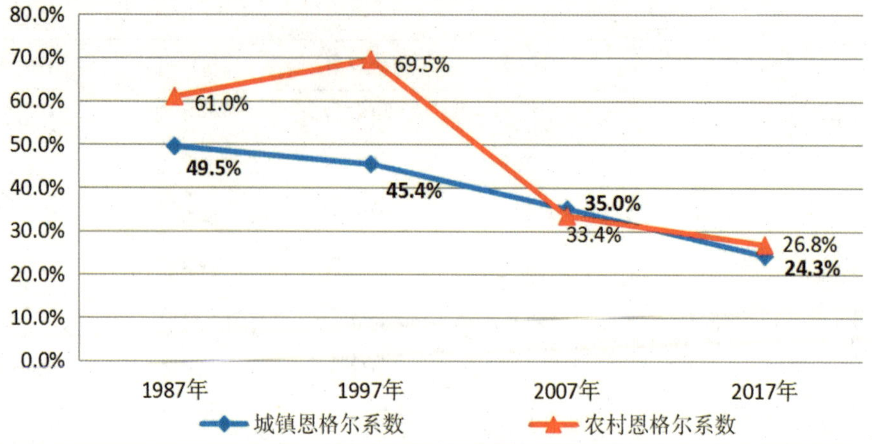

图2　1987—2017年原州区城乡居民恩格尔系数变化

(三)生活环境明显改善。

生存环境或社区环境对一个地区经济的发展和生活的改善具有重要影响，改革开放1987年后，随着国家和地区对各种基础实施投入力度加大，城乡生活条件、生存环境逐步改善。到2017年原州区以健全功能、优化环境为抓手，积极构建城乡一体化发展格局。建设新型城镇，组织实施老城区1.8万户220万平方米的棚户区改造工程；坚持“绿水青山就是金山银山”的发展理念，紧紧围绕“美丽原州”建设目标，开展“海绵城市”建设项目；打造美丽乡村，实施美丽乡村建设工程，大力推进农村基础设施建设，提升农村公共服务水平。截至2017年末，原州区11个乡镇全都设有综合文化服务中心、卫生院；153个行政村的柏油路、电、客运班车、电话、网络宽带、安全饮水均为100%。原州区加快实施教育建设项目，全区现有各级各类学校共270所，其中：中学15所，九年一贯制学校2所，小学156所，幼儿园95所(含民办63所)，特殊教育1所，职业教育1所。交通、邮电、电力事业快速发展，居民生活条件极大改善，更方便了城乡经济文化交流，为原州区城乡居民收入的稳定增长奠定了坚实的基础。

三、城乡居民生活质量显著改善

(一)饮食结构由“温饱型”向“营养型”转变。

俗话说“民以食为天”，餐桌上的饭菜的变化最能反映时代的变迁和生活质量的提高。由于生活水平的不断提高，当前农民食品消费不再是过去那种只求填饱肚子、解决温饱的理念了，而是讲究营养及膳食合理搭配。2017年原州区农村居民人均食品消费2272元，比1987年的167元增加2105元，增长12.6倍，年平均增长9.1%。同时，农村居民的饮食习惯也在不断发生变化；主食消费支出占食品消费支出比重由1987年的49.9%下降到2017年的26.6%；人均副食支出占食品支出的比重则由1987年的38.0%上升到2017年的46.9%，膳食结构更营养，饮食方式更科学。

1958年，宁夏回族自治区成立时固原地区农村集体食堂

城镇居民饮食消费结构向着营养型、高档型发展，注重营养搭配吃出健康，主食消费减少，肉禽及其制品、水产品、奶及奶制品等营养成分高的食品效率增加，消费水平不断提档升级。对食品的选择转向无毒、无害、无污染的“绿色”食品。2017年城镇居民人均食品消费支出4321元，比1987年的359元增长11.0倍，年均增长8.6%。

（二）衣着消费趋向时尚、品牌和个性化。

衣着是人们对物质生活和精神生活的共同需求，随着农村居民温饱问题的解决，衣着消费观念逐步更新，改革开放初期“新三年，旧三年，缝缝补补又三年”的衣着消费理念已成为传统。近几年来农村居民衣着消费意识追求个性、时尚、品牌、多样，对衣着的品质要求不断提高。2017年农村居民人均衣着支出518元，比1987年的26元增加492元，增长18.9倍，年均增长10.5%。城镇衣着消费发展更是日新月异，昔日一件衣服穿几年已成历史，现在人们不仅一季多衣，有的甚至一日多衣，根据不同场合、不同环境而着装是一种文明礼仪的体现，五颜六色、琳琅满目的服装，不但装扮了人的仪表，也充分展示了城市居民生活质量的改善程度。2017年原州区城镇居民人均衣着消费支出1285元，比1987年的126元增长9.2倍，年均增长8.0%。

（三）居住条件大为改观。

“小康不小康，关键看住房”，住房历年来是人们最关心的问题，老百姓的住房变化是生活质量改善的真实写照。宽敞舒适的住房一直是农村居民生活质量改善的重要衡量指标之一。近年来，原州区农民居住环境不断改善，住房质量明显提高，房屋结构由过去土坯房、窑洞发展为设计合理、宽敞明亮的砖瓦、钢筋混凝土结构房。2017年原州区农民人均居住支出2084元，比1987年的46元增长44.3倍，年均增长13.6%；人均住房面积32.4平方米，比1987年增加21.7平方米，增长2.0倍。30年前，原州区大多数城镇居民住在阴暗潮湿的平房中，住房紧张的矛盾极为突出，一家三代挤在一间房子是普遍现象。而进入新世纪，城镇居民住房的需求已从“有房住”逐步向“住大、住好、住舒适”转变，住房条件和环境发生了质的变化。2017年原州区城镇居民人均住房支出5202元，比1987年的16元增长330.5倍，年均增长21.3%；人均住房面积37.9平方米，比1987年增加26.2平方米，增长2.2倍。

（四）家庭耐用消费品升级换代步伐加快。

改革开放以来，尤其是西部大开发以来，原州区农民家庭耐用消费品数量成倍增加，家用电器从无到有，是农民生活水平显著提高的又一重要标志。1987年平均每百户农民家庭拥有自行车81.4辆、收音机55.7台、钟表（手表）147.1只、缝纫机47.1台、黑白电视机21.4台，很少见农民家庭有洗衣机和摩托车，如今，这些以过去农民家庭渴望的“三转一响”四大件（自行车、缝纫机、钟表、收音机）等耐用品已发展为房子、票子、车子。2017年末，原州区平均每百户农民家庭拥有彩色电视机116台、洗衣机103台、摩托车75辆、移动电话289部、电冰箱93台、家用电脑18台、太阳能热水器57台、家用汽车22辆空调1台，这些中高档家用电器在逐步进入农村居民生活。

2017年原州区城镇居民人均家庭设备用品及服务支出1258元，比1987年的84元增长13.9倍，年均增长9.4%。30多年之前，城镇居民家庭耐用消费品主要以自行车、缝纫机、机械手表、收音机“老四件”为主，1987年原州区城镇居民每百户仅拥有自行车244辆、缝纫机72台、手表288只、洗衣机76台、黑白电视56台、电冰箱2台；进入20世纪80年代，彩电、冰箱、洗衣机、摩托车、固定电话则成为城镇居民家庭的新宠；近年来随着经济社会的快速发展电脑、家用轿车、移动电话、空调等高档耐用消费品已成为普通家庭的生活必需品。2017年原州区每百户城镇户拥有彩色电视机109台、家用电脑68台、洗衣机101台、电冰箱97台、移动电话253部,家用汽车40辆、淋浴热水器81台、照相机18架、空调器7台。

(五)精神文化生活日益充实。

随着时代步伐的不断发展,农民看书看报、学习科技知识、参加各种文化活动等已成为时尚,遍布农村乡镇的文化站、农家书屋成为农民获取精神食粮的重要驿站,旅游、KTV、看电影等文化娱乐项目也不再是农民"高不可攀"的奢侈消费。2017年原州区农民用于文化教育娱乐用品及服务支出973元,比1987年的10元增长95.0倍,年均增长16.4%。同时,由于农村基础设施的改善及社会经济生活的逐步一体化,农民交通通信支出大幅增加,2017年农民人均支出达到1532元,比1984年的2元增长910.9倍,年均增长25.5%;另一方面随着收入的提高,农民开始更关注自己的身心健康,过去大病小治、小病不治的现象有了极大改变,2017年农民人均医疗保健支出达到1119元,比1984年的9元增长128.2倍,年均增长17.6%。

随着城镇家庭经济条件的不断改善,物质生活水平进一步提高,居民对精神文化生活日益重视,富于个性化的休闲消费方式已经走进寻常百姓家庭,"享受生活"已成为城市居民的口头禅。节假日举家户外活动,亲朋好友相约游览祖国美好河山、欣赏名胜古迹。此外,社会的不断进步对城市居民的素质要求不断提高,因此城市居民对自身的发展也越来越重视,对文化教育的投入显著增加。2017年城镇居民人均娱乐教育文化及服务支出达到2947元,比1987年的50元增长58.4倍,年均增长14.6%;同时,随着生活条件的改善以及老百姓对健康认识水平的提高,保健和防病意识增强,保健器具需求增加,医疗保健方法更为科学。2017年城镇居民人均医疗保健支出达到1426元,比1987年的11元增长131.7倍,年均增长17.7%。

执笔人:赵田云

60年西吉县城乡居民消费巨变

60年以来，特别是经过改革开放40年的发展，在西吉县县委、县政府和全县人民的共同努力下，西吉县域经济得到了长足发展，城乡居民生活水平快速提高，居民整体生活水平逐步走向小康。自治区成立初期，农民可支配收入1959年仅为35元，而到2017年可支配收入为8401元；2017年城镇居民可支配收入达到了23240元，比2005年6250元增长2.7倍。城乡居民消费结构和消费环境也发生了翻天覆地的变化，城乡居民生活总体上实现了由贫困到温饱再到小康的历史性跨越。

纵观建区以来城乡居民生活的各个阶段，建区初期，"左"倾错误的三年"大跃进"和长达十年的"文革"，使国家经济陷入严重困难，西吉人民群众的生活极度贫困。改革开放以后，告别短缺经济，国内市场的物资供应开始丰富起来，西吉人民顺应改革的浪潮，民生生活逐步得到改善。（见图1）

单位：元/人

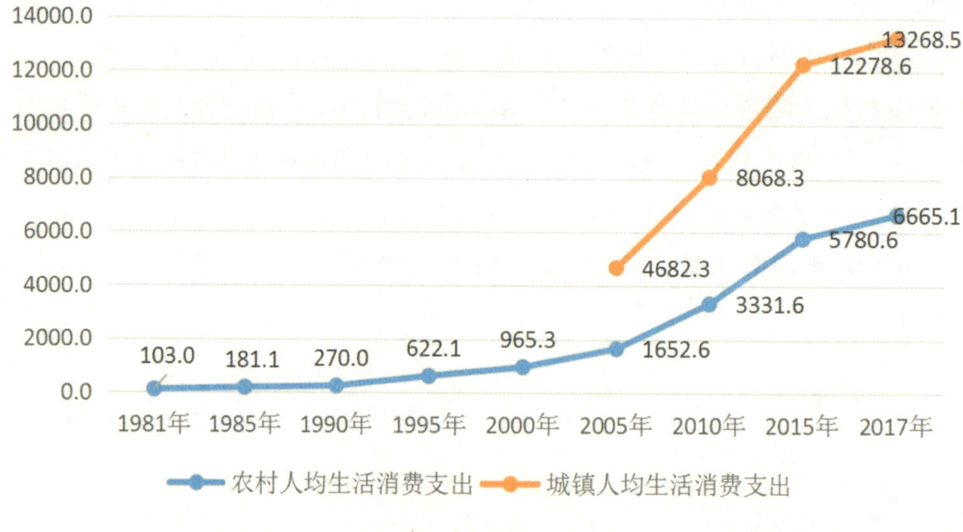

图1　西吉县主要年份城乡居民人均消费支出

一、食品从"粮食"变"美食"，恩格尔系数下降

民以食为天。自治区成立后到改革开放初期，西吉县城乡居民经历了从吃

不饱到勉强温饱的历程。改革初期,城镇居民的吃饭问题虽然基本解决,但只能说是可以吃饱,不敢说吃好,农村居民还是吃糠咽菜的状况。农村老大爷用顺口溜谈粮食的变化:小时候是“南瓜北瓜,天天吃它,无油少盐,稀稀呱呱。”现在是“70年代吃肚饱,80年代吃味道,90年代吃品质,今天我们不仅吃健康,而且要绿色。”现在的吃,不仅是吃饱,而且要吃好。

(一)饮食结构日趋合理。

过去是以吃粗粮为主,现如今吃粗粮变成了调剂。在吃饱的同时,还讲起营养、讲起搭配来。特别是近年来出现的安全、营养、无公害的绿色食品,很受人们的欢迎。这一变化不但改变着人们的膳食结构,还改变了人们对吃的概念。从2017年城镇居民食品消费结构看,居民食品消费比重较高的依次是肉类、干鲜瓜果类、谷物及蔬菜和食用菌,分别占食品支出的28.7%、15.6%、12.8%和10.1%,其他蛋类、水产品等也常见于居民餐桌。2017年农村居民相较于城镇居民在主食的消费上更高,在食品消费中占比比较多的是肉类占比25.1%、谷物占比21.4%、干鲜瓜果类占比11.2%、薯类占比10.9%。城乡居民在饮食上更加注重质量的提高,营养食品、保健食品、鲜活食品、方便食品备受人们的青睐,食品消费由温饱趋向营养、健康型。

(二)恩格尔系数逐年下降。

恩格尔系数是衡量一个国家和地区人民生活水平的重要指标之一。一个家庭收入越少,家庭消费支出中用来购买食物的支出所占的比重(即恩格尔系数)就越大,随着家庭收入的增加,消费支出中用来购买食物的支出比例则会下降。根据联合国粮农组织提出的标准,恩格尔系数在60%以上为绝对贫困,50%—60%为温饱,40%—50%为小康,30%—40%为生活富裕,低于30%为更富裕。

西吉县农村居民恩格尔系数由1981年的65.7%下降到2017年的32.1%,城镇居民恩格尔系数由2010年的34.4%下降到2017年年的28.5%,城乡居民整体过上了温饱有余的生活,正由温饱向全面小康迈进。(见图2)

单位:%

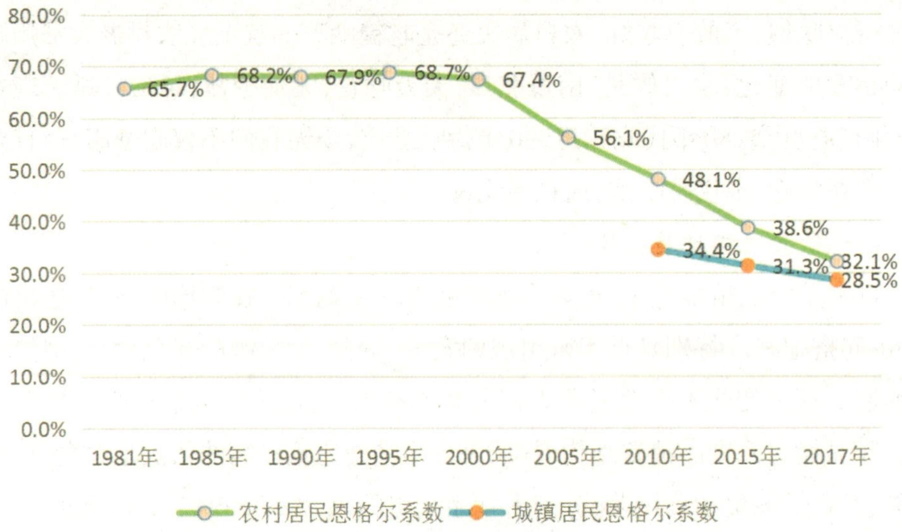

图2　西吉县主要年份城乡居民恩格尔系数变化

(三)居民就餐观念逐渐改变。

随着居民生活水平的提高和生活节奏的加快,家庭服务更趋社会化,在外就餐已成为一种时尚。餐饮环境的改善也激发了人们在外用餐的热情,使得在外用餐逐渐成为一种潮流,不光是城镇居民选择在外用餐,越来越多的农村居民在举行婚宴或请客时也开始选择在餐馆待客。

二、衣着消费实现从"穿暖"向"穿美"转变

建区初期,"新三年、旧三年、缝缝补补又三年"是城乡居民穿着状态的真实写照,衣着消费以购买布料制作服装为主,人们的衣着单调死板,大街上常见穿打补丁衣服的人,服装的色调以灰色、蓝色、军装绿色为主调,其他花色很少。改革开放带来市场繁荣,各类时装专卖店、连锁店如雨后春笋般兴起,极大地满足了人们求新、求美的消费心理,并且使居民在穿着打扮上对款式、品牌、档次更加讲究,人们的穿着更注重服装的质地、款式和色彩的搭配,单调划一的服装被新颖美观的时装所代替。西吉县城乡居民从"一衣多季"向"一季多衣"转变,从"做衣"到"购衣"转变。实现从"穿暖"向"穿美"的转变。2017年城镇居民人均衣着消费支出为1449元,比2005年的489元增长2.0倍;农村居民人均衣着消费支出为483元,比1981年的12元增长39.3倍。

三、居住条件极大改善,现代化、高档化等家庭耐用消费品进入城乡居民家庭

自治区成立以来,党和国家高度重视城乡居民的生活条件改善,加大了民用

住宅建设的投资力度，城乡居民告别设施简陋的住房，迁入宽敞明亮、设施齐全的住宅，居住条件得到极大改善。2017年城乡居民人均居住支出分别为2668元和1131元。用水、用电、供暖等充足满足城乡居民生活需要。居民生活水平的提高，在改善居住条件的同时，对居住环境的要求也越来越高，物业服务更加人性化。

城乡居民生活最显著的变化还体现在耐用消费品不断升级，以“家用汽车、电脑、空调、中高档乐器”等为代表的“新四件”逐渐进入城乡居民家庭。耐用消费品计算单位由最初的每百户拥有量变为户均拥有量再到现在的人均拥有量，微小处无不体现着人民生活水平的改善。

四、交通和通信消费成为“发展型”消费的热点

交通通信方面，建区初期，城镇居民出行主要使用的交通工具是自行车、公共汽车、铁路和轮船等交通工具，人与人之间的沟通最多使用的是书信、电报，交通通信支出占家庭消费的比重很低。60年巨变，富裕起来的居民日常交通工具逐步由传统代步型向舒适便捷型转变，家用汽车、电动助力车的拥有数量上升明显。城市现代化建设带来的交通、通信产品和服务的不断创新提升，使居民消费观念也在不断改变。随着3G、4G网络的发展，智能手机不断普及，手机、电脑等电子产品更新换代加快，信息服务日益完善，人们利用电脑上网聊天、玩游戏、购物、查资料等已成为日常生活的一部分。随着消费支出持续增长，消费质量不断提高，人们逐渐向交通和通信消费为代表的“发展型”“享受型”消费转变。

五、文化精神生活日益充实

人们的物质生活日益富足，文娱类消费日益受到居民的青睐，体育健身、休闲娱乐、旅游度假等享受型消费升温，人们的休闲娱乐方式趋于多样化，闲暇生活更加丰富。随着知识经济不断深化和教育体制改革的不断推进，越来越多的城乡居民注重教育投资，越来越多的家长更加重视子女的全面发展，城乡居民在有利的社会环境和氛围下积极支持子女的特长培训和体育素质锻炼。

六、健康意识增强，医疗保障日趋完善

经济大发展，人民生活有了质的飞跃，城乡居民在追求物质享受的同时，更加注重自己的身体健康。医保体系逐步完善，医疗保险覆盖面逐渐扩大，很大程度上减轻了老百姓看病买药的经济负担。从以前得病“扛着”的观念转变为主动去医院体检、治疗，健康意识不断增强。2017年城镇居民人均医疗保健支出694元，占总消费支出的5.2%；农村居民人均医疗保健支出552元，占总消费支出的8.3%。

盘点过去，展望未来，我们相信，在党的正确领导下，一个富强、民主、文明、和谐、美丽的社会主义国家终会实现，人民的生活将会更加殷实，我们的生活将越来越美好。

执笔人：李小菊

改革开放以来隆德县城乡居民消费七大喜变

消费是促进经济增长的三驾马车之一，改革开放以前隆德县居民受自然条件制约，很大程度上处于靠天吃饭的境况，居民收入低而不稳，消费水平徘徊不前，居民生活特别困难。改革开放以来，隆德县县委、县政府围绕国家优惠政策，大力调整经济结构，积极培育地方特色优势产业，扎实推进扶贫开发，农村经济持续发展，居民收入日益增多，居民消费结构日趋合理各类商品和服务能力不断增强，消费支出快速增加，奢侈品支出占比增加，居民生活水平显著提高。

单位：元/人

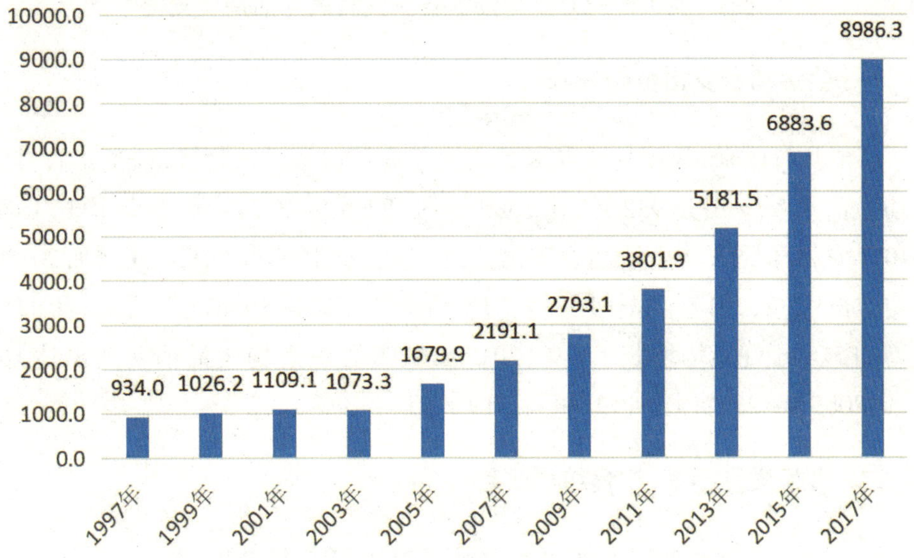

图1　1997—2017年隆德县农村居民生活消费支出

单位:元/人

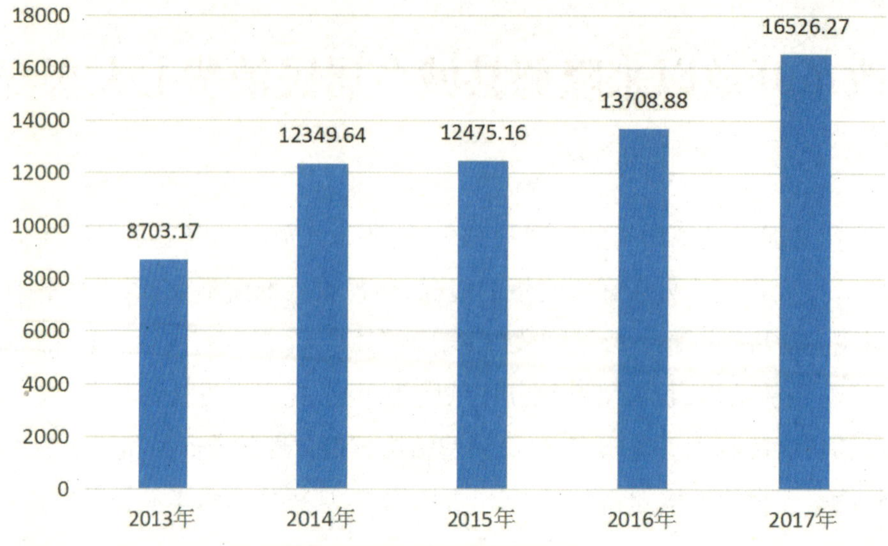

图2　2013—2017年隆德县城镇居民生活消费支出

一、生活消费支出全面增长

改革开放以来,隆德县城乡居民人均消费年均呈增长趋势,1996年农村居民人均生活消费支出达932元,比1985年的185元增加747元,年均增长15.8%;2010年农村居民人均生活消费支出达2969元,比1997年的934元增加2035元,年均增长9.2%;2017年农村居民人均生活消费支出达8986元,比2011年的3802元增加5184元,年均增长15.4%;2017年城镇居民人均生活消费支出达16526元,比2005年4281元增加12246元,年均增长11.9%。

二、食品质量提高、饮食结构改善

(一)中华人民共和国成立初期,农村居民生活还较贫困。

到改革开放前,虽有很大改善,但食物仍然匮乏,人们还没有完全解决温饱问题,以自家粮食为主。改革开放以来,不但能吃饱,还可以吃好,营养均衡搭配,绿色食品深入人心。收入的不断增长使得农村居民生活质量明显改善,2010年农村居民人均食品消费支出1348元,比1997年的672元增加676元,年均增长5.5%;2017年农村居民人均食品消费支出2954元,比2011年的1571元增加1381元,年均增长11.1%。

(二)改革开放前,城镇居民食品消费主要是以粮食为主的“主食型”,品种相对单调。

2017年城镇居民人均食品消费支出5430元,比2005年的1432元增加3998

元，年均增长11.7%。改革开放后，使得城乡居民生活质量有了明显改善，居民饮食结构发生很大变化，由之前的粗茶淡饭、吃饱肚子逐步向小康水平转变。

单位：元/人

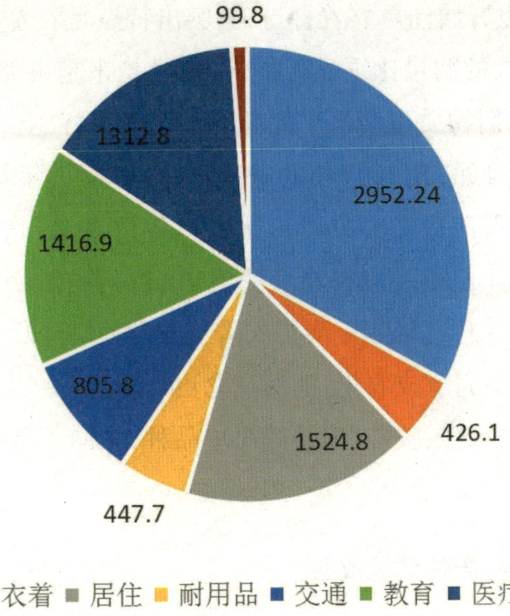

图3　2017年农村居民生活消费结构

单位：元/人

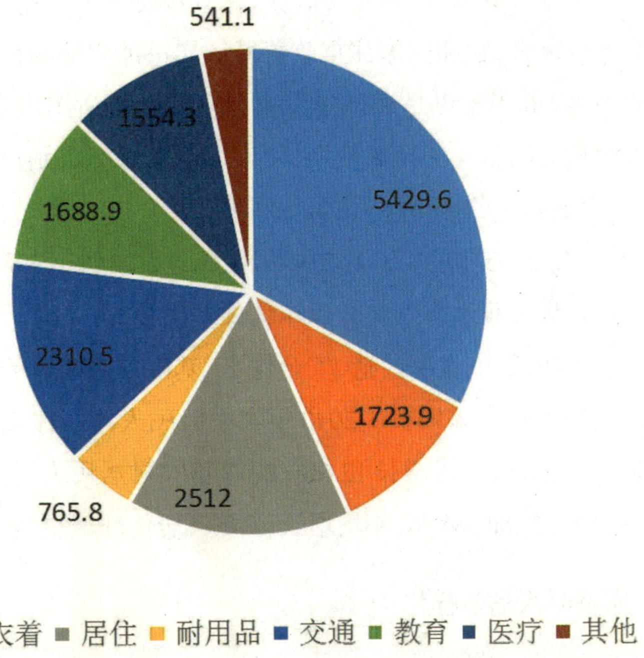

图4　2017年城镇居民生活消费结构

三、衣着消费提高，趋向时尚

随着城乡居民温饱问题的解决，衣着消费也发生了巨大变化，昔日无穿戴讲究的人们，如今也开始注重衣着打扮，其突出特点是衣着成衣化，减少原布料的购量和制作，成衣的购量比重显著提升，而且越来越讲究穿着的款式、花色、质量、舒适等，是人们物质生活水平提高的一个显著标志。2010年农村居民人均衣着消费支出184元，比1997年的46元增加138元，年均增长11.3%。2017年农村居民人均衣着消费支出426元，比2011年的205元增加221元，年均增长13.0%。2017年城镇居民人均衣着消费支出1724元，比2005年的393元增加1331元，年均增长13.1%。其中，购买衣着支出增加，购买服装材料支出减少，居民的衣着消费几乎完全成衣化，消费观念更加时尚，更加注重自身形象，就鞋类消费而言，由过去布鞋、胶鞋、凉鞋等简单品种，转向了品种繁多的旅游鞋、皮鞋、时装鞋等。

四、住房宽起来，居住环境改善

随着城乡居民收入的不断提高，城乡居民消费水平提高最直观、最明显的变化就是住房条件的逐步改善。

（一）城镇居民从无房、租房向有房、住好房转变。

改革开放以来，党和国家注重改善城镇居民的生活条件，加大了民用住宅建设的投资力度，近年来更是通过建设廉租房和经济适用房来千方百计解决居民住房难的问题。大量住宅建成使用，使许多居民家庭告别设施简陋的住房，迁入宽敞明亮、设施齐全的楼房，居住条件明显改善。2017年城镇居民人均居住消费支出2512元，比2005年的431元增加2081元，年均增长15.8%。

（二）农村居民居住条件和居住环境极大改善。

近年来，政府实施农房改造、安全饮水、基础设施建设的力度持续加大，使得农村居民住房消费大幅增长。2010年农村居民人均居住支出336元，比1997年的72元增加264元，年均增长12.6%；2017年农村居民人均居住支出1525元，比2011年的660元增加865元，年均增长15.0%，居住环境更加舒适。

五、家庭耐用品多样化

随着国家家电下乡政策的推动，家庭耐用消费品的不断饱和及更新换代速度加快，居民更倾向于选择多功能、高科技的产品，一些功能单一、使用不便的耐用品逐渐淡出居民家庭。如：被居民淘汰的黑白电视机、自行车拥有量均已下降，居民交通和通信消费提高。2010年农村居民人均生活用品及服务消费支出186元，比1997年的40元增加146元，年均增长12.5%；2017年农村居民人均生活用品及服务消费支出448元，比2011年的165元增加283元，年均增长18.1%。2017年城镇居民人均生活用品及服务消费支出766元，比2005年的305元增加461元，年均增长8.0%。

六、交通和通信消费提高

改革开放前，城镇居民出行主要靠公交车、铁路、轮船等公共交通工具，2017年城镇居民人均交通和通信消费支出2310元，比2005年的299元增加2011元，年均增长18.6%。改革开放后，随着经济的快速发展，人民生活节奏加快，交流、沟通成为城镇居民生活中不可或缺的一部分，传统的交通通信方式已不能满足城镇居民的需求，人们追求更加方便、快捷的现代化交通方式。公共交通工具不再是出行的唯一选择，家用汽车、摩托车、电动车已经进入普通家庭。

在推进城乡一体化、建设社会主义新农村的进程中，农村居民交通运输工具主要是自行车、人力板车，乡村间基本都是土路。改革开放后，农村道路从之前的泥土路到砂砾路再到现在的柏油马路，给农村居民通行带来很大方便。随着农村居民与外界的接触，现代化的交通通信工具迅速进入农村居民家庭，交通和通信支出也快速增长。2010年农村居民人均交通和通信消费支出233元，比1997年的9元增加224元，年均增长28.4%；2017年农村居民人均交通和通信消费支出806元，比2011年的342元增加464元，年均增长15.4%。

七、城乡居民精神生活日益充实

随着物质生活水平不断提高，人们不断追求精神文化生活文娱类消费日益受到居民喜爱，文化设施不断增加，娱乐方式趋于多样化。隆德县农民的消费观念也在不断更新，对文化生活追求越来越浓，人们的休闲娱乐方式已从过去简单变为多样化。此外，随着运动场所的不断增加，城镇社区内老年人活动场所，公园里锻炼身体器材建设，农村社区娱乐活动室建设等都增加了文娱消费，2010年农村居民人均教育文娱消费支出341元，比1997年的63元增加278元，年均增长13.9%；2017年农村居民人均教育文娱消费支出1417元，比2011年的274元增加1143元，年均增长31.5%。2017年城镇居民人均教育文娱消费支出1689元，比2005年的861元增加828元，年均增长5.8%。而且随着城乡居民收入的提高，人们也更加关注自己身心健康，改变了过去大病小治，小病不治的观念。2010年农村居民人均医疗保健消费支出240元，比1997年的27元增加213元，年均增长18.3%；2017年农村居民人均医疗保健消费支出1313元，比2011年的477元增加836元，年均增长18.4%。2017年城镇居民人均医疗保健消费支出1554元，比2005年的497元增加1057元，年均增长10.0%。

执笔人：张明霞

彭阳县城乡居民生活消费的巨大变化

1983年10月建县三十多年来以来，彭阳县在县委、县政府的正确领导下，坚持“生态立县，特色富县，科教兴县，工业强县，依法建县”的建县方针，团结带领全县人民，大力弘扬“勇于探索，团结务实，锲而不舍，艰苦创业”的彭阳精神，战胜重重困难，县域经济综合实力显著增强，城乡居民生活水平显著提高，生活质量明显改善。

一、城镇居民生活水平不断提高

建县前的彭阳县城镇居民生活水平落后，生活消费以衣食住行为主，人们为解决温饱问题而奔波，生活极为艰苦。由于自然条件和基础设施落后，起步水平低，交通闭塞，教育、文化、卫生事业落后，境内没有柏油路，客货运输靠人背畜驮，教育设施落后，人民的物质生活和文化生活贫苦，健康没有保障。1983年建县以后，彭阳县实施“改革、开放、搞活”的方针政策，实施承包责任制，解放了生产力，调动了广大居民的生产积极性，生产开始回升，人民的生活不断提高，社会各项事业开始向好发展。三十多年来彭阳县以“勇于探索，团结务实，锲而不舍，艰苦创业”的彭阳精神，凝心聚力，战胜重重困难，如今彭阳县已是高楼林立，交通畅通，教育、文化、卫生等事业蓬勃发展，城镇居民生活水平明显提高。到2017年彭阳县城镇居民人均生活消费支出达13284元，恩格尔系数为26.6%。八大类生活消费结构不断优化，人民生活水平显著提高。

表1　2013—2017年城镇居民人均生活消费情况

单位：元/人

指标名称	2013年	2014年	2015年	2016年	2017年
人均生活消费支出	11442.9	10727.5	11576.6	12428.3	13284.0
（一）食品烟酒	3202.87	2701.4	2886.8	3137.2	3535.1
（二）衣着	1450.02	1157.5	1221.6	1308.7	1452.5
（三）居住	1362.70	2126.2	2190.2	2116.8	2387.4
（四）生活用品及服务	823.04	601.6	641.4	668.0	591.0
（五）交通通信	498.40	1184.7	1483.0	1773.3	1565.9
（六）教育文化娱乐	2023.06	2044.8	2187.0	2378.9	2560.1
（七）医疗保健	1778.08	609.0	646.3	749.9	873.4
（八）其他用品和服务	304.71	302.5	320.2	295.4	318.5

二、农村居民生活质量明显改善

（一）农业生产条件改善。

建县以来彭阳县通过不断加强农业基础建设，加大农业综合开发，不断优化农业生产条件，农业生产能力大幅度提高。1984年彭阳县农户家庭每百户仅有1.7台拖拉机，户均有役畜1.8头，农业生产主要靠人力和畜力，生产性用房十分简陋，户均拥有生产性固定资产原值885元。经过三十多年的发展，彭阳县农业生产条件明显改善，农业生产大面积实现机械化，2017年农户家庭每百户拥有67台拖拉机、脱粒机17台、收割机13台；户均生产性用房面积达到92平方米。机播、机耕、机收面积从无扩大到户均29亩，农业生产走出了牛耕时代，户均拥有生产性固定资产原值16824元，比1984年增加15939元。

1987年人力和畜力农业生产图

2017年机械化农业生产图

(二)农村居民消费支出水平不断提高,消费结构日趋合理。

随着农村居民收入的日益增长,生活消费水平全面提高,从原来的满足温饱的基本生活消费所占比重不断下降,住房、医疗保健、交通通信、文化娱乐等消费比重不断上升,消费结构日趋合理。2017年彭阳县农村居民人均生活消费支出6805元,比1984年增长45.5倍,年均递增12.3%。随着生活水平的提高,消费消费结构发生了巨大变化。1984年农村居民生活消费主要以吃、穿、住、行等生存型消费为主,经过三十多年的发展,文化娱乐、交通通信、医疗保健等服务型支出占比明显增长,到2017年八大类消费全面提高。生活消费中食品消费、衣着、居住、生活用品及服务、交通通信、教育文化娱乐、医疗保健、其他用品和服务所占比重由1984年的65.0%、13.5%、8.2%、7.7%、3.5%、0.1%、1.7%、0.3%转变为2017年的31.9%、7.3%、16.8%、5.9%、14.4%、13.2%、9.1%、1.4%。生存型消费比重下降,发展型、享受型消费比重增长,消费结构更加合理。

单位:元/人

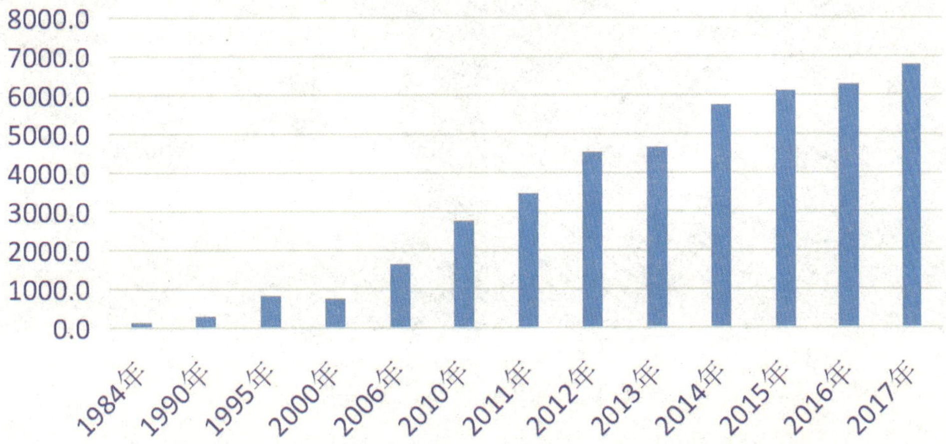

图1　彭阳县建县以来农村居民生活消费支出

单位：%

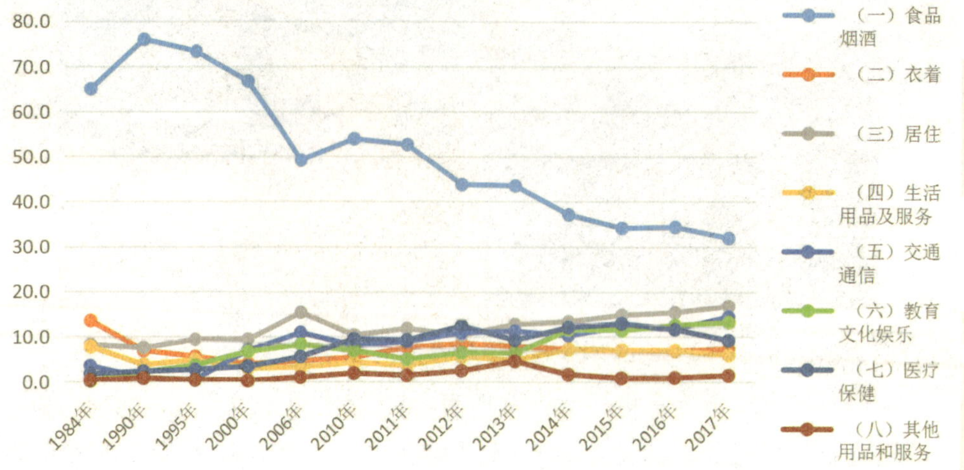

图2　彭阳县建县以来农村居民生活消费结构变化

（三）农村居民生活质量显著改善。

建县初期，由于自然条件和基础设施的落后，“靠天吃饭”的被动局面还未改变，“掘土栖息，安身立命”，农村居民生活极度艰苦。经过三十多年的发展，彭阳县经济综合实力提升，各项社会事业蓬勃发展，农村居民生活水平大幅提升，农村居民消费观念逐步改变，饮食更加注重营养健康，衣着追求品牌时尚，居住环境宽敞舒适，用品要求品牌高档，精神生活更加丰富，生活质量不断改善。

1998年彭阳县农村居民生活环境

2017年彭阳县农村居民生活环境

1. 食品消费讲究营养健康。人们在食品消费方面已从吃饱为好的传统饮食理念向科学、营养、绿色健康的饮食习惯转变。食品消费从自给自足转变为多样化，肉、蛋、奶类等高蛋白、高营养食品消费大幅增长。人均消费油脂由1984年的3.6公斤增加到2017年的6.4公斤，增长77.8%；人均消费肉禽由1984的13.2公斤增加到2017年的22.6公斤，增长71.2%；人均消费蛋类由1984年的2.7公斤增加到2017年的5.0公斤，增长85.2%。水果消费量和品种增加，水果由杏、李、苹果为主向葡萄、橘子、香蕉等多品种转变，人均消费水果由1984年的2.5公斤增加到2017年的52.2公斤，增长20.9倍。

2. 穿着追求品牌时尚。随着农村经济水平的提高，农村居民衣着消费观念逐步更新，衣着打扮由原来单一色彩变得缤纷多彩，穿衣档次大幅度提高。一方面是衣着消费理念渐趋时尚。随着收入的提高和眼界的开阔，人们的审美发生了大幅转变，更加注重衣着品味，穿衣时尚化、品牌化、个性化，多元化；另一方面是网购为衣着消费提供了新渠道。随着互联网的普遍应用，网购为消费者提供了更多的品牌和款式，方便了居民选购适合的衣物。2017年农村居民人均衣着消费498元，比1984年增长17倍。

3. 居住要求宽敞舒适。经过三十多年的发展，农村居住环境发生了巨大的变化，农民居住配套设施不断完善，窑洞、土坯不断向砖木、砖混结构的平房转变，住房装潢开始在农村居民中流行，生活安全和卫生更有保障。到2017年农村居民人均居住消费1143元，89.5%的农村居民住房建筑材料为砖木或砖混材料，砖木和砖混结构房子从无到有。农村住房外道路普遍为水泥柏油路面或其他硬质路面；农村住房实现管道供水入户的占66.3%。以柴草为主要燃料逐渐转变为煤炭，人均煤炭消费363.3公斤，比1984年增加283.6公斤。

4. 耐用消费品追求高端、大气、上档次。各类新型耐用消费品走进普通居民家庭，家庭设备用品由经济实用向品牌、智能、节能、环保方向发展。农村居民耐用消费品拥有情况发生了翻天覆地的变化，交通工具、家庭设备逐渐高档舒适，家用汽车、现代化家用电器从无到有。1984年平均每百户农民家庭拥有自行车65辆、收音机47台、钟表(手表)65只、缝纫机28架、大型家具90件。2017年农村居民平均每百户汽车拥有量21辆、摩托车拥有量77辆、热水器拥有量73台、电冰箱拥有量81台、洗衣机拥有量93台、计算机拥有量13台，移动电话拥有量288部。农民生活质量变化明显，过去渴望的"四大件"已逐渐退出人们的生活，追求更加高档、便捷、智能的消费品。

5. 交通通信追求便捷快速。一是由于农村居民收入水平的不断提高，生活理念的不断变化，购车愿望明显增强，家用汽车驶进平常百姓家，与此同时也带动了燃料费、停车费等交通服务性消费支出快速增长；二是信息产业快速发展，居民生活的信息化程度得到有效提升，电脑上网、手机上网、网上购物、网上缴费等一系列行为都在潜移默化地改变人们的生活习惯和消费方式，特别是通信工具及数码产品换代升级、手机功能及款式的推陈出新，居民更新手机的节奏加快。2017年农村居民人均交通通信类消费支出为978元，比1984年增长652倍。

6. 精神生活日益充实。随着收入水平不断提高以及消费意识逐步转变，加上一系列惠及休闲产业的民生政策陆续出台，越来越多的消费者，开始了自己的"休闲"式生活，更加注重教育、健身锻炼、外出旅游等文教娱乐活动。一方面，家长对于子女的教育更加宽泛，已经从课堂走向培训班，满足多样化、多层次的学习需求，另一方面，经济发展、就业要求使得学历教育、技能培训等成人教育逐渐增多，同时，随着电视、网络等传播媒体的快速发展使农村居民的文教娱乐生活更加丰富多彩，对精神享受偏好增加，参观游览、电影门票、体育健身等备受青睐，医疗保健意识日益增强，购买保健品、例行体检等成为常态，消费理念进一步转变，教育文化娱乐类、医疗保健类支出快速增加。2017年，农村居民人均教育文化娱乐类支出和医疗保健类支出分别为897元和623元，分别比1984年增长796倍和330倍。

三、促进城乡居民生活水平提升的动力

(一)精神动力足。

多年来不畏艰险，战苦克难长期形成的"勇于探索，团结务实，锲而不舍，艰

苦创业”的彭阳精神，不断激励全县人民奋力拼搏，历练了彭阳人的精神意志，焕发了彭阳人艰苦创业的热情，是彭阳人宝贵的精神财富，为彭阳县跨越式发展提供了强大的精神动力。

（二）政策机遇好。

中央出台的西部大开发战略、促进宁夏社会发展意见、扩大内需等政策措施及自治区固原工作会议精神，都为彭阳社会经济发展提供了项目支撑和外部支撑，抢抓这一千载难逢的政策机遇，推动彭阳县快速、跨越式发展。

（三）产业优势明显。

彭阳县境内土地广阔，光照、热量充足，海拔相对较低，适宜各种农作物、优质牧草和经济林生长。多年来，彭阳县通过调结构、扩规模、抓技术、提质量，以设施农业为突破口，大力发展农业支柱产业，形成了以红河为中心辐射四周的辣椒产业基地，由初期农户自消为主发展到精细、集约式设施农业，打造了“彭阳辣椒”“六盘山珍”“彭阳杏”等地方特色品牌，产品外销西安、兰州及南方城市。

执笔人：杨茹

建市以来中卫市城乡居民生活水平显著提高

自2004年撤县建市以来，伴随着中卫市经济社会的持续健康稳步发展和科教文卫及城市建设等各项社会事业的不断进步，城乡居民的生活水平明显提高，消费水平稳步增长，消费结构进一步提档升级。

一、消费水平不断提高

建市13年来，随着居民收入的稳步增长和消费环境的持续改善，城乡居民消费能力和意愿进一步提升，消费支出平稳增长，居民生活质量不断提高。2004—2017年，城镇居民人均消费支出由5202元增加到18960元，增长2.6倍，年均增长10.5%。农村居民人均生活消费支出由2004年的2146元增加到2017年的8910元，增长了4.2倍，年均增长11.6%。农村居民消费支出年均增速高于城镇1.1个百分点；城乡居民消费比（以农村居民消费为1）由2004年的2.4∶1缩小为2017年的2.1∶1，城乡消费差距显著缩小。但从绝对差额来看，城乡居民人均生活消费支出仍呈扩大趋势，由2004年的相差3056元扩大到2017年的相差10050元。

单位：元、%

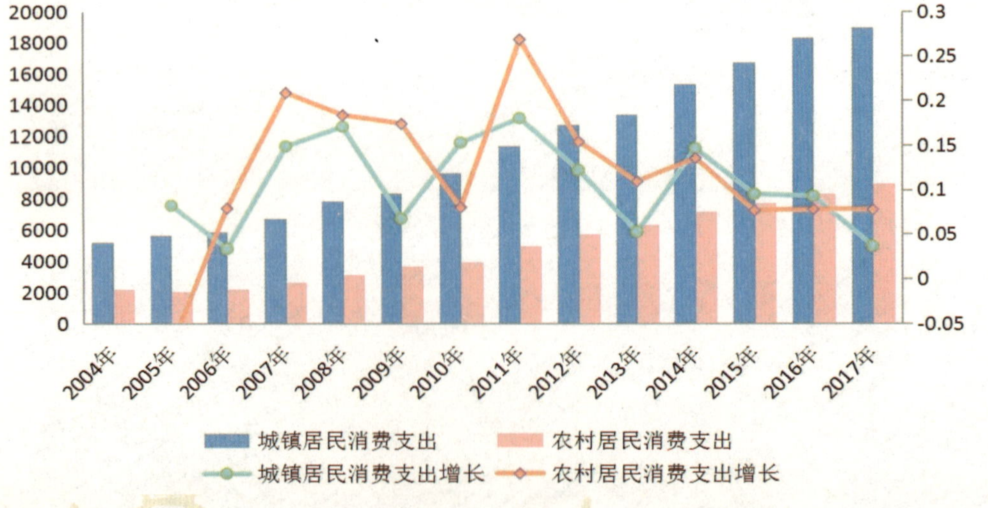

图1　建市以来城乡居民人均消费支出和增速对比

二、消费结构不断优化

从居民生活消费支出构成来看，八大类消费全面较快增长，除居住外，呈现出农村增幅普遍快于城镇的增长态势。

（一）食品烟酒消费提高，恩格尔系数下降。

2017年，中卫市城乡居民人均食品烟酒支出分别为4612元和2271元，分别是2004年的2.8倍和2.9倍，年均分别增长8.2%和8.7%，城镇居民食品烟酒支出占消费支出的比重（恩格尔系数）从2004年的31.7%下降至2017年的24.3%，下降了7.4个百分点；农村居民食品烟酒支出占消费支出的比重（恩格尔系数）从2004年的35.9%下降至2017年的25.5%，下降了10.4个百分点，居民恩格尔系数的下降，标志着居民生活水平的进一步提高。

（二）消费结构优化，发展型消费比重增加。

2004—2017年，中卫居民生活消费结构伴随经济社会发展新形势而呈现新特征。主要表现为生存型消费支出增长减缓、发展型消费增长成为亮点、享受型消费比重不断提高。从消费八大项来看，城镇居民年均增长率较高的四项分别为居住、交通通信、生活用品及服务、教育文化娱乐、分别增长14.9%、13.6%、12.1%和10.1%；农村居民年均增长率较高的四项分别为生活用品及服务、交通通信、医疗保健、其他用品和服务，分别增长15.8%、15.1%、13.4%和13.3%。2017年，城镇居民生活消费支出中属于发展型消费的交通通信、教育文化娱乐和医疗保健支出7132元，占整个生活消费支出的比重为37.6%，比2004年的35.6%上升了2.0个百分点；农村居民发展型消费支出3320元，占整个生活消费支出的比重为37.3%，比2004年的31.8%上升了5.5个百分点。

单位：%

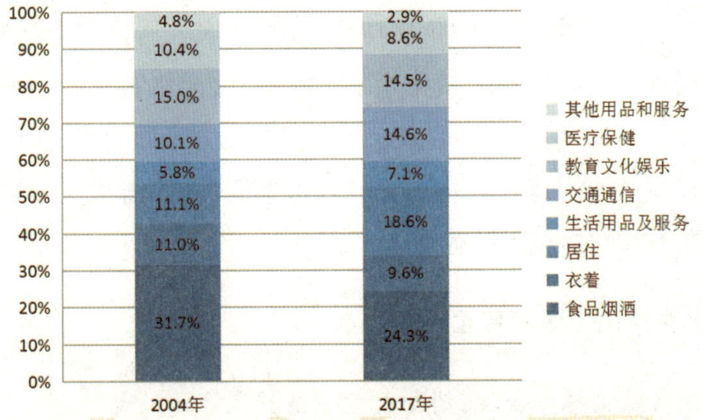

图2　中卫市城镇居民消费支出构成

单位:%

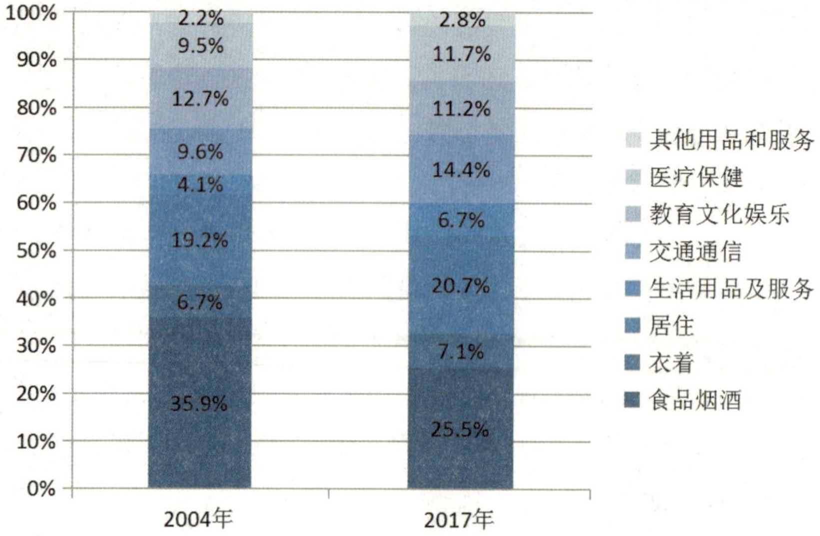

图3　中卫市农村居民消费支出构成

(三)平均消费倾向,城镇下降,农村上升。

2017年中卫城镇居民平均消费倾向为74.8%,比2004年的85.3%下降了10.5个百分点;同期,农村居民平均消费倾向则由2004年的89.6%上升为2017年的95.1%,提高了5.5个百分点。

城镇居民平均消费倾向持续下降的原因是经过建市13年的积累,城镇居民食品、住房、家庭用品等刚性消费相当程度地得到了满足,消费支出大幅增长的趋势得到扭转。加之近两年经济下行压力不断加大,使得许多居民对未来收入预期的不确定性增加,导致当期消费谨慎甚至缩减。此外,收入水平差距扩大,导致有购买力的高收入家庭消费意愿下降,进而影响城镇居民消费倾向走低。

农村居民平均消费倾向提高的主要原因:一是教育、医疗、交通通信等刚性支出增加,食品等刚性需求的价格持续上涨,使农村居民的生活成本不断上升,消费支出增加。二是农村城镇化水平不断提升,促使农村劳动力资源得到不断优化和配置,使得转移劳动力收入水平和支付能力不断提高,扩大了有效消费需求。三是根本的原因还是农村居民收入水平低,刚性消费支出增加致使居民平均消费倾向下降的拐点还没有到来。

三、城乡居民生活消费呈现新亮点

(一)饮食结构更加合理,消费质量明显提高。

随着生活水平的不断提高,城市居民饮食消费观念发生了明显变化,已由数量型向质量型转变，由传统的以粮食为主向营养合理搭配的新型饮食结构转变，呈现多样化、合理化、科学化的发展趋势。具体表现在：

——饮食质量明显提高。随着生活质量的不断提高，在吃的方面，人们开始讲究饮食的科学性，不仅注重食物的色、香、味，同时更加讲究饮食的科学搭配，营养均衡。人们更加青睐健康时鲜、绿色环保食品。反季节蔬菜、水果四季不断，一些过去南方的水果、蔬菜，甚至国外进口的农产品都已进入寻常百姓家庭。调查资料显示，2017年中卫市城市居民人均鲜菜消费支出为447元，是2004年2.5倍；人均干鲜瓜果消费支出为507元，是2004年3.5倍；人均奶及奶制品消费支出为286元，是2004年的3.2倍；水产品消费支出48元，是2004年的1.7倍。农村居民人均鲜菜消费支出为214元，是2004年3.2倍；人均肉、禽、蛋、奶及制品消费支出为682元，是2004年的4.9倍。

——饮食的社会化程度明显提高。随着生活节奏的加快和社会交往的增多，饮食消费的社会化程度明显提高，居民在外用餐增多。近年来，大小餐馆、各种快餐店的兴起，为市民在外用餐提供了便利。调查资料显示，2017年城镇居民人均在外饮食消费支出为940元，占食品烟酒消费支出的20.4%，是2004年的3.3倍；农村居民人均在外饮食消费支出为131元，占食品烟酒消费支出的7.0%，是2004年的3.8倍。

（二）衣着消费逐年增加，讲究品牌时尚。

近年来，随着中卫市商品零售业的快速发展和规模的迅速扩大，各种主营服装的商场、专卖店店铺林立，极大地丰富和繁荣了衣着消费市场。伴随生活水平的提高和消费观念的转变，人们用于衣着的支出逐年增加，衣着消费呈现出成衣化、品牌化、个性化、高档化的特点。2017年，城镇居民年人均衣着支出达1815元，是2004年3.2倍，年均增长9.3%；农村居民年人均衣着支出达635元，是2004年4.4倍，年均增长12.1%。从穿着上也反映出中卫城乡居民的生活正逐步走向富裕。

（三）居住条件进一步改善，追求舒适宽敞。

随着中卫市近年来城市建设的不断加快，人们对住房的投资逐步加大，居住条件不断改善，老百姓的居住理念也发生了质的变化，对住房的需求开始从“有房住”向“住大房”“住好房”转变。调查资料显示，2017年城镇居民人均住房建筑面积达30.5平方米，比2004年增加了6.3平方。2017年人均居住支出为3519元，是2004年的6.1倍，占家庭消费支出的比重也逐年提高，由2004年的11.1%上升到2017年的18.6%。农村居民在居室的设计和装修上紧跟时代潮流，追求舒适和美观,居住条件也不断改善,2017年人均住房建筑面积28.8平方米,比2004年增加了7.7平方米。

(四)家用电器拥有量增加,普及率提高。

2017年,城镇居民人均生活用品及服务支出为1340元,是2004年的4.4倍,比重也由2004年的5.8%上升到2017年的7.1%。每百户城市居民家庭拥有洗衣机103台、电冰箱99台、微波炉62台、热水器97台,较2004年分别增长7.2%、21.0%、7倍、1.5倍。而空调、空气净化器、吸尘器等新潮高档电器的拥有量,则从无到有,正成为城市居民家庭设备增加的亮点。农村居民人均生活用品及服务支出为597元,是2004年的6.8倍,比重也由2004年的4.1%上升到2017年的6.7%。每百户农村居民家庭拥有洗衣机101台、电冰箱93台、彩色电视机119台,较2004年分别增长72.3%、8.9倍、26.7%,而热水器、微波炉、排油烟机等耐用消费品的拥有量,则从无到有,从少到多,普及程度迅速提高。

单位:台/百户

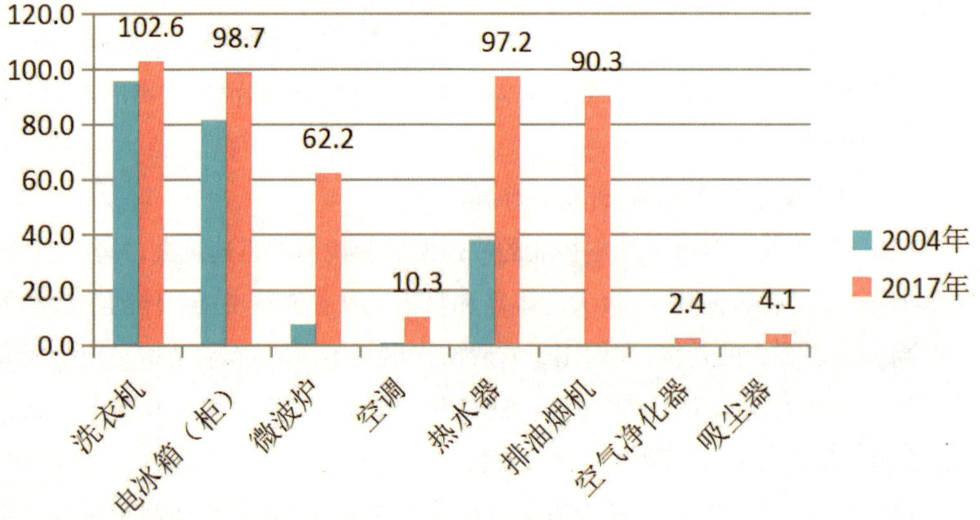

图4 城镇家庭耐用消费品拥有情况

单位：台/百户

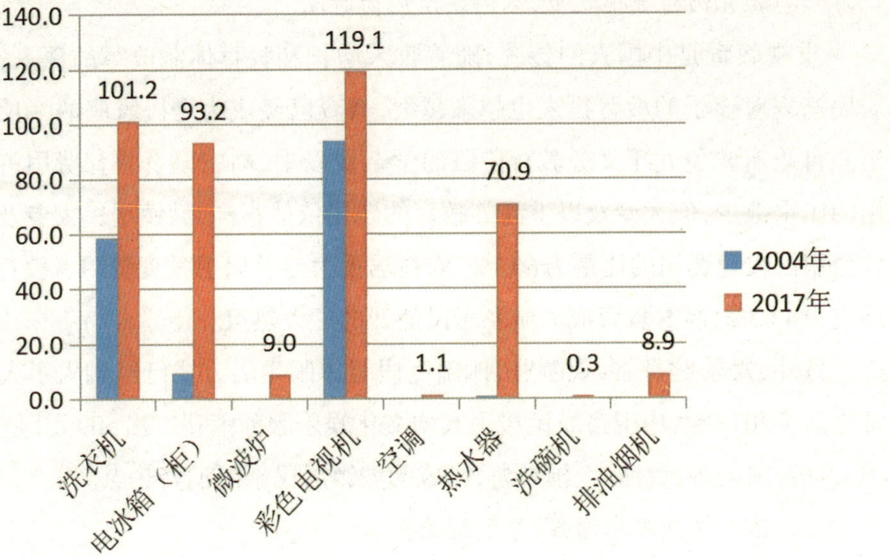

图5　农村家庭耐用消费品拥有情况

（五）交通方便快捷，通信迅猛发展。

随着收入水平的提高、生活节奏的加快和信息化水平的提高，人们对出行和通信的便利要求越来越高。城镇居民用于交通通信方面的消费支出由2004年的人均528元上升到2017年的人均2760元，年平均增长13.6%，占生活消费支出的14.6%。农村居民交通通信消费支出由2004年的206元上升到1280元，年平均增长15.1%，占生活消费支出的14.4%。

近年来，中卫公共交通条件和道路不断改善，居民出行的方便程度和舒适程度有了较大提高，开着私家车上班或者打个车出门已经习以为常。家用小汽车快速进入居民家庭，成为新的代步工具，家用汽车消费增长拉动居民交通方面的消费迅猛增长。调查资料显示，截至2017年末，中卫市每百户城镇居民家庭拥有私家小汽车36.1辆、摩托车19.3辆，助力车102.8辆。每百户农村居民家庭拥有私家小汽车22.6辆、摩托车84.3辆，助力车75.2辆。

随着家用计算机、智能手机和平板电脑的普及，以及互联网技术的迅速发展，居民通信消费快速增长。2004年中卫市城镇居民人均通信费为362元，到2017年上升到741元，每百户家庭拥有移动电话288.6部、电脑84台。2017年农村居民每百户家庭拥有移动电话285.1部、电脑20.9台。同时，因省时省力、便捷快速、性价比较高而又可以满足消费者个性化需求等特征的网络购物正被越来越多的居民所青睐，逐渐成为城乡居民消费热点之一，并成为释放居民消费潜力的一大着力点。

（六）教育仍为重中之重，休闲娱乐成为时尚。

重视教育是中国人的传统，随着收入增长和教育体制改革的深入，中卫市居民家庭对孩子的教育投入也越来越大，教育已经成为居民家庭的一项刚性支出。自政府减免九年义务教育阶段的学杂费以来，高中以下教育费用占教育费用的比重很少，但大专及以上高等教育的费用依然很高，城镇居民大专及以上教育费用占教育费用的比重为60.1%，农村居民大专及以上教育费用占教育费用的比重为43.3%，高等教育成为城乡居民消费的一大热点。

另外，娱乐健身、参观游览、休闲度假等休闲生活方式已经融入了人们的日常生活。2017年，中卫市城镇居民人均文化娱乐服务消费支出509元，是2004年的3.9倍，国内游、台湾游、国外游，已成为城镇居民新的消费热点。

（七）医疗保健观念增强，享受健康生活。

随着城乡居民医疗保健意识日益增强，花钱买健康的人越来越多，各类健身器材、医疗保健器材和滋补保健品迅速进入普通居民家庭，医疗保健消费成倍增长，健康消费已经成为消费新时尚。调查数据表明，2017年中卫市城镇居民医疗保健支出人均1632元，是2004年的3倍，农村居民医疗保健支出人均1038元，是2004年的5.1倍。其中，居民用于购买医疗保健器具的消费支出大幅上涨，购买保健品、例行体检等成为常态。

执笔人：张文瑾

改革开放以来沙坡头区城乡居民生活显著改善

改革开放以来，随着经济的持续稳定发展和收入水平的不断提高，沙坡头区城乡居民的“钱袋子”越来越鼓，生活水平显著提高，城乡居民的消费质量不断提高，消费结构明显优化。

一、城乡居民消费水平不断提高，消费支出快速增长

改革开放以来，沙坡头区城乡居民消费支出均有较大幅度的增长。数据显示：1984年沙坡头区城镇居民人均消费支出480元，2017年为18145元，累计增长36.8倍，年均增长11.6%。农村居民人均消费支出由1984年的219元增长到2017年11106元，累计增长49.7倍，年均增长12.6%。生活消费年均增速农村高于城镇1.0个百分点。城乡居民人均消费比由1984年的2.2∶1缩小到2017年的1.6∶1，说明城镇居民消费支出水平总体高于农村居民，但消费差距在不断缩小。

单位：元/人

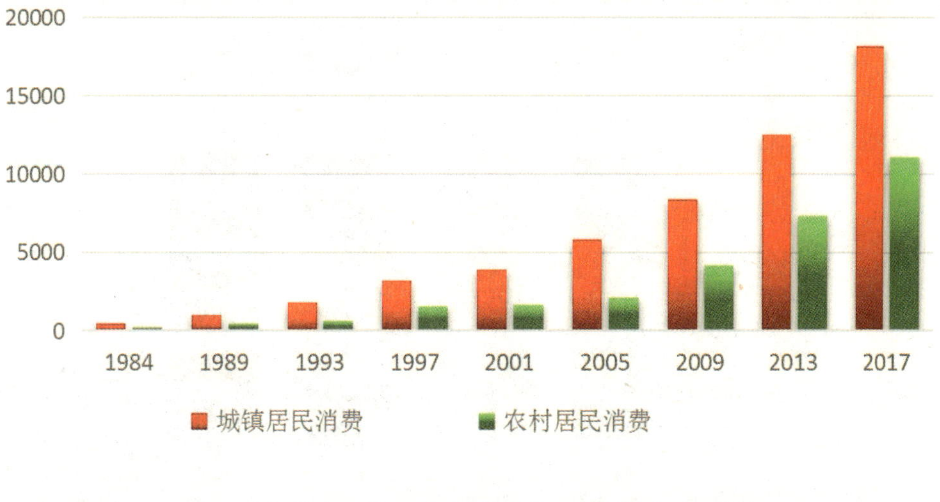

图1　沙坡头区主要年份城乡居民消费支出对比

二、城乡居民消费结构升级，生活质量显著改善

随着城乡居民消费水平的大幅提升，消费质量发生质的飞越。尤其是进入全面建设小康社会的新阶段，由于消费市场的极大丰富，城乡居民在满足高质量的物质生活的同时，开始追求更高层次的精神文化消费。表现为从消费构成来看，发展型消费和享受型消费占比快速上升，生存型消费占比持续下降。数据显示：2017年沙坡头区城镇居民恩格尔系数（食品消费支出占比）为23.6%，较1984年下降23.8个百分点。2017年农村居民恩格尔系数为23.7%，较1984年下降34.3个百分点。

单位：%

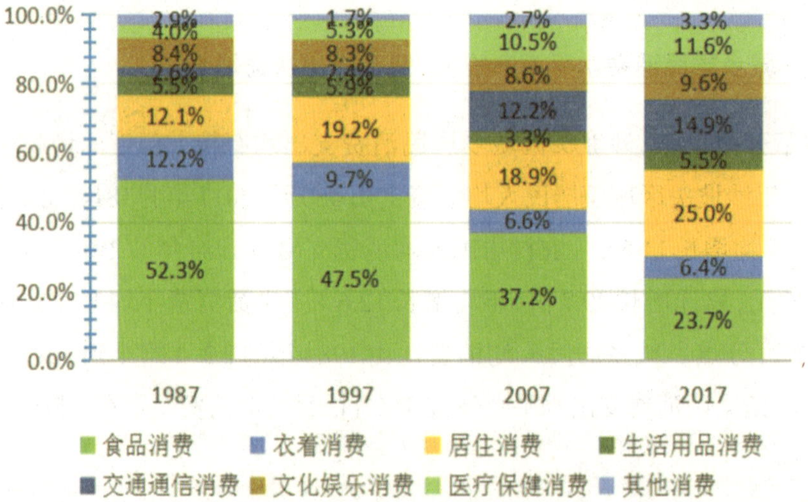

图2 沙坡头区主要年份农村居民消费支出结构

单位：%

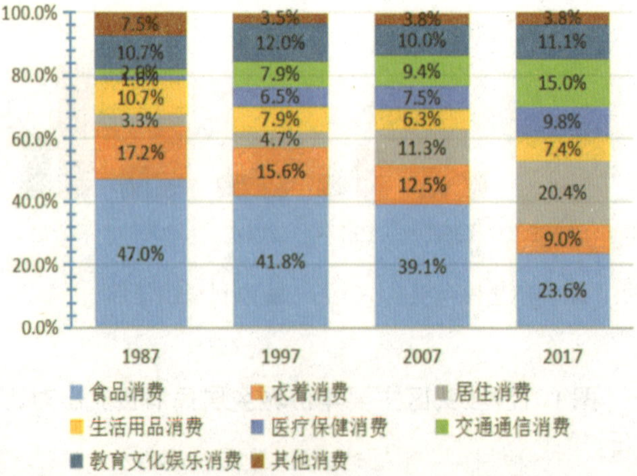

图3 沙坡头区主要年份城镇居民消费支出结构

（一）传统消费向新兴消费领域升级。

需求理论揭示，人的需求是不断发展提升的，当吃、穿、住等基本需求得到满足后会向更高层次需求发展。经济水平发展、社会产品丰富，极大地刺激了居民消费欲望。2017年沙坡头区城镇居民用于吃、穿、居住类消费支出占比总计为53.0%，较1984年下降15.2百分点；文化教育、医疗保健、交通通信类消费占比达到35.8%，较1984年上升19.9个百分点。2017年农村居民用于吃、穿、居住类消费支出占比为55.0%，较1984年下降25.9个百分点；文化教育、医疗保健、交通通信类消费占比为36.1%，较1984年上升27.6个百分点。与此同时，居民用于购买家庭设备、个人护理用品和娱乐旅游等享受型消费支出迅猛增长。

（二）城乡居民平均消费倾向发展趋势呈现差异。

平均消费倾向是指居民收入用于消费的比例，反映居民的消费需求及消费意愿。平均消费倾向越低，说明居民收入用于消费的部分越少，用于储蓄的越多。如图4所示，近年来沙坡头区城乡居民平均消费倾向升降不一，呈现出城镇居民下降、农村居民上升的趋势。2017年沙坡头区城镇居民平均消费倾向为68.5%，较1984年下降38.9个百分点。主要是由于近年来城镇居民一些大额刚性需求如住房、汽车、家电等已达到饱和，消费倾向下降，居民用于投资储蓄部分增加，农村居民2017年平均消费倾向较1984年上涨32.8个百分点，一方面是因为随着收入水平提高，农村消费市场不断完善，购买力不断提高，消费需求也越来越大，另一方面则说明，农村居民与城镇居民在收入水平上仍有较大差距，农村居民收入中可用于投资和储蓄的部分非常有限。

单位：%

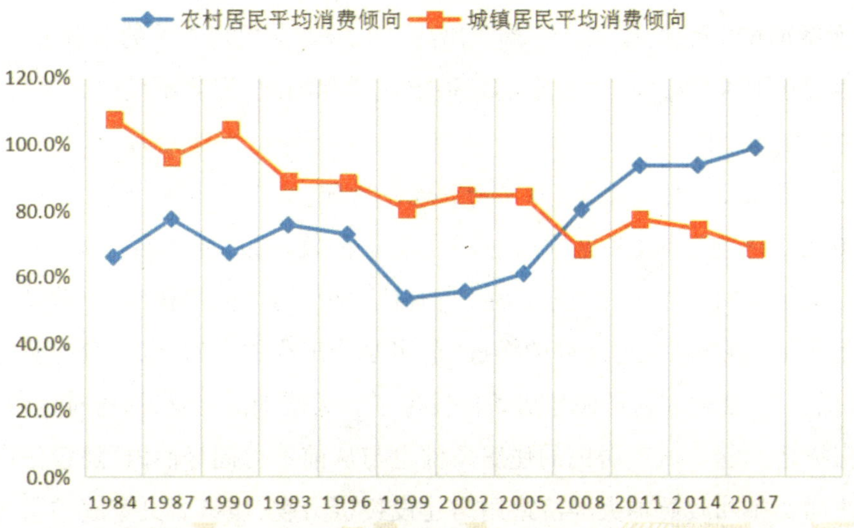

图4　沙坡头区主要年份城乡居民平均消费倾向趋势

三、城乡居民消费亮点纷呈，消费水平明显提高

（一）食品种类极大丰富，饮食习惯发生变化。

随着人们生活水平的不断提高，食品消费也从最初的“温饱”向“营养均衡”、“绿色健康”转变，城乡居民食品种类越来越丰富，饮食结构发生改变。表现为主食类消费支出占比逐渐减小，而营养更丰富的肉、蛋、奶、水产品以及蔬菜、瓜果类支出占比增加。此外随交通、冷链物流网络全面覆盖，全国各地的鲜活食品有条件跨越时间、空间局限得以流通，反季节蔬菜、水果甚至国外的农产品都进入寻常百姓家。数据显示：2017年沙坡头区农村居民人均食品类消费支出2632元，较1984年的127元增加2505元，累计增长19.7倍，年均增长9.6%；城镇居民人均食品类消费支出2866元，较1984年的228元增加2638元，增长11.6倍，年均增长8.0%。近年来，随着居民生活节奏加快和餐饮服务业发展壮大，居民在外用餐频次和支出也逐年增加。2017年，沙坡头区城乡居民人均在外用餐消费支出分别为940元和216元，占当年食品类消费支出的21.9%和8.2%。

（二）衣着样式日益翻新，消费档次升级加快。

改革开放初期，物质生活还不够丰富，人们衣着大多是自己加工，成衣较少，式样单一，且材料多以棉布为主。如今衣着款式不断丰富、流行趋势日新月异，服装消费品市场也是琳琅满目，加之样式繁多，能满足各个年龄阶段居民的需求，居民的爱美之心能充分得到满足。调查数据显示：2017年沙坡头区城镇居民衣着类消费支出人均1625元，较1984年的79元增加1546元，累计增长19.6倍，年均增长9.6%。2017年沙坡头区农村居民人均衣着消费支出706元，较1984年的28元增加678元，增长24.2倍，年均增长10.2%。居民对衣着的消费水平提高，不仅表现在追求质量方面，更多的是追求式样和档次，穿着不仅讲究美观时尚，更讲究能张扬个性。

（三）居住条件明显改善，住房面积逐年增加。

90年代之前，沙坡头区农村居民住房条件较差，房屋比较简陋，土坯房居多。城镇居民的居住条件也较落后，自有住房少，居住面积狭窄，配套设施跟不上。近些年，随着新农村建设的推进、危房改造工程的实施，以及政府实施的硬化、亮化工程，使得农村居民住房条件发生了翻天覆地的变化，一排排宽敞、明亮的住房拔地而起。城镇居民的住房条件也与从前不可同日而语，随着住房货币化的全面实施和政府加大经济适用房建设投资力度，城镇居民家庭的居住条件大大改善。住房设施更新换代，各种新型的厨房、卫生设施进入了居民家庭，各

种方便快捷、节能环保的新型能源如天然气、电、液化气等也取代了之前的以柴草、煤炭为主的局面，居住环境更加清洁、舒适。数据显示：1984年沙坡头区农村居民人均住房建筑面积仅为13.5平方米，且多为土坯房，2017年末达到33.9平方米，住房面积中砖木和砖混结构的房屋比例极大提高；2017年末城镇居民人均住房建筑面积为29.8平方米，比1984年的10.5平方米增加19.3平方米。

（四）文教娱乐消费增长，居民精神生活丰富。

面对知识经济和信息时代的到来，当前社会就业和竞争压力日益严峻，人们深刻地认识到了科学文化知识的重要性，城乡居民用于教育文化娱乐方面的支出逐年增多。首先表现为人均教育支出逐年上涨，居民对于子女教育的重视程度增强，其次表现为居民娱乐生活日渐丰富，用于娱乐方面的支出快速增长。数据显示：2017年沙坡头区城镇居民人均教育文化娱乐支出1316元，1984年仅为65元，增长19.2倍，年均增长9.5%。2017年沙坡头区农村居民人均教育文化娱乐消费1061元，较1984年的8元，年均增长15.9%。可见自改革开放以来，沙坡头区居民教育文化娱乐消费支出涨势迅猛，农村居民人均教育文化娱乐支出增长尤为突出，说明农村居民对于文化教育的重视程度日趋增强，也反映出农村教育环境和教育资源得以改善。虽然自2006年开始国家对义务教育阶段实行“三免一补”，减少了居民的教育支出负担，但随着居民对教育的重视，给学生参加的课外辅导、艺术特长等发面的培训等支出加大，同时用于高等教育的费用增长更为迅猛，所以教育方面支出仍呈较快增长的趋势。与此同时，居民也更加注重自身素质的全面提高，参加各种技能培训次数增多，用于购买娱乐用品和出门游玩的费用大幅增加。

（五）耐用消费品普及率提高，更新换代加速。

家庭耐用消费品拥有量在一定程度上折射出居民物质生活水平变化及消费行为变化。从传统的“三转一响”到20世纪90年代“新三样”，到曾经还是稀罕物的家电如洗衣机、电视、冰箱到如今家庭拥有量几乎达到百分之百。近几年，智能手机、台式电脑、便携式计算机、电动车、摩托车、家用轿车以及健身器材、中高档乐器等耐用消费品的拥有量也大幅上升。数据显示：2017年沙坡头区农村居民人均生活用品及服务支出和交通通信支出分别为610元和1659元，2017年城镇居民人均用于生活用品消费及服务支出和交通通信支出分别为1351元和2723元。如今，除了传统的家电外，微波率、空调、吸尘器、扫地机、空气净化器等新型家电不断走入城乡居民家庭，说明居民在基本生活需求满足外，开始追求享受型生活。

单位：台/百户

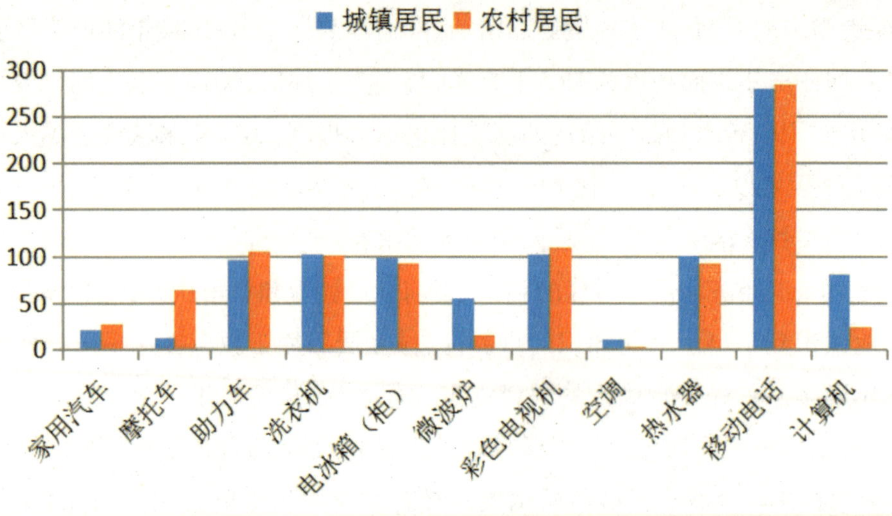

图5　2017年末城乡居民耐用品拥有情况

(六)医疗保健消费占比上升,居民健康意识增强。

随着生活水平的提高和医疗条件的改善,居民健康及保健的意识大大增强。近几年,医疗保障制度不断完善,报销比例逐年提高,"看病贵""看病难"的问题大大改善,居民有病不拖,能得以及时医治。与此同时,居民的预防保健意识增强,平时注重健康养生,做到早防早治,用于购买各类保健品的支出相应增加。数据显示:2017年城镇居民医疗保健消费支出1770元,而1984年仅为4元,年均增长20.1%,占比从0.9%上升至9.8%。2017年沙坡头区农村居民人均医疗保健消费支出1294元,占全年生活消费支出的11.6%,占比上升8.8个百分点。

执笔人:陈荣

中宁县城乡居民生活消费六大变迁

自治区成立60年以来，中宁县城乡居民生活伴随着国民经济迅速发展发生了翻天覆地的变化，尤其是改革开放以来，随着城乡居民收入的不断增长，消费能力显著增强，消费结构不断升级，人民生活逐步从关注温饱的“生存性”消费向“发展型与享受型”消费转变，生活水平迈上新台阶。

2017年，中宁县城镇居民人均消费支出21393元，比1998年增长10倍，年均增长13.5%；农村居民人均消费支出10309元，比1984年增长37倍，年均增长11.7%。城乡居民生活消费水平不断增强，消费结构日趋合理，图1和图2直观数据显示了以下六个方面的特征。

单位：%

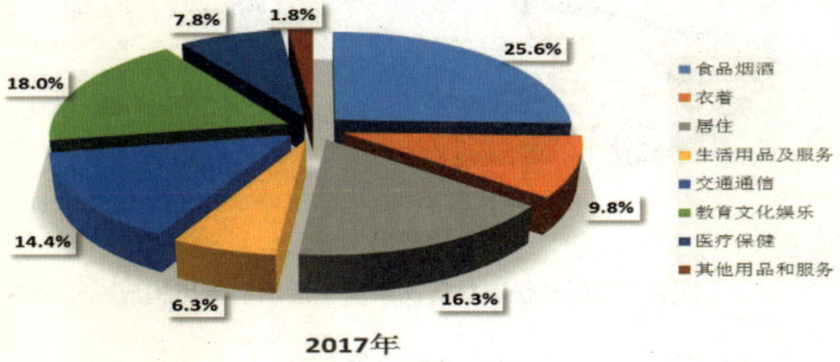

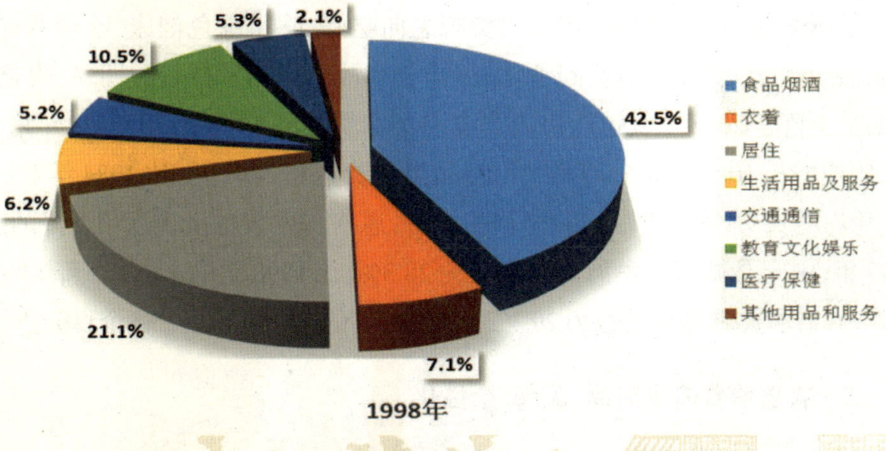

图1　不同年份城镇居民家庭生活消费支出构成

单位:%

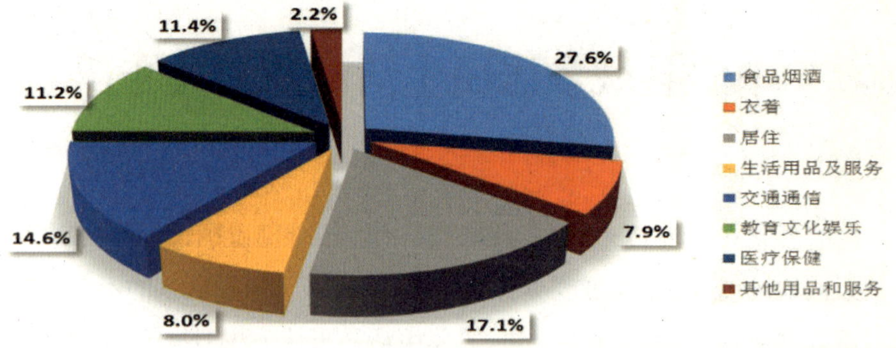

2017年

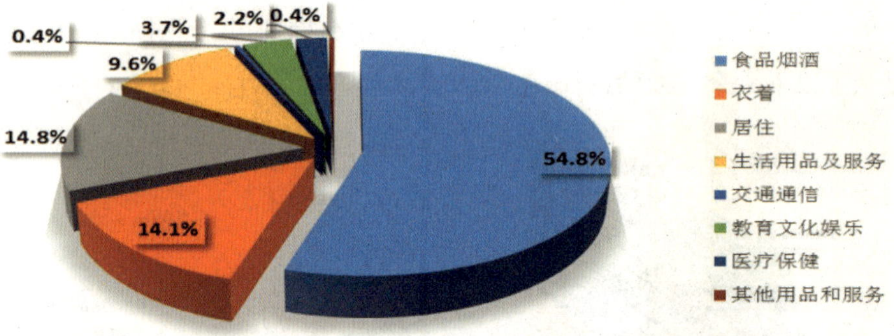

1984年

图2　不同年份农村居民家庭生活消费支出构成

一、恩格尔系数逐年下降,膳食结构更加合理

改革开放以来,人们的饮食观念不断变化,对于维持基本生存的食品类消费的要求越来越高,由吃饱的传统消费观念向吃好、吃得绿色健康、吃得营养时尚的新兴观念转变,食品消费副食化、多样化和社会化的特征日益明显,恩格尔系数明显下降。2017年城镇居民人均食品类消费达到5476元,比1998年增长5.7倍,年均增长10.5%;农村居民人均食品类消费达到2841元,比1984年增长18.2倍,年均增长9.4%。食品消费增加的同时,恩格尔系数也呈现逐年下降的态势,2017年,中宁县城镇居民恩格尔系数为28.3%,比1998年的42.5%下降14.2个百分点;农村居民恩格尔系数为29.3%,比1984年的54.8%下降25.5个百分点。

二、衣着消费追求时尚、品牌、个性化

20世纪60年代,人们的衣着主要是手工缝制,面料和颜色也是以耐磨和耐

赃的灰、黑、蓝色的棉布和涤纶为主，“人人一身蓝”正是当时的情景，艰苦朴素也是当时的时尚，补丁衣服随处可见，当时的顺口溜是这样说的：新三年，旧三年，缝缝补补又三年……改革开放以后，服装的花色、款式更加多样化，面料、质地也发生了很大的变化，人们逐步的走出那个“灰蓝黑绿”的时代，之后随着收入的不断增长，思想观念更为开放，穿衣打扮更加注重消费品位和品牌，衣着消费日趋高档化、个性化、精品化、特色化。2017年中宁县城镇居民人均衣着消费支出2092元，与1998年的137元相比，增长14.3倍，年均增长15.4%；2017年农村居民人均衣着消费支出815元，与1984年的38元相比，增长20.4倍，年均增长9.7%。

三、居住条件进一步改善，家用设备全面换代升级

居住环境明显改善。随着城乡居民收入的不断增加，人们的居住条件发生了质的变化，城镇居民由设施简陋的平房、单元房逐步向设施齐全、条件优越的楼房、公寓、别墅发展。农村居民也由年久失修，岌岌可危，卫生条件极差的茅草屋、土坯房，逐步向设施齐全、宽敞明亮的砖瓦房迈进，条件好的农户盖起了楼房或在县城购买了楼房。住房的改变，也使得住房装潢等费用的大幅上涨。2017年中宁县城镇居民人均居住消费3489元，与1998年的408元相比，增长7.6倍，年均增长12%；2017年农村居民人均居住消费1766元，与1984年的40元相比，增长43.1倍，年均增长12.2%。同时随着居住房屋的升级换代，住房面积也在不断扩大，2017年城镇居民人均拥有房屋面积36.6平方米，比2005年住房总建筑面积增加7.2平方米；2017年农村居民人均居住面积46.6平方米，比2007年增加17.6平方米。

家用设备升级换代。随着收入和科技水平的不断增长，居民的家用设备也在不断升级。由20世纪80年代自行车、缝纫机、手表“老三件”到之后的彩电、冰箱、洗衣机的“新三件”，随后随着科技水平的不断进步，科技含量更高的家电产品又逐步取代了“新三件”。现在居民生活耐用品消费日趋多样化，耐用品的质量、档次显著提高，而且更新换代加快，升级周期缩短。2017年中宁县城镇居民人均生活用品及服务支出1347元，与1998年的119元相比，增长10.3倍，年均增长13.6%；2017年农村居民人均生活用品及服务支出826元，与1984年的26元相比，增长30.8倍，年均增长11.0%。

四、交通通信飞速发展,居民生活更加便利

交通消费快速增长,家用轿车渐入居民家庭。改革开放初期,城镇居民市内出行方式主要是骑自行车为主,而农村居民的交通则是主要依靠马车、骡车,独轮车、架车为主要运输工具,再加上当时的道路建设十分落后,这给人们的日常生活带来了很多不便。之后随着交通事业的快速发展,交通条件明显改善,公路渐增,农村也有由泥泞小道变成水泥路,最终实现村村通油路。居民的交通工具也逐渐的由自行车向摩托车、电动车,小汽车转变。同时交通方式也更加的多样化,人们出行从走路到骑自行车,到乘公交车、乘出租车、自驾车,再到乘坐豪华舒适的大巴、朝发夕至的列车、便宜快速的飞机,人们可选的长途交通方式越来越多,居民出行再也不用发愁。

互联网普及迅速,网络消费快速增长。改革开放之初,中宁县城乡居民家庭几乎没有通信工具,信函是居民的主要通信方式,对普通百姓来说,家庭固定电话曾经是可望而不可即的奢侈品,之后通信事业得到了突飞猛进的发展,尤其是20世纪90年代以后,固定电话、寻呼机、小灵通、移动电话等通信产品陆续地到普通老百姓家中。进入21世纪之后,通信工具及互联网的发展更为迅速了。各种手机频频亮相,智能型手机快速推广,并且随着各种智能手机软件的开发利用,越加丰富了通信工具的功能:聊天、购物、学习、娱乐、视频、支付……满足了人们日常交流的各种需要。

由于交通和通信业的飞速发展,使得城乡居民交通通信费用也快速增长,2017年中宁县城镇居民人均交通通信支出3076元,比1998年增长29.5倍,年均增长19.7%;2017年农村居民人均交通通信支出1500元,比1984年年均增长24.8%。

不同年代通信工具与交通工具对比图

五、医疗体系不断完善，医疗保健消费主动性增强

自治区成立以来，随着医疗设施和科技的发展，医疗制度改革和医疗保障体系的完善，人们更加关注保健保养，关注健康，过去“大病小治、小病不治”的现象有了根本性的改变。现在人们对自身有病就医，无病防治的健康保健意识明显增强，健康消费已经成为消费的新时尚，各类健身器材、医疗保健器材和滋补保健品迅速进入普通居民家庭，医疗保健方面的支出大幅度增长。2017年中宁县城镇居民人均医疗保健支出1659元，比1998年增长15.1倍，年均增长15.8%；2017年农村居民人均医疗保健支出1179元，比1984年年均增长17.4%。

六、教育更加重视，精神文化生活日益丰富多彩

教育投入重起来。近年来，无论是政府还是个人，对于教育的投资和关注的热情都达到了一个空前的高度。从幼儿园开始，到大学毕业，甚至走上工作岗位，各个阶段的教育投入始终相伴而升。

文化生活多精彩，随着经济社会的逐步繁荣和进步，人们在物质生活不断丰富的同时，享受性的精神生活也日益丰富多彩。改革开放前，城乡居民的精神文化生活总体相当单调。改革开放以后，随着物质生活水平的不断提高，提升精神文化生活质量已经成为居民共同的选择。如今，电影歌剧、花鸟虫鱼、旅游远足、运动健身等已步入寻常百姓家。

随着教育理念的不断增强、文化设施的不断增加以及娱乐方式的多样化，使得居民教育文化娱乐消费支出大幅增长，2017年，中宁县城镇居民人均教育文化娱乐消费支出3860元，比1998年增长18.1倍，年均增长16.8%；农村居民人均教育文化娱乐消费支出1151元，比1984年增长114.1倍，年均增长15.5%。

综上所述，自治区成立60年来，中宁县人民经历了从贫困到温饱，到迈向小康的风雨历程，切实感受着从贫穷到富足，从落后到进步的辉煌巨变。60年的努力，60年的巨变，60年的硕果，使得如今的中宁县经济蓬勃发展，市场繁荣，物质生活更加丰裕，精神生活更加丰富，全县人民团结和谐，朝着全面小康社会奋力奔跑。

执笔人：张旭文

海原县城乡居民生活水平显著改善

自治区成立60周年以来，随着收入水平的不断上升，城乡居民的消费水平不断增长，特别是改革开放后，市场上商品日益丰富，城乡居民消费选择更多，城乡居民消费水平快速提升，生活水平显著改善。

一、农村居民消费水平快速提升

改革开放以来，农村居民消费发生了翻天覆地的变化，由改革开放初期的“凭票换购，满足温饱”到“自主消费，追求多样”。随着消费市场的不断完善和发展以及网上购物的进程加快，农村居民的消费水平日益加快，消费需求不断变化，生活越来越好。

（一）农村居民生活消费增速加快。

改革开放后，随着农村居民收入快速提升，消费水平也不断提升。1981年农村居民人均生活消费支出75元，2017年农村居民人均生活消费支出7215元，年均增长13.5%，农村居民消费水平快速提升。

单位：元/人

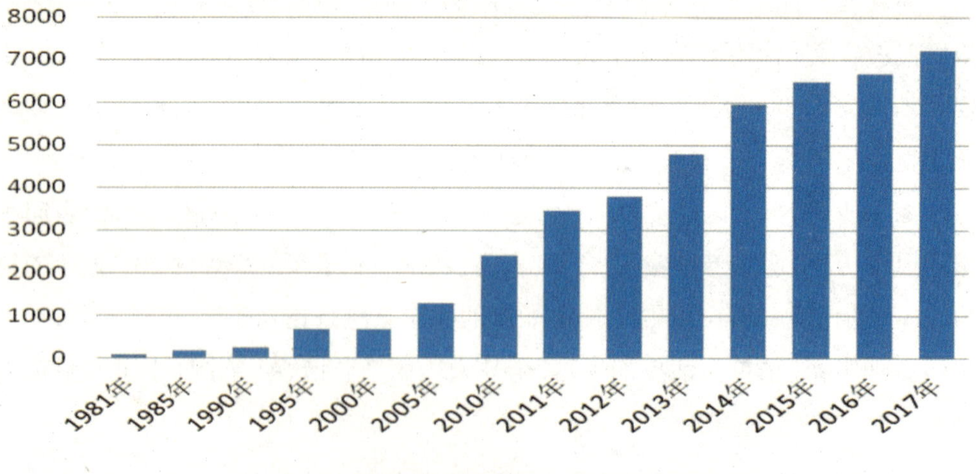

图1　海原县农村居民生活消费支出情况

（二）农村居民生活水平不断提高。

改革开放后，由于居民消费水平的不断提高，农村居民生活水平显著改善。

1. 吃，从吃饱到吃好。说起吃饭，许多人的记忆是整天的面条或者黄米饭，一年四季的洋芋菜以及家家户户菜缸里的腌菜，白米白面，鸡蛋只能是家里来了客人招待客人的，肉更是一年难得吃上两回。而现在，白米白面已经是日常食用，许多家庭每餐有肉，有的家庭更是追求荤素搭配，营养均衡，杂粮野菜，成了许多家庭改变口味的选择或者怀旧的味道。20世纪，赶一会儿集，许多人都自带干粮，不舍得去饭馆吃饭，下馆子对许多人来说是件很奢侈的事情，而现在，许多人进城，火锅店是常去的地方。从数据来看，1990年海原县农村居民人均食品消费177元，而2017年人均食品消费1871元，增长了9.6倍，但是从食品消费结构来看，1990年主要为谷物消费，而2017年，肉类消费已经超过谷物类消费，占比达到了27%，谷物类只有25%。

2. 穿，从新三年，旧三年，缝缝补补又三年到穿的漂亮，穿的舒适。说起穿着，许多人还有着一件衣服老大穿完老二穿，老二穿完留给老三，新三年，旧三年，缝缝补补又三年的记忆。那时的衣服上面总有好多补丁，到后来，买衣服或者找裁缝做衣服渐渐多了起来，衣服上的补丁也渐渐消失了，再到现在，人们买衣服，更加追求时尚和舒适度，挑选衣服，往往会考虑材料、样式、花色等等，选择越来越多，买的也越来越多。从图3来看，1990—2005年，衣着类消费缓慢增长，从2005年开始，衣着类消费开始显著增长。1990年农村居民人均衣着消费23元，2017年农村居民人均衣着消费已经增至521元。

单位：元/人

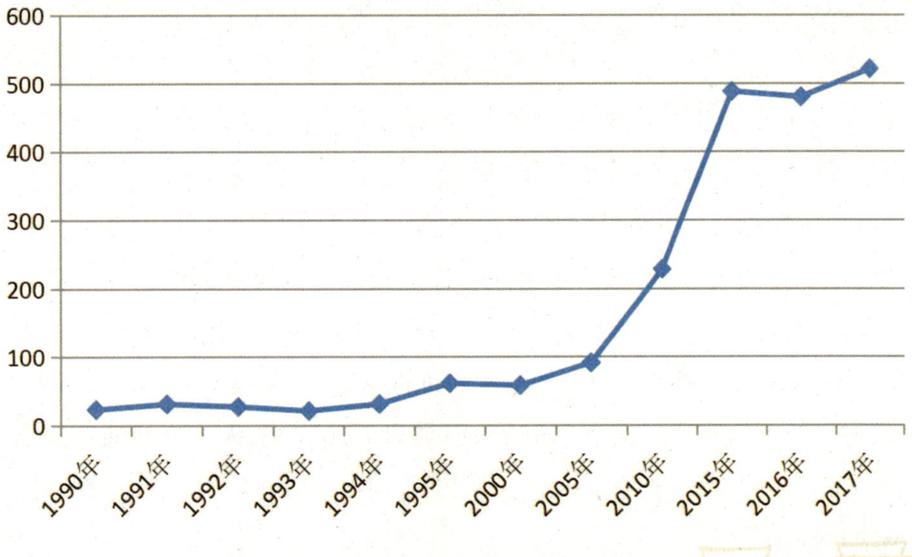

图2　主要年份农村居民衣着消费支出

3. 住，从土坯房搬进砖房。以前建房，都使用土坯，房屋矮小狭窄，光线很差，家中条件较好的，会在房屋正面砌点砖用作修饰，谁家要是能够建造一间一砖到顶的房子，会成为大多数人羡慕的对象。而现在，特别是近几年，由于新农村建设及危房改造工程，家家户户都搬进了宽敞明亮的砖房，外面用瓷砖包裹，里面摆满了各种家具及电器，居住条件极大地改善了。从图3来看，2000年之前，居住消费增长平缓，2000年之后开始较快增长，2010年开始快速增长。

单位：元/人

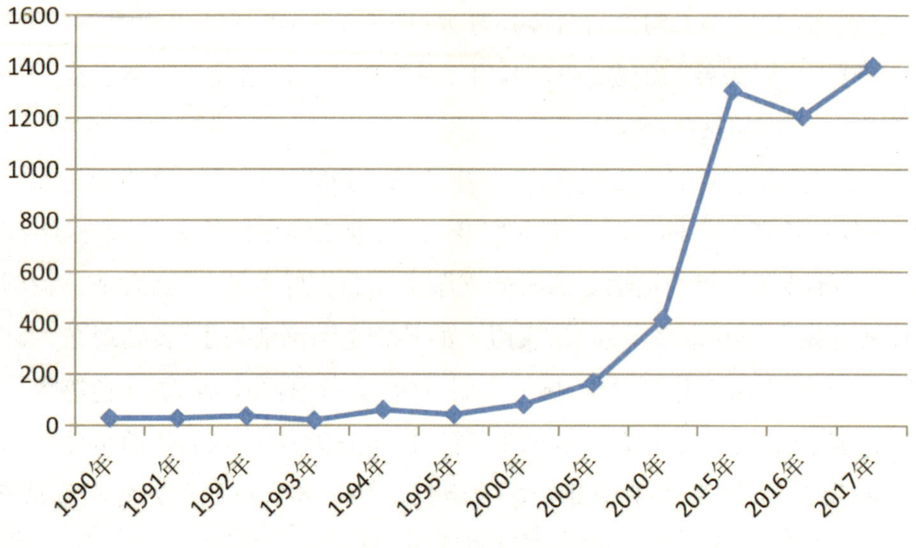

图3　主要年份农村居民居住消费支出

4. 行与信，更加方便。交通方面大路越走越宽，交通工具越来越好。以前出行，要走好久土路，才能走到马路上，出行的方式主要是步行以及骑自行车，摩托车在许多人眼里是高大上的出行方式。现在，路修到了家门口，公交车也通到了家门口，许多人家里也买了小汽车，路越来越宽，出行越来越方便。通信方面从捎口信到视频通话。改革开放初期，农村地区绝大多数地方都没有通电话，要找人就要托顺路的人带个口信，家里能够像电视上那样装一部电话是许多人期待的事情，然而短短几十年，绝大多数人都跳过了固定电话，直接用上了手机，要和亲友联系，可以很方便地视频，人与人之间的距离，越来越近。从数据来看，2000年，农村居民人均交通通信支出48元，但是到了2017年，人均交通通信支出已经增加到了992元，增长速度飞快，特别是近三年，交通通信支出依然保持稳定的增长，如图4所示。

单位：元/人

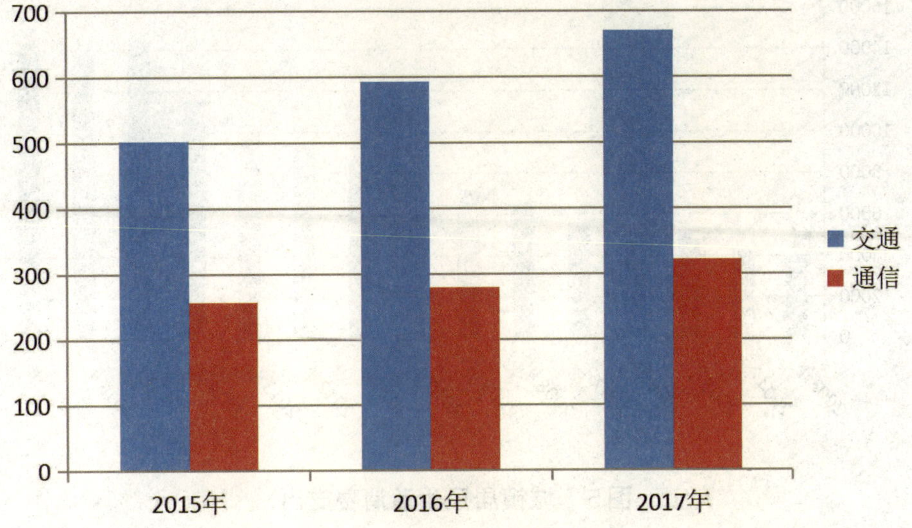

图4　近三年农村居民交通通信支出

除此之外，在医疗卫生方面、文化教育及娱乐等方面，农村地区也都取得了极大的突破，农村居民的生活已经发生了天翻地覆的变化。

二、城镇居民消费多元化发展

随着收入水平的发展，以及与外界的联系更加方便，城镇居民的消费水平也在不断地发展，消费选择不断增加，供给方式也在不断变化增加，城镇居民的消费呈现出多元化的发展趋势。

（一）城镇居民生活消费量在增加。

随着经济的发展，城镇居民收入持续增长，同时消费市场也不断发展，城镇居民的消费观念也在不断进步，消费水平不断增长。2003年，城镇居民人均生活消费支出4062元，2017年，城镇居民人均生活消费支出15117元，14年间，人均生活消费支出增长了2.7倍，具体如图5所示。

单位:元/人

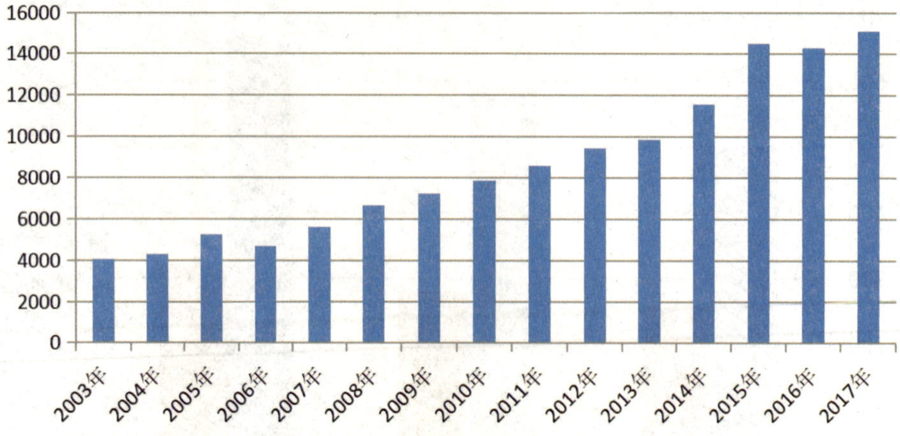

图5　城镇居民生活消费支出

(二)城镇居民生活消费质在提升。

1. 城镇居民的产品消费选择不断增加。改革开放初期,一方面收入较低,另一方面,市场上的商品数量及种类较少,居民消费选择较少,只能是缺什么买什么,商家卖什么我买什么,而现在由于收入的不断增加,同时商品市场也在不断发展,居民的消费选择不断增加,当前呈现的状态是城镇居民消费选择不断增强,如食品上,由于可购买消费的食物太多,居民消费需要考虑口味、健康、营养、产地等等,服装方面考虑品牌、舒适度、是否时尚流行等等。产品数量增加,城镇居民消费选择增加,通过差异化选择,提升消费品质。

单位:元/人

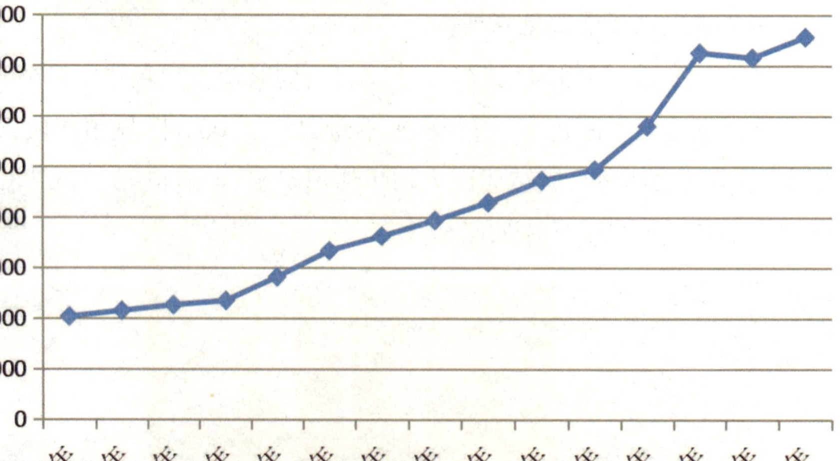

图6　2003—2017年城镇居民生活消费支出

2. 城镇居民生活消费的场地选择不断增加。随着交通的不断发展，城镇居民消费的地点选择更多，当本地市场不能满足自己的需求时，城镇居民选择去一些大城市、大商场去购物，来满足自己的消费；还有一些所谓的“吃货”，会选择去周边农村购买更好的食材，来满足自己的口腹之欲；也不乏一部分人旅游时，购买一些当地的土特产。去不同的地方消费对于一些人来说就是一种享受。

3. 城镇居民的购物途径越来越多。以前的消费方式，主要是传统的消费方式，就是买家卖家面对面，讨价还价，然后消费者购买自己要买的商品，而现在，随着电子商务的发展，网络购物也成了越来越多的人的消费选择，淘宝、京东、唯品会等等，是许多爱好网络购物的人们耳熟能详的购物平台。

4. 消费不断从物质消费向精神消费转变。随着城镇居民物质生活的不断进步，精神消费也在不断增加。当前，越来越多的人会选择在节假日去旅游、看电影等等，精神消费不断增加。

三、城乡居民消费差异越来越小

由于收入水平、文化差异及生活方式的差异化存在，一直以来城乡居民在消费方面存在较大的差异，随着城乡一体化的加快，城乡居民消费差异在逐步缩小。

(一)城乡居民消费量的差距在逐步缩小。

长期以来，农村居民收入较低，农村居民消费一直远低于城镇，随着农村居民收入不断增加，同时打工的人数增加，越来越多的农户食品消费已不再是通过自产自用来满足，更多的农村居民也要通过市场来满足，同时由于农村居民消费观念不断变化，导致城乡居民消费方面量的差距越来越小。

单位：元/人

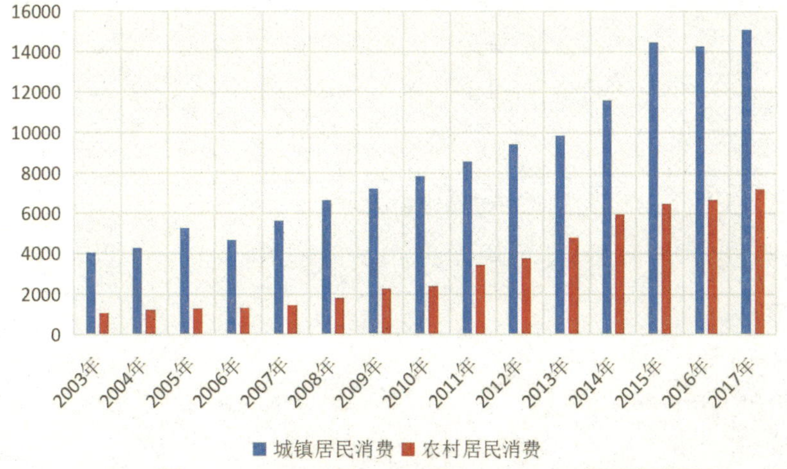

图7 城乡居民生活消费差距情况

由图7可知,2003年,城乡居民消费差距很大,城镇居民人均消费几户4倍于农村居民人均消费,而到了2017年,二者之间的差距缩小至将近2倍。

(二)城乡居民消费观念上的差异越来越小。

一直以来,由于种种原因,城乡居民消费观念上都存在较大差距,城镇居民更加前卫,而农村居民更加传统一些,但是随着经济的发展及城乡一体化的发展,这种消费观念上的差距也在不断缩小。农村居民的消费观念也在不断进步,如农村居民教育文化、医疗保健方面消费增速加快,同时精神类消费也在不断增加。

执笔人:李磊

永宁县粮食生产力稳步发展
农业现代化优势突显

宁夏回族自治区成立60周年以来，永宁县始终坚持以农业为基础，把发展粮食生产作为农村经济工作的重中之重，全力以赴推进粮食总量的稳定增长。经过几十年的不懈努力，尤其是在改革开放以后，农业生产能力大幅提高，永宁县粮食生产总量由改革开放后的17万吨左右，到2017年增加到23.0万吨，粮食供给总量基本实现丰年有余的水平，城乡居民温饱问题已经解决。展望农业生产发展前景，永宁县将以增加农民收入为核心，在“实施农业品牌战略，打造农业标准化示范区，推进农业供给侧改革”的农业工作思想指导下，进一步调整种植结构，推动农业产业转型升级，提高粮食总产量，带动人民实现小康，实现迈向富裕的奋斗目标。

一、惠农政策助推粮食生产快速发展

纵观永宁县粮食生产发展，首先经历了粮食生产恢复发展期，这一时期，永宁县在粮食生产方面以稳定扩大播种面积、提高单产、发展传统品种为主。在政策上通过引导农民走互助合作道路，不断解放生产力；在农业生产上，不断改善农业基础设施，提高农业基础建设配套水平，加快农业科技进步，为粮食生产的持续发展奠定了坚实的基础。而后，粮食生产进入快速增长期，这一时期，在生产方面，以继续扩大粮食面积为基础，稳定传统优势产品，大幅提高单位面积产量，在政策方面，得益于我国在农村实施的一系列改革措施，特别是2005年开始实施的减免农业税政策，及大幅度提高粮食收购价格的政策支持，大大调动了农民生产积极性，粮食生产发展速度明显加快。近十年来，永宁县农业生产结构调整趋于完善，发展模式日益成熟。一方面在保护耕地并合理缩减粮食播种面积的同时，科技进步有力提高了单产水平，2017年永宁县粮食播种面积42.0万亩，十年间粮食播种面积年均递减0.6万亩，但2017年亩产达到508.5万亩，较2007年增长27.5%。其中夏粮以小麦为主，粮食面积年均递减0.6万亩，但亩产达到

361.9万吨，较2007年增长30.1%。另一方面，设施农业、绿色农业、科技农业等特色农业产业得到大力推广，互联网、电子商务销售模式被积极引入，农业示范园区作用不断加强，农业现代化建设得到跨越式发展。

二、调整结构，推动粮食生产稳步发展

永宁县地处宁夏银川平原引黄灌区中部，农业灌溉得以保证，年平均气温8.7℃，年日照时数达2866.7小时，日照长，光能资源丰富，温度和日照条件可满足多数农作物生长发育的需要。在1958—1978年间，农业生产水平相对较低，农民处于靠天吃饭的状态，但改革开放以来，永宁县结合本地气候、地域特点，积极调整种植业结构，全面提升多种形式适度规模经营水平、农业技术应用水平、农业经营生产效益水平、农产品质量安全水平、农业可持续发展水平，大力发展“智慧农业”，加强农产品质量安全建设，促进第一、第二、第三产业融合发展，积极推动粮食生产稳步发展。2017年永宁县粮食总产23.0吨，较1991年增加5.0万吨，增长28.0%，其中秋粮18.51万吨，较1991年增加5.5万吨，增长42.2%。

三、强化科技带动粮食生产优质发展

在确保粮食稳定生产的基础上，永宁县不断推进农业科技创新，积极争取农业物联网技术、现代生物技术、高效节水技术、农业智能装备开发、农产品高值化加工等科技重大专项和重点研发项目。自2007年起，永宁县引入设施农业产业，涌现了包括小任果业、董洋果业在内的一大批设施农业示范合作社，目前设施农业种植面积超过10万亩；2009年招商引资开发供港蔬菜基地，累计开发达1.5万亩；从2011年开始，该县引入有机水稻种植，仅一年有机水稻种植面积便已达到2.0万亩，亩产达614.2公斤。2012年，永宁县被国家农业部认定为第二批国家现代农业示范区。通过项目倾斜、资金整合，在重点农业生产园区及基地，集成示范推广设施温棚自动卷帘设备、微环境智能化控制系统、物联网病虫害防控系统、水肥一体化技术、秸秆生物反应堆、无土栽培育苗等新装备、新技术，提升农业智能化、精准化、现代化水平，农业示范园区优势作用显著。

落实粮食作物优新技术示范推广项目，秸秆生物反应堆技术示范推广项目及土配方施肥技术示范推广项目，大力发展应用稻蟹、稻鸭、稻鱼种养结合和油葵防治鸟害生态生产模式，稳步推进现代农业循环可持续发展。

四、创新发展模式，推进现代农业跨越发展

近年来，为创新农业发展模式，推进现代农业跨越发展，永宁县积极建设农业信息平台，构建农业信息网络服务体系，推进“互联网+”现代农业、应用大数据、移动互联等现代信息技术，完善农业信息发布制度，提升农业生产态势、供给需求、成本收益等监测预警水平。扶持农产品流通企业、专业合作社等在农产品集中区建设集预冷、保鲜、配送等为一体的鲜活农产品冷链项目。依托四季鲜、供港蔬菜市场营销体系，拓宽农产品销售渠道。完善农村电商服务体系，加强电商培训指导，引导特色农产品、新型服务上线运行，健全雷台、许桥、陆坊小镇电子商务平台，农业转型优势突出。

执笔人：李君华　郎伟

60年回首 贺兰粮食生产可喜可贺

贺兰县位于银川平原中部，地域主要由西部山地和东部平原组成，属于中温带干旱气候区，黄河入境而过，沟渠纵横交错，拥有较为丰富的水资源，境内有唐徕渠、汉延渠、惠农渠、第二农场渠和西干渠五大干渠穿流而过，引黄河水自流灌溉，土质肥沃。宁夏回族自治区成立以来，在党的正确领导下，贺兰县从保护耕地、依靠农业科技、增加农业投入、综合运用各种经济手段等多个方面着力，使农业生产取得了长足进步，实现粮食生产的稳定增长，粮食总产量先后迈上了10万吨、20万吨的台阶，为县域经济持续、稳定、协调发展及社会稳定创造了有利条件。

一、粮食生产砥砺奋进

自治区成立60年间，通过不断完善田间配套设施、优化农业生产条件，贺兰县粮食生产能力得到了大幅度提高。1982年全县粮食生产总量首次突破10万吨大关，1996年首次突破20万吨大关。回顾60年间贺兰县粮食生产发展历程，粮食生产总体呈现了先快速增长后趋于平稳的趋势。(见图1)

单位:吨

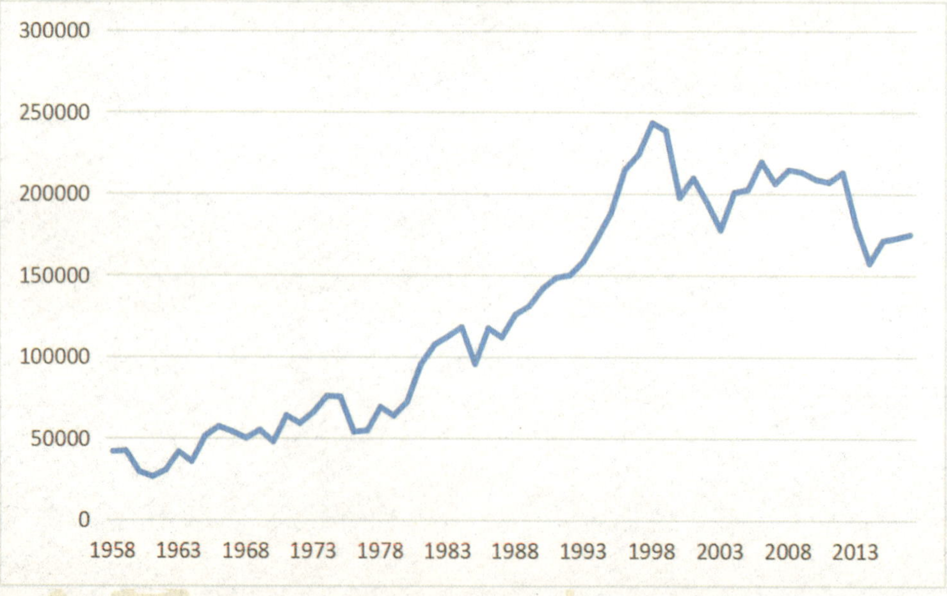

图1　贺兰县1958—2013年粮食总产量变化

(一)1958—1999年:粮食快速增长期。

1958年,贺兰县全年粮食作物播种面积42.1万亩,亩产99.4公斤,总产量4.2万吨;1982年,全年粮食作物播种面积37.0万亩,亩产290.3公斤,总产量10.8万吨,经过25年的发展,全年粮食总产量首次突破10万吨。1958-1987年期间,粮食生产受到自然灾害、政策失误及人为等诸多因素制约,粮食总产量呈波动增势。1996年,全年粮食作物播种面积52.1万亩,亩产412.3公斤,总产量21.5万吨,全年粮食总产量首次达到20万吨;1998年,全年粮食作物播种面积54.2万亩,亩产449.1公斤,全年粮食总产量24.4万吨,为1958—2017年最高水平,特别是1988—1998年,贺兰县粮食生产形势持续向好,粮食作物作物播种面积与粮食单产连年提升,粮食总产量实现11年连续增长。

(二)2000—2017年:粮食生产结构调整期。

2000—2017年,在粮食作物播种面积持续下降(见图2)和粮食亩产(见图3)逐年增长的双重作用下,贺兰县粮食总产量呈横向波动。2000年以来,贺兰县加速现代农业发展步伐,以农业增效和农民增收为核心,立足资源优势,在稳定粮食生产的基础上,大力发展特色优势产业尤其是蔬菜产业,截至2009年,贺兰县蔬菜面积已达到24.5万亩,为全年粮食作物播种面积的51.5%。2015年,贺兰县获批国家"粮改饲"试点项目,2017年"粮改饲"试点工作全面完成,带动青贮玉米等饲草作物种植面积8.8万亩。粮食作物播种面积逐年减少,促使贺兰县加快粮食产业提质升级,以提高粮食单产水平为核心,加快粮食作物新品种选育引进、积极推广农业科技、加强病虫害统防统治,为粮食单产稳定增长奠定了坚实的基础。

单位:亩

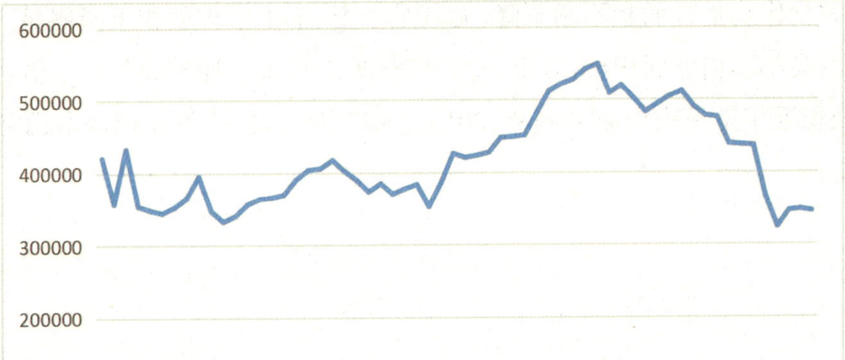

图2 贺兰县1958—2013年粮食作物播种面积变化

单位：公斤/亩

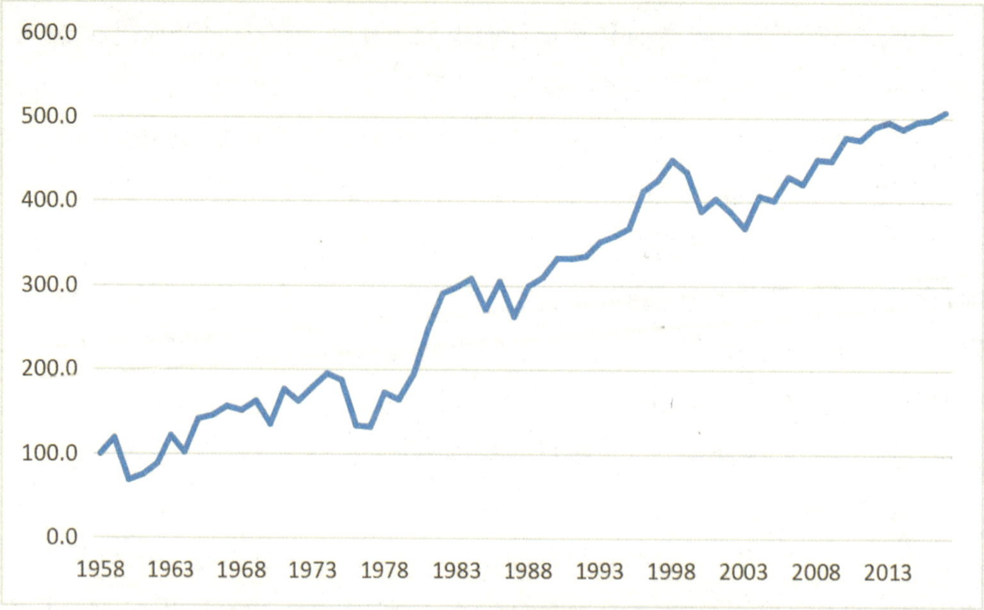

图3　贺兰县1958—2013年粮食单产变化

二、三大品种称雄良田

贺兰县粮食作物以小麦、玉米、水稻为主。1958年，小麦、玉米、水稻作物播种面积占全年粮食作物播种面积的59.5%；1988年，小麦、玉米、水稻作物播种面积占全年粮食作物播种面积的61.2%；2017年年，小麦、玉米、水稻作物播种面积占全年粮食作物播种面积的99.5%。1958—2000年，小麦、玉米、水稻播种面积均呈现不同趋势的增长（见图4）。2000年以来，受种植效益与种植结构调整的影响，粮食作物播种面积不断下降，尤其是小麦、玉米播种面积下降明显。2014年，贺兰县小麦播种面积6.8万亩，为1958—2017年小麦播种面积最小值。水稻播种面积近年来呈横向波动趋势，2013—2017年，水稻播种面积基本稳定在17万亩左右。

单位：亩

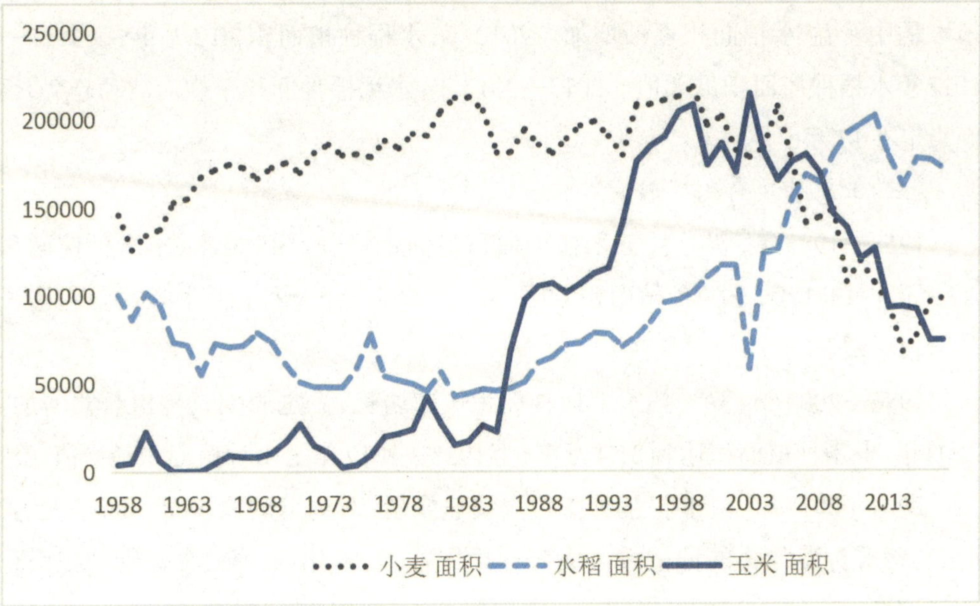

图4　贺兰县1958—2013年三大作物播种面积变化

（一）小麦种植面积多种变小。

1958—1999年，小麦种植面积平稳增长。1958年，贺兰县小麦种植面积14.6万亩。1998年，小麦种植面积21.8万亩，为1958—2017年最高值。

2000—2017年，小麦种植面积呈波动下降趋势，主要原因为2000年以来，贺兰县大力发展蔬菜产业、开展“粮改饲”试点项目，蔬菜和饲草作物种植面积增加，粮食作物种植面积减少。尤其是2014年，贺兰县小麦播种面积6.8万亩，为1958—2017年小麦种植面积的最小值，一方面是政策驱动，另一方面是种植小麦效益较低，农户主动调整种植结构，减少种植效益相对较低的小麦，增加种植效益较高的玉米和蔬菜。

（二）水稻种植面积和产量主体地位牢固。

1958—2002年，水稻种植面积波动较为平稳，呈U形发展。影响水稻种植面积的主要因素为气候条件与种植效益。1958年，贺兰县水稻种植面积10.0万亩。1982年，贺兰县水稻种植面积4.3万亩，为1958—2017年水稻播种面积最小值。

2003年，贺兰县水稻种植面积5.8万亩，较2002年的11.6万亩锐减50.3%，主要原因是农业用水分配数量调减，贺兰县从黄河引水量较2002年减少39%，水稻等耗水量较高的农作物种植面积被压缩，改种需水量少抗旱耐旱的经济作物、饲草作物。

2004—2012年，受种植结构调整和种植效益增加双重因素的影响，农民从种植水稻中受益，水稻面积逐渐增加。2012年，水稻种植面积20.2万亩，为1958—2017年水稻种植面积最大值。2013—2017年，水稻播种面积呈横向波动趋势，逐渐稳定在17万亩左右。

（三）玉米种植面积“”形量不少。

1958—1985年，贺兰县玉米播种面积呈波动增长。1960年，玉米种植面积2.3万亩。1971年，玉米种植面积2.7万亩。1980年，玉米种植面积4.2万亩，增长趋势较平缓。

1986—2003年，贺兰县玉米播种面积快速增长，主是原因是种植收益增加。2003年，玉米种植面积达到21.4万亩，为1958—2017年玉米种植面积最大值。

2004—2017年，由于贺兰县畜牧业快速发展，对饲草的需求量不断扩大，青贮、苜蓿等饲草作物的种植效益优势日益凸显，玉米、小麦等粮食作物种植面积明显下降。

三、三大主因助力粮食生产提高

多年来，贺兰县在加大耕地保护力度、稳定粮食播种面积、优化农业种植结构的同时，通过制定出台一系列惠农政策、持续稳定的财政投入、加强科技支撑等多项举措，不断提高粮食生产能力。

（一）宽松的政策环境。

1958年以来，国家根据不同时期发展实际制定出台了一系列政策措施，不断巩固和加强农业基础地位，促进农村社会经济发展。1978年十一届三中全会后，经济体制改革的浪潮从农村掀起，在农村实行家庭联产承包责任制极大地调动了农民的生产积极性，农业生产得到大发展。2004年中央一号文件实施两减免、三补贴政策，让农民直接减负增收，启动了城市资源施惠农村的历史转变。对种粮农民实行直接补贴、良种补贴和农机具购置补贴，对调动农民种粮积极性、保护和提高粮食生产能力意义重大。2006年1月1日起废止《农业税条例》，进一步降低了农业生产成本，提高农业了经营收益。

（二）稳定的财政投入。

多年来，贺兰县积极贯彻落实中央、区、市农业农村工作会议精神，以抢抓机遇和加快发展为主线，为夯实现代农业发展基础，不断制定出台了一系列政策，大力实施灌区续建配套、末级渠道节水改造砌护等工程，稳步推进农田水利建设，完善水利配套设施，改善灌溉条件，提高水资源利用效率和效益。重点支持中低产田改造、节水灌溉等建设项目，通过农田水利基本设施建设和农业综合开发等项目，不断提高耕地质量，完善农业基础设施，提升农业综合生产能力。

（三）有力的科技支撑。

推进农业科技进步和创新对于加快推进农业发展方式转变，加速农业现代化发展步伐有着重要意义。多年来，贺兰县根据农业发展实际，合理调整农业科技创新的方向和重点，大力推广良种良法、测土配方施肥、统一科学的田间管理、统一机播机收四大技术，注重在品种、技术、机械、加工等环节，都贯彻质量安全、绿色发展、节本增效、环境友好的可持续发展理念。同时不断深化农业科技推广服务体系改革，探索创新农业科技服务机制，让科研人员、科研机构对接项目、驻点承包，努力解决科研与经济“两张皮”的问题，不断激发农业科研创新活力，真正让科研成果用起来，让农业科技发挥关键的支撑引领作用，切实提升农业发展的质量、效益与竞争力。

执笔人：胡雪

灵武市粮食生产60年变迁

灵武农业生产历史悠久，土地肥沃，光、热、水资源丰富，适宜的气候条件和地理优势创造了粮食生产发展的优越环境。自治区成立60年以来，特别是在十一届三中全会以后，在党中央、国务院和自治区党委、政府的坚强领导下，大搞农田基本建设、大力推广优良品种、加大农业技术推广力度、全面实施农业机械化生产、推动现代化农业发展，灵武市粮食生产发生了翻天覆地的变化。

一、主要成就令人欣喜

60年以来，特别是十一届三中全会以后，随着农业生产政策补贴力度加大、科技进步、基础设施完善、种植结构优化、现代农业迅速发展、综合生产能力不断提高。1983年全市粮食总产突破10万吨，1997年突破15万吨；1997年粮食亩产突破400公斤，2015年突破500公斤；2017年粮食播种面积26.5万亩，亩产514.5公斤，总产13.6万吨，其中粮食播种面积比1958年减少6.8万亩，总产比1958年增长5.5倍。

（一）粮食作物面积保持稳定。

1958年粮食播种面积33.3万亩，发展至2009年37.6万亩，相对保持稳定；2009年以后随着蔬菜、瓜果等高效经济作物种植面积不断增加，2017年粮食播种面积下降至26.5万亩。

（二）亩产年均递增3.6%。

1958年粮食亩产只有63.2公斤，2017年达514.5公斤，增长7.1倍，年平均递增3.6%，其中：小麦亩产由108公斤增加至330公斤，增长2.1倍；水稻亩产由98公斤增加至548.5公斤，增长4.6倍，玉米亩产由190公斤增加至605公斤，增长2.2倍。

（三）总产年均递增3.2%。

1958年粮食总产2.1万吨，2017年13.6万吨,增长5.5倍，60年间年平均递增3.2%。

单位：万亩、万吨

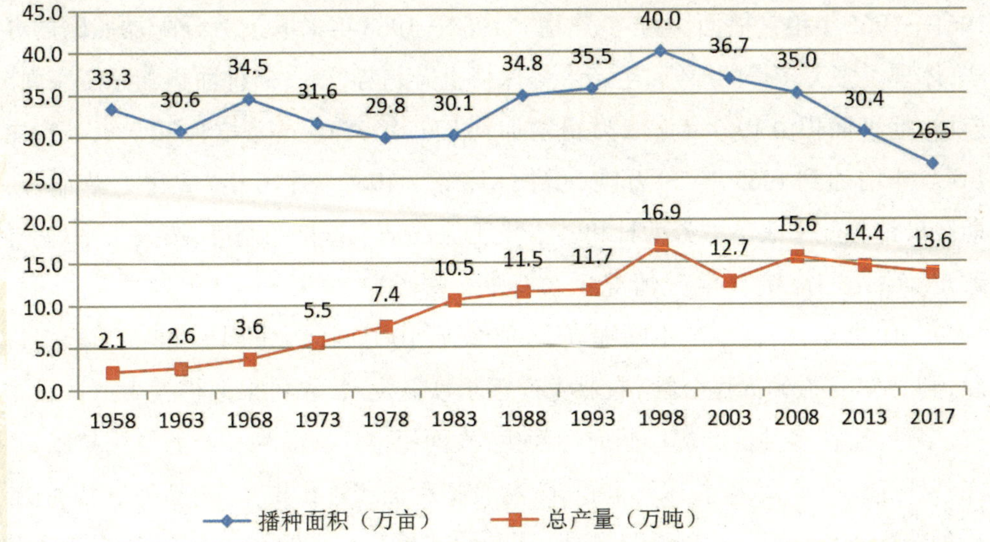

图1　灵武市主要年份粮食播种面积、总产变化趋势

单位：公斤/亩

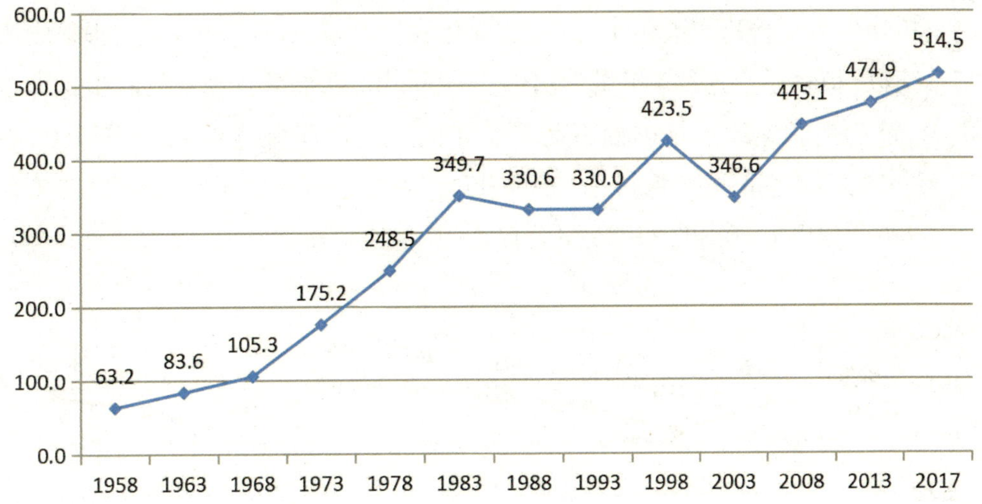

图2　灵武市主要年份粮食亩产增长趋势

二、发展历程各有千秋

（一）第一阶段（1958—1984年），粮食生产逐步恢复。

这一期间粮食播种面积维持在27.2万—36.4万亩之间，基本保持稳定，单产由1958年63.2公斤增加至1984年348.9公斤，年均递增6.8%，总产由2.1万吨增加至10.8万吨，年均递增6.5%。

1958—1960年,粮食生产受到影响,1960年粮食总产比上年下降0.6万吨。1961—1965年粮食播面、总产5连增。1962—1963年采取按劳分配加照顾的办法,体现了多劳多得的原则,生产形势保持上升趋势,粮食播种面积和总产实现5连增,播种面积由1961年27.2万亩增加到1965年35.6万亩,增长30.9%,总产由1.6万吨增加到1965年2.9万吨,增长81.2%。1966—1976年"文化大革命"时期。口粮分配采取基本劳动日和基本投肥保证基本口粮的制度,按人头平均,导致出工不出力,粮食生产情况低位运行,总产在3.4万—7.1万吨之间徘徊。1977—1984年,粮食单产不断提高,总产突破10万吨。党的十一届三中全会以后,到1984年撤销人民公社,农业生产逐步恢复发展,农村采取扩大生产队自主权,多种经营、多种生产责任制应运而生,大面积推广新品种和新型使用技术,生产条件逐步改善,农业技术不断进步,粮食播种面积逐步扩大,新品种更新加快,品种结构逐渐优化,单产不断提高,总产快速增长。1983年全市粮食总产突破10万吨。

(二)第二阶段(1985—1994年),粮食生产平稳发展期。

1985年以完善稳定大包干为重点,深化农村改革;1988—1991年,狠抓农田基本建设,粮食总产连续4年增产;1992—1994年,受粮食市场开放和粮价低迷影响,粮食生产连续三年徘徊不前。十年间粮食面积保持在32万亩以上,在32万—37万亩之间;总产保持在10万吨以上,在10.4万—12.8万吨之间,亩产保持在300公斤以上,在302.3—353.4公斤之间。

单位:万亩、公斤、万吨

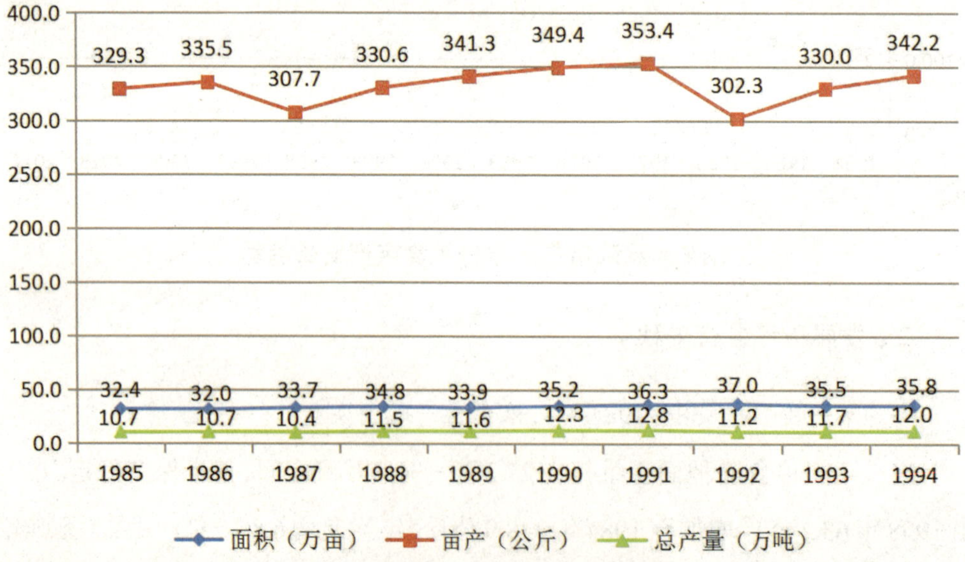

图3 1985—1994年灵武市粮食面积、亩产、总产变化趋势

（三）第三阶段（1995—2002年），科技兴农助粮食生产再上台阶。

国家实施科技兴农和项目带动战略，灵武市坚持大搞农田基本建设，大面积推广水稻旱育稀植、麦套玉米吨粮田综合配套、玉米种子包衣、机械收割、地膜覆盖和水稻全程机械化栽培等技术，农业生产科技含量不断提高，粮食产量快速增长，拉动农民收入稳定增长。2002年总产达到18.7万吨，比1995年增加6.9万吨，增长58.5%，年均递增6.8%。

（四）第四阶段（2003—2008年），种植结构优化，杂粮种植面积大幅下降。

2003年因黄河供水急剧下降，加上行政区划变动，粮食播种面积减少，水稻因供水不及时而大幅度减产，粮食总产仅12.7万吨，比2002年下降32.1%。2004年后逐年恢复，2008年总产达到15.6万吨。期间粮食作物品种仍以小麦、水稻、玉米（以套种为主）三大作物为主，且占粮食作物总面积比重呈上升趋势，其他杂粮种植面积呈下降趋势。2003年封山禁牧以后，主要在山区种植的糜、谷、荞麦等杂粮于2005年停种，大豆以套种为主，2003年后面积大幅下降。杂粮种植面积由2002年10.2万亩下降至2008年2.4万亩，减少76.4%。

（五）第五阶段（2009—2017年），粮食生产结构调整，进入适度规模经营期。

1. 粮食生产面积呈下降趋势，但趋于稳定。随着蔬菜、瓜果等高效经济作物种植面积不断增加，粮食播种面积由2009年37.6万亩下降至2016年25.2万亩，2017年回增至26.5万亩，基本保持稳定。

2. 粮食种植结构调整，夏粮面积大幅下降，秋粮面积占比加大。小麦播种面积由2009年9.8万亩下降至2017年1.2万亩，减少7.2倍，占粮食种植面积比例由26.1%下降至4.5%，2015年秋夏粮面积比达到最高值32∶1。秋粮播种面积由2009年27.8万亩下降至2017年25.3万亩，基本保持稳定，其中：水稻播种面积由2009年13.7万亩下降至2017年11.5万亩；玉米播种面积由2009年12万亩下降至2017年11.3万亩，分别占粮食种植面积的43.4%和42.7%。

单位：%

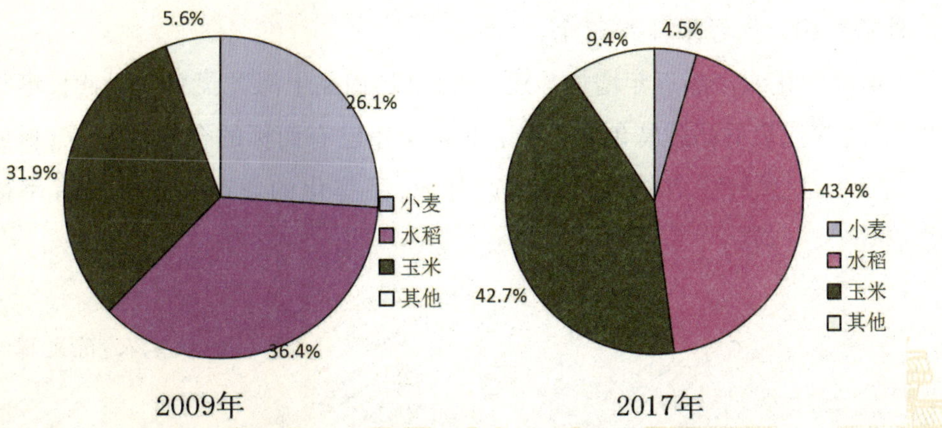

图4　灵武市2009年和2017年粮食种植结构对比

三、粮食生产进入新时代

（一）农业生产机械化。

1958年国家分配两台D-40拖拉机，发展到1980年大中型拖拉机288台，农业机械总动力45712千瓦；2003达到227500千瓦。2017年全市农业机械总动力305656千瓦，比1980增长5.7倍，比2003年增长34%，其中：拖拉机9518台，拖拉机配套农具12033部，耕整机2304台，播种机1144台，排灌动力机械1165台，机动喷雾（粉）机206台，稻麦联合收割机532台，玉米联合收获机200台，其他收获机械68台，机动脱粒机188台，激光平地机206台。

（二）农业生产规模化。

随着农业产业化发展和土地流转进程加快，社会化服务程度愈加提高，主要推广激光平地、精量穴播、机械化高效植保、半喂入收割机收获等精准农业机械技术及测土配方施肥、病虫草害统防统治等先进农艺技术。已基本形成了“企业（合作社）+基地+科技人员”的服务模式，实现了企业、农技部门的强强联合，与农户签订服务协议，通过合作式、订单式、托管式、全程式服务等方式开展农业生产社会化综合服务。

1. 农业合作社发展稳步增长。全市在农业部门备案175家，其中种植业64家，林业16家，服务业9家，种植面积达1000亩以上的有5家。

2. 家庭农场发展势头强劲。全市在工商部门登记注册137个，其中：种植业58个，种养结合及其他40个。家庭农场经营土地面积5.4万亩，其中流转经营面积4.6万亩，年农产品销售额100万元以上的有53个，50万元以上有44个，10万元以上有32个，5万元以上有8个。

3. 专业大户发展势头良好。截至2018年3月，有各类专业大户320个，其中种植类104个，经果林类62个。

4. 品牌化农产品逐年增加。逐步形成以“尚品上滩”“灵丹”“灵武长枣”“沙坝头”等为代表的品牌特色农产品。目前全市已有商标的合作社16家，形成了一批无公害、绿色、有机农产品生产基地，品牌化的农产品市场占有率逐年提高。

执笔人：陈文辉

石嘴山60年粮食生产成就斐然

——山水激荡响春雷 喜看稻菽千重浪

自治区成立六十年来，在改革春风的沐浴下，石嘴山市将优化产业结构作为振兴和发展农村经济的重要内容，依托自身资源优势，因地制宜，坚持不懈优化调整产业结构，农业综合产出显著提高，农业科技推广水平提升，粮食生产发生了深刻变化，取得了辉煌的成就。

一、粮食生产的发展历程

自1978年改革开放以来，石嘴山市粮食生产总体呈现增长的态势，2017年全市粮食总产达到39.5万吨，比1978年增加了25.8万吨，年均增长率2.8%。回顾石嘴山市粮食生产的发展历程，大致可以分为4个阶段。

第一阶段：1978年至1984年，粮食产量持续大幅增长。改革开放以后，国家出台了一系列促进农业生产的政策，1982年1月1日，党中央发出了第一个“一号文件”，肯定了“包产到户、包干到户”制，极大地调动了农民的积极性，开辟了农村经济体制改革的新局面。这一阶段，石嘴山农村开始实行家庭联产承包制，包产到户和包干到户的生产形势迅速普及，同时，国家大幅提升了粮食及其农副产品的价格，充分调动了农户的种粮积极性，农村经济得以快速发展。在此六年间，石嘴山市粮食产量持续增长，1984年粮食总产达到17.5万吨，比1978年增加了3.8万吨，比1958年增加了10万吨；小麦、水稻、玉米总产量分别为8.1万吨、0.8万吨、2.4万吨，六年间，小麦和水稻的年均增长分别为8.7%和0.5%。

第二阶段：1985年至1997年，粮食产量周期性波动。受重工轻农政策的复归，以及国家降低粮食收购价格、减少粮食征购量和减少种植面积等措施影响，1997年粮食播种面积出现近十年最低点69万亩，粮食产量呈现周期性波动，粮食总产虽然仍在增长，但1985年到1994年涨幅减缓，从1995年开始，粮食产量开始大幅增长。1997年石嘴山市小麦、水稻、玉米播种面积分别为46.2万亩、10.3万亩和33.9万亩，粮食亩产达到历史最高点491公斤，比1985年增加了240公斤，增长了95.4%。

第三阶段：1998年至2003年，粮食连年减产，仅2001年的粮食产量较上年略有增加。前一阶段粮食产量的大幅上涨导致粮食价格下跌，挫伤了农户的种植热情，粮食种植面积极速减少，同时，天气干旱对粮食生产产生了不利影响。2003年石嘴山市粮食总产出现了改革开放以来最大幅度的一次减产，粮食总产30.3万吨，比1998年减少了9.9万吨。2003年，粮食播种面积87.8万亩，比1998年减少了37.8万亩，小麦、水稻、玉米播种面积分别为36.4万亩、5.4万亩、41.1万亩，小麦和水稻播种面积比1998年分别减少了11.7万亩、5.9万亩。

第四阶段：2004年至今，粮食连年增产阶段。跨入21世纪以来，国家更加关注三农问题，不断出台政策统筹城乡经济社会发展，大力发展农村经济，加大对粮食生产的补贴力度，增加农民收入；加强农业基础地位，推进农业和农村经济结构调整，增强农业的市场竞争力；提倡发展高产作物，全市大力推广高产玉米种植，大幅提高了粮食产量。尤其是2011年底，国家在新一轮农村改革试验区建设中，将石嘴山市平罗县列为农村土地经营管理制度改革试验区之一，土地承包、家庭农场等新型生产方式的出现，推动了农业产业化经营，粮食生产专业化和机械化程度提高，田间管理更加科学，推动粮食产量持续增加。2017年石嘴山市粮食播种面积93.7万亩，小麦、水稻、玉米播种面积分别为24.8万亩、17.7万亩、48.4万亩，粮食总产39.5万吨，比2004年增加2.4万吨，增长了6.5%；2017年，小麦、水稻、玉米产量分别为7.8万吨、8.4万吨、23.1万吨。

二、改革开放以来粮食生产取得的成就

改革开放40年来，石嘴山市农业和农村经济呈现出勃勃生机，农业、农村和农民生活发生了历史性的变化。1960年建市以来，随着农村改革的不断深化，石嘴山市合理进行种植业结构调整，改变了过去以种植粮食为主的产业格局，逐步形成了多元化、产业化种植模式。

（一）粮食产量稳步提升。

纵观改革开放40年，石嘴山市粮食播种面积稳步增长，在农业机械化水平提高、粮食品种改良以及科技水平提高的带动下，石嘴山市粮食总产呈现快速增长势态。一是播种面积稳步增加。“民以食为天”，粮食生产稳定是国之基本，改革开放40年来，石嘴山市始终将稳定粮食播种面积，提高粮食生产能力作为农业、农村工作的首要任务。2017年，全市粮食播种面积比1978年增长了11.4%，比1958年增长了10.8%。二是粮食亩产大幅提升。近四十年来，石嘴山市认真

贯彻执行中央、区、市农业农村工作会议精神，落实中央、自治区的各项惠农政策，加大农业科技创新，不断挖掘粮食单产潜力。粮食亩产由1978年的180.6公斤增至2017年的421.5公斤，增长1.3倍；其中，小麦亩产由1978年的205公斤增至315.7公斤，增长54%；水稻亩产由1978年的168.8公斤增至474.8公斤，增长1.8倍；玉米亩产由1978年的263.1公斤增至477公斤，增长81.3%。三是粮食总产实现倍增。粮食播种面积的稳步增长以及粮食亩产量的大幅提升是粮食总产倍增的助推器。粮食总产由1978年的13.6万吨增至2017年的39.5万吨，增长1.9倍。其中，小麦总产由8.1万吨减少至7.8万吨；水稻总产由0.8万吨增至8.4万吨，增长9.9倍；玉米总产由2.4万吨增至23.1万吨，增长8.8倍。

单位：吨

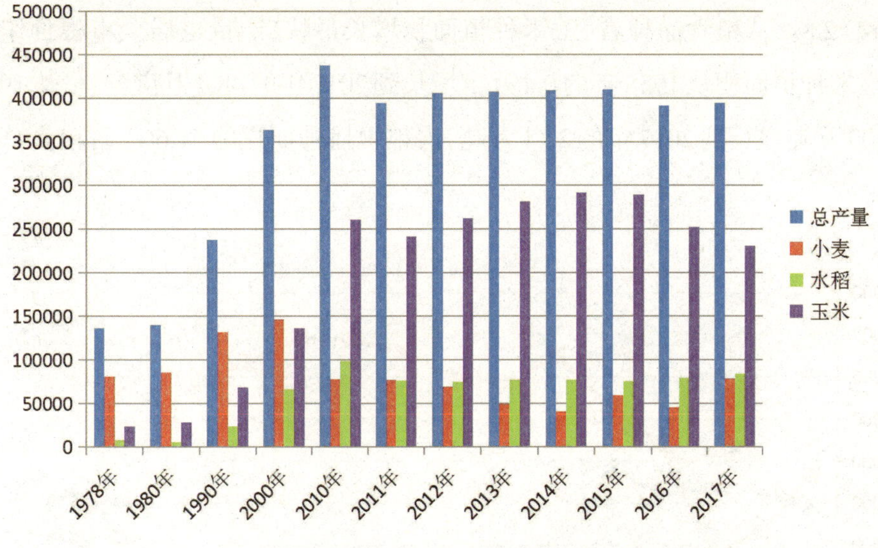

图1　石嘴山市主要年份粮食总产量

单位：公斤/亩

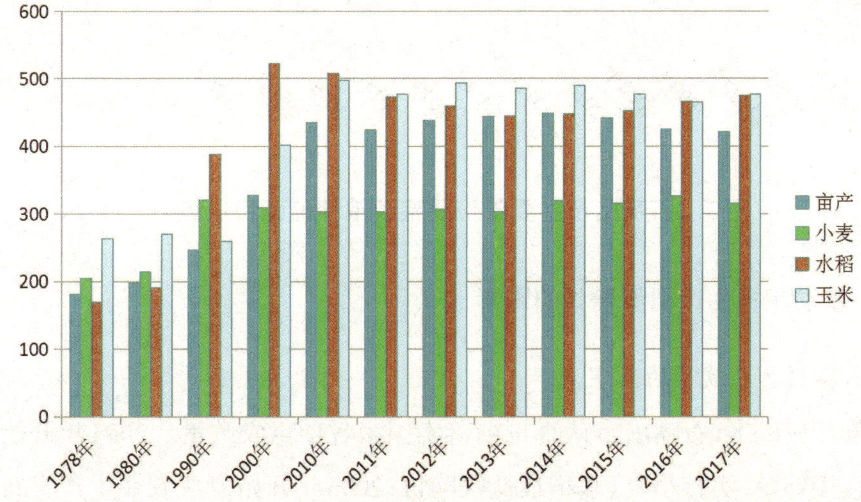

图2　石嘴山市主要年份粮食亩产对比

（二）粮食种植结构“夏减秋增”。

石嘴山市不断适应农业发展新需要，加快农业产业转型升级的步伐，农业种植结构不断调整，粮食生产结构形成了夏粮作物面积较少，秋粮作物面积增加的局面。2015年，农业部出台《关于“镰刀弯”地区玉米结构调整的指导意见》，受此影响，石嘴山地区玉米种植面积从2015年开始小幅下降，但仍然是石嘴山市种植面积最大的粮食作物。自治区成立的1958年，石嘴山市夏粮作物面积38万亩，秋粮作物面积46.5万亩，夏秋粮食作物种植面积比为1∶1.2；1978年，夏粮作物面积42.4万亩，秋粮作物面积33.11万亩，夏秋粮食作物种植面积比为1∶0.8；2017年，夏粮作物面积24.8万亩，秋粮作物面积68.9万亩，夏秋粮食作物种植面积比为1∶2.8。从粮食品种看，玉米种植面积增长最快，产量也居全市粮食作物之首，玉米种植面积从1958年的0.4万亩增长到2017年的48.4万亩，产量从1958年的0.09万吨增长到2017年的23.1万吨，占粮食播种面积的51.6%，占粮食总产的58.4%。

单位：亩

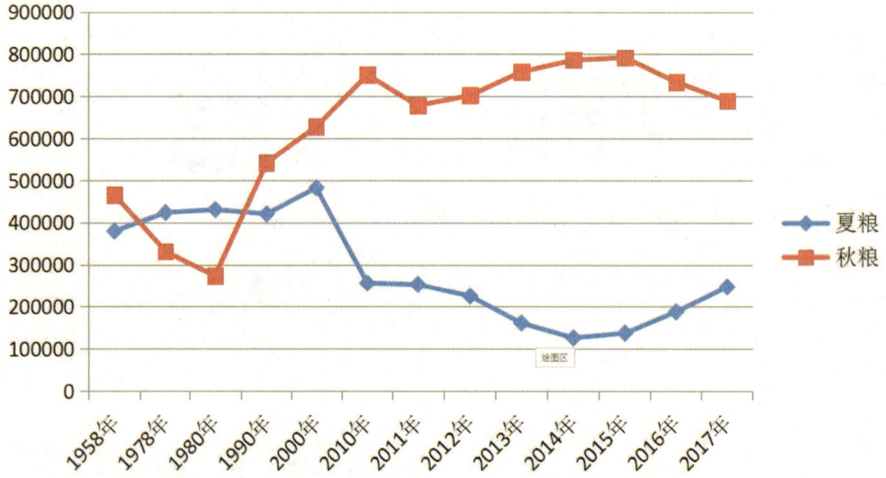

图3　石嘴山市主要年份夏粮秋粮种植面积走势

三、推动粮食生产稳步增长的因素

（一）各项惠农政策的落实。

改革开放以来，石嘴山市认真贯彻落实国家各项惠农政策。2004年开始发放粮食直接补贴，实行小麦、水稻最低收购价；2006年开始发放农业生产资料补贴，落实农机购置补贴政策，新增补贴向粮食等重要农产品、新型农业经营主体、主产区倾斜政策；落实测土配方施肥补助政策，化肥、农药零增长支持政策以及农业保险等政策，为调动农民种植积极性、保障粮食生产起到了积极推动作用。

(二)农业生产基础设施条件的改善。

石嘴山市积极争取自治区项目资金支持，实施了宁夏中北部土地整理项目、国土集中整治项目、百万亩盐碱地改良工程等，对支斗渠起护、清淤养护，通过平田整地、机械深松深翻、秸秆还田、农田残膜回收利用等措施，对条田档向不合理、土地不平整、灌溉设施配套不完善的区域，集中力量彻底整治;对影响灌排和农业生产的沟、渠、路等设施进行整修维护，最大限度地改善农业生产条件，提高农业综合生产能力。

(三)土地经营改革推动粮食规模化生产。

在土地经营权改革试点的推动下，石嘴山市土地流转规模不断扩大，为推广土地规模化经营，先后出台了《石嘴山市加强和规范农村土地经营权流转管理服务办法》、《石嘴山市家庭农场发展意见》等措施，引进龙头企业和工商资本进入农业领域，投资建设农业开发项目，通过订单农业等方式，加快了新技术、新品种和标准化生产推广步伐；专业合作社和家庭农场通过流转土地，统一组织生产、技术指导、市场销售等，大大提高了粮食生产现代化水平。

(四)农业科学技术的推广服务。

提升科技素质，是促进粮食增收的重要途径，石嘴山市大力开展粮油高产创建活动、三大作物品种更新工程、绿色增产模式攻关和水稻提质增效工程，通过抓农民科技教育培训、引进推广优良品质等措施，推广优良品种、测土配方施肥、病虫害综合防治、机械化生产等新技术、装备，使各种农业科技成果在粮食生产中得到集中展示和有效转化。同时，一批有种植经验、有文化、有技术、经营素质高的新型职业农民投身农业经营，成为了农业经营的新生力量。

自治区成立60年来，尤其是改革开放以来，石嘴山市粮食生产结构不断充实调整、优化升级，促进了农村经济持续快速发展，在促农增收上起到了关键作用。在未来的征程中，石嘴山市将大力推行现代农业，为实现农业可持续发展再铸新辉煌。

执笔人：宋晓捷

惠农区粮食产量逐年增加 农民生产生活发生重大变化

惠农区建制历经数次变动。2004年，自治区人民政府撤销石嘴山市石嘴山区和惠农县，成立惠农区。惠农区委、政府始终以“三农”问题为工作重心，高度重视粮食安全问题，促进第一第二第三产业之间紧密相连、协同发展，促进农业增效，农民增收。

一、粮食生产三方面稳定增长

惠农区自1988年始，30年来粮食产量逐年增产，稳产效益明显增加，农民生活从温饱向安全健康型转变。

30年来，惠农区全年粮食总产量呈增加趋势。惠农区稳步推进农业供给侧结构性改革，大力发展特色产业，积极引导农民科学种植，种植结构不断优化。以惠农区2007年以来的粮食数据来看，夏秋收粮及全年粮食总量呈现“两增一减”趋势，即秋收粮食和全年粮食产量呈逐年增加趋势、夏收粮食产量呈递减趋势（见图1）。其中，惠农区秋收粮食产量由2008年3.77万吨增加到2017年5.55万吨，增长47.2%，平均年增长4.4%；夏收粮食产量由2008年1.92万吨减少到2017年1.07万吨，下降44.3%，年均下降4.2%；全年粮食产量由2008年5.69万吨增加到2017年6.62万吨，增长16.3%，年均增长1.7%。

单位：万吨

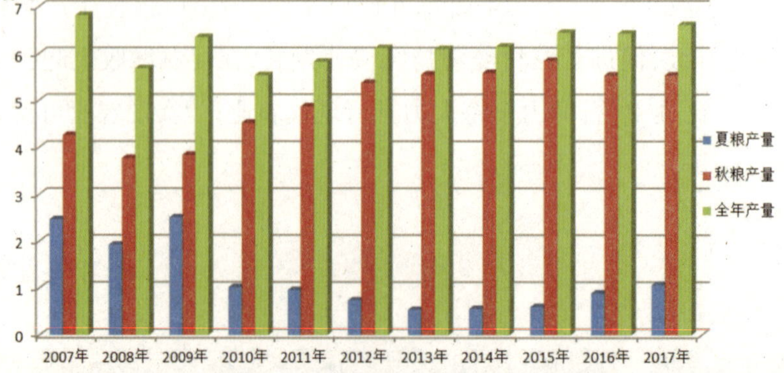

图1　惠农区2007—2017年粮食生产情况

从宁夏全区的产量情况看，惠农区与宁夏全区趋势一致。自2007年以来宁夏全区10年的粮食数据同样呈现“两增一减”趋势，即宁夏全区秋收粮食和全年粮食产量呈逐年增加趋势、夏收粮食产量呈递减趋势。（见图2）

单位：万吨

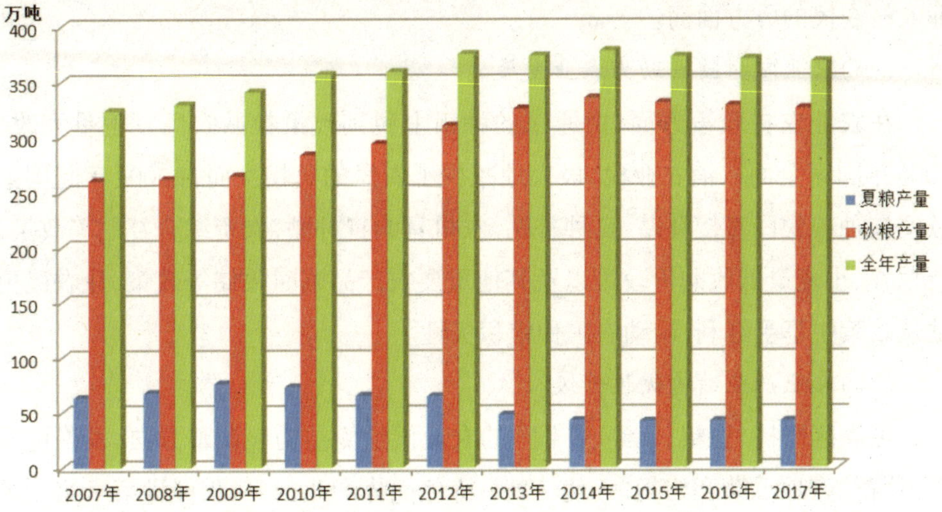

图2　宁夏2007—2017年粮食生产情况

（一）粮食播种面积稳中有增。

土地是农民赖以生存和发展的基本保障，受国家耕地保护制度的影响，惠农区粮食播种面积稳中有增，呈逐年增加趋势。以2008年以来惠农区十年粮食播种面积数据来看，从2008年13万亩增加到2017年15万亩，整体呈逐年增加趋势。其中小麦面积呈逐年减少趋势，从2008年的5万亩减少到2015年的不足2万亩，2016年和2017年小麦面积有所增加。玉米种植面积逐年增加趋势，从2008年的8万亩增加到2015年的12万亩，2016年和2017年玉米面积有所减少。从近十年惠农区粮食种植面积来看，小麦与玉米呈此消彼长趋势。

（二）粮食单产保持基本稳定。

农业技术及机械化推广应用，惠农区粮食单产基本稳定，自2008年以来粮食平均单产保持在440公斤左右。其中小麦单产维持在330公斤左右，玉米单产维持在470公斤左右。惠农水稻种植面积较小，单产保持在440公斤左右。

（三）粮食总产稳步增加。

惠农区粮食总产增加趋势与惠农区面积增加趋势同步，粮食总产从2008年5.7万吨增加到2017年6.6万吨。小麦总产从2008年2万吨递减到2016年的0.9

万吨。玉米总产从2008年3.7万吨,逐年增加到2017年5.3万吨。

二、四个因素助推粮食生产向好发展

随着时代变迁,改革开放后,农民在粮食生产方面发生重大变化,影响着农业农村农民的方方面面。

(一)农业农村政策助力农业发展。

在农业农村政策方面,由原来的种田上税到政策补贴农民发生重大改变。2006年国家全面取消农业税,极大地减少了农民的负担。而自2004年起国家陆续实施种粮农民直接补贴、良种补贴、农机具购置补贴、农资综合补贴等政策,执行稻谷、小麦最低收购价政策以及其他重要农产品临时收储等政策,让农民更多地从政策中享受红利,调动农民种粮积极性。

(二)农业产业结构优化升级。

惠农区坚持"稳粮、优经、扩饲"的农业供给侧结构性调整方向,发展优质粮食、草畜、露地瓜菜和枸杞"一优三特"特色优势产业,进一步促进第一第二第三产业之间紧密相连、协同发展。推进规模化农业经营,培育新时代技术性农民,加大农业科技的应用。积极推广优质种苗,进一步提高良种普及率。控制农药和化肥的使用量,建设绿色生态农业。

(三)农民土地经营模式规模发展。

农民由原来的零星、分散、纯人工耕种的经营方式向适度规模经营机械化耕作方式转变,极大的将人从劳动力上解放出来。在早期的零星分散的土地中,农户主要以人畜耕作的生产方式,遍布耕种收割的各个环节。随着机械化的发展,土地的适度集中,农业机械在农业生产生活中的应用更加全面。农业的适度规模经营,提高市场竞争力,降低了种植成本,加大了种植效益,实现规模效应,带动农业的发展。

(四)新技术推动粮食生产大发展。

随着新技术的不断推广发展,遥感无人机、植保无人机等新设备、新技术在农业生产中得以应用,传统农业技术和模式发生大变化。通过遥感无人机技术可获取农作物影像数据,掌握农作物生长情况,监测预测农业病虫害,进行农作物估产、农业资源及土地利用现状分析,也可进行实时监测并形成重要影像资料。2014年始,无人机植保技术逐渐成为热门,通过植保无人机对农作物病虫害进行防治,减轻了农户在农业作业中的劳动强度,提高了农户喷洒农业农药的安全性和效率,避免了近距离接触农药对人的危害。

党的十九大作出重大决策部署，实施乡村振兴战略，这是决胜全面建成小康社会、全面建设社会主义现代化国家的重大历史任务，是新时代“三农”工作的总抓手。扎实推进农业现代化和新农村建设，提升粮食综合生产能力，农民收入持续增加，农民获得感显著提升，为实施乡村振兴战略奠定良好基础。

执笔人：徐朝朝

平罗县粮食生产浅析

平罗县地理位置优越，属典型的大陆性气候，其特点是热量丰富，日照充足，干旱少雨，蒸发强烈，冬寒长而夏热短，温度差异大。县内地势平坦，地形开阔，土层深厚、渠道纵横、沟渠成网，是宁夏引黄灌区的重要组成部分，具有发展粮食生产的优势，是全国商品粮基地县之一。

一、平罗县粮食生产历史回顾与分析

改革开放前，平罗县农业基础脆弱，农业设施落后，耕地少、地力差，主要靠天吃饭，农业发展处于艰难的爬坡阶段。

改革开放以来，平罗县高度重视粮食生产，采取一系列政策措施，不断深化农村改革，加强农业基础设施建设，加快农作物新品种和新技术推广，积极调动农民生产积极性，粮食生产发生巨大变化。

（一）粮食恢复发展期。

1958—1978年，粮食播种面积从31.1万亩增加到44.9万亩，增长44.3%；粮食单产从173.5公斤增加到302公斤，增长74.1%；粮食总产从1.1万吨增加到1.6万吨，增长45.5%。在此阶段，全国实行土地改革，开展农业合作化，国民经济逐步恢复，政府通过引导农民走互助合作道路，解放了生产力，同时在改善农业基础设施、提高农业物质装备水平、加快农业科技进步等方面取得了一定成效，为粮食生产的持续发展奠定了基础。

（二）粮食快速增长期。

1979—1999年，粮食播种面积从46.1万亩增加到79.0万亩，增长71.4%；粮食总产从1.6万吨增加到25.9万吨，增长16倍。这一时期是自治区成立以来平罗县粮食生产最快的时期。一是得益于家庭联产承包责任制的实行和大幅度提高农副产品收购价格政策的出台，极大地刺激了农民增加农业投入和发展生产的积极性，解放和发展了农村生产力；二是得益于粮食流通体制改革的不断深化，以市场为导向，取消粮食统购统销制度，全面放开粮食购销市场，实行重点粮食品种最低收购价政策，提高粮食收购价格，减少定购数量，使粮食生产实现高速增长；三是得益于农田水利基础设施建设和粮食新品种、新技术的推广，农业抗灾能力不断增强，杂交水稻和杂交玉米品种大面积应用，单产大幅度提高。至此，平罗县粮食产量从26.0万吨开始一路震荡走高。

（三）粮食结构调整期。

2000—2017年期间，中央惠农政策密集出台，特别是2004年开始取消农业税，并加大对粮食生产的补贴力度，即良种补贴、粮食直接补贴、农资综合补贴，而且对水稻和小麦实施最低保护价收购，这些惠农政策的实施有效地调动了农民和地方政府发展粮食生产、增加粮食投入和加强农业基础设施建设的积极性。同时，平罗县因地制宜调整粮食内部结构，压缩夏粮面积，扩大秋粮面积，特别是发展优势特色种植产业，如瓜菜产业和制种产业。2000—2017年，夏粮播种面积从28.8万亩下降到19.8万亩，减少31.3%；秋粮播种面积从44.8万亩增加到54.9万亩，增长22.5%。截至2017年底，平罗县建设各类作物制种示范园区19个，带动制种种植面积达15万亩，占全县农作物播种面积的15%；发挥河东土地资源丰富的优势，落实300亩以上瓜菜示范园区11个，沙漠瓜菜面积达7万亩，依托宁夏华泰农农业科技发展有限公司，平罗县建成万亩沙漠瓜菜产业园。

单位：吨

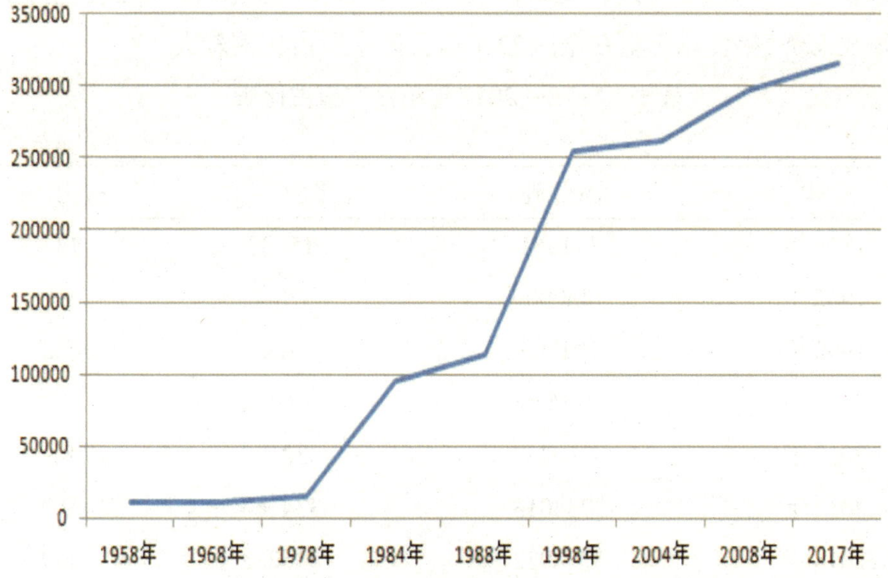

图1　1958—2017年粮食总产量变化

二、60年来粮食生产的特点

(一)发展速度快。

据统计资料显示:1968年粮食播种面积、总产和单产比1958年分别增长38.3%、6.8%和54.5%;1978年粮食播种面积、总产和单产比1968年分别增长4.3%、35.5%和12.7%;1988年粮食播种面积比1978年增长24.1%,总产比1978年增长约7.3倍;1998年粮食播种面积、总产和单产比1988年分别增长37.4%、2.2倍和62.5%;2008年粮食总产、单产比1998年分别增长17.3%、20.7%;2017年粮食总产、单产比2008年分别增长6%、5.4%。

(二)起伏波动大。

自治区成立60年来,较上年增产的年份有41年,变动频率占69.5%;较上年减产的年份有19年,变动频率占31.7%。增产和减产年份是交叉出现的,而且,产量变化多次出现大起大落,减产比例最多的1960年较上年减产85.2%,增产比列最多的1984年较上年增长约4.2倍。

(三)粮食总产稳增,占比较大。

平罗县扎实推进农业供给侧结构性改革,认真贯彻落实中央及自治区各项惠农政策,充分发挥粮食生产大县优势,着力调整农作物种植结构,不断加强农业基础设施建设,推广先进种植新技术,大力发展优质粮食生产,粮食生产呈现稳定增长态势,粮食总产量在全区22个市县区中所占比例较大。

表1　1978—2017年粮食产量占比表

单位:吨、%

年份	全区(吨)	平罗(吨)	占比(%)
1978年	111981	15632	14.0
1985年	1430000	97040	6.8
1990年	191703	14047	7.3
2000年	251513	23295	9.3
2012年	3750337	332130	8.9
2013年	3734013	334764	9.0
2014年	3778932	336288	8.9
2015年	3726450	334142	9.0
2016年	3706116	313806	8.5
2017年	3681969	315812	8.6

（四）粮食种植结构不断优化。

平罗县主要粮食作物只有三种，即小麦、稻谷和玉米，自1988年起，随着经济社会的不断发展，平罗县不断优化粮食种植结构。

1. 小麦播种面积总体呈下降趋势。1988—2006年，小麦播种面积处于波动性增长阶段，波动幅度较小，种植面积从23.9万亩增加到29.5万亩。在此期间，小麦播种面积一直稳持在粮食总播种面积的38%—42%之间。2007—2014年，由于前些年小麦连年丰产，“屯粮足，卖粮难”问题凸显，农户主动调整粮食种植结构，导致小麦种植面积逐年递减，从24.3万亩减少到9.5万亩。2015—2017年，国家继续实行小麦最低收购价政策，小麦价格的稳定，极大地增强了农户种植小麦的信心，同时，小麦套种菟丝子的种植模式，收益远远高于其他农产品，致使小麦种植面积出现恢复性增长，从10.5万亩增加到19.8万亩。

2. 水稻种植面积呈平稳增长态势。1988—2000年，水稻播种面积逐年递增，从2.2万亩增加到11.1万亩；2001—2003年，水稻播种面积有所下降，从9.6万亩下降到4.2万 亩；2004—2017年，随着农业机械化装备水平的提高、农田水利工程的建设和农业生产条件的改善，水稻种植面积一路高歌猛进，从9.6万亩增加到16.8万亩。

3. 玉米播种面积呈直线上升趋势。玉米作为饲料、医药、食品等企业的重要原料，一直供不应求，再加上种植方法简单、产量高、效益好，深受农民的青睐，播种面积大幅增加。1988—2015年，随着农业生产环境的改良，玉米新品种、新技术以及化肥的推广使用，玉米单产和总产都有大幅度提高。单产从222.1公斤增加到483公斤，总产量从3.6万吨增加到22.6万吨。玉米播种面积在总体波动幅度不大的情况下，保持昂扬增长态势，播种面积从16.2万亩增加到46.8万亩；2016年和2017年，受国家粮食储备库限收，玉米价格价格持续走低影响，玉米播种面积和总产量均有所减少，播种面积减少到35.5万亩，总产量减少到17.1万吨。

单位：亩

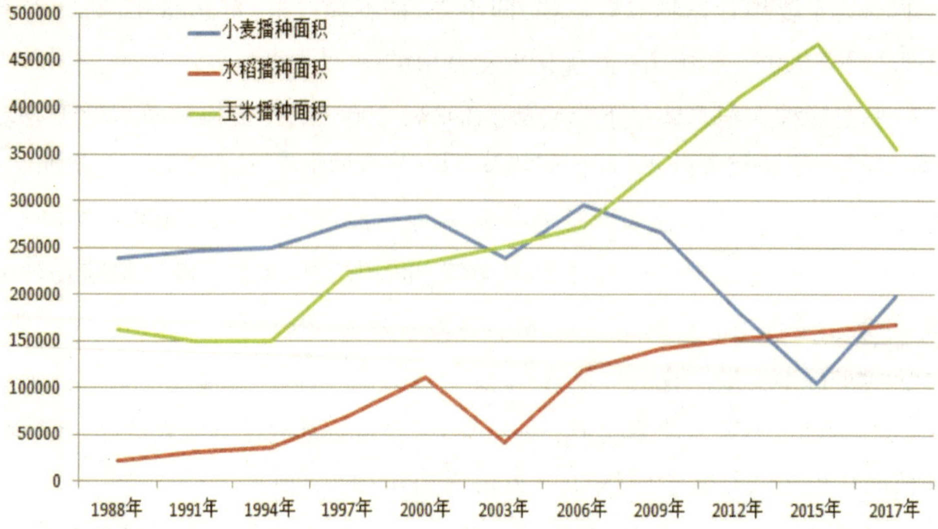

图2　三大粮食作物播种面积变化

三、粮食生产成就显著

改革开放以来，平罗县在农业转方式、调结构、促改革等方面进行积极探索，粮食生产不断迈入新台阶。

(一)粮食单产水平提升。

平罗县不断优化粮食产业布局，调整粮食种植结构，完善农田水利基本设施建设，加大科技投入，推广农业新品种和新技术，积极应用农田测土配方施肥技术，粮食综合单产水平不断提高。2017年平罗县粮食单产水平达到422.6公斤，分别比2000年、1990年、1978年、1968年增长33.4%、41.6%、39.9%、57.7%。

单位：公斤/亩

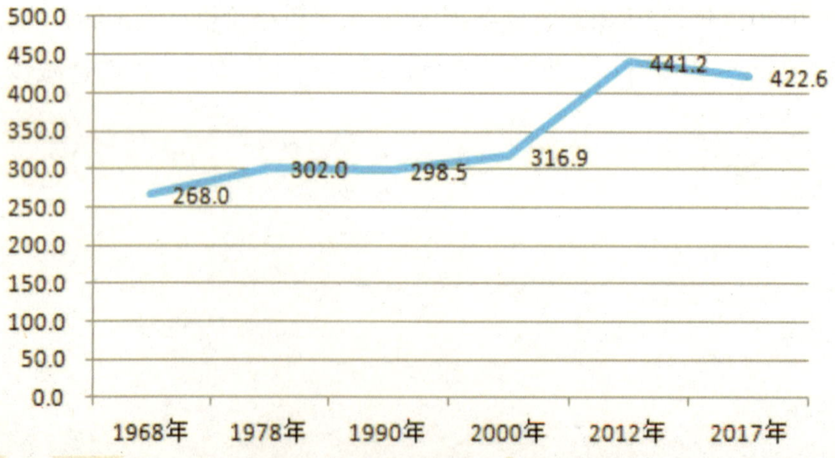

图3　1968—2017年粮食综合单产变化

（二）粮食生产机械化水平稳步提升。

改革开放三十年来，平罗县粮食生产机械化事业在改革中前进，在创新中发展。全县的农机装备水平、作业水平、科技水平以及服务水平得到全面提高。全县主要粮食作物耕种收综合机械化水平达到91.8%（其中：水稻、小麦、玉米耕种收综合机械化率分别为86.5%、98.8%、91.4%）。平罗县坚持农机与农艺相结合、农机化与信息化相结合，不断加强技术支撑能力建设，进一步优化农机装备配置，不断增强农机服务组织的作业服务能力，不断创新农机化新技术推广模式，全面提升粮食作物生产全程机械化水平，切实增强粮食生产综合保障能力，加快推进全县粮食生产现代化发展进程。

（三）新技术、新品种广泛应用。

平罗县坚持粮食生产安全理念，稳定发展优质粮食，不断推广高效优质品种，先后推出宁春49、50、51、52号小麦品种，其中“宁春50号”品种前期灌浆速度快、后期灌浆平稳，能够有效避免干热风，抗病虫害效果好，广受农户青睐；先后推出正大12号、先玉335号、西蒙6号、大丰30号等30多个玉米品种，宁粳45号、秋优88号水稻品种，这些品种优良，抗倒伏效果好、抗灾能力强、灌浆速度快、籽粒饱满、产量高、效益好，极大地提高了粮食生产单产水平。

执笔人：马萍

巨变60年 吴忠市粮食生产实现历史性跨越

自治区成立60年来，吴忠市坚决贯彻落实党中央、国务院出台的各项支农惠农政策及措施，加强农业基础设施建设，基本建成和配套了引黄灌区水利灌排骨干工程，极大改善了农业生产条件，调动了农民生产积极性，粮食综合生产能力不断提高，产量显著增加，生产结构稳步调整，粮食生产获得飞跃式发展，不仅改变了农产品供给短缺的局面，丰富了城乡居民的生活，而且为经济社会平稳较快发展和人民群众安居乐业发挥了重要的支撑作用。

一、粮食生产实现历史性跨越

吴忠市既有黄灌区，也有广阔的山区，农业生产基础条件脆弱，由于黄河水源紧缺，灌溉费用高，频繁出现的旱情是制约种植业生产的主要因素，难以彻底摆脱“靠天吃饭”的影响。60年来，吴忠市粮食生产有增有减，但受益于农业科学技术的进步和农业生产条件的改善，粮食生产总体呈现快速增加的态势。尤其是改革开放以来，伴随着农村改革的不断深化和农村供给侧结构改革的推进，吴忠市积极完善水利灌溉渠系，推进“三高一特”农业发展，着力抓好农业“四产三带”建设，因地制宜，增加对农业生产、农业科技和农用工业的投入，多措并举促进粮食生产稳定发展。在政策引导、科技支撑、气候适宜和科学管理等因素共同作用下，粮食生产能力显著提升。2017年吴忠市粮食播种面积321.6万亩，综合亩产303.7公斤，总产量达到97.7万吨，较1958年增加了83.6万吨，增长5.9倍，连续七年超过90万吨，表明吴忠市粮食生产能力明显增强，粮食综合生产能力已稳步跨越90万吨台阶。

二、改革开放，调整结构是粮食生产的最好的时期

60年来，吴忠市粮食生产能力的不断提升，大致划分为三个阶段。

（一）粮食恢复发展阶段（1958—1978年）。

自治区成立以来，各级党委政府从解决群众吃饱问题入手，大力发展粮食生产。1958年，吴忠市（不包含原中卫县、中宁县和灵武市数据，下同）粮食产量

14.1万吨，到1978年，粮食产量达到24.5万吨，增加10.4万吨，增长73.8%。

（二）粮食快速增长阶段（1978—1998年）。

改革开放以来，吴忠市粮食播种面积与单产呈现双增，粮食产量连续跨越了4个十万吨级，1998年达到60.1万吨。

（三）粮食种植结构调整优化阶段（1999—至今）。

突显出“压夏增秋、提高粮食产量”的特点，尤其是玉米面积和单产的快速增加，直接拉动粮食总产量快速增加。同时，调减籽粒玉米面积，增加蔬菜、优质饲草料及杂粮面积。2017年粮食总产量97.7万吨，粮食生产小幅回落但稳步发展。其中：夏、秋粮面积比为1.8∶8.2，夏、秋粮产量比为1∶9。

单位：万吨

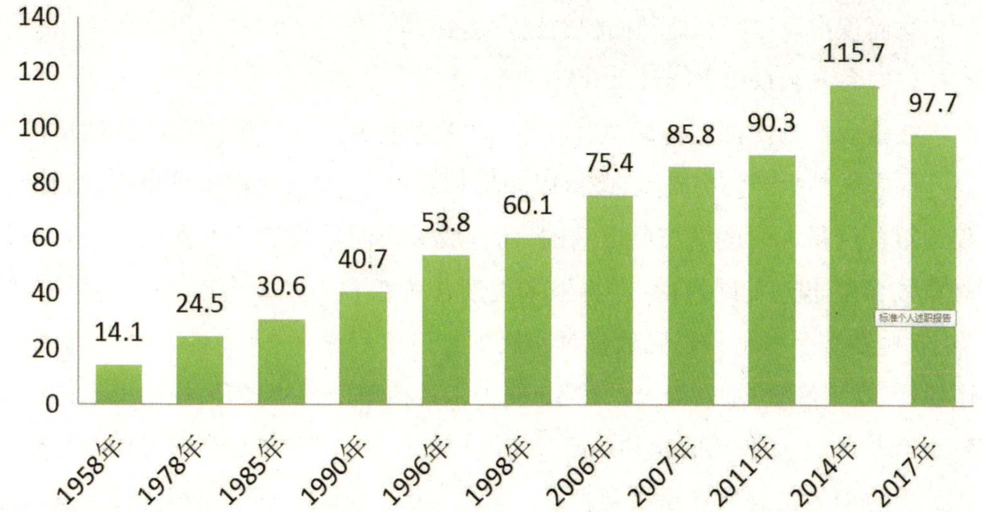

图1　主要年份吴忠市粮食总产量变化

三、粮食生产取得的主要成绩

吴忠市围绕粮食增产、农民增收双重目标，以市场需求为导向，以政策扶持为手段，调整种植结构，着力培育优势农产品和优势产业带，逐步建立了能满足畜牧养殖发展需要和具有结构布局合理、经济效益较高的种植业，实现了由单一向多元、由简单粗放向优质高效的历史性跨越。

（一）粮经种植结构不断改善。

长期以来，受旱灾的困扰、水资源的匮乏、人口的持续增长和解决温饱的需求，加之1958年到1981年，全国“以粮为纲”的大环境中，吴忠市形成了以粮食生产为主的单一产业结构，粮食作物面积占农作物总播种面积的平均比例为

87.2%，经济作物面积占农作物总播种面积的平均比例为8.6%；自1985年起，粮食作物面积比重缓慢下降，经济作物面积比重突破10%，到1997年，粮食作物面积占农作物总播种面积的比重下降至79.3%，经济作物面积占农作物总播种面积的比重上升至19.7%。近十多年来，吴忠市围绕中央、自治区部署，及时提出了以调整农业经济结构为中心的经济发展战略，出台了一系列促进种植业结构调整的政策措施，通过优化配置生产要素，合理利用自然资源，积极推广和应用综合配套的实用技术，进一步优化粮经作物结构。特别是2012年党的十八大以来，在宏观调控政策的指导下，广大农民开始根据市场需求和农产品价格的变化，自发地对农产品种植结构进行调整，粮食作物占比持续下降，经济作物占比稳步上升。尤其是2014年，粮食作物面积占农作物总播种面积的比重下降为63.9%，经济作物面积占农作物总播种面积的比重达到24.9%。

（二）高产秋粮比重持续上升。

在粮食作物内部结构调整过程中，以大力发展适合吴忠市自然条件且优质高产的农产品生产为突破点，坚持以质量和效益为中心，使粮食种植结构调整不仅为粮食产量大幅度增长奠定基础，而且成为农民增收的一大亮点。尤其是针对畜牧养殖迅速发展的特点，将玉米生产作为粮食生产上台阶、饲料供应有保障、农村经济上水平和农民致富奔小康的重点工程来抓，大力推广春、秋覆膜集雨保墒、膜下滴管、增密等高产技术，使玉米种植单产大幅提升，推动玉米种植面积逐年上升，拉动秋粮面积和总产量持续增加。2017年，吴忠市秋粮面积占粮食总面积的81.6%，秋粮产量占粮食总产量的90.0%，其中：玉米面积占粮食总面积的37.5%，玉米产量占粮食总产量的66.2%。

（三）粮食高产创建取得佳绩。

高度重视粮食高产创建工作，抓好粮食高产创建万亩示范片建设，实施小麦生产计算机指导施肥个性化服务和提供小麦专用配方肥，水稻工厂化育秧、保墒旱直播、双行靠插秧等高产技术的示范工作，玉米以增密为主的“一增四改技术”和适期晚收建议；扩大宁春50号小麦，宁粳45、31号、富源4号水稻，大丰30、强盛30、宁单16、西蒙6号、正大12玉米等优良品种的种植面积，对高产创建田块进行资金补助扶持，全面推广测土配方施肥和机械深耕，改进耕作技术，及时统防统治农作物病虫害等措施，推动粮食单产水平的提升，提高优质粮食综合生产能力、生产效益和示范效应，带动粮食增产。2010年，同心县河西镇1.04万亩玉米高产创建田平均亩产量达到了1017.4公斤，创造宁夏玉米单产新高和全国2010年玉米单产最高水平。2012年，在利通区马莲渠乡水稻高产攻关田，水稻亩产达到了947.5公斤的高产水平。

(四)优质农产品区域布局明显优化。

近年来,吴忠市顺应农业生产区域化、产业化、规模化发展的大趋势,注重发挥地域的自然、生态优势,积极调整种植业生产布局,在政策和市场双重因素的带动下,分黄河金岸灌区和中部干旱带山区,因地制宜,初步形成了富硒优质稻米、玉米、小杂粮、供港蔬菜、中药材、水果等优势特色农产品种植区域。同时,通过加强生产设施和基地建设,发展无公害标准化种植,使生产集约化和专业化水平正在不断提高,培育出了法福来、塞外香、张杂谷等优势特色农产品品牌,并逐步突破"多的不好,好的不多"的瓶颈,打造具有"走出去"能力的产品。近年来,先后在深圳、成都等地召开宁夏大米推介会,展示了宁夏大米"粒圆、色洁、油润、味香"的独特品质,分别签订了1亿元和2.5亿元的销售订单。

执笔人:俞延平

利通区60年粮食综合产能显著提高

自治区成立60年来，随着农村社会经济政策的不断完善和提升、农业科技的逐步推广和引黄灌溉工程的建设，利通区粮食生产总量快速提高。60年期间，粮食总产量从1958年的3.0万吨跃升至2017年的16.7万吨，增加13.7万吨，增长4.6倍，年均增长3.0%；综合亩产从97.0公斤提高至513.7公斤，增加416.7公斤，增长4.3倍，年均增长2.9%。粮食综合产能显著提高的同时，粮食作物内部结构、生产模式顺应市场规律更趋效益性和多元化。

一、粮食生产总量大幅增长

60年来，利通区粮食生产呈现出快速增长和平稳发展的两个明显阶段：一是快速增长阶段（1958—1996年），粮食总产量从3.0万吨快速攀升至15.5万吨，增加12.5万吨，增长4.2倍，年均增长4.4%；综合亩产从97.0公斤增长至377.9公斤，增加280.9公斤，增长2.9倍，年均增长3.6%。这主要得益于农业生产技术的提升、生产方式的改变和生产积极性的提高。二是平稳发展阶段（1997—2017年），粮食生产经历了高位盘整与结构自发调整并存期，在种植面积持续减少的前提下，由于高产优质品种的推广，粮食综合亩产稳步提高，从1997年的389.8公斤增加至2017年的513.7公斤，增加123.9公斤，增长31.8%，年均增长1.4%；粮食总产量亦维持在15万吨-18万吨之间，标志着利通区粮食综合生产能力稳定迈上15万吨新台阶。

单位：万亩、万吨

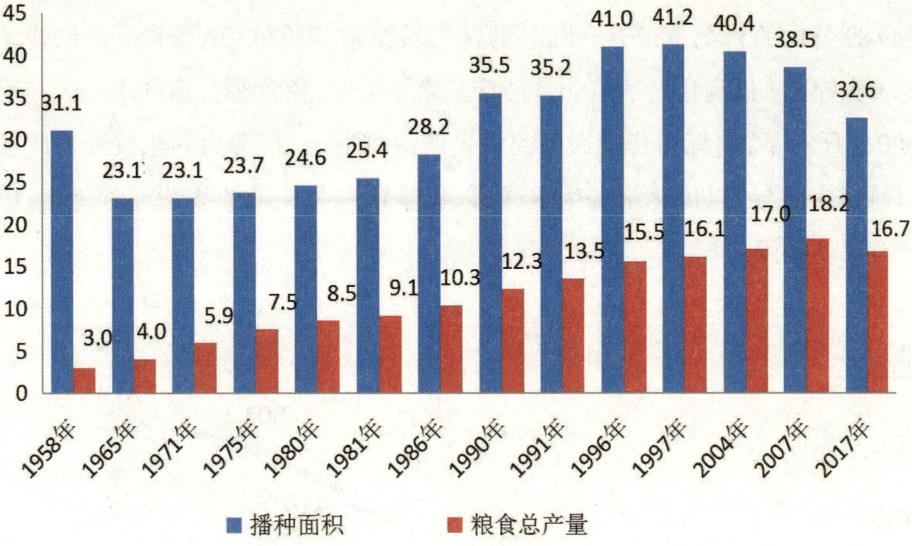

图1　主要年份利通区粮食生产变化图

纵观60年，玉米持续扩增，玉米面积和单产的双增长拉动了粮食生产总量的大幅度增长，使玉米在粮食生产中居主体地位。2017年，玉米种植面积20.2万亩、总产量10.8万吨，占粮食总面积与总产量的比重分别为62.1%和64.6%，对稳定粮食生产起到了举足轻重的支撑作用。

二、单产水平在波动中不断提升

利通区虽然处于引黄灌区，但由于粮食生产的弱质性和黄河来水量的不足，粮食生产仍然难以彻底摆脱自然灾害的影响，单产波动在所难免。尽管如此，由于粮食生产结构的不断优化，科技含量的不断提高，粮食综合亩产水平在波动中不断提升。自1958年起，粮食综合亩产迅速迈上了5个百公斤级台阶：1959年达到145.5公斤，1971年达到256.0公斤，1974年达到325.5公斤，1998年达到418.0公斤，2012年达到502.1公斤。其中：2015年综合亩产为524.4公斤，是60年来的最高综合亩产，是1961年最低综合亩产81.0公斤的6.5倍。综合亩产的提升，源自于1958年到2017年间三大粮食作物单产的提高：小麦平均单产由148.5公斤提高至359.3公斤，水稻平均亩产由133.0公斤提高至585.0公斤，玉米由244.5公斤提高至535.0公斤，分别增加了210.8公斤、452公斤、290.5公斤，增长了1.4倍、3.4倍、1.2倍。进入新世纪以来，利通区粮食生产佳绩不断：2012年，利通区马莲渠乡水稻高产攻关田亩产达到了947.5公斤的高产水平;2014年,利通区金银滩镇沟台村福成农业合作社种植的60亩小麦原种繁育地,现场实打实收测产获得了649.89公斤的新纪录;2015年,利通区古城镇新华桥村9队粮食高产创建项目区玉米先锋508最高亩产达1091.4公斤。事实证明,粮食综合亩产水平已经稳定在500公斤上下,它标志着利通区粮食生产由拼资源、拼劳力的粗放经营成功地向以科技为先导、以优化结构为主线、以科学管理为保障的集约经营转化,粮食生产有了新保障。

单位:公斤/亩

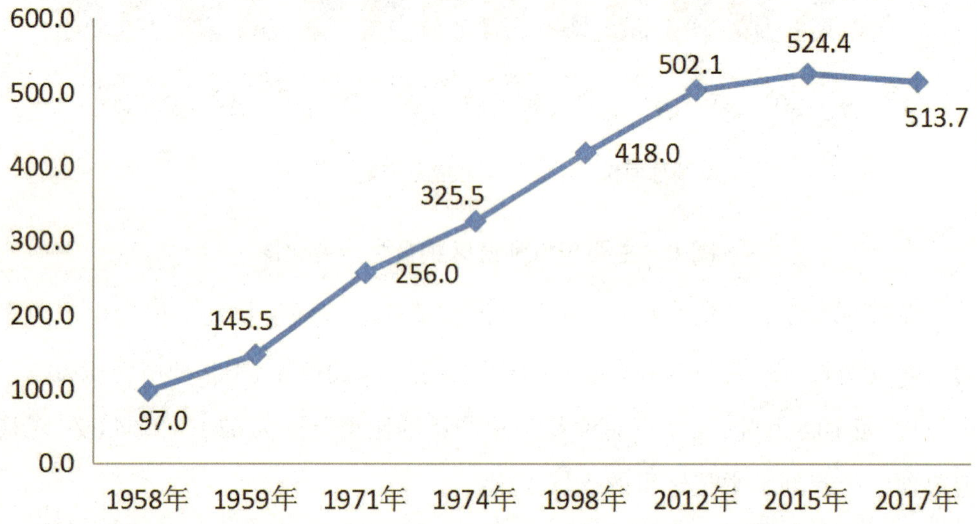

图2　主要年份利通区粮食综合亩产变化

三、内部种植结构不断优化

自治区成立以后,在全国"以粮为纲"的背景下,利通区粮食生产发展迅速,尤其是改革开放以来,农业生产关系的变革极大地解放了农业生产力,在粮食总量迅速增加的同时,生产结构随之发生改变:从单一的抓粮食生产变为粮经作物并重;从偏重于农作物种植,变为注重农、林、牧、渔业全面发展;从偏重于抓产量,变为注重品种品牌的推广与创建。

(一)农作物品种更趋效益化。

1958年,利通区主要农作物是小麦和水稻,其总产量分别占粮食总产量的37.2%和30.2%。随着农业科技技术的应用推广与提升和灌溉渠系建设完善,粮食单产水平快速提高,总产量快速增加。尤其是1970年玉米成为利通区主要农作物成员后，粮食生产呈现总产量增加和作物结构自发调整的局面。

随着农村社会经济的发展和农民生产、生活方式的改变与提升，自给自足的传统农业逐步被以商品生产为主的市场农业所取代。由以高产作物为主的产量型结构逐步向集高产、优质、高效一体化的综合效益型结构转化。由于受种植区域限制和生产效益影响，在品质不断提高的同时，小麦面积和比重快速下降；受黄河水量自然资源的限制，水稻生产在单产提高的同时，面积逐步减少；由于畜禽养殖规模快速增加、城市建设的加快对用工量的需求、粮食价格的市场化程度提高、务工收入的快速增长，在稳定的市场需求与较高的价格影响下，玉米以其高产、优质、高效的优势持续扩大规模。2017年，利通区三大主要农作物小麦、水稻和玉米占粮食总产量的比重分别为8.5%、26.6%和64.6%，较1958年发生了巨大的变化。

（二）种植理念发生改变。

一是积极推广优质高产品种和生产技术。农技部门加大优良品种的种植面积，对高产创建田块进行资金补助扶持，全面推广测土配方施肥和机械深耕，改进耕作技术，及时统防统治农作物病虫害，推动粮食单产水平的提升。二是发挥新型农业生产经营主体的示范效应。农产品的品种结构得到优化，产品品质、商品率和市场竞争力明显提高，三大作物优良品种覆盖率达100%，配方施肥率达100%，促进了粮食生产增长方式由单纯的外延扩张向挖掘内潜、提升结构、增强后劲的可持续增长方式的转变。2016年，红双赢公司种植的2000亩蟹田稻，市场收购价格达到30元/公斤，经济效益十分可观。

（三）农产品品牌效应显现。

树立品牌战略，共培育国家级农业产业化龙头企业2家、自治区级39家、市级41家，各级示范性合作社105家，有中国驰名商标3个、中国名牌产品3个、宁夏著名商标17个、宁夏名牌产品23个，创立红双赢、赛运、宁谷丰等一批区内知名品牌和高端品质大米。2015年，利通区“金谷一号”大米获得全国优良食味粳稻一等奖。无公害农产品、绿色食品和有机食品快速发展，农产品药物残留专项治理工作成效明显，农产品质量安全水平不断提高，成功创建国家级“农产品质量安全县”。

（四）生产格局继续优化。

打破了“大而全、小而全”农业生产格局，农产品集中度不断提高，主要农产品生产逐步向优势区域集中，农业区域化布局、专业化分工、规模化种植、产业化经营的趋势逐步显现，黄河金岸富硒大米、扁担沟苹果、高闸西瓜、金积蔬菜、东塔寺大青葡萄等区域化品牌效应显现，享誉区内外。

（五）富硒产业发展迅速。

制作利通区富硒土壤及富硒生产基地分布图，培育了少武粮油、金塞米业等富硒农产品加工龙头企业7个，专业合作社6个，建成富硒粮、富硒果、富硒菜及富硒禽蛋核心生产基地13个，面积达到4.8万亩，经吴忠市硒办认证富硒基地面积1.6万亩；开发“世纪红双赢”等富硒大米、富硒小麦、富硒禽蛋等品牌14个。

（六）粮改饲工作成效显著。

加快种植业结构调整步伐，稳妥推进粮改饲项目。2017年，利通区粮改饲试点项目调整用于青贮玉米等饲料作物种植面积16.0万亩，收购、制作优质全株玉米青贮56.0万吨，全株青贮玉米订单合同收贮100%，青贮玉米机械化收获率达到100%。25家奶牛养殖场（企业、合作社）流转土地自种5.1万亩、种养一体化经营的比例达到31.9%；同时，推广种植、收获、加工调制新技术，全株玉米青贮优质率超过95%,达到国际先进水平，加快了种养加一体化、第一第二第三产业融合发展进程，有力推动农牧业可持续发展。

执笔人：俞延平

红寺堡建区以来粮食生产成果丰硕

红寺堡区1999年开发建设以来，在红寺堡区委、区政府的坚强领导下，狠抓种植结构调整，推进农业产业转型升级，特色种植蓬勃发展。在气势恢宏的扬黄灌溉工程哺育下，已累计开发水浇地70余万亩，从过去贫瘠的荒漠变成如今的秀美绿洲，农业生产由过去人工劳作的传统农业转变为如今特色、高效、节水的现代农业，粮食生产成果丰硕，成绩喜人。

一、红寺堡区粮食生产持续向好

1999—2017年，红寺堡区粮食生产持续向好，下面通过主要年份的粮食生产情况，分析粮食生产的发展变化。

单位：万亩

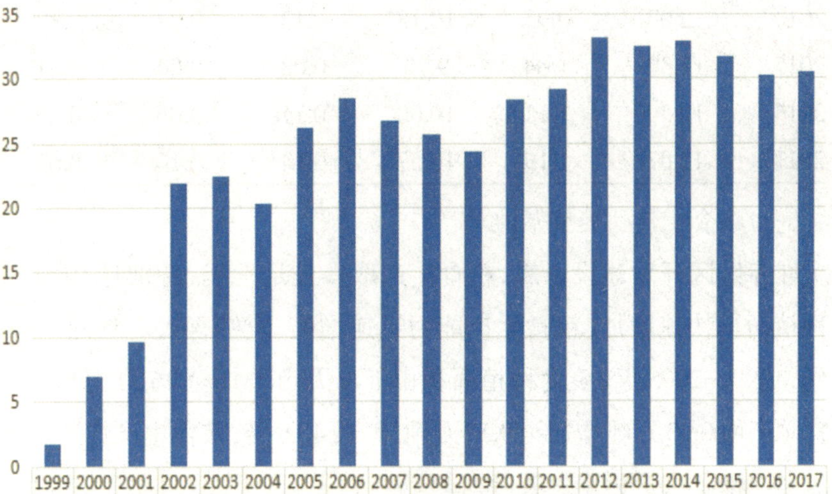

	1999	2000	2001	2002	2003	2004	2005	2006	2007	2008	2009	2010	2011	2012	2013	2014	2015	2016	2017
■面积（万亩）	1.72	7.01	9.67	21.94	22.42	20.34	26.21	28.42	26.68	25.66	24.36	28.41	29.18	33.19	32.54	32.82	31.63	30.18	30.47

图1　红寺堡区1999—2017年粮食种植面积

表1 红寺堡区1999—2017年主要粮食作物产量统计表

单位:万吨

年份	合计	小麦	玉米	糜谷	大豆	薯类	其他秋粮
1999	0.23	0.04	0.16	0.03	0.00	0.00	—
2000	0.95	0.13	0.39	0.39	0.02	0.02	—
2001	2.53	0.32	1.64	0.38	0.02	0.16	—
2002	3.97	1.35	2.09	0.13	0.05	0.22	0.11
2003	6.03	1.22	4.37	0.13	0.03	0.25	0.00
2004	6.80	1.13	5.16	0.34	0.06	0.11	0.01
2005	9.57	1.10	7.86	0.29	0.13	0.15	0.04
2006	10.91	1.24	8.76	0.15	0.21	0.55	—
2007	11.41	0.46	10.36	0.00	0.27	0.32	—
2008	10.08	0.41	8.50	0.00	0.36	0.81	—
2009	10.17	1.15	8.27	0.02	0.03	0.70	—
2010	10.64	1.32	8.09	0.05	0.07	1.11	—
2011	10.19	1.36	7.56	0.05	0.03	1.19	—
2012	10.70	1.46	7.69	0.12	0.08	1.35	—
2013	11.22	1.00	8.69	0.15	0.04	1.34	—
2014	12.07	0.95	10.13	0.13	0.04	0.82	—
2015	11.30	1.04	9.73	0.08	0.04	0.41	—
2016	11.50	1.11	10.00	0.11	0.05	0.22	0.01
2017	12.07	1.19	10.57	0.14	0.10	0.07	—

(一)粮食生产快速发展期。

红寺堡区开发建设以来,粮食生产取得长足发展,特别是1999—2005年,粮食种植面积快速增加,粮食生产能力迅速增强,成绩喜人。从图1和表1的数据看到,1999—2005年,粮食种植面积由1.72万亩增加至26.21万亩,增长14.2倍;粮食总产由0.23万吨增加至9.57万吨,增长40.6倍,粮食生产快速发展。

(二)粮食生产稳步发展时期。

2006—2017年,是红寺堡区粮食生产稳步发展的时期,在这一时期,粮食种植面积稳步增加,粮食总产不断突破新高。2006年,红寺堡区粮食总产首次突破10万吨大关,并逐年增加,最高达到12.07万吨。2012年,粮食种植面积首次突破30万亩,并在之后的5年里粮食种植面积稳定在30万亩以上。粮食生产稳定,广大移民群众的心里也有底,不仅实现了“搬得进、稳得住”的目标,也奠定了“逐步致富”的基础。

二、主要粮食作物生产四个特点

红寺堡区粮食作物品种相对较少,夏粮只有小麦,秋粮以玉米为主,其次是马铃薯、秋杂,下面通过图2、图3分析主要粮食作物的面积和亩产情况。

单位:万亩

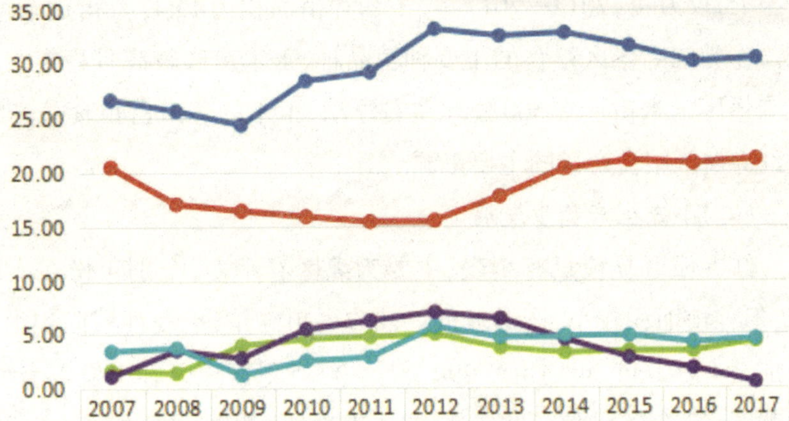

	2007	2008	2009	2010	2011	2012	2013	2014	2015	2016	2017
粮食(万亩)	26.68	25.66	24.36	28.41	29.18	33.19	32.54	32.82	31.63	30.18	30.47
玉米(万亩)	20.48	17.02	16.40	15.86	15.37	15.47	17.71	20.27	21.02	20.75	21.13
小麦(万亩)	1.64	1.43	3.96	4.54	4.73	5.03	3.71	3.24	3.42	3.41	4.33
马铃薯(万亩)	1.11	3.49	2.77	5.47	6.24	7.01	6.42	4.48	2.76	1.79	0.49
秋杂(万亩)	3.45	3.72	1.23	2.54	2.84	5.68	4.70	4.83	4.83	4.23	4.52

图2 2007—2017年红寺堡区主要粮食作物面积

单位:公斤

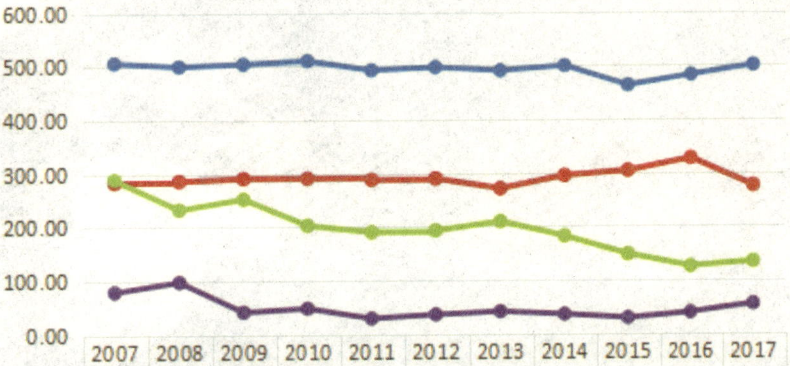

	2007	2008	2009	2010	2011	2012	2013	2014	2015	2016	2017
玉米(公斤)	506.0	499.5	504.0	510.0	492.0	497.3	490.6	499.5	463.0	482.0	500.1
小麦(公斤)	282.4	285.0	290.0	290.0	287.0	288.9	270.0	294.0	303.0	326.0	275.0
马铃薯(公斤)	288.0	232.5	252.0	202.7	190.0	192.9	209.4	182.0	148.0	125.0	134.0
秋杂(公斤)	78.26	96.77	40.65	47.24	28.17	35.21	40.43	35.20	28.00	38.00	54.00

图3 2007—2017年红寺堡区主要粮食亩产

(一)玉米对粮食生产贡献最大。

红寺堡区大部分土地适应种植玉米,自2001年全面推广玉米种植以来,玉米种植面积大幅增加,由2001年的4.04万亩增加至2017年的21.13万亩,增长4.2倍,玉米种植面积占粮食总面积的62.4%。受种植结构调整影响,玉米种植面积经历了"先减后增"的过程,2007—2011年,玉米种植面积由20.48万亩逐渐减少至15.37万亩,2012—2017年,玉米种植面积由15.47万亩逐渐增加至21.13万亩。作为红寺堡区粮食的主要种植品种,玉米亩产较高且稳定,2007—2017年,红寺堡区玉米亩产在500公斤左右浮动,玉米的总产占粮食总产的75.7%左右,是红寺堡区粮食产量的主要来源。

(二)小麦生产稳步发展。

红寺堡区夏粮只有小麦,主要为灌区春小麦,个别年份在太阳山镇有冬小麦,但种植面积较小,产量较低。2007—2017年,小麦种植面积由1.64万亩稳步增加至4.33万亩,年均亩产290公斤。红寺堡区灌区春小麦以套种为主,小麦套种黄豆、菟丝子,种植效益较好,是小麦种植面积稳步增加的主要因素。

2017年6月,红寺堡区委常委赵彦林调研小麦生产及套种情况

(三)马铃薯被逐步淘汰。

2007—2017年,红寺堡区马铃薯种植经历了"先增后减、逐步淘汰"的发展过程。2007—2012年,在脱毒马铃薯综合技术的推广下,红寺堡区马铃薯种植面积

由1.11万亩增加至7.01万亩，但是受土壤条件、环境等因素影响，马铃薯的亩产偏低并逐年减产，2013—2017年马铃薯种植面积由6.42万亩快速下降至不足0.5万亩，正式退出主要粮食作物范围。

（四）秋杂品种单一，亩产偏低。

红寺堡区秋杂品种较少，主要是黄豆、荞麦和谷子。2007—2017年，秋杂作为红寺堡区粮食种植的补充，面积在4万亩上下浮动，平均亩产47.45公斤，总产最高时也只有0.36万吨，对红寺堡区整体粮食生产影响不明显。

三、促进粮食生产稳步发展的主要措施

（一）惠农政策保驾护航。

2005年红寺堡区开始实施粮食补贴政策以来，红寺堡区委、区政府认真贯彻落实"中央1号"文件和自治区党委、政府"五补一免""三定一补"等涉农政策，切实保障粮食补助资金及时、足额发放到农户手中，提高了农户种粮的积极性。

（二）大力推广新品种，增加种植效益。

红寺堡区注重新品种的推广应用，推进粮食品种不断升级革新。以大丰30、先玉335、登海605、迪卡519、DK656为主的玉米品种和宁春4号、宁春50号为主的小麦品种，都取得了显著的种植效益。

（三）不断革新种植技术，确保增产增收。

近年来红寺堡区主推的农业技术主要有玉米培肥增密控灌技术、水肥一体化技术、玉米"一防两控"技术、玉米机械化收获技术、玉米密植高产全程机械化生产技术、灌区春小麦精播精种技术、麦后高效复种技术、小麦"一喷三防"技术、小麦套种黄豆、机械深耕等。通过不断革新种植技术，特别是农业机械化水平不断提高，确保农业增产，农民增收。

执笔人：张海磊

从粮食生产看60年盐池巨变

盐池县地处宁夏南部山区，一直系国家贫困县。种不了稻谷的粮食生产，在该县具有特殊要义。故此，看60年的变化，其粮食生产最有说服力。自治区成立60年来，尤其是自1978年改革开放后，盐池县粮食生产发生了翻天覆地的变化，农业生产步入发展快车道，粮食总产量从1978年的25520吨增加到2017年的109329吨，增加3.3倍；全县户籍人口人均粮食占有量从1978年的235.95公斤增加到2017年的633.49公斤，增加1.7倍。现如今已基本解决县域城乡居民温饱问题，在接下来的一个时期内，逐步优化种植结构，继续提高粮食产量将成为全县人民努力的方向。

单位：吨

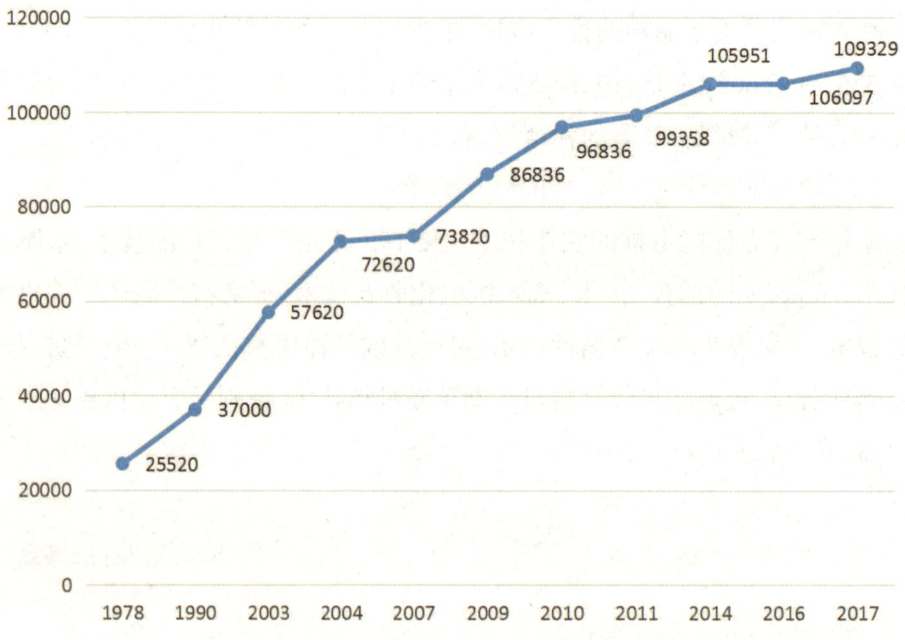

图1　盐池县主要年份粮食产量

一、政策推动，实现农业逐步向好

1961年，盐池县县委响应党中央关于“大兴调查研究之风”的口号，并根据调查结果，自治区党委指示，盐池县实行“农牧并举，以牧为主”的生产方针，并认真贯彻“调整、巩固、充实、提高”八字方针。经过三年调整，1964年获大丰收，粮食总产量33128吨，油料1518吨，创历史最高水平。

1966年，提出“双五亩地上闹革命”（每人种好5亩基本农田，每羊建立5亩基本草场），并开展了以高产稳产为中心的综合技术措施研究。1967年喜获丰收，粮食总产量34615.5吨，再创历史最高水平。

1977年，自治区党委根据中国科学院及自治区有关单位关于《盐池县自然资源综合考察报告》的意见，批准盐池县实行“以牧为主（发展以滩羊为主的畜牧业），农林牧结合，因地制宜，全面发展”的生产方针，连续三年获得好收成。

1980年，遵照中央关于国民经济“调整、改革、整顿、提高”的方针，实行包干到户责任制，粮食产量也因此大幅度增加。

“十五”期间，盐池县积极实施退耕还林（草）政策，使大量质量较差的旱耕地退出了传统的农作物种植领域，使全县耕地情况得到改善。

“十一五”期间，盐池县全面落实农资综合补贴、良种补贴等惠农政策，加大对农业基础设施的投入力度，大力发展高效农业和特色农业，加快推进农业标准化和产业化建设。

2017年，盐池县按照“五位一体”和“四个全面”战略布局，牢固树立创新、协调、绿色、开发、共享的发展理念。立足盐池县自然优势和县域产业特色，大力发展黄花、药材等经济作物，继续推动粮食种植结构的不断优化。

二、科技强农，粮食产量稳定增长

从生产方式及生产条件来看，盐池县在粮食播种面积逐年增加的基础上，利用科技实现了单位面积的产量增加并一定程度上解放了劳动力。

一是随着政策逐年向好，农民从事农业生产的积极性提高，粮食作物播种面积逐年增加。1978年，盐池县粮食作物播种面积69.8万亩，到2017年上升到81.6万亩，增长16.9%。二是粮食亩产大幅提升，自改革开放以来，盐池县先后进行了地膜玉米栽培、新品种马铃薯培育、滴水灌溉等一系列项目推广，经过40年来的不断探索及实验，有效增加了粮食单产。1978年，盐池县粮食亩产仅有36.8公斤，到2017年粮食亩产达到133.9公斤，增长了2.6倍。三是生产方式的不断进步，成为了粮食产量稳定增长的重要保证。1958年以前，盐池县的农业生产主要以人力与畜力为主，使用的农具也是手工制造的简单工具。后来随着技术的不断成熟，到1982年，盐池县共有拖拉机212台、手扶拖拉机821台、碾米磨面机1220台、农用汽车72辆，初步走上了农业机械化道路。发展到2017年，各种型号拖拉机6299台及其配套农具9967台，机引犁6843台，播种机1146台等，还有其他各类种植业机械、农产品加工机械以及农业运输机械等不计其数，农业机械总动力达252949千瓦，农业机械化基本成熟。部分务农劳动力也得到解放，可以去做其他工作以增加家庭收入。

单位：公斤

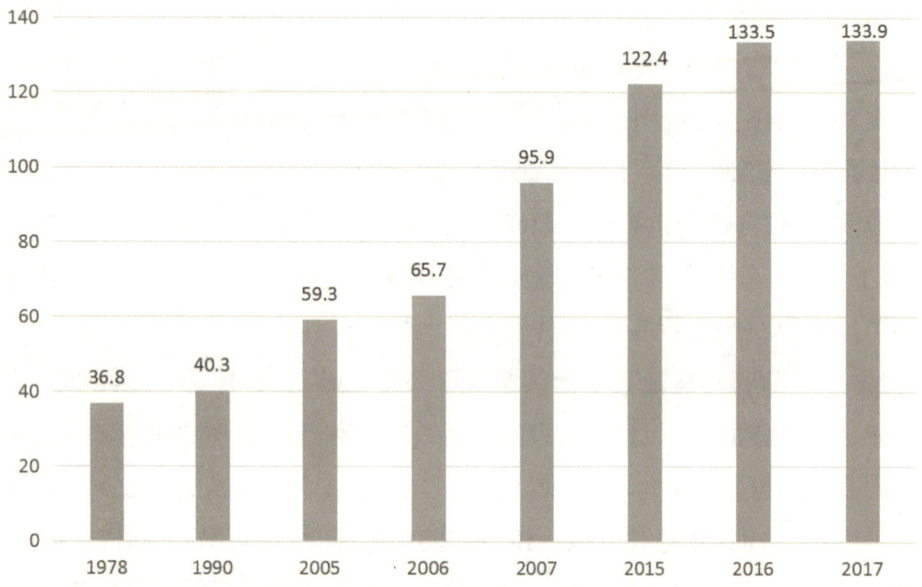

图2　盐池县主要年份粮食亩产

1959年3月，盐池县城郊公社农具修配厂工人正在为春耕赶修农具

1962年4月，盐池县农具厂工人正在锻打铁锹，支援农业生产

1962年10月，盐池县侯家河公社古峰庄大队常山子生产队社员打场场景

1970年12月，盐池县委组织青山公社劳力到红井子修建梯田

1995年，盐池县惠安堡扬黄灌区的农业种植方式

近几年，农业生产基本实现机械化

三、因地制宜，粮食种植结构体现时代性

盐池县粮食种植结构变化分为两个阶段。

第一阶段是20世纪90年代以前，盐池县主要以小杂粮为主，如荞麦、谷子及糜子等。当时，人们尚处在解决温饱问题阶段，粮食种植多以自给自食为主，食物也基本以黄米（谷子）、小米（糜子）、荞面（荞麦）为主。1978年小杂粮占到粮食总产量的近八成，而玉米等其他粮食作物在当时水浇地发展并不成熟之期，并不受到农民青睐。

第二阶段是20世纪90年代以后，尤其是2001年盐池县开始实行封山禁牧以来，全县羊只逐步“定居”，结束了长久以来的“信天游”。为了不增加农民因圈养而产生的额外费用，挫伤其积极性，也为了不影响农民的收入，盐池县在积极推动农民改变传统种植结构的同时，也在大力发展水浇地。近些年，随着扬黄开发工程的进一步实施扩大了水浇地面积，截至2017年年底，盐池县共有各类水浇地45.6万亩。而滴灌与喷灌技术的快速发展和推广，改变了原来“靠天吃饭”和“广种薄收”的局面，截至2017年年底，高效节水灌溉面积(包括滴灌面积与喷灌面积)达39.5万亩，占水浇地总面积的86.6%。加之盐池县畜牧业的飞速发展，作为主要饲料的玉米一跃成为粮食产量结构中的“主角”，2017年玉米产量占到粮食总产量的六成以上，单产达到375.3公斤。

盐池县地处陕、甘、宁、内蒙古四省交界，地理环境复杂。根据自然条件和经济特点，分为北部荒漠草原区、中部丘陵滩地区以及南部黄土高原区。20世纪90年代以前，三大区域均以小杂粮为主，但随着技术及专业知识的普及，近年来，三大区域也逐渐有了自己的明确分工，北部荒漠草原区因土质瘠薄、丘间凝结水较多，适合大棚及牧业发展；中部丘陵滩地区土质较好，且地形平整开阔，适宜水浇地的发展；南部黄土高原区山大沟深、土层深厚，自然肥力较高，故适宜小杂粮的生长，目前已形成以麻黄山为核心的小杂粮种植示范区。

单位：%

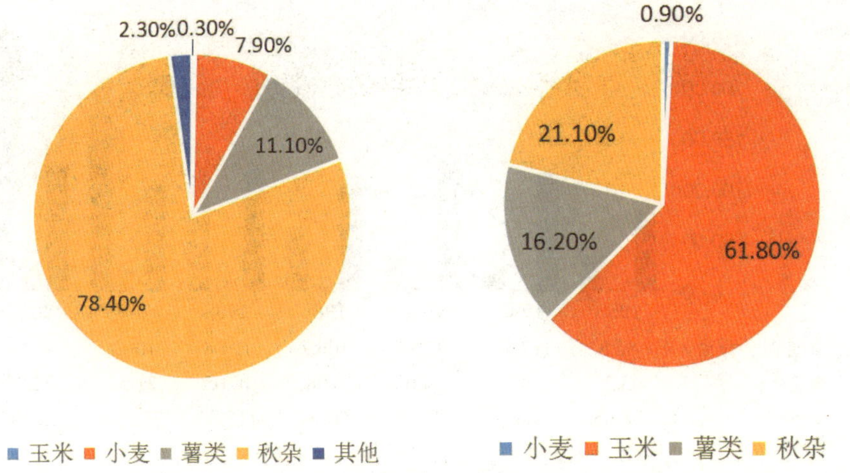

图3　1978年和2017年粮食产量构成

执笔人：李智慧

60年来同心县粮食生产发生巨大变化

2018年，正值宁夏回族自治区成立60周年。60年来，宁夏社会经济发生了翻天覆地的巨变，同心县经济社会也随之持续快速发展，人民生活水平不断提高。60年来，得益于“政策、科技、法治”三大引擎的助推，农业生产由传统的人工劳作演变为全程机械化的现代化农业。粮食面积由1958年的82.8万亩，增加到2017年的124.9万亩。粮食总产由1958年的3.2万吨提高到2017年的32.2万吨。粮食亩产水平由1958年的38.7公斤提高到2017年的258.0公斤。

一、60年来同心县粮食发展变化显著

1958—2017年，同心县农业生产实现跨越式发展，下面以10年为间期，分析粮食生产发展变化情况。

单位：万亩、万吨、公斤

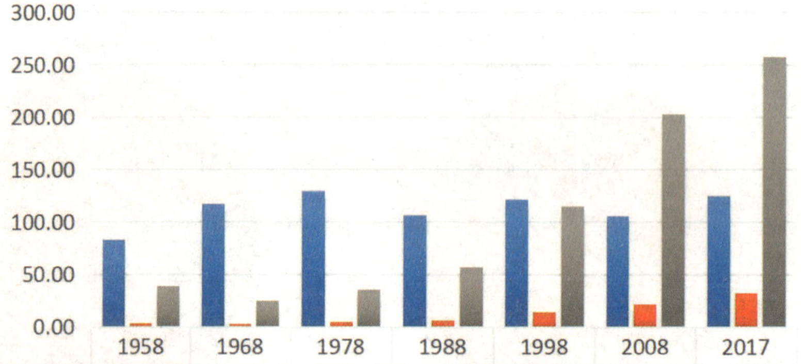

	1958	1968	1978	1988	1998	2008	2017
面积（万亩）	82.8	117.4	129.6	106.7	121.8	106.1	124.9
总产（万吨）	3.2	2.87	4.6	6.08	14.05	21.54	32.22
亩产（公斤）	38.66	24.45	35.48	56.94	115.34	203.02	257.97

图1　1958—2017年同心县粮食发展变化情况

（一）粮食面积实现稳中有增。

1958年、1968年、1978年、1988年、1998年、2008年和2017年同心县粮食面积分别为82.8万亩、117.4万亩、129.6万亩、106.7万亩、121.8万亩、106.1万亩和124.9万亩，粮食面积保持稳中有增态势。自2006年1月1日起废止《农业税条

例》以来，同心县粮食面积自2007年开始至今始终稳定保持在100万亩以上，农民种粮积极性居高不下，有效维护了粮食安全与稳定。

（二）粮食总产先后突破重要关口。

1958年、1968年、1978年、1988年、1998年、2008年和2017年同心县粮食总产分别为3.2万吨、2.9万吨、4.6万吨、6.1万吨、14.1万吨、21.5万吨和32.2万吨，粮食总产先后突破10万吨、20万吨和30万吨大关。

（三）粮食单产水平持续向好。

1958年、1968年、1978年、1988年、1998年、2008年和2017年同心县粮食亩产分别为38.7公斤、24.5公斤、35.5公斤、56.9公斤、115.3公斤、203.0公斤和258.0公斤，粮食亩产由百公斤以下，逐步突破100公斤和200公斤大关。

二、分阶段粮食生产特点

（一）人民公社时期的粮食生产增而不多。

人民公社时期（1958—1978年），同心县粮食面积由1958年的82.8万亩增加到1978年的129.6万亩，增长56.5%，年均增长2.3%。粮食总产由1958年的3.2万吨增加到1978年的4.6万吨，增长43.8%，年均增长1.8%。这一时期主要以稳定扩大粮食面积为主，同时不断提高粮食生产水平，粮食品种主要为小麦、马铃薯和谷物。

（二）改革开放20年粮食年均大幅增长。

自1978年改革开放至1999年，国家加大农村系列改革措施，大幅提高粮食收购价格，切实保障和提高了种粮效益。粮食面积由1979年的128.7万亩下降到1999年的118.7万亩，下降7.9%。在粮食面积下降的同时，粮食总产却实现大幅增长，由1979年的4.9万吨增加到1999年的12.6万吨，增长1.6倍，年均增长4.8%。期间同心县开始在扬黄引黄灌溉区种植玉米，玉面面积由1987年的1.2万亩增加到1999年的11.9万亩，增长8.9倍，年均增长21.1%。玉米总产由1987年的0.3万吨增加到1999年的4.5万吨，增长14.0倍，年均增长26.1%。玉米产量在粮食总产中的占比由1987年的8.7%提高到1999年的35.9%。玉米逐渐成为同心县主要粮食作物。

（三）新世纪以来种植结构日益优化。

2000年以来，同心县根据粮食生产状况，逐步推进产业结构调整，“压夏增秋”等产业结构政策逐步实施。2000年夏、秋粮食面积分别为41.1万亩和71.1万亩，占比分别为39.9%和60.2%。2017年夏、秋粮食面积分别为39.2万亩和85.8

万亩，占比分别为31.4%和68.7%。2017年秋粮面积占比较2000年提高8.5个百分点。期间夏粮总产由2000年的3.9万吨下降到2017年的3.6万吨，降幅为9.6%。秋粮总产由2000年的7.5万吨增加到2017年的28.7万吨，增长2.8倍，年均增长8.2%。由此看出，“压夏增秋”产业结构调整效果显著。

三、影响粮食生产的主要因素

（一）新技术主导粮食又好又快发展。

60年以来，科学技术在粮食种植方面发挥着核心驱动作用。同心县先后推广了玉米综合高产栽培、全膜覆盖沟播技术、测土配方施肥技术、营养穴播种技术、“一膜两耕”免耕节本增效技术、马铃薯种薯及抗旱节水、测土配方施肥、农作物病虫害统防统治、秋覆膜技术、双垄面全地膜覆盖集雨沟播技术、“一膜两季”免耕节本增效技术、坐水点种技术、测土配方施肥技术、根际补灌等技术。

（二）新品种助推单产再上新台阶。

60年以来，同心县粮食品种不断升级革新，以迪卡、郑单958、先玉335、DK656、金穗9号、宁原单1号、长城706为主的玉米品种和以克新1号、冀张薯5号、冀张薯8号、青薯9号为主的马铃薯品种都取得了显著的收益。另外，以张杂谷为主的小杂粮品种也为同心县小杂粮市场的发展带来了新动能。

（三）惠农政策为粮食发展保驾护航。

自2003年粮食直补政策全面实施以来，同心县认真落实粮食直补、农资综合补贴、良种补贴、农机具购置补贴、草原生态保护补助奖励机制等强农惠农政策，有力地支撑了全县现代农业发展。

（四）产业结构调整助粮食发展转型升级。

60年以来，同心县在保持原有粮食作物主体结构稳定的情况下，先后引进覆膜播种技术，加大对旱作区覆膜玉米种植的扶持力度。同时开展脱毒马铃薯良种繁育基地建设和马铃薯三级繁育体系建设及一级种薯示范推广。

（五）机械化解放了劳动生产力。

60年以来，面对国内工业化、城镇化水平的不断加快，同心县农村劳动力大量外移，从事粮食生产的劳动力多以中老年人为主，粮食生产劳动力逐渐缺乏的弊端开始显现。但随着近年来科学技术的日新月异，粮食生产逐步实现了由全程人工化转为全程机械化的革命性跨越，尤其以小麦、玉米为主的粮食作物在同心县已实现从播种到收割的全程机械化，极大地解放了农业劳动生产力。

（六）粮食生产步入法制化轨道。

1978年以来，国家先后颁布实施了基本农田保护、植物检疫、种子、农药管理等法律、法规。另外自1982—1986年、2004—2017年19年期间中共中央连续发布以三农为主题的中央一号文件，强调了三农问题在中国社会主义现代化时期重中之重的地位。同心县委政府积极响应中央政策，成立了以农科、市场监管等部门为成员单位的农资市场管理和执法队伍，切实保护农民主体的合法权益不受侵害，粮食生产逐步步入法制化轨道。

执笔：张少江

青铜峡60年粮食生产变化

在宁夏来说，青铜峡属于农业大县，得益于黄河之水和地理位置，粮食生产一直是优势产业。自20世纪80年代中期以来，青铜峡市粮食生产连年丰收，2017年全市粮食总产量达25726万公斤，是1990年的2.1倍，播种面积居全区第八位，产量和第一产业总值却是第五位和第四位。

一、青铜峡市粮食生产的阶段性特征

（一）粮食生产的恢复发展阶段（1949—1989年）。

青铜峡市农业发展历史悠久，解放前夕全市耕地面积23.3万亩，粮食总产量只有1865.5万公斤，平均亩产109.5公斤，农业总产值仅有542万元，人均产值90.6元，人均产粮331公斤。解放后，经过土地改革，依靠集体的力量，开展农田水利建设，改善生产条件，使农业生产得到了迅速的恢复和发展。特别是党的十一届三中全会以来，随着农村经济的改革，生产有了较快发展，成为了宁夏重要的商品粮基地之一。1989年农村社会总产值达26209万元，农业总产值达9194万元，比1949年增长7.6倍，平均年递增5.4%，粮食总产量上升到16979.3万公斤，创历史最高水平，比1949年增长8.1倍，平均年递增5.5%，人均产粮851.5公斤，农民人均生产性收入达618元，较1978年的117元增长4.2倍。

随着农业生产条件的改善和科学技术的推广应用，农业机械化水平也在不断提高，促进了青铜峡本地农业生产的发展，全市农业机械总动力168463千瓦，居宁夏各市县之首。拥有大中型拖拉机315台、小型拖拉机2819台，农业化肥施用量40142吨，乡村队全部通了电，农村用电量9712.2万度。

（二）粮食生产的稳步增长阶段（1990—1998年）。

这一阶段，青铜峡市继续加强了对农业生产的领导，稳定了粮食种植面积，狠抓农田水利建设，广泛采用农业新技术，积极调整农村经济结构，保证了农村经济的顺利发展，虽然期间环境气候在一定程度上影响到了粮食生产，但是总体上呈逐年上升态势，尤其是1998年，青铜峡市粮食生产克服了气候不良的影响，粮食产量达24023万公斤，同比增长6.2%，其中夏粮总产量达7167万公斤，比上年增长10.2%，秋粮总产量16856万公斤，比上年增长4.6%。1998年达到峰值的同时，供过于求的局面也初步显现。

(三)粮食生产的波动阶段(1999—2007年)。

这一阶段，青铜峡市以增加农民收入，加快农业发展，壮大农村经济为主线，以建设富裕型小康社会为目标，大力调整农业生产和农村经济结构，继续改善农业环境，加大科技投入力量，农村经济继续保持稳定增长。但是这一阶段仍有部分原因，制约着农业的发展，造成青铜峡市粮食生产出现波动。一是农业和农村经济结构调整缓慢，效益型农业比重小，农产品销售困难，农民收入增长难度加大。二是这一阶段青铜峡市气候较为不稳定，经历了低温、冰雹等自然灾害。2002年粮食播种面积为57.6万亩，比上年增长3.6%，但是与之形成反差的是当年粮食总产量为24023万公斤，比上年减少1.0%。2006年则下降更为明显，全年粮食播种面积66.3万亩，比上年下降3.5%，全年粮食总产量27.4万吨，比上年下降了1.8%。虽然这一时期农业生产处于不太稳定的状态，但是从2005年起，宁夏免征农业税及其附加。农村税费改革的制度变革又一次促进了农民种粮的积极性，推动着青铜峡粮食产业的跨越式发展。

(四)粮食生产的逐步回调阶段(2008—2017年)。

从2008年伊始，青铜峡市粮食播种面积就开始呈现逐年下降态势，同时粮食产量也因各种因素而呈现放缓现象，在粮食生产成本不断上升和价格“天花板”的双重压力下，依靠节本、提价提高粮食生产效益的空间越来越有限。首先这一阶段，随着老龄化时代的到来，务农人员逐年减少，劳动力呈现快速下降态势，农村用工越来越贵，越来越难找。其次，粮食生产周期比较长，经济效益不显著，人们的种植热情不高，造成本地闲置的荒地较多。2017年青铜峡粮食播种面积52万亩，相较于2008年下降了22.4个百分点，全年粮食总产量仅有25.7万吨，相较于2008年下降了2.9%。(见图1)

近些年，青铜峡农业生产开始以家庭农场、专业合作组织和种植大户为重点，通过举办培训班、农村远程教育、发放技术资料等多种形式，加大宣传培训力度，着力培养了一批能够应用粮食生产新技术、使用新农机的新型农民主体，带动周边农户共同发展。同时青铜峡市也已经开始逐步推进粮食生产产业化，延伸粮食产业链，提高加工转化能力，增加农民种粮收入。全面推广“公司+基地+合作组织+农户”的运行模式，实现“生产、供应、加工、销售”一条龙发展，在充分尊重农民意愿的前提下，积极探索土地流转新模式，加快农村土地流转，推进粮

食生产规模经营，确保粮食生产的平稳化和有序化。(见图2)

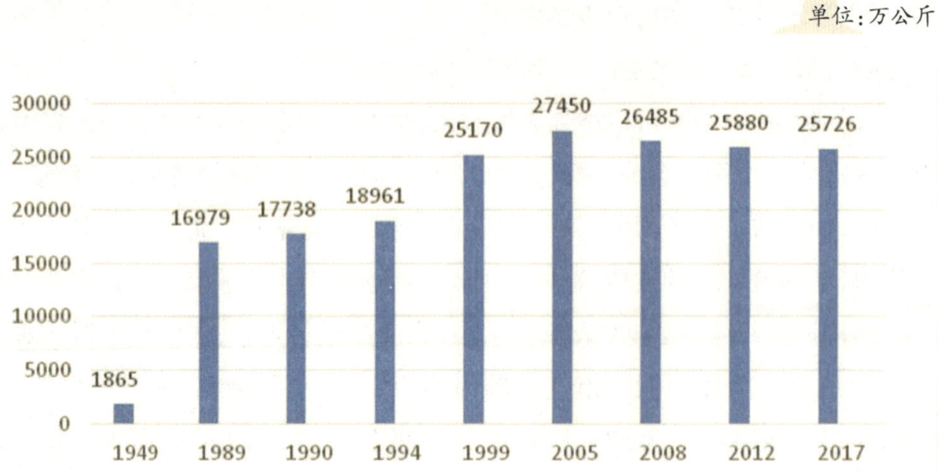

图1　青铜峡主要年份粮食总量趋势图

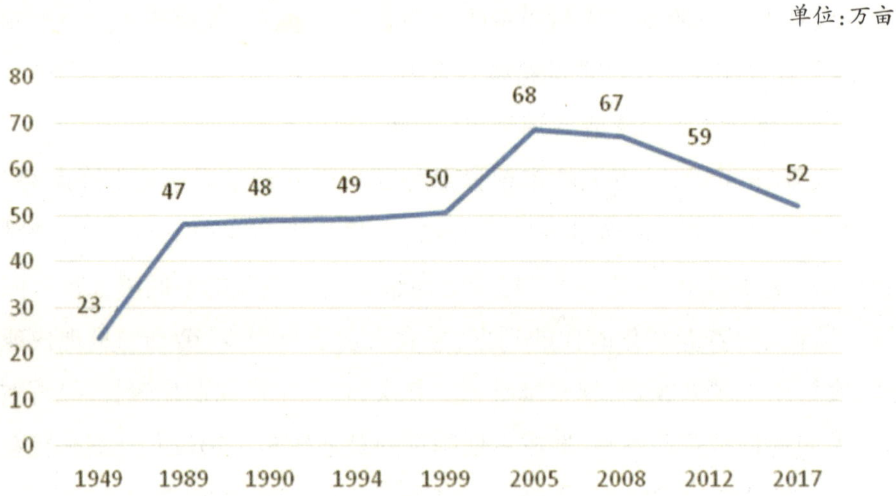

图2　主要年份粮食种植面积折线图

二、青铜峡粮食生产优势及前景展望

(一)提升技术，降低生产成本。

节水技术的推广给农民带来实惠。青铜峡市在农田水利建设过程中大力推广渠道防渗、水稻控灌、低压管灌、微喷灌等高效节水灌溉措施，采用激光平地仪平整田地，为优势特色产业发展创造良好水利条件。使用节水技术后，减少了水资源的浪费，为农户节省了水费支出，2018年在农建项目区，农业生产平均每亩节水118立方米，节省水费3.7元，每亩农田增加收入120元，并且沟渠砌护提高了农田灌溉的效率，减少了以后每年沟渠清理的资金、人工投入。科学有效地降低成本已经成为未来农业发展的趋势。

（二）家庭农场，农业发展新模式。

近些年青铜峡市家庭农场的农业生产模式得到了大力的推广。家庭农场和专业大户的发展，解决了一些农户向城镇转移后土地无人管理的后顾之忧，这些农户通过把土地流转给家庭农场和专业大户经营，自己的利益得到了保障，同时通过家庭农场的经营，粮食生产得到了有效的保障，规模效益得到显现，家庭农场经营状况总体良好。同时，在家庭农场的经营中，全年种植的主要生产环节基本实现了机械作业，农场主大多有配套的机械设备，这一举措大大降低了农业生产的人工成本，为青铜峡市农业产业化打下了坚实的基础。

（三）突出优势，打造示范基地。

近年来，在自治区产业政策支持下，青铜峡市委、市政府着力发展优质有机富硒水稻产业，出台了一系列优惠政策，搭建了产业发展平台，营造了浓厚氛围，取得了较为显著的成效。青铜峡先后多次被评为全国粮食生产先进市，全国水稻标准化示范县。截至2017年全市优质水稻种植面积21.6万亩，比2011年增加58%。落实富硒水稻面积8.1万亩。青铜峡优质富硒水稻产业已成为全区水稻生产优势特色产业。

（四）注重研发，开辟农业新思路。

一是主推工厂化育秧技术。依托21家农业专业合作社建设工厂化育秧大棚1338栋。二是大力推广水稻新品种。坚持以宁粳43号、宁粳50号、宁粳51号为主栽品种，优质水稻品种覆盖率达100%。三是主推水稻全程机械化生产技术。加强水稻生产基地新农机、新品种与新农艺技术的组装配套和集成创新，实现机育机插机收，水稻机械化水平达到95%。四是主推配方施肥技术。将全市水稻基地全部纳入配方施肥项目区，大力推广有机肥，实现水稻优质高产。五是主推农作物病虫害生物综合防控技术。以扶持专业化机防大队或专业合作社为主，购置先进植保机械，提高生物农药防治效果，确保安全高效无污染，切实提高产品质量。

执笔人：潘鑫

固原市粮食生产势头强劲

固原市地处黄土高原暖温半干旱气候区，冬季漫长寒冷、春季气温多变、夏季短暂凉爽、秋季降温迅速，昼夜温差大，雨量偏少，灾害性天气多。自治区成立60年暨改革开放40周年以来，固原市因地制宜制定粮食发展规划，积极寻求有效发展模式，克服本地地理区位劣势，实现粮食产量大幅增长，单产连年提升，粮食面积保持稳定的良好局面。

一、粮食生产总体呈递增趋势

（一）粮食产量连续增长，农业效益逐渐增强。

自治区成立以来，固原市粮食产量整体呈递增趋势（见图1），尤其是2000—2005年增幅明显加快，粮食总产量从1958年的19.26万吨增长到2017年的70.51万吨，增长2.7倍，年均增长2.2%。

单位：万吨

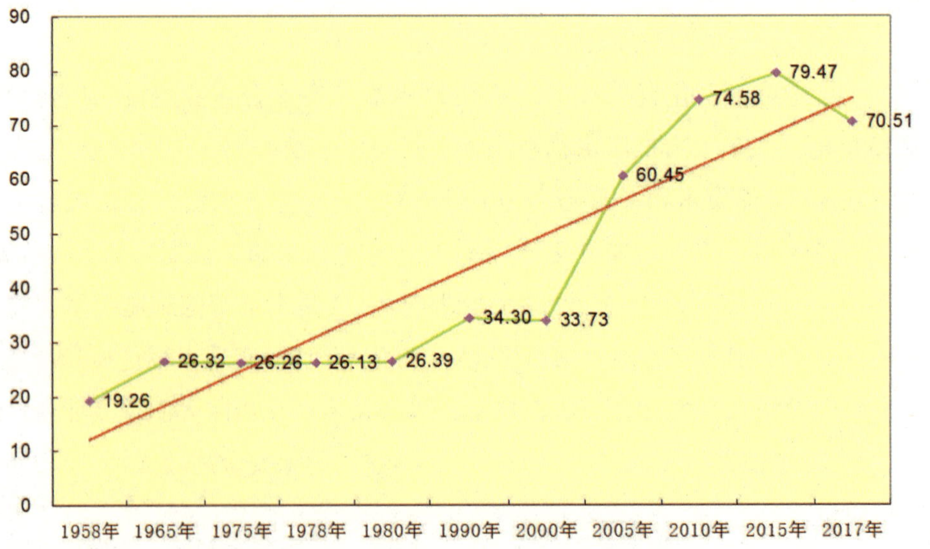

图1　固原市主要年份粮食产量增长趋势

（二）粮食种植面积保持稳定，持续保粮措施有效。

固原市落实最严格的耕地保护制度，坚决守住耕地和基本农田红线，全市粮食种植面积稳定在350万亩以上。如图2所示，2017年固原市粮食种植面积为354.27万亩，较1990年减少7.5%，粮食种植面积稳定略减。

单位：万亩

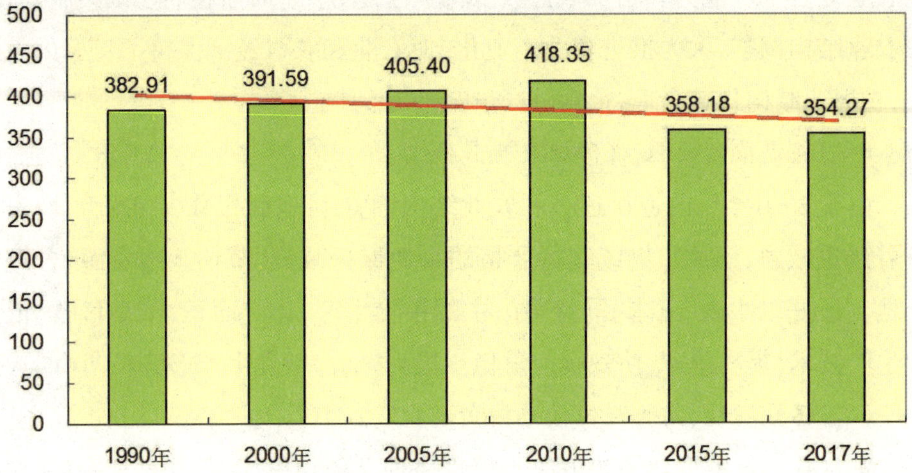

图2　固原市主要年份粮食种植面积对比

（三）粮食单产保持增长，保障农业增产增收。

固原市因地制宜采取多项举措保障农业增产增收，推广发展玉米覆膜技术、引进推广优质高产品种、实施旱作节水技术，实现粮食单产水平不断提高。如图3所示，固原市粮食单产逐年提高，保持增长的总趋势，粮食生产效益不断增强。

单位：公斤/亩

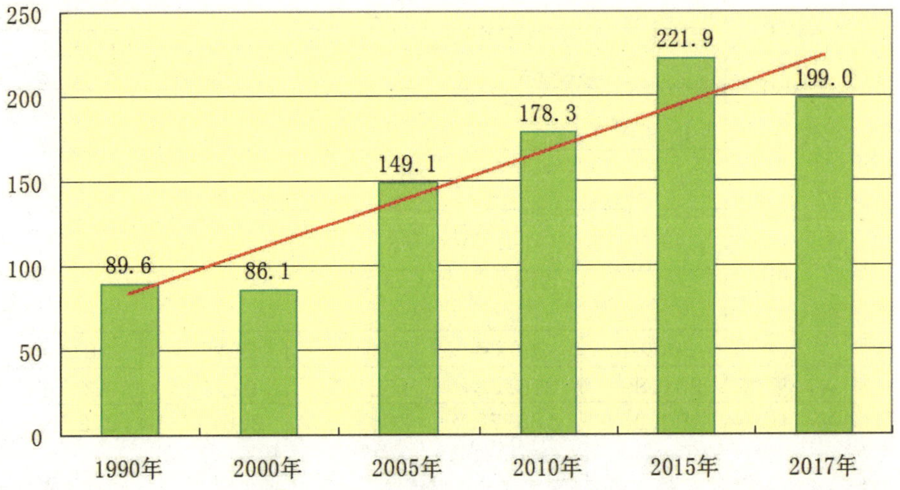

图3　固原市主要年份粮食单产对比

二、三大主因促进粮食生产稳定递增

粮食关系国计民生，是经济发展、社会和谐的重要基础，固原市紧紧围绕提高农业综合生产能力和增加农民收入两大主题，不断加强农业基础设施建设，加快农业结构调整，大力推进农业产业化，使农业和农村经济保持了良好的发展势头，种植业结构日趋合理，粮食总产量突破70万吨。

（一）稳定粮食面积，保障粮食生产能力。

由于2000年后的退耕还林和农业结构调整，耕地面积减少，粮食生产安全面临着严重威胁，固原市继续坚持严格的耕地保护政策，节约土地资源，合理使用土地。抓好以小麦、玉米、马铃薯为主的粮食生产，稳定面积，依靠科技，依靠农业生产技术，提高单产，使粮食产量稳步提高，确保粮食生产形势长期稳定。

（二）压夏增秋，扬长避短促进粮食增收。

粮食总产量的变化主要取决于粮食播种面积和单产，此外复种指数、农药及化肥的施用、农业技术等也是影响粮食总产量的因素。固原市稳步推进农业产业结构调整，针对春季和夏初雨量偏少，灾害性天气多的气候特点，适时实施“压夏增秋”政策，增加秋季粮食作物种植面积，压缩夏季粮食作物种植面积。如图4所示，固原市夏粮种植面积逐年递减，秋粮种植面积逐年递增，夏粮种植面积占比由2000年的51.4%下降到2017年的23.2%，秋粮种植面积占比由2000年的48.6%增加到2017年的76.8%。

单位：万亩

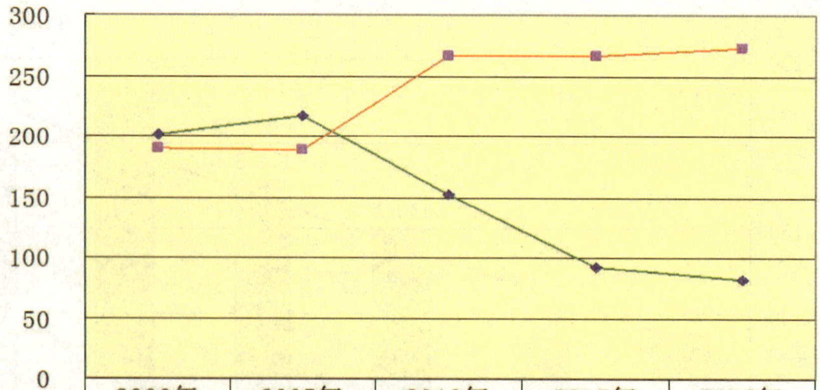

	2000年	2005年	2010年	2015年	2017年
夏粮	201.39	216.63	152.13	91.71	82.14
秋粮	190.20	188.78	266.22	266.47	272.14

图4　固原市主要年份夏秋粮面积对比

如图5所示，固原市玉米、马铃薯种植面积保持增长，小麦面积不断下降，三大粮食作物播种面积呈现“二增一降”的态势，粮食种植结构进一步优化。尽管固原市粮食作物播种面积整体呈递减趋势，但粮食总产量逐年增加的原因之一就是种植结构的不断优化和单产的不断提高。从图5看，经过种植结构调整，马铃薯、玉的播种面积在粮食作物中逐渐占绝对优势，小麦的播种面积逐渐减少。其中，玉米的播种面积呈明显增加趋势，马铃薯的播种面积也增长较快，2010年后增长缓慢。除了气候的影响外，不同作物单产变化决定了播种面积的变化。玉米单产增加迅速决定了其较大的播种面积，玉米是人们重要的营养调剂食物，近年来饲料玉米的需求量大幅攀升，玉米的粮饲兼用性加上其单产的稳步增加，使其播种面积大幅度增加，玉米单产和播种面积的稳步增加决定了固原市粮食总产量的增加。

单位：万亩

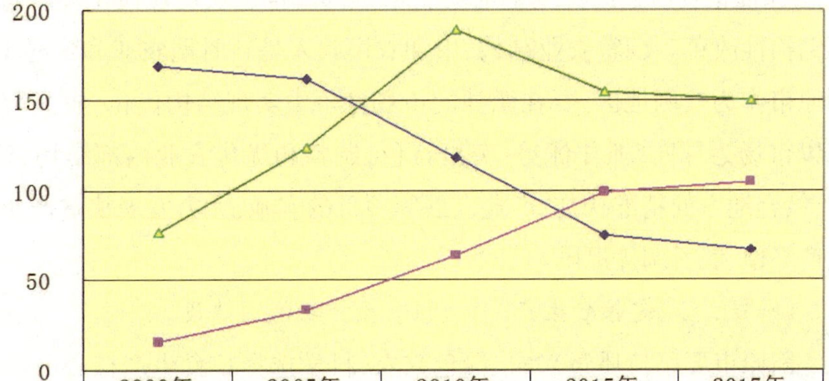

	2000年	2005年	2010年	2015年	2017年
小麦	169.27	161.43	118.25	75.14	67.32
玉米	15.59	33.07	63.55	98.70	104.48
马铃薯	76.42	123.13	188.53	154.67	149.65

图5　固原市主要年份三大粮食作物面积对比

（三）发展优势特色种植，激发农业活力。

固原市在稳定粮食生产形势的基础上，因地制宜，发挥自身区位优势，不断加大优势特色种植业发展力度，进一步优化农业产业结构。

1. 主攻马铃薯产业。固原市马铃薯产业按照“稳定面积、主攻单产、调整结构、提升效益”的基本思路，以三级脱毒良种繁育体系建设为重，加快种薯脱毒化、品种专业化、种植区域化、生产标准化、产品品牌化、经营产业化进程，创新发展模式，加快土地合理流转，扶持壮大龙头企业、开拓市场、培育品牌，产业化水平和竞争力进一步提升，马铃薯现已成为农民种植业经济收入最高的作物。固原市适宜种植马铃薯，目前推广马铃薯主食化品种2万亩，马铃薯每年播种面积稳定在150万亩左右。

2. 加快小杂粮产业的培育。小杂粮在固原市是继草畜、马铃薯、冷凉蔬菜产业之后的又一重点产业，在促进农民脱贫致富、稳定粮食生产、保障农业增效、农产品供给、优化种植业结构及种植业可持续发展方面作出了积极贡献。近年来，小杂粮作为抗旱救灾的重要作物、百姓餐桌上的生态健康食品逐渐成为优势农作物，得到了各级的重视和支持。目前，固原市创建杂粮、油料标准化生产基地20个，小杂粮产业得到了稳定发展，新技术、新品种引进示范成效显著，产量逐年增加，生产面积稳定，加工销售前景广阔，品牌培育效果明显。

三、固原市粮食生产目标任务

粮食生产是经济效益低、社会效益高的产业，在推进工业化、城镇化的过程中，要保证粮食产业的持续稳定发展，必须同时推进农业现代化，进一步深化供给侧结构性改革。调整农业结构、增加农民收入是新时期农业和农村工作的核心，固原市作为贫困地区，要在激烈的市场竞争中实现结构优化、农民增收，关键是要以市场为导向，抓住优势，突出特色，调整和优化农业内部结构，适应市场需求，结合地方的精准扶贫、产业发展等项目的实施，大力发展扶贫产业，做到粮食生产平稳、农业调优提质。

（一）继续稳定粮食生产，助力粮食生产功能区建设。

固原市要坚持质量兴农、绿色兴农，科学选择粮食生产核心区建设地点，将口粮保障落实在田间地头，确保口粮自给率达到95%以上。认真完善和落实粮食补贴政策，提高补贴精准性、指向性。优化玉米结构，适度调减籽粒玉米面积，扩大粮饲兼用、青贮、鲜食、制种玉米种植，稳定马铃薯面积，加快马铃薯种薯繁育、主食化专用品种推广和主食产品开发试点，加快建设以糜子、荞麦、谷子等特色小杂粮为主的小杂粮基地。

（二）实施乡村振兴战略，增强农业可持续发展能力。

围绕实现农业强、农村美、农民富的目标，建立完善城乡融合发展体制，做好乡村振兴与脱贫攻坚的政策衔接、机制整合和工作统筹，推动农村基础设施、公共服务提档升级，抓好生态修复、河道治理、控源截污，守护好固原的绿水青山。坚持质量兴农，实施农业标准化战略，突出优质、安全、绿色导向，加快发展节水农业，大力普及喷灌、滴灌等节水灌溉技术，加大覆膜种植、水肥一体化和涵养水分等农艺节水保墒技术推广力度，大力推进化肥农药减量增效，全面推进农业废弃物资源化利用，进一步增强农业可持续发展能力。

（三）推进农业现代化建设，进一步深化农业结构调整。

不断完善强农惠农富农政策体系，深化农业农村改革，充分发挥市场配置资源的决定性作用，坚持以科技创新和改革创新为动力，着力提升农业科技自主创新能力，推进现代种植业创新发展，增强农业技术创新、促进农业机械化和信息化，提高农业综合生产能力，加快形成布局合理、结构优化、品质优良、效益显著的现代特色农业。继续发挥农业产业效能，做大做强优势产业，积极推进马铃薯主粮化生产、完善小杂粮发展体系，进一步调整优化农业产业结构，实现农业产业提质增效、农民增产增收，人民生活更加幸福、生活环境更加美好。

执笔：马艳

原州区粮食生产40年巨变

改革开放40年以来，原州区以农民增收和农业提质增效为核心目标，以发展特色农业为主线，促进农业产业结构不断调整，初步实现了农业产业结构的优化升级，促进了农业增长方式的转变，实现粮食种植面积缩小同时粮食总产量持续增长、粮食单产逐年提高的优质效益。

一、改革开放以来粮食生产呈现三个特点

（一）粮食播种面积逐年下降。

党的十一届三中全会以后，在推进家庭联产承包责任制的过程中，原州区顺应自治区党委、政府提出的调整农业产业结构问题的建议，积极筹措加快农业产业结构调整，转变“以粮为纲”种植理念，大力植树种草，兴牧促农，大力发展畜牧养殖业，增加青饲料饲草、经济作物的种植面积。如图1所示，改革开放以来，原州区粮食播种面积逐年递减，2017年原州区粮食播种面积为79.33万亩，较改革开放初1978年的150.48万亩减少了47.3%，年均减少1.6%，农业产业结构调整已初见成效。

单位：万亩

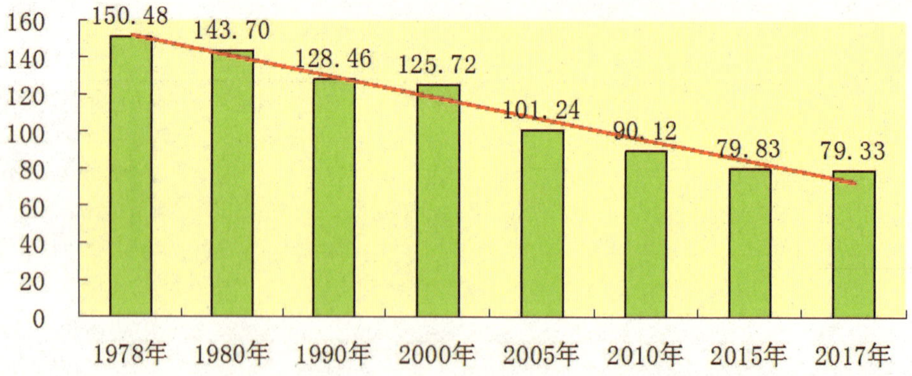

图1　原州区主要年份粮食播种面积对比

（二）粮食总产量稳步上升。

原州区坚持“因地制宜、分类指导，重点突破、效益优先”原则和“以市场需求为导向，优化种植结构”的思路，积极开展农业供给侧结构性改革，不断加大农业

产业结构和种植品种结构调整力度，农业提质增效的目标逐步实现，随着粮食种植面积的调整下降，同时实现粮食总产量不降反升的成效。如图2所示，改革开放以来，原州区粮食总产量变化可以区分两个阶段来看，即改革开放40年以来的前20年粮食总产量稳定在9万吨左右，后20年粮食总产量稳定在16万吨左右。

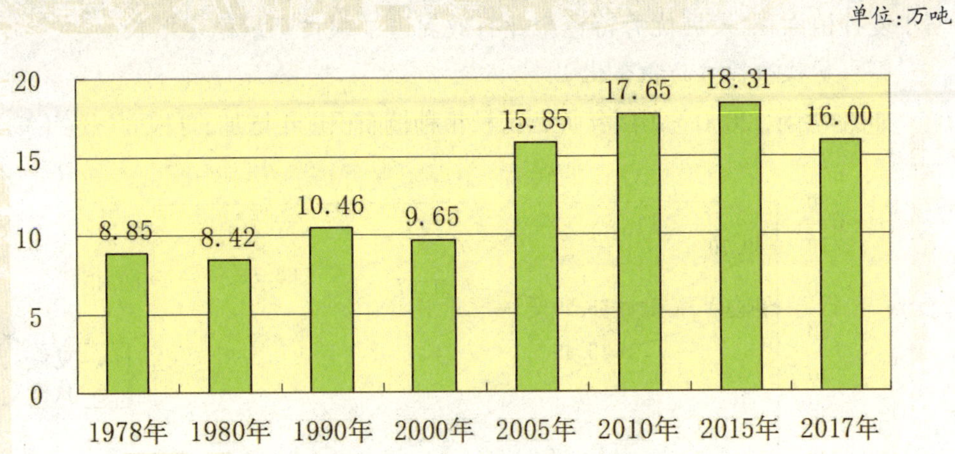

图2　原州区主要年份粮食总产量对比

（三）粮食单产逐年提高。

固原市原州区是典型的旱作雨养农业区，为克服干旱缺水阻碍种植业发展的问题，原州区因地制宜，采取多项举措保障农业增产增收，推广发展玉米覆膜技术、引进推广优质高产品种、实施旱作节水技术、防雹增雨作业、培训农民科学种粮等措施，实现粮食单产水平不断提高。如图3所示，改革开放以来原州区粮食单产逐年提高，保持增长的总趋势，2010年以后粮食单产突破200公斤/亩，粮食生产效益不断增强。

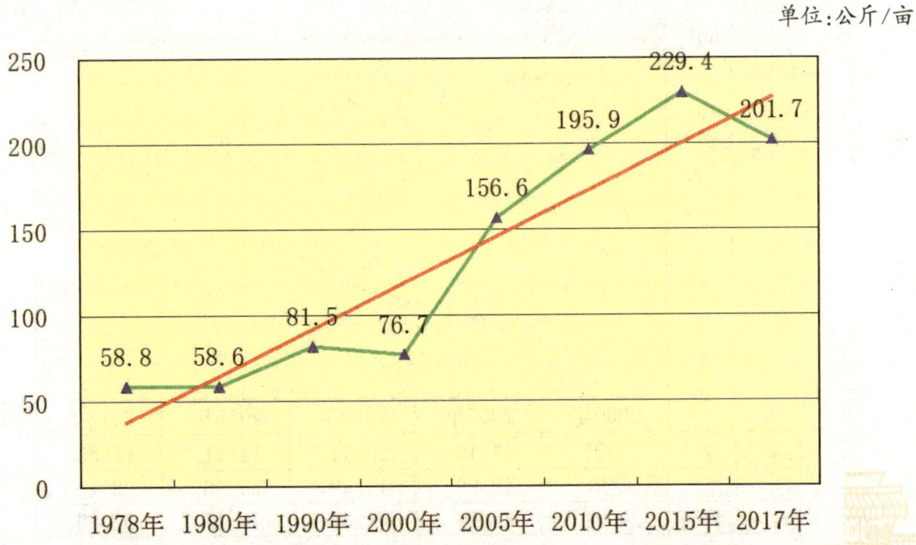

图3　原州区主要年份粮食单产对比

二、种植结构调整效果显著

原州区因地制宜稳步推进农业产业结构调整，顺应本地区春夏雨水少，秋季雨水相对较多的自然规律，实施“压夏增秋”，增加玉米、马铃薯种植面积，压缩小麦种植面积，发展优势特色产业有效促进了粮食产量稳定增长。

（一）夏秋粮种植面积变化。

如图4所示，2000—2017年原州区秋粮种植面积逐年增加，夏粮面积逐年减少。

单位：万亩

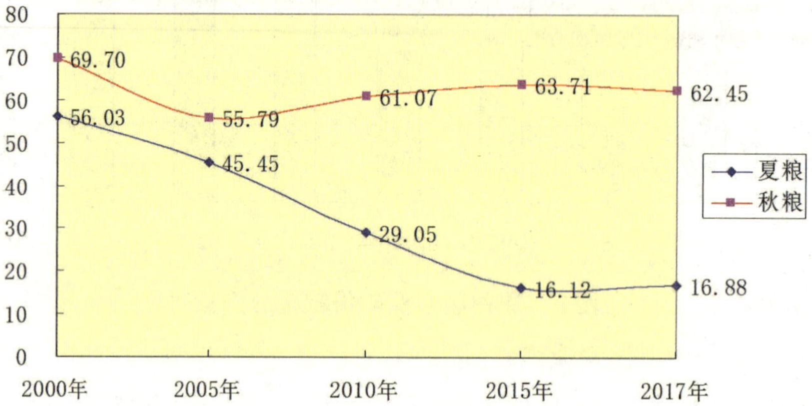

图4　原州区主要年份夏秋粮播种面积对比

（二）三大粮食作物种植结构变化。

如图5所示，2000—2017年原州区三大粮食作物种植面积趋势是，小麦种植面积逐年下降，玉米种植面积逐年提高，马铃薯种植面积2010年之前增长，2010年之后逐年下降，马铃薯逐渐取代了小麦的主导地位。

单位：万亩

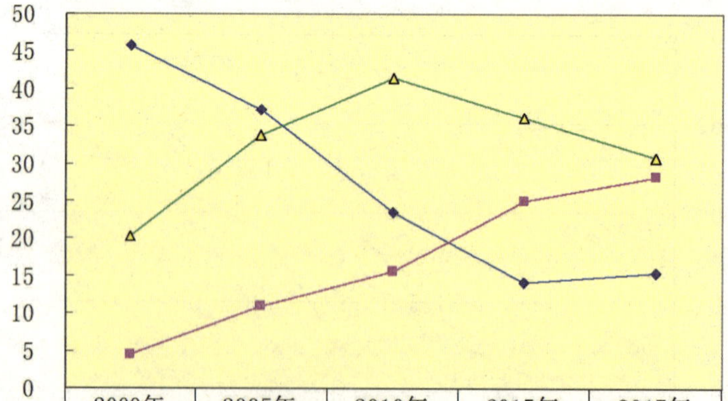

	2000年	2005年	2010年	2015年	2017年
小麦	45.77	37.16	23.47	14.11	15.38
玉米	4.48	10.89	15.59	25.06	28.12
马铃薯	20.21	33.74	41.51	36.17	30.80

图5　原州区主要年份三大粮食作物播种面积对比

（三）三大粮食作物产量变化。

如图6所示，2000—2017年原州区三大粮食作物的产量变化趋势是，玉米产量逐年增加，2005年之后小麦、马铃薯产量逐渐下降。玉米产量所占比重逐年增加，增产贡献率逐年增长。

单位：万吨

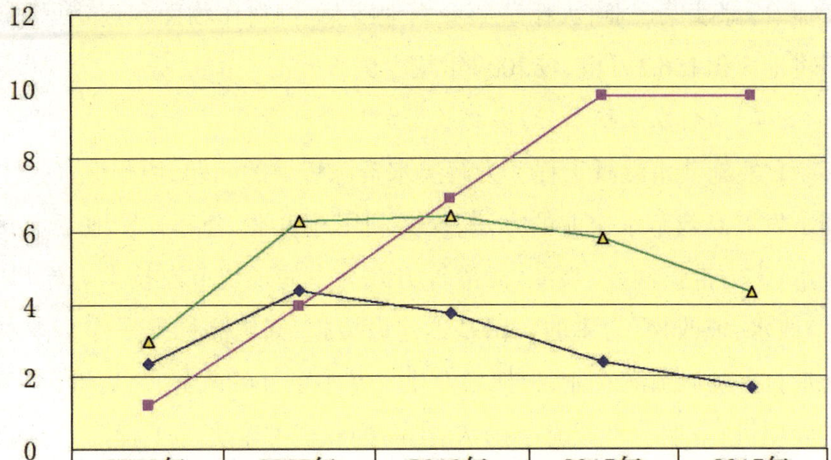

	2000年	2005年	2010年	2015年	2017年
小麦	2.37	4.38	3.76	2.41	1.68
玉米	1.21	3.96	6.92	9.75	9.73
马铃薯	2.97	6.29	6.44	5.82	4.31

图6　原州区主要年份三大粮食作物产量对比

三、粮食生产变化原因分析

根据自治区党委、政府印发的《关于加快农业和农村经济结构战略调整的意见》提出的农业结构调整的方向要适应区内外市场需求和变化，由主要追求数量向注重质量效益转变，由以种植业为主的传统农业向特色产业和畜牧业转变，原州区结合本地实际，采取多项措施加快农业经济结构调整，大力发展草畜产业、冷凉蔬菜产业和马铃薯产业等特色优势产业。

（一）农业结构调整，粮食种植面积下降。

为了保证粮食生产稳定增长，完善马铃薯种薯三级繁育体系建设，加快马铃薯优质高产栽培技术推广、主食化专用品种开发加工、特色专业品种生产基地建设和市场开拓，促进产业提档升级，建设万亩种薯基地和马铃薯主食化专用品种示范基地，持续增加马铃薯种植面积。保障草畜产业发展壮大，保障优质饲草和饲料供应，扩大青贮玉米种植面积，提高籽粒玉米产量，逐年扩大玉米种植面积，进一步优化种植结构。

2000年退耕还林以来，原州区林草植被快速增加、森林覆盖率不断上升，生态环境、人民生活环境得到明显改善，经济和社会效益成效显著，水土流失、土地沙化等得到有效控制。原州区按照稳粮强畜优菜的要求，坚持稳定产能，恢复优质小麦，调减籽粒玉米，扩大粮饲兼用、鲜食、青贮玉米种植面积，大力发展草畜产业、冷凉蔬菜产业，大棚蔬菜和露地蔬菜、饲料作物面积逐年增加。原州区现有耕地面积156.2万亩，较2000年减少93.5万亩。

（二）创新农业技术，切实高效增加粮食产量。

1. 实施节水灌溉工程。为解决水资源短缺的问题，原州区经过不断探索，找到了发展高效节水农业的办法，充分利用地表水、合理开发地下水、科学调度扬黄水、大力推广滴灌、喷灌、微灌等方式为主的现代节灌技术。原州区最初实施“旱改水、坡改梯”为主的农田基本建设措施，兴修高标准旱作基本农田、在干旱片带打窖发展节灌农业，狠抓农业生产基本条件的改善，之后继续兴建农田水利建设项目，采取引水截流小扬水、小高抽和机井配套等工程措施，逐步扩大水浇地面积，实现粮食增产。

2. 推广玉米、马铃薯覆膜技术。原州区为实现增产增收效益，积极推广使用覆膜技术，克服山区干旱缺水的问题，实现增温保墒，更好的保持土壤墒情，使土壤水分流失速度减缓。实践证明，玉米、马铃薯覆膜技术的使用切实增加了粮食产量，覆膜种植经济效益强、适应范围广，是适应山区环境切实有效的增产增收措施。

（三）政策驱动，促进粮食生产稳定发展。

原州区坚持粮食生产环节为重，生态为先工作思路，落实好中央、自治区、原州区各项粮食鼓励政策，着力推动支持性保护补贴、农业保险、马铃薯良种补贴、小杂粮补贴、冬小麦免费供种、玉米新品种引种试验示范、农作物病虫害防控、小麦病虫害疫情防控、粮油高产创建、种植培训等15项政策落地，激励农民种粮积极性，确保粮食生产能力不断提升。

执笔：马艳

西吉县粮食生产大幅增长

自1958年10月25日宁夏回族自治区正式成立以来，西吉以民族地区的身份受到中央和区市的格外重视和政策支持。60年来民族和睦相处，经济繁荣发展。尤其作为稳定社会的重要战略物资——粮食，见证了西吉人民艰苦奋斗、致富奔小康的光辉历程。

纵观西吉60年来粮食生产发展历程，大体呈现以下三个阶段。

一、粮食产量逐年增长，人均占有量大幅增多

(一)温饱线奋斗期，粮食生产无法彻底解决温饱。

从1957年开始到2000年之间，农业生产的粮食仅能维持农民的生活，温饱问题尚未得到有效解决，一些农民仍面临"吃了上顿没下顿"的困难。虽然自1978年国家实施改革开放政策，但是西吉受困于工业基础非常薄弱，经济发展质量非常低，农业生产仍受困于小农经济思想限制。农业生产机械化水平低和化肥使用量较少等因素极大地制约了粮食产量的进一步提升。农业生产效率低，农村地区几乎全部使用"二牛抬杠"进行耕种。农作物种植结构偏重自给自足。在1957年，粮食作物面积为79926公顷，占农作物总播种面积的63.3%，经济作物面积为23567公顷，占农作物总播种面积的18.7%。到2000年时，粮食作物面积为67725公顷，占农作物总播种面积的86.3%，经济作物面积为7333公顷，占农作物总播种面积的9.3%。这一阶段，农民将农业生产的重心放在小麦、豆类、秋杂粮等作物上，种植蔬菜、马铃薯、玉米等较高经济效益的作物积极性不高。农民生产粮食的目的主要为满足自食自用，粮食转换成经济收入的渠道狭窄。

(二)致富奔小康期，粮食产量平稳增长。

从2000年开始到2012年这13年时间里，西吉农民乘上了农业生产的快车道，粮食生产逐年增长，农民彻底摆脱了贫困和饥饿，走上了致富奔小康的路子。在2012年粮食总产量达到273174吨，较2000年增长了1.4倍。2012年有效灌溉面积达到9096公顷，2000年有效灌溉面积为6001公顷，10多年时间增长了51.6%。2012年经济作物面积为18713公顷，较2000年增长了1.6倍。2012年马铃薯播种面积67680公顷，2000年马铃薯播种面积为36746公顷，增长了84.2%。从2000年开始，西吉拉开了培育马铃薯产业和西芹等特色产业培育之路。如今中国马铃薯之乡和中国西芹之乡的美誉成为西吉的一张亮丽名片，对外讲述着西吉人民勤劳致富奔小康的感人故事。

（三）农业供给侧转型期，粮食生产快速增长。

自党的十八大以来，西吉农业进入了转型期，尤其自2014年以来实施精准扶贫政策后，西吉农业发展开始寻求供给侧改革，在1957年，西吉粮食总产量为6.2万吨，60年后的2017年，西吉粮食生产总量达到28.5万吨。1957年农村人均粮食占有量为398.3公斤（1957年农业人口为156739人），2017年农村人均粮食占有量为672.5公斤（2017年农业人口为423702人）。农民粮食生产经历了从吃不饱到解决温饱再到吃得健康三个发展阶段。

二、农民饮食结构极大改变，营养搭配更加合理

在长期的经济落后和生活习惯影响下，西吉广大农民均喜食"洋芋面"。然而，近年来，随着农村居民生活质量的改善和经济收入水平的显著提高，"洋芋面"的饮食习惯正在改变，许多农村家庭开始形成"一顿面食一顿米饭"的饮食格局，面食在农户中的分量正在降低。例如传统时期小麦作为农户必选的种植作物，现在开始呈现下降趋势。1957年西吉小麦种植面积为25947公顷；小麦种植面积最高的年份为1978年，小麦种植面积达到39955公顷；2017年小麦种植面积为20470.9公顷，较1978年小麦种植面积下降了48.8%。1957年蔬菜种植面积仅有291公顷，2017年蔬菜种植面积达到9614.7公顷，1985年蔬菜种植面积甚至只有100公顷。60年来，农业种植结构的不断调整，尤其近年来朝着经济效益更高的农作物的转变，一方面说明了温饱不再是农民种植需要考虑的问题，另一方面说明了农民开始追逐生活品质的改善和经济效益的提升。

三、未来西吉粮食生产前景展望

随着供给侧结构改革的持续推进，西吉农业现在正在面临新一轮的变革。构建安全可靠的粮食生产体系，让农业成为有奔头的产业，让农民成为令人羡慕和尊敬的职业，是新时代推进乡村振兴战略的题中应有之义。

（一）全面提高农业机械化生产水平。

随着土地对农民的约束力进一步弱化，农民进城务工已经成为一种趋势。

未来从事农业生产的人会越来越少，要遏制愈演愈烈的耕地撂荒现象，让少数人最大程度的完成土地耕种，就要大力发展农业机械化耕种。党的十八大以来，借着精准扶贫政策的大力推动，农业机械化发展水平呈现出迅猛的增长态势。但是一些制约农业机械化水平的因素尚需改善。一些山区耕地坡度大，行驶难，地块零散碎片化，大型机械难以开展大马力作业，而小型拖拉机效率低下。未来西吉要统筹做好生态保护和耕地保护两项工作，对不适合耕种的高山耕地要退耕还林，积极涵养水源，把山上多栽树等于修水库的理念传递给千家万户，大力改善生态，达到间接改善农业生产环境的目的。

（二）大力发展节水灌溉农业，提高水资源利用率。

虽是一方水土养育一方人，但是川区水浇地和山区旱作地的差距非常大。西吉山区耕地较多，土地资源较丰富，但土地产生的经济效益非常低下。在水浇地，一亩小麦可实现500公斤产量，而山区小麦一亩最高不超过200公斤。一亩水浇地芹菜可实现经济价值达到1万元以上，而一亩旱地种植经济效益最高的马铃薯产值也仅在2000元左右。未来西吉要解决好水资源综合利用和农田改造升级两场硬仗。要大力寻找水源，积极做好水资源的保护，大力发展节水灌溉农业，合理使用地下水。积极改造旱地耕地，探索水资源的储藏和开采，实现旱地也能浇水，提高旱地的作物产量，降低靠天吃饭的风险。

（三）大力推进供给侧结构性改革，实施信息化农业生产。

随着信息技术水平的不断提高，西吉农业也要走信息技术发展之路。要大力挖掘农业生产数据，综合运用大数据分析开展农业生产，按照消费者需求及时调整农业供给侧种植结构，提供消费者满意的农产品。要充分做好信息服务工作，及时对焦市场信息，避免盲目跟风，导致谷贱伤农局面上演。要深入推进科技务农，降低农业生产成本，提高农作物产量。要发展一批实力雄厚，抵御市场风险强的龙头农业生产加工企业，提高农产品的附加值，提高农业生产的经济效益，让农产品卖出好价钱。

执笔人：姜涛

隆德县粮食产量大幅增长　种植结构不断优化

隆德县委、政府始终坚持以农业为基础，把“三农”问题放在经济发展的首位，把发展粮食生产作为农村经济工作的重中之重，千方百计推进粮食总量的稳定增长。经过40年的不懈努力，隆德县粮食生产总量由改革开放时的4.23万吨，达到2017年的7.79万吨，粮食供给总量基本实现了翻一番的目标，城乡居民基本实现粮食自给。十八大以来，隆德县以深入推进农业供给侧结构性改革为主线，调整种植结构，粮食种植结构不断优化，农业产业转型升级为脱贫致富奔小康奠定了坚实的基础。

一、隆德县粮食生产发展历程

纵观隆德县粮食生产发展，大致可分为三个阶段。

(一)第一阶段(1958—1977年)：粮食恢复发展期。

这一时期，隆德县在生产方面以稳定扩大播种面积、提高单产、发展传统品种为主。在政策上通过引导农民走互助合作道路，解放了生产力，同时在改善农业基础设施、提高农业物质装备水平、加快农业科技进步等方面取得了一定成效，为粮食生产的持续发展奠定了基础。

(二)第二阶段(1978—1998年)：粮食产量快速增长期。

1978年至1998年期间，在国家一系列农村改革措施的实施下，隆德县致力于粮食产量的不断提高，制定了一系列促进农民种植积极性、提高粮食产量的政策，特别是大幅度提高粮食收购价格的政策支持，极大地调动了广大农民的生产积极性，粮食生产发展速度明显加快。1998年隆德县粮食总产量为7.8万吨，比1988年粮食总产量增加3.3万吨，比1978年粮食总产量增加3.5万吨，这20年间年均增长率为3.0%；1988年粮食播种面积5.2万亩，比1988年的5.0万亩增长0.2万亩，在这10年间，年均增长率为0.4%。

(三)第三阶段(1998—2017年)：粮食生产结构调整期。

在这一阶段，国家加大对粮食生产的补贴力度，特别是2005开始实施的减免农业税政策，进一步调动了农民种粮的积极性，虽然粮食增长速度较前一时期有所减缓，但由于前期粮食总量大幅增加，特别是高效优质粮食品种比重提高，粮食生产结构得到优化调整，农民生活质量明显改善。这一阶段，隆德县粮食播种面积减少，主要受梯田建设和退耕还林工程实施影响，2011年隆德县梯田占耕地面积的87.8%，梯田建设改善了土地生产条件，促进了农村种植业结构调整，梯田综合效益显著；自退耕还林工程实施以来，广大农民群众退下一部分偏远、瘠薄的陡坡耕地，由广种薄收转向精耕细作，挖掘农业生产潜力，提高粮食单产。据调查，2017年底，全县粮食总产量达到7.8万吨，比2007年退耕还林（草）监测调查工作开始前增产0.6万吨，增长8.4%，年均增长0.7%。隆德县因地制宜调整农业生产结构，实施“压夏增秋、稳粮扩经”政策，大力发展玉米、马铃薯等优势特色产品。粮食种植结构日趋合理，粮食总产量保持稳中增长态势。

二、三项举措推动粮食生产成就显著

自治区成立60年以来，隆德县粮食生产取得了巨大成就，不仅解决了城乡居民的吃饭、农民增收问题，而且也为宁夏回族自治区粮食安全保障作做出了积极贡献。尤其是改革开放40年以来，农业生产能力大大提高，农业发展迈上了新台阶。

（一）科学决策，促进粮食生产健康可持续发展。

隆德县位于六盘山西麓，气候属中温带季风区半湿润向半干旱过渡性气候，春低温少雨，夏短暂多雹，秋阴涝霜旱，冬严寒绵长。年平均气温3—5℃，为全区最低气温；年日照时数2200—2700小时；年降水量470—620毫米，多集中在夏秋两季，尤以7、8两个月为降水集中季节。1995年以来，由于连年持续干旱，降水量大大下降。在1958—1978年间，农业生产水平低，农民处于靠天吃饭的现状，但改革开放以来，农业生产能力逐步提高，在各项农业改革政策实施下，隆德县结合本地气候、地域特点，积极调整种植业结构，扩大秋粮种植面积，减少夏粮种植面积，增加了旱作节水作物和经济效益较好作物种植；同时，不断修建蓄水库等农业抗旱硬件设施，大大提高了农业生产水平和抵御自然灾害的能力，积极促进粮食生产健康可持续发展。

（二）依靠科技，粮食亩产快速增长。

1. 粮食总产量大幅增加。在1978—1998年间，粮食种植面积基本保持稳定，到1998—2017年，粮食种植面积一直在缩减，在此基础上，隆德县依靠科技进步提高了单位面积产量，实现了粮食总产量始终保持稳定增长的跨越式发展。根据本地不同区域气候特点，隆德县主推测土配方施肥、机械化种植、旱作节水等综合高产栽培技术，两种良方相结合、农机农艺相融合，粮食产量不断提高。1978年，全县粮食总产量为4.23万吨，到2017年，全县粮食总产量达到7.79万吨，增长84.2%。（见图1）

单位：万吨

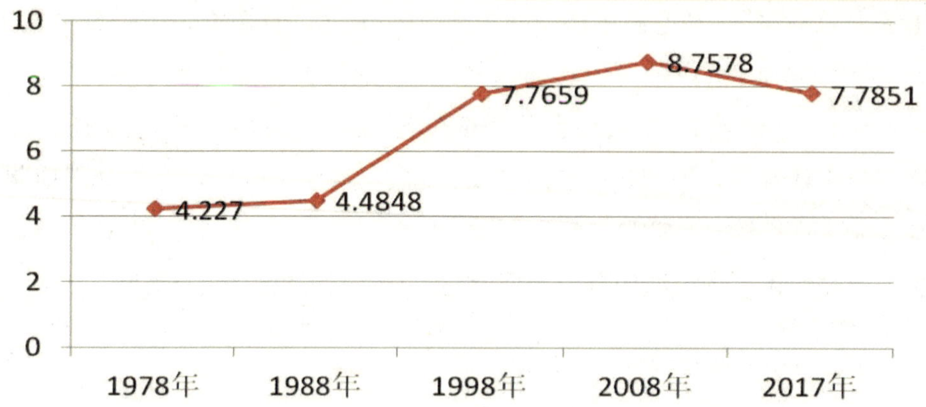

图1　隆德县主要年份粮食总量增长趋势图

2. 粮食亩产量快速增长。粮食亩产的提高是粮食产量增长的决定因素，1988年粮食平均亩产89.4公斤/亩，2017年粮食平均亩产达到241.4公斤，增长1.7倍，这29年间，粮食平均亩产的年均增长率为3.5%。在1978—1998年这一阶段，是隆德县粮食产量增长最快的时期，这一时期，隆德县在粮食种植面积保持稳中增长的基础上，大幅提高单位面积产量，尤其是在1988—1998年这十年期间，粮食平均亩产由1988年的89.4公斤增长到了1998年的149.5公斤，增长67.2%，年均增长率为5.3%。这也主要得益于我国在农村实施的一系列改革措施，促进粮食收购价格大幅提高的政策支持发挥了积极作用，广大农民生产积极性也大大提高了，粮食生产发展速度明显加快，粮食产量快速增长。（见图2）

单位：公斤/亩

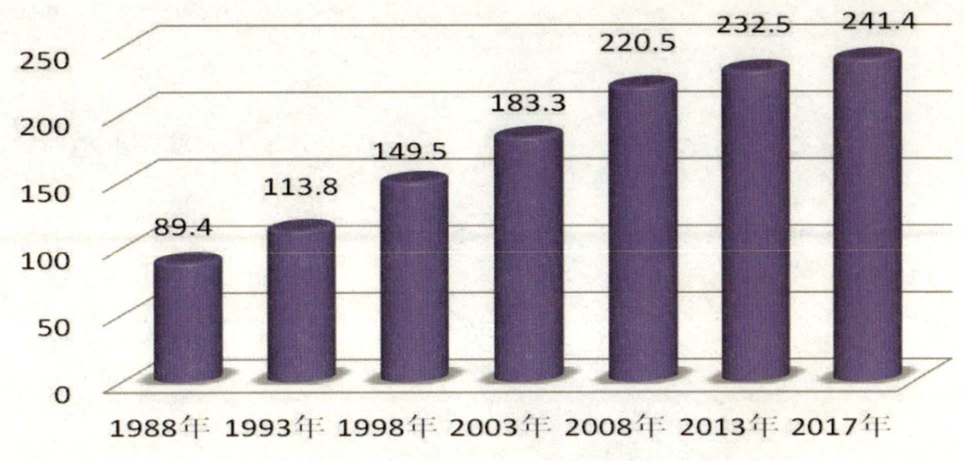

图2 隆德县主要年份粮食亩产量对比图

（三）不断优化粮食种植结构，粮食产量稳定增长。

2017年隆德县粮食播种面积32.25万亩，在这19年间，粮食播种面积年均递减2.9%。其中夏粮面积呈现递减态势，年均递减7.8%，作为夏粮主要成分的小麦面积年均递减8.1%；秋粮面积呈现递增趋势，年均递增2.6%，其中玉米、马铃薯播种面积分别年均递增5.7%和2.4%。2017年隆德县粮食总产量达到7.79万吨，19年间基本保持总产量平衡，其中玉米、马铃薯产量呈现递增态势，年均分别增长5.1%和6.5%，小麦呈递减态势，年均递减7.1%。

改革开放以来，随着市场变化和产业结构调整政策的实施，隆德县农民种植观念得到转变，土地流转速度加快。粮食种植结构也发生了很大变化。从夏、秋粮食来看，1988年夏收粮食作物面积36.9万亩，秋收粮食作物面积13.3万亩，夏粮与秋粮作物播种面积比约为37∶13；1998年夏收粮食作物面积36.8万亩，秋收粮食作物面积15.1万亩，夏粮与秋粮作物播种面积比约为71∶29；2008年夏收粮食作物面积20.5万亩，秋收粮食作物面积19.2万亩，夏粮与秋粮作物播种面积比约为13∶12；2017年夏收粮食作物面积7.9万亩，秋收粮食作物面积24.4万亩，夏粮与秋粮作物播种面积比约为6∶19。在隆德城乡居民粮食消费中，小麦作为主要口粮，玉米主要用作饲料及工业用粮，马铃薯作为口粮及工业用粮。2017年小麦、玉米及马铃薯种植比例为17∶40∶35。由此可看出，隆德县粮食种植结构不断优化，更加符合隆德县气候、地域特色和发展效益，种植结构

日趋合理。(见图3、图4)

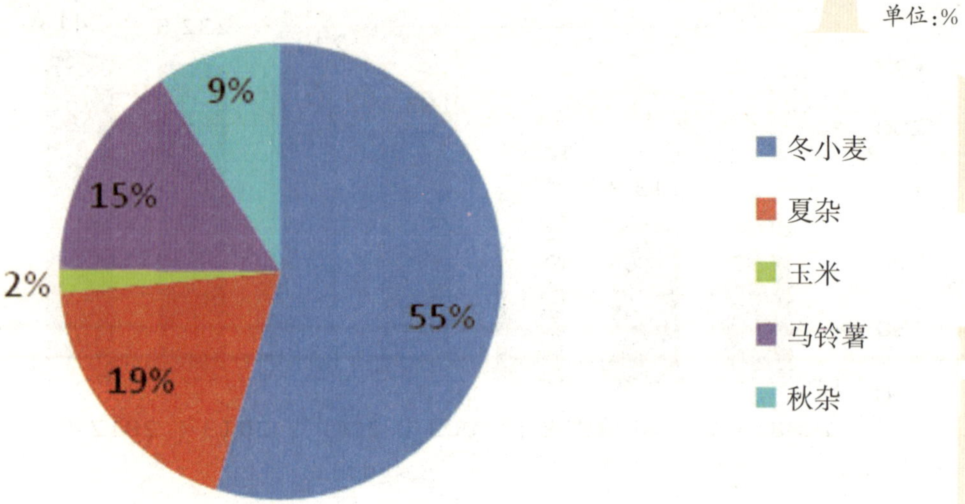

图3　隆德县1988年粮食作物面积构成

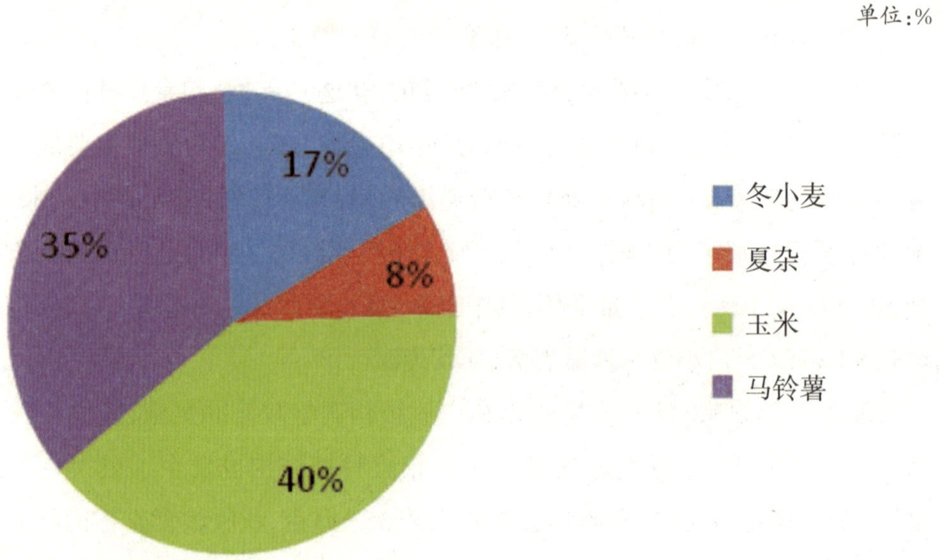

图4　隆德县2017年粮食作物面积构成

执笔人:李云云

彭阳县改革开放以来粮食产业蓬勃发展

改革开放以来，彭阳县各级党委和政府坚持抓粮食生产不动摇，带领全县人民努力改变农业生产基本条件，坚持一靠政策，二靠科技，三靠投入，大力发展粮食生产。粮食生产在耕作方式、产量、效益、粮食结构等方面发生翻天覆地的变化。自1983年彭阳县成立以来至今，彭阳县粮食总产量实现翻两番，粮食亩产实现翻两番，人均粮食产量实现翻一番。

一、耕作方式发生根本性变革

35年来，彭阳县农村经历了“人工+畜力→半机械化→基本机械化”三个跨越：一是“人工+畜力”阶段。改革开放至20世纪90年代，小麦、玉米靠畜力耕播、人工收割，畜力运输、打轧。由于人工、畜力作业效率低，劳动强度大，作业周期较长，麦收、夏种需20天左右，秋收、秋播需25天左右。二是“半机械化”阶段。20世纪90年代至世纪末，小四轮、拖拉机收割、运输、轧场或者脱粒。同时该期间小型机械的机耕、机播替代畜力耕翻、播种。三是“基本机械化”阶段。进入本世纪以后，机械化水平不断提高，到2008年前后，小麦耕翻、播种、收打，玉米覆膜、播种、施肥等基本现实机械化。耕作方式的演变，大大缩减了耕作的时间，直接推翻了过去低效率的役畜耕作方式，从根本上提高了耕作方式的效率。

畜力耕地演变为机械耕地

人工收割演变为机械收割

二、粮食产量不断攀高

(一)粮食总产稳步提升。

单位:吨

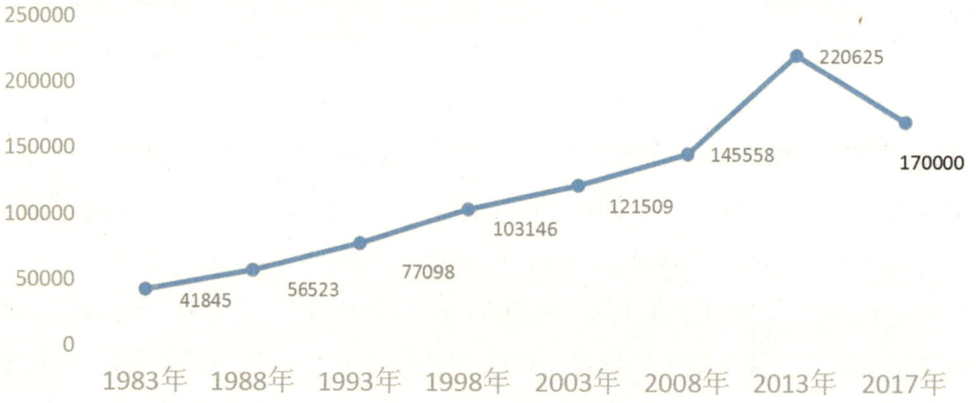

图1　1983—2017年彭阳县粮食总产变化情况

图1表明自彭阳县成立以来,粮食总产基本呈现连年递增趋势。1983年立县之际,粮食总产仅为4.2万吨,1998年,粮食总产首次达到10万吨以上,2012年首次突破20万吨大关,达到22.0万吨,2013年达到23.6万吨,创历史最高,2017年在遭受旱灾的情况下,粮食总产仍达到17.0万吨。彭阳县粮食总产在35年中由4.2万吨增加到17.0万吨,年均增长4.1%,粮食总产实现翻两番,保持平稳增长。

(二)粮食亩产逐步提高。

单位：公斤

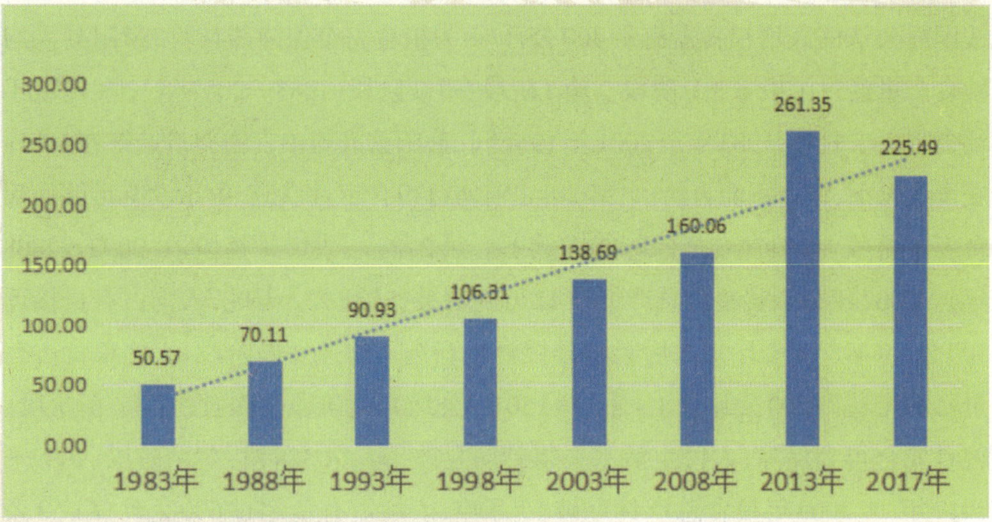

图2　1983—2017年彭阳县粮食亩产变化情况

图2表明自彭阳县成立以来，粮食亩产基本呈现连年递增趋势。1983年成县之际，粮食亩产只有50.57公斤，1998年，粮食亩产首次达到100公斤以上，在进入2000年之际，发生近50年以来最严重旱灾，粮食亩产仅为54.86公斤，进入2000年后，粮食亩产呈现连年递增趋势，2010年首次突破200公斤大关，在2014年达到294.81公斤，创历史最高水平，2017年在遭受旱灾的情况下，粮食亩产仍达到239.44公斤。彭阳县粮食亩产在35年中由50.57公斤加到为239.44公斤，实现翻两番。

（二）人均粮食水平稳步增加。

单位：公斤

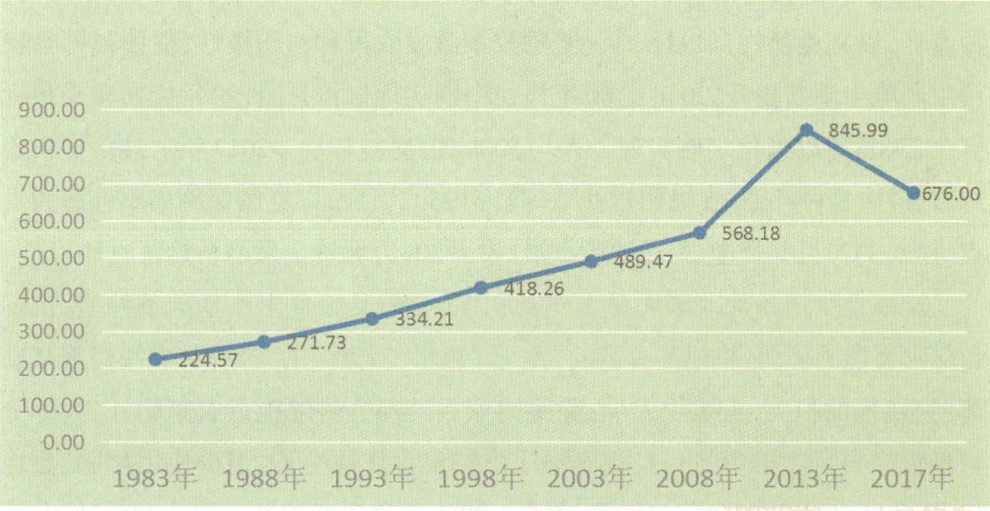

图3　1983—2017年彭阳县人均粮食产量变化情况

图3表明自彭阳县成立以来，人均粮食产量基本呈现连年递增趋势。如果按国际公认的人均粮食占有量400公斤/年为粮食安全保障线计算，彭阳县人均粮食产量经过了以下3个阶段。第1阶段：短缺阶段（1983—2001年），除1998年粮食特大丰收外，1983年至2001年19年间，彭阳县人均粮食占有量始终在400kg安全线以下，粮食不能自给。1990年之前实行粮食定量供应，由于没有足够的粮食发展畜牧业，粮食安全保障能力低下。第2阶段：供需平衡阶段（2002—2008年）。2002年彭阳县粮食总产突破12万吨大关，达到12.3万吨，人均占有量接近500公斤（498.96公斤），之后彭阳县粮食生产进入快速发展阶段，人均粮食占有量已稳定达到500公斤以上（平均为501.6公斤），此阶段为粮食供需平衡阶段，粮食安全得到保障，人民生活水平得到明显改善。第3阶段：剩余阶段（2009—2017年）。2009年粮食总产量突破15万吨，人均占有量超过600公斤（617.3公斤），此后几年基本呈现连年递增趋势，2012年粮食总产量突破20万吨，人均占有量超过800公斤（840.3公斤），2009—2017年人均粮食占有量平均达到784.6公斤，远远超越了粮食安全线400公斤，所以该阶段彭阳县粮食总量有一定剩余，稳定地实现了从短缺到剩余的历史性转变。

（三）增产的主要原因。

1. 强农惠农政策助推发展。全县各级始终坚决贯彻落实中央一号文件精神，把解 决“农村、农业、农民”问题作为工作的重中之重，不断巩固和完善支农、惠农、强农政策，着力于建立健全政府 对农业发展的支持和保护体系。突出加强农业基础地位，运用财政手段支持农业发展，增加财政支农投入，提高在农业基础设施建设、良种推广、农民教育培训力度。建立国家对粮食生产的土地、良种直补，以减免税收、项目扶 持、奖励政策激发农民种粮积极性，促使彭阳县粮食生产能力不断提升，20世纪80年代初中期实现口粮自给，90年代初实现粮食有余，2006年以来稳定地实现了人均500kg粮食占有量。2017年全县落实农资综合直补、良种补贴、农机购置补贴等资金3502万元；以覆膜保墒集雨补灌为重点，投入3370万元资金，配送地膜；总计投入304万元资金采购马铃薯原种。

2. 粮食生产条件改善明显。建县初期，彭阳县粮食生产基础条件差，抗御自然灾害能力脆弱，耕地是有名的“跑土 、跑水 、跑肥 ”的三跑田，农民经济基础薄弱，耕地面积大，土地投入少，除距离家近的部分耕地施点农家肥外，大部分耕地依靠自身土壤中的一点营养物质维持粮食作物生长，很少使用化肥，土地瘠薄，靠天吃饭的粗放式经营是建县初期的粮食生产现状。进入90年代中后期，政府加快了改善当地粮食生产条件的步伐，通过机推，人修结合，大力改土治水，兴修基本旱作农田，使“跑土、跑水、跑肥”的三跑田变成了“保土、保水、保肥”的三保田，人均基本农田由建县初期的人均0.3亩达到现在的人均3.0亩，耕地均使用农业机械进行田间作业，农业机械总动力由建县初的1.66万千瓦提高到2017年的26.79万千瓦，增长了16.1倍。

3. 粮食科技含量日益提升。建县初淡薄地科技意识，使科技对粮食生产的贡献率几乎为零，随着科技贡献率不断提高，科技进步成为推动彭阳县农业经济不断发展的第一生产力。在科技兴农、科技脱贫思想的指导下，彭阳县政府出台优惠政策，大力引进人才，育种工作常抓不懈，实现了宁夏小麦、玉米、马铃薯三大粮食作物品种的5—8次更新换代，每一次更新换代均促进了单产和总产的较大提升。科学技术逐步进入了农民的田间地头，良种的引进推广，地膜玉米标准化栽培，旱作节水农业应运等等，大大地提高了粮食生产科技含量。三集中（集中项目，集成技术，集中展示）、“五统一”（统一整地播种、统一肥水管理、统一技术培训、统一病虫防治、统一机械收获）和“三覆盖”（测土配方施肥技术到位率100%、病虫害专业化防治率100%、机械化作业率100%），通过典型示范，把专家预期产量变成农民实际产量，把小面积示范产量变成大面积推广产量，着力提高粮食单产水平，充分体现了科技应运的含量。

三、粮食结构调整成效显著

单位：%

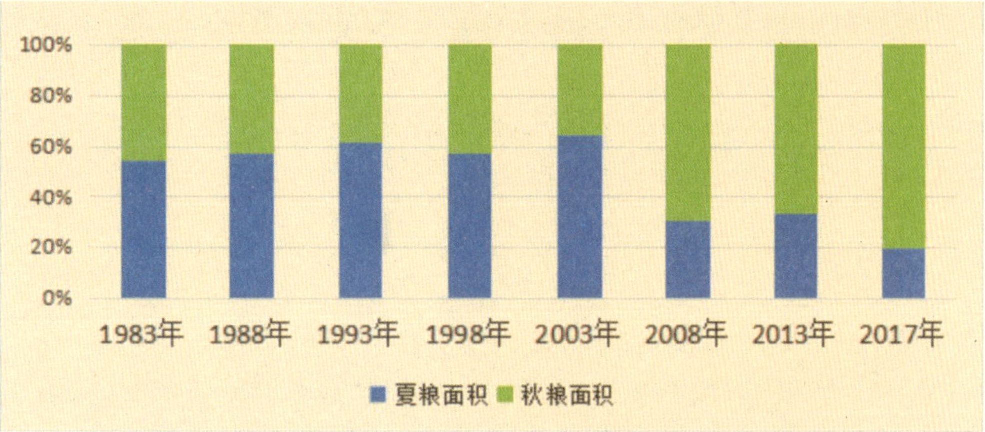

图4　1983—2017年彭阳县夏秋粮播种面积占比变化情况

图4表明自彭阳县成立以来，夏粮种植面积呈下降趋势，秋粮种植面积呈上升趋势。自彭阳县立县至2007年，彭阳县夏秋粮播种面积保持平稳，夏秋粮面积占比稳定在1.3∶1，自2008年自治区农牧厅发布“关于做好雨后抢墒工作以秋

补夏工作的紧急通知”以来，自治区将“压夏增秋”作为调整粮食结构，促进粮食产量提升的一项重要政策推广开来，彭阳县严格贯彻落实该项政策，促使粮食作物和品种结构由传统的低产口粮型向高产高效型调整，主要表现在以冬小麦为主的夏粮面积逐年减少，以玉米马铃薯为主的秋粮面积迅速扩大，夏秋粮面积占比调整为0.4∶1。传统的小麦、马铃薯、玉米三大粮食作物排序已逐渐转变为玉米、马铃薯、小麦。冬小麦、玉米、马铃薯种植面积在总产量中比重的提高，在彭阳县粮食总产上台阶中作用重大。

执笔人：王雅梅

中卫市成立以来粮食生产能力快速提升

2004年，设市以来，各届市委、市政府高度重视粮食生产，积极落实一系列强农惠农政策措施，不断加强农业基础设施建设，加快新品种和新技术推广，优化种植结构，调动农民生产积极性，粮食生产能力大幅提高。

一、粮食种植结构优化，产量稳步增长

自2004年以来国家连续13年以中央一号文件的形式出台惠农政策支持农业发展。中卫市设立之初就借上了一系列惠农政策的东风，在“工业反哺农业，城市支持农村”的方针和“多予、少取、放活”的政策激励下，中卫市粮食生产能力迅速提升，农民收入实现较快增长。

（一）粮食总产量稳步提高。

中卫市成立以来，粮食总产量除个别年份下降外呈现稳步增长的态势，成立之初的2004年全市粮食总产量为41.8万吨，2010年突破50万吨大关，2013年又突破60万吨，从2004年到2017年的13年间粮食总产量增长了43%，年均增长2.8%。

单位：万吨

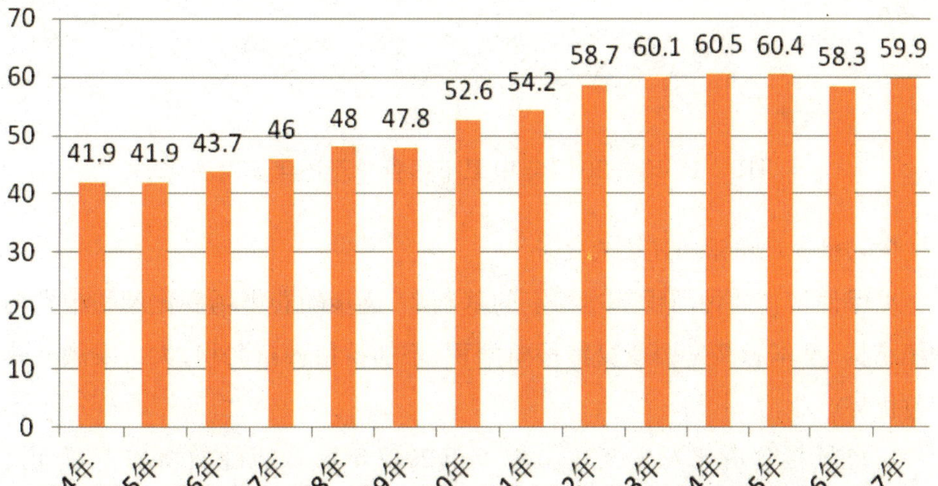

图1　2004—2017年中卫市粮食总产量

从逐年增幅变化趋势看,"十一五"期间是粮食总产增长最快的阶段,除了2009年全市粮食生产因为受灾影响减产0.4%外,其余年份增幅都保持在4.3%以上,其中2010年因为雨水多气候条件好更是达到了10%的增幅,使得全市粮食总产量突破50万吨大关。"十二五"期间,全市粮食生产在"十一五"打下良好基础的前提下,持续发力,增产形势继续保持,除了2015年持平略降0.2%外,其余年份都保持增产趋势,其中2011年、2012年和2013年增幅分别达到8.3%、2.4%和3.0%,短短三年就使全市粮食总产量由50万吨跨上60万吨台阶。2014年在设市十周年之际全市粮食总产量达到60.5万吨的峰值后,由于继续增产缺乏有利支撑因素而趋于稳定,2015年、2016年、2017年总产量分别为60.4万吨、58.3万吨、59.9万吨。

单位:%

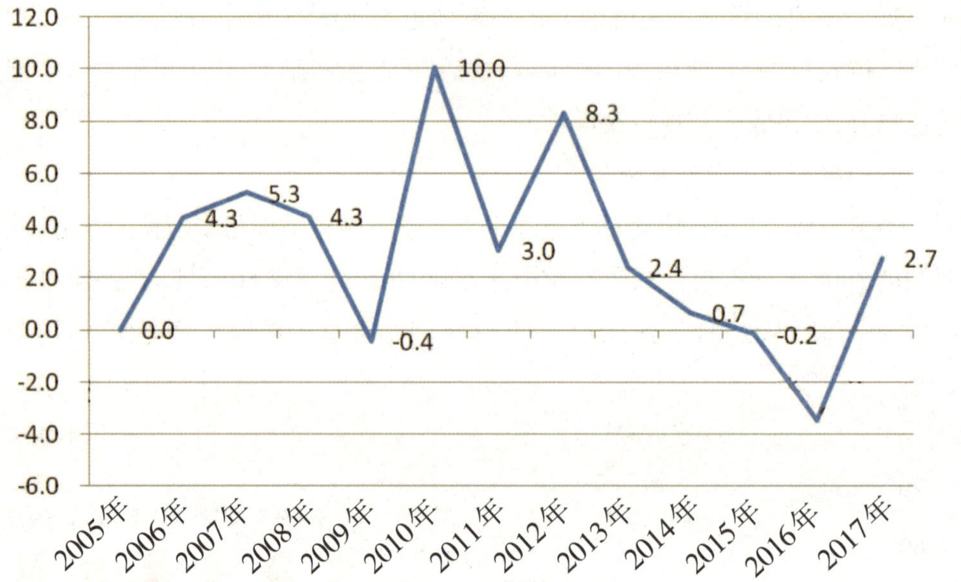

图2 2005—2017年中卫市粮食总产逐年增幅变化

(二)粮食种植结构发生变迁。

在保证粮食播种面积基本稳定的基础上,逐步随着市场变化调整粮食内部种植结构,基本思路是调减夏粮种植面积,增加秋粮种植面积,大力发展马铃薯特色优势产业。

1. 夏秋粮食占比发生变化。中卫市2017年粮食播种面积213.7万亩,比2004年增长了4.6%。从夏秋粮食结构看,2017年夏粮播种面积为29.4万亩,比2004年下降了67.4%,秋粮播种面积为184.3万亩,比2004年增长了61.5%,夏秋粮播种面积比由2004年的44:56变为2017年的14:86。

单位:万亩

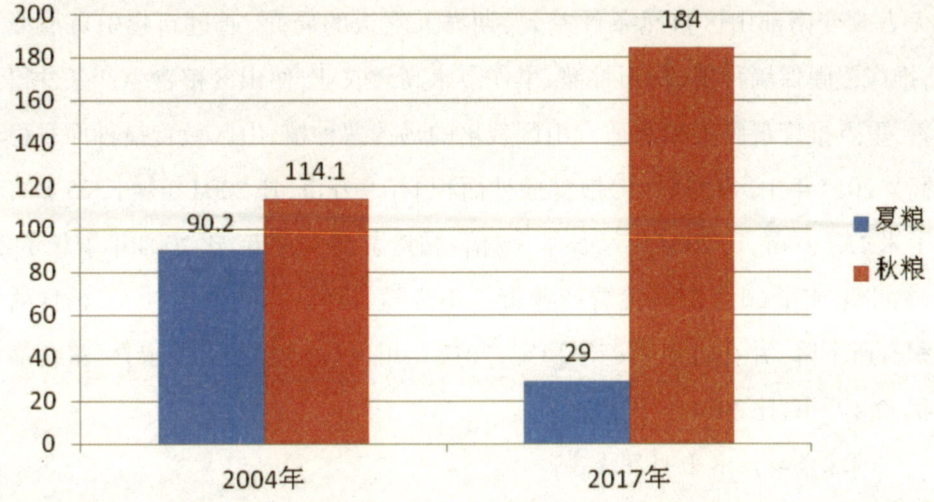

图3　2004年、2017年中卫市夏秋粮面积变化对比

2. 粮食品种结构逐渐优化。粮食种植品种随着消费市场供求关系和粮食价格的变化而发生重大变化,种植品种由以满足口粮需求为主逐渐向追求经济效益为目的转变,市场调节机制发挥了重要作用,实现了粮食种植经济效益的最大化。2017年,玉米、马铃薯播种面积分别为79.1万亩和59.4万亩,分别比2004年增长了125.6%和224.2%,小麦、水稻播种面积分别为21.6万亩和8.8万亩,分别比2004年下降了43.8%和68.4%。小麦、水稻、玉米、马铃薯四大粮食作物占比由2004年的50:11:26:13变为2017年的13:5:47:35。

单位:万亩

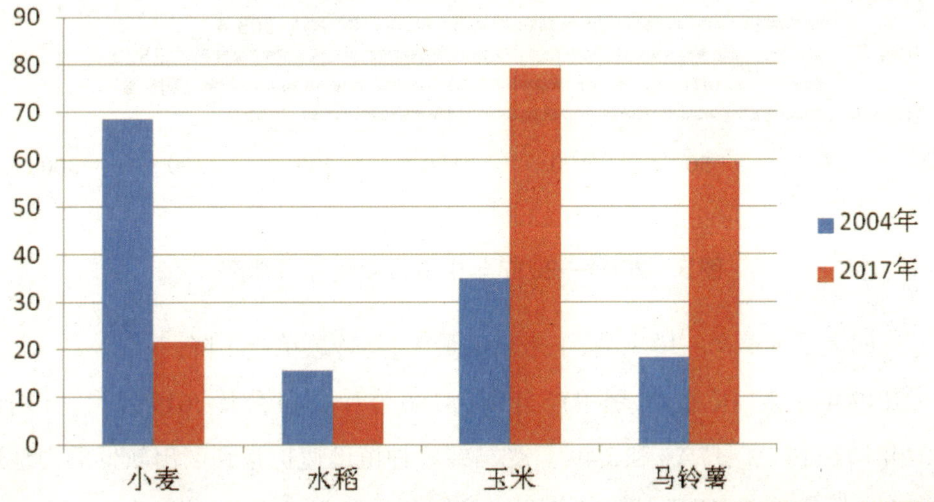

图4　2004年、2017年中卫市四大粮食作物占比

3. 山区粮食面积增加，川区粮食面积下降。近年来市委、市政府采取有力措施大力改变南部山区自然条件差、长期靠天吃饭的局面，通过新建引黄灌溉工程，推广覆膜保墒种植、积雨补灌、旱作节水高效农业，使山区粮食生产条件得到改善，重点推广覆膜玉米和适宜山区栽培的马铃薯种植，山区粮食播种面积稳步提高。2017年山区（海原县）粮食播种面积140.9万亩，比2004年增长25.4%，其中玉米27.1万亩，比2004年增长了3.7倍，马铃薯59.4万亩，比2004年增长了2.2倍，初步形成了60万亩马铃薯产业带。川区随着经济作物占比扩大，粮食播种面积有所下降，并在近年来趋于稳定，2017年川区（沙坡头区、中宁县）粮食播种面积72.8万亩，比2014年下降20.8%。

（三）综合单产水平明显提高。

中卫市成立以来，国家出台一系列惠农政策后，各地大力开展高产创建示范活动，单产水平明显提高，2017年全市粮食平均综合亩产为280.5公斤，比2004年增长36.9%，年均增长2.4%。

单位：公斤/亩

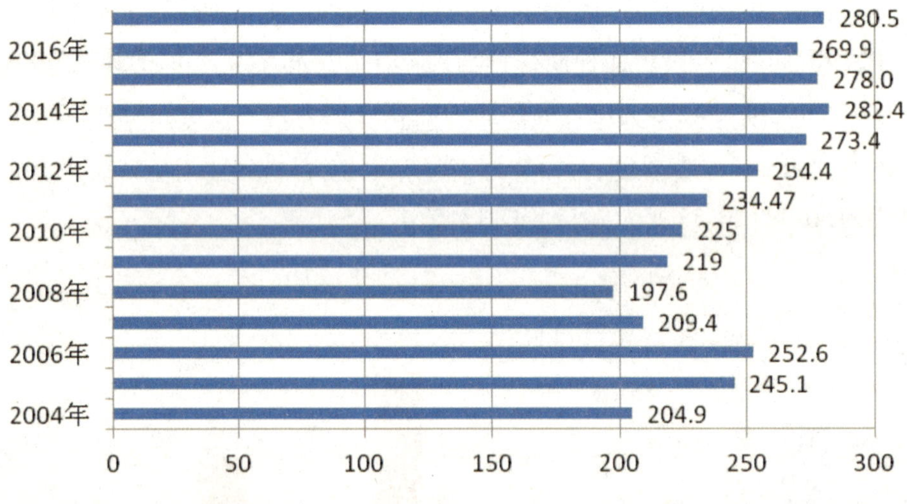

图5　2004—2017年中卫市粮食综合单产

1. 四大品种单产三增一减，玉米增幅最大，马铃薯单产下降。

2017年小麦、玉米、水稻单产分别为186公斤、514公斤、619公斤，分别比2004年增长14.5%、17.4%和5.4%。受马铃薯种植迅速扩张到产出较低的山地造成单产下降影响，2017年马铃薯单产比2004年下降30.5%。

表1　2004—2017年中卫市主要粮食平均亩产

单位：亩/公斤

年份	小麦	增减（%）	水稻	增减（%）	玉米	增减（%）	马铃薯	增减（%）
2004年	162.4	—	587.0	—	437.5	—	161.4	—
2005年	182.7	12.5	618.2	5.3	412.4	7.2	122	-24.4
2006年	247.9	35.7	614.2	-0.4	483.7	17.3	84.5	-30.7
2007年	220.1	-11.2	507.1	-17.4	437.4	-9.6	99.9	18.2
2008年	201.7	6.9	575.1	13.9	491.8	11.7	79.8	-20.1
2009年	202.4	0.4	580.4	0.9	512.9	4.3	71.8	-10.0
2010年	217.4	7.4	584.4	0.7	524.2	2.2	80.5	12.1
2011年	216.2	-0.5	583.7	-0.1	533.2	1.7	86.67	7.7
2012年	232.8	7.7	583.1	-0.1	553.1	3.7	87.5	1.0
2013年	194.3	-16.5	595.9	2.2	561.3	1.5	96.5	10.3
2014年	205.8	5.9	511.0	-14.2	521.0	-7.2	120.0	24.4
2015年	190.5	-7.4	575.2	12.6	504.2	-3.2	110.0	-8.3
2016年	179.6	-5.7	607.1	5.5	502.6	0.3	97.0	-11.8
2017年	186	3.6	618.8	1.9	513.5	2.2	112.1	15.6

2.川区、山区各品种单产增减差异明显。从不同区域来看各粮食作物品种单产增减情况，2017年与2004年相比，川区水稻、玉米、秋杂单产分别增长5.4%、35.9%和174.4%，小麦下降3.8%，玉米和秋杂单产增长是拉动川区粮食单产增长的主要因素，使得川区粮食综合单产增长57.2%；山区小麦、秋杂单产分别增长76.1%、27.8%，玉米、马铃薯单产分别下降22.1%、30.5%，小麦和秋杂单产增长是拉动山区粮食单产增长的主要因素，使得山区粮食综合单产增长54.8%。

二、三大主因助推粮食增产

（一）有利政策促进粮食增产。

从2004年开始，国家连续13年以中央一号文件的形式出台了一系列惠农政策，针对性强，政策力度大。中卫市积极贯彻落实中央各项惠农政策，确保粮食直补、农资综合直补、良种补贴和农机具购置补贴足额发放到位，切实保障农民利益。此后，政策力度不断加大，2006年全面取消了农业税，有利调动了农民粮食生产和地方政府抓粮食生产的积极性。在惠农政策的“保护伞”下，农民种粮没有了后顾之忧，种粮不怕“赔本”，不担心利益受损，有效发挥了政策促进粮食生产，提高粮食产量和促进农民增收的作用。

（二）科技支撑加速粮食增产。

设市以来的13年，也是农业科技不断进步的13年。全市初步建立了科技人员直接到户、良种良法直接到田、技术要领直接到人的科技成果转化应用新机制。近年来，每年引进农业新技术20多项，农业新品种50多个，新技术到位率超过80%，良种覆盖率达到95%以上；创建玉米水肥一体化技术示范基地2万亩，优质水稻高标准示范区1万亩，促进粮食生产功能区建设；2017年全市测土配方施肥总面积达140万亩，病虫草害统防统治面积达到57.7万亩次。13年来，粮食生产逐步走上了依靠科技发展的道路，科学技术成为粮食增产的“加速器”。

（三）粮价上涨带动粮食增产。

自2004年国家开始实行粮食最低收购价保护政策以来，粮食的最低收购价格又根据市场供求、国内外市场价格和产业发展等因素先后进行多次上调，小麦最低收购价格由2006年的1.44元/公斤提高到2017年的2.36元/公斤，早籼稻由2004年的1.4元/公斤提高到2017年的2.6元/公斤，中晚籼稻由1.44元/公斤提高到2.72元/公斤，粳稻由1.5元/公斤提高到3元/公斤。粮食最低收购价格稳定提高，使农民种粮收益有了保障，种粮积极性提高。在市场利好驱动和国家政策强有力的支持下，中卫市粮食收购价格快速上涨。监测数据显示：2017年12月中卫市小麦、水稻、玉米收购价格分别达到2.56元/公斤、2.80元/公斤和1.78元/公斤，较2004年均有大幅增长。粮食价格上涨使种粮效益逐步提高，农民收入稳定增长，有效刺激了农户增加种粮投入，推动了粮食生产能力的逐步提升。

执笔人：雍正

60年来沙坡头区粮食生产取得辉煌成就

回首沧桑一甲子，辉煌已铸六十年。从1958年到2018年自治区成立以来的60年，是经济社会全面发展、民生得到极大改善的60年，是农业农村基础不断夯实、粮食生产能力不断提高的60年。60年来，特别是十一届三中全会后，在沙坡头区各界人民群众的共同努力下，农业农村基础更加夯实，粮食生产能力显著提升，农民生活水平不断提高。2017年沙坡头区粮食总产量达到16.0万吨，粮食单产水平达到571公斤，分别是1958年的3倍和4.6倍。粮食的增产为支持社会经济发展，保障民生发挥了巨大的作用！

一、60年来粮食生产成效显著

（一）粮食总产量实现倍增。

自治区成立初期，正值人民公社化时期，农业生产效率低下，1958年沙坡头区粮食总产量只有5.3万吨，改革开放前的20年粮食总产量增速缓慢，1978年总产量8.3万吨，比1958年增长56.5%，年均增长2.3%。随着来自“小岗村”的星星之火变成全国燎原之势，改革开放的春风吹遍神州大地，1980年宁夏开始实行家庭联产承包责任制，此后粮食增产进入快车道，当年粮食总产量就跃升到9.9万吨，较1958年和1978年分别增长87.3%和19.6%，人均粮食占有量提高到415公斤，高于全国平均水平。包产到户极大地调动起了农民的积极性，粮食生产从最初的人均口粮不足到自给自足。改革开放后，粮食生产伴随着科技进步，总产量逐年攀升，1990年、2000年、2010年、2017年粮食总产量分别为13.9万吨、16.0万吨、14.2万吨和16.0万吨，分别是1958年自治区成立之初的2.6倍、3.1倍、2.7倍和3.0倍。

单位：吨

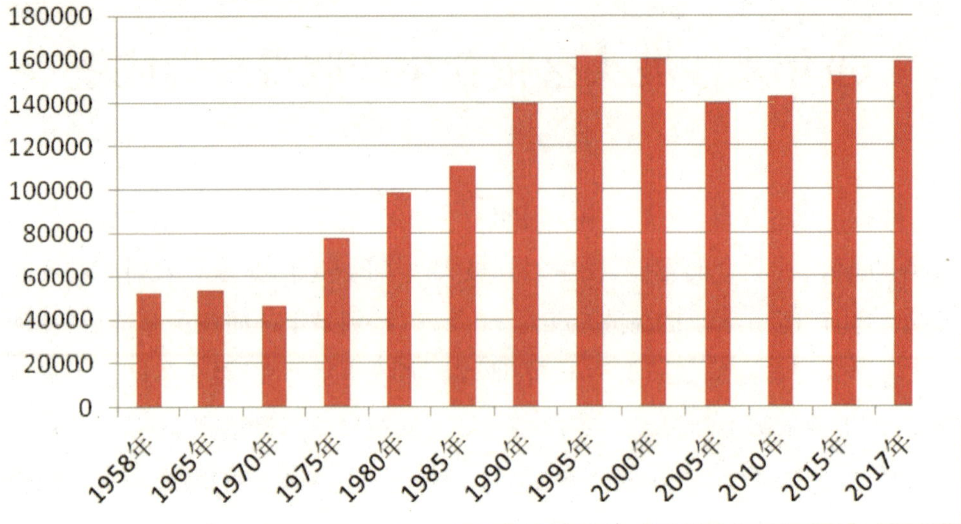

图1　1958—2017年粮食总产量

（二）粮食单产水平逐年攀升。

自治区成立初期，基础设施落后，生产手段低下，粮食广种薄收，1958年粮食单产只有123公斤。自治区成立之初就经历了三年自然灾害，给刚刚成立的自治区带来巨大考验，1961年粮食单产水平甚至降到80公斤。改革开放后，随着家庭联产承包责任制的落实，包产到户、包干到户极大地调动了农民的积极性，获得耕地自主经营权的农户用精耕细作的方式使得1980年粮食单产水平首次突破200公斤达到234公斤，较1958年增长90.2%。此后，伴随着科技的进步，粮食生产能力极大提升，相应的单产水平逐年攀升，1990年、2000年、2010年、2017年分别达到305公斤、354公斤、398公斤、524公斤，分别比1958年增长1.5倍、1.9倍、2.2倍和3.3倍。新世纪以来，各级政府大力保障粮食安全，科技投入不断增加，农业技术推广覆盖面扩大，高产粮食品种得到推广，粮食单产增幅有扩大的趋势。资料显示，“十二五”期间粮食单产增幅较“十一五”期间提高14.9个百分点，较“十五”期间提高26个百分点。尤其是最近十年，粮食平均单产由2007年的360公斤增加到2017年524公斤，增幅45.5%，年均增长达到3.8%。

单位:公斤/亩

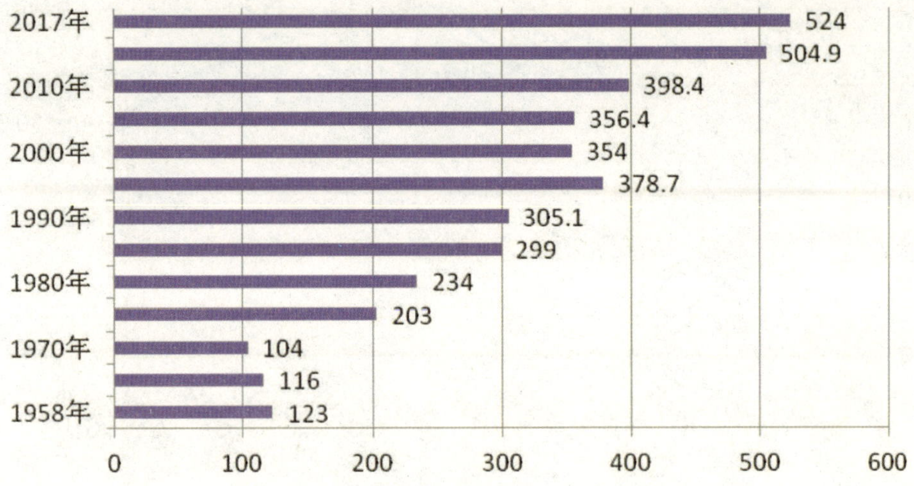

图2　1958—2017年沙坡头区粮食综合单产

（三）粮食播种面积震荡波动下降。

自治区成立之后，沙坡头区粮食播种面积发展变化可以分为两个阶段。第一阶段：从1958年到2000年，可利用的耕地几乎都种植粮食，粮食播种面积主要受气候因素影响震荡波动变化，变化幅度相对较小，1958年粮食播种面积42.7万亩，1980年为41.3万亩，2000年为45.2万亩，42年间只增长了5.8%，该阶段经济作物占比小。第二阶段，2000年后，随着经济社会发展，土地流转规模逐步扩大，“粮改经”成为农民增收致富的主要手段，粮食种植面积随之下降，2005年下降到39.2万亩，2010年下降到35.7万亩，2013年下降到30万亩之后基本稳定在30万亩左右。2017年的粮食播种面积为28.0万亩，比1958年下降34.4%。相应的经济作物面积不断增大，种植结构逐年优化，2000年、2005年、2010年、2015年经济作物占农作物播种面积的比重分别为35.2%、44%、68.4%、71.6%，分别比1958年提高了17、25.8、50.2、53.4个百分点。在粮食总产量不减，粮食安全有效保障的前提下，经济作物面积扩大极大提高了农民收入。统计资料显示，2017年本地区农民人均可支配收入为11249元，比2000年的2495元增长3.5倍。该阶段粮食生产和经济作物齐头并进发展。

单位：万亩

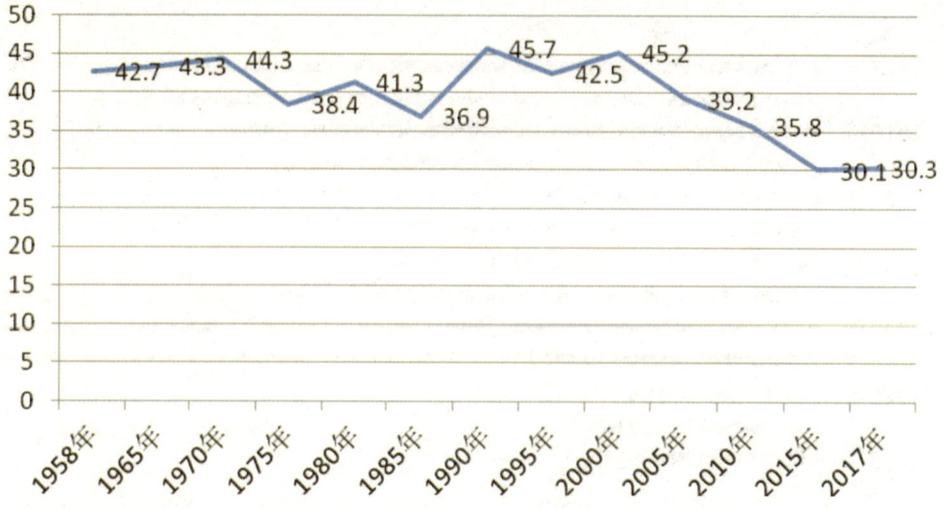

图3　1958年—2017年沙坡头区粮食播种面积变化

二、60年来粮食生产保障能力大幅提高

（一）惠农政策为粮食生产注入强大动力。

自治区成立之初，各级政府就十分重视粮食生产发展，尤其是改革开放之后，"解放生产力，发展生产力"极大地解放了农村劳动力，促进粮食生产能力大幅提升。但是当时工业基础相对薄弱，随着20多年的发展，工业基础得到积累，工业反哺农业成为可能。从2004年以来，国家出台并制定了一系列大力发展粮食生产的政策措施，2006年又取消了延续了2600年的"皇粮国税"，极大地调动了地方政府推动粮食生产和农民群众种粮的积极性，有力促进了粮食生产的快速发展。沙坡头区支持三农建设发放粮食直补、农资综合直补、良种补贴和农机具购置补贴"四补贴"资金，14年来共惠及6.7万户、26.9万种粮农民。平均每亩种粮补贴由刚开始的不到10元增加到2017年的95元，增长8.5倍。各项政策的激励带动作用得到了充分发挥，有力调动了农民务农种粮的积极性，为粮食连续增产发挥了重要作用。

（二）机械化程度全面提高。

改革开放前，粮食生产还主要依靠牛耕、犁耙，改革开放后，拖拉机等农用机械才渐渐进入农户家中。统计资料显示：1958年全区大型拖拉机仅有12台，农业机械化停留在非常低的水平。改革开放之初的1978年沙坡头区农业机械总动力3.9万千瓦，大中型拖拉机227台，小型拖拉机635台，机耕面积18万亩，机播面积不足10万亩。2004年之后，随着国家农机补贴政策的进一步加大，大中小型农业机械发展迅速，机耕、机播、机收等主要机械化作业得到普遍推广。2017年农业机械总动力达到24万千瓦，大中型拖拉机8305台，小型拖拉机12798台，机耕面积达到59.7万亩，机播面积达到41.2万亩。自治区成立后的60年来，农业机械总动力增长到原来的近300倍，农业机械化程度从不足5%增长到87.6%。

(三)科技支撑能力不断增强。

早期，农民种粮靠天吃饭，种植栽培技术欠缺，缺乏技术指导，仅凭经验种植，种植粮食产量低、效益差。近年来，基层农业技术推广使农民走上了科学种植的道路，在粮食生产过程中重点推广了机械深耕、测土配方施肥、精量半精量播种和病虫草害综合防治等技术。近两年又对各种成熟技术进行整合，如在高产示范片重点推行“一集成”即将秸秆还田、精量半精量播种、测土配方施肥、病虫害综合防治等技术组装配套集成推广；“五统一”，即统一品种及用种量，统一机播种(插秧)，统一肥水管理，统一病虫害防治，统一机械化作业；“一增四改”，即增加种植密度，改稀植品种为耐密型品种，改套种为单种，改粗放施肥为配方肥，改人工种植为机械化作业；“三覆盖”，即高产创建示范片良种覆盖100%、测土配方施肥100%、病虫害综合统治100%。通过高产示范活动的创建，辐射和带动了周边大面积粮食单产的提高，为沙坡头区粮食增产、农民增收奠定了基础。

(四)新品种的覆盖范围进一步扩大。

县乡村三级积极推广新品种的应用，推广正大12号、先玉335、长城706优质玉米品种，2017年占玉米种植面积的85%以上，推广以宁粳43号为主的水稻优质品种，2017年水稻总面积的80%以上。大力开展粮食创高产示范活动，树立了一大批高产典型，有力带动了粮食作物大面积均衡增产。通过推广优质新品种，充分发挥新品种的“增产、提质、增效”作用，促进粮食现实生产能力提高和潜在生产能力储备同步发展。

执笔人：雍正

中宁县60年粮食生产成就辉煌

中宁县是个农业县，农业在国民经济中占的比重很大，粮食生产是农业的重中之重。宁夏回族自治区成立以来，特别是在各级党委和政府的正确领导下，加大了对粮食主产区政策和资金的扶持，中宁县生产力得到了极大解放，农民的生产积极性空前高涨，大力使用优良品种，努力扩大间复套种面积，不断提高复种指数，全面实行科学种田，促进了粮食单产水平大幅度提高，使粮食生产有了长足发展。

一、粮食播种面积稳定增长

1958年全县粮食播种面积25.64万亩，到2017年全县粮食播种面积发展到52.4万亩，比1958年增长1.04倍。

单位：万亩

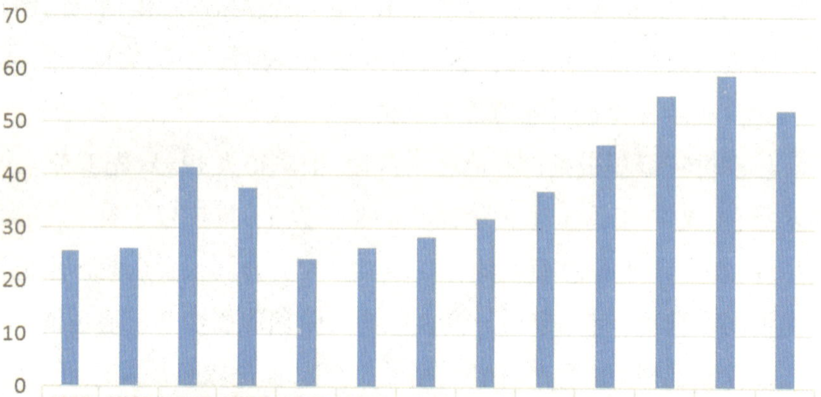

	1958年	1962年	1967年	1972年	1977年	1982年	1987年	1992年	1997年	2002年	2007年	2012年	2017年
■粮食播种面积	25.64	26.15	41.46	37.73	24.28	26.26	28.35	31.94	37.2	45.93	55.31	59.06	52.4

图1　中宁县1958—2017年粮食播种面积

20世纪60年代，县委、县政府十分重视农业生产，始终把粮食生产作为中心工作，先后在全县农村开展了“减租减息、土地改革和镇压反革命”三大运动，极大地调动了农民开荒种粮的积极性。到1967年全县粮食播种面积增长到了一个小高峰，达到41.46万亩，和1958年比增长了62%。从1968年后由于中宁县发展枸杞等经济作物，粮食播种面积开始减少。1978年在全县示范推广小麦套种玉米苏子。全县农业生产形势很快好转，粮食播种面积又开始增加，到1999年增加到48.41万亩。2000年后由于行政区划调整，四个山区乡划归中宁县，粮食播种面积再次增加，到2008年，中宁县粮食播种面积增长到60.23万亩，和1958年比增长了1.34倍，为中宁县粮食播种面积最高年份，从2008年后小麦套种玉米的种植模式逐渐被单种玉米或单种小麦的模式取代，粮食播种面积再次减少，但一直稳定在50万亩以上，2017年中宁县粮食播种面积52.40万亩。

（一）坚守耕地和基本农田红线。

耕地是农业最重要的生产要素。耕地对粮食播种面积起着决定性作用。自解放后，中宁县农民视土地如生命，开发一切可开发的土地，利用中宁县南靠荒山北依黄河的地理优势，向荒山要耕地，向河滩要口粮。1983年以后，国家和地方投资在南北山坡和黄河两岸开荒造田，并专门成立县开荒办公室，调配十几名干部开展工作。随着固海扬水的建成，农民开荒种粮的积极性又高涨起来。从1983年到1988年的6年间，全县共开垦荒地6万亩，可利用面积4.2万亩，利用率70%。其中，1988年开垦5000亩，国家投资368万元，县上投资90万元，农民自筹160万元。落实最严格的耕地保护制度，实施藏粮于地、藏粮于技战略。1958年中宁县年末耕地面积28.95万亩，1967年中宁县年末耕地面积增加到34.85万亩，和1958年比增加20%。自1984年来中宁县耕地连续34年呈稳中有增的可喜局面，从1984年的21.56万亩增加到2017年的101.05万亩，34年间增长了3.69倍。

单位：万亩

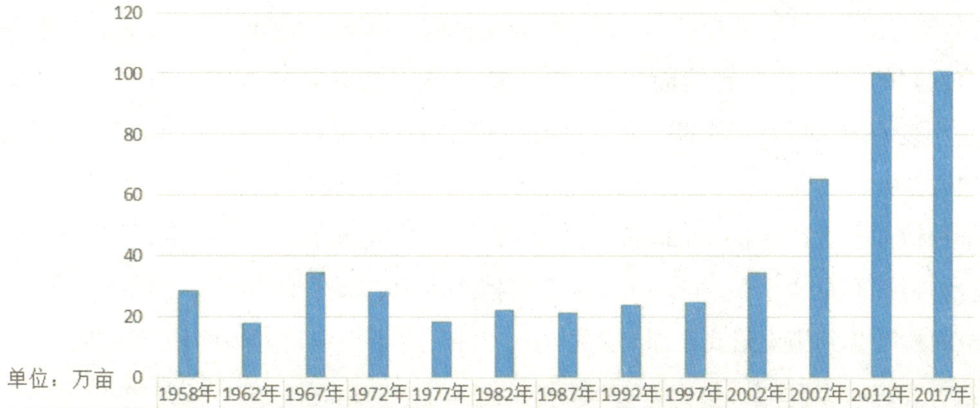

	1958年	1962年	1967年	1972年	1977年	1982年	1987年	1992年	1997年	2002年	2007年	2012年	2017年
年末耕地面积	28.95	18.34	34.85	28.37	18.62	22.65	21.8	24.07	25.11	34.93	65.33	100.41	101.05

图2　中宁县1958—2017年年末耕地面积

（二）种植结构调整步伐加快。

单位：万亩

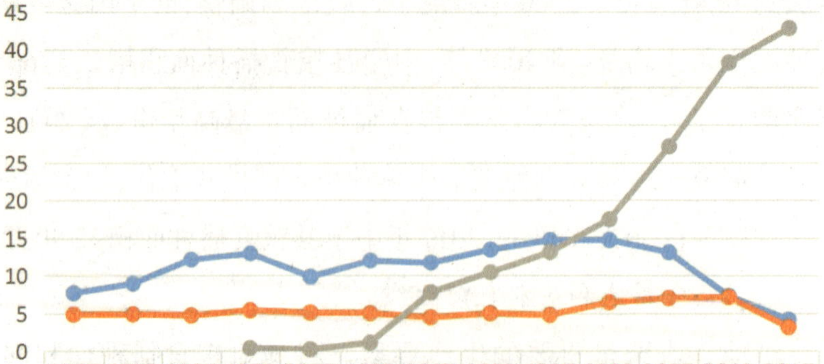

单位：万亩	1958年	1962年	1967年	1972年	1977年	1982年	1987年	1992年	1997年	2002年	2007年	2012年	2017年
小麦播种面积	7.68	8.92	12.1	12.9	9.83	11.9	11.7	13.4	14.7	14.7	13.1	7.25	4.11
水稻播种面积	4.84	4.86	4.7	5.36	5.06	4.98	4.46	4.98	4.76	6.41	6.96	7.1	3.13
玉米播种面积				0.38	0.22	1.09	7.75	10.4	13.1	17.4	27.0	38.2	42.7

图3　中宁县1958—2017年主要粮食播种面积

小麦、水稻和玉米是中宁县三大粮食种植作物。1958年，小麦种植面积7.68万亩，占全县粮食种植面积的30%；水稻种植面积4.84万亩，占全县粮食种植面积的17%；玉米种植基本空白。1970年开始大面积种植玉米后，玉米种植面积从无到有发展快速，到1985年用了15年首次超过了水稻的种植面积。1985年，小麦种植面积11.44万亩，占全县粮食种植面积的42%；水稻种植面积4.66万亩，占全县粮食种植面积的17%；玉米种植面积5.81万亩，占全县粮食种植面积的21%。从1958年到1998年的40年间，小麦种植面积一直独占鳌头。1999年玉米种植面积首次超过了小麦，成为三大粮食作物种植面积之首，当年小麦种植面积16.47万亩，占全县粮食种植面积的34%；水稻种植面积7.64万亩，占全县粮食种植面积的16%；玉米种植面积18.17万亩，占全县粮食种植面积的38%。2005年是小麦种植面积最多的一年，种植面积17.60万亩，占当年粮食种植面积的34%。从2006年开始，受比较效益的影响，小麦种植面积下降步伐加快，相反，玉米种植面积大跨步的增加。2014年小麦种植面积下降到2.16万亩，只占当年粮食种植面积的4%，成为自1958年来种植小麦面积最少的年份。2015年玉米种植面积增长到历史最高纪录，达到46.68万亩，占当年粮食种植面积的86%。

二、总产跨上30万吨台阶

中宁县粮食总产量由1958年的3.49万吨增加到2017年的30.38万吨，增长

8.7倍。

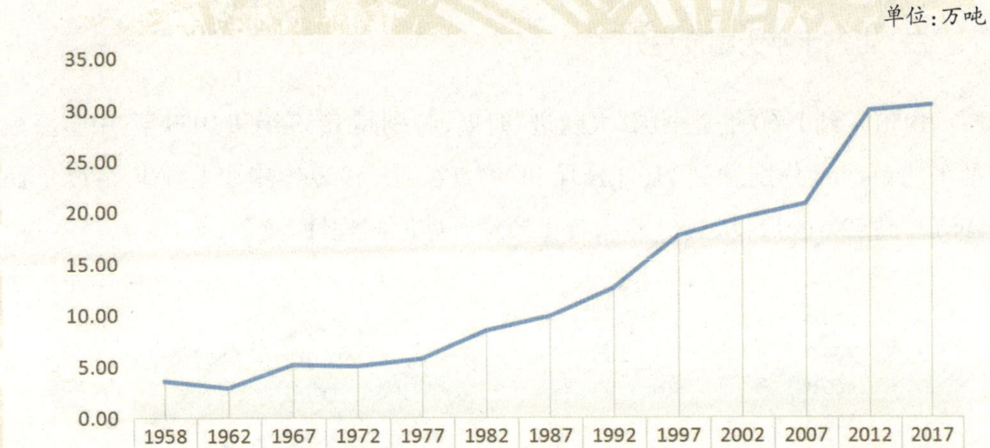

	1958年	1962年	1967年	1972年	1977年	1982年	1987年	1992年	1997年	2002年	2007年	2012年	2017年
总产	3.49	2.82	5.08	4.94	5.66	8.39	9.80	12.54	17.62	19.35	20.74	29.85	30.38

图4　中宁县1958—2017年粮食总产量

1958年到1980年的22年间，中宁县粮食生产为缓慢小幅上升阶段。其间，1959年到1961年三年困难时期，粮食产量继续滑坡，1961年粮食生产下降到自1958年以来的最低点，下降到2.42万吨，只比中宁县1949年到1951年三年的粮食产量略高。发展速度缓慢。1976年，由于盲目扩大晚熟水稻的种植面积，加之低温袭害，水稻几乎绝产，粮食总产猛跌至4.07万吨，比1975年减产2.65万吨，减39.5%。1981年，中宁县全面推行农业生产责任制，专业组、专业户像雨后春笋般地涌现出来，农民大刀阔斧地改革耕作制度，改善生产条件，粮食总产超过历史最高水平的1975年，当年粮食产量跃上7.46万吨。

自1981年到2000年中宁县粮食生产进入快速增长阶段，除了1985年和1992年有小幅回落外，中宁县粮食生产快速增长，1988年全县粮食产量首次突破10万吨台阶，达到10.19万吨。2000年全县粮食产量首次突破20万吨台阶，达到20.28万吨，是1958年的5.81倍，是1981年的2.72倍。2001年到2003年，中宁县粮食生产持续回落。

2004年以来，中央出台了一系列恢复和发展粮食生产的政策措施，在支农惠农政策到位，种子优化、测土配方施肥、实施高产创建示范活动以及人努力、市场旺、天帮忙等共同作用下，扭转了粮食播种面积下滑的局面。2004年粮食总产再次上升到20.05万吨，比上年增产1.71万吨。之后，国家不断加大对粮食生产扶持力度，粮食生产出现稳产势头，使全县粮食综合生产能力进入稳步提高阶段，到2016年全县的粮食总产量首次突破30万吨，达到30.28万吨。

三、亩产水平大幅度提升

1958年到1960年是全国“大跃进”时期，特别是1958年和1959年，中宁县粮食平均亩产量分别达到136.3公斤和141.7公斤，1959年中宁县平均亩产量比1961年高52.6公斤，从1961年粮食亩产量开始回归理性。

单位：公斤/亩

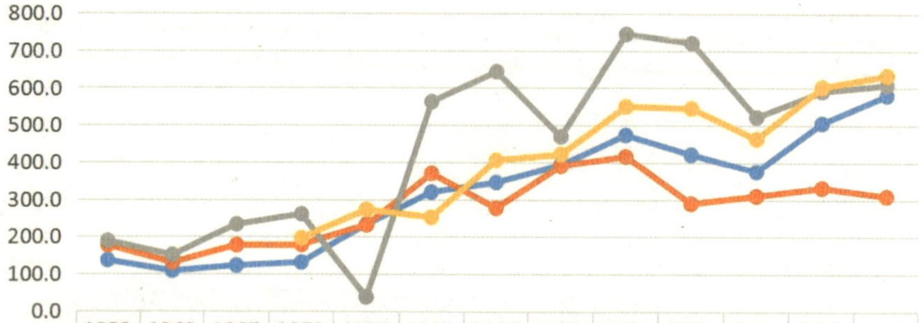

	1958年	1962年	1967年	1972年	1977年	1982年	1987年	1992年	1997年	2002年	2007年	2012年	2017年
粮食亩产量	136.3	108.0	122.4	130.9	233.0	319.4	345.6	392.6	473.7	421.2	375.0	505.3	579.9
小麦亩产量	176.4	130.3	176.8	178.2	231.4	369.6	276.5	390.2	415.9	289.1	309.4	331.1	308.6
水稻亩产量	188.2	150.6	232.7	260.4	37.9	562.8	643.4	469.5	744.5	720.0	521.8	590.5	607.9
玉米亩产量				195.7	272.3	251.8	405.5	421.5	549.9	545.3	463.0	602.0	633.1

粮食亩产量 小麦亩产量 水稻亩产量 玉米亩产量

图5　中宁县1958—2017年主要粮食亩产量

1958年到1973年间中宁县粮食平均亩产水平在200公斤内波动，1961年为89.1公斤，为1958年来历史最低水平。1974年中宁县粮食平均亩产首次增长到200公斤以上，达到241.3公斤。1974年到1991年间，除了1976年再次下降到200公斤以下外，用了17年时间增加到400公斤以上，达到417.9公斤，这一年水稻亩产量首次突破700公斤大关，达到701.3公斤。1992年到2017年的25年间，由于行政区划调整，原固原县的大战场乡、彭阳县的马家梁乡、海原县的徐套乡、同心县的喊叫水乡四个山区乡先后划归中宁，因此粮食平均亩产量有所波动，但对中宁县粮食平均亩产量影响不大，2017年中宁县粮食平均亩产量增长到579.9公斤，为历史最丰收的一年。

（一）小麦亩产量增幅缓慢。

20世纪60年代初，各种优良品种普遍使用，小麦撒播基本淘汰，实现了条播、机播，中宁县小麦亩产量从1958年的176.4公斤在上下波动中增加到1971年的203.3公斤，首次突破200公斤大关。1978年在全县示范推广小麦套种玉米苏子。小麦套种面积增加，对小麦亩产量影响也较大，因此1972年到1992年间，中宁县小麦亩产量在200公斤到400公斤之间艰难爬坡，到1993年中宁县小麦亩产量终于突破400公斤大关，增加到417.8公斤，但好景不长，只维持了6年，1998年小麦亩产量增加到429.6公斤，增长到历史最高水平。由于行政区划调整，调整到中宁县的四个山区乡特别是喊叫水乡和徐套乡小麦生产靠天吃饭，广种薄收，拉低了全县小麦的亩产量，中宁县小麦亩产量从1999年到2017年再没有突破400公斤，一直在200—300公斤之间波动。

(二)玉米亩产量的大幅提升为中宁县粮食生产注入新鲜血液。

1958年到1969年，中宁县玉米生产还是空白，1970年中宁县开始种植玉米，当年玉米的亩产量只有180.3公斤。自1978年在全县示范推广小麦套种玉米，玉米种植开始正式登上粮食生产的大舞台，当年玉米亩产量猛增到338.7公斤，比1970年增长88%。1979年到1981年玉米生产经历了3年低迷时期，由于全县玉米基本全部为套种，因此玉米亩产量在1981年回落到历史最低，亩产量只有150.5公斤。自1982年以来，因为全面推行农业生产责任制，再加上玉米新品种的不断引进，因此玉米亩产量开始逐年上升，到1995年就增长到528公斤。从2011年到2017年由于玉米单种面积占比逐年增加，玉米的亩产量再次跃上了一个新的台阶，2017年玉米亩产量增加到633.1公斤，为历年来玉米亩产量的最高水平。

(三)水稻亩产量在三大主要粮食生产中一直占据领先地位。

20世纪60年代初，在“调整、巩固、充实、提高”方针的指导下，县委、县政府及时对全县社队规模和产业结构进行调整。农业生产内部结构趋于合理。水稻插秧在全县首次出现，各种优良品种普遍使用，中宁县水稻亩产量在1958年就以188.2公斤占据三大主要粮食亩产量榜首。到1971年率先突破300公斤大关，增加到312.7公斤，比小麦突破300公斤大关提前5年，比玉米突破300公斤大关提前7年。1976年到1977年，由于盲目扩大晚熟水稻的种植面积，加之低温袭害，1976年水稻亩产量108.6公斤，1977年水稻亩产量只有37.9公斤，水稻几乎绝产。从1978年以后，水稻生产进入了快车道，水稻亩产量的最高纪录频频被刷新，1980年突破500公斤大关，增长到500.7公斤，1985年突破600公斤大关，增加到630.2公斤，1991年突破700公斤大关，增长到701.3公斤，1997年增加到744.5公斤，成为水稻生产最辉煌的一年。

执笔人：朱学东

海原县粮食产量大幅增长　种植结构持续优化

宁夏回族自治区成立的60年以来，是经济社会全面发展、民生得到极大改善的60年，是农业农村基础不断夯实、粮食生产能力不断提高的60年。60年来，在党和政府的关怀下，海原县人民群众艰苦奋斗，积极提高粮食种植的科技含量，粮食生产能力显著提升，粮食种植结构持续优化，粮食持续增产为支持社会经济发展，保障民生发挥了巨大的作用。

一、粮食总产量实现倍增

(一)1958—1978年，粮食产量较低。

自治区成立初期，正值人民公社化时期，农业生产效率低下，1958年海原县粮食总产量只有4万吨，改革开放前的20年粮食总产量变化起伏大，增速缓慢。1979年总产量5.3万吨，比1958年增长32.7%，年均增长1.4%。

单位：吨

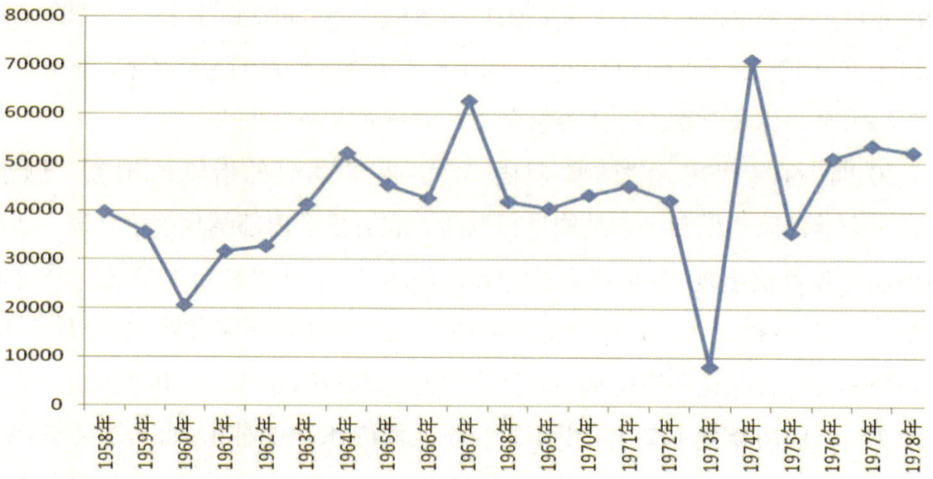

图1　1958—1978年海原县粮食产量

(二)1979—1999年，粮食产量增速回暖。

随着来自“小岗村”的星星之火变成全国燎原之势，改革开放的春风吹遍神州大地，随着家庭联产承包责任制的实施，此后粮食增产进入快车道，1999年海原县粮食总产量就跃升到12万吨，较1958年增长了3倍有余。这一期间，农民的种植积极性很高，但是期间由于海原多山地，降水少，受气候因素影响，这一阶段粮食产量回暖，但是年均增速只有4.2%。

单位：吨

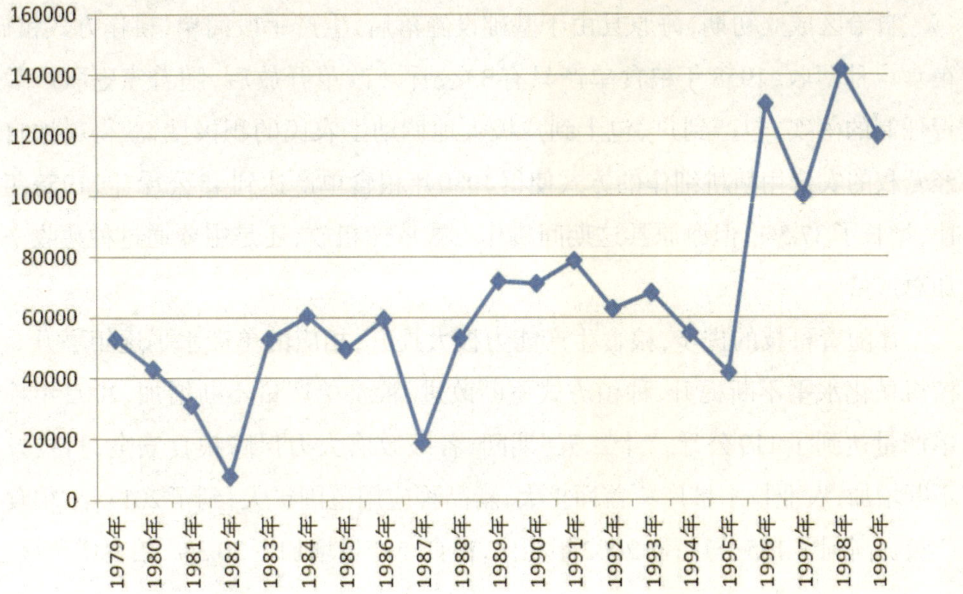

图2　1979—1999年海原县粮食产量

（三）2002—2017年，粮食产量快速增加。

这期间，党和政府对于农业给予了极高的重视，种植业方面出台了一系列补贴及优惠政策，农民种植粮食积极性提高，同时种植方式不断从粗放型向集约型转变，种植业的科技含量不断提高，农作物产量快速增加，但是这期间由于退耕还林的力度较大，种植面积有所减少，期间粮食产量年均增速为5.2%。

单位：吨

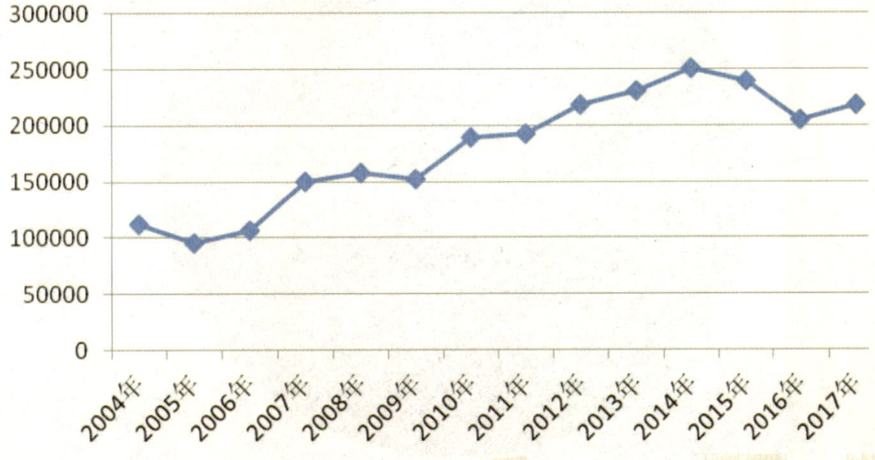

图3　2004—2017年海原县粮食产量

二、粮食单产水平逐年攀升

自治区成立初期，海原县由于基础设施落后，生产手段简单，耕作方式粗放，粮食广种薄收，1958年粮食单产只有33公斤。改革开放后，随着家庭联产承包责任制的落实，包产到户、包干到户极大地调动了农民的积极性，获得耕地自主经营权的农户用精耕细作的方式使得1980年粮食单产达到45公斤，同1958年相比，增长了37.5%，但海原县这期间耕作方式依然粗放，还是主要通过种薄收来增加总产量。

伴随着科技的进步，粮食生产能力极大提升，相应的单产水平逐年攀升。种植机械化水平不断提升，种植方式不断改进，粮食单产量不断增加，2002年粮食单产量达到了119公斤，“十二五”期间，各级政府大力保障粮食安全，科技投入不断增加，农业技术推广覆盖面扩大，新品种应用范围扩大，到了2017年，粮食单产量提高到了155公斤，同2002年相比，粮食单产量增加了30.3%，粮食增产显著。

三、粮食作物结构调整效果明显

由于早期农民种植粮食更多的是为了消费和储存，种植较单一，小麦是种植的主要作物，玉米种植量很少。进入21世纪，农户种植观念转变，种植的目的更多是为了出售，粮食种植结构不断优化。

单位：%

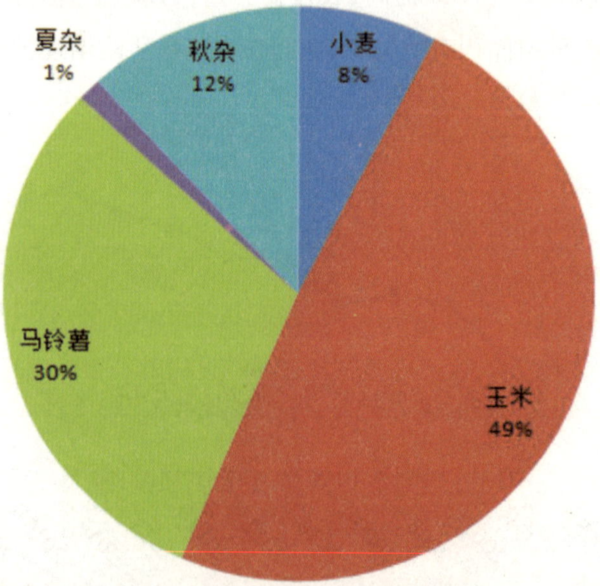

图4　2017年海原县产量结构

由图4可见，2017年，海原县玉米产量最多，其次为马铃薯，第三是秋杂，第四才是小麦，农民为了追求更高的种植效益，粮食种植结构不断优化。而这种结构并不是一蹴而就的，经历了较长的市场指引以及本地气候等因素的影响，由图5可见，自2002年开始，种植结构不断优化，小麦种植量逐渐减少，而玉米逐渐增加，马铃薯种植量也在不断调整。

单位：吨

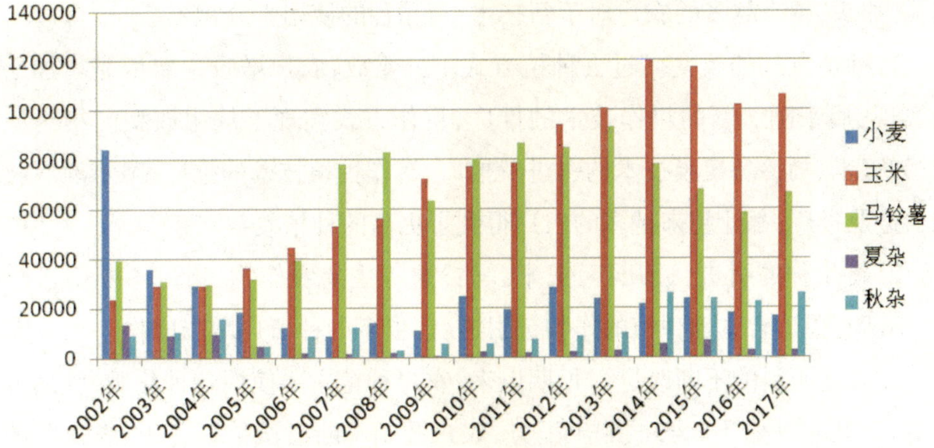

图5　海原县粮食结构变化情况

四、海原县粮食生产的动力来源

海原县粮食生产之所以出现上述可喜成效，回顾其发展轨迹，总结其成效经验，以下四个方面尤为重要，值得汲取。

（一）惠农政策为粮食生产注入强大动力。

60年来粮食生产能力大幅提升，粮食产量实现倍增得益于工业反哺农业，各种惠农政策的出台，各级政府落实中央政策得力。继2006年全面取消农业税后，国家大力支持三农建设发放粮食直补、农资综合直补、良种补贴和农机具购置补贴“四补贴”资金，政策“给力”，使农民种粮尝到了甜头，有了劲头，同时近几年精准扶贫政策的实施，也在种植业方面有许多优惠补贴政策，各项政策的激励带动作用得到了充分发挥，有力调动了农民务农种粮的积极性，为粮食连续增产发挥了重要作用。

（二）机械化程度全面提高。

20世纪90年代之前，粮食生产还主要依靠牛耕、犁耙，灌溉技术也十分落后，进入90年代中后期，拖拉机等农用机械才渐渐进入农户家中，到21世纪初，农业机械化进程加快，农业机械化的快速推进，进一步减轻了农户种植负担，而且使农村规模化种植成为了可能。灌溉技术的不断进步，使得更多的山地修整成了灌溉地，农业机械化进程的加快，为粮食生产提供了巨大的动力。

（三）科技支撑能力不断增强。

首先，基层农业技术推广使农民走上了科学种植的道路，素质提高。海原县农牧局和科技局推广各种新的种植技术以及种植品种，让农村居民尝到了“科技”的甜头，越来越多的农户对于新技术、新品种的使用十分积极。

1. 种植方式的改变。过去种植方式十分粗放，农户增收主要依靠增加面积来实现，后来随着新的耕作技术的推广，耕作方式实现了从粗放型向集约型转变，如玉米、马铃薯覆膜技术的引进及推广、垄作种植技术的推广，节水灌溉技术的引进及推广，都让越来越多的农户得到了更高的种植效益。

2. 新品种的引进，近几年，玉米、马铃薯等主要农作物，通过不断引进新品种，不断有更适合本地种植的作物被引进，让更多的种植户增产增收。

3. 农用肥料的不断改进。长期以来，农户种植主要使用各种化肥，施用方式粗放，近几年开始不断尝试测土配方，农户开始不断尝试秸秆还田、农家肥的施用，逐步减少化肥的施用。通过这些方式，不仅实现增产，而且更加绿色环保。

（四）农业基础设施不断夯实。

首先是中低产田退耕还林，避免农村地区陷入PPE怪圈，同时改进灌溉技术，实现更多山地改为灌溉地。近几年，大力实施坡改梯政策，通过坡改梯，将农村地区不利于保土、保水、保肥的山坡地，改造成梯田，方便种更多的农作物，并且粮食产量更高。

执笔人：李楠

永宁县畜牧业发展的巨大变化

自治区成立60年来，永宁县畜牧业生产发生了巨大变化，特别是改革开放以来，永年县更是把发展畜牧业作为提高农民收入的重要举措，从政策、资金上给予了大力扶持，大大提高了农户养殖的积极性。进入21世纪，永宁县积极推动畜牧业生产方式转变，加强畜禽养殖监管，以推进畜牧业标准化、规模化养殖为重点，狠抓畜禽品种引进改良、标准化规模养殖场区建设、重大动物疫病防治等工作，同时积极出台各项扶持奖励政策，主要畜禽生产取得长足发展，畜牧业已成为农民增收的重要途径。

一、畜牧业养殖结构变化显著

经历了20世纪80、90年代的“鼓励养殖、户户养殖”的大力倡导后，养殖总量迅速扩大。近十年以来，永宁县加强了土地利用规划，各乡镇拆迁迅速，中心村建设和土地流转加快，同时随着畜禽良种化、生产规模化、养殖设施化、管理规范化、防疫制度化、粪污处理无害化“六化”进程的推进，进一步规范畜牧业养殖，保护生态环境，打造全国文明城市。同时，按照优质化和品牌化建设的思路，大力推广圈舍养殖，发展青贮技术，引进优良品种，优化畜禽内部结构，污染较大的生猪养殖逐渐减少，特色优质的肉牛肉羊养殖和市场灵活的家禽养殖得到长足发展。

（一）猪、牛、羊、禽存栏结构比重变化明显。

2000年以来，受政策、市场行情、消费观念等诸多因素影响，永宁县主要畜禽养殖内部结构发生了较大变化（见图1、图2、图3），生猪养殖迅速减少，牛、羊养殖经历了前五年的迅速增加到2005—2010年的明显减少，再到近十年来趋于稳定发展的过程和良好态势。家禽业在存栏结构中比重越来越大。一方面由于投资少、见效快被越来越多养殖户所接受，另一方面由于引进了晓鸣禽业，2010年以后养殖量迅速增加，永宁县主要畜种猪、牛、羊、禽存栏情况：2000年分别为8.2万头、4.9万头、21.7万只、75.5万只；2005年分别为5.6万头、6.1万头、28.7万只、70万只；2010年分别为4.4万头、4.2万头、11万只、64.9万只；2017年分别为2.2万头、4.1万头、15万只、115.3万只。

单位：%

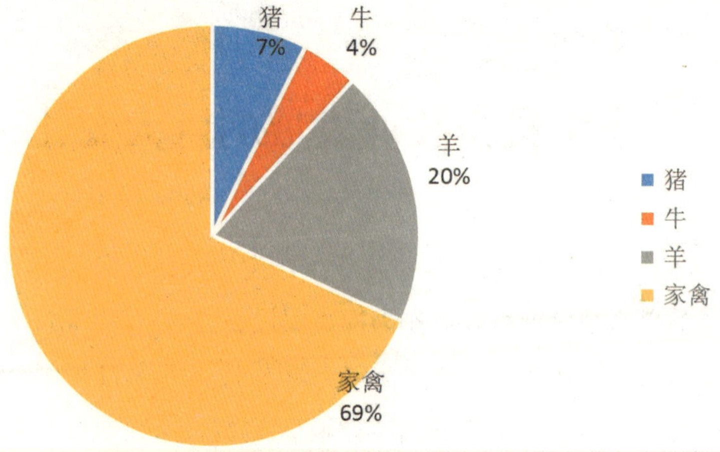

图1　2000年主要畜禽存栏所占比重

单位：%

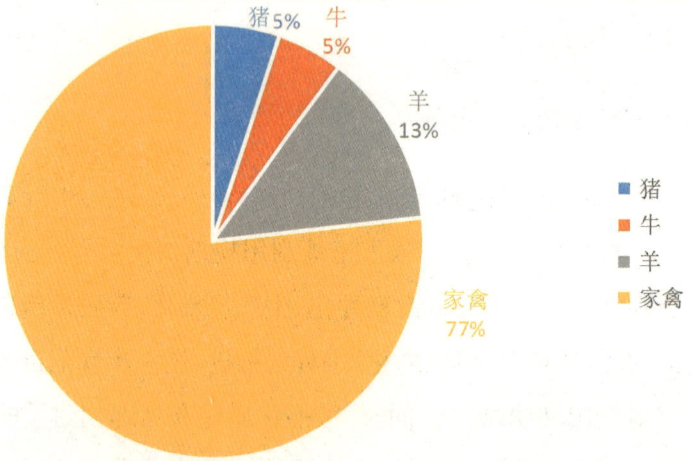

图2　2010年主要畜禽存栏所占比重

单位：%

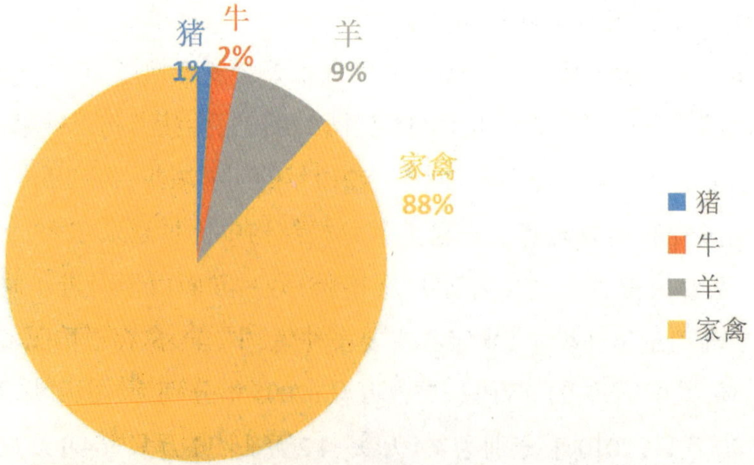

图3　2017年主要畜禽存栏所占比重

(二)猪、牛、羊、禽出栏变化大。

近20年来,主要畜禽的出栏数发生了巨大变化(见表1)。2017年永宁县主要畜种猪、牛、羊、禽出栏分别为4万头、3.4万头、21.1万只、141.6万只,2000年分别为8.5万头、1.7万头、10.4万只、86.4万只。期间生猪出栏减少4.5万头,牛、羊、禽出栏分别增加1.7万头、10.7万只、55.2万只,增长了100%、102.9%、63.9%。

"十二五"以来永宁县突出区域特色和比较优势,以建立肉牛、肉羊中高端生产经营体系为重点,提升主产区优势,壮大各类新型经营主体,构建生态循环和种养结合的生产体系,在闽宁镇大力发展肉牛、肉羊产业,以壹泰牧业、闽南羊场等为主体,以有市场基础有品牌创建能力的养殖企业为龙头,打造"互联网+联合体+企业+合作社+农户"的产业化生产经营模式,深深带动了永宁县肉牛、肉羊养殖业的发展。

表1　2000年以来主要年份猪、牛、羊、禽出栏情况

单位:万头、万只

	猪	牛	羊	禽
2000年	8.5	1.7	10.4	86.4
2005年	8.0	2.5	21.1	151.8
2010年	6.9	2.7	12.8	103.7
2015年	4.5	3.3	18.5	154.3
2017年	4.0	3.4	21.1	141.6

(三)散养户迅速减少,规模化养殖已是发展趋势。

永宁县位于宁夏回族自治区首府银川市区以南,交通便利,商业发达,选择就近打工和外出务工增加收入的农民增多,养殖业受到影响。随着城镇化、中心村建设的迅速推进,农民集中上楼,生产生活方式发生了巨大变化,散养户失去了养殖场地。同时,永宁县地处银川平原引黄灌区中部,东临黄河、西靠贺兰山,农村生态环境和水资源保护工作尤为重要,自2014年《畜禽规模养殖污染防治条例》实施以来,永宁县禁养区划定、水源地保护、畜禽粪污无害化处理等工作稳步推进,优化畜禽养殖产业合理布局,控制畜禽养殖污染,促进畜禽养殖业健康可持续发展已是必然要求。加之,散养户受养殖效益低,防疫难,污染重、抵御市场风险差等因素影响,已不适应现代畜牧业发展要求,散养户逐步退出历史舞台,发展适度规模养殖场(户)已成为必然趋势。截至2017年底,全县原有71个行政村692个生产队,拆除394个生产队,还剩298个,被拆除的生产队无散养养殖户，有养殖意愿的农户更多是选择扩大规模或者合作社集中养殖来扩大效益、增加收入。

二、养殖效益显著提升，主要畜产品产量稳步增加

60年来，政府的一系列惠民政策促进了畜牧业的发展，农户养殖积极性大大提高，主要畜产品产量得到大幅提升（见图4），特别是2000年至2005年期间，由于政府对畜牧业扶持力度大，畜牧业规模化、产业化发展迅速，畜禽养殖效益增加明显，主要畜产品产量得到质的提升，2005年以后则是逐年稳步增加。2017年永宁县肉类总产量14.7万吨，分别是2010年、2005年、2000年、1990年、1978年肉类总产量的1.2倍、1.3倍、21倍、36.8倍、147倍。

单位：万吨

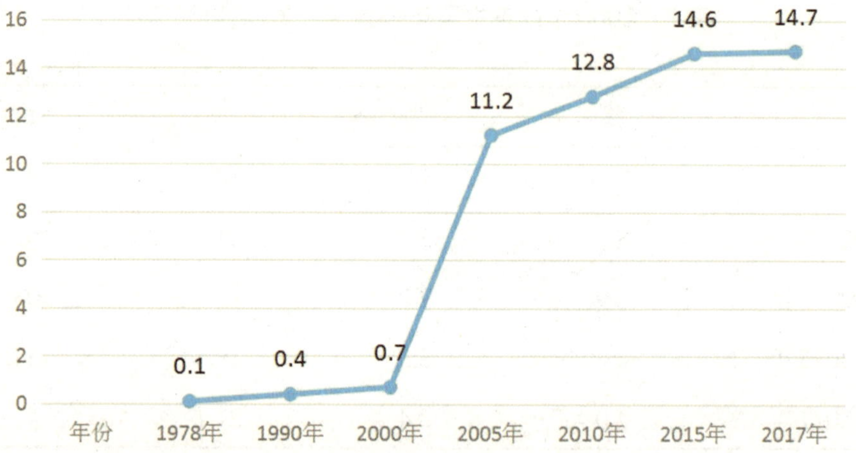

图4　主要年份肉类总产量变化趋势

三、牛奶产量大幅增加

改革开放以来永宁县生牛奶产量大幅增加（见图5），尤其是自2000年以来，永宁县大力推广优良品种和规模化养殖，大大提高了奶牛单产水平，奶产量大幅增加，每五年跨上一个新台阶。2017年，永宁县全年牛奶产量5.2万吨，分别是2010年、2005年、2000年、1990年牛奶产量的1.2倍、1.9倍、3.1倍、26倍，是1978年的1300倍。随着国民经济的快速发展和居民收入的持续提高，人们的饮食结构也快速发生着变化，对牛奶的需求日益增多，带动了奶牛业的发展，2017年，奶牛存栏1.3万头，数量是2000年的1.8倍，增长77.9%。

单位：万吨

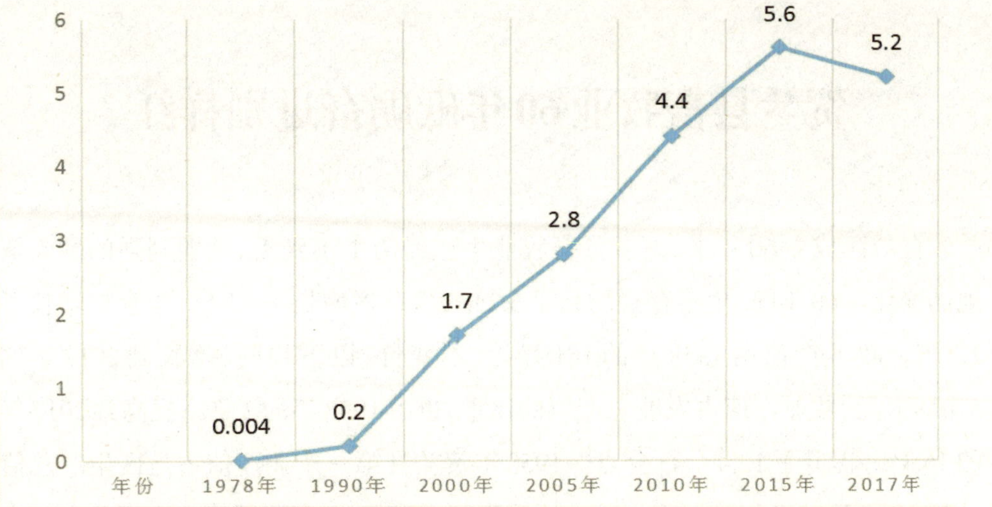

图5　主要年份牛奶产量变化趋势

四、种养结合，促进循环发展

近年来，永宁县以构建现代畜牧业产业体系、生产体系、经营体系为主线，加快标准化、优质化和品牌化建设，建立种养结合、绿色发展模式，推进深加工和第一第二第三产业综合发展，推进农村生态环境和水资源保护工作，积极加快畜牧业转型升级和现代化建设，促进畜禽养殖业健康可持续发展。

（一）改进技术，提高饲草生产能力。

2010年以来，永宁县全面推广营养调控、精准饲喂技术，扩大青贮玉米、黑麦草、燕麦等优质饲草种植，推进全程机械化，提高饲草生产能力，提高肉牛肉羊全株青贮玉米利用及饲草转化率。鼓励养殖企业和牧草种植生产企业建立订单产销对接机制，促进优质牧草订单生产销售，提高种养产出效益，促进第一第二第三产业融合发展，促进农民增收、农业增效。2017年，全县种植优质饲草4.4万亩，为畜牧业的发展提供了保障。

（二）打造全区生态循环农业示范县。

近年来，永宁县积极打造全区生态循环农业示范县。一是大力推进草畜产业园区建设，推广畜禽养殖粪污综合利用技术模式，规模养殖场粪污处理设施装备配套率达到80%，进一步推进了畜禽粪污资源化利用。二是大力发展种养生态农业循环项目，推进种养生态循环农业、努力实现“畜禽养殖—粪污无害化处理—有机肥生产—农田消纳—秸秆综合利用”封闭式生态农业生产的循环链，逐步提升养殖业可持续发展能力。

执笔人：连晨辉

贺兰县畜牧业60年砥砺奋进别样红

自治区成立60年来，贺兰县畜牧业生产经历了小到大，从弱到强的翻天覆地的变化。60年间，生猪存栏增长了3.2倍，牛存栏增长了4.8倍，羊存栏增长了1.9倍。牧业产值由1958年的161万元（不变价，以下均同）增长到2017年的57078万元，牧业产值占农业总产值的比重，也由1958年的2.9%，提高到2017年的16.3%，提升了13.4个百分点。1958年贺兰县第一产业产值占地区生产总值的73.8%，至2016年第一产值所占比重降到了12.2%，下降了61.6个百分点。在第一产业比重下降的同时，畜牧业产值占第一产业的比重却逐渐上升，反映了随着人民生活水平的提高，对畜产品的刚性需求越来越旺。

自治区成立60年来，贺兰县畜牧业的发展历程大体分为以下三个阶段，呈现不同特点。

一、改革开放前二十年（1958—1978）养猪业大发展

此阶段农村经济是以集体生产为主，家庭副业限制发展，农民以参加集体生产挣取工分，以换得年终物资的集体分配，牧业养殖除了集体举办养殖场外，农民家庭主要以养猪和家禽为主，个人养猪屠宰要缴屠宰税，自养的家禽以自食为主，少量上集市上卖，驴、马、牛、骡大多为役畜，属于生产资料范畴。由于生猪繁殖率高，多胎，投资相对较少，所以此阶段生猪养殖发展最快，从1958年发展到峰值顶点增长了12.1倍，用了18年，年均增长率为15.4%，按乡村户数计算，户均养殖生猪存栏从1958年的0.3头，至1976年增加到2.4头，18年间增长了9.8倍；羊存栏从1958年的38454只发展到1981年达到第一个峰值105171只，比生猪发展迟了5年，增长1.73倍，年均增长率为4.7%，户均养殖从2只增加到4只，增长了97%；而主要作为役畜的黄牛存栏从10017头却因为机械化投入替代畜力耕种，降到8839头，平均两三家一头牛，18年下降了11.8%。此阶段贺兰县人口152140人，年均增长率为2.3%，其中农村人口为140793人，年均增长率为2.4%，农村人口占全县人口的比重达到92.5%。可见全县经济的发展主要依靠农业的推动，而据新华社报道："1960年全国各地农村遭受近百年没有过的严重自然灾

害，受灾面积达9亿亩，占全国耕地一半以上，其中3亿到4亿亩更遭受重灾，有不少农田颗粒无收。”对贺兰县畜牧业的发展也带来了巨大的困难，但发展食草类畜类产品，以解决缺粮的困难，使得牧业产值占农业的比重从2.9%增长到1972年25.3%后，又降到10%。

生猪存栏量的增长明显，从1958年至1978年增长了7.8倍，年均增长11.5%；而作为生产资料的役牛存栏量，在1964年达到峰值后由于受全国性严重自然灾害的影响，饲草、粮食的空前紧缺，繁殖率下降，出现明显的滑坡，20年间下滑了18.3%，年均下滑1.0%；肉羊养殖，因为荒地较多，适合牧放养殖，受到60年代初期饥荒的影响不大，保持了较为平衡的发展态势，20年间存栏量增长了76.2%，年均增长2.9%。

二、改革开放后20年（1979—1998年）养牛专业户快速发展

1978年十一届三中全会召开，在拨乱反正中吹响了中国改革的号角，促进了以家庭为主的农村经济的起步与发展，给农民带来了副业发展自主权。发展到80年代后期，已经完成初步积累的农民开始向专业化养殖方向转化，引进优质奶牛、优质种猪、小尾寒羊、关中驴等。一方面可以得到政策扶持，贷款扶持，另一方面可以通过专业化提高了养殖生产效率，提高了肉品商品转化率，缩短出栏时间，降低养殖成本，同时可以带动周边农民家庭畜牧业养殖的发展。此阶段，生猪存栏由1978年的42031头发展到1998年的51952头，增长23.6%，年均增长率为1.1%，比改革前20年增势显著下牛逐步演化为商品肉牛，年均增长率为5.3%，而役用畜占大家畜的比重已经降到33.2%。从有记录的1991年开始，贺兰县奶牛存栏为1160头，到1998年奶牛存栏增长了1.3倍，7年间年均增长率达到12.3%，如此快速的发展一方面得益于国家农村政策的改革，另一方面得益于地方政府的大力扶持。

此前的两个阶段历史数据主要记录着家畜的发展，牛、马、驴、骡大型家畜主要作为生产工具而服务于农业生产，少量部分才用于丰富人们的食品结构，此间猪牛羊肉类总产量增长了8.9倍，年均增长率为12.2%；牛奶产量从有记录的1974年到1998年以年均27.5%的速度递增，不仅丰富了人们的食品结构，由于青饲料需要量倍增，玉米需求倍增，也带动了附近农户收入的提高，对于改善农民收入状况功不可没。

三、十五届三中全会后的20年(1999年以后)奶牛业发展为支柱产业

(一)猪羊高点跌落,奶牛养殖业结构重组进入快速发展期。

1998年10月党的十五届三中全会通过了《中共中央关于农业和农村工作若干重大问题的决定》,强调以家庭承包经营为基础、统分结合的经营制度必须长期坚持。经过长期调研后,2006年《中华人民共和国农业税条例》正式废止,农民彻底告别了延续2600多年的皇粮国税,2月17日,农业特产税和屠宰税也被取消,从此从事农业生产的农民可以轻身上阵,社会经济加速发展,贺兰县畜牧业也呈现了专业化、集团化的发展趋势,专业养殖户经过20世纪90年代的摸索与市场的考验,积累了拥有了相对充足的资金,为了抵御经营风险,在市场的压力之下,经营者自觉展开了行业资源整合,使养殖规模从十几头、几十头、几百头向几千头、上万头并购,截至2017年,牛存栏为57860头,比1999年增长1.7倍,其中奶牛存栏为45985头,增长16.8倍,所占比重达到79.5%;从图3可以看出猪与牛存栏呈现反转对称形态,即随着时间的推延生猪存栏呈下降趋势,而牛存栏呈上升态势,主要受奶牛存栏强劲增长态势的影响,年均增长率15.3%,牛奶年产量达到175219吨,年均增长16.3%,成为贺兰县畜牧业的支柱产业。此间生猪存栏量以年均4.7%速度下降,至2017年下降到19985头,猪牛羊肉年总产量达到7184吨,仅增长了16.6%,年均增长率为0.8%。

其中,“十一五”奶牛养殖经历了三聚氢氨事件的连锁打击,在全国性的国产牛奶滞销、奶粉滞销的大环境下,贺兰县奶牛养殖业也经历了一个重新洗牌的痛苦过程,奶牛散养户基本被消灭,经过优胜劣汰,优质奶牛集中到了规模户手中,规模户少了竞争对手,提高了规模效益,贺兰县奶牛规模养殖逆势走上了良性发展的道路。五年里,奶牛存栏数达到了11486头,增长了46.7%,为社会提供了134338吨安全奶源,比“十五”期间的牛奶产量增长了78%。

“十二五”是贺兰县奶牛业从规模户向集团公司转化的年代,单位奶牛养殖户由2011年的14家汇集成了8家实力雄厚的奶牛养殖公司,此间牛奶总产量达到433939吨,比“十一五”增长了2.2倍,奶牛占牛的比重提高到了73.2%,成为贺兰县畜牧业支柱产业。

(二)家禽养殖业的受禽流感影响逐年下滑,养殖户亏损加大,规模缩小

26年间家禽存栏增长了37.3倍,年均增长率为1.2%;蛋禽存栏比1998年增长了48%,年均增长率为2.4%,禽蛋产量,在频繁波动起伏中发展,年均增长率为4.3%。从图1中可见,家禽存栏1995年家禽存栏达到最高峰值732800只,

1997年和1998年禽流感首发于香港和广东省，中国被认为人流感病毒新亚型毒株多发地，随即家禽养殖跌入低谷，1997年贺兰县家禽存栏量降到416200只，市场萧条，禽类产品销售不畅，改革开放以来养殖户第一次经历了第一次严重的损失，经过国家各医疗防疫部门的各级防治，好在时间不很长，两年后的1999年家禽存栏再次恢复到了650700只的次高点水平。然而在禽流感还没找到一个有效的预防途径的前提下，禽流感一直是困扰养殖户的重要心病，家禽生产再难有新的突破，直到2003年春天，我国又遭遇一场非典型肺炎疫情重大灾害，以及2004年初禽流感感病毒H5N1再次袭击，短短一月，中国16个省份相继确诊了49处疫情。疫情来势迅猛，西至新疆东至上海，北达吉林南到云南，疫情在如此大的范围内此起彼伏，且规律难寻。

单位：只、吨

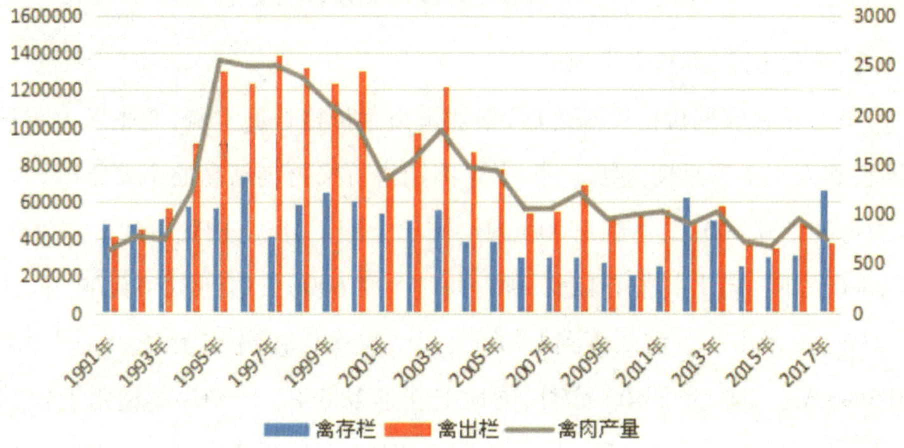

图1　1991—2017年家禽与出栏、禽肉关系

贺兰县家禽养殖业也因此受到了严重打击，禽类产品卖不出去，孵化出的雏鸡砸在生产者手中，因缺乏场地和喂养成本太高而不得不处理掉，规模养殖户造成巨额亏损，相当一部分养殖者伤了元气，亏损严重时二三十万并不少见。养殖规模由八九万只缩小到二三万只，个别人甚至很长时间里都不敢再染手。2009年一种新型流行病毒H1N1型病毒蔓延世界，贺兰县家禽存栏量一路下滑到2010年的212374只（改革开放以来的历史最低点），从图2中的虚线（趋势线）直线可见，在1991年以来，贺兰县的家禽养殖业总体是向下的趋势，造成如此状况的原因，主要是疫情来势凶猛，且毒性大变异快病死率高，是家禽养殖业发展面临的最大障碍。

单位：只

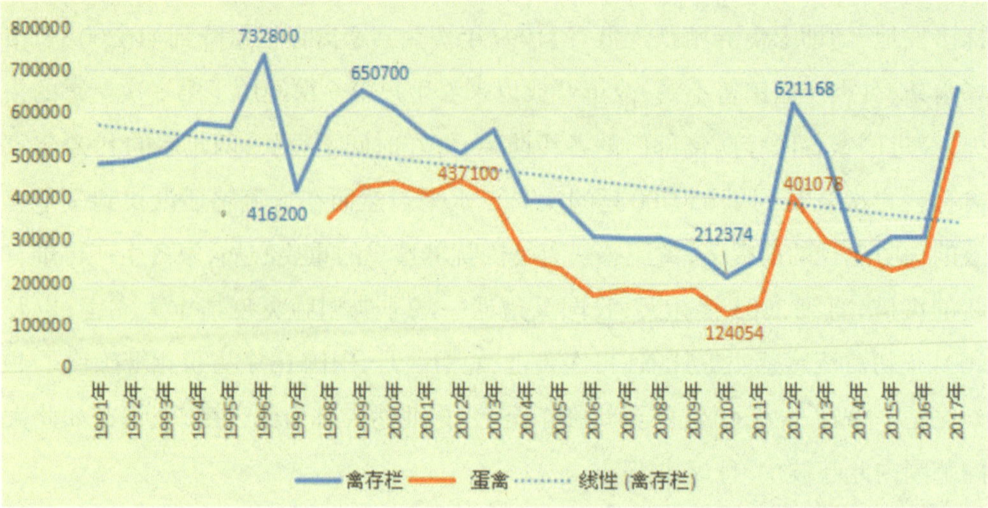

图2　1991—2017年家禽养殖存栏变化

(三)物价上涨，养殖成本上升。

2010年粮食收购价格提高之后，粮油蛋禽菜价格普遍上涨，通胀压力明显加剧，饲料和人工工资近期大幅上涨，牛羊肉销售价格再创新高的主要原因，其中：豆粕由每吨上涨600元，达到3900元/吨，同比上涨了18%；棉粕每吨上涨300元，达到2800元/吨，同比上涨了12%；棉籽每吨上涨600元，达到3150元/吨，同比上涨了23%；玉米由一月前回落到1.90元/公斤，再次反弹到2.1元/公斤，同比上涨了10.5%，人工工资上涨400元/月，同比上涨了28.6%。年初牛羊肉由上年的28元/公斤大幅上涨了21%之后，再度涨升，牛肉36元/公斤、羊肉37元/公斤，创历史新高。

综从上所述，60年间全县生猪存栏增长了3.2倍，达到了19985头，年均增长率2.5%；牛存栏增长4.8倍，达到57860头，年均增长率3%，其中奶牛存栏达到45985头，从1991年开始到2017年增长了38.6倍，年均增长率为15.2%；羊存栏增长1.9倍，达到110546只，年均增长率为1.8%；家禽存栏增长37%，达到657896只，年均增长率1.2%。(见图3)

从图3可以看出，60年间生猪生产的发展与牛羊的变化曲线有着明显不同的特点：一是生猪经历了两次养殖高峰之后，趋势线相对平直，无论如何上涨，都要被向下回归，形成箱型变化形态，受市场价格与进口贸易影响较大，目前靠近箱底运行；二是生猪繁殖周期为四个月，繁育胎数较多，每胎7—12头，相对于牛羊繁殖具有数据优势和周期短的优势，投资见效快，所以容易受到市场行情影响较重，这也是生猪生产不同于牛羊波折较多的主要原因。

单位：头、只

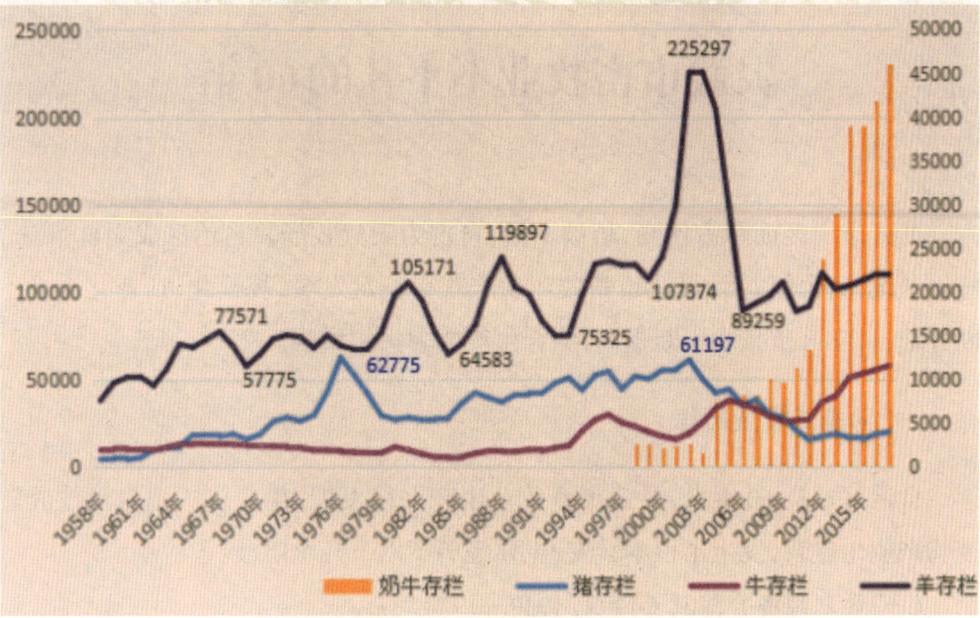

图3　60年间贺兰县畜牧业发展变化

执笔人：贾长胜

灵武市畜牧业不平凡的60年

灵武市山区面积占比高，植被丰富，自古为天然牧场。自治区成立60年来，特别是改革开放以后，灵武市畜牧业生产获得长足发展，规模化、产业化水平不断升级，科学养殖技术不断提高，综合生产能力大幅增强。

一、阶梯式发展历程

自治区成立60年来，灵武市畜牧业生产平稳发展，生产方式由自然放养转变为产业化经营，发生了根本转变，主要经历了以下几个阶段：

(一)计划经济自然放养阶段(1949—1978年)。

1. 快速起步期(1949—1957年)。这一阶段灵武农村完成了土地改革和农业合作化，在实现耕者有其田、养者有其畜的情况下，极大地调动了农民发展畜牧业生产的积极性。同时，良种繁育、疫病防治、饲养管理等现代畜牧业生产技术开始得到推广应用，有效地促进了畜牧业生产迅速恢复和发展。到1957年，全市牛存栏4819头，生猪存栏5977头，羊存栏66706只，分别比1949年增长63.1%、1.7倍和49.7%；畜牧业产值154万元，比1949年增长60.4%，占农业总产值的14.2%。

2. 调整发展期(1958—1965年)。1958年10月宁夏回族自治区正式成立，同年农村建立人民公社制度，将家庭饲养的牲畜收归集体所有，在"人民公社三级所有，队为基础"的政策下，下放生产队经营，取消家庭饲料自留地。期间又遇到了三年自然灾害(困难时期)，畜牧业生产发展遭遇挫折，存栏量大幅下降。到1965年全市畜牧业得到了较好的恢复和发展，牛存栏8961头、生猪存栏13858头、羊存栏18.8万只，分别比1957年增长85.9%、1.3倍和1.8倍；畜牧业产值367万元，较1957年增长1.4倍，占农业总产值的19.5%，提高5.3个百分点。

3. 波动徘徊期(1965—1978年)。1966年"文革"爆发，人民公社制度进一步得到强化，个体经济被加以限制，农村普遍建立了集体所有制畜牧场。分配上的平均主义，限制了畜牧业的发展，生产在相当长的时期内处于波动徘徊的局面，畜种上存在重猪轻牛羊的趋势。到1978年，生猪存栏量3.1万头，较1965年增长

1.2倍；牛存栏4720头，羊存栏17.1万只，较1965年分别下降47.3%和9.0%。

（二）商品市场经济分散经营阶段（1979—2002年）。

党的十一届三中全会后，山区贯彻"以牧为主，兴牧促农，农林牧全面发展"的方针，退耕还牧，发展畜牧业。

1. 过渡期（1979—1985年）。1983年灵武逐步实施家庭联产承包责任制，畜牧业生产完成了从公有公养向分户承包家庭散养过渡，从"以养猪为中心"转变为四大畜种均衡发展。1985年末，生猪存栏2.2万头，较1979年下降29%；牛、羊存栏量7080头和22.1万只，较1979年分别上涨50%、29.2%；家禽存栏15.6万只。

2. 快速发展期（1986—2002年）十一届三中全会以后，畜牧业生产力进一步得到解放，随着市场经济体制的确立，畜产品经营开始从统购统销向商品生产领域过渡，广大农民受商品经济观念和畜牧政策影响，更加注重经济效益，着重发展瘦肉型生猪、肉牛、奶牛、家禽养殖，有力推动传统畜牧业生产结构改革，饲养结构、养殖品种及产品结构得以快速调整，畜禽生产快速增长。2002年末，全市生猪饲养量17.8万头、牛饲养量7.9万头、羊饲养量83.4万只，较1985年分别增长3.7倍、8.9倍和2.2倍，家禽存栏112.3万只，较1985年增长7.2倍。在猪、牛、羊、禽生产快速发展基础上，主要畜禽产品产量亦呈现出快速增长态势。2002年末，肉产量2.1万吨，较1985年增长12.7倍；奶产量3.4万吨，较1985年增长112.3倍；禽蛋产量6262吨。畜牧业总产值28884万元，占一产的44.1%，较1985年提高34个百分点。

（三）市场经济产业化阶段（2003—2017年）。

经过20世纪90年代快速发展后，各主要畜种存栏数量达到最高值。2003年因行政区划变动、封山禁牧及"口蹄疫、蓝耳病"等因素影响，全市畜禽饲养量大幅下降。生猪饲养量10.9万头，同比下降38.8%，牛饲养量降至4万头，同比下降49.4%；羊饲养量57万只，同比下降31.7%；家禽存栏25.7万只，同比下降77.1%。

2009年以后，政府提出大力发展羊产业，并制定、出台了《灵武市羊产业发展规划（2009—2012年）》及《关于羊产业铸龙系统工程实施意见》，灵武市羊产业铸龙工程开始实施，极大地推动了羊产业的规模化进程。同时围绕畜牧业发展目标，从优化畜牧业区域布局、加大畜牧业结构调整力度、加快推进健康养殖、促进畜牧业科技进步、发展规模化养殖和产业化经营等几方面全面推进畜牧业生产，加大对畜牧业生产金融支持力度，积极发展奶牛、生猪、肉鸡等优势产业（打造特色牛羊肉、黑山羊、山草羊、灵农猪肉等品牌，积极发展优势产业），加强畜禽良种基地建设，加大良种推广力度，提高畜禽产品产出，使全市畜牧业不仅在总量上迅速增长，质量上也得到了极大提升，并且在农村经济中的比重继续提高。2017年猪、牛、羊的出栏量分别达8.9万头、2万头和46.3万只，较2003年增长60.2%、82.7%和78.9%；肉类总产量达1.9万吨，奶产量达6万吨，分别增长92.3%、61.5%，成为第一产业生产发展中最为强劲的行业。

二、发展成果显著

（一）养殖业规模实现跨越式增长。

1. 饲养规模扩大。2017年全市牛饲养量4.5万头，较1985年增长4.8倍，其中年末存栏量2.5万头，较1958年、1978年分别增长4.8倍和4.3倍，饲养量千头以上养殖场8家。生猪饲养量17.3万头，较1985年增长3.6倍，其中年末存栏量8.4万头，较1958年、1978年分别增长11.6倍和1.7倍，饲养量万头以上养殖场2家。羊饲养量77.6万只，较1985年增长2.0倍，其中年末存栏量31.2万只，较1958年增长3.8倍，较1978年增长82.9%，饲养量千只以上养殖场102家。家禽年末存栏量42.8万只，较1985年增长1.7倍，饲养量达88.8万只，畜牧业饲养规模发展迅速。

单位：万头、万只

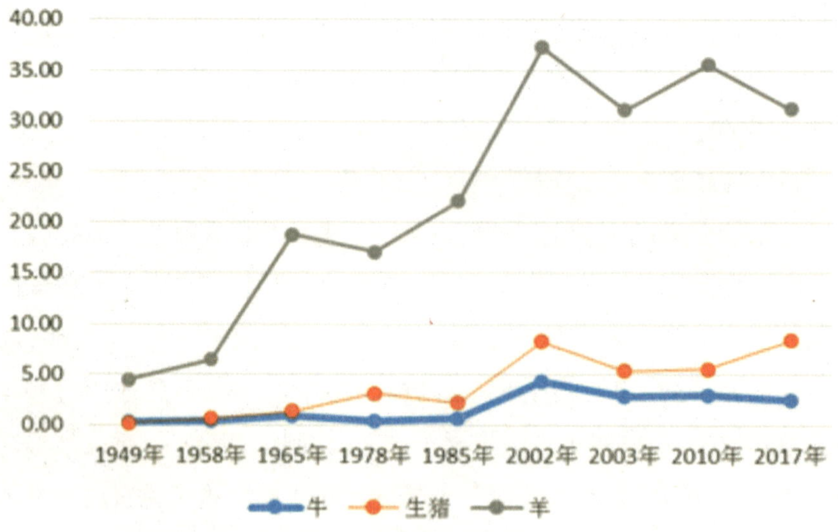

图1　灵武市主要牲畜历年年末存栏量走势

2. 人均占有量提高。2017年生猪、牛、羊、家禽人均饲养占有量分别为0.6头、1.5头、2.6只和3.1只，其中生猪、牛、羊人均饲养占有量较1985年分别提高0.2头、0.4头和1.4只；肉产量人均占有量65.6公斤，较1985年增长5.7倍；奶产量人均占有量203.5公斤，较1985年增长126.2倍；禽蛋产量人均占有4.5公斤，较

1985年增长4倍。

(二)养殖品种良种化成绩显著,畜产品质量不断提高。

一是仅"十二五"期间,发展黄牛冷配点3个,累计改良母牛4500头,以秦川牛等品种为主的肉牛良种率达80%,奶牛良种率达100%;引进良种母猪3500头,公猪150头,累计改良生猪50000头。通过选育和饲养优良品种,达到生长发育快,繁殖率高,产肉、产奶性能好,适应性强的目的。

二是随着科学化养殖不断推进,生鲜乳机械化挤奶率达100%,比"十一五"增长80%。科学调整牛群结构,淘汰低产牛,降低非生产牛只比例,使存栏奶牛平均日产奶量达到20公斤以上,实现牛群高效益养殖。同时,政府相关部门指导养殖户实施规模化污染物无害化管理,建立健全减排台账,建设完善与养殖规模配套的堆粪场、污水处理池等减排设施,实现畜禽养殖污染物无害化、资源化,实现健康养殖。

(三)养殖结构不断优化,特色产业发展迅速。

肉类总产量中,猪、牛、羊、禽肉的比重,由1985年的59.4%、4.4%、23.0%、13.2%调整为2017年的36.6%、16.3%、42.3%、4.8%。猪肉、禽肉产量占肉类总产量比重分别下降22.8和4.8个百分点;牛肉、羊肉比重呈上升趋势,分别提高11.9和19.3个百分点,养殖结构更加合理。在优化养殖结构的同时,扶持发展特色产业,使我市特色牛羊肉、山草羊等特色品牌获得长足发展。

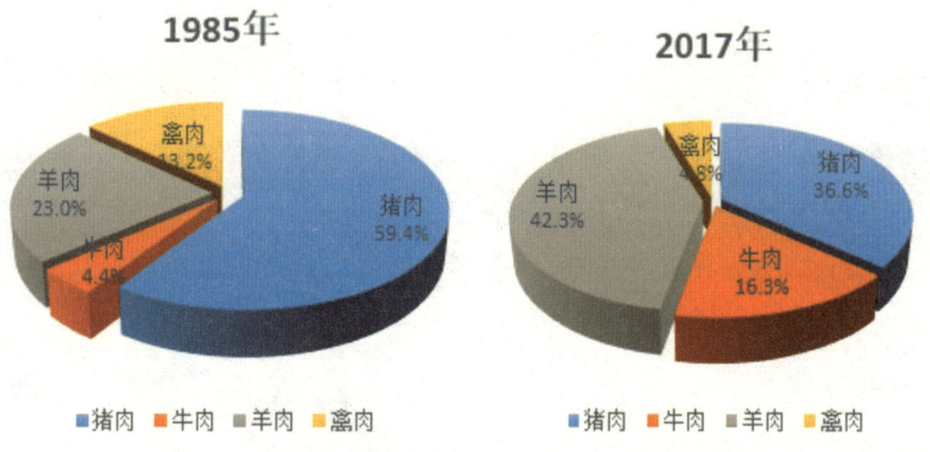

图2　灵武市主要肉类产量比重结构

(四)总产值大幅提高,促进农民增收。

2017年全市畜牧业产值77104.6万元,占农林牧渔业总产值36.3%,较1958年提高23个百分点,较1978年提高25.4个百分点;人均牧业收入993元,比1983

年增长37倍，占第一产业收入25.8%，提高18.4个百分点，牧业收入已成为增加农民经营性收入的重要途径。同时，灵武市在发展养殖业的基础上，推动延伸产业发展，羊绒产业更成为我市主导产业。灵武市羊绒产业园区现有羊绒企业43家，羊绒产品销往欧美等43个国家和地区，2016年实现产值167.51亿元，年吸纳6000人从业，在解决劳动力就业、农民增收方面发挥着重要作用。

标准化羊舍

灵武山草羊

封山禁牧前的山区羊只放牧

灵武草原鸡

灵武市瘦肉猪

奶牛养殖

青贮饲料

执笔人：王晓乐　曹建新

辉煌60年石嘴山畜牧业高歌猛进

自治区成立六十年以来，特别是改革开放以后，石嘴山畜牧业生产发生了翻天覆地的变化，取得了令人瞩目的成就。畜牧业生产方式向专业化、产业化和规模化快速转变，畜牧业生产能力不断提高、供给量不断增加、产业结构不断优化，推动了农村经济快速健康发展，促进了农民收入持续较快增长。

一、畜牧业60年发展巨变

60年来，石嘴山畜牧业整体呈现出持续增长的特点，特别是改革开放以来，石嘴山市畜牧业发展可谓日新月异，2017年全市畜产品肉产量2.6万吨，比1978年增加了24.6万吨，年均增长率7.8%，牛奶产量8.7万吨，比1978年增加了8.7万吨，年均增长率80.6%。根据石嘴山市畜牧业生产特点，具体可以划分成三个发展阶段。

第一阶段，奠定基础阶段（1978—1988年）。这一时期的农村生产体制开始转变，全国范围内推行家庭联产承包责任制，牲畜作价归户，实行户有户养，畜牧业从计划经济转为市场经济，农户有了自主生产经营的权利，养殖积极性高涨，为发展壮大畜牧业生产奠定了坚实的基础，石嘴山市因地制宜，发挥区域优势，重点发展肉羊育肥产业，肉羊饲养量大幅增加。1988年石嘴山市肉羊存栏量47.1万只，比1978年增加了19.5万只，增长了70.8%。

第二阶段，快速发展阶段（1989—1998年）。“八五”期间，石嘴山市政府狠抓畜牧业发展，突出抓好畜牧业商品生产基地建设、“菜篮子”工程建设、冬季高效畜牧业、两高一优畜牧业，提出了科技兴牧的战略思想，经营者的积极性得到了充分调动，畜牧业的生产潜力极大释放，进入快速发展期。1998年肉牛存栏量5.5万头，比1989年增加了4.4万头，增长了4.1倍；生猪存栏量13.2万头，比1989年增加了3.8万头，增长了40.9%；肉羊存栏量47.9万只，比1989年增加了1.3万只，增长了2.7%。

第三阶段，科学发展阶段（1999年至今）。2007年，国务院发布了《关于促进畜牧业持续健康发展的意见》，这是改革开放以来国务院首次以规范性文件对畜牧业发展提出的指导性意见。石嘴山市深入贯彻意见精神，坚持“多予少取放活”和“工业反哺农业，城市支持农村”的方针，继续稳定生猪、家禽生产，突出发展牛羊等节粮型草食家畜，加大良种推广力度，提高畜产品质量水平，加快推行健康养殖，石嘴山畜牧业在数量和质量上实现了又一次飞跃。2017年石嘴山市牛存栏量6.4万头，比1999年增加了1.1万头，增长了19.1%，羊存栏量63.1万只，比1999年增加了12.7万只，增长了26.5%。受农户外出务工人数增加、进城农民增多等因素影响，生猪散养户大幅减少，2017年石嘴山市生猪存栏量减少5.4万头。

二、畜牧业发展的特点

（一）生产能力显著提升，供给能力明显增强。

自治区成立以来，特别是改革开放40年来，石嘴山畜牧业生产取得的最显著成效就是生产能力和供应能力大幅度提高。2017年肉牛、生猪、羊、家禽的出栏量分别达到4.4万头、6.8万头、58.7万头和178万只；牛肉、牛奶、猪肉、羊肉、禽肉和蛋的产量分别达到0.7万吨、8.7万吨、0.6万吨、1.0万吨、0.3万吨和0.8万吨；畜产品肉产量达到2.6万吨，比1978年增长了17.6倍。畜牧业已经从自治区成立初期的供应困难转为现在的产品丰富、供应充足，极大程度丰富了居民菜篮子，改善了居民的膳食结构。

单位：头、只

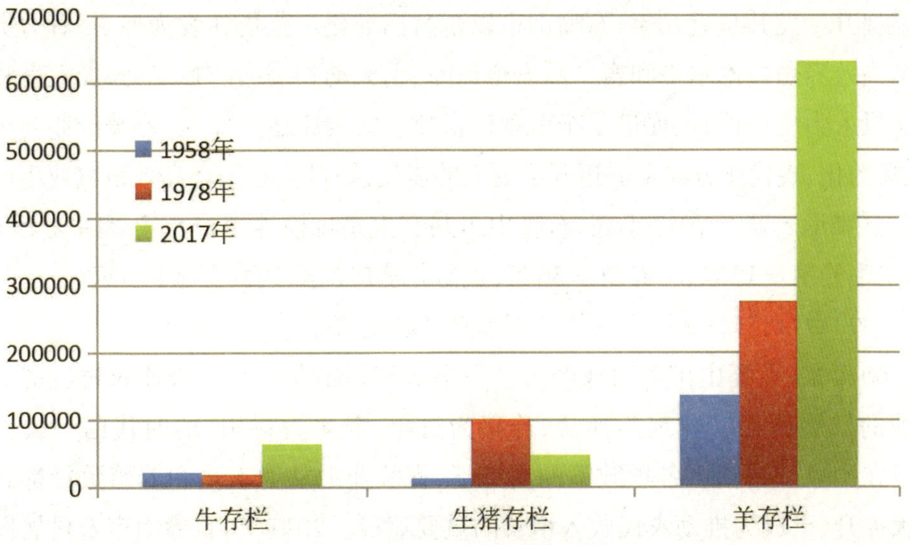

图1　石嘴山市主要年份畜产品存栏

单位：吨

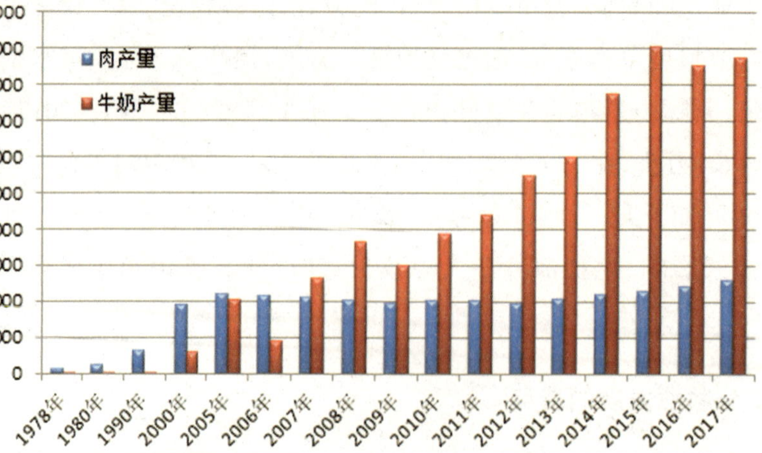

图2　石嘴山市主要年份肉产量和牛奶产量

(二)大力发展特色产业，生产结构不断优化。

随着生产能力的不断提升，石嘴山畜牧业生产结构也在逐步调整，目前已形成了以奶牛、肉牛、肉羊养殖为主的生产格局，重点养殖科技含量高、产品附加值高的优良品种，先后引进小尾寒羊、杜泊、道赛特等优秀品种，对本地肉羊养殖进行改良；引进安格斯、西门塔尔等优良肉牛品种；引进国外优良品种，利用优良奶牛精液配种技术，改良奶牛的生产性能。

(三)规模化养殖不断发展，生产方式更加科学。

20世纪60年的迅速发展，石嘴山畜牧业已逐步推进标准化生产，畜产品质量明显提升。尤其是近几年，石嘴山市以畜禽标准化示范场建设为抓手，着力提升畜禽高效养殖技术水平和畜产品安全保障、重大动物疫病防控能力，加大畜牧业环保投入力度，有力地促进了全市现代畜牧业的健康稳定发展，养殖产业向规模化、集约化、现代化方向发展迈开了更大的步伐，绿色生态循环高效畜牧业生产模式已具雏形。截至2017年底，石嘴山市共有生猪规模养殖户5家，肉牛养殖户9家，奶牛养殖户12家，羊养殖户36家，蛋禽养殖户6家，肉禽养殖户6家。

(四)由“副”到“主”，成为农民增收的重要途径。

60年来，石嘴山市畜牧业经历了一个从家庭副业成长为农业农村经济支柱产业的发展历程。“养鸡为换盐，养猪为过年，养牛为耕田”的时代已一去不复返。在国家和自治区各项政策的支持下，畜牧业的从业人员和养殖数量都有了极大提升，已成为推动农民收入增长的重要途径。2017年，石嘴山市农村居民人均可支配收入12880元，比1985年增加了12446元，增长了28.6倍。

执笔人：宋晓捷

惠农区畜牧业砥砺前行

近年来，惠农区委政府着力于“调结构、提质量、增效益”，实施以单体牧场为主导的奶产业提质增效计划，发展优质牧草，打造国内高端奶源基地，畜牧业生产规模化、标准化、现代化水平进一步提高，总体表现为发展平稳、结构优化、质量提升。

一、畜牧业发展三个主要特点

（一）家庭养殖模式淘汰，生猪饲养量显著下滑

近年来，政府出台了一系列鼓励、扶持生猪养殖业发展的优惠政策，生猪规模养殖也得到了一定的发展，但在城镇化、工业化背景下，占主导地位的家庭养殖模式逐渐退出，导致生猪饲养量逐年下降。家庭养殖模式的退出既是一种历史趋势，也意味着农业农村经济结构的转型和重构。

1. 惠农区城镇化率高达84.0%，加之对机械化和优质化肥的普及和使用，农民在田间种植的时间每年仅2到3个月，其余时间大多外出打工，多数农户倾向于在城里买房居住。

2. 新一代农民不愿养殖，“留守族”却无力养殖。随着城镇化进程的加快，农村年轻人越来越崇尚城市生活，不满足于在农村干脏、累、苦的活，年轻人养殖意愿减弱，进城打工人数逐年增多，致使留在农村生活的大多都是老幼妇孺，较低的养殖能力加之养殖劳动量大、饲养不方便等因素的制约，使得越来越多的散养户不得不退出养殖行列。

3. 养殖规模小，长期处于微利养殖。农户多数以家庭模式的分散饲养为主，其养殖规模小、管理措施差、养殖技术差，且仍旧沿袭传统饲喂方式，饲料搭配随意，无法满足各种营养物质需要，导致生猪生长发育缓慢，饲养周期延长，饲养成本高，使得家庭养殖长期处于微利养殖或亏本养殖状态。

单位：头

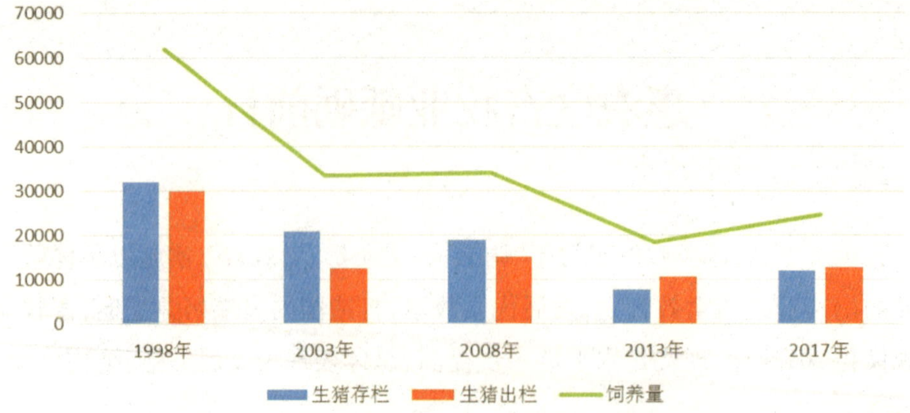

图1　主要年份生猪存栏、出栏、饲养量变化趋势

（二）牛羊生产快速发展，存栏量成倍持续增长。

近年来，惠农区委政府以发展标准化肉羊肉牛养殖场为重点，兼顾小群多户的牛羊养殖模式，巩固和扩大覆盖全区域的牛羊肉产业，重点扶持打造一批示范带动作用强的龙头养殖园区，牛羊生产快速发展。

1998年牛、羊存栏分别为3930头、47000只，2017年达到25600头、235000只，增长了5.5倍、4.0倍、年均增长10.4%、8.8%。

单位：头

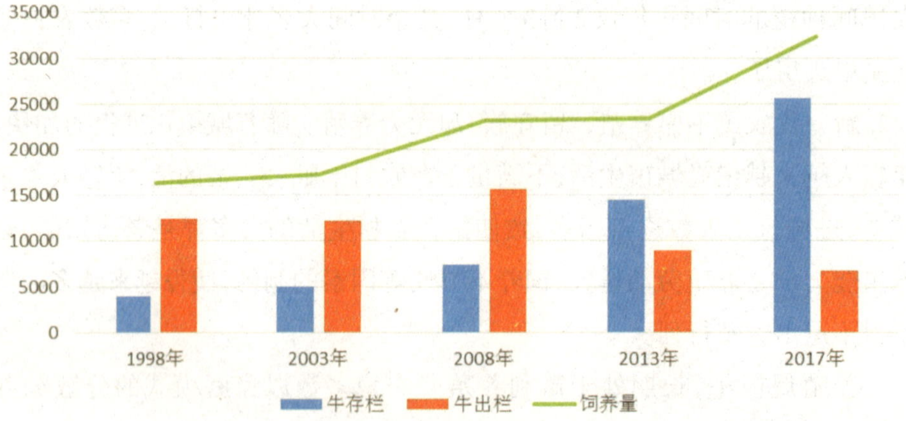

图2　主要年份牛存栏、出栏、饲养量变化趋势

单位：只

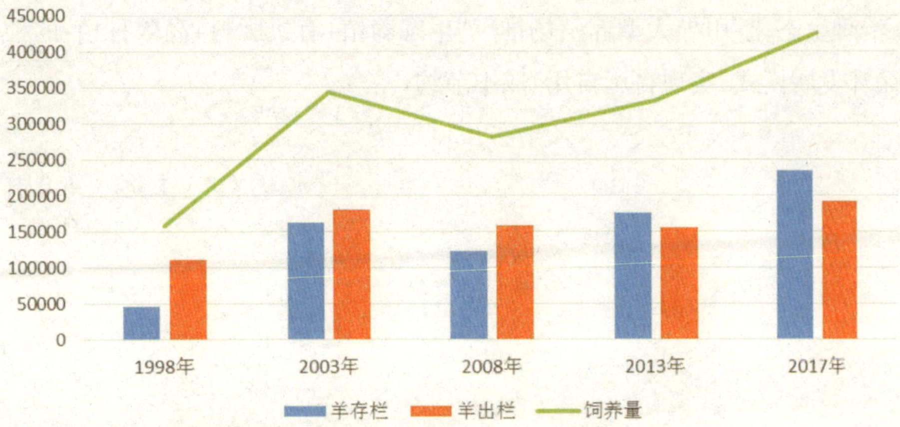

图3　主要年份羊存栏、出栏、饲养量变化趋势

（三）奶牛养殖转型发展，规模养殖快速增长。

惠农区畜牧业主要以奶牛养殖为主导，区委政府切实把发展奶牛产业作为推动农牧业产业结构和农村经济结构调整、增加农民收入的主导产业之一，并取得可喜的成绩。

经过多年发展，惠农区奶牛养殖业保持强劲的发展势头，不断向专业化、规模化、企业化、标准化的方向发展。散养式奶牛养殖园区模式将逐步退出市场，由14个降至4个，而规模化的单体牧场逐渐增多，由4个增至12个，规模化率达90%。

二、畜牧业发展中的三个主要变化

（一）生产结构不断优化。

随着农业技术和农村经济发展水平的不断提高，生产结构由原本以单调的猪、肉牛为主的低产型逐步转变为以奶牛、羊、禽为主的高产型，猪肉产量占比下降，牛、羊、禽肉产量占比增加，生产水平不断提高。

（二）生产模式逐步改变。

随着农村经济体制改革的步步深入，舍饲圈养观念逐步转变，农户养殖致富积极性不断高涨，通过政策扶持和市场引导，由“鸡犬相闻”的小农经济到传统的零星散养式生产发展到现在以小规模集约为主体的养殖模式，部分养殖企业已经实现了规模化、标准化养殖。畜牧业生产实现了由农户分散养殖向规模养殖的历史性跨越。

（三）饲养观念发生变化。

随着时代、经济、交通、文化的改变，养殖观念也发生了变化。“种养结合”的绿色生态养殖模式基本形成，区委政府按照“养殖集中化、粪便资源化、污染减量化、治理生态化”引导大型养殖场推广“生态养殖+有机肥料+高效种植”的种养结合循环发展模式，实现自产自用、成本节约。

执笔人：王凯　马月莉

平罗县畜牧业发展成就显著

在自治区成立60年来的岁月洗礼中，平罗县地域划分发生了变化，使畜牧业统计范围也随之变化，如，1972年“五七干校”农场撤销，2003年陶乐县撤并入平罗县等。总体来说，平罗县畜牧业生产始终保持稳步健康发展，牛羊肉产业作为平罗优势特色产业，在政策、市场的双重作用下不断扩大规模，健康发展；猪肉价格稳定，养殖效益好，生猪产业稳步发展；家禽产业迅速发展。平罗县畜牧业坚持以标准化为基础、适度规模养殖为主导、种养结合生态循环为目标的指导思想，加快畜牧产业化发展，培育龙头企业，进一步优化特色产业布局，大力发展优质牛羊肉产业，进一步加快农业产业化、组织化、现代化步伐，全面提升农业产业化水平。

一、生猪养殖逐渐趋于稳定

（一）基本发展情况。

平罗县作为回汉聚居县，目前生猪养殖和生猪消费属于传统劣势养殖产业，主要原因是缺乏市场。受养殖成本、运输成本、保险成本等多重因素影响，畜产品一般采取就近销售，而平罗县生猪消费主要集中在13个乡镇中的城关镇、姚伏镇及通伏乡等片区，其他乡镇消费量极少，因此养殖户也主要集中在这些区域。从图1可以看出：自1949年中华人民共和国成立起至1968年，摆脱了旧时代封建社会桎梏的农民们开始恢复生产，平罗县生猪存栏持续上升，存栏量从1949年末的3393头增至1968年的14222头，增长了3.2倍。1969年到1998年为一个激增段，家庭联产承包责任制的推行，纠正了长期存在的管理高度集中和经营方式过分单调的弊端，使农民在集体经济中由单纯的劳动者变成既是生产者又是经营者，从而大大调动了农民的生产积极性，较好发挥了劳动潜力，生猪养殖业成本较牛羊养殖业低，推动生猪产业迅猛发展，存栏量从1968年末的14222头增至1998年的86939头，增长了5.1倍。1999年到2004年，虽然陶乐并县使平罗县生猪养殖统计范围有所增加，但随着人民生活水平不断提高，对饮食的需求也由温饱向多元化健康化发展，牛羊禽肉作为替代产品走向餐桌，市场需求减少使存栏量从1998年末的86939头减至2004年的69982头，下降了19.5%。2005年到2017年，随着城镇化建设的不断推进，农民进城成了当下的主题，优质的教育环境、完善的医疗体系、丰富的市场资源，吸引着越来越多的农村青壮年选择进城务工改善生活，尤其是平罗县煤炭产业的兴起，吸引了大批农民工，与此同时，城关镇近年来因城镇扩张占用了农业用地，失地农民只能从事其他行业谋生；另外，农业合作社的兴起一定程度上冲击了散户养殖，专业养殖合作社的抗风险能力、环保设施投放能力、疫情防治能力都比散户强，很大程度上削弱了散户养殖的积极性，存栏量从2004年末的69982头减至2017年的32103头，下降了54.1%。

单位：头

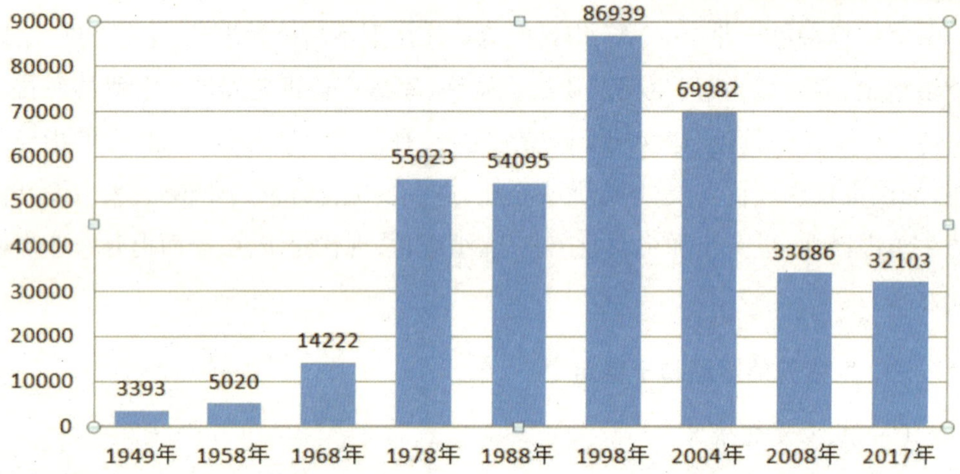

图1　1958—2017年主要年份生猪存栏数

(二)科学养殖不断推进。

虽然本县生猪存栏不太乐观，但是在长期畜禽监测数据中总结发现，近几年已经开始出现规模化养殖的趋势，并且养殖量趋于稳定。平罗县农牧局出台《平罗县加快推进畜禽养殖废弃物资源化利用工作方案》(2017—2020年)，计划实现2018年全县养殖场粪污资源化利用率达到87%以上，督促规模养殖场新建粪污处理设施装备配套率达80%以上。得益于当地农牧部门的政策支持，新建养殖厂房可得补贴，建设标准化“三防”污粪处理池有专人指导监督，在2017年农民工返乡创业的政策引导下，部分外出务工人员返乡创业，开展生猪养殖，将平罗县养猪事业推向新的高度。2017年生猪出栏56428头，同比增长1%，猪肉产量达到4603吨，同比增长8%。

二、牛养殖产业持续向好

(一)基本发展情况。

平罗县牛养殖产业为当地新生优势产业，从图2中可以看出，存栏自1949年中华人民共和国成立起至1968年逐年稳步递增，主要原因是恢复农业生产需要黄牛耕地，牛的存栏量从1949年的15690头增至16332头，增长了4.1%。1969年至1988年，因农业的发展需求使农业现代化机械不断发展，役用牛逐渐被淘汰，而活牛价格较高，牛肉不作为主要肉食品，牛的存栏量从1968年末的16332头减至1988年的7386头，下降了54.8%。1988年至2004年因当地政策导向，平罗县肉牛养殖业激增，牛的存栏量从1988年末的7386头增至2004年的51282头，增长了5.9倍。2005年至2008年，因肉牛养殖效益低、投资金额大、养殖周期长、疫情防治难等多种问题干扰，中小型户和散户养牛的意愿削弱，牛的存栏量从2004年末的51282头减至2008年的33336头，下降了35.0%。2009年至2017年，在优质牛羊肉第一第二第三产业融合发展试点项目的引导下，平罗县"一优四特"草畜产业牛羊肉示范园区建设为平罗县肉牛养殖产业提供了新的方向，牛的存栏量从2008年末的33336头增至2017年的38512头，增长了15.5%。

单位：头

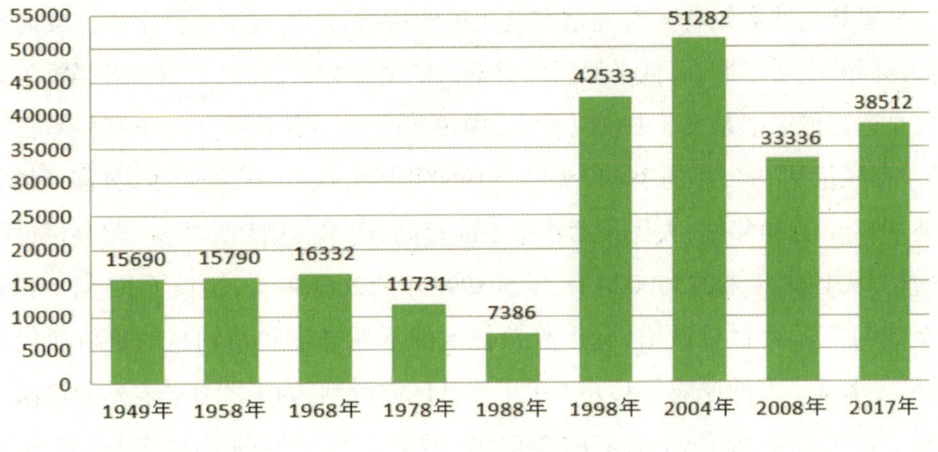

图2　1958—2017年主要年份牛存栏数

（二）养殖规模不断扩大。

60年以来平罗县牛养殖产业取得的变革是巨大的，从役用到食用，不仅是农业发展的必然结果，更是时代进步的体现。当地牛养殖产业能够如此蓬勃发展还离不开拥有广大的消费市场和相对稳定的价格。得益于平罗县对肉牛养殖产业的支持，养殖企业实施畜牧业节本增效工程，推行智能化管理和产业化养殖模式，逐步提高牛饲养管理水平。同时，借助农牧局搭建的平台，企业不断加大牛品种改良繁育力度，培育地方品种，全面提升牛肉品质。肉牛以西门塔尔等改良牛为母本，以纯种肉用安格斯牛、西门塔尔牛为父本，培育乳肉兼用型新品系。

随着养殖技术的不断进步，目前平罗县品质较好的牛肉不仅供应本地市场，也大量销往内蒙古、北京、上海、广东等地，在这类城市市场中出现的平罗牛肉价格较高，当地牛肉已经初步实现“引进来、走出去”的目标，在未来的全县养殖规划中，将继续加大开拓市场的力度，同时保持存栏的稳定增长，从而实现牛养殖产业的跨越式发展。

目前，石嘴山河东现代农业示范园区草畜产业主要以盛华阳光、乐牧高仁、天源復藏、红崖子草畜一体化示范点为支撑，共建设标准化养殖圈舍146栋205319平方米，建设饲草料棚及库房36866平方米，青贮池48115立方米，种植饲草料基地15740亩。注册“伊河湾”等牛肉商标达4个，不断向区外大中城市销售牛肉。2017年平罗县牛出栏34269头，同比增长6%，牛肉产量5256吨，同比增长7%，牛奶产量25692吨，同比增长2%。

三、羊养殖业总体提升

（一）基本发展情况。

平罗县当地居民普遍有养殖和食用羊的传统，逢年过节杀猪宰羊已成为平罗居民们的生活习惯，而且平罗居民对羊羔的消费数量巨大，平罗县黄渠桥羊羔肉更是远近闻名。从图3中可以看出，1949年至1968年这十年间羊存栏增长迅速，羊存栏量从1949年的38449头增至1968年的130020头，增长了2.4倍。1969年至1998年的30年间，人民生活水平不断提高，肉羊养殖稳定发展，羊存栏也稳步增长，从1968年末的130020头，增至1998年的266150头，增长了1.1倍。1999年至2004年羊存栏量激增，除了养殖技术的不断进步和精饲料的更新换代之外，作为水草丰美的原陶乐县并入了平罗县区划范围，为平罗县羊养殖业增添了力量，羊存栏量从1998年末的266150头增至2004年的454178头，增长了70.6%。2005年至2008年平罗县羊存栏出现逐年减少的态势，主要是因为平罗毗邻内蒙古，内蒙古羊养殖成本低、售价低，成为本地羊的主要替代品，很大程度上影响了本土羊养殖业的健康发展，羊存栏量从2004年末的454178头减至2008年的281255头，下降了38.1%。2009年至2017年，受“一优四特”产业扶持政策和影响和工业企业供给侧结构性改革的影响，许多小微工业企业逐渐转型向农牧业发展，因羊的养殖周期较短、存活率较高，成为广大转产企业的首选，羊养殖业从而得到进一步发展。而“公司+合作社+基地+贫困户”的产业扶贫模式的推广，更是有效推进羊养殖产业扶贫，带动贫困户稳步增收，羊存栏量从2008年末的281255头增至2017年的290044头，增长了3.1%。

单位:只

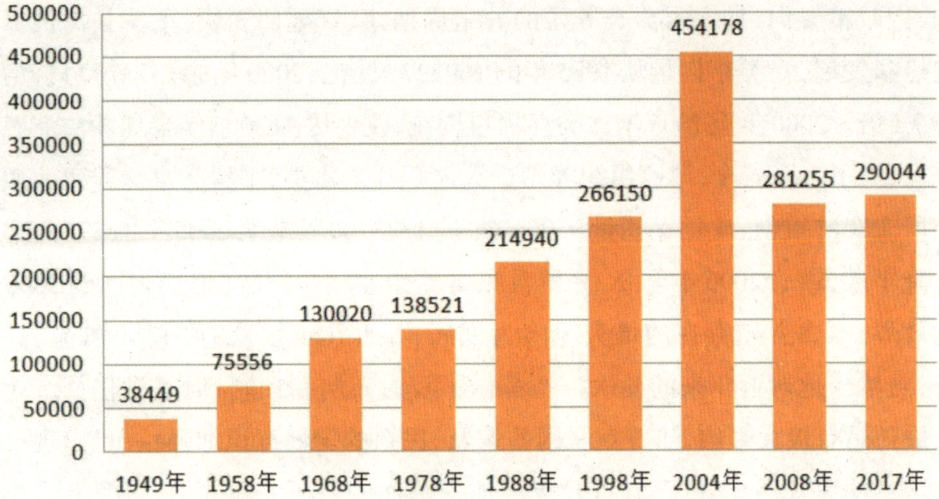

图3　1958—2017年主要年份羊存栏数

(二)肉羊养殖异军突起。

平罗县始终坚持走草畜一体化、产销一体化发展道路,着力创建优质牛羊肉品牌,提高产品附加值,形成以龙头加工企业为龙头、以标准化养殖为核心、优质牧草种植加工为补充的草畜产业化格局,打造全区肉羊之乡。坚持立草为业,以草兴牧,鼓励规模养殖场采用土地流转、集中连片种植等方式,饲草种植面积稳定在8.5万亩,积极争取财政资金,扩大种养规模,形成草畜结合,达到稳定发展。积极推广牧草种植与收获、青贮和饲草加工等先进技术,充分利用现有农副产品秸秆资源,大力发展饲草料加工业,不断提高秸秆利用率,节约人力资源。同时,依托红崖子草畜一体化、天源復藏和盛华阳光四个草畜一体化示范区,示范推广高效饲养与管理技术、肉羊杂交改良技术、肉羊颗粒料生产加工综合利用技术、有机肥生产加工、肉羊屠宰分割加工技术,扩大销售,加强品牌建设。通过项目扶持,金融支撑,荒漠治理、生态修复,打造绿色草畜产业集聚区,结合河东现代休闲观光农业,实现草畜产业、休闲观光齐头并进,实现社会、生态和经济的同步、永续发展。2017年,平罗县羊出栏322260只,同比增长6%,羊肉产量5577吨,同比增长7%。

四、家禽养殖震荡中发展。

(一)基本发展情况。

平罗县家禽养殖规模户主要活跃在渠口乡、高仁乡、陶乐镇等地,较为松散,基本现状是以中小型户和散养户养殖为主,大规模现代化养殖场目前有3

家。从图4中可以看出，近30年以来当地家禽存栏变化较大，1985年至2000年间，因政策导向，加之家禽类养殖的养殖周期短、资金回笼快，平罗县禽类养殖户迅猛发展，禽类存栏量从1985年的169227只增至2000年的1373700只，增长了7.1倍。2000年至2005年禽类存栏量剧减，主要因为2003年全球性禽流感的爆发，为了人畜安全，政府组织养殖户大面积扑杀禽类，平罗县家禽养殖业遭受前所未有的重创，禽类存栏量从2000年的1373700只减至2005年的376602只，下降了72.6%。2006年至今，平罗县家禽养殖业逐步回暖，但仍未回到2000年的辉煌，家禽养殖存在的最大风险为疫病，如近几年频发的"H7N9禽流感"疫情，虽然当地对近年来的几次疫情都做了及时布防和控制，但是对整个产业的发展还是有极大影响，随着互联网的普及，民众的警惕意识加强，一旦出现有此类消息便表现得十分惊恐，近几年当地蛋鸡存栏出现大幅减少，中型养殖户也不敢贸然扩大养殖规模，禽类存栏量从2005年末的376602只增至2017年的594359只，增长了57.8%。

单位：只

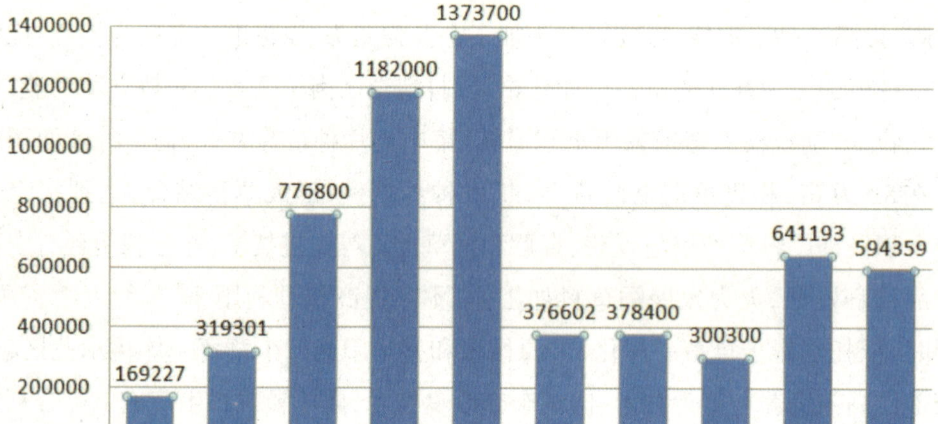

图4　1985—2017年主要年份家禽存栏数

（二）防病防害力度加强。

根据《平罗县2017—2019年畜禽养殖污染防治规划》，平罗县人民政府下发了《平罗县畜禽养殖禁养区划定工作实施方案》，组织实施了农业资源环境监测与保护项目；采取以会代训、科技下乡、印发资料、媒体等形式大力宣传秸秆禁烧及综合利用、畜禽规模养殖场污染防治的相关政策、法律法规知识及重要性。定期深入畜禽规模场进行粪污治理督查，先后督查养殖场粪污治理进展情况90余场次，对督查中发现存在的问题及时下发整改意见书并反馈给规模场负责人。

2017年动员6家家禽养殖场建设粪污治理设施。近几年随着养殖技术、消毒技术的不断进步，发生禽流感等有关疫病的概率极低，这也增强了养殖户养殖的信心，自2017年年初的外省发生疫情影响过后目前处于持续回升阶段。2017年平罗县家禽出栏1360206只，同比增长3%，禽肉产量2578吨，同比增长3%，禽蛋产量5671吨。

五、未来展望

经过60年的不断发展，平罗县养殖业在技术领域已经有了极大的进步，回顾平罗县畜牧养殖60年的发展历程，总体来看取得了辉煌的成就，与自治区成立初期相比有了跳跃式的发展。未来发展的主要方向为全面打开规模化、机械化、生态化养殖局面。在发展四大类畜种中将继续以“一优四特”为导向，加大引进龙头企业数量，鼓励中型养殖场扩大规模，帮助开拓销路，带动散养户科学养殖，用现代化养殖技术来提升畜种品质，扩大当地肉制品的影响力，不断提升品牌竞争力，让养殖产业更好的发展。

执笔人：来媛

奋进60年 吴忠市畜牧业发展成效卓著

自治区成立以来，吴忠市畜牧业在生产和供给能力提升、生产结构调整、生产方式转变等方面取得了显著成就，基本实现了养殖规模化、布局区域化、品种良种化、经营产业化、生产标准化、商品市场化、服务社会化，目前已基本步入现代产业化发展阶段。同时，吴忠市畜牧业在农业经济中的地位也得到显著提高，已发展成为农村经济中的重要支柱产业，成为农村经济发展的支撑点和促进农民增收的重要增长点。

一、畜牧业阶段性发展步步高

（一）快速起步（1958—1978年）。

这一阶段的畜牧业生产主要以集体经营，自然放养为主，在很大程度上仍然依附于农业办牧业。20年来，吴忠市注重推广农民群众在畜牧业生产实践中积累的先进经验，有效地促进了畜牧业生产的迅速恢复和发展。到1978年生猪存栏39.9万头，20年间增加了33.6万头，增长5.3倍，年均递增9.7%。羊只存栏143.2万只，增长60.1%，年均递增2.4%。呈现以生猪高速发展领跑畜牧业、羊只稳定发展为辅的集体化生产格局。

（二）稳步发展（1979—1995年）。

这一阶段，随着家庭联产承包责任制的逐步实施，作为畜牧业生产主体的农村，完成了从公有公养向分户承包私有私养的过渡，大大调动了农民发展畜牧业的积极性，畜禽生产开始恢复性增长。1986年全市羊只存栏182.7万只，是自治区成立以来的历史最高峰。其间，畜产品经营从统购统销进入商品生产领域，畜禽养殖更加注重经济效益，着重发展瘦肉型生猪、肉牛、奶牛、肉羊，有力地推动着传统畜牧业生产结构的改革，养殖品种和产品结构得以较大调整。1979年开始养殖奶牛，1982年吴忠市建起第一家乳品加工厂，逐步把养殖奶牛确定为农村经济发展的支柱产业，开启了吴忠奶牛养殖新篇章，畜牧业成为农业经济的主要增长点。

（三）产业化发展（1996—2005年）。

这一阶段，吴忠市畜牧业产业化进程不断加快，组织化程度逐步提高，培育了一批畜产品加工龙头企业和畜牧合作经济组织，拓宽了畜产品流通渠道。养殖园区和基地建设步伐加快，推进了畜牧业生产方式的转变和产业规模的扩大，畜牧业已成为农村经济的支柱产业。2005年末，吴忠市牛存栏24.4万头，比1996年增长了36.0%，年均递3.4%。吴忠市羊存栏174.6万只，比1996年增长了4.7%。

（四）可持续发展（2006—2017年）。

此阶段，吴忠市畜牧业按照区域布局、优势发展的原则，市县（区）两级政府积极整合财政支农、农业综合开发、扶贫开发、科技专项等项目资金，加大畜牧业养殖基地建设"以奖代补"力度，为新建畜禽养殖基地协调解决水、电、路、绿化等配套设施建设，先后在孙家滩、利通区五里坡、青铜峡沿山地带等三地启动建设了以22个千头奶牛牧场为主的新型万头奶源基地，在孙家滩、红寺堡区、同心县启动建设了万头肉牛育肥基地，在孙家滩、盐池县启动建设了万只滩羊育肥基地，在利通区启动了12个旧园区改造整合工程，全市畜牧业产业化布局更加合理，畜牧养殖基地建设取得突破性进展。2017年吴忠市奶牛存栏18.9万头、鲜奶产量78.1万吨，分别比2005年增加12.1万头、47.2万吨。

二、畜牧业生产取得了显著成就

（一）生产能力显著提升，供给能力明显增强。

自治区成立60年来，特别是改革开放以来，吴忠市畜牧业生产取得的最显著成就是其发展速度和供给能力的大幅度提高。先后通过实施《宁夏奶牛品种改良》和国家"奶牛良种补贴项目"等产业政策，奶牛养殖向规模化、集约化发展，生鲜乳收购站全部持证经营，秩序明显好转。与此同时，肉牛以"小规模、大群体"的家庭养殖模式为主，重点扶持发展同心、红寺堡地区肉牛产业，为强化科技支撑，对肉牛冷配点、暖棚和"三贮一化池"建设给予大量的资金补贴，并通过农机具购置补贴、投放饲草种植、收割、加工机械，全面改善肉牛产业基础设施。以突出发展肉用羊杂交改良与滩羊保护开发利用为重点，通过良种补贴等惠农政策，在加大品种改良的同时，大力推广舍饲生态养殖综合配套技术与基础设施建设，使羊产业得到了健康、稳定发展。畜产品供应从之初的极度缺乏，发展成今天肉、蛋、奶以及各种制品供应充足、品种丰富的局面，极大丰富了人民的菜篮子，为全市人民营养膳食结构的改善作出了巨大贡献。

单位：万吨

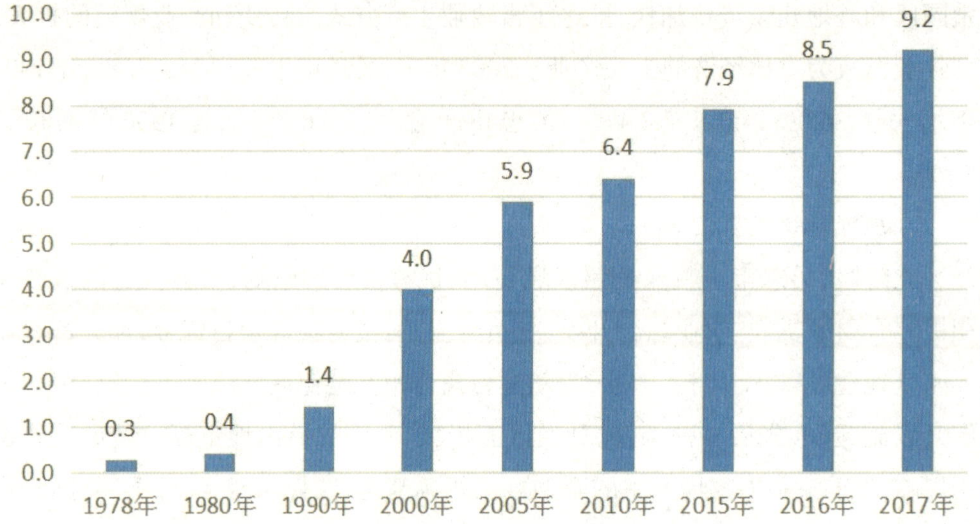

图1　主要年份吴忠市肉类产量变化

（二）依托环境优势，奶产业异军突起。

“英雄不问出处，牛奶要问出身”，吴忠市因其良好的养殖环境和自然条件，被不少业内人士视为“黄金奶源地”。作为宁夏奶产业发展的核心区，经过30多年的发展，已将奶产业培育成当地最具特色的农业优势主导产业。到2010年全市奶牛存栏数达12.7万头，奶产量达39.8万吨，在数量上已取得大踏步地发展，其中散户奶农最多时达到1.5万户，养殖量比例达到83.5%。由于奶价出现“过山车”的轨迹，尤其是2008年三鹿事件发生后，吴忠市鲜奶收购价格大幅下跌，奶农大量出售、屠宰奶牛，奶产业面临严重冲击，经过一段低迷期后，乘着“十二五”期间大发展的东风，吴忠市以焕发奶产业发展新活力为目标，完成了奶产业的转型提档升级。一是抓好基地园区建设。按照“奶业产业化、草畜一体化、基地牧场化”的发展思路，充分利用孙家滩、五里坡等广阔的荒地资源，建立奶牛集聚养殖园区，养殖散户和园区加快淘汰低产奶牛，高产奶牛则通过托管或出售进入规模化牧场，同时牧场间实行存量整合，有实力的养殖企业开始兼并收购小型牧场，实现了奶产业生产方式“由院到园”、养殖规模“由个到千”、经营方式“由散到整”的转变，实现了奶产业的逆势转型，短短五年内，吴忠市奶牛存栏上千头以上的牧场增加至44家，养殖量9.4万头，分别提高近8倍和12倍，上千头奶牛规模养殖量占总量比重增加为55.3%。二是注重鲜奶质量并重。通过推广使用全混合日粮饲喂技术，使奶牛养殖从选配繁育、疫病监控、鲜奶自动化生产、DHI生产性能测定等技术环节实现精细化操作管理，生产技术体系日臻完善，鲜奶质量得到大幅提升，牧场奶牛日单产在30公斤左右，鲜奶生鲜蛋白率、乳脂含量等重要指标均达到欧盟质量标准，乳企收购牧场价格稳定在3.0—3.4元/公斤上下，全市散养户及散养奶牛存栏比例下降到5%以下。2017年末，吴忠市奶牛存栏18.9万头，占全区奶牛存栏数的53.5%，全年奶产量78.1万吨，占全区奶产量的51.3%。

单位：万头、万吨

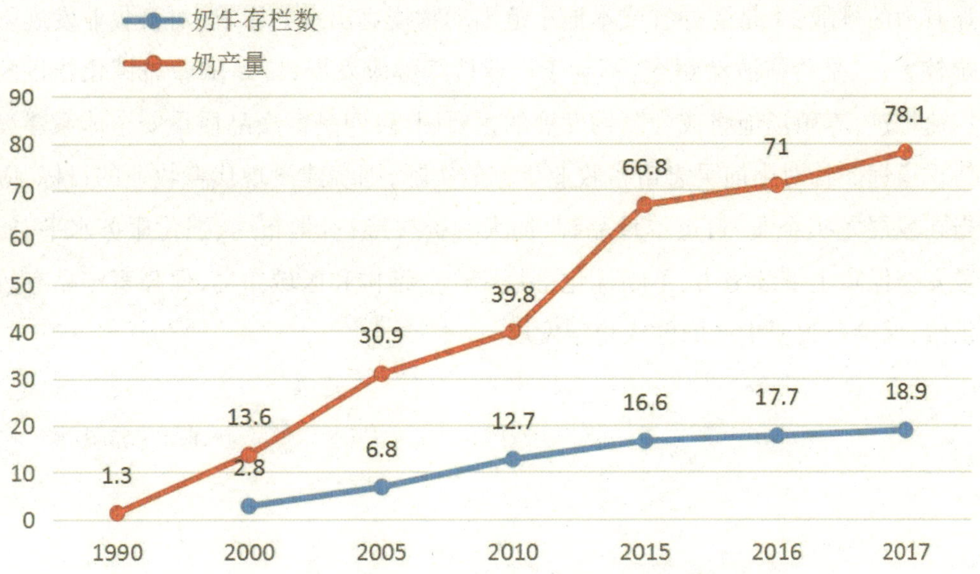

图2　主要年份吴忠市奶牛存栏及奶产量变化

（三）注重特色畜产品发展，畜牧业品牌化效应显现。

按照龙头企业引领产业发展的思路，积极引进伊利乳业、娃哈哈乳业、美国韦斯克牧草调制中心、天津兆辉牛羊肉深加工、天津世欣肉牛专业合作社等龙头企业，推出夏进、涝河桥、沙漠王子、盐池滩羊等一批畜产品知名品牌，使得畜牧业产业体系进一步完善。在龙头企业的驱动下，产业中介组织和行业协会应运而生，共发展“乳业协会”“养牛合作社”“饲草协会”“滩羊协会”等中介组织170多家，它们充分发挥了连接农民、企业、市场的桥梁作用，带动了产业的发展和农民增收。以宁夏养羊业的金字招牌滩羊养殖发展为例，2003年封山禁牧政策出台之前，全市羊产业的发展主要依托天然草原的放牧，饲养方式粗放，“一把草、一把料”的饲养模式占据主导地位。在全面实施封山禁牧措施以来，为尽快改变封山禁牧后全市羊产业生产出现的低迷状态，全市加大了舍饲养殖的支持力度，使羊产业逐渐走出了封山禁牧后的困境，滩羊综合生产性能在短期内有了明显的提高，经济效益显著增加。而“盐池滩羊”“盐池滩羊肉”“盐池二毛皮”“涝河桥牛羊肉”“吴忠牛乳”等地理标志产品逐渐走出宁夏，走向国内外，吴忠手抓羊肉更是在《舌尖上的中国》亮相，让吴忠羊肉更具影响力，品牌知名度进一步扩大，特色畜产品发展和品牌产品的打造，促使吴忠市畜牧业向区域化布局、专业化分工发展。

纵观吴忠市畜牧业生产60年的巨变，所取得的成就是有目共睹、毋庸置疑的。但也存在着一些棘手的问题困扰着畜牧业的发展，畜牧业生产依然面临着强有力的挑战：一是受外省或本地小范围动物疫病出现的影响，对畜牧业发展影响较大；二是价格波动频繁，不利于产业持续健康发展；三是随着城镇化建设的加速推进，养殖场地将成为制约发展的主要困境；四是畜产品质量安全体系建设任重道远。针对当前吴忠市畜牧业生产的实际，围绕建设现代畜牧业的目标，应当在发展龙头企业、打造本地品牌、加大融资扶持、科学布局、强化服务水平、质量安全保障上继续努力，不断优化畜牧业产业结构和区域布局，保障畜产品有效供给，保持畜牧业生产的健康稳定发展。

执笔人：郭毅伟

利通区畜牧业60年成就斐然

利通区畜牧业经过60年的发展历程，取得卓著成就。特别是改革开放以来，随着家庭联产承包责任制的实行和社会主义市场经济体制的逐步确立和完善，极大提振了畜牧养殖户的生产积极性。尤其是近年来，利通区党委、政府紧紧抓住生态文明建设的新机遇，充分发挥本地优势，以结构调整推进产业化经营为主线，以转型升级和提质增效为抓手，不断优化畜牧生产结构和产业化布局，实现了畜牧产业量与质的"双重"突破，形成了促进农民增收的主导产业之一。

一、畜牧业生产取得了显著成就

（一）生产能力显著提升，供给能力明显增强。

自治区成立60年来，利通区畜牧业先从计划经济阶段起步，在完成了从公有公养向分户承包私养过渡后，畜牧业经过生产恢复性增长的商品经济阶段，再随着产业化进程的不断加快，组织化程度的逐步提高，畜牧业逐渐步入快速发展的产业化发展阶段，至今，不断加大畜牧业政策扶持力度，大力推进畜禽品种改良，强化园区、标准化养殖场建设，积极转变畜禽养殖方式，畜禽养殖不断优化，产能大幅提升，利通区畜牧业已进入科学发展阶段，生产能力显著提升，供给能力明显增强。1958年利通区牛存栏0.3万头、猪存栏0.6万头、羊存栏2.4万头，经过60年的优化发展，利通区畜牧业生产能力得到长足发展，市场供应量充足。2017年利通区牛存栏17.4万头、猪存栏1.3万头、羊存栏27.5万只、禽存栏59.6万只，牛出栏4.4万头、猪出栏2.1万头、羊出栏34.4万只、禽出栏69.3万只，肉产量1.6万吨、鲜牛奶产量58.2万吨、禽蛋产量0.2万吨。

单位：万吨

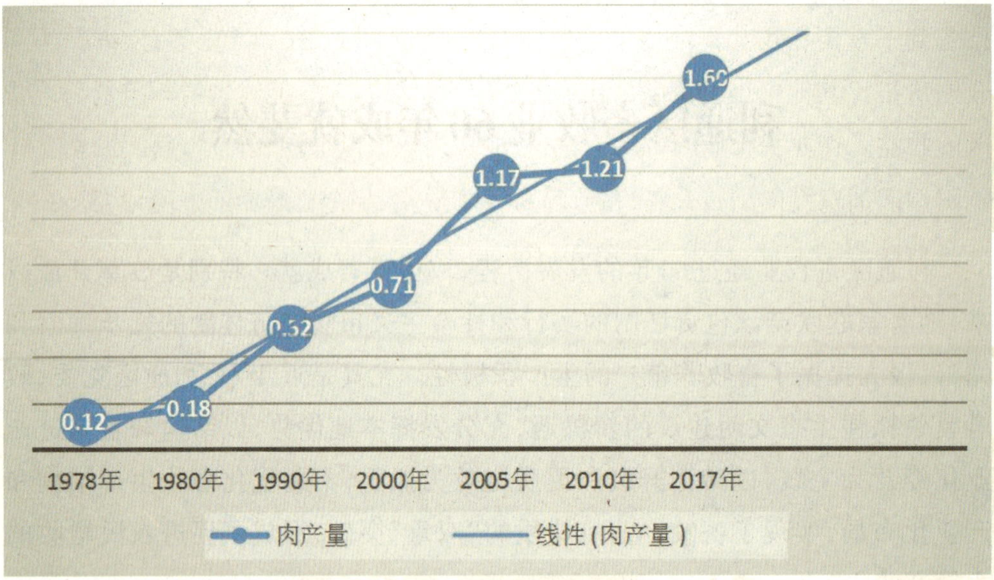

图1　主要年份利通区肉类产量变化

（二）产业布局趋于合理，畜牧业集群化发展。

在60年不断发展前进中，利通区一直根据自身的资源特点，按照高产、优质、高效、生态、安全的要求，调整和优化畜牧业区域布局和品种结构，发挥资源优势，突出主打产品，进一步加大资源优化配置力度，加快转变畜牧业发展方式。增强特色优势产业在县域经济发展中的主导地位，加快建设畜产品生产基地，促进特色优势产业集群发展，引导龙头企业向相对发达的畜牧产业带集中，以带动商品基地集中连片发展，把优势产业做大做强。重点规划建设了三个畜产品基地：吴忠（孙家滩）国家农业园区、五里坡奶牛养殖园区和金银滩奶牛核心养殖园区，截至2017年底，三大基地仅牛存栏量达千头以上的牧场就有37家，占利通区大型规模牛养殖户总数的72.5%。利通区畜牧业产业化布局更加合理，畜牧养殖基地建设取得突破性进展。2017年利通区奶牛存栏数为13.5万头，占吴忠市市奶牛存栏数的71.3%，占全区奶牛存栏数的35.1%，2017年全年奶产量为58.2万吨，占吴忠市产奶量的74.5%，占全区奶产量的38.2%。

（三）龙头企业发展迅速，转型升级取得突破。

自治区成立60年来，利通区畜牧业在经过长时间的探索发展，逐渐形成“龙头企业+基地+养殖户”模式，促使畜牧业步入现代化发展阶段，先后引进伊利乳业、蒙牛乳业、娃哈哈等龙头企业，扶持建立本地雪泉乳业、夏进、涝河桥牛羊肉市场等本地大型企业，打造本地品牌，尤其伊利乳业的引进对解决奶产业突出存在的小乳品和小群落“两小共生”的问题，增强奶农信心，在引领奶产业提质增效上起到了重要作用。本地奶牛养殖场都喜欢与伊利等大型乳企签订合同，不但收购价格比其他中小奶企高出0.3元/公斤，而且信誉好，能够带给养殖场稳定长久的收益。在龙头企业的带动下，畜牧业在由家庭副业向支柱产业转变、由生产依附型向消费导向型转变、由粗放经营向规模化、集约化经营的方向转变。在龙头企业的驱动下，产业中介组织和行业协会应运而生，共发展“乳业协会”“养牛合作社”“饲草协会”等中介组织，它们充分发挥了连接农民、企业、市场的桥梁作用，带动了产业的发展和农民增收。据抽样调查数据，2017年，利通区农民人均牧业收入1683.2元，是1988年218.2元的6.7倍。

（四）疫情防治全面覆盖，科技水平不断提高。

建立了利通区国家级动物疫情测报站，健全了市、县、乡、村4级动物疫情报告网络，动物疫情监测覆盖面以村为单位达到100%，提高了诊断、监测能力和生物安全水平。各级技术服务部门通过下派科技特派员，推行科技承包等形式，重点示范推广奶牛全混合日粮饲喂、性控冻精繁育、牧场智能化管理、牛粪综合利用、肉羊杂交改良、生猪三元杂交、肉牛托哺奶公犊、大型牧草喷灌种植等技术，草畜产业实用科技推广力度进一步加大。高度重视草畜产业新技术的引进和推广，通过推广奶牛性控精液繁育技术，使奶牛母犊产犊率达到90%以上，奶牛自繁扩量进程加快；通过利用三元杂交技术，改良能繁母猪，提高了优质瘦肉型商品猪比例；通过研发推广全流程无污染生态养殖技术，羊产业规模化经营程度和标准化生产水平不断提高；以西门塔尔肉牛为主推品种，采用级进杂交技术，积极选育固化优质肉牛品种；并以肉牛品种改良和肉牛托哺奶公犊技术为依托，提高了肉牛良种覆盖率和基础母牛利用率。

二、畜牧业产业化发展经验启示

（一）必须发挥区域优势，构建特色产业。

利通区位于宁夏中部，地处宁夏平原腹地，是宁夏沿黄河城市带核心区域，处在世界公认的奶牛适宜养殖分布地带，年平均气温8.8摄氏度，日照充足，空气干燥，适宜发展奶产业，同时，其优越的气候地理条件，使之成为优质苜蓿、青贮玉米的主要生产基地，为畜牧业发展提供了充足的物质基础，利通区以此为依托，充分发挥资源优势，大力发展奶产业，逐渐成为自治区奶牛养殖大县，最大的奶产量供应地。国内著名乳业蒙牛、伊利、新希望、青海小西牛等纷纷在利通区抢占奶源，小西牛牧场的负责人讲，“全国奶业看三元，全国奶源数宁夏”，我们到这里投资建厂的主要原因就是看好这里的优质奶源。

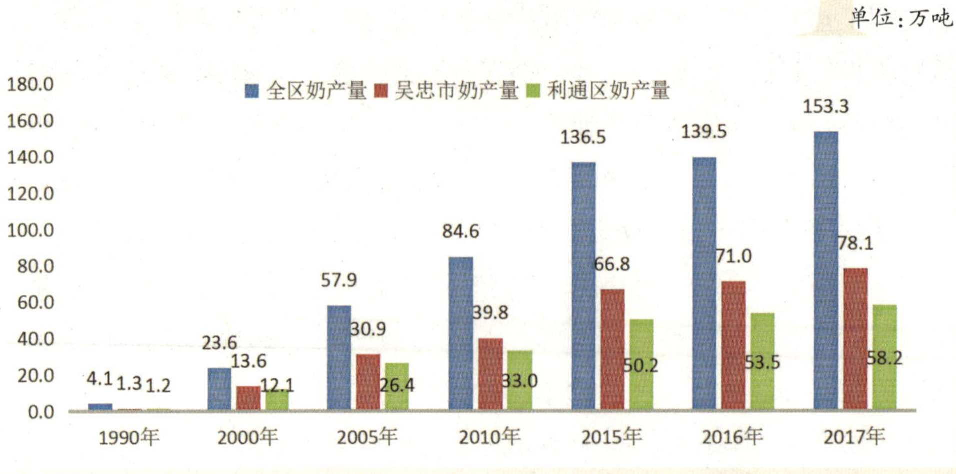

图2 主要年份宁夏、吴忠市、利通区奶产量变化

（二）必须加强政策引导，切实转变发展方式。

按照“一特三高”的总体要求，政府相继出台一系列扶持畜牧业发展的政策措施，将畜牧业发展与“四带一园”建设、生态移民、精准扶贫等相关政策打包捆绑实施，同时，切实加强对各产业的指导，不断完善财政支农稳定增长机制、产业发展分工机制、正向激励机制、利益联结机制、重点扶持机制，确保政策公开透明、连续稳定，发挥累积效应，进一步推动整个畜牧业转型升级，为畜牧业健康稳定发展提供了有力的政策支撑。尤其作为全区的奶牛养殖大县，当农业部《奶业优势区域发展规划》中将宁夏列为西部奶业主产区后，自2008年宁夏开始实施《宁夏奶业发展规划》五年规划，利通区就被列为奶牛发展主产区，为此，利通区政府出台了粮改饲、基础设施补贴、土地优惠等扶持政策，推动奶产业转型升级，为奶产业健康稳定发展提供了有力的政策支撑。

（三）必须培育壮大龙头，拉长产业链提高附加值。

龙头企业是产业化经营链条的关键环节，必须整合资源、聚集优势，立足资源优势，不断优化产业结构推进同类产品企业的联合与合作，培育骨干龙头企业，带动企业集群化发展，增强精深加工能力，增强辐射带动农户能力，切实推动产业转型升级。

（四）必须加大科技支撑，培育特色产业发展优势。

科技是农业产业发展的关键，科技引领现代农业发展。今后，要推进基层农业科技服务体系改革，实行产学研结合，引进、集成、应用、示范推广一批农业新品种、新技术、新装备，加速农业科技成果转应用。强化现代农业人才培养，提高农业科技水平。

（五）必须密切利益联结，增强产业经营内在动力。

企业、农户是独立的市场主体，要在产业化经营组织中实现企业增效、农民增收的目标，要正确引导农户、龙头企业、农民合作社、家庭农场等的联合与合作，形成“利益共享、风险共担”的利益共同体，探索适合不同条件的农业生产投入、经营管理和利益分配的新型体制机制，形成农户与市场的有效对接。

执笔人：郭毅伟

红寺堡区畜牧业发展势头良好

红寺堡区是全国最大的单体异地生态扶贫移民安置区，地处宁夏回族自治区中部，1999年开发建区以来，红寺堡区区委、区政府密切关注畜牧业发展趋势，在调整产业结构、壮大产业形态、提高畜产品供给质量等方面下大力气、做足功夫，促使畜牧业平稳健康发展，在农业生产中所占比重也逐步增加。

纵观2005年以来畜牧业生产变化趋势，红寺堡区大致可以分为三个发展阶段：

一、过渡阶段（2005—2010年）

“十一五”初期，红寺堡区畜牧业处于探索过渡阶段，家庭分散经营依旧占据半壁江山，产业规模化进行中，畜牧生产发展较为缓慢。同时受“禽流感”、生猪“蓝耳病”等疫情影响，家禽生产遭受严重打击，猪肉价格也大幅下降，养猪严重亏本。截至2010年，与2005年相比生猪饲养量基本保持不变，出栏增长7.9%；牛饲养量增长36%，出栏增长超过一倍；羊、家禽饲养量分别下降30.8%和24%，出栏分别下降19.3%和12.9%。

单位：头、只

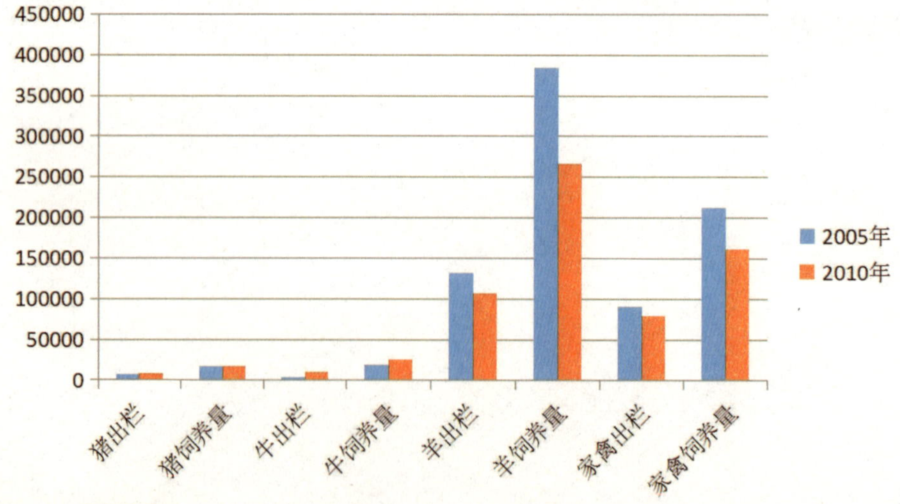

图1　主要年份猪、牛、羊、禽生产变化情况

二、成长阶段(2011—2015年)

2011年以来,畜牧业经营性收入在可支配收入中的占比逐渐增大,畜牧业也得到广泛关注。2014年扶贫政策顺利推进,更多科学技术得到推广,龙头企业发展壮大等一系列举措促使畜牧业发展跃上新台阶。2015年,由于生猪市场行情疲软,价格一直在低位运行,生猪养殖处于亏损状态,行业产能持续下滑。牛价相对稳定,牛肉价格保持在60元/公斤。羊价下跌,养殖利润空间缩小,大部分散养户开始退出市场。家禽养殖主要以蛋鸡为主,蛋鸡可以满足一般家庭对蛋白质和肉类的日常摄取需求,散户家禽养殖积极性较高。较2011年,生猪、牛、羊饲养量分别增长12.0%、40.3%和92.6%,家禽饲养量略微下降,出栏分别增长30.3%、80.0%、1倍和7.7%。2014年以来累计投入畜牧业产业扶贫资金11257.5万元;修建圈棚3080座,面积246400平方米,补贴资金1344万元;修建青贮池650个,面积19500立方米,补贴资金65万元;见犊补母项目补贴牛肉19800头,补贴资金1368万元。

单位:头

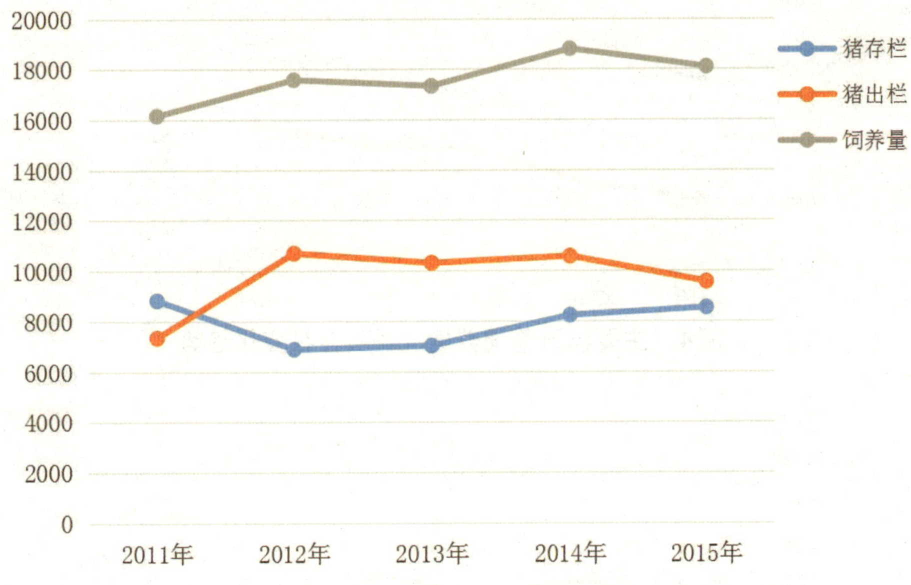

图2　主要年份猪饲养量、出栏、存栏变化趋势

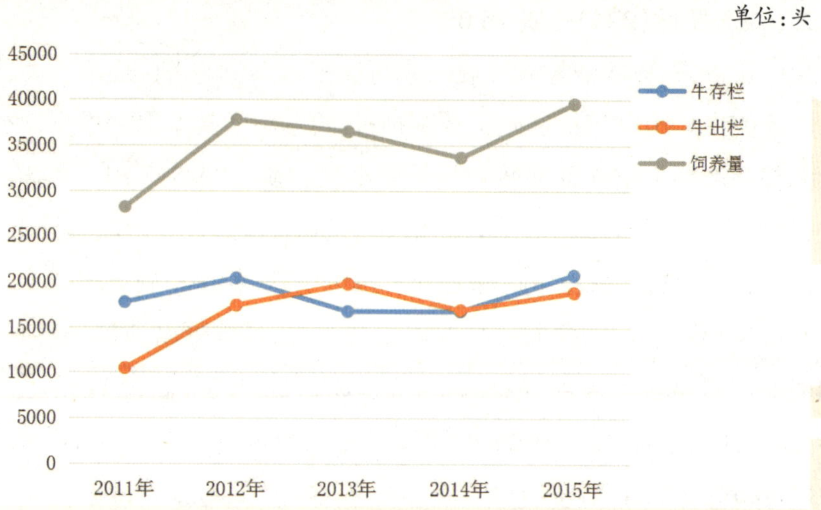

图3　主要年份牛饲养量、出栏、存栏变化趋势

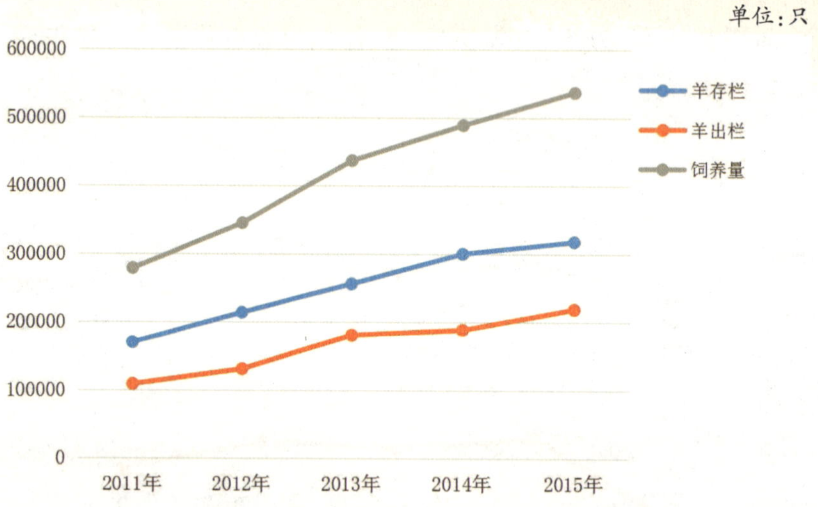

图4　主要年份羊饲养量、出栏、存栏变化趋势

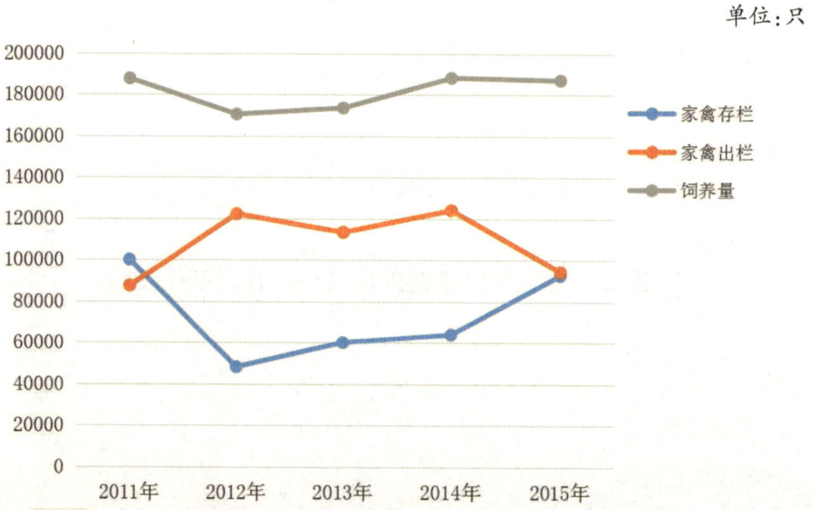

图5　主要年份家禽饲养量、出栏、存栏变化趋势

三、快速发展阶段(2015—2017年)

截至2017年末,随着扶贫力度的不断加大,畜牧业补贴持续推进,红寺堡区主要畜禽生产形势大好,各类畜种饲养量持续增加。截至2017年末,红寺堡区生猪存栏8305头(能繁母猪673头),出栏11820头,猪肉产量922吨;牛存栏32055头(奶牛1403头),出栏26925头,牛肉产量4099吨,奶产量625吨;羊存栏311265只,羊出栏312867只,羊肉产量5310吨;家禽存栏99114只(蛋鸡存栏47726只),家禽出栏171411只,禽肉产量331吨,蛋产量721吨。本地从事畜牧业相关龙头企业9个,其中从外地引进2个龙头企业,2017年末,专业养殖合作社111个。本地设立1个活禽交易市场,拥有1个畜产品屠宰企业。畜牧兽医防疫人员56人,2017年开展劳动技能培训20余次,累计培训824人次。

执笔人:张环

六个目标看盐池牧业发展60年变化

盐池县作为红军西征解放的宁夏第一县，早在1936年6月21解放。全县土地总面积8522平方公里，其中草原面积835.4万亩，可利用草原面积714.7万亩，人均占有土地面积居宁夏各县第一位，是著名的中国滩羊之乡。

要说畜牧业，盐池县当然以滩羊为主线，从1958年至2018年，滩羊产业的发展，发生了翻天覆地的变化。

一、自由养殖，规模小，数量少，目标实现养家糊口，"滩羊"养殖初具雏形

20世纪50年代，随着宁夏地区解放，作为率先解放的盐池县，老百姓早已为了生计，开始延续祖辈留下的生活传统，养殖绵羊，只不过，那时的盐池滩羊，还不叫"滩羊"，它只是保障百姓最基本生活的一种生活方式，不成气候。每家每户都有养殖，但是养殖数量很少，5—10只最多，百姓平时除了农忙务农外，其他时间的主要任务就是放羊，待到羊下羔时，卖了羊羔，再买些生活的必需品。盐池在宁夏南部山区里的草原面积算是最大的，丰富的草场，完全可以保障羊只饲草需要，养殖成本低，下羔就能见利润。古往今来，盐池地区8个乡镇，每一个乡镇都会将一周中的一天，作为本地的集散地，小商贩的商品买卖也是在这样的一种氛围中形成了规模，下属各村的百姓会在集上，将自己需要出售的淘汰老羊、羊羔出售，再用出售的钱去购买生活必需品。

2000年前，牧业产值对于盐池县经济建设的贡献较低，随着改革开放进程的发展，百姓对生活的要求逐渐提高，传统的少数养殖，已经不能满足自己对美好生活的需要，许多养殖户在羊只下羔后，不选择出售，而是选择持续扩大存栏，羊生羊、再放羊、再生羊的模式也逐渐根深蒂固，可是对于可利用草原面积只有714.7万亩的盐池县，现有的草原已经没有办法再荷载更多的放牧，沙漠化日益严重，每日都是尘土飞扬，黄沙漫天，在发展牧业经济的同时，国家和政府也开始重视草原生态环境，只有保护生态环境，才能更好地保障盐池牧业可持续发展。

二、封山禁牧，退耕还林，目标实现生态循环发展，滩羊养殖遇瓶颈

经济发展和生态环境保护的矛盾日益凸显，2002年，为了保护地方生态环境的可持续发展，国家正式出台封山禁牧，退耕还林政策，但是，问题也随之而来，从古至今，盐池百姓都是以放牧为养殖的主要方式，成本低，草场饲草品质优良，适宜羊只顺利产羔。国家的方针政策，统领全局，百姓站在自身的角度看，总觉得国家影响了自己的发展，影响了自己对奔小康的致富之路。

政府出台相关政策，组织专门人员，成立禁牧督导办，大力查处私自放牧的百姓，只要被抓住，不仅要没收羊只，还要罚款，矛盾就此产生。那些年，百姓只要看到滩里有皮卡车在跑，就知道抓羊的又来了，厌恶政府和对政府工作的不理解情绪，逐渐产生。政府在贯彻执行国家政策的时候，没有充分考虑当地实际情况，一味的坚持禁牧，百姓几辈人放牧的习惯被禁止，圈养的羊饲料全部需要购买，成本高，而且产羔成活率低，直接影响了百姓的收益。

2000年初，盐池养只存栏量基本保持在40万只左右，在2002年封山禁牧的前五年，盐池滩羊的数量是一个下降的趋势，分别较2000年初的40万只，下降2.3%、1.2%、1.5%、1.2%、0.5%。禁牧力度之大，让百姓养殖积极性严重受挫，本来以养殖为收入主要来源，一下断了生活的来源，旱地作物的收益又不稳定，靠天吃饭。不能坐以待毙，许多养殖户开始举家外出打工，换一种方式谋生活。

随着时间的推移，封山禁牧力度持续加大，百姓响应国家政策积极，2006年左右，盐池地区沙漠化初步得到控制，生态环境日益改善，曾经的漫天黄沙不见了，取而代之的是满山遍野的绿色，封山禁牧的好处逐渐凸显，外出打工的百姓看到了政府决策的长期性、时效性。也为自己的家乡环境大改变，感到喜出望外。

改革开放后的20年，滩羊产业发展遇到了前所未有的挑战，如图1所示：

滩羊养殖基本处于稳定，养殖户养殖积极性较低，随着国家对工业发展的重视，传统养殖行业遇到瓶颈，如何利用本地天然优势，大力发展养殖业，成了盐池县政府亟待解决的问题。

单位：万只

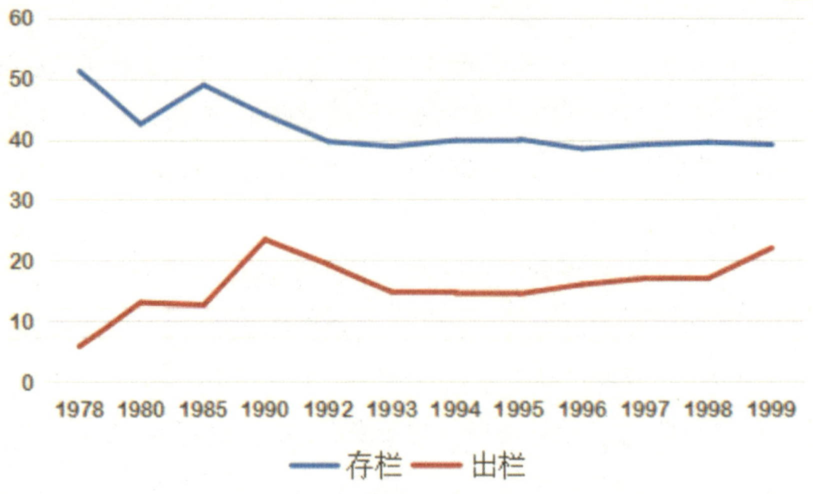

图1　1978—1999年滩羊存出栏情况

三、园区建设，转变思想，目标实现滩羊可持续发展

60年的发展，盐池牧业发生了翻天覆地的变化，2000年后，牧业发展已经从单一的养家糊口变成了发家致富，自2003年6月，盐池滩羊被中国国际品牌协会评为“中国滩羊之乡”，2005年6月成功注册了“盐池滩羊”产地证明商标。这一历史性的时刻，也注定了盐池羊身份的大转变，从谋生的方式到发家致富奔小康的重要支撑。如此巨大的转变，离不开政府的鼓励支持。政府为了发展盐池县地方经济品牌优势，出台相关政策，转变思想，主动带头鼓励以村为单位建设园区，搞集中化养殖，为基础母羊提供补偿机制，鼓励农户养殖规模化，现代化，对于自己建设棚圈，给予一道棚1500元补助，大力鼓励农户养殖盐池滩羊。基础母羊一只补助100元，还积极主动沟通了县保险公司，强制要求给养殖户进行了滩羊保险办理，让养殖户在养殖滩羊的同时。实现利益最大化，风险最小化。政府政策的大力实施，标志着盐池牧业迈向新的台阶，如下图所示，自滩羊品牌成立后，滩羊养殖数量正在逐步增加，经济效益也显著提高。

如图2所示，近20年来，盐池滩羊产业发展始终呈现上升趋势，品牌化的不断扩大，促进了盐池滩羊产业发展的进程。新的养殖模式，正在逐步走进百姓，盐池县政府为了更好的发展滩羊产业，出台一系列政策，精准发力，保障百姓经济效益最大化。

单位：万只

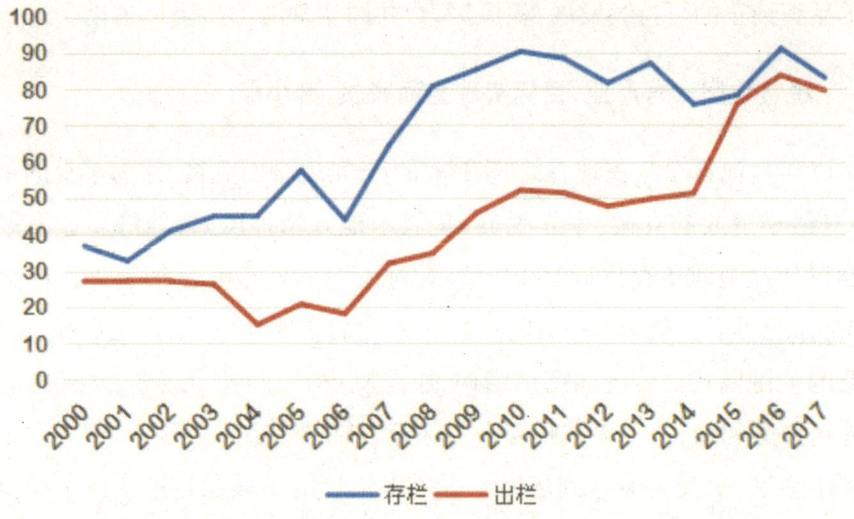

图2 2000—2017年滩羊存出栏情况

四、五湖四海做宣传，目标实现品牌化

盐池县各级政府组织，为了让盐池滩羊的品牌走得更远，效应更广，作出了不懈的努力。2016年9月，盐池滩羊肉以其绿色安全、肉质鲜嫩、营养丰富、低胆固醇、无膻味的优良品质通过严格检验后，被选为杭州G20峰会专供食材，并获得一致好评、2017年3月，盐池以羊为媒，牵手三亚开启旅游深度合作，一场"沙与海"的合作，标志着盐池滩羊在三亚的落地生根、盐池滩羊与大型超市沃尔玛，新百等签订了供货协议。保障农户产销一体，可持续发展的重要环节。

随着滩羊品牌效应的日益扩大，在外务工的百姓看到了养殖滩羊的前景，积极回乡创业，5年来，盐池县共成立滩羊养殖合作社、家庭农场等多种经营的公司达100多家，养殖方式的转变，正在悄悄改变百姓的养殖习惯，可持续发展才是硬道理，才能让百姓真正地感受到政策带来的好处。

五、回归本源，保种繁育，目标实现纯种滩羊品质长久化

随着滩羊品牌效应的日益扩大，一些不法的商贩也看到了其中的商机，许多商贩打着盐池滩羊肉的旗号，从内蒙古、新疆等地便宜购买羊只，再回到宁夏本地到处销售敛财，因为肉质差，口感差，标准低等原因，直接损坏了盐池滩羊的品牌。他们像一群群蚂蚁一样，正在吞噬着盐池滩羊品牌。

为此，盐池县政府积极出台关于盐池滩羊保种育种方案，成立大水坑保种选

育基地，盐池八堡保种选育基地，确保年保种繁殖率2000只左右，为了保障盐池县滩羊品牌纯正的可持续发展，积极努力，共同实现滩羊品质长久化。

六、脱贫攻坚一号产业，目标实现全面脱贫，奔小康

2017年盐池县全年在现有的脱贫标准下，实现全面脱贫，作为宁夏的革命老区，宁夏最早解放的县城，率先脱贫，是展示地方精神风采，经济高速发展的结果。2017年盐池滩羊存栏近100万只，农村人均羊只养殖近7只，如此巨大的养殖量，充分说明了养殖滩羊在农村居民收入中的重要地位，是盐池百姓发家致富奔小康的关键模式。传统的产销结构，层层剥皮，中间环节较多，直接影响了最底层养殖户的利润，盐池地方政府为了保障百姓的利益最大化，专门成立了滩羊销售屠宰专区，只要是专门到屠宰专区屠宰销售的羊只在经过认证是盐池滩羊后，都可以得到政府的滩羊保价补偿。

大力发展百姓养殖滩羊，尤其是对于建档立卡户养殖羊只的一系列补偿措施，直接带动了百姓的养殖积极性，养殖积极性提高了，政府保险机制完善了，保价政策为百姓保驾护航了。脱贫致富就不再是难事，并且可以在根本上，长期有效的解决脱贫富民。让百姓真正当家做主。

60年的时间，转瞬即逝。60年的时间，盐池滩羊产业的发展从量的变化到质的飞越，这不仅标志着盐池地方经济发展的繁荣富强，更是见证了新时代中国特色社会主义是我们国家未来发展的重要目标，我们必将迈着矫健的步伐，向富强民主文明和谐美丽的社会主义现代化强国前行！

执笔人：张天优

同心县畜牧业发展成就回顾

自治区成立60年来，畜牧业已成为同心县经济发展的半壁河山，农民1/3的收入来自畜牧业。随着家庭联产承包责任制的实行和社会主义市场经济的逐步发展，同心县实施多项产业发展措施，极大地调动了广大农民发展畜禽养殖业的积极性。畜牧业综合生产能力不断提高，养殖规模不断扩大，畜禽品种改良力度不断加大，科学化和规模化养殖步伐不断加快，养殖效益不断提高，农户养殖热情高涨，畜牧业生产得到了快速发展。

一、生产能力不断提高，养殖规模不断扩大

在同心县委、县政府的坚强领导下，同心县坚持以市场为导向，以规模养殖场和养殖专业村建设为重点，以加快牛羊肉第一第二第三产业融合发展，促进农民增收为目的，大力推广畜牧新技术，落实各项惠农补贴政策，有力促进了同心县畜牧业持续健康快速发展，畜牧业综合生产能力不断提高，养殖规模不断扩大。截至2017年末，全县肉类总产量24736吨，是1980年的12.6倍；主要畜种猪、牛、羊、家禽饲养量分别达到了9520头、118267头、1409495只、844940只，与改革开放初期1980年相比猪下降了30.5%，牛和羊分别增长了12.6倍、2.6倍。2017年存栏分别为5015头、54516头、618543只、432670只，和1980年相比猪下降了30.5%，牛和羊分别增长了5.4倍、73.6%。出栏分别为4505头、63751头、790952只、412270只，与1980年相比生猪年均递减0.2%、牛和羊年均递增17.3%、8.4%。主要年份猪、牛、羊、家禽生产变化情况如下：

单位：头

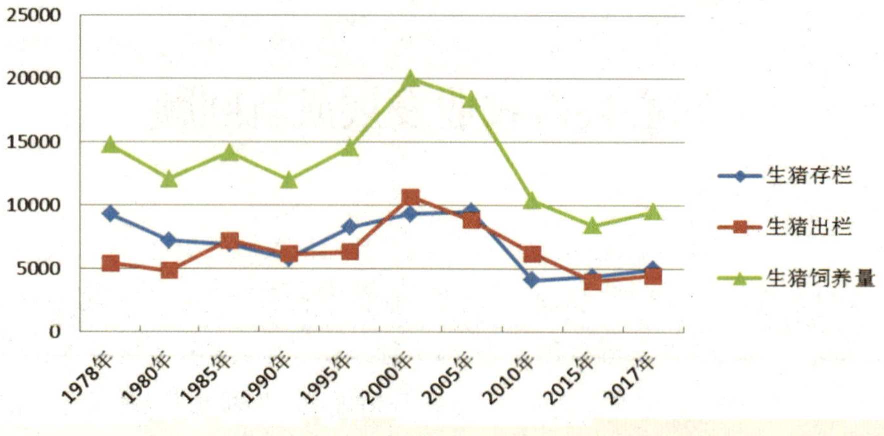

图1　主要年份生猪饲养量、出栏、存栏变化趋势

单位：头

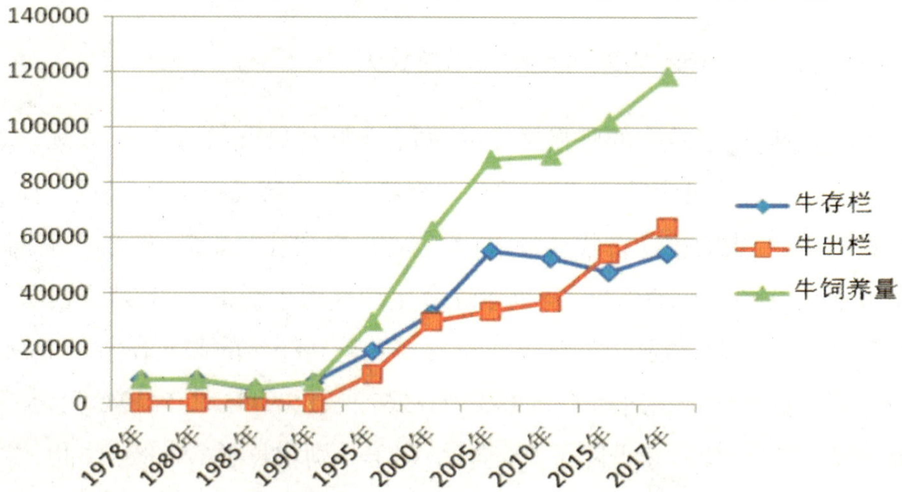

图2　主要年份牛饲养量、出栏、存栏变化趋势

单位：只

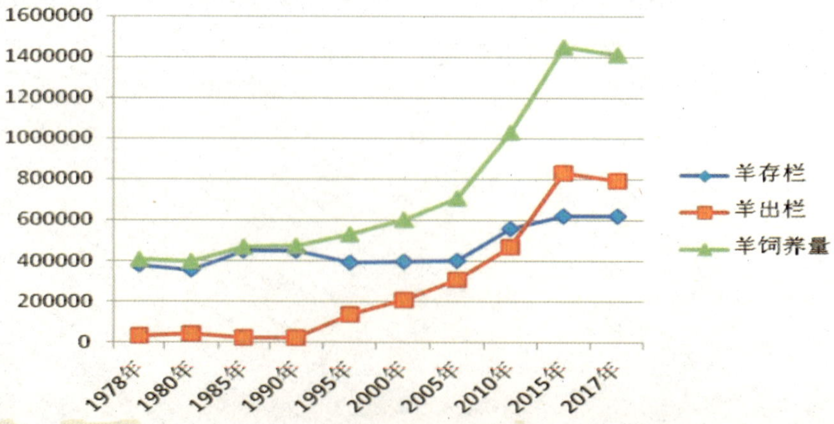

图3　主要年份羊饲养量、出栏、存栏变化趋势

单位：只

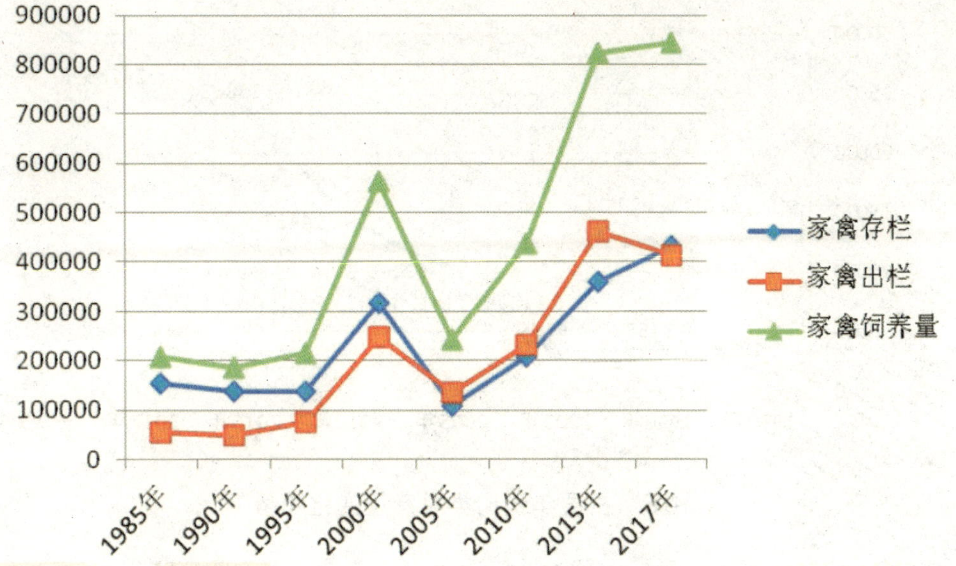

图4　主要年份家禽饲养量、出栏、存栏变化趋势

二、畜禽品种改良力度不断加大，结构调整成效显著

改革开放以来同心县因地制宜，并根据自治区党委、政府和县委、县政府先后出台的一系列关于促进畜牧业发展的指导性意见，按照"适应市场、发挥优势、培育特色、提高效益"的原则，大力发展以牛、羊为主的节粮型畜种。结合当地实际情况，同心县以扬黄灌区为重点建设肉牛生产基地，以东部旱作区为重点建设滩羊生产基地，形成以灌区乡镇为主的肉牛产业带，产业布局更加合理。同时在抓好牛羊的品种改良，加强对本地畜种的培育，并大力引入生产性能优良，适应性强的国内外优良畜种与本地畜种做好杂交改良工作。调查数据显示，出栏1岁杂种肉牛比同龄本地黄牛新增纯利润1400元。开展肉羊滩—寒"二元养殖"，改良后平均每只新增纯收入146元。畜种之间的构成也发生了明显变化：肉类总产量中猪、牛、羊、家禽的比重由1985年24.5%、7.4%、61.9%、6.2%调整为2017年的1.4%、39.3%、56.1%、3.2%。猪肉、羊肉和禽肉所占比重呈下降趋势，牛肉所占比重呈上升趋势，在37年间提高了31.2个百分点。主要年份肉类总产量及构成情况如下：

单位：吨

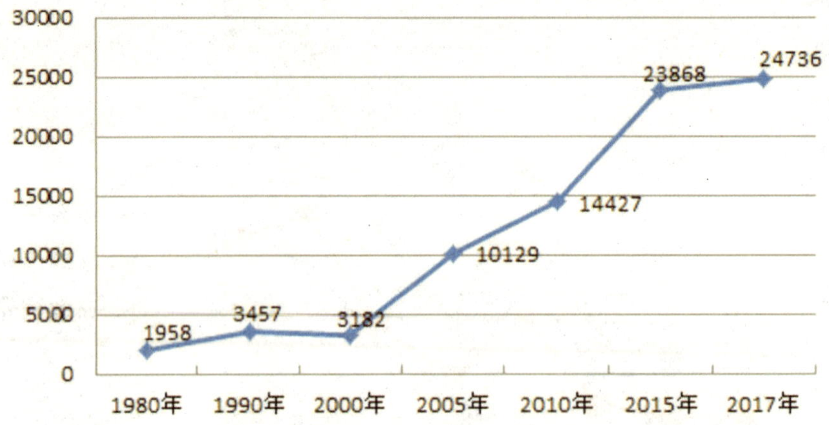

图5　主要年份肉类总产量变化趋势

三、畜牧业已成为增加农民收入的重要支柱产业

同心县拥有丰富的畜牧业资源优势，现有优质牧草（苜蓿）留床面积55万亩，全县牧草品种丰富，农作物秸秆来源广泛，为发展牛羊的养殖提供基础保障。同心县依托自然资源优势大力发展畜牧业，农民新增收入中近1/3来自畜牧业，畜牧业已成为同心县发展农村经济、增加农民收入的重要支柱产业。2017年同心县农民人均牧业净收入为1556.7元，是1981年的69倍，年均递增12.5%；占农民人均家庭经营净收入的比重由1981年的22.9%增加到2017年的39.3%，提高了16.4个百分点。畜牧业已由改革开放前的家庭“副业”转变为“增收主业”。

四、科学化和规模化养殖步伐加快

改革开放以来，随着科学技术和农民文化水平的不断提高，同心县标准化规模养殖发展势头强劲，规模养殖水平大幅提升，畜禽标准化规模养殖和畜牧专业合作社建设不断提高，畜牧产业化水平稳步提高。精准饲喂、营养调控、精细管理等节本技术和选育改良、高效繁殖、快速育肥等技术引导农户大力发展科学化和规模化养殖。2017年同心县已建设养殖示范村73个，养殖合作社146个，发展10头以上肉牛养殖大户1404户，1000只以上的肉羊育肥大户32户，科学化和规模化养殖步伐加快，同心县畜牧业已进入良性循环和健康发展轨道。

五、特色产业成为亮点

同心县内无工业污染，日照时间长，独特的气候条件造就生产的牛羊肉产品脂肪适中，味道鲜美，营养丰富无膻味。近年来，当地农民依托自然优势发展特色产业，绿色畜产品、无公害牛羊肉悄然升起，在畜产品稳步增长的同时，畜产品的质量安全水平也不断提高。同心县阿格尼健康食品有限公司和同心荣振养殖专业合作社生产的绿色牛羊肉产品已销往福建、广州、河南等地。同时随着人们生活水平的不断提高，对牛羊肉的需求量也不断增加。2017年同心县牛羊肉产量达到了23599吨，占肉类总产量的95.4%，为加快畜牧业发展拓展了空间，展现了美好前景。

六、畜禽价格高位运行、养殖效益高，农户养殖热情高涨

价格是影响畜牧业生产的重要因素之一，价格的升降直接影响畜牧养殖的经济效益，从而影响农民的养殖积极性。近年来，同心县主要畜产品价格总体运行平稳，养殖效益普遍上涨。根据成本核算，2017年出栏一头育肥肉牛平均净收入为2500元，出栏一头架子牛平均净收入为2050元；出栏一只育肥肉羊平均净收入160元，牛羊肉价格坚挺，而且有不断上涨趋势，发展牛羊肉产业，增收空间大。畜禽价格高位运行、养殖效益高，农户养殖热情高涨，使畜牧业生产得到了快速发展。

执笔人：丁芸芸

青铜峡畜牧业发展成效显著

青铜峡市地处宁夏平原中部，九大干渠之首，土地肥沃。粮食作物主要以小麦、水稻、玉米、豆类为主，品种较为丰富，产量高，有山有川，发展畜牧业物质基础雄厚。养殖业历史悠久，畜产品品质优良。

自治区成立60年来，青铜峡市历届市委、市政府都把发展畜牧业作为增加农民收入的重要措施，经过长期不懈的努力，青铜峡市畜牧业发展迅速，猪、牛、羊、禽等畜产品产量全面增长。2017年青铜峡市猪、牛、羊、禽四大畜种肉产量达到1.9万吨、奶产量17.8万吨。

一、畜牧业发展的历史回顾

第一阶段(1949—1978年)：计划经济时期。畜牧业生产方式主要以集体经营、自然放养为主。牛作为生产资料，主要用于农业生产耕作。居民肉食供应实行"统购统销，凭票供应"，畜牧业生产发展缓慢。随着国民经济"五年计划"的逐步实施，畜牧业生产得到了较快发展，但主要依靠扩大规模，增加畜禽数量来实现。

第二阶段(1979—1985年)：过渡时期。随着家庭联产承包责任制的逐步实施，畜牧业经营模式发生了根本性变革。这一时期畜牧业生产由集体经济向私营经济过渡，畜牧业发展出现了一定波折，到"六五"末期，主要畜禽生产逐步恢复。

第三阶段(1986—1995年)：快速发展阶段。社会主义市场经济体制的确立，极大地调动了农民畜牧养殖积极性，畜牧业生产进入了快速发展阶段，畜牧业生产大幅增长，特别是猪、牛养殖快速发展，畜产品商品化程度显著提高，不仅为城乡居民提供了充足的畜产品供应，同时大大提高了畜牧业生产效益。

第四阶段(1996—2008年)：产业化发展阶段。随着中国加入WTO及全球经济一体化进程的加快，宁夏作为全国传统十大牧区和新时期全国优势肉羊、肉牛和奶牛产区之一，大力实施产业化战略。青铜峡与全区一样因地制宜，科学规划，分步实施，通过培育壮大一批龙头企业，加快优质畜产品基地建设。进一步实施产业结构调整，突出优势主导产业，形成各具特色的畜禽产品集中产区，培育了一批具有明显地方优势特色的畜产品。加大科学技术的推广力度，实现畜牧业增长方式的转变，使畜产品市场竞争力明显增强，产业层次和比较优势大大提升。建立健全畜牧业发展保障体系，改善了畜牧业发展环境。产业化的实施，使畜牧业生产由单纯追求数量增长逐步向质量效益型转变，步入了生产快速发展、质量稳步提高、综合生产能力不断增强的良性发展轨道。畜牧业总产值在农林牧渔业总产值的比重超过三分之一。

二、畜牧业生产取得了显著成就

（一）生产能力显著提升，供给能力明显增强。

自治区成立60年来，特别是改革开放以来，青铜峡市畜牧业生产取得的显著成就，是发展速度和供给能力大幅度提高。2017年年末青铜峡市生猪存栏8.4万头，牛存栏6.6万头，羊存栏17.7万只，家禽存栏166.28万只，比1989年分别增长了40.7%、4.0%、6.4倍和4.7倍。在畜禽存栏和出栏率普遍提高的同时，肉猪、肉牛、羊、家禽的胴体重也有较大幅度增加。在全市畜禽存栏大幅增长的前提下，出栏率的提高和胴体重的增加，直接促进了主要畜禽出栏量和畜产品产量的大幅度提升。畜产品供应从自治区成立之初的极度匮乏，发展到今天肉、蛋、奶及其各种奶制品供应充足、品种丰富，使全市人民的菜篮子更加充裕，也为全市人民营养膳食结构的改善作出了巨大贡献。

（二）生产结构趋优调整，主要畜禽品种协调发展。

青铜峡市畜牧业发展在生产能力大幅提高的同时，生产结构也发生了巨大变化，突出表现为产业结构和品种结构的趋优调整，畜牧业生产已由过去的役用、肉用为主转变为以生猪为主，牛、羊、禽、蛋、奶协调发展的格局。2017年年末生猪出栏存栏仅比1989年增长了1.2倍，与此同时牛存栏比1989年增长了6.4倍（增加的主要是奶牛），家禽存栏比1989增长了4.9倍，改变了畜牧业生产中肉类比重过大、禽蛋和牛奶比重过小的不合理状况，丰富了动物食品的来源，优化了畜禽产品的供应结构。2017年青铜峡市奶产量17.8万吨，是1990年的151.9倍，禽蛋产量1.9万吨，是1990年的12.9倍。

（三）生产方式科学转变，饲养水平不断提高。

随着城乡居民生活质量的日益提高，对畜禽产品的需求更加多样化，在市场的引导和畜牧部门的大力推动下，青铜峡市畜牧业迅速由家庭散养向规模化发展，千家万户分散养殖的模式开始向养殖场、养殖小区、养殖大户转变，全市畜牧业规模化、集约化、标准化进程不断加快,实现了畜牧业生产方式"由院到园"、养殖规模“由百到千”、经营方式“由散到整”、养殖户收入“由千到万”的历史性转变。特别是近几年来,青铜峡市以建设现代畜牧业为目标,大力发展标准化养殖小区和规模养殖场,加快畜牧业生产方式的转变,畜禽饲养水平不断提升。2010年,青铜峡市规模养殖园区累计达到79处,园区利用率95%以上;规模养殖大户发展到4246户,奶牛入园率75%以上,生猪规模养殖率50%以上。宁夏顺宝现代农业有限公司实施蛋鸡自动化养殖技术改造项目,改造功能车间1.8万平方米,目前蛋鸡饲养量在全区排第一。

(四)有效带动农民增收,在农业经济中的地位显著提高。

中华人民共和国成立60年以来,随着生产力的发展,畜牧业在农业和农村经济中的地位不断提升,为增加农民收入作出了较大贡献。2017年青铜峡市畜牧业产值达到9.4亿元,占农业总产值的比例从10.4%上升到28.3%,比1958年提高了17.9个百分点。畜牧业已经从家庭副业发展成为农业中最具市场化特征和最具活力的产业,更多的农民从种植业中分离出来投身畜牧业,在国家各项政策措施的支持下,畜牧业已经成为农民增收的重要途径。2017年全市农民人均畜牧业收入达到480元,比1990年的114元增长3.2倍。畜牧业收入在农林牧渔业中仅次于种植业,成为促进农民增收的主导产业之一。

三、青铜峡市畜牧业发展动力

改革开放以来,青铜峡市畜牧业生产能够稳定发展,一方面得益于政府的大力扶持和科学养殖技术的进步,为畜牧业的发展创造了良好的生产环境,提供了强大的科技支撑,另一方面是由于市场化需求的扩大以及规模化养殖方式的发展,刺激和推动了畜牧业的快速发展,加速了畜牧业现代化的进程。

(一)扶持政策推动。

在社会经济的不同发展阶段,为了推动畜牧业生产的快速发展,青铜峡市政府有针对性地出台了一系列扶持畜牧业发展的政策措施,从而促进了畜牧业生产的不断发展。特别是进入21世纪以来,青铜峡市委、市政府针对新时期畜牧业生产的特点,进一步加大了对畜牧业生产的支持力度:一是通过加大对畜牧业的政策扶持和资金投入,加快设施养殖速度,有效推动青铜峡市畜牧业的快速发展;二是通过加大对畜牧业的金融支持,逐步建立了畜牧业风险防范机制以及保险与补贴相结合的制度,积极鼓励养殖户(场)对能繁母猪、奶牛等养殖进行投保,目前青铜峡市能繁母猪的投保率达到90%,从而进一步保障了畜牧业的稳定发展。

（二）项目拉动。

自2003年以来，争取实施国家、自治区各类畜牧发展项目90多个，总投资共计9500万元。青铜峡市从2007年开始实施了奶牛、生猪标准化规模养殖场建设项目。累计实施了15个生猪标准化规模养殖场（小区）建设项目和6个奶牛标准化规模养殖场（小区）建设项目，完成投资16756.1万元。

（三）科学养殖技术促动。

在畜牧业生产的发展中，青铜峡市将推广优良品种繁育技术和科学饲养技术、加强疫病防控能力建设作为推动畜牧业快速发展的重要抓手。近年来，青铜峡市为缓解生猪良种覆盖率低，优质瘦肉型猪比例相对较小的矛盾，提高养猪效益。市政府支持从北京生猪良种繁育场引进种猪570头，分发给2006年已确定的精品养猪园区（户）。为了保护优质奶牛后备资源，推动我市奶牛持续健康发展，2005至2006年期间实施国家奶牛良种补贴项目的镇（场）开展优质后备母牛饲养补贴工作，每头后备母牛一次性补贴500元。青铜峡市于2007年、2008年连续两年实施了能繁母猪补贴政策，2007年每头母猪一次性补贴50元，2008年每头母猪一次性补贴100元。为了促进畜牧快速发展，1996年青铜峡市畜牧技术人员开始下乡包镇、包养殖场，为其提供技术指导、服务。同时，市畜牧局编印《畜牧养殖技术手册》《标准化养殖场建设规范》等十几种技术手册，每年制作播放3期养殖科技电视专题片，每年组织各类技术培训280多场次，发放培训材料2.3万余份，培训人员达2.3万余人。

（四）规模养殖和龙头企业带动。

近年来，随着市场化水平的提高，规模化养殖逐步成为畜牧业生产的主体。青铜峡市按照建设现代畜牧业的要求，大力发展标准化养殖小区和规模养殖场，规模养殖正在成为畜牧业生产的主力军，同时规模化养殖和龙头企业的壮大亦加速了畜牧业现代化建设步伐，呈现规模化、标准化、生态化、产业化四大特点。目前，青铜峡市规模养殖园区累计达到79处，标准化养殖场38个（其中，标准化猪场（区）16个，标准化奶（肉）牛场12个，标准化羊场4个，标准化鸡场6个），生猪生态养殖场2个，奶牛和生猪养殖逐步走向“公司＋农户”“合作社＋农户”“牧场＋农户”模式，产前为农户设计圈舍、提供饲料、种苗，产中提供技术服务，产后包销售。建立猪人工授精站（点）10个，牛冻精改良点24个。全畜禽良种化覆盖率达到98%以上，建成23个养殖专业合作社。

纵观青铜峡畜牧业生产的整个发展历程，所取得的成就是有目共睹、毋庸置疑的。但也存在着一些棘手的问题，制约畜牧业的进一步发展，特别是进入21世纪以来，畜牧业生产面临着极大的挑战：一是猪蓝耳病、禽流感、口蹄疫等动物疫病交替出现，对青铜峡市畜牧业发展影响巨大；二是生猪价格的频繁波动对生猪市场的健康发展和农民增收造成严重影响；三是畜产品质量安全体系建设任重道远。针对当前青铜峡市畜牧业生产的实际情况，围绕建设现代畜牧业的目标，应当在突出抓好规模养殖推进、龙头企业培育、服务体系建设、质量安全保障上狠下功夫，不断优化畜牧业产业结构和区域布局，保障畜产品有效供给，保持畜牧业生产的健康稳定发展。

执笔人：刘涛

60年固原市畜牧业发展成就显著

自治区成立60年暨改革开放40周年以来，固原市以发展现代畜牧业和建设畜牧强市为战略目标，在政策上进行引导、在资金上加以扶持，实行规模化、标准化养殖和“小规模、大群体”相结合的办法，充分调动了养殖户的积极性，使畜牧业生产实现了持续、稳定、快速的发展势头，发生了翻天覆地的巨大变化，取得了令人瞩目的辉煌成就。

一、畜牧业发展高歌猛进

60年来，固原畜牧业生产主要经历了三个发展阶段。

（一）改革开放前（1958—1978年），是起步发展阶段。

固原畜牧业生产依旧处于自然生产状态，依赖天然草山自由放牧，靠天养畜，为半农半牧区，畜牧业在农业产值中仅次于种植业而位居第二位。

（二）改革开放到撤地设市前（1978—2002年），是稳步、快速发展阶段。

1978年十一届三中全会后，实行改革、开放、搞活以来，放宽了农村经济政策，取消对农民限养、禁养畜禽的规定，逐步取消统购、派购，放开价格，国家免征牧业税。通过改良草场，兴办饲料加工厂，引进畜禽良种，选育、改良当地品种。政府增拨支农资金，采取贴息贷款等方式扶持农民发展畜牧业，极大地调动了广大养殖户发展养殖的积极性，涌现出一大批“重点户、专业户”，使固原畜牧业由产品经济向商品经济转变，经济效益和社会效益十分显著。据统计，2002年生猪存栏22.7万头，牛22.1万头，分别是1978年1.7倍、2.7倍。2002年肉类总产量、牛奶产量是2.4万吨、34.9万吨，是1978年12倍和60.1倍，年均分别增长10.1%和18.6%。

（三）撤地设市至今（2002—2017年），是持续、科学发展阶段。

“十一五”以来，自治区将固原市确定为六盘山肉牛产业核心区，启动实施了一系列肉牛产业项目，进一步加大政策扶持和资金投入力度，加快了以肉牛养殖为主的草畜产业发展步伐。固原市委、市政府紧紧围绕加快转变畜牧业发展方式“这一主线”；着力构建和完善畜产品标准化生产和畜产品质量安全保障“两大体系”；夯实多元化饲草基地、畜牧基础设施建设和良种基础母牛扩繁与保护“三大基础”；主推品种改良、饲草加工调制、标准化规模养殖和高档肉牛生产“四项技术”；抓实畜牧业各项扶持政策的落实、畜禽养殖标准化示范创建、市场营销、专业合作组织功能完善和动物疫病防控“五个环节”。通过项目带动和政府强力推动，饲养总量全面扩大，畜牧基础设施逐步改善，多元化饲草基地基本形成，科技养殖水平不断提升，良种化程度显著提高，产品营销向市场化方向发展，科技示范带动作用明显增强。据统计，2017年猪存栏14.0万头，比2000年下降38.6%，牛、羊、家禽存栏分别是44.8万头、94.4万只、172.6万只，比2000年分别增长1.2倍、2.2倍%和4.3%，年均分别增长4.7%、7.0%和0.2%

二、畜牧业成就显著

(一)生产能力显著提升，供给能力明显增强。

自治区成立60年暨改革开放40年来，固原畜牧业生产发展速度和供给能力的大幅度提高。2017年固原市生猪、肉牛、肉羊、家禽出栏率分别达到131.6%、72.6%、121.1%和127.1%，比建市前2002年分别提高40.4、47.6、76.7和10.3个百分点。在畜禽出栏率普遍提高的同时，生猪、肉牛、肉羊、家禽出栏重量分别由2002年54.5公斤、125.0公斤、15.5公斤和1.7公斤提高到2017年的78.1公斤、153.6公斤、17.5公斤和2.0公斤，增幅分别达43.3%、22.9%、12.9%和17.6%，出栏率的提高和出栏重量的增加，直接促进了畜产品产量的大幅度提升，供给能力大幅度提升。2017年固原市人均肉、蛋、牛奶供应量分别达到72.6公斤、10.5公斤和1.2公斤。畜产品供应从中华人民共和国成立之初的极度缺乏，发展成今天肉、蛋、奶以及各种制品供应充足、品种丰富。

(二)主要畜禽产品产量、效益大幅度增加。

1. 肉牛、肉羊主导产业发展迅猛，供给侧结构调整明显。固原市以调整养殖结构为主线，大力提升草畜产业效益和质量，认真落实精准扶贫“1+21+X”规划，采取“公司(致富能人)+基地+合作社+贫困户”的产业扶贫模式，草畜产业推进“5·30”养殖计划，实施“2+3”或“3+2”养牛模式。生猪、肉牛、肉羊、家禽饲养量大幅增加，主导产业成效显著。撤地设市后，2002年固原生猪、牛、羊、家禽饲养量由43.4万头、27.6万头、88.5万只和160.3万只提升到2017年32.5万头、77.3万头、208.7万只和391.9万只。2017年比2002年分别增长-25.1%、1.8倍、1.4倍、1.4倍。十八大以来固原市供给侧改革成果显著，生猪饲养量连年下降，2017年生猪饲养量较建市2002年年均降幅1.9%，而肉牛、肉羊产业快速迅猛发展，饲养量比

2002年年均分别增长7.1%和5.9%，真正成为固原市名副其实的“领头羊”。（见表1）

表1　主要年份猪、牛、羊、家禽生产饲养量对比表

单位：万头、万只

年份	生猪	牛	羊	家禽
2002年	43.4	27.6	88.5	160.3
2005年	41.2	47.0	131.8	236.1
3010年	42.2	59.0	138.7	279.1
2015年	32.6	72.5	215.5	267.3
2017年	32.5	77.3	208.7	391.9

2. 主要畜禽出栏快速增加，牛羊家禽存栏稳定增加。2017年固原市生猪、肉牛、肉羊、家禽出栏量分别达到18.5万头、32.5万头、114.03万只和219.3万只，比建市2002年分别增长-10.8%、4.9倍、3.2倍和1.5倍。生猪、牛、羊、家禽存栏量分别达到14.0万头、44.8万头、94.4万只和172.6万只，比建市2002年分别增长-38.2%、1.0倍、53.9%和1.3倍，呈现出肉牛、肉羊快速发展的态势。（见图1、图2）

单位：万头、万只

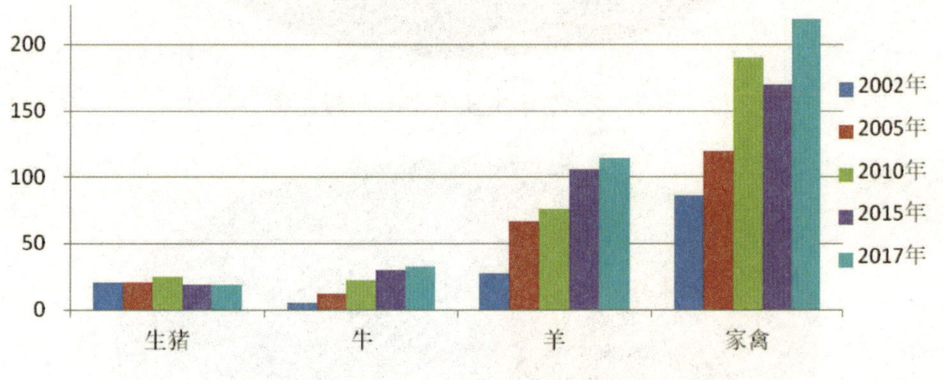

图1　主要年份猪牛羊家禽出栏变化趋势

单位：万头、万只

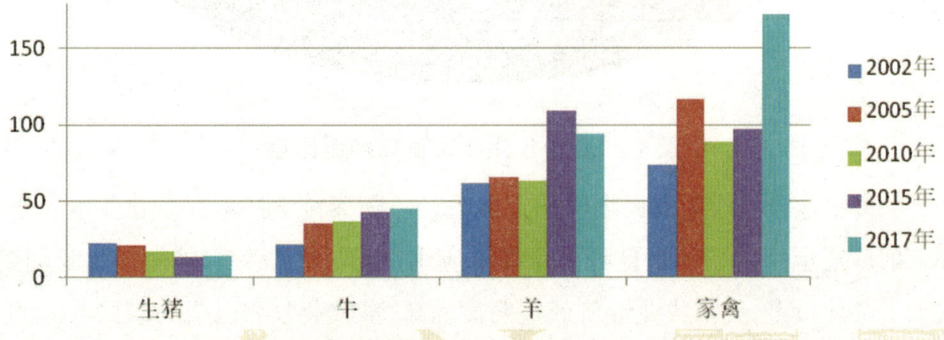

图2　主要年份猪牛羊家禽存栏变化趋势

3. 肉产量大幅度提升，蛋产量增长较快。2017年固原主要畜禽肉类总产量达到8.9万吨，是1978年37.8倍，年均增长9.7%，是2002年固原建市时的3.3倍，年均增长8.2%。其中：猪肉1.5万吨、牛肉5.0万吨、羊肉2.0万吨、禽肉0.4万吨，比2002年增长0.27%、6.2倍、3.7倍和2.3倍。肉类总产量中猪、牛、羊、禽肉的比重由2002年53.4%、25.5%、15.6%和5.5%调整为2017年16.3%、56.3%、22.5%和4.8%。猪肉、禽肉产量占肉类总产量的比重分别下降了37.1和0.7个百分点，牛、羊肉的比重分别提高了30.8和6.9个百分。禽蛋产量1.3万吨，比2005年增长90.5%，年均增长5.5%。（见图3、图4）

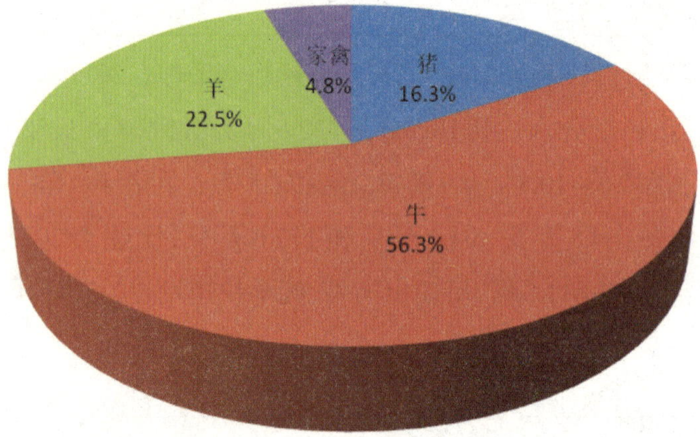

图3　2017年主要畜畜肉产量比重

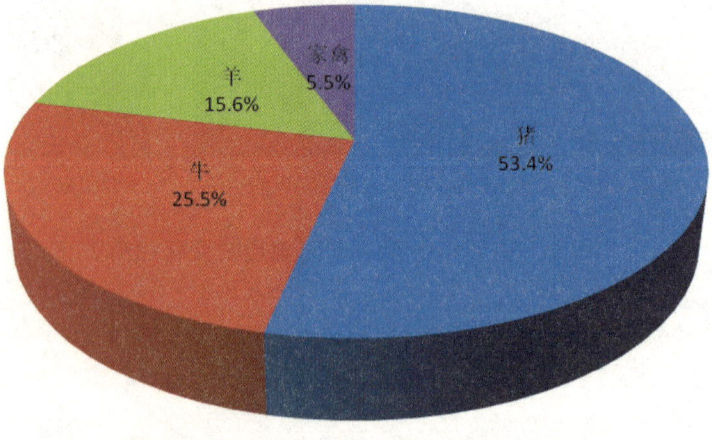

图4　2002年主要畜畜肉产量比重

4. 畜牧业收入成为农民增收的重要途径。随着科学技术在畜牧业生产各个环节的广泛应用。特别是良种繁育技术应用，提升了繁殖率，缩短了生长周期，增加了个体重量，使畜牧业经济效益明显提高，畜牧业收入已成为农民收入的重要来源。2017年固原农民人均来自畜牧业收入1520.1元，是2000年7.0倍，年均增长12.1%，是2002、2005、2010年6.0倍、3.9倍和3.5倍，比"十二五"末增加459.5元，增长43.3%，畜牧业收入由2000年占家庭经营收入19.5%提高到2017年41.2%，提高21.7个百分点，畜牧业快速发展已成为农民脱贫致富奔小康和增加农民收入的重要途径。(见表2)

表2　主要年份牧业收入占家庭经营总收入的比重

单位：元/人、%

年份	家庭经营总收入	其中：牧业收入	牧业收入占家庭经营总收入的比重
2000年	1121.4	218.7	19.5
2002年	1265.3	254.9	20.1
2005年	1640.5	389.4	23.7
2010年	1612.3	436.2	27.1
2015年	3121.9	1060.6	34.0
2017年	3687.2	1520.1	41.2

(三)产业布局进一步优化。

为有效发挥区域资源优势，突出重点，因地制宜，固原畜牧业产业区及核心区优势进一步凸显。以肉牛为主产业区，在"十二五"末累计建设千头以上肉牛养殖示范村170个，万头以上肉牛养殖示范乡镇30个，规模养殖场(园区)137个；以肉羊为主产业区，主要分布在全市38个乡镇，以六盘山两翼和河谷川道区为主，肉羊示范园区、规模养殖场大部分聚集在这些区域，发展肉羊产业条件优越。

(四)科技支撑能力显著增强。

以规模养殖场和养殖小区为平台，以重大畜牧推广项目为抓手，引进、示范、推广了高效繁殖、精准化养殖、粗饲料加工、智能化管理等一大批先进新技术，畜牧科技支撑产业发展能力显著提高。"十二五"末建设暖棚牛舍9.5万座(468万平方米)，青贮池1.5万座(21万平方米)，黄牛冷配改良点285个，黄牛冷配改良覆盖全覆盖，投放铡草机6.1万台，建立11个肉牛、8个肉羊节本增效示范点。以西门塔尔、夏洛来、利木赞杂交改良品种和秦川牛为主肉牛良种化率达到了90%以上。

执笔人：祁玺

原州区畜牧业生产成就辉煌

自治区成立60年暨改革开放40周年以来，原州区畜牧业生产围绕“增加农民收入和社会主义新农村建设”这一核心，以推进农业供给侧结构性改革为主线，以现代畜牧业示范基地建设为抓手，调整优化产业结构，转变产业发展方式，坚持“一特三高”发展路子，实施品种改良升级、关键技术推广、标准化规模养殖、粪污资源化利用等，加快畜牧业规模化、标准化、产业化进程，推进现代畜牧业又好又快发展，取得了辉煌成就。

一、畜禽产品产量稳定增长

自治区成立60周年，特别是1978年十一届三中全会后，原州区积极加大畜牧业发展力度，强化服务措施，推动畜禽养殖由分散的传统养殖向规模化、集约化、标准化、商品化的现代养殖业转变，主要畜禽生产总量大幅提高，畜禽规模养殖业迅速发展。

（一）畜禽存栏、出栏快速增长。

2017年底，原州区生猪存栏3.1万头、牛存栏9.4万头、羊存栏29.1万只，分别是1958年2.4倍、2.4倍、2.1倍，年均递增率1.5%、1.5%和1.3%，比1978年增长-13.6%、3.1倍、23.3%。生猪出栏4.3万头、牛出栏6.1万头、羊出栏35.8万只、家禽出栏88.7万只，分别是1978年3.3倍、155.9倍、31.9倍、42.9倍，年均递增率分别是3.1%、13.8%、9.3%、10.1%。（见图1、图2）

单位:%

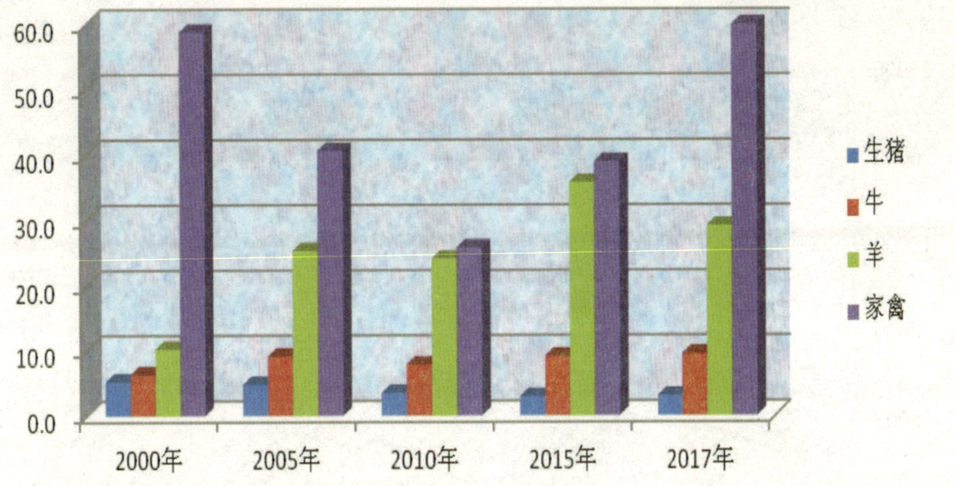

图1　主要年份猪牛羊禽存栏对比

单位:%

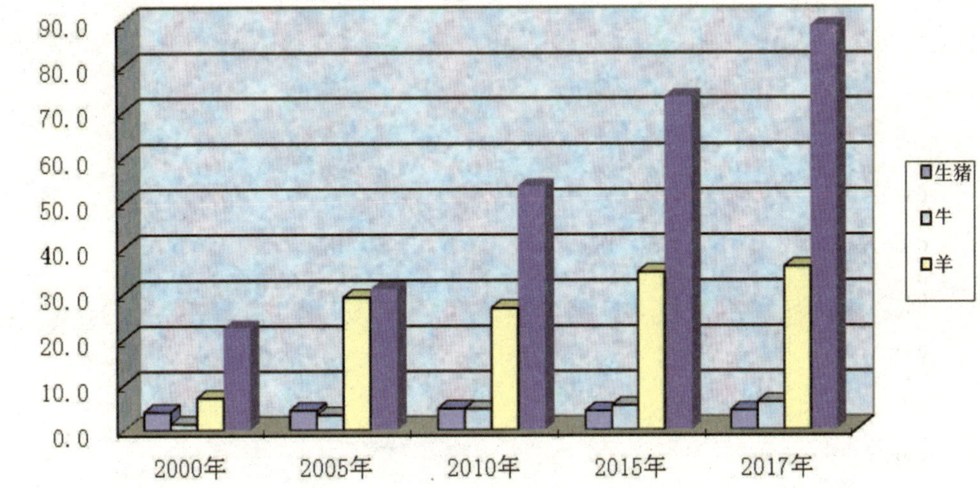

图2　主要年份猪牛羊禽出栏对比

(二)畜牧业产量持续上升。

2017年猪牛羊家禽肉类总产量20767吨,同比增长3.1%。其中:猪肉3337吨,牛肉9314吨、羊肉6261吨、禽肉1855吨,同比分别增长-1.7%、5.6%、-0.8%、14.4%;分别是1990年2.0倍、21.5倍、8.8倍、19.4倍,年均递增率2.7%、12.0%、8.4%和11.6%。禽蛋产量7572吨,同比增长7.1%,是1900年8.7倍,年均递增率8.3%。畜产品产量的大幅度提升,特别是肉牛产业发展速度较快,由1990年占肉产量15.1%提高到2017年44.9%,增加29.8个百分点,肉牛产量接近占总产量一半,发展势头十分迅猛。(见图3、图4)。

单位:吨

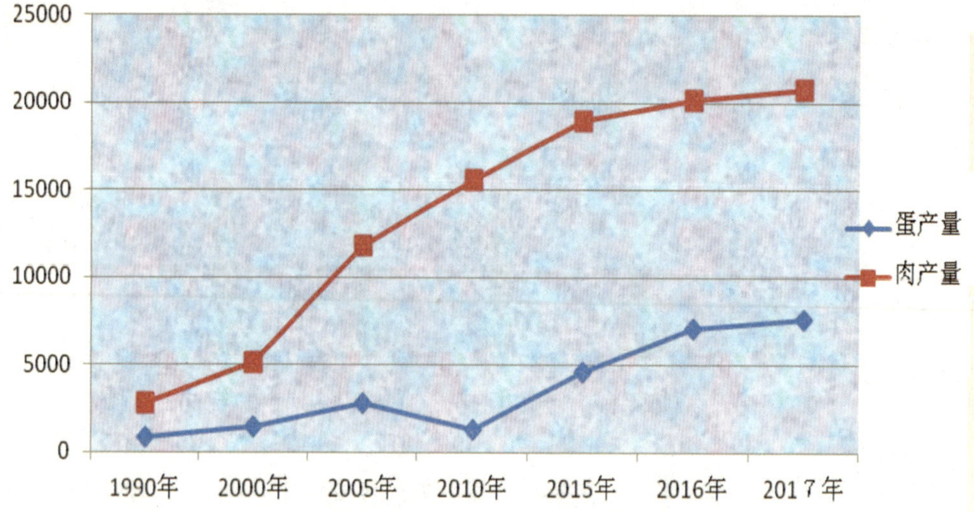

图3　主要年份肉产量、蛋产量对比

单位:吨

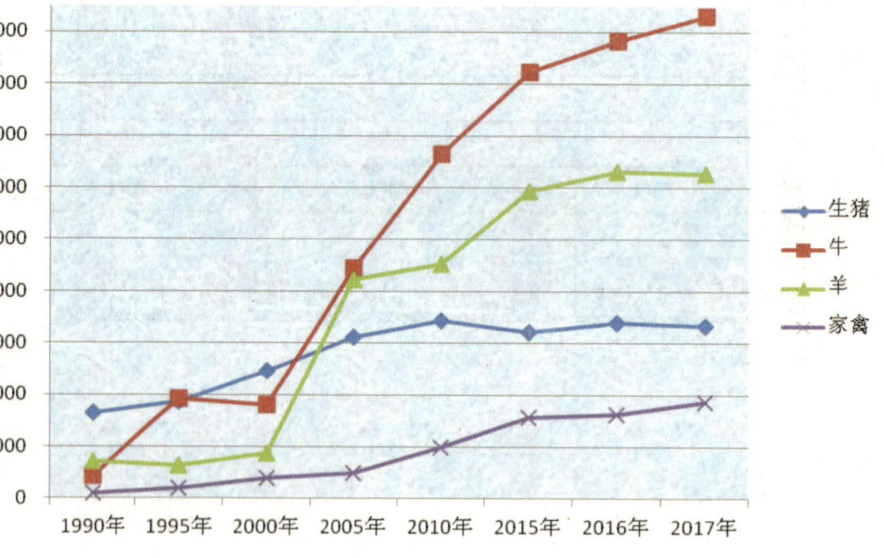

图4　主要年份生猪牛羊家禽肉产量对比

(三)畜牧业增收效果显著。

随着科学技术在畜牧业生产各个环节的广泛应用,特别是良种繁育技术应用,提升了繁殖率,缩短了生长周期,增加了个体重量,使畜牧业经济效益明显提高,畜牧业收入已成为农民收入的重要来源。2017年固原农民人均来自畜牧业收入1644.9元，是2005年8.1倍，年均增长19.0%；是“十一五”末4.0倍；比“十二五”末增加251.4元，增长18.0%；畜牧业收入由2005年占家庭经营收入23.4%增加到2017年49.9%，提高28.2个百分点。畜牧业快速发展已成为农民脱贫致富奔小康和增加农民收入的重要途径。

二、政策扶持力度加大养殖信心提高

2017年，原州区结合自治区产业发展政策，因地制宜，整合各类涉农资金，扶持农业产业发展和推进脱贫攻坚工作。以调整养殖结构为主线，大力提升草畜产业效益和质量，草畜产业推进“5·30”养殖计划，实施“2+3”或“3+2”养牛模式。生猪、肉牛、肉羊、家禽饲养量大幅增加，主导产业成效显著。在政策扶持方面，主要体现在以下几个方面。

（一）养殖业。

1. 从外县购进8月龄以上犊牛，每头补贴3000元。

2. 6月龄以上基础母羊，每只补贴200元。

3. 对“十五”生态移民村发展肉牛肉羊养殖的，每1头牛或每5只羊补贴饲草料1000元。

4. 养殖2头及以上的生猪，每头补贴500元。

5. 实现“见犊补母”全覆盖。引导规模养殖场、合作社、农户养殖基础母牛，实现“见犊补母”政策全覆盖，当年繁殖成活一头犊牛，补贴繁殖母牛500元。

（二）基础设施建设。

1. 当前新建牛、羊圈棚，每座70平方米以上，每户且每院仅限1座，每座补贴6000元。

2. 当年新建30立方米及以上的青贮池每座补贴3000元，50立方米及以上每座补贴8000元.

3. 当前新建鸡舍，每座80平方米以上，鸡笼等设施齐全，养鸡500只以上的，每座补贴8000元。

4. 当前新建猪舍，每户且每院仅限1座，每座30平方米以上，补贴3000元。

（三）优质牧草。

重点扶持苜蓿更新复壮、优质牧草基地建设和包膜青贮。苜蓿更新复壮、牧草基地建设落实国家良种补贴项目，每亩补贴50元；支持新型经营主体和种养殖户按照标准要求，包膜青贮每吨补贴30元。实实在在的优惠政策，极大调查了养殖户养殖信心，促使了畜牧业快速、健康、稳步发展。

三、畜牧业产业供给则结构改革明显

原州区为增加畜牧发展后劲和畜牧业市场竞争力，做大做强畜牧业经济，加快肉牛、肉羊的生产同时，调整各畜种之间和畜种内部结构，特别是十八大以来固原市供给侧改革成果显著。2017年生猪饲养量比2000年下降20.2%，牛、羊、家禽饲养量分别是2000年2倍、3.8倍、6.4倍，年均递增率分别是4.3%、8.1%、11.6%（见图5）。呈现出生猪饲养量连年下降，而肉牛、肉羊持续增长，快速发展态势。2017年原州区畜禽规模化养殖场共计119个，其中：肉牛存栏50头以上（含50头）40家、肉羊存栏300以上（含300只）12个、生猪存栏100头以上（含100头）36个、蛋鸡存栏3000只以上（含3000只）46个、肉鸡存栏3000只以上（含3000只）6个。畜禽养殖专业合作社183个，其中：肉牛68个、肉羊63个、生猪23个、蛋鸡20个、肉鸡9个，肉牛、肉羊合作社占畜禽养殖合作社71.6%。肉牛、肉羊产业真正成为原州区畜牧产业生产的主力军、主导产业、领头雁。

单位：万只、万头

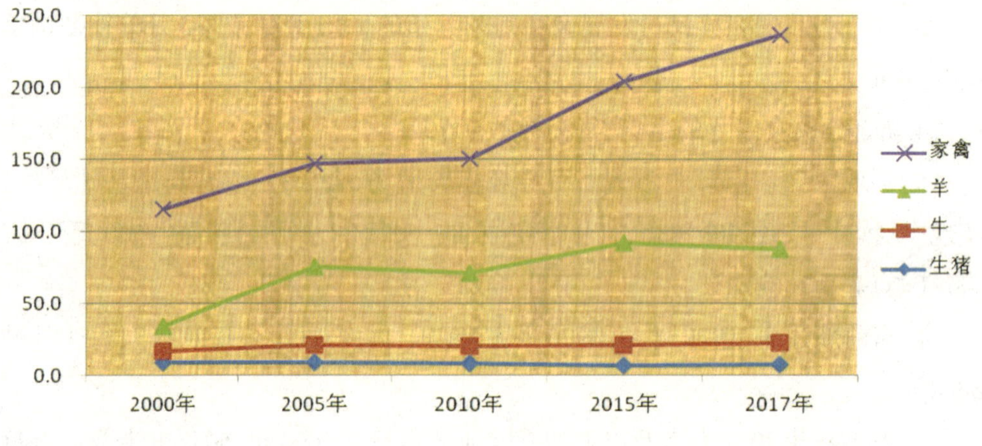

图5 主要年份猪牛羊家禽饲养量对比

四、畜牧业产业资金投入增大，占比高

2014年、2015年、2016年、2017年投入产业资金分别是4490万元、4895万元、5127万元、5762.47万元，其中：投入畜牧业产业扶贫资金分别是2414.16万元、1706万元、1167万元、3239.42万元，分别占投入资金53.8%、34.9%、22.8%、56.2%。2014、2015、2016、2017年4年期间修建圈棚11181座，74.9万平方米，圈棚补贴资金6405.7万元，户均补贴资金5729元；4年间修建青贮池1655个，补贴资金770万元，户均补贴资金4653万元。4年间“见犊补母”45549头，补贴资金

2982.8万元，户均补贴654.9元。其中：2014年、2015年、2016年每头补贴500元，2017年每头补贴资金增加到800元。畜牧业产业资金投入大大增加，强有力调广大养殖户的积极性。

五、科技支撑能力显著增强

原州区以构建现代肉牛产业体系和经营体系为抓手，引进、示范、推广了高效繁殖、精准化养殖、粗饲料加工、智能化管理等一大批先进新技术，畜牧科技支撑产业发展能力显著提高。2017年重点培育头营、黄铎堡2个万头肉牛养殖示范乡镇，头营镇石羊村、寨科乡蔡川村、黄铎堡镇三岔村、穆滩村4个千头肉牛养殖示范村，建设标准化养殖圈棚3000栋，青贮池1800座，建设混凝土硬化堆粪场40个。建成了科技示范点20个，大力推广节本增效技术，提高养殖效益。原州区现已建成肉牛冷配改良站(点)56个，黄牛冷配3.3万头，基础母牛电子耳标佩戴6.6万头，实现原州区基础母牛电子耳标佩戴、“见犊补母”以及黄牛冷配覆盖面全覆盖。以西门塔尔、夏洛来、利木赞杂交改良品种和秦川牛为主肉牛良种化率达到了90%以上。

六、龙头企业、合作社、示范村带动能力明显增强

近年来，通过龙头企业、合作社、示范村、示范户的带动，原州区畜牧产业得到了长足的发展，畜牧业发展规模日益壮大，养殖农户增收明显。在原州区推荐石羊模式(合作社+农户)、统一融资、统一防疫、统一购销、统一技术、统一品种，示范带动作用明显，取得了可喜成绩。目前，已建成肉牛专业合作社68个、肉羊专业合作社63个、生猪专业合作社23个、蛋鸡专业合作社20个、肉鸡专业合作社9个，拥有社员7300户，辐射带动农户25000户。2017年末，本地从事畜牧业相关的龙头企业22个，其中：引进龙头企业22个，辐射带动农户6318户，销售总额13629万元，实现利润3128万元，农户受益2569.5元/户。

执笔人：祁玺

60年西吉畜牧业发展成绩斐然

宁夏回族自治区成立以来，西吉县利用政策扶持优势、自身饲草资源优势、市场优势等倾力发展草畜产业，农村居民人均牧业收入逐年增加，草畜产业已发展为西吉县第二大主导产业，在促进县域经济发展、增加农民收入中发挥着越来越重要的作用。

特别是近年来，西吉县以打造六盘山区肉牛养殖大县和全国安格斯肉牛繁育基地为目标，坚持走“家家种草、户户养畜，小群体、大规模”和标准化规模养殖并重的路子，倾力扶持畜牧业发展，推动西吉县畜牧业扩量增效，从而带动农民脱贫增收致富奔小康。

一、畜牧业日益增强增大

（一）综合生产能力增强。

1978—2017年西吉县肉产量（猪、牛、羊、家禽肉产量之和）逐年增加，肉产量从1978年的0.1万吨增加到2017年的2.4万吨，年均增长率为9.5%。从图1来看，西吉县肉产量2000—2007年大幅增长，此时段恰为“十五”期间，我国顺利实现了现代化建设的前两步战略，经济和社会全面发展，农牧业生产发展发生了历史性的转变，农牧业生产能力增强。2007年后肉产量稳步增长，畜牧业生产能力也稳步提升，综合生产能力不断增强。随着居民收入的增加，居民生活水平和质量不断提升，居民日常饮食结构更加合理，肉类的消费需求量增加，只有畜牧业产能不断提升才能满足居民的日常需求，而畜牧业产能的提升得益于政府对畜牧业的扶持发展，畜牧产业结构不断优化、养殖方式逐步改变。

单位：万吨

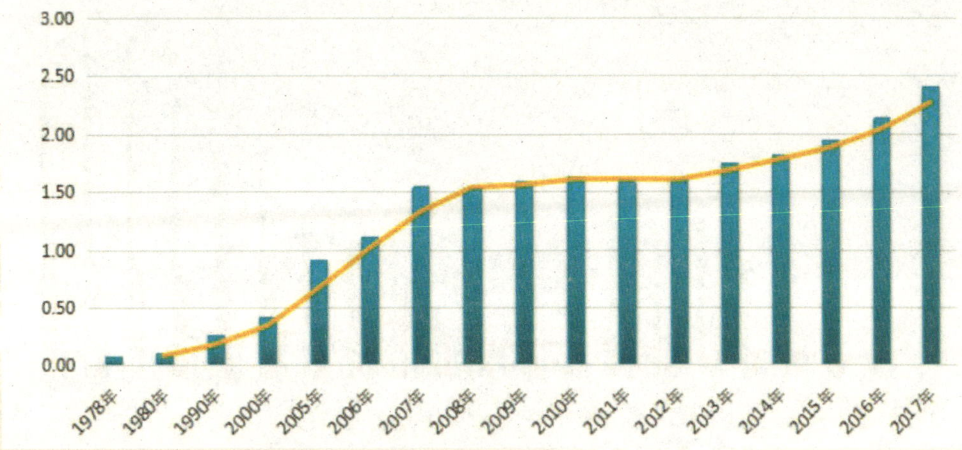

图1　1978—2017年西吉县肉产量

（二）养殖能力不断增强。

1957—2017年西吉县畜牧业经历了天翻地覆的变化，猪、牛、羊存栏量不断增加，养殖户饲养能力不断增强，生猪存栏量由1957年的1.7万头增加到2017年的4.1万头，年均增长1.5%，1957—2017年西吉县生猪存栏变化趋势相对稳定，主要是因为西吉县回汉人口相当，猪肉的终端消费需求保持稳定；牛存栏量由1957年的3.5万头增加到2017年的14.1万头，年均增长2.3%，2000—2017年西吉县牛存栏增幅较明显，主要是因为政府"见犊补母"、暖棚圈舍改造等一系列优惠政策扶持带动西吉县肉牛产业发展；羊存栏量由1957年的10.1万只增加到2017年的34.1万只，年均增长2.1%，2000—2016年肉羊存栏量大幅增长，主要是因为在此期间肉羊价格较高、养殖户养殖热情高，同时政府大力扶持肉羊产业发展。随着社会不断进步发展，农民的生产、生活发生巨大改变，温饱问题解决，发展生产力、增加收入成为农民面临的新问题，结合西吉县实际县情，发展畜牧业既可以兼顾农业又可以带动农民增收。农民对畜牧业发展的重视程度不断增强，同时政府通过"见犊补母"、暖棚圈舍改造、基础母畜扩量养殖等一系列政策扶持带动畜牧业发展，西吉县畜牧业得到快速发展，存栏量不断增长，特别是近十年内西吉县牛、羊存栏量快速增长。

单位：万头、万只

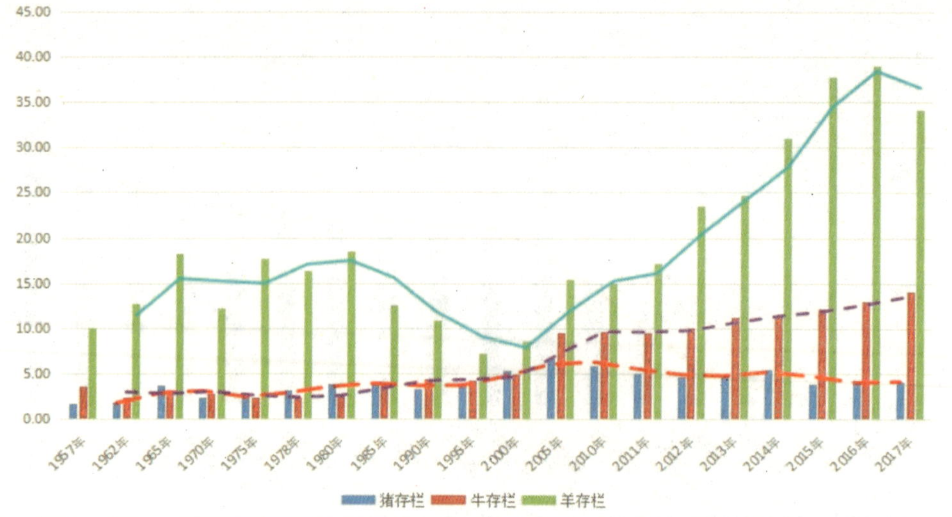

图2　1957—2017年西吉县生猪、牛、羊存栏变化趋势

（三）养殖结构不断优化。

1958—1978年，改革开放前期畜禽都是由国有或集体所有进行养殖，养殖生猪、羊、家禽的农户很少，牛等大家畜都是村集体养殖，养殖方式原始粗放，畜牧业繁殖能力低、发展缓慢。1978—2000年，党的十一届三中全会以来，国家制定了一系列加强和推动畜牧业发展的政策和措施，为畜牧业的发展提供了保障，指出了新的发展方向；虽然畜牧业发展有了政策保障，但是此时段农民主要以解决温饱为首要任务，畜禽养殖只是副业和补贴家用，西吉县畜牧业的发展水平仍然较低、速度相对缓慢。2005—2017年西吉县畜牧业迅速发展，此时西吉县畜牧业已由传统副业、千家万户分散养殖向规模化、集约化、专业化养殖发展，各畜种规模养殖场如雨后春笋般在西吉县各乡镇发展壮大起来，畜牧产业结构也逐渐趋于合理，规模化、标准化养殖比重迅速增长，牛、羊规模化养殖已初步形成。政府不断加大畜牧业扶持力度，提升畜牧业综合服务能力，畜牧业养殖基础设施不断改善；综合生产能力不断提高，牧业收入逐年增长。

（四）牧业总产值不断增加。

据统计，西吉县牧业总产值由1957年的182.1万元增加到2017年的71349.4万元，在农业总产值中的占比由1957年的11.3%提高到2017年的21.5%，牧业总产值在国民经济中所占份额不断增加，牧业拉动县域经济增长的作用逐渐显现。特别是通过近十年的扶持发展，肉牛、肉羊产业已成为西吉县畜牧业发展的主导产业，饲养量不断增长，养殖户养殖积极性不断提高，肉牛、肉羊养殖示范村已建成，示范引领带动作用得到充分发挥，据统计，截至2017年末西吉县共有养殖示范村18个。牛羊养殖品种不断改良，目前西吉县肉牛养殖品种主要为西门塔尔和安格斯，肉羊品种主要为小尾寒羊，适应性强、繁殖能力不断增强、收益见效周期缩短。

经过60年的发展变化，西吉县畜牧业综合生产能力不断提高，在拉动农村居民可支配收入增长、促进县域经济发展、打赢脱贫攻坚战等方面作出了积极的贡献，政策扶持带动效益逐渐释放。西吉县生猪、牛、羊存栏量分别由1957年的1.7万头、3.5万头、10.1万只增加到2017年的4.1万头、14.1万头、34.1万只，分别是1957年的1.4倍、4.0倍、3.4倍。据调查，2017年西吉县农村居民人均牧业收入1251.5元，是2006年的6.3倍，牧业收入在农村居民人均可支配收入中的占比由2006年的10.5%上涨到2017年的14.9%，牧业收入已成为拉动农村居民可支配收入增长的主要因素。

单位：元、%

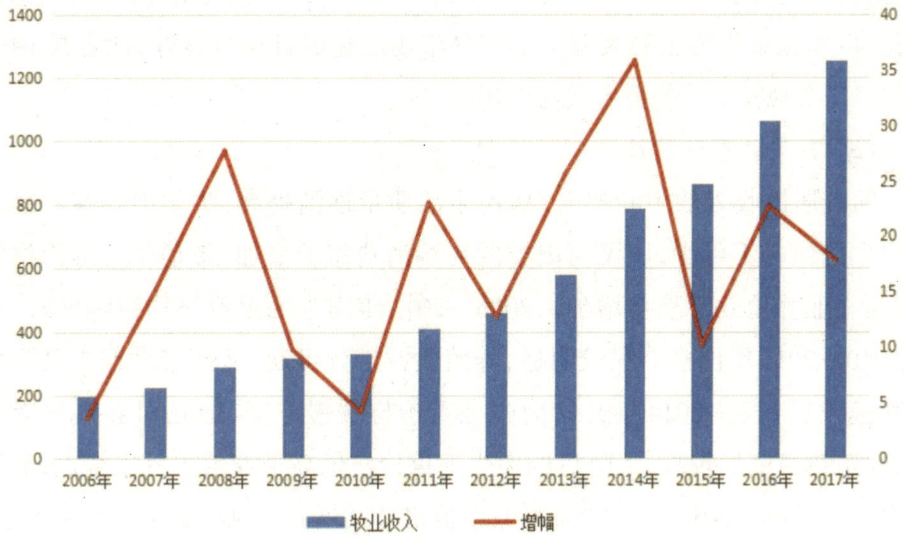

图3　2006—2017年西吉县牧业收入

二、带动西吉县畜牧业发展的主要因素

经过多年的扶持发展，西吉县畜牧业在基础设施建设、饲养规模、黄牛冷配改良、基础母牛信息化管理等方面，取得了长足的进展，对促进农村经济发展起到了重要作用，草畜产业呈现出良好发展势头，已成为西吉县第二大支柱产业。

（一）政策扶持助推畜牧业扩量提质。

近年来西吉县畜牧业发展在固原市"一区四县"中位于前列，县委、政府立足当地资源优势，突出培育种草养畜产业，扶持发展了一批有一定规模和基础的养殖专业合作社、养殖大户和养殖示范村，很好地发挥了辐射带动作用，"见犊补母"、肉牛改良、暖棚圈舍改造、牧草种植、铡草机调配、基础母畜扩量养殖等一系列扶持政策推动草畜产业扩量增效。据统计，截至2017年底西吉县修建改造暖棚圈舍共1090座，修建青贮池586座，购买基础母畜24731头，"见犊补母"89500头。从图1来看，目前西吉县畜牧业发展正处于政策扶持带动期，在政策扶持带动下牛羊存栏量稳步增长。

（二）服务体系日趋完善，为畜牧业发展保驾护航。

畜禽防疫、品种改良等基础服务体系是畜牧业发展的基础和保障，黄牛冷配改良体系基本建立，初步形成良种繁育改良体系；建立县、乡、村三位一体的疾病防控体系，强化对牛、羊等重点畜种，养殖大户、规模养殖场等重点区域的疫病防控，重大动物疫病免疫密度和免疫标识率均达100%，各乡（镇）防疫员全部配备到位；以单家集等为主的大型牛羊交易市场已建成且运行良好，西吉县19个乡镇都已配备规模不等的畜禽交易市场。

（三）稳定的养殖效益。

随着居民收入的不断提升，居民生活质量逐渐提高，牛羊肉等在居民日常饮食中已然必不可少，居民对肉类的终端消费需求增加，带动牛羊等价格的上涨，畜牧业养殖效益稳步增加。2006—2013年肉牛毛重价格均持续增长，特别是2010—2013年价格上涨较明显，养殖效益十分可观，从而带动西吉县肉牛产业快速发展；虽然2014年开始肉牛毛重价格缓慢下降，但是对养殖户影响不大，养殖热情依然较高，下降后的肉牛毛重价格仍高于养殖盈亏平衡点，养殖效益可观。2006—2013年西吉肉羊毛重价格持续增长，2009年开始大幅度增长，2006—2013年年均增幅达到15.1%，2009—2013年始价格上涨最快的5年，同时也是西吉县肉羊养殖业迅速发展的5年。虽然2014年开始肉羊毛重价格出现下降，但是下降持续的时间较短，且从2016年四季度开始肉羊毛重价格止跌上涨，目前西吉肉羊毛重价格已上涨到20元/公斤左右，养殖效益增加，养殖户的养殖积极性逐步回归。

单位：元/公斤

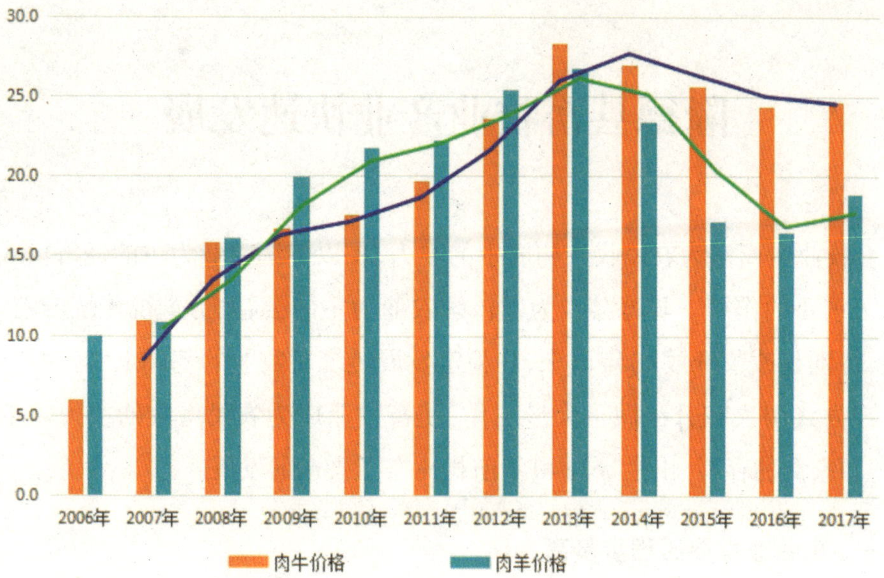

图4　2006—2017年西吉县牛羊价格

执笔人：王绚绚

隆德县畜牧业产业快速发展

畜牧业生产作为农民收入构成中的主力，在以传统农业为主的经济模式中，发挥了重要的作用。隆德县作为以传统农业为主的县，尤为重视传统养殖业的发展，特别是改革开放40年以来，在稳定发展传统畜牧业的基础上，对现代畜牧业生产方式引入和升级做了大量工作，使畜牧业成为农民增收的主力。生猪、牛、羊和家禽的存栏、出栏量与40年前相比有了飞速的发展。

一、畜牧业发展历程步步高

自治区成立60年以来，隆德县畜牧业发展大致经历了以下四个历史阶段。

（一）第一阶段（1958—1977年）：曲折发展阶段。

隆德县于1958年10月人民公社化，全县共组建为13个人民公社。在此阶段，受国内政治与经济环境风云变化的大背景影响，隆德县畜牧业生产力水平很低，农户养殖几近空白，发展时起时落，曲折前进。

（二）第二阶段（1978—1997年）：过渡到快速发展阶段。

从1978年改革开放以来，国家以经济建设为中心大力支持畜牧产业发展，从1978年到1997年期间，隆德县政府积极落实国家各项方针政策，1984年1月，隆德县进行了公社体制改革，鼓励家庭养殖和大家畜养殖，农民养殖畜禽积极性大大提高。1992年，农村改革全面向市场经济转轨，畜牧业生产逐步由“自给自足”的小农经济转向市场经济，隆德县畜牧业开始由过渡阶段转向快速发展阶段。

（三）第三阶段（1997—2007年）：结构调整阶段。

在1997年至2007年这一阶段，宁夏回族自治区作为传统牧区，大力实施产业化战略，隆德县在这期间致力于畜牧产业结构调整，因地制宜，科学规划，分步实施，突出优势主导产业，扩大肉牛和羊的养殖饲养量。1997年隆德县肉牛饲养量为5万头，到2007年肉牛饲养量达到6.6万头，增长32.0%，年均增长率为2.8%；羊饲养量由1997年的0.9万头快速发展到2007年的7.9万头，增长7.7倍，年均增长率达到24.2%。“十一五”初期，受“禽流感”、生猪“蓝耳病”及饲料价格大幅上涨等多种因素影响，家禽生产遭受沉重打击，截至2007年底，家禽存栏仅为16.9万只，与1997年相比下降38.5%。生猪生产也遭受重创，2005年下半年，受疫情影响，猪肉价格大幅下降，养猪严重亏本，大量能繁母猪被淘汰，生猪存栏降到了“九五”以来最低点。

单位：万头、万只

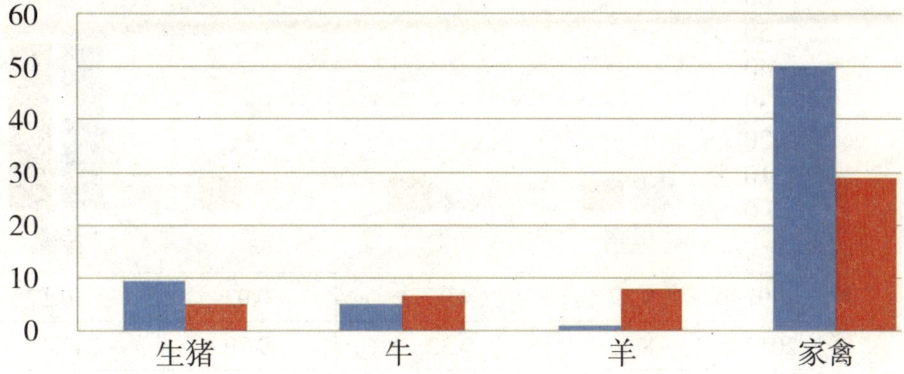

	生猪	牛	羊	家禽
1997年	9.37	4.96	0.92	50.17
2007年	5.04	6.64	7.91	28.87

图1　1997年与2007年生猪、牛、羊、家禽饲养量对比图

（四）第四阶段（2007—2017年）：产业化发展阶段。

从2007年至2017年这一时期，隆德县把草畜产业作为打造农业强县的基础产业和农民增收的首选产业，成为抓脱贫、调结构、稳增长、惠民生、促和谐的关键抓手。尤其是在近年来国家实施精准脱贫政策下，隆德县以产业带动农民增收致富，将肉牛产业作为隆德县三大支柱产业之一，予以政策和资金上的大力扶持，全面推进畜牧业产业化、规模化、集约化、科学化发展。

综上所述可以看出，隆德县畜牧业由成立之初的人民公社化集体自然放养方式，转变为改革开放后的家庭联产承包责任制分家分户个体养殖，再到现阶段畜牧业规模化、产业化、集约化、科学化的养殖方式。随着畜牧业生产方式的转变，隆德县畜牧业已由家庭副业发展成为支柱产业；由生产导向发展为消费导向；由小农粗放养殖发展成为规模化、产业化、集约化养殖。

二、畜牧业生产成就喜滋滋

（一）畜牧产业发展迅速，饲养量大幅增加。

1. 1997年隆德县肉牛饲养量为5万头，到2017年肉牛饲养量达到9.3万头，增长88.1%，年均增长率为3.2%；羊饲养量由1997年的0.9万头快速发展到2017

年的9.4万头，年均增长率达到12.4%。生猪养殖和家禽养殖饲养量在这20年间的畜牧产业结构调整中均略有下降。（见图2）

单位：万头、万只

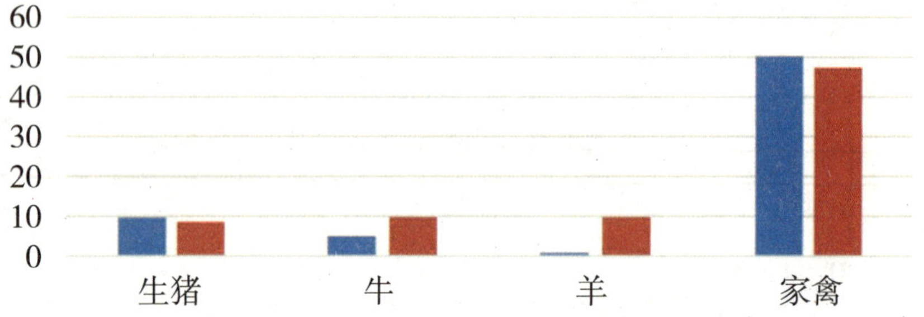

	生猪	牛	羊	家禽
1997年	9.37	4.96	0.92	50.17
2017年	8.46	9.32	9.39	47.43

图2　1997年与2017年生猪、牛、羊、家禽饲养量对比

2. 尤其是在2007—2017年这一阶段，畜牧业得到快速发展。2017年隆德县肉牛饲养量9.3万头，较2007年增加了2.7万头，增长40.4%，年均增长率为3.5%；羊饲养量9.4万只，较2007年增加了1.5万只，增长18.8%，年均增长率为1.7%；生猪饲养量8.5万头，较2007年增加了3.4万头，增长67.9%，年均增长率为5.3%。家禽饲养量47.4万只，较2007年增加了18.6万只，增长64.6%，年均增长率为5.1%。

单位：万头、万只

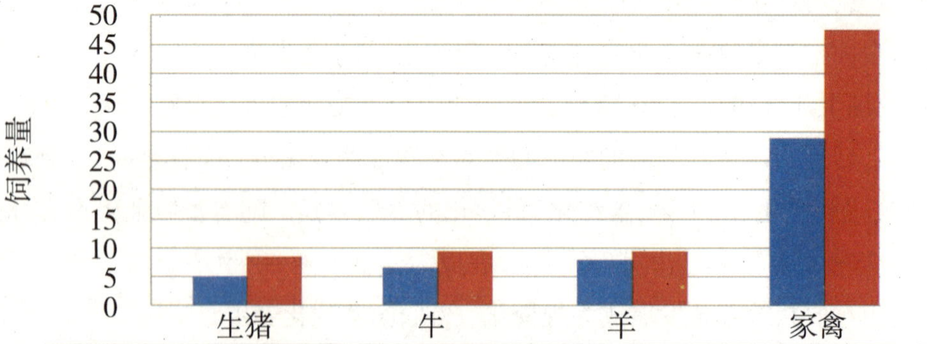

	生猪	牛	羊	家禽
2007年	5.04	6.64	7.91	28.87
2017年	8.46	9.32	9.39	47.43

图3　2007年与2017年生猪、牛、羊、家禽饲养量对比

单位：万头

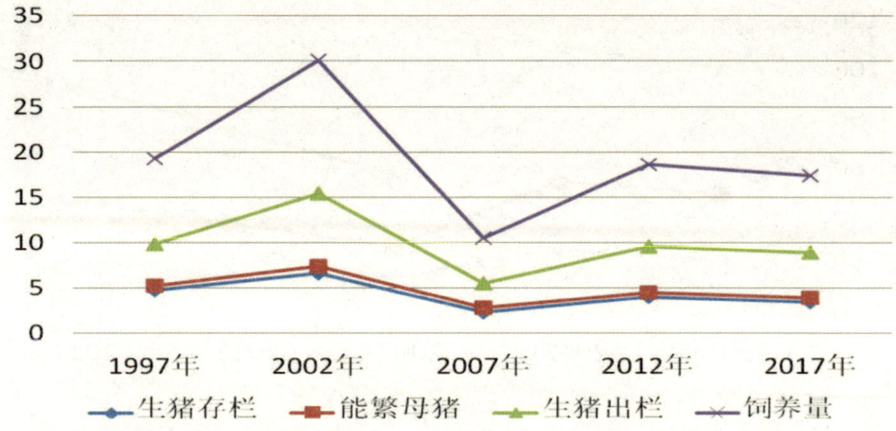

图4　隆德县主要年份生猪饲养量、出栏、存栏变化趋势

单位：万头

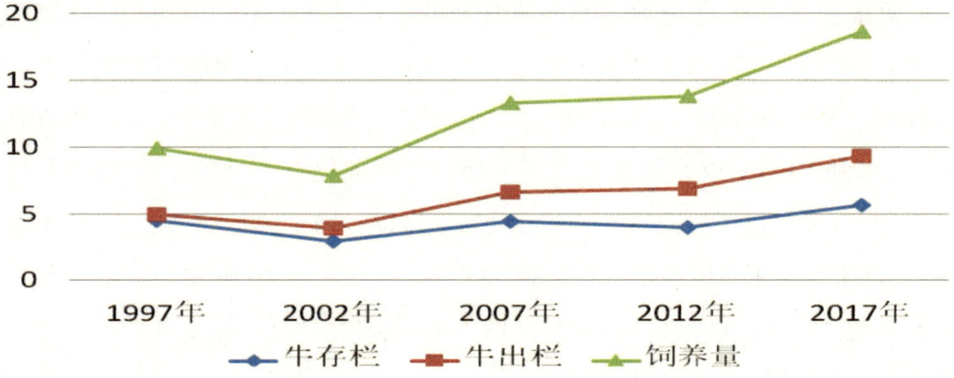

图5　隆德县主要年份牛饲养量、出栏、存栏变化趋势

单位：万只

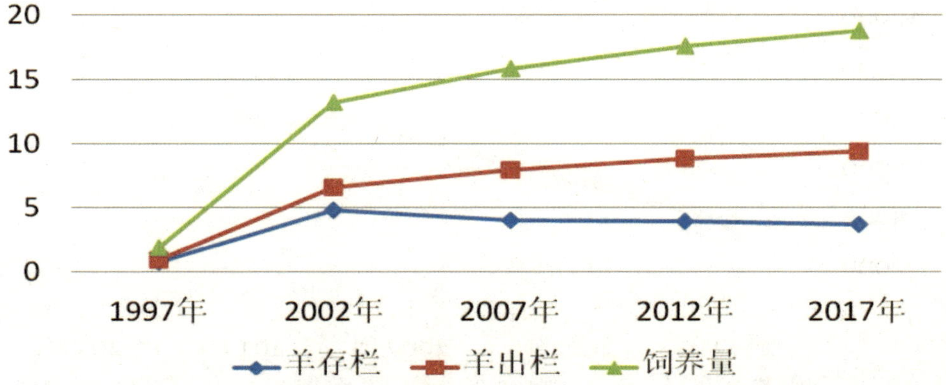

图6　隆德县主要年份羊饲养量、出栏、存栏变化趋势

单位：万只

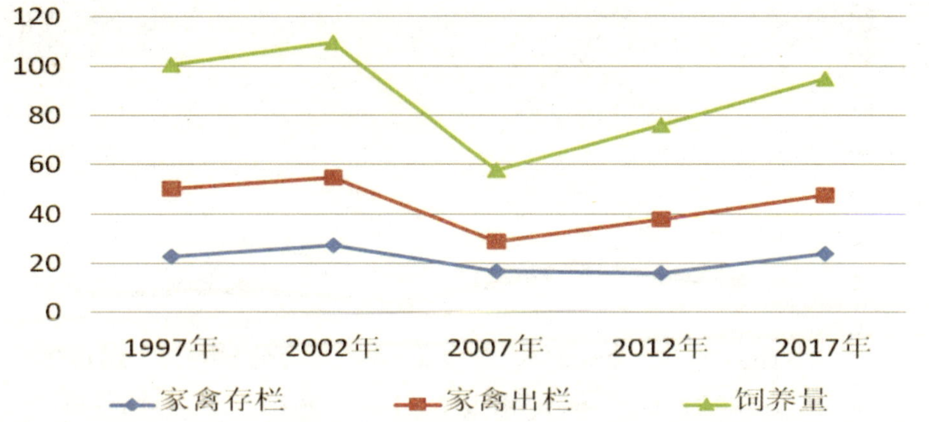

图7　隆德县主要年份家禽饲养量、出栏、存栏变化趋势

（二）生产能力明显提高，供给能力显著增强。

改革开放以来，家庭联产承包责任制的实行和社会主义市场经济体制的逐步确立，隆德县畜牧业生产取得的最显著成就是其发展速度和供给能力的大幅度提高。2017年全县肉牛、羊存栏分别为5.7万头和3.7万只，分别比1997年增长25.3%和4.1倍。在全县畜禽存栏大幅增长的前提下，出栏率的提高和胴体重的增加，直接促进了主要畜禽出栏量和畜产品产量的大幅度提升。2017年全县生猪、肉牛、羊、家禽肉产量分别达到3907吨、5591吨、1007吨和425吨，年均增长率分别达到1.1%、11.8%、18.1%和5.3%。畜牧业生产能力的提升带动了畜产品供给能力的增强，畜产品供应从自治区成立之初的极度缺乏，发展成今天肉、蛋、奶以及各种制品供应充足、品种丰富的局面，极大丰富了全县人民的菜篮子，为全县人民营养膳食结构的改善作出了巨大贡献。

单位：吨

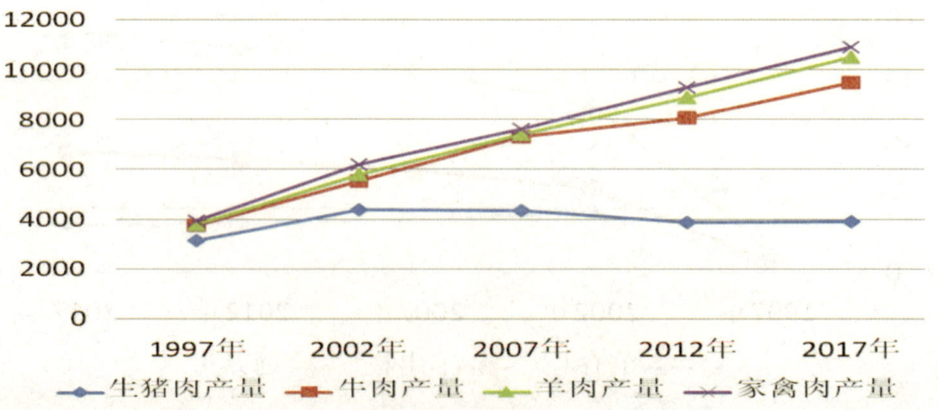

图8　隆德县主要年份肉类总产量变化趋势

（三）结构调整成效显著，主要畜禽品种协调发展。

隆德县畜牧业发展在生产能力大幅提高的同时，生产结构也发生了巨大变化，突出表现为产业结构和品种结构的趋优调整，畜牧业生产已由过去的役用、肉用为主转变为以肉牛为主，猪、羊、禽、蛋、奶协调发展的格局。2017年全县肉牛出栏量达到5.7万头，牛肉产量达5591吨，分别比1997年增长25.3%和9.3倍，虽然猪肉产量大幅增长，但是占肉类总产量的比重却比1997年下调了44.3个百分点，同时，羊肉产量比重由1997年的0.9%上升为9.2%。禽蛋产量快速增长，改变了畜牧业生产中肉类比重过大、禽蛋比重过小的不合理状况，丰富了动物食品的来源，优化了畜禽产品的供应结构。

单位：%

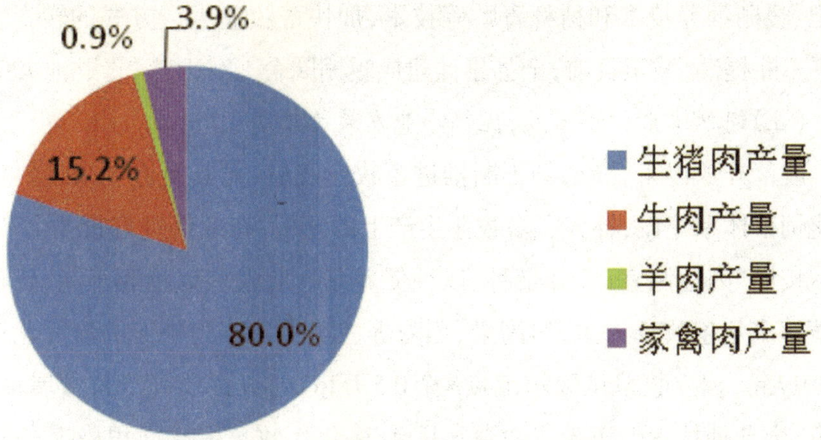

图9　隆德县1997年肉类产量中猪、牛、羊、禽所占比重

单位：%

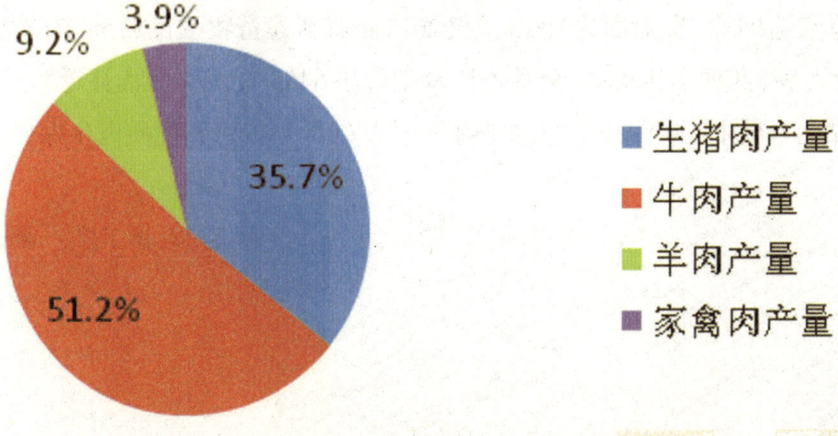

图10　隆德县2017年肉类产量中猪、牛、羊、禽所占比重

（四）生产方式科学转变，饲养水平不断提高。

随着城乡居民生活质量的日益提高，对畜禽产品的需求更加多样化，在市场的引导和畜牧部门的大力推动下，隆德县畜牧业迅速由家庭散养向规模化发展，千家万户分散养殖的模式开始向养殖场、养殖小区、养殖大户转变，全县畜牧业规模化、集约化、标准化进程不断加快，实现了畜牧业生产方式"由院到园"、养殖规模"由百到千"、经营方式"由散到整"、养殖户收入"由千到万"的历史性转变。特别是近几年来，隆德县以建设现代化畜牧业为目标，大力发展标准化养殖小区和规模养殖场，截至目前，在杨河乡、张程乡、温堡乡已巩固发展3个万头肉牛养殖基地，在凤岭乡整乡推进草畜产业，全县规模肉牛养殖场、标准化肉羊养殖场、千头规模生猪养殖小区总数分别达32个、15个和36个。并通过大面积推广舍饲育肥、暖棚饲养技术和秸秆青贮等技术，加快畜牧业生产方式的转变，畜禽饲养水平不断提高，截至目前，全县累计建成暖棚圈舍1.85万座、青贮池7200座。

（五）饲草体系初步建成，优势产业发展力度加大。

改革开放以来，隆德县不断推进畜牧业发展，尤其是近年来，隆德县紧抓多元化饲草体系建设，补齐了畜牧业生产上的短板，有效促进畜牧业生产可持续发展。按照"因地制宜、以养带种、以种促养"原则，发展以地膜玉米（青贮）和紫花苜蓿等多年生牧草为主，甜高粱、燕麦等一年生禾草为补充的多元化饲草基地。到2017年，建立牧草试验示范点3个0.5万亩，建设优质高产苜蓿展示点2个0.3万亩，全县种植青贮玉米等牧草6万亩，多年生牧草留床面积稳定在30万亩；完成饲草调制16万吨，其中"粮改饲"试点项目饲草调制5.61万吨。肉牛产业作为隆德县畜牧业中的优势产业，近年来，发展势头强劲。隆德县不断加强基础母牛扩繁与保护，坚持西门塔尔肉牛品种为主的繁育路线，截至目前，全县累计畜牧改良点达94个，覆盖面达100%。仅2017年就新建畜牧改良点58个；冷配改良肉牛2万头，良种率达95%；全县补栏基础母牛6465头，以"见犊补母"方式向农户补贴能繁母牛1万头，进一步加强了良种基础母牛扩繁和优质肉牛保栏。

执笔人：杜丁宁　李云云

快速发展的泾源县畜牧业

泾源县位于宁夏回族自治区最南端，全县人口11.8万人，回族占78.7%。土地总面积169.7万亩，其中耕地面积57.9万亩（退耕还林31.5万亩），林地面积45.2万亩，牧草地面积26.6万亩。一直以来，泾源县农民都有从事畜牧业生产的历史。

宁夏回族自治区成立以来，自治区党委和政府持续不断出台实施了一系列关于畜牧业扶持和保护的政策。在政策促进下泾源县畜牧业生产得以恢复和发展。经过60年发展，泾源县畜牧业取得了历史性跨越，2017年畜禽肉产量12796吨，比1980年的77吨增长了165.2倍，年均增长14.8%。畜牧业成为了泾源县的优势特色产业，也成了泾源农民增收的重要来源。

一、畜牧业发展特点

泾源县畜牧业快速发展的同时，呈现出一些特点，主要表现在以下几个方面。

（一）改革开放以来大幅增长。

回顾1958年自治区成立至今，泾源县畜牧业60年的发展，根据发展规模和发展速度，可分为五个阶段。

1. 1958年至1980年发展落后。自治区成立之初，农村经济以集体经济为主，经济发展水平低，畜牧业发展落后。1980年泾源县畜禽肉产量仅有77吨。

2. 1980年至1990年高速发展。1978年改革开放，家庭联产承包责任制极大调动了农民积极性，畜牧业生产进入高速发展时期，1990年畜禽肉产量达到1044吨，比1980年增长了12.6倍，年均增长29.8%。

3. 1990年至2000年缓慢发展。2000年畜禽肉产量达到1606吨，比1990年增长了53.8%，年均增长4.4%。

4. 2000年至2010年快速发展。2010年畜禽肉产量达到7580吨，比2000年增长3.7倍，年均增长16.8%。

5. 2010年至2017年稳步发展。2017年畜禽肉产量12796吨，比2010年增长

68.8%，年均增长7.8%。

（二）养殖规模大幅增加。

将2017年与2001年饲养量数据对比来看。2017年泾源县猪饲养量5990头，2001年猪饲养量为零。牛饲养量135253头，增长2.9倍，年均增长9.0%。羊饲养量95077只，增长79倍，年均增长3.7%。家禽饲养量231011只，增长14.9%，年均增长0.9%。泾源县人口中回族占78.7%，猪的饲养量一直较少。牛、羊、家禽饲养量增速最快的是牛，其次是羊，家禽饲养量保持稳定。

（三）养殖结构发生改变。

将2017年与2001年肉类产量数据对比来看。2017年畜禽肉总产量为12796吨，比2001年增长6.7倍，其中牛肉增产的贡献率达到87.6%。2017年各种肉类产量比重：猪肉306吨、占总产量的2.4%、比2012年提高2.4个百分点；牛肉11082吨、占总产量的86.6%、比2001年提高6.4个百分点。羊肉1105吨、占总产量的8.6%、比2001年下降5.3个百分点。可见经过多年的发展，养牛作为泾源县畜牧业的核心地位更加显著，对牧业发展的贡献最大。

（四）养殖特色十分明显。

泾源县养牛主要以肉牛养殖为主，肉牛品种经过多年来的改良、引进、优化，具备了极大优势。2014年起泾源县开始从澳大利亚引进安格斯肉牛，在全县大力推广养殖。安格斯牛性情温和，易于管理，具有适应性强、生长快、肉用品质好、屠宰出肉率高的特点，特别适应山区饲养。在国际肉牛杂交体系中被认为是最好的母系。目前，全县安格斯肉牛累计达到1.8万头，成为全国以县为单位最大的安格斯纯种母牛群。

（五）带动农民增收显著。

随着泾源县畜牧业的快速发展，泾源县农民从畜牧业中得到的收入大幅增加。尤其是党和国家全面推行精准扶贫以来，泾源县大力实施产业扶贫政策。泾源县委、县政府将畜牧业发展同精准扶贫紧密结合起来，出台了大量帮助贫困农民发展草畜产业的扶持政策，发挥了巨大作用。2017年泾源县农村居民人均牧业净收入达到1371.6元，比1987年的16.6元增长81.6倍，占农民人均可支配收入的比重达到17.5%，比1987年提高6.5个百分点。

二、畜牧业发展的主要推力

（一）政策推动。

泾源县委、县政府结合精准扶贫，出台大量促进畜牧业发展的政策，有力推动了畜牧业发展提质增效。例如,按照"优质+高端"产业定位,以巩固提升"宁夏优质肉牛养殖示范县"为抓手,深入推进"五位一体"产业发展模式,创新"以奖代补"政策,巩固养殖规模,培育龙头企业,加快良种繁育,强化科技服务,延伸产业链条,推行肉牛养殖贴息贷款和基础母牛保险机制。泾源县委、县政府将畜牧业作为脱贫攻坚的主导产业。全县建档立卡贫困户养殖安格斯牛达到3767户1.6万头。按照"五通八有"要求,全县共建设村级防疫改良点54个,益农社20个。通过畜牧业发展,有力地带动贫困农民稳定增收,脱离贫困。

(二)饲草供给得到保障。

2017年县内种植青贮玉米优质牧草15.1万亩,其中县外土地流转和订单种植青贮玉米5万亩,县内种植青贮玉米4.9万亩,种植紫花苜蓿和复种禾草5.2万亩。在各乡镇分别建立了地膜玉米示范点。通过种植业结构调整,保障县内畜牧业饲草供应。

(三)社会化服务助力标准化养殖。

全县通过购买社会服务的方式,从养殖技术、培训、改良、防疫等方面为县内农户开展养殖技术服务,成立标准化养殖服务团队。从圈舍改造、分群饲养、建造运动场、制定饲养技术规范、分阶段饲喂配方等环节,对肉牛养殖农户开展标准化养殖技术指导,推动全县肉牛养殖向规范化、标准化发展。

(四)安格斯牛品种优势显现。

泾源县利用国外引进纯种安格斯母牛群体,采用开放式核心群选育方法,组建了安格斯基础母牛群、筛选出核心母牛群、通过科学方法进行扩繁。全县确定肉牛生产节本增效科技示范点18个,其中自治区级示范点1个,市级示范点4个,县级示范点13个。培育具有区域特色的肉用安格斯牛种群,示范带动全区乃至西北地区肉牛整体生产水平。

(五)疫病防控工作取得实效。

全县严格落实强制免疫、疫情监测、消毒、检疫监管等各项防控措施,有效阻止了染疫动物和动物产品流入市场。使免疫率、标识率和抗体检出率均达到95%以上,有力保障畜牧业安全生产。

(六)肉牛养殖保险解决后顾之忧。

泾源县采取"政府投入+农户自筹"的方式,为全县肉牛养殖户养殖基础母牛投保养殖保险。安格斯牛每头投保10000元,保费350元,其中:农户自筹75元,政府补贴275元;其他基础母牛投保7000元,保费245元,其中农户自筹75元,政府补贴170元。通过肉牛养殖保险,有效降低了养殖风险。

（七）科技支持成效显著。

泾源县结合畜牧业发展优势和特点，组织申报各级各类科技计划项目39项，已评审立项27项。强化全县科技特派员队伍管理，优化科技特派员结构，发展科技特派员109名，培育种养科技示范户135户，申报“优质肉牛生态养殖技术示范与推广”等项目9个，评审立项7个。推进肉牛高效养殖、饲草料调制、粪便无害化处理有机肥生产、科技培训五位一体的循环经济发展模式，核心区、示范区建设已全面完成，并通过国家验收。

执笔人：周振环

彭阳县现代畜牧业发展亮点纷呈

自治区成立60年来，各级政府十分重视畜牧业生产，彭阳县自1983年建县以来，伴随着改革开放的步伐，畜牧业生产也发生了翻天覆地的变化，生产能力极大增强，供给能力不断提高，生产结构不断优化，生产方式向专业化、科学化、规模化、产业化养殖迈进。畜产品从建县之初的相对匮乏，发展成今天肉、蛋及各种制品供应充足的局面。如今，畜牧业生产已经成为彭阳县农民增收的重要途径。

一、三个阶段生产发展历程量猛增

彭阳县自1983年建县以来，畜牧业从家庭联产承包责任制一家一户分散经营，到今天的专业化、科学化、规模化、产业化养殖模式，彭阳县畜牧业逐渐成为农民增收的主要来源，在第一产业中的占比逐年上升，2017年彭阳县牧业经营净收入占农村居民人均可支配收入的26.9%。

（一）奠定基础期（1983—1985年）。

实行家庭联产承包责任制，制定并出台了一系列促进农村经济快速发展的政策和措施，彭阳县农业生产得到迅速发展，各种主要农产品如粮食、蔬菜产量大幅增加。温饱的解决开始催生广大人民群众对膳食结构、营养合理的客观要求。同时由于“家庭联产承包责任制”的实行，牲畜作价归户，实行户有户养，农民有了生产经营的自主权，调动了生产的积极性，为畜牧业生产的快速发展奠定了基础。3年间，猪、牛、家禽饲养量分别增长17.8%、39.2%、21.7%。

（二）快速发展时期（1986—1996年）。

畜牧业由计划经济开始走向社会主义市场经济，畜产品经营体制实现根本转变，市场和价格逐步放开。经营者的积极性得到充分调动，畜牧业生产潜力得到极大的释放，畜禽产品生产快速增长，畜牧业生产的商品化、专业化、社会化程度不断提高，畜牧业生产进入快速发展时期。1996年全年出栏猪、牛、羊分别达到3.3万头、0.7万头、4.2万只，分别比1985年增长58.0%、13.8倍、17.0%。畜产品产量的大幅提高不仅使市场供应大为改善，肉、蛋产品长期严重短缺的局面得到扭转，同时畜牧业生产效益大幅提高。

（三）全面科学发展期（1997年至今）。

1997年以来，随着生产规模扩大，彭阳县畜牧业从以数量增长为主逐步转向以提高质量、优化结构和增加效益为主的全面科学发展阶段。由“传统”向“现代”转变，步入了生产快速发展、质量稳步提高、综合生产能力不断增强的良好发展轨道。各级政府相继出台惠牧政策，从优化畜牧业区域布局、加大畜牧业结构调整力度、加快推进健康养殖、促进畜牧业科技进步和大力发展产业化经营等方面全面推进畜牧业生产，加大对畜牧业的金融支持力度，加强畜禽良种基地建设，加大良种推广力度，提高畜产品质量水平，使全县畜牧产业规模迅速扩大，促进农民持续增收。到“十五”末，主要畜种生猪饲养量比“六五”末增长69.2%，牛饲养量增长2.6倍，羊饲养量增长1.1倍，家禽饲养量增长3.1倍。“十一五”末生猪饲养量比“十五”末增长21.7%，牛饲养量增长41.2%，羊饲养量增长45.7%，家禽饲养量增长31.5%。

“十二五”期间，生猪受市场供应相对过剩、部分地区发生疫情等影响，从2013年3月下旬开始生猪价格持续下跌，下半年逐渐回升。2014年生猪价格再次下跌，持续至2015年6月左右，部分养殖户缩小养殖规模甚至弃养。“十二五”末生猪饲养量比“十一五”末下降33.6%，牛饲养量增长5.8%，羊饲养量增长42.4%，家禽饲养量下降33.7%，主要原因是2012年、2013年全区部分市、县（区）接连发生“禽流感”疫情，大量家禽被集中捕杀，鸡蛋价格不稳，市民对鸡肉望而却步，市场需求大减。

2017年生猪受价格变动及缺乏政策扶持等影响，饲养量比2015年下降8.5%，牛产业在各级政府大力扶持下，发展稳中趋增，饲养量比2015年增长4.8%，羊产业在2015年后经历了长期低迷的市场环境，于2017年价格逐步回暖，持续上涨，饲养量同比降幅收窄，比2015年下降3.8%，家禽饲养量比2015年增长33.1%。

二、四个发展特点质更优

（一）生产能力大幅度提高，供给能力增强。

建县35年来，彭阳县紧跟改革开放步伐，抓住西部大开发与生态建设的机遇，采取多项措施，充分调动农民积极性，不断引进先进技术，优化畜牧业结构和布局。通过退耕还林（草）、封山禁牧恢复草原植被，改善生态环境，逐渐实现草原生态保护和畜牧业生产发展共赢的格局。2017年全县肉类总产量2.0吨，比

1983年增长21.5倍，主要畜种猪、牛、羊、禽饲养量分别达到6.7万头、16.2万头、56.4万只、93.8万只，与建县初期的1983年相比增长48.8%、6.7倍、2.2倍、4.7倍；出栏3.4万头、6.9万头、32.1万只、54.5万只，分别增长78.9%、344倍、12.9倍、14.9倍；存栏3.2万头、9.2万头、24.3万只、39.3万只，分别增长23.1%、3.4倍、63.1%、2.0倍。主要年份猪、牛、羊、禽生产变化情况如下：

单位：万头

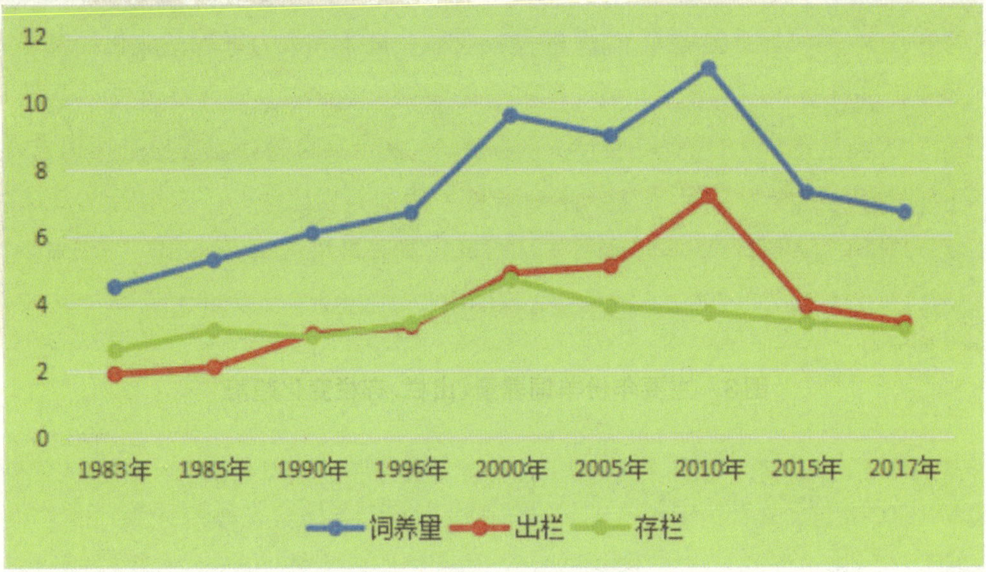

图1　主要年份生猪饲养量、出栏、存栏变化趋势

单位：万头

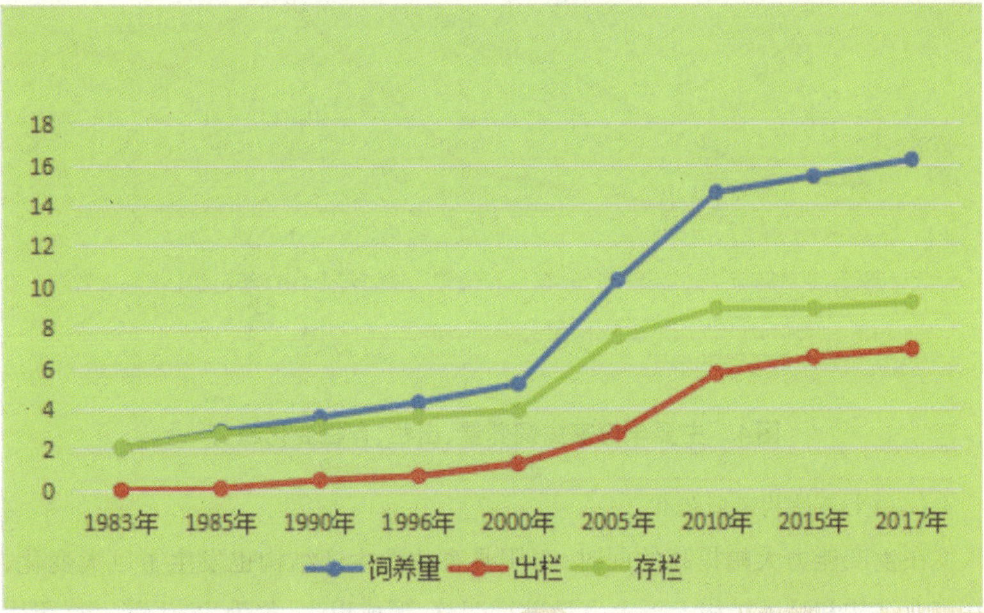

图2　主要年份牛饲养量、出栏、存栏变化趋势

单位：万只

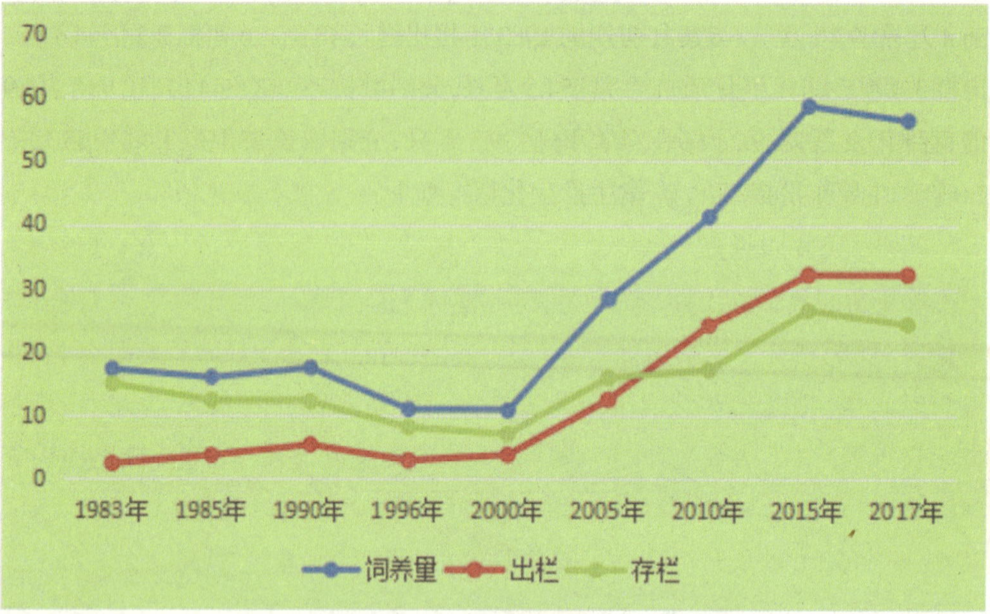

图3　主要年份羊饲养量、出栏、存栏变化趋势

单位：万只

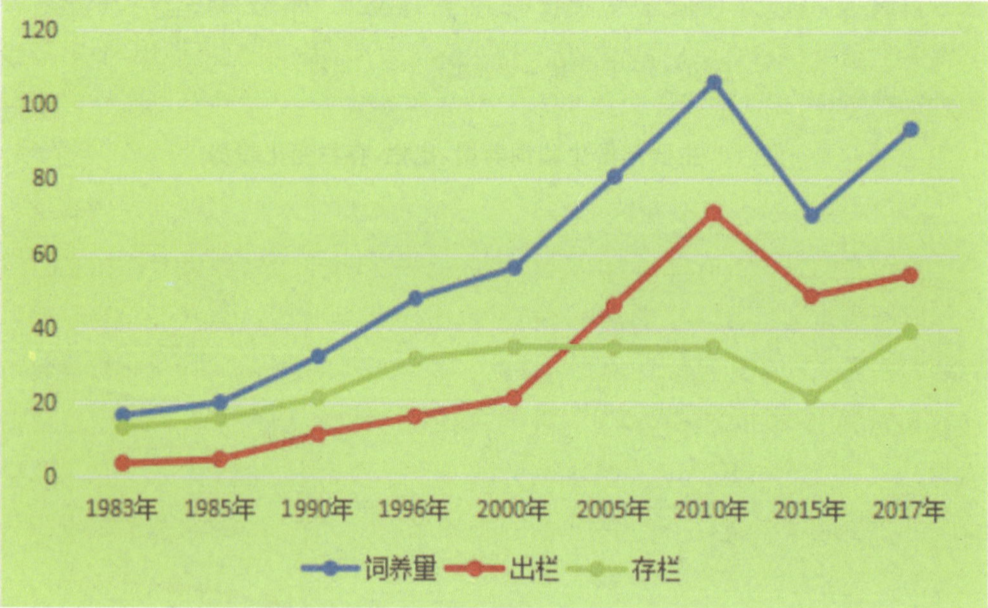

图4　主要年份家禽饲养量、出栏、存栏变化趋势

（二）生产结构不断优化。

在生产能力大幅提高的同时，彭阳县畜牧业生产结构也发生了巨大变化，在产业结构和品种结构上下大力量进行调整，形成以牛、羊为主，生猪、禽、蛋协调发展的格局。在产业结构调整上，加快了畜产品加工业的发展，在牛、羊领域初步形成龙头带基地的产业化格局。在品种结构上:一是扩大了效益高、市场前景好的生猪、牛、羊、家禽饲养规模;二是优化了畜禽品种结构,通过全面推广冷配改良技术,发展优质肉牛繁殖,全县配套肉牛冷配改良点,实现了肉牛品种的良种化发展,提高了彭阳县畜牧业生产水平;三是在家禽生产上向农户大量投放朝那鸡和月子鸡苗,培育林区生态鸡品牌。

(三)生产方式转变,由分散饲养向专业化、科学化、规模化、产业化养殖迈进。

近年来,县委政府加大畜牧业改革和调整力度,积极转变生产方式,坚持"标准化规模养殖"与"家家种草、户户养畜,小群体、大规模"同步发展模式,取得明显成效。截至2017年末成功打造新集、古城2个万头肉牛养殖示范乡镇和古城挂马沟、白草洼等4个种养一体化千头肉牛示范村,建成50头以上肉牛家庭牧场35家、200头以上肉牛规模养殖场8个。大力推动畜牧业生产设施化、标准化、数字化,加快发展生态型、集约型、效益型畜牧业。

(四)畜牧业成为解决农民就业、农户增收的重要途径。

建县35年来,畜牧业已经从家庭副业发展成为农业中最具市场化特征和最具活力的产业,更多的农民从种植业中分离出来投身畜牧业,在国家各项政策措施的支持下,畜牧业已经成为农民增收的重要途径。据统计,2017年彭阳县牧业经营净收入占农村居民人均可支配收入的26.9%。

单位:%

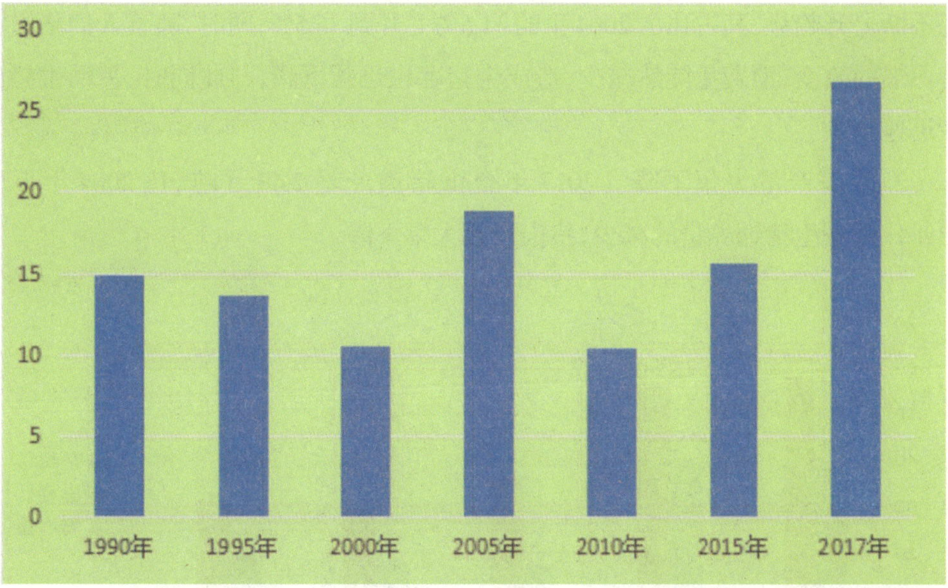

图5 主要年份牧业收入占农村居民人均可支配收入的比例

执笔人:海平燕

设市以来中卫市畜牧业生产发展步伐加快

2004年中卫市成立以来，畜牧业生产有了突飞猛进的发展，在政策推动和各项惠农政策引领下，综合生产能力、标准化规模养殖水平、生产效率、质量安全水平有了明显提高，产业结构、产业布局、经营主体、生态环境有了进一步优化，经济效益不断增长，为农业农村经济又好又快发展作出了重要贡献。

一、主要畜禽呈现“两增两降”态势

设市以来，主要畜禽生产发展变化较快，主要畜禽猪、牛、羊、禽存出栏呈现出“两增两降”态势。

（一）生猪存出栏及肉产量全面下降。

1. 生猪存出栏迅猛下降。2017年全市生猪存栏19.83万头，比2004年下降49.4%，全年出栏31.4万头，比2004年下降46.3%，设市以来，随着海原县行政区域的调整划入，加之山区部分回族居民向川区生态移民的增多，回族居民占比呈现不断上升趋势，其占比由2004年的31.5%上升到36.5%，同时，随着人们猪肉消费习惯的改变，消费量陡然减少，造成生猪存栏迅猛下降，与此同时，带动生猪出栏迅速减少。

2. 猪肉产量大幅下降。2017年全市猪肉产量2.43万吨，比2004年下降33.4%，随着生猪饲养量的减少，猪肉产量大幅下降。

单位：万吨、万头

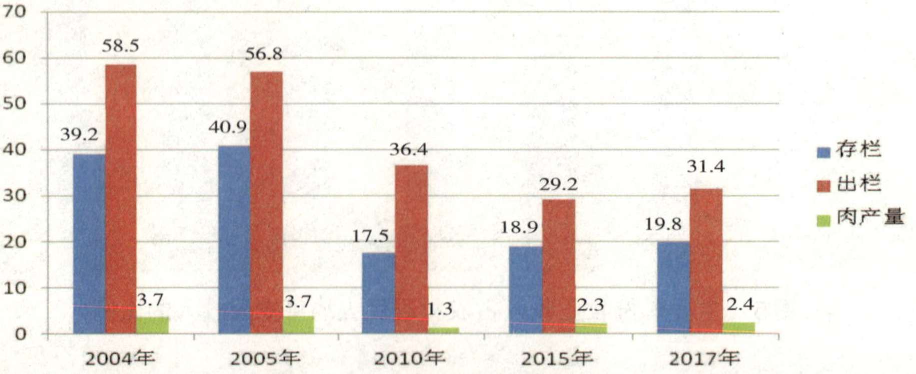

图1　中卫市生猪生产情况

（二）牛存出栏及肉产量高速增长。

1. 牛存出栏快速跃升。2017年全市牛存栏13.88万头，比2004年增长57.5%；出栏7.64万头，比2004年增长44.2%。在国家大力扶持养牛产业政策措施的推动下，存栏节节攀高，出栏逐年增加，养牛生产形势发展势头强劲，保持良好生产状态，后续发展潜力巨大。

2. 牛肉产量大幅增加，牛奶产量数倍增长。2017年全市牛肉产量1.18万吨，比2004年增长66.2%，牛奶产量17.09万吨，比2004年增长6.5倍，随着养殖技术水平的不断提升，牛肉产量迅速提高，牛奶产量数倍增长，肉牛养殖持续健康快速发展，奶牛养殖有了突飞猛进的发展，呈快速前进态势。

单位：万吨、万头

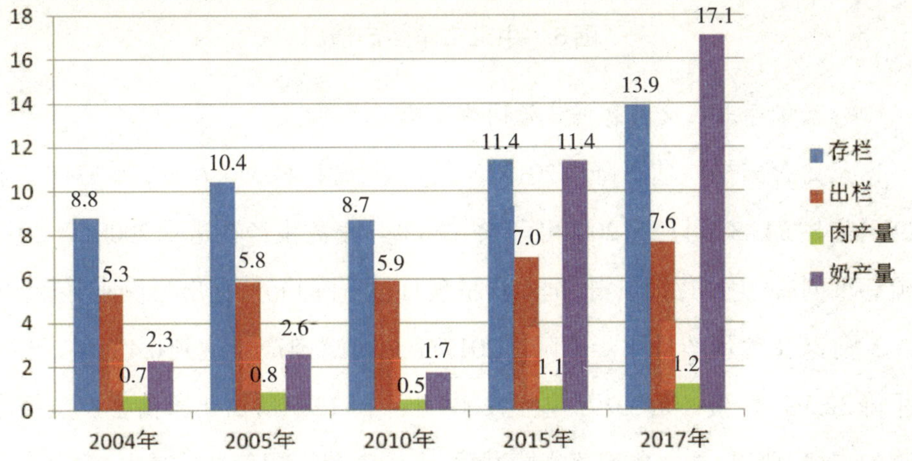

图2　中卫市牛生产情况

（三）羊存出栏迅速增加，肉产量飞速增长.

1.羊存出栏迅速增加。2017年全市羊存栏110.4万只，比2004年增长30.4%；出栏107万只，比2004年增长46.2%，存栏呈现波浪式前进，出栏呈现逐年攀升的发展趋势，周期性波动规律明显。

2. 羊肉产量飞速增长。2017年全市羊肉产量1.9万吨，比2004年增长70.9%。羊肉产量增长是肉禽类产量中增幅最高的，彰显了回族居民喜食羊肉的地方特色。一方面随着“一带一路”和宁夏对外开放交往活动的增多，宁夏牛羊肉走出国门，向周边邻国的辐射增多，由于外销需求增加，助推肉产量增加；另一方面，随着人们生活水平的提高，消费需求逐渐转变为以猪肉为主而向牛、羊肉滋补、药膳多层面的消费方向发展，对羊肉的需求增多。

单位：万吨、万只

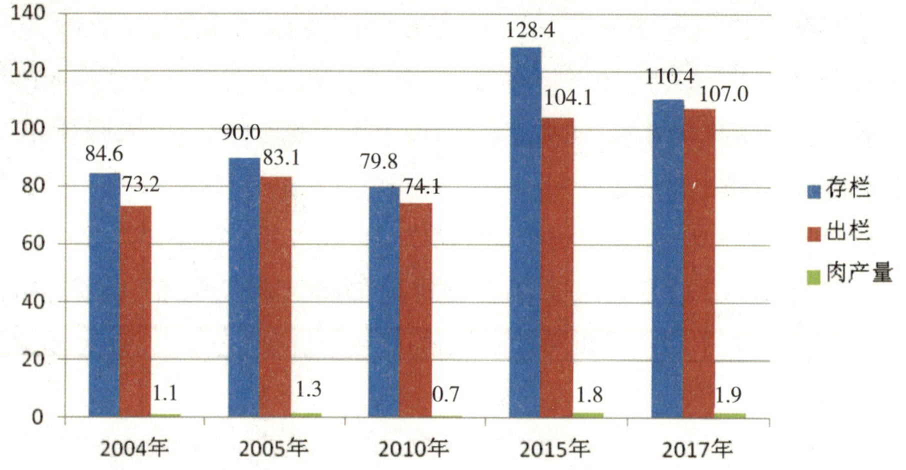

图3　中卫市羊生产情况

（四）家禽存出栏及肉禽蛋产量同步下降。

1. 家禽存出栏快速下降。2017年，全市家禽存栏315万只，比2004年下降34.9%；出栏243.3万只，比2004年下降43.9%。家禽生产在遭受2008年、2012年禽流感重创后，生产逐渐下滑，饲养量呈现日益下降趋势，存出栏快速下降。

2. 禽肉及禽蛋产量同步下降。2017年全市禽肉产量达到0.4万吨，比2004年下降32.3%；禽蛋产量3.9万吨，比2004年下降12.5%，由于家禽生产疫情周期发作的规律，所以，重大禽流感疫情过后，市场消费和饲养量的减少，对家禽生产造成一定冲击，家禽饲养量和肉禽蛋产量有了明显下降。

单位：万吨、万只

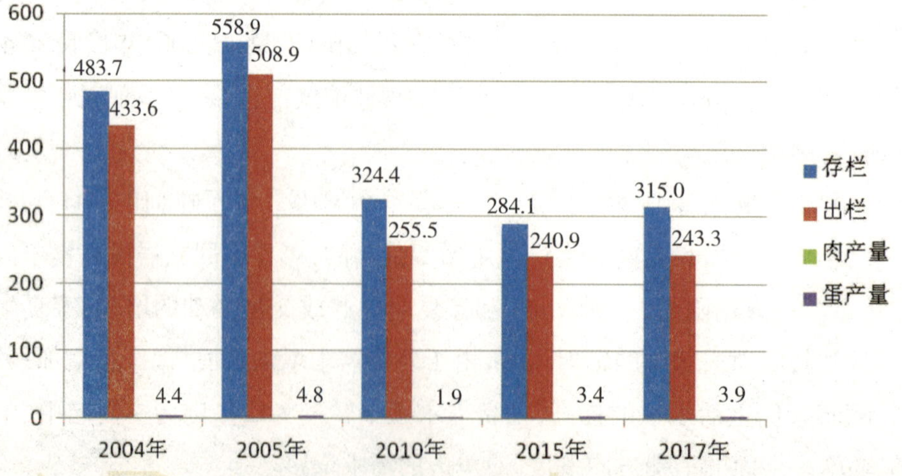

图4　中卫市家禽生产情况

二、畜牧业发展的三个显著变化

设市以来，中卫畜牧业在生产和供给能力提升、生产结构调整、生产方式转变等方面取得了显著成就，在农业经济中的地位显著提高，并成为促进农民增收的重要产业。

（一）生产和供给能力进一步提高，结构调整趋优。

中卫畜牧业发展在生产能力大幅提高的同时，生产结构也发生了巨大变化，突出表现为产业结构和品种结构的趋优调整，畜牧业生产已由过去的役用、肉用为主转变为以猪、牛、羊、禽、蛋、奶协调发展的格局。2017年全市肉蛋奶产量26.89万吨，比2004年增长1.1倍。其中，肉产量5.9万吨，在肉类产量占比中，猪肉产量占肉产量的比重由2004年的59.6%下降到2017年的41.0%，下降18.6个百分点；牛肉产量占肉产量的比重由2004年的11.7%上升为19.9%，上涨8.2个百分点；羊肉产量比重由2004年的18.0%上升为31.7%，上涨13.7个百分点；禽肉产量比重由2004年的10.6%下降为7.4%，下降3.2个百分点。牛、羊肉类消费逐年上涨，猪肉和家禽消费呈现下降趋势，反映了在肉类消费上，人们更加注重向低脂肉类消费，更加注重自身健康，保健意识逐渐增强的消费趋向。禽蛋和牛奶产量成倍增长，2017年禽蛋及奶产量20.95万吨，比2004年增长2.1倍，增速比肉类产量高出1倍，随着人们生活水平的提高，更加注重营养的合理搭配和膳食平衡，改变了畜牧业生产中肉类比重过大、禽蛋和牛奶比重过小的不合理状况，丰富了动物食品的来源，优化了畜禽产品的供应结构。伴随着优质猪、牛、羊、禽品种需求的增多，全市猪、牛、羊、禽的良种覆盖率明显提高。

（二）生产方式科学转变，饲养水平不断提高。

随着城乡居民生活质量的日益提高，对畜禽产品的需求更加多样化，在市场的引导和畜牧部门的大力推动下，中卫畜牧业迅速由家庭散养向规模化发展，千家万户分散养殖的模式开始向养殖场、养殖小区、养殖大户转变，全市畜牧业规模化、集约化、标准化进程不断加快，实现了畜牧业生产方式“由院到园”、养殖规模“由百到千”、经营方式“由散到整”、养殖户收入“由千到万”的历史性转变。特别是近几年来，中卫以建设现代畜牧业为目标，大力发展标准化养殖小区和规模养殖场，加快畜牧业生产方式的转变，畜禽饲养水平不断提高。从2007年到2017年近十年来的生产方式来看。2017年，全市生猪出栏量在100头以上的规模养殖户共有737户，比2007年增长51.3%；出栏黄牛100头以上的规模养殖户共有55户，比2007年增长1.6倍；羊出栏达到100只以上的规模户共有386户，比

2007年增长1倍，规模养殖水平有了长足的发展。

（三）有效带动农民增收，在农业经济中的地位显著提高。

设市以来，随着生产能力的不断提高，畜牧业逐步发展成为中卫农村经济中的支柱产业，在农业和农村经济中的地位不断增强，为增加农民收入作出了较大贡献。全市畜牧业总产值也有了较快增长，畜牧业已经从家庭副业发展成为农业中最具市场化特征和最具活力的产业，更多的农民从种植业中分离出来投身畜牧业，在国家各项政策措施的支持下，畜牧业已经成为农民增收的重要途径。2017年全市农民人均畜牧业收入达到740.2元，比2004年增长1.96倍，畜牧业收入在农林牧渔业中仅次于种植业，畜牧业生产的发展促进了农民增收渠道的进一步拓宽，成为促进农民增收的主导产业之一。

三、推动中卫畜牧业生产发展的四大因素

设市以来，中卫畜牧业生产能够稳定发展，一方面得益于政府的大力扶持和科学养殖技术的进步，为畜牧业的发展创造了良好的生产环境，提供了强大的科技支撑，另一方面是由于市场化需求的扩大以及规模化养殖方式的发展，刺激和推动了畜牧业的快速发展，加速了畜牧业现代化的进程。

（一）政府扶持为畜牧业发展创造了良好的环境。

设市以来，中卫市各级政府针对新时期畜牧业生产的特点，进一步加大了对畜牧业生产的支持力度，2017年组织全市开展技术培训380余场次，培训基层畜牧兽医人员、养殖场技术人员、农民养殖户2.6万人次，建立草畜产业科技示范点34个，推进了节本增效技术的推广应用。一是通过加大对畜牧业的政策扶持和资金投入，建立对畜牧业稳定增长的投入机制和工业反哺畜牧业的长效机制，使规模化养殖小区获得了水、电、路、圈舍等基础设施建设资金，进一步改善了畜牧业生产条件。二是通过推行粮改饲试点补助政策，减轻了养殖户的负担，降低了生产成本。三是逐步建立了畜牧业风险防范机制以及保险与补贴相结合的制度，积极鼓励养殖户（场）对奶牛等养殖进行投保，从而进一步保障了畜牧业的稳定发展。据不完全统计，2017年沙坡头区政府共向608户肉牛养殖户3274头犊牛落实见犊补母补助163.7万元，向38户肉牛、奶牛、肉羊养殖示范户兑现节本增效科技示范户补助资金33万元，粮改饲试点项目43户1000万元，有效促进了养殖业的健康有序发展，调动了养殖户的生产积极性。

（二）科学养殖技术的进步为畜牧业发展提供了有力的科技支撑。

近年来，中卫市以实施科技入户为目的，开展了高产奶牛繁育和规范化饲

养、优质牛羊肉生产、动物防疫卫生、全株玉米青贮及秸秆利用等一大批适用技术,进一步提高安全生产能力。加大扩群增量和饲草料种植基地及加工配送中心建设,重点加快推进养殖基地构建种养结合农牧循环发展模式项目、114个畜牧节本增效示范点建设,加快推进“基础母牛银行”、10万亩紫花苜蓿种植基地等重点项目建设。强化养殖业污染治理,指导全市81户规模养殖企业,先后配套建设治污设施57户,改造率70%。为促进畜牧业先进技术推广、增加畜牧业科技含量、让人民群众吃上放心肉食,加快畜牧业发展提供了有力的科技支撑和可靠保障。

(三)市场消费需求的迅速扩大刺激和推动了畜牧业的发展。

随着国民经济的迅速发展和城乡居民收入、生活水平的不断提高,中卫以畜禽产品的食品消费量大幅增长,对畜禽产品品种、质量的要求也越来越高,这种消费需求形成的强劲拉力,客观上起到了刺激肉、蛋、奶等畜禽产品快速发展的作用。2004年中卫城乡居民人均肉禽及其制品、蛋类及制品、奶及奶制品消费量分别只有33.5公斤、6.9公斤、19公斤,到2017年,城乡居民的人均肉禽及其制品、蛋类及制品、奶及奶制品消费量分别提高到39.2公斤、10.7公斤、28公斤,分别比2004年增长17.0%、54.8%、47.5%,畜产品消费需求的增加,客观上推动了畜牧业的快速发展。

(四)规模养殖速度加快加速了畜牧业现代化进程。

近年来,随着市场化水平的提高,规模化养殖逐步成为畜牧业生产的主体。规模养殖正在成为畜牧业生产的主力军,加速了畜牧业现代化建设步伐。2017年全市共建成各类养殖专业示范村88个,养殖场(小区)308个,规模以上养殖户达到3340户以上。随着畜牧业的快速发展,各县区积极扶持发展农民经济合作组织、专业技术协会、流通协会和经纪人队伍,有效地提高了畜牧业的组织化程度,对畜牧业发展产生了积极的推动作用。

执笔人:牛金学

改革开放以来沙坡头区畜牧业生产成就显著

改革开放以来，沙坡头区畜牧业生产基础条件不断改善、生产方式快速转变，综合生产能力和保障市场有效供应能力不断提升，主要畜禽结构调整步伐加快，畜牧业从家庭副业成长为农业农村经济的支柱产业，畜产品供应从严重匮乏到供应充足，丰富城乡居民的“菜篮子”，为改善居民的膳食结构和营养水平、增加农民收入、促进农村劳动力就业和保障国家食品安全作出了巨大贡献。

一、主要畜禽生产变化结构性调整明显，畜牧业生产方式发生转变

（一）适应市场需要，结构调整步伐加快。

改革开放以来，沙坡头区畜牧业生产经历了改革起步期、全面快速发展期、结构调整期、发展方式转变期等阶段。1978年，猪、牛、羊存栏分别为8.8万头、0.6万头、16.4万只，2000年，分别增加到16.5万头、1.6万头、29.9万只，2010年发展到4.6万头、2.1万头、15.8万只，到2017年分别达到7.7万头、4.2万头、24.7万只，比1978年分别下降12.3%，增长5.9倍和50.8%，适应人民生活餐桌和健康生活需要，相对较高的高脂肪肉畜生猪存栏下降，低脂类肉畜牛、羊存栏增长迅猛。

单位：头、只

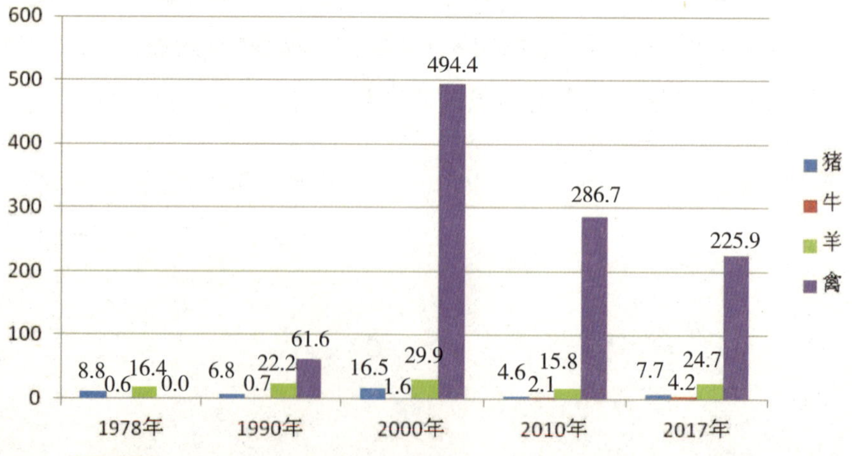

图1 改革开放以来沙坡头区主要年份主要畜禽存栏

(二)生产方式发生转变,规模户生产水平迅速提高。

畜牧业规模化养殖进程加快,标准化生产逐步推进,畜产品质量明显提升,优质化率进一步提高;畜牧业产业化加速推进,利益联结机制日趋完善;畜牧业生产区域化优势逐渐显现,畜产品集中化程度进一步提高。从2007年到2017年近十年来的规模户养殖生产方式来看,2017年生猪出栏量在100头以上的规模养殖户共有312户,比2007年增长40.5%;出栏黄牛100头以上的规模养殖户共有5户,比2007年增长1.5倍;羊出栏达到100只以上的规模户共有229户,比2007年增长65.9%,规模养殖水平有了长足的发展。

单位:户

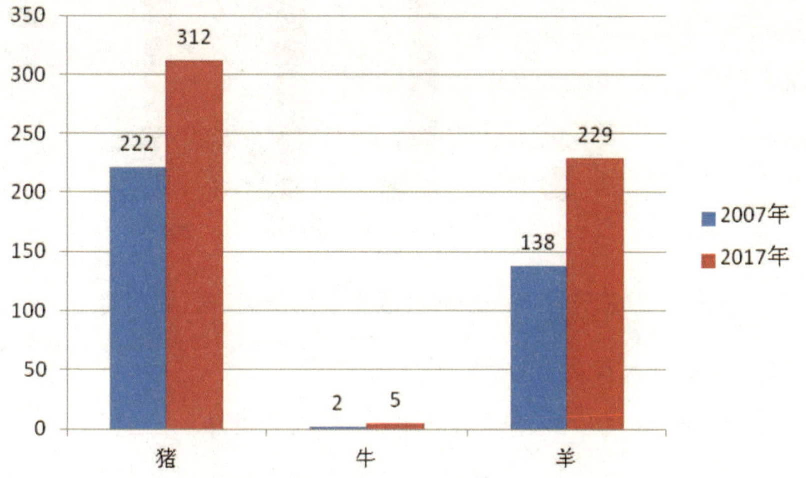

图2　近10年来沙坡头区猪、牛、羊规模户发展情况

二、肉禽、蛋、奶产量增势强劲,城乡居民消费能力增强

(一)肉禽、蛋、奶产量增势强劲,市场供应品种丰富。

改革开放前期,推行票(肉票)、证(副食本)供应制度,肉类食品的流通一直在计划经济体制下,由国营商业实行集中统一经营,猪、牛、羊、禽、蛋商品实行对城市、工矿区和县城居民计划分配和定量供应办法。凭票买肉是当时居民肉类消费的主要方式。1992年实行市场经济后,随着畜牧业生产的进一步发展,肉类市场陆续放开,直至最终取消了平价定量供应。1978年党的十一届三中全会以来,肉类食品产业在改革开放的进程中快速发展。改革开放以来,畜牧业生产规模不断扩大,从凭"肉票"定量买肉到"想吃多少就吃多少",肉类食品产业从落后到快速发展,百姓肉类消费从贫乏到日益富足,从肉、蛋、奶产业的发展历程可以折射出百姓生活的变迁。从肉产量数据来看,1978年沙坡头区(原中卫县)肉类产量仅为0.1万吨,2017年沙坡头区肉产量达到1.8万吨,是改革开放之初1978年的16.8倍。蛋产量和奶产量以数百计和数千计的倍数在高速增长。现在人们的生活水平提高了,不仅早已不用为吃肉而发愁,目前市场上各种畜产品供应充足,而且品种越来越丰富,猪、牛、羊、禽肉、蛋、奶等各种肉食及副产品一应俱全。

单位:吨

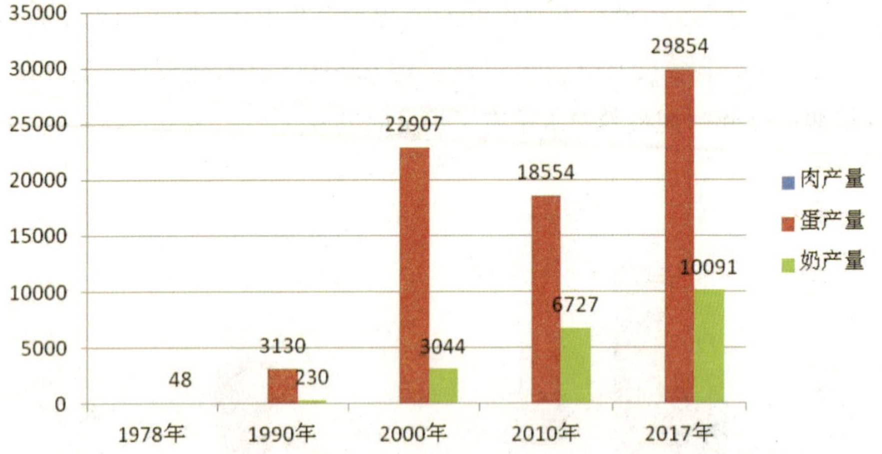

图3　改革开放以来沙坡头区主要年份肉、禽、蛋产量

(二)城乡居民收入提高,肉禽及蛋、奶消费增多。

改革开放初期,农民生产经营活动单一、收入来源单一,农民收入以农业收入为基础、以粮食收入为主体,实物收入占很大比重。随着市场经济发展、农村就业结构的变化和体制改革深化,农民收入来源市场化、多元化和非农化的趋势明显,农民收入格局发生了根本变化。2017年沙坡头区城乡居民人均可支配收入分别达到26487.8元和11249.2元,分别比1984年增长53.9倍和36.1倍,随着城乡居民收入的增加,生活水平的提高,人均肉类消费量逐年增加。1984年人均肉类消费量只有20.4公斤,到2017年上涨到38.3公斤,增长87.5%。蛋、奶消费量也呈飞速增长态势,改革开放以来,随着我国社会经济不断发展,经济规模不断扩大,人们的购买力有了明显提高,对肉禽、蛋、奶消费的需求有了明显增加,为主要畜禽肉产量的飞速增长提供了强有力的支撑。

三、畜牧业综合生产能力显著增强,肉食品加工技术水平大幅提高

(一)综合生产能力显著增强,供求实现平衡。

改革开放以后,随着农业生产经营管理制度发生重大变革,畜牧业飞速发展,迅速壮大。1979年农民开始有生产经营的自主权。1985年国家完全放开

猪肉、蛋、禽和牛奶等畜产品价格，加之我国处于短缺经济时代，畜产品需求旺盛，养殖业利润丰厚，农民发展畜牧业的积极性空前高涨，主要畜产品产量大幅增长，总量上实现了供求平衡、丰年有余，规模化、标准化、产业化程度进一步提高，生产能力显著增强。目前商品猪配合饲料应用率达到96%，养殖周期4.5—6个月，比改革开放初期缩短三到五个月，瘦肉率达到60%左右，提高10.0%以上；年均牛奶产量达到8000公斤以上，提高33.3%；蛋鸡料蛋比为2.3∶1，科学喂养提高了产蛋率，增加了经济效益。

单位：公斤／人

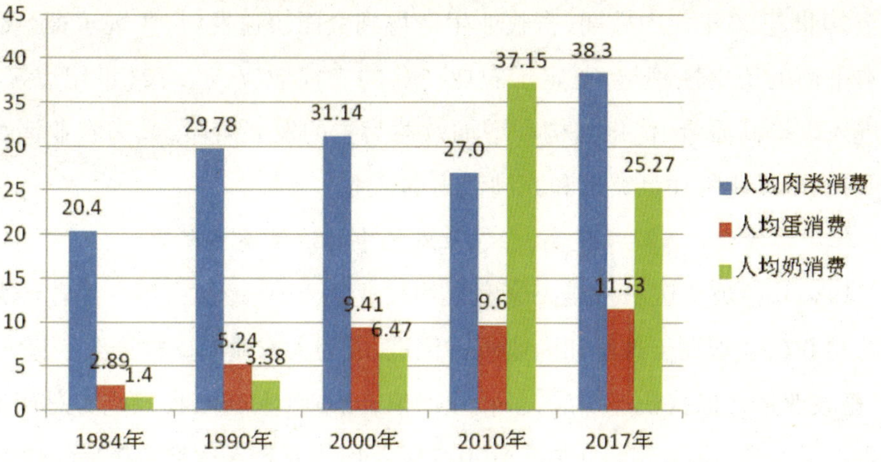

图4　改革开放以来沙坡头区城乡居民人均肉禽、蛋、奶消费

（二）畜牧业生产提速，带动肉食品加工业快速发展。

改革开放初期，屠宰方式基本上沿用原始落后的由个体屠商和私人商户采用"一口锅、一把刀"的方式杀猪卖肉，卫生条件极差，市场供求和价格波动性很大。那时国营屠宰企业只有中卫冷库一家屠宰场供应市场，随着改革开放的逐步深入，党和政府积极关怀肉类食品加工产业的发展，制定了促进肉食品加工方面的一系列政策措施，引领肉食品加工业不断发展，肉食品加工技术和食品安全程度明显提高。据统计，2017年沙坡头区各定点屠宰场日均屠宰生猪190头，牛66头，羊356只，家禽692只，目前境内生猪、牛、羊、禽已全部或基本上实行了定点屠宰，定点检疫。随着屠宰加工技术水平的提高，满足了人们吃的精细化要求，比如从一头猪身上，就能分割出几种乃至数十种肉食，而且吃得更安全放心了，肉类消费正由量的满足转向质的提高。随着人们消费观念的改变，各种精深加工的分部位冷却肉、小包装肉、半成品肉、熟肉制品消费比例逐渐上升，产业集中度逐步提高，区域布局逐渐形成，肉类加工水平稳步提升，品牌效应日益增强，规模效益更加明显。

四、畜牧业逐渐从家庭副业发展为农业支柱产业，在农业发展中的地位迅速提升

（一）畜牧业发展经历了从副业到向支柱产业的地位转变，市场化特征突显。

1980年以前，在“以粮为纲”的方针知道下，农业以优先发展粮食生产为主来解决人民群众的温饱问题，发展畜牧业主要为粮食生产提供农业畜力和肥料来源等，畜牧业从属于家庭副业，在农业中处于补充地位；改革开放后从1980年至20世纪90年代中后期，畜牧业生产得到全面快速发展，实现了畜产品供求基本平衡的历史性跨越，奠定了农业产业的支柱地位；进入21世纪以来，畜牧业进入以提高质量、优化结构和增加效益为主的发展阶段，成为农业诸部门中产业化、市场化特征最突出和充满活力的产业。

（二）畜牧业收入逐步提高，在农业发展中的地位逐年提升。

1984年沙坡头区农村居民家庭人均牧业收入19.5元，占第一产业经营净收入的11.0%，显著高于林业和渔业所占比重，成为大农业的支柱产业。进入21世纪，畜牧业依然保持快速发展，畜牧业产值在农业（农、林、牧、渔业）总产值中的比重稳定上升，地位不断加强。到2017年人均牧业收入达到740.2元，比1984年增长36.9倍，占第一产业经营净收入的26.7%，比1984年上升15.7个百分点。

五、畜牧业发展科技水平显著提升，生态效应得到进一步巩固

（一）科学养殖，科技进步对畜牧业发展的贡献率大大提高。

在畜禽和牧草品种选种选育、饲料生产及安全、主要畜禽营养及饲养管理、产品标准和检验方法、草原建设和生态保护等方面，依靠科学技术的不断创新和推广应用，畜牧业生产效率、养殖户素质、产品附加值和综合生产能力不断得到提升。在畜牧业发展中，配合饲料、畜禽良种的推广起到了非常关键的作用，近年来，除了依靠存栏和饲养数量的增加外，畜产品数量的提高，在很大程度上来自于畜牧技术的创新、推广与普及。改革开放以来，沙坡头区畜禽良种繁育体系的基础已初步确立，育种、扩繁、推广、应用相配套的构架基本形成，有力支撑了畜牧业快速发展，培育了众多优良畜禽新品种（系），建立完善了畜禽良种繁育体系建设。初步形成了以种畜禽原种场为核心，繁育场相配套，畜禽品种资源保护与开发相结合，与畜牧业区域生产格局相适应，满足不同生产方式和生产规模需求的畜禽良种繁育体系。

（二）在注重畜牧业自身发展的同时，统筹兼顾生态、经济、社会目标。

全面保护、重点建设和合理利用草原，加大畜牧业环境保护力度建设，实行畜禽污染减量化、资源化和再利用，走生态文明道路，确保畜牧业健康发展。进入新世纪以来，国家进一步加大草原生态建设力度，先后实施了一系列草原生态建设重大工程和项目，如天然草原植被恢复与建设、牧草种子基地、草原围栏、退牧还草、风沙源治理、草原防火、草原治虫灭鼠等项目。在草原生态建设工程项目的带动下，畜牧业生产方式开始转变，畜群结构得到调整，取得了良好的经济效益。同时，草原植被得以休养生息，得到较好的恢复，生态功能明显增强。

单位：元/人、%

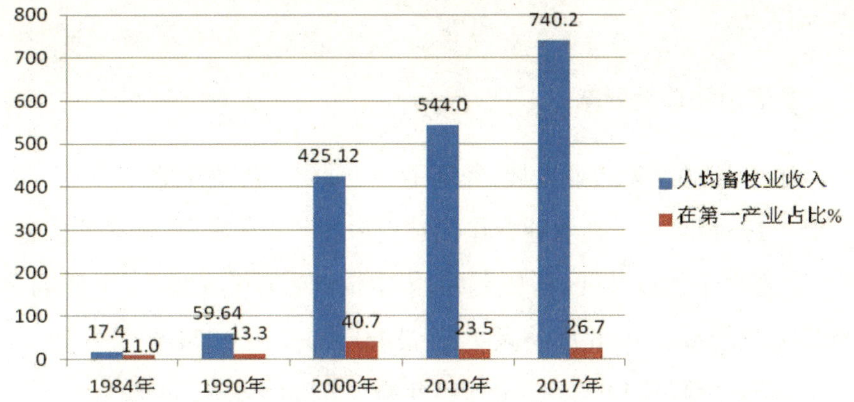

图5　改革开放以来沙坡头区农村居民人均牧业收入及占比

撰稿人：牛金学

中宁县60年畜牧业发展成就斐然

60年来，中宁县畜牧业发展日新月异、成就辉煌，全方位、多层面发生了翻天覆地的巨大变大。畜牧业生产能力不断提高，供给能力不断增强，生产结构不断优化，生产方式向专业化、产业化、规模化养殖快速转变。畜牧业已发展成为农村经济中的重要支柱产业，成为现阶段促进农民增收和农村经济发展的重要增长点和支撑点。

一、发展历程曲折艰辛

纵观中宁县60年畜牧业发展，经历了一个曲折发展的过程。

1955—1959年，由于在农业合作社过程中养殖折价偏低，养羊户大量宰杀或贱卖；大家畜由于使役过度、草料不足、集中饲养管理不善等原因，乏弱多病，繁殖率低，死亡严重。1958年羊只下降到4.0万只，比1954年减少2.9万只，减42.3%。大家畜下降到1.9万头，比1954年减少6200头，减24.4%。

1960—1965年，贯彻了《人民公社工作条例》，对草原进行划管保护，大家畜实行队有户养、分槽喂养和繁殖奖励等办法。羊只推行“三定一奖”，给养猪社员划拨猪饲料地，同时加强畜牧疫病防治等工作，饲养量逐年增加。1965年家畜总头数发展到17万头，较1960年增加8.1万头，增长91%，年均增长13.8%。

1966—1976年，这一阶段正是“文革”时期，中宁县推行“以粮为纲”的生产方针，大量毁草开荒，倒山阔种，致使草场严重沙化、退化，面积逐年缩小。干旱年份，羊只无法越冬，大量死亡。1976年在生猪年末存栏达5.3万头，比1965年增加1.87万头的情况下，家畜总头数仍下降到13.2万头，比1965年减少3.8万头，减22.3%，平均每年减2.3%。

1979—1990年，这一阶段主要是贯彻党的十一届三中全会的路线，执行改革开放的方针，在畜牧业所有制方面推行了联产承包责任制，鼓励和支持农民发展家庭畜牧业，并实行了畜禽私有私养，大大调动了农民发展畜牧业生产的积极性。1980年中宁县制定社队畜牧业生产管理办法，因地制宜的调整畜牧业内部结构。全县年末生猪存栏4.4万头，大家畜1.8万头，羊11.1万只，鸡存栏13万只。生产畜禽肉89.1万公斤(其中:猪肉71.5万公斤,羊肉16.2万公斤,牛肉1.4万公斤),鲜蛋14.3万公斤,牛奶4.1万公斤,羊毛11.7万公斤,皮2.8万张。牧业产值270万元,占农业总产值的10.1%。1981年取消对社员限养、禁养家畜的种种规定,畜牧业生产出现了蓬勃发展的局面。在干旱持续20个月的情况下,羊只比上年仍增长1.2%。猪肉、鲜蛋、牛奶敞开供应,畜产品市场呈现购销两旺的繁荣景象。1983年对畜牧饲养专业户和重点户(两户)实行畜牧良种供应优先、防疫优先、技术培训优先、治病优先、饲料供应优先等原则,"两户"发展到1207户,占总农户的4.2%,比上年增长两倍多。1985年按照县委"快上畜牧"的指导思想,结合畜牧业内部结构和布局的调整,建立5个肉、蛋、奶商品生产基地,养殖专业大户继续增加,畜牧业产值达772万元,比1980年增长185.9%,在农业总产值中占14%。大家畜存栏1.8万头,生猪饲养量达7.4万头,存栏4.7万头,出栏肥猪2.7万头,出栏率66%,商品率71%,产肉178.6万公斤;羊只存栏11.8万只(其中绵羊11.1万只、山羊7500只),出栏4.62万只,产肉37.8万公斤;鸡存栏14.7万只,产蛋72.1万公斤,出栏肉鸡1.7万只,产肉2.6万公斤;产牛羊奶10.5万公斤(牛奶7.5万公斤、羊奶3万公斤)。全县人均占有肉11.3公斤,蛋4.2公斤,奶0.7公斤,分别比1980年增长78.7%,367%,161%。1986年以后,随着农业机械化程度提高和商品经济发展,牛养殖发展以肉用型和奶牛为主,养殖方式以圈舍饲喂混合、配合饲料饲养;生猪主要以千家万户的分散饲养为主;鸡改变了传统的养殖模式,由地面散养逐步发展到网上平养、笼养,饲喂饲料由单一的饲料到混合饲料,孵化由热炕孵化到现代孵化器孵化。

1993年全县采用牛、羊快速育肥技术;1995年全县开始推广暖棚养猪技术、玉米秸秆青贮技术和笼养鸡技术;暖棚养猪技术方面,推广到全县15个乡镇88个行政村,普及率达到92%;至2006年暖棚养猪户推广到3.3万户,暖棚养猪存栏22.8万头,占冬季存栏数的96.4%,全县养殖场和养殖专业大户均采用高床养殖技术;在玉米秸秆青贮技术方面,奶牛饲喂青贮后每头日增产鲜奶2.5公斤,秸秆利用率由15%提高到38%;2000年全县存栏育肥羊3万只,出栏育肥羊8万只;2002年全区实行封山禁牧,羊只全部下山,开始实行舍饲圈养;2006年全县建立青贮池8.2立方米,累计快速育肥出栏羊129.1万只。

在笼养鸡技术方面,1995年全县推广笼养鸡技术228户,饲养鸡22.9万只,至2006年全县累计推广笼养鸡184.7万只。

2001年县委、县人民政府确立了"规模化养殖、集约化经营"的养殖园区模式,制定了规模发展养殖户的优惠政策。当年各类畜禽养殖专业户发展到

12647户，各类养殖示范小区43个(其中：养猪小区29个，奶牛养殖小区9个，羊养殖小区4个，鸡养殖小区1个)。2002年县委、县政府提出了加快由种植大县向畜牧大县的战略转移，以畜牧产业化统揽全局，实施了中宁县商品瘦肉型猪基地建设项目，规模化养猪逐年增长。累计兴建生猪养殖小区43个(其中：千头猪场8个，养猪1.2万头，百头猪场256个，养猪3.2万头，规模养猪28.8万头，占全县生猪饲养量的54%)。2006年县委、县政府加大畜禽品种改良投资力度。截至年底，全县各类养殖园区总数达75个，建成22个肉羊育肥园区，进区饲养户达441户，饲养量达13130只，基本解决了羊只下山圈舍不足的问题。建成7个肉牛育肥园区，饲养量6660头，建成鸡园区2个，饲养量达42000只，建成10个生猪园区，饲养量达9350头。

2007年至2017年10年间，由于疫病发生以及农村人口向城市转移，农业人口向非农产业转移以及土地流转加大养猪成本等因素的影响生猪存栏一直处于下降趋势。2017年生猪存栏11.1万头，比2006年23.3万头下降一半多。10年间牛、羊发展基本趋于稳中有进，这也离不开政策的支持。家禽在10年间也是受禽流感影响，出现存栏先降后增态势。从2006年的56.9万只降到2010年的21.5万只，下降0.6倍，截至2017年又增到50.1万只。

二、发展成就可喜可贺

(一)产业地位由家庭副业发展成为农村经济支柱产业。

1978年之前，在广大农村大牲畜由生产队集体养殖，其用途是拉车、耕地，对广大农户来说有搞养殖的一年也只能养上一头猪或几只鸡，整个畜禽养殖根本称不上一个产业，充其量也只能算上个家庭副业。1978年全县畜牧业产值仅有373.9万元，占农业总产值的比重为11.7%。1978年以后，养殖业由小到大、由弱变强，逐步发展成为了农村经济的一大支柱产业。2017年全县畜牧业总产值81200万元，畜牧业总产值占农业总产值的比重达到22.8%，实现畜牧业增加值32732万元。目前，畜牧业已撑起了农业经济半边天，对繁荣农村经济、增加农民收入和维护社会稳定有着无法替代的重要作用。

(二)生产目的由从属服务发展成为独立创收。

1958年农民养牛是为耕地、养猪是图攒粪、养鸡是为了下蛋换取酱醋盐，养殖畜禽主要目的是从属农业为粮食生产服务，在人们心目中根本没有“养殖创收”这个概念。1978年以后，随着城乡居民生活水平的不断提高，肉、蛋、奶社会需求越来越大，使原本用于为农业服务的畜禽养殖逐步转变成为了生产肉、蛋、奶的独立创收产业。

（三）畜禽结构由单调、低产型发展成为多样、高产型。

1958年中宁县饲养畜禽以猪、羊为主附带少量牛和蛋、肉鸡，且全是传统地方低产品种。1978年以后，随着农业生产技术和农村经济发展水平的不断提高，畜禽结构由原本以猪、羊为主的单调、低产型逐步转变成为以鸡、猪、牛、羊为主，其他毛皮动物等共同发展的多样、高产型。役用牛逐步被农业机械所替代，肉牛、奶牛社会饲养量越来越大；生猪饲养普及了耗料低、长势快的现代瘦肉型杂交品种；肉、蛋鸡生产后来者居上，饲养品种全属目前国际公认的优质高产品种。

（四）生产模式由零星饲养发展成为规模饲养。

1958年大牲畜全由生产队统一饲养，另在个别乡、村有几处集体办小规模肉鸡饲养场，除此之外，全县所有畜禽生产全属传统庭院零星散养。1978年之前，大家畜除自然淘汰几乎没有出栏。1978年以后，随着农村经济体制改革的步步深入，农民养殖致富积极性不断高涨，传统庭院零星散养式畜禽生产逐步转向了规模化、集约化，全市畜产品产量、产值的逐年上升。

（五）组织形式由家庭松散型发展成为社会产业化。

1958年畜牧养殖，饲养户信息渠道不畅、生产盲目性较大、产品销路不确定、经济收入无保障，生产组织形式极为松散。1978年以后，随着养殖业的迅猛发展和市场经济体制的不断完善，我县养殖技术、市场信息流通渠道越来越畅通，屠宰加工、兽药及饲料生产等配套产业也得以迅速发展，养殖业产前、产中、产后社会服务越来越强化，饲养者与投入品生产和屠宰加工企业间的连带关系越来越紧密。

（六）产品安全由低端、问题产品发展为高档、无公害、绿色等产品。

当前，中宁县正在广泛推广“发酵床生态养猪技术”，该技术具有从源头上解决粪便污染，基本实现粪便及污染物零排放；减少生猪药物用量，基本解决猪肉药物残留；节约劳动力，提高劳动效率；克服夏、冬季节过热和过冷的不利因素，实现一年四季都长猪等优点。目前，其推广工作进展极为顺利，颇受广大养猪场户接受采用。相信，它的推广应用必将使我县养猪业掀起一场“绿色革命”，不久，养猪业将会以一个无污染、无药残、成本低、效益高、易操作的现代生态新面孔展现在人们面前。

近年来，随着市场化水平的提高，规模化养殖子逐步成为畜牧业生产的主体。中宁县政府按照建设现代畜牧业的要求，大力发展标准化规模养殖场，规模化养殖正在成为畜牧业生产的主力军，同时规模化养殖和龙头企业的壮大亦加速了畜牧业现代化建设的步伐。

纵观中宁县畜牧业生产的发展历程，所取得的成就是有目共睹，毋庸置疑的。但也存在着一些棘手的问题困扰和制约着畜牧业的发展，特别是21世纪以来，畜牧业生产面临着强有力的挑战：一是禽流感、猪蓝耳病、口蹄疫等动物疫病交替出现，对全县畜牧业发展影响巨大；二是生猪价格的频繁波动，对生猪市场的健康发展和农民增收带来严重影响；三是畜产品质量安全体系建设任重道远。针对当前中宁县畜牧业生产的实际，围绕建设现代畜牧业的目标，应当在突出抓好规模养殖推进、龙头企业培育、服务体系建设、质量安全保障上狠下功夫，不断优化畜牧业产业结构和区域布局，保障畜产品有效供给，保持畜牧业生产的健康稳定发展。

执笔人：焦文静

60年来海原县畜牧业兴旺发达

海原县位于宁夏回族自治区南部山区，拥有得天独厚的地理地形优势，对开展养殖业十分有利，因此海原县是传统的养殖大县。60年来，畜牧业长足发展取得了明显成就。现将自治区成立60年来海原县主要年份主要畜种的生产情况作简要分析。

一、主要畜种养殖各有千秋

60年来海原县养殖业变化的主要特点为：主要畜种实现跨越式发展，产业整体稳妥推进。海原县得天独厚的地理特点决定了当地适宜养殖牛、羊，民众主要以肉食为主，但是受人文因素影响，只有牛、羊有市场，因此海原县生猪养殖为劣势养殖产业，主要原因为缺乏市场。受养殖成本、运输成本等因素影响，畜产品就近销售为最佳选择，而海原县生猪消费主要集中在18个乡镇中的海城镇、西安镇及关桥乡，其他乡镇消费量极少，因此养殖户也主要集中在这几个乡镇。从图1可以看出：60年中海原县生猪存栏最多的年份为1978年24942头，而1978年恰为改革开放开始的年份，但是接下来的40年里生猪存栏整体呈现出减少的趋势，总量始终在2万头以下，2017年年末存栏更是在1.7万头左右，由此可见虽然养殖产业在发展，但是生猪养殖并没有明显发展，反而在衰退。

单位：头

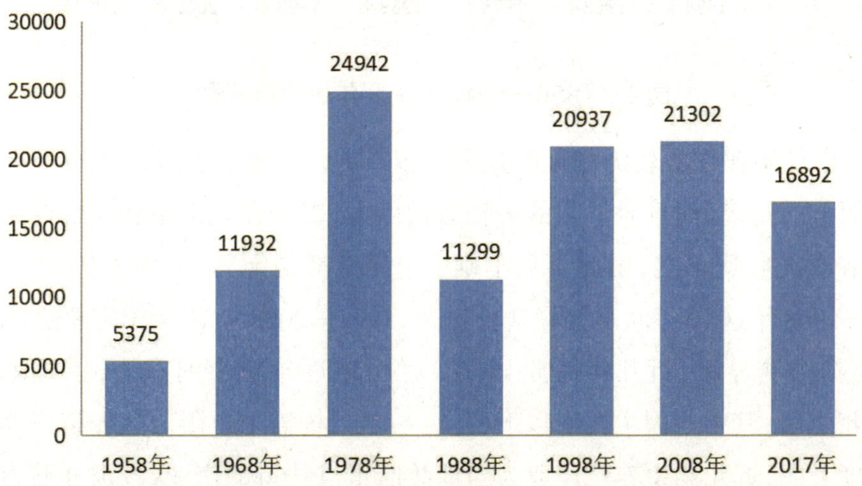

图1　1958—2017年主要年份生猪存栏数

与生猪养殖不同的是，海原县牛养殖产业呈现出蓬勃发展的态势，尤其自改革开放以来的40年，显现出稳步增长的特点。海原县牛养殖产业为当地传统优势产业，且为政府大力扶持的重点产业，随着时间的推移，海原县确定了大力发展畜牧养殖业的基本方略，且通过引进龙头企业带动、投资大型草料场、修建蓄水池等措施帮助养殖户解决后顾之忧。从图2中可以看出，牛存栏自1958年以来基本呈逐年递增态势，1998年在1958年的基础上40年内增长一倍，而2017年与1998年相比20年内几乎增长了一倍，由此可见近20年来当地牛养殖产业发展速度较快。近几年由于当地龙头企业华润集团积极开展帮扶养殖，许多曾经没有搞养殖的农户选择直接入手牛养殖，甚至曾经养殖羊的农户也会转而从事牛养殖，该公司所采取的“见犊补母”政策对养殖户帮助极大，甚至可以说养殖户是在“零风险”养殖，就算牛出现了疫情死亡，保险公司也会给予补偿，良好的保障措施是牛存栏不断增长的根本原因。

单位：头

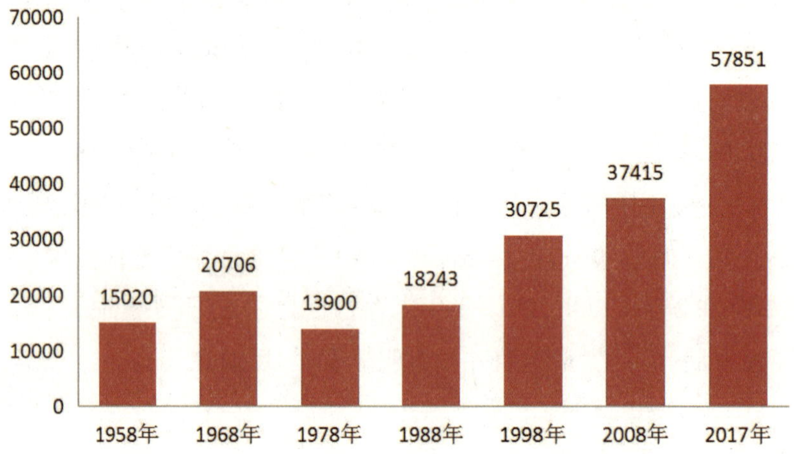

图2　1958—2017年主要年份牛存栏数

与牛养殖业形势较为相似的是羊养殖产业。海原县当地居民普遍有养殖和食用羊的传统，而且对羊羔的消费数量巨大，曾经在大街小巷经常可见当地人骑着摩托收购羊皮，由此可见羊确实“浑身都是宝”。从图3中可以看出，1958—1968年这10年间羊存栏增长迅速，1998—2008年10年羊存栏也飞速增长，但据监测显示，近几年海原县羊存栏出现逐年减少的态势，主要体现在2016年之后，其中原因主要有以下两点：一是市场需求有限。从养殖户养殖心态角度考虑，近几年牛养殖产业为当地政府重点扶持的产业，各类补贴力度要大于养羊补贴，加之养牛的保险程度较高，因此有很多小养殖户直接放弃了养羊转而养牛，市场上的羊逐年减少。二是价格不稳定。从几十年的发展来看，当地羊价一直很稳定，只是在近几年出现了巨大波动，价格不稳定导致的结果就是养殖户不敢扩大养殖，这样对于整个产业的长远发展极为不利。从宏观上来看，当地的羊养殖产业的重要性是牛所不能替代的，针对市场上羊减少的情况当地政府已经出台了许多政策来振兴产业发展，比如加大补贴力度，加大宣传力度，让品质好的羊羔肉能够“走得更远”，打开销路扩大市场需求，增强养殖户养殖信心。

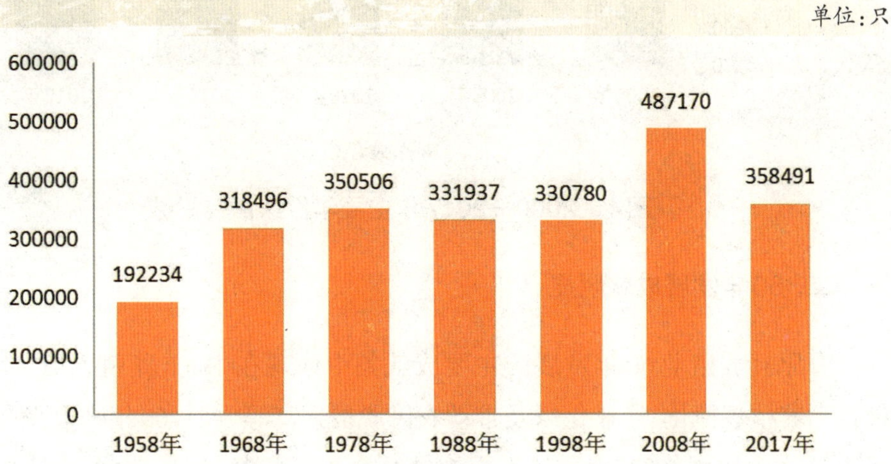

图3　1958—2017年主要年份羊存栏数

海原县家禽养殖较为松散，基本现状是以中小型户和散养户养殖为主，没有大规模现代化养殖场，这与当地的人文因素息息相关。当地居民主要以肉食为主，其中又以牛、羊肉为主，对家禽的消费主要是鸡蛋，因为当地人口较多，在物质匮乏的年代没有肉就只能用鸡蛋来补充营养，而随着时代的发展与进步，目前来看鸡蛋的主要消费人群为学生。从图4中可以看出，近20年以来当地家禽存栏起伏波动较大，主要原因为家禽养殖存在的最大风险为疫病，如近几年外省频发的“H7N9禽流感”疫情，虽然当地并没有发现，但是对整个产业的发展还是有极大影响，随着互联网的普及，民众的警惕意识加强，一旦出现有此类消息便表现得十分惊恐，近几年当地蛋鸡存栏出现大幅减少，中型养殖户也不敢贸然扩大养殖规模。

单位：只

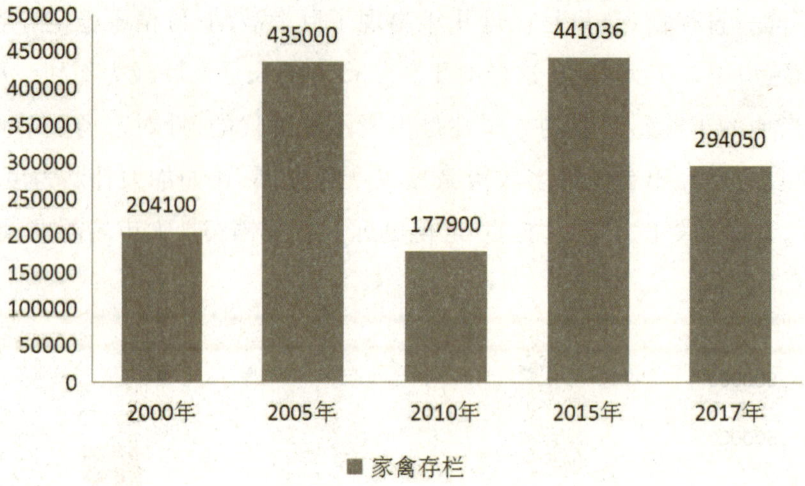

图4　2000—2017年主要年份家禽存栏数

二、60年发展成就明显

海原县养殖业60年发展的主要成就集中体现在牛、羊养殖方面，体现在积极推动养殖规模化、产业化以及带动农民脱贫致富等方面，60年来取得的成就是巨大的。比如牛养殖，主要体现在产销结合的不断深入上。过去养殖户只考虑如何养殖的问题，每家每户养殖1—2头牛就可以基本满足家庭需要，但是仅靠养牛，收入还是很微薄。随着当地农牧部门按照“稳羊扩牛”的总体思路，大力推广“华润基础母牛银行”1+N模式，当地牛养殖产业呈现出“一枝独秀”的特点，其中“1”即龙头企业华润集团，该公司存栏基本保持在7500头左右，“N”则代表广大的养殖户。当地牛养殖产业能够如此蓬勃发展还离不开拥有广大的消费市场和一直比较稳定的价格。得益于地理位置优势，海原县牛肉品质较好，当地人在肉食中的主食为牛、羊肉，随着养殖技术的不断进步，目前海原县品质较好的牛肉不仅供应本地市场，也大量销往周边省市及北京、上海、广东等沿海城市，在这类城市市场中出现的海原牛肉价格较高，但是销量稳增，主要由大型养殖场提供肉源，因此当地牛肉已经初步实现“走出去”的目标，在未来的全县养殖规划中，将继续加大开拓市场的力度，同时保持存栏的稳定增长，从而实现牛养殖产业的跨越式发展。

海原县红古牛场

当地羊养殖产业取得的最大成就为带动了相关产业发展和取得了较好的市场口碑，而在海原县羊养殖发展最好的时期，羊相关副产品的加工如羊皮产业呈现出蓬勃发展的态势。海原县高崖乡香水村是当地羊皮产业最辉煌时期发展最快的地区，几乎家家收羊皮贩羊皮，甚至一度出现了由于晾晒羊皮而出现的交通拥堵现象，只是由于后来外地出现了“以次充好”现象影响了继续发展，现在当地该产业十分萧条，需要大力振兴。良好的市场口碑主要得益于羊肉的品质，当地外销的羊肉中一大部分为羊羔肉，口感细腻，滋补养生，尤其是海原县种羊场乡地区的羊肉更是打开了海外市场，较好的市场形象对于未来的发展极其重要。

羊散户

执笔人：王鹏

调查数据

DIAO CHA SHU JU

历年全区城镇居民家庭人口和总收入情况

年份	平均每户家庭人口（人）	平均每户就业人口（人）	每一就业者负担系数	人均家庭总收入（元）	工资性收入（元）	经营性收入（元）	财产性收入（元）	转移性收入（元）
1949	5.3	1.4	3.8	122				
1952			3.8					
1957	5.2	1.5	3.6	228				
1965	4.6	1.4	3.3	270				
1978	5.1	2.1	2.5					
1979			2.3					
1980	5.0	2.4	2.1	464				
1981	4.8	2.3	2.1	481	461			20
1982	4.7	2.3	2.1	521	494		2	25
1983	4.6	2.5	1.8	538	507	5	4	22
1984	4.4	2.3	1.9	636	603	7	2	23
1985	4.2	2.2	1.9	746	640	4	11	91
1986	4.2	2.1	2.0	894	763	13	8	109
1987	4.1	2.1	1.9	961	831	11	5	114
1988	3.9	2.0	2.0	1101	863	68	6	164
1989	3.7	1.9	2.0	1252	954	126	8	164
1990	3.6	1.9	2.0	1434	1113	12	8	302
1991	3.4	1.9	1.9	1574	1265	7	13	289
1992	3.4	1.9	1.8	1821	1595	7	20	199
1993	3.4	1.9	1.7	2171	1861	16	23	271
1994	3.2	1.9	1.7	2986	2498	28	33	427
1995	3.2	1.8	1.8	3383	2778	54	39	511
1996	3.2	1.8	1.8	3612	2940	61	32	578
1997	3.2	1.6	2.0	3855	2732	230	42	851
1998	3.2	1.5	2.1	4144	2925	224	49	945
1999	3.1	1.5	2.1	4505	3078	208	82	1138
2000	3.1	1.5	2.1	4945	3459	305	41	1140
2001	3.1	1.5	2.1	5566	3908	365	40	1253
2002	3.0	1.4	2.2	6409	4367	405	41	1597
2003	3.0	1.4	2.2	6991	4671	441	82	1797
2004	2.9	1.4	2.2	7749	5166	495	60	2027
2005	2.9	1.3	2.2	8745	5772	957	64	1952
2006	2.9	1.3	2.2	10002	6451	979	89	2483
2007	2.9	1.4	2.1	11793	7668	1183	147	2795
2008	2.9	1.4	2.2	14119	8794	1857	183	3285
2009	2.9	1.3	2.2	15551	9597	2036	281	3636
2010	2.9	1.4	2.1	17537	10821	2238	190	4288
2011	2.8	1.3	2.1	19655	12397	2367	198	4692
2012	2.8	1.4	2.1	21902	13966	2523	161	5253
2013	2.9	1.4	2.1	23767	15364	2626	196	5580
2014	3.0	1.5	2.0	26369	15736	4220	1191	5223
2015	3.0	1.4	2.1	28640	16885	4273	1302	6181
2016	3.0	1.4	2.1	30967	18033	4364	1487	7083
2017	3.0	1.4	2.1	33583	19569	4646	1485	7884

注：本表收入为空格者均无资料，2013—2017年为新口径人均可支配收入，2013年以前的人均可支配收入国家统计局按照2013年城乡一体化住户调查新口径重新测算。

历年全区城镇居民人均可支配收入及来源

单位:元

年份	可支配收入	1.工资性收入	2.经营净收入	3.财产净收入	4.转移净收入
1952	178				
1957	216				
1965	244				
1978	346				
1979	358				
1980	464				
1981	481				
1982	521	494		2	25
1983	530	499	5	4	22
1984	629	597	7	2	23
1985	697	598	4	10	85
1986	884	755	13	8	108
1987	951	822	11	5	113
1988	1084	850	16	6	212
1989	1236	941	17	8	270
1990	1421	1103	12	8	299
1991	1565	1258	7	13	287
1992	1821	1595	7	20	199
1993	2171	1861	16	23	271
1994	2986	2498	28	33	427
1995	3383	2778	54	39	511
1996	3612	2940	61	32	578
1997	3837	2719	229	41	847
1998	4107	2908	231	49	919
1999	4462	3044	211	95	1112
2000	4894	3424	304	50	1116
2001	5516	3855	363	53	1245
2002	6030	4300	399	59	1270
2003	6482	4559	432	142	1349
2004	7155	5039	484	110	1521
2005	8013	5621	932	131	1329
2006	9074	6231	947	203	1693
2007	10723	7315	1131	385	1890
2008	12751	8328	1762	531	2131
2009	13813	8892	1891	919	2111
2010	15093	9732	2023	761	2577
2011	17291	11403	2188	815	2884
2012	19507	13142	2385	676	3303
2013	21476	14594	2507	833	3542
2014	23285	15736	2685	1024	3840
2015	25186	16885	2700	1082	4520
2016	27153	18033	2824	1255	5040
2017	29472	19569	3062	1270	5572

注:本表收入为空格者均无资料,2013—2017年为新口径可支配收入,2013年以前的人均可支配收入国家统计局按照2013年城乡一体化住户调查新口径重新测算。

历年全区城镇居民人均消费支出

单位:元

年份	人均消费支出	食品	衣着	居住	家庭设备用品及服务	交通和通信	教育文化娱乐服务	医疗保健	其他商品和服务
1952	165	102							
1957	205	126							
1965	236	142	36	14					
1978	300	168	48	14					
1979	383	204							
1980	403	226	80	7					
1981	423	226	75	13	64	5	16	3	22
1982	471	239	77	26	71	5	25	4	25
1983	449	245	74	18	43	7	32	4	26
1984	533	299	89	19	42	15	40	5	24
1985	645	304	112	30	51	18	86	8	36
1986	747	349	139	27	77	10	98	10	38
1987	792	397	133	35	94	9	71	10	42
1988	1014	474	176	34	140	11	109	21	48
1989	1089	566	167	51	127	12	84	25	57
1990	1212	640	180	58	113	27	90	33	71
1991	1347	655	233	59	123	33	123	48	71
1992	1506	707	259	86	137	43	142	56	73
1993	1877	822	306	124	195	72	198	77	83
1994	2478	1131	445	128	181	146	223	125	100
1995	2868	1336	491	153	195	195	261	131	106
1996	3039	1384	527	152	195	229	275	172	105
1997	3271	1423	542	218	209	209	330	233	109
1998	3387	1415	516	208	241	231	374	247	156
1999	3564	1375	480	240	277	251	426	324	191
2000	4231	1496	559	312	397	370	538	339	220
2001	4639	1551	566	374	481	434	545	430	258
2002	5166	1741	566	588	351	547	709	478	187
2003	5407	1868	568	713	372	571	641	479	195
2004	5919	2082	612	878	374	628	646	472	227
2005	6527	2135	739	985	431	681	761	579	216
2006	7362	2312	821	1286	495	739	830	627	254
2007	8006	2598	928	1370	498	817	847	709	239
2008	9815	3137	1093	1686	622	1038	1023	907	309
2009	10580	3190	1159	1852	666	1284	1052	1034	343
2010	11694	3494	1299	2028	755	1481	1261	1011	365
2011	13305	4136	1550	2234	939	1537	1413	1124	372
2012	14513	4411	1711	2238	998	1987	1497	1245	427
2013	15806	4416	1545	2893	1061	2301	1807	1345	440
2014	17216	4795	1729	3028	1095	2553	1958	1617	442
2015	18984	4883	1787	3608	1185	2510	2390	2016	605
2016	20364	4889	1727	3770	1245	3896	2416	1874	547
2017	20219	4952	1768	3680	1257	3471	2630	1937	525

注:本表所有数据均按2013年城乡一体化住户调查新口径进行了调整。

历年全区城镇居民家庭主要食物购买情况

单位:公斤/人

年份	谷物和薯类		蔬菜及制品	豆类及制品	植物油	猪肉	牛羊肉	奶及奶制品	家禽	水产品	水果
		细粮									
1977	183.5				2.0	2.7	0.9			0.2	
1978	195.6				2.5	4.0	1.3			0.4	
1979	197.0				2.3	4.9	2.0			0.2	
1980	201.5				2.3	5.0	1.9			0.2	
1981	144.0		147.4		5.0	9.0	5.6	1.2	0.9	3.3	28.8
1982	148.6		180.2		6.3	9.4	6.9	1.8	0.6	2.6	40.1
1983	146.3		155.8		7.1	9.4	8.1	2.9	1.0	3.3	47.1
1984	161.6		143.5		7.8	10.2	7.2	4.2	1.7	4.3	57.5
1985	137.4		151.9		7.4	9.0	7.1	3.1	1.4	2.9	68.2
1986	149.0		154.3		7.4	9.6	7.7	2.5	1.7	3.5	65.5
1987	149.9		140.2		7.8	9.4	8.3	3.1	1.4	3.2	56.5
1988	156.8		165.0		9.0	8.0	6.8	5.0	1.7	3.5	61.2
1989	162.7		158.4		8.3	9.7	7.6	4.6	2.3	3.8	61.0
1990	160.0		164.2		9.7	10.6	10.4	5.2	2.3	4.9	69.4
1991	149.5		135.4		9.1	9.8	9.6	3.2	2.6	3.6	72.2
1992	127.5	126.7	126.4	7.2	7.8	8.5	7.3	2.9	3.0	1.2	61.2
1993	108.0	107.2	117.8	7.5	8.8	9.0	6.8	3.7	3.5	1.3	52.3
1994	111.9	111.1	135.0	6.7	8.0	8.5	6.7	4.6	3.6	1.7	53.0
1995	106.6	106.1	122.4	7.1	6.6	8.4	6.1	3.5	3.8	1.7	53.8
1996	98.8	98.3	115.5	8.0	8.0	8.0	7.9	3.4	3.3	1.9	56.4
1997	94.8	93.9	113.7	5.4	8.3	7.4	9.6	4.6	3.5	3.3	58.3
1998	90.9	90.0	116.8	5.8	8.1	7.5	8.6	6.0	3.4	3.5	72.1
1999	86.3	85.2	112.9	5.9	8.0	7.6	7.6	8.4	4.0	4.0	67.5
2000	80.2	78.3	114.9	5.2	7.7	8.3	10.2	12.7	4.5	3.5	79.4
2001	79.7	78.7	115.9	5.7	8.1	7.5	8.2	12.9	4.2	4.9	80.9
2002	79.7	77.9	120.3		8.5	8.1	11.3	20.6	6.0	4.3	83.9
2003	85.3		125.4		9.0	8.3	9.4		6.3	4.5	
2004	84.5		126.4		8.6	7.7	12.5		5.3	3.7	
2005	77.3		115.5		8.2	6.9	12.4		5.7	4.2	
2006	76.8		112.8		8.3	8.0	12.8		4.8	4.3	
2007	56.7		113.1		8.9	6.9	9.1		4.2	4.3	
2008	56.7		114.0		8.2	6.5	8.9		4.7	3.8	
2009	50.6		111.6		8.6	7.1	9.2		4.8	3.3	
2010	79.5		110.9		7.8	7.3	9.4		6.6	3.6	
2011	81.8		111.0		7.9	6.5	10.3		7.1	3.6	
2012	77.1		101.8		7.6	7.3	9.5		6.6	3.3	
2013	77.4		107.9		8.6	8.1	9.1		6.2	3.9	
2014	94.0		101.8		9.0	7.2	8.3		6.0	3.2	
2015	90.7		97.5		8.7	7.2	9.7		6.0	3.9	
2016	82.8		99.2		8.2	6.7	9.3		6.2	3.0	
2017	72.4		95.0		7.6	6.5	8.8		5.8	2.6	

历年全区农村居民家庭基本情况

年份	调查户数（户）	调查户常住人口（人）	平均每户常住人口（人）	平均每户整半劳动力（人）	整半劳动力占常住人口比重（%）	就业劳动力中					年内新建房屋价值（元/平方米）	年末住房面积（平方米/人）	年末生产固定资产原值（元/户）
						不识字或识字很少比重（%）	小学程度比重（%）	初中程度比重（%）	高中程度比重（%）	大中专及以上程度比重（%）			
1964	82	449	5.5	2.8	50.9								
1965	85	481	5.7	2.9	50.9								
1977	510	3177	6.2	2.4	37.7								
1978	253	1582	6.3	2.5	39.5							8.0	
1979	211	1366	6.5	2.5	38.4								
1980	200	1258	6.3	2.5	39.1							8.8	
1981	530	3335	6.3	2.6	41.7							9.7	
1982	489	3065	6.3	2.7	42.3							10.9	
1983	480	2983	6.2	3.0	47.5	43.3	31.6	20.6	4.4	0.1	12.2	10.4	743
1984	480	2939	6.1	2.9	47.6	42.7	32.3	20.1	4.8	0.1	11.8	11.0	819
1985	1090	6588	6.0	3.0	49.9	43.4	27.6	23.8	5.2	0.1	21.8	11.8	1171
1986	1090	6557	6.0	2.9	48.7	41.3	29.4	24.1	5.1	0.1	24.9	12.5	1361
1987	1090	6454	5.9	2.9	48.6	40.1	30.9	23.9	5.1	0.0	32.5	13.0	1509
1988	1090	6407	5.9	2.9	49.5	38.8	30.7	25.0	5.5	0.0	36.0	13.2	1708
1989	1090	6286	5.8	2.9	50.6	37.0	30.8	26.3	5.8	0.0	56.9	13.7	1975
1990	990	5753	5.8	3.0	50.9	37.3	30.2	27.1	5.4	0.1	61.7	13.6	2129
1991	990	5561	5.6	3.0	52.6	35.2	30.9	27.5	6.0	0.5	63.1	14.0	2355
1992	990	5434	5.5	2.9	53.1	34.4	30.5	28.8	6.0	0.3	70.3	14.6	2483
1993	990	5358	5.4	3.0	56.2	32.3	30.5	30.2	6.6	0.4	102.9	15.4	2757
1994	990	5377	5.4	3.1	57.7	31.2	30.6	31.2	6.5	0.5	62.8	16.3	3366
1995	1050	5517	5.3	3.1	58.2	26.6	32.3	33.1	7.5	0.5	149.2	19.7	5153
1996	1050	5398	5.1	3.1	59.5	24.0	32.6	36.2	6.9	0.3	156.0	16.1	5426
1997	1050	5302	5.0	3.0	59.7	23.5	31.8	37.1	7.0	0.7	212.3	16.8	6825
1998	1050	5118	4.9	2.9	58.6	21.6	31.2	38.2	8.5	0.5	175.0	17.3	6723
1999	1050	5036	4.8	2.8	58.8	20.8	30.2	38.9	9.8	0.3	185.1	18.2	7086
2000	600	2850	4.8	2.8	59.1	19.5	30.3	39.1	9.1	2.0	218.0	18.0	10168
2001	600	2826	4.7	2.8	59.7	17.8	30.1	41.2	9.1	1.8	190.0	18.8	11070
2002	600	2813	4.7	2.8	60.2	16.9	30.3	41.9	8.7	2.1	218.6	19.2	12024
2003	600	2769	4.6	2.8	60.7	16.3	30.5	42.1	8.9	2.1	226.2	20.1	13058
2004	600	2759	4.6	2.8	60.5	15.8	28.8	44.7	8.7	2.0	203.6	21.4	13735
2005	600	2720	4.5	2.8	61.4	21.1	31.9	40.0	5.0	1.9	286.5	21.0	14811
2006	600	2703	4.5	2.8	62.2	20.2	31.5	41.0	6.2	1.1	264.8	21.6	15368
2007	600	2642	4.4	2.8	63.2	20.0	30.8	39.8	7.7	1.6	311.3	23.0	16918
2008	600	2648	4.4	2.8	63.3	18.7	31.2	40.4	8.2	1.6	485.0	23.1	18245
2009	600	2587	4.3	2.8	63.9	18.0	30.0	42.1	8.3	1.6	343.4	24.5	21310
2010	600	2559	4.3	2.8	64.6	18.5	28.5	41.3	9.0	2.7	486.6	24.9	23405
2011	800	3417	4.3	2.8	64.7	15.3	33.3	41.4	6.8	3.2	668.0	24.4	21418
2012	800	3416	4.3	2.8	64.3	14.4	32.7	41.8	7.3	3.8	649.7	25.9	24266
2013	999	4042	4.0	2.4	60.0	12.9	33.9	40.4	9.3	3.5	675.7	28.1	26758
2014	998	3962	4.0	2.4	61.5	11.8	34.3	41.4	9.0	3.6	686.6	28.3	29649
2015	1011	3962	3.9	2.4	61.4	11.4	32.7	43.1	10.0	3.0	797.1	30.2	33112
2016	1006	3903	3.9	2.5	63.1	10.8	31.8	43.6	9.0	4.4	840.3	32.1	36579
2017	1005	3826	3.8	2.4	63.6	12.6	31.3	42.0	10.0	4.0	899.9	32.7	40277

注：2014年就业劳动力中文化程度分组指标中取消了“中专”，所以将以前年份的“中专”比重汇总到“大中专及以上”比重。

历年全区农村居民家庭总收入情况

单位:元/人

年 份	全年总收入	1. 工资性收入	2. 经营性收入					3. 财产及转移性收入
				农业收入	牧业收入	第二产业收入	第三产业收入	
1964	110	75	26	26				9
1965	103	81	16	10	5			6
1977	102	68	27	15	10			7
1978	130	88	37	17	11			5
1979	151	97	44	18	20			10
1980	186	85	76	34	18			25
1981	222	91	100	41	33			31
1982	255	103	116	34	35			36
1983	366	43	302	240	37	13	8	21
1984	396	59	318	247	39	12	16	19
1985	449	63	361	259	57	11	29	26
1986	526	77	426	307	69	8	35	23
1987	562	78	459	308	89	10	46	26
1988	694	86	582	388	126	12	47	26
1989	804	87	690	492	123	12	55	26
1990	860	79	754	565	121	13	47	27
1991	908	97	783	558	134	15	64	28
1992	952	114	806	557	150	19	70	32
1993	1011	134	843	592	142	15	85	33
1994	1415	146	1225	869	219	18	111	43
1995	1799	178	1568	1063	339	27	130	53
1996	2302	209	2031	1434	383	30	161	62
1997	2448	263	2127	1366	520	49	170	58
1998	2732	368	2282	1463	497	34	248	82
1999	2755	423	2228	1367	504	50	250	103
2000	2820	484	2170	1098	581	66	382	166
2001	2988	528	2305	1132	691	61	362	155
2002	3111	527	2397	1205	696	63	367	187
2003	3268	592	2446	1223	694	77	403	229
2004	3685	618	2854	1590	762	84	405	213
2005	4180	702	3201	1748	916	100	381	277
2006	4565	823	3444	1869	1014	91	389	298
2007	5245	1021	3896	2082	1171	133	419	328
2008	6174	1260	4503	2366	1512	111	419	411
2009	6627	1519	4656	2429	1490	124	507	452
2010	7331	1788	5035	2834	1407	112	620	508
2011	8389	2164	5651	3153	1679	52	695	574
2012	9486	2511	6302	3554	1839	70	773	673
2013	10667	2878	6913	3543	2255	83	959	876
2014	12863	3391	7809	3880	2357	92	1433	1662
2015	13790	3614	8030	4126	1661	172	1961	2146
2016	15792	3906	9185	3909	2316	239	2582	2702
2017	16533	4224	9361	3728	2484	311	2644	2948

历年全区农村居民家庭总支出情况

单位:元/人

年份	全年总支出	1.生产经营费用支出	农业生产支出	牧业生产支出	第二产业支出	第三产业支出	2.购置生产性固定资产支出	3.税费支出	4.生活消费支出	5.财产及转移性支出
1964	91	5	1	1	0	2		0	83	3
1965	93	6	1	2	0	2		0	85	3
1978	105	14	2	7	0	5		0	91	
1979	117	12	2	6	0	4			102	2
1980	153	9	3	4	1	2			136	8
1981	183	15	5	5	0	5	16	0	142	11
1982	230	19	6	8	2	3	18	1	179	14
1983	328	75	61	12	1	0	22	7	209	16
1984	349	78	60	14	1		15	7	232	17
1985	409	98	67	20	1	8	31	9	264	8
1986	469	117	78	27	1	9	33	10	301	7
1987	523	140	90	31	2	13	31	12	330	10
1988	646	175	109	46	3	15	47	14	398	13
1989	772	218	136	57	3	19	62	18	459	15
1990	782	215	148	50	3	12	43	20	486	17
1991	844	246	173	47	4	19	44	20	519	15
1992	921	274	194	56	4	18	45	25	561	16
1993	987	279	187	66	4	20	58	26	606	18
1994	1395	422	256	130	6	28	67	36	831	40
1995	1946	653	373	235	6	34	132	39	1058	64
1996	2190	742	432	248	9	40	90	68	1234	57
1997	2247	733	386	284	11	41	120	74	1282	38
1998	2423	786	404	287	8	59	127	90	1350	70
1999	2375	762	393	274	12	45	114	90	1330	78
2000	2583	838	380	320	19	92	119	68	1417	141
2001	2672	911	379	405	26	68	139	57	1381	184
2002	2778	918	401	401	20	59	190	42	1418	209
2003	3030	970	430	410	29	79	195	33	1637	191
2004	3536	1122	534	477	33	71	244	26	1927	216
2005	4127	1418	637	607	47	94	317	3	2094	289
2006	4359	1551	689	678	33	88	256	4	2247	299
2007	5051	1770	755	795	66	85	378	8	2529	366
2008	6095	2194	936	1069	55	64	394	1	3095	405
2009	6411	2214	887	1092	60	104	377	1	3348	464
2010	7192	2245	1002	1011	57	155	347	3	4013	581
2011	8670	2584	1183	1163	18	188	409	2	4727	946
2012	9989	2851	1339	1264	42	180	465	1	5633	1031
2013	14874	3209	1438	1429	21	256	537	0	6740	345
2014	16884	3666	1638	1689	13	300	690	1	7676	288
2015	18281	3629	1783	1066	71	674	667	1	8415	478
2016	21078	4623	1743	1612	94	1108	1046	1	9138	694
2017	22513	4440	1488	1643	168	1030	870	3	9982	686

主要年份全区农村居民可支配收入来源情况

单位:元/人

年 份	一、可支配收入	(一)工资性收入	(二)经营净收入	(三)财产净收入	(四)转移净收入
1957	102				
1964	105	75	21		9
1965	98	81	11		6
1977	93	68	18		7
1978	116	88	23		5
1979	139	97	32		10
1980	178	85	68		25
1981	202	89	83		30
1982	229	100	95		35
1983	289	46	224		19
1984	313	61	235		17
1985	321	62	238		22
1986	374	76	280		18
1987	383	77	286		20
1988	472	85	368		20
1989	522	85	418		19
1990	578	77	481		21
1991	590	94	475		21
1992	591	109	456		26
1993	636	128	481		27
1994	867	139	691		36
1995	999	172	781		46
1996	1398	206	1137		55
1997	1513	257	1204		51
1998	1734	386	1285	29	34
1999	1779	466	1237	15	61
2000	1760	494	1147	78	41
2001	1873	541	1214	60	58
2002	1984	543	1310	54	77
2003	2129	612	1303	64	149
2004	2435	641	1573	48	173
2005	2651	729	1635	45	243
2006	2938	858	1750	48	282
2007	3411	1072	1975	52	312
2008	3978	1324	2161	58	434
2009	4405	1604	2258	56	487
2010	5125	1895	2610	83	537
2011	5931	2298	2949	99	586
2012	6776	2657	3306	86	727
2013	7599	3031	3481	112	975
2014	8410	3391	3645	149	1225
2015	9119	3614	3837	190	1478
2016	9852	3906	3938	292	1716
2017	10738	4224	4252	324	1938

注:本表收入为空格者均无资料,2013—2017年为新口径可支配收入,2013年以前的人均可支配收入国家统计局按照2013年城乡一体化住户调查新口径重新测算。1997年以前财产性净收入和转移性净收入没有分开计算。

历年全区农村居民人均消费支出

单位:元

年 份	人均消费支 出	食 品	衣 着	居 住	家庭设备用品及服务	医疗保健	交通和通 信	教育文化娱乐服务	其他商品和 服 务
1952	70	51							
1957	81	59							
1964	83	57	12	6	2	1	0	4	1
1965	85	57	15	3	3	1	0	5	1
1978	91	69	11	4	4	1	0	2	1
1979	102	75	13	6	4	2	0	2	1
1980	135	86	19	13	4	1	3	9	1
1981	142	89	20	17	4	1	3	7	1
1982	179	114	24	23	6	1	3	8	2
1983	209	127	29	23	16	5	1	7	1
1984	232	136	31	29	19	6	2	8	1
1985	265	155	33	31	21	8	1	15	2
1986	301	170	39	39	22	9	2	17	4
1987	335	190	40	45	25	11	2	17	4
1988	398	206	49	48	42	13	3	35	3
1989	461	241	53	69	38	16	3	37	3
1990	484	274	50	66	29	17	12	34	2
1991	508	287	57	61	36	21	10	33	4
1992	545	313	52	72	31	23	10	39	5
1993	557	314	51	74	34	25	14	39	7
1994	807	472	65	103	45	28	26	50	18
1995	1063	612	84	147	60	45	31	71	13
1996	1236	731	95	156	67	56	31	79	21
1997	1250	671	102	196	62	66	38	94	20
1998	1331	709	105	204	70	80	50	96	19
1999	1276	672	100	178	73	70	37	123	23
2000	1429	693	98	223	64	90	80	157	26
2001	1404	653	99	216	63	100	97	147	29
2002	1438	632	99	195	73	127	112	170	30
2003	1665	681	112	270	59	120	172	212	38
2004	1965	806	126	302	70	195	156	267	43
2005	2143	926	149	320	84	210	181	226	47
2006	2305	937	168	380	115	200	231	222	52
2007	2602	1026	195	407	122	257	271	261	62
2008	3195	1306	233	523	141	347	308	272	66
2009	3466	1402	274	442	194	388	373	314	77
2010	4168	1564	329	680	220	463	458	364	90
2011	4909	1773	413	802	312	492	496	507	115
2012	5558	1893	504	870	363	545	634	601	147
2013	6740	2027	497	1172	463	786	847	735	214
2014	7676	2296	602	1388	496	857	961	867	209
2015	8415	2453	664	1561	572	926	1071	995	173
2016	9138	2419	673	1631	579	1041	1510	1077	209
2017	9982	2522	719	1959	574	1131	1675	1212	189

注:本表所有数据均按2013年城乡一体化住户调查新口径进行了调整。

历年全区农村居民家庭主要食物消费情况

单位：公斤/人

年份	谷物和薯类	细粮	蔬菜及制品	豆类及制品	植物油	猪肉	牛羊肉	奶及奶制品	家禽	水产品	水果
1977											
1978	208.4		88.5		2.5	4.5	1.1		0.0	0.2	
1979	227.7		113.1		2.1	3.7	1.2		0.1	0.1	
1980	226.0		76.0		2.0	2.3	1.4		0.2	0.0	
1981	221.6		73.7		2.1	4.6	1.7		0.3	0.0	
1982	250.6		101.9		3.2	4.6	2.5		0.0	0.1	
1983	246.9	193.4	101.9		3.0	4.6	2.3	0.1	0.3	0.0	
1984	241.7	203.9	103.6		3.5	4.7	2.3	0.1	0.2	0.1	
1985	261.1	229.5	103.0		3.8	5.4	1.9	0.2	0.3	0.1	
1986	261.1	232.7	94.5		4.2	6.0	2.0	0.1	0.4	0.1	
1987	258.4	233.1	85.0		4.3	6.1	2.2	0.1	0.5	0.1	
1988	250.1	223.7	90.4		4.7	5.0	2.1	0.2	0.4	0.2	7.0
1989	253.6	231.5	96.4		4.8	5.0	2.2	0.1	0.4	0.1	8.4
1990	254.9	217.8	83.5	0.9	4.9	5.9	2.8	0.0	0.3	0.2	3.1
1991	272.7	233.8	76.4		5.1	6.9	3.3	0.6	0.4	0.2	4.0
1992	267.9	233.4	93.8		5.9	6.2	2.5	1.0	0.6	0.3	4.3
1993	264.4	234.8	71.0		6.1	5.6	2.1	0.2	0.7	0.3	9.0
1994	260.2	236.4	63.6		5.7	5.4	2.0	0.3	0.6	0.3	8.4
1995	274.7	234.7	76.3	0.6	6.8	5.5	2.0	0.3	0.8	0.4	10.1
1996	277.4	236.7	72.5		6.4	6.2	2.7	0.5	0.8	0.4	19.2
1997	255.5	225.4	70.3	0.5	6.5	6.8	3.1	0.6	1.0	0.4	24.0
1998	262.9	236.3	97.3	0.8	6.9	6.9	3.5	0.6	1.5	0.4	46.8
1999	250.6	223.9	83.1	1.0	7.1	7.9	3.5	0.8	1.4	0.5	37.7
2000	248.6	223.4	91.2	1.2	6.6	8.3	3.3	0.9	1.9	0.5	39.0
2001	236.5	216.2	82.6	0.9	7.2	7.2	3.1	0.9	2.3	0.6	41.0
2002	235.3	216.9	74.6	1.1	7.3	8.0	3.0	1.4	2.7	0.8	40.9
2003	224.1	212.9	84.4	1.3	7.1	7.8	3.5	2.2	2.8	0.5	26.4
2004	226.7	216.7	79.8	0.9	7.0	7.4	4.4	2.8	2.4	0.3	22.1
2005	233.2	221.0	82.7	0.9	7.8	7.7	5.5	2.9	2.5	0.5	21.8
2006	212.1	199.8	76.5	0.8	6.4	8.0	5.4	2.6	2.8	0.6	16.9
2007	202.6	192.8	76.5	0.8	6.1	7.8	4.5	5.0	3.5	0.7	23.9
2008	213.6	195.4	74.8	0.7	7.8	7.4	4.7	6.5	4.5	0.7	20.2
2009	202.1	190.0	75.9	0.8	9.5	7.9	6.2	5.0	4.5	0.8	30.0
2010	203.4	192.8	73.7	0.7	8.9	7.5	6.0	4.5	4.5	0.7	21.6
2011	201.6	191.4	77.6	1.2	8.4	6.0	6.7	6.2	5.5	0.6	21.8
2012	180.1	172.3	70.0	1.3	8.5	6.0	5.6	7.0	6.0	0.7	25.3
2013	164.7	155.3	66.2	2.1	7.8	8.4	4.7	6.9	5.0	0.7	19.6
2014	154.3	146.7	71.9	1.8	11.8	9.2	5.8	9.0	6.6	1.1	50.5
2015	146.5	139.7	75.4	2.3	8.5	6.8	7.7	8.2	5.8	1.2	52.4
2016	141.3	132.6	76.7	3.0	8.3	6.5	8.1	8.1	5.7	1.2	63.0
2017	125.4	118.6	76.9	2.8	7.7	6.0	7.5	7.5	5.9	1.3	63.9

历年全区全体居民可支配收入来源情况

单位：元/人

年 份	一、可支配收入	(一)工资性收入	(二)经营净收入	(三)财产净收入	(四)转移净收入
2000	2777	1445	874	69	390
2005	4918	2797	1338	81	702
2006	5576	3168	1405	115	889
2007	6630	3820	1604	199	1007
2008	7924	4474	1981	271	1197
2009	8742	4964	2089	453	1236
2010	9864	5621	2331	406	1507
2011	11480	6745	2577	449	1708
2012	13104	7869	2849	379	2008
2013	14566	8836	2992	474	2264
2014	15907	9613	3161	590	2543
2015	17329	10396	3256	646	3032
2016	18832	11239	3360	792	3442
2017	20562	12270	3628	820	3843

历年全区全体居民人均生活消费性支出

单位：元

年 份	人均生活消费性支出	食 品	衣 着	居 住	家庭设备用品及服务	医疗保健	交通和通信	教育文化娱乐服务	其他商品和服务
2000	2338	953	247	252	172	171	174	280	89
2005	3996	1437	399	601	230	366	392	452	119
2006	4479	1528	448	769	278	384	449	483	139
2007	4981	1718	518	831	287	456	511	519	140
2008	6172	2129	620	1046	357	599	636	609	175
2009	6746	2227	682	1092	411	686	793	655	200
2010	7745	2481	790	1321	474	723	945	790	221
2011	9010	2927	968	1501	619	801	1004	949	240
2012	10009	3145	1104	1550	679	893	1307	1046	286
2013	11292	3226	1023	2036	763	1577	1273	1066	327
2014	12485	3556	1170	2214	798	1240	1764	1416	327
2015	13816	3695	1238	2607	885	1483	1806	1708	393
2016	14965	3701	1220	2742	925	1473	2749	1772	384
2017	15350	3796	1269	2862	932	1554	2617	1956	365

主要年份各市县城镇居民人均可支配收入

单位:元

市 县	1978	1979	1980	1981	1982	1983	1984	1985	1986	1987	1988
全 区	346	358	464	481	521	530	629	697	884	951	1084
沿黄地区											
中南部地区											
银川市											
银川市区				482	498	546	667	809	965	1044	1162
兴庆区											
西夏区											
金凤区											
永宁县											
贺兰县											
灵武市											
石嘴山市											
大武口区				455	489	548	629	724	1111	936	1049
惠农区											
平罗县								631	758	812	960
吴忠市											
利通区						466	554	699	844	897	1366
红寺堡区											
盐池县											
同心县											
青铜峡市											
固原市											
原州区								608	762	772	843
西吉县											
隆德县											
泾源县											
彭阳县											
中卫市											
沙坡头区				292	363	440	484	696	820	908	968
中宁县											
海原县											

注:按照2013年城乡一体化住户调查新测算方法,对2013年以前的人均可支配收入重新测算。

主要年份各市县城镇居民人均可支配收入(续1)

单位:元

市县	1989	1990	1991	1992	1993	1994	1995	1996	1997	1998	1999
全区	1236	1421	1565	1821	2171	2986	3383	3612	3837	4107	4462
沿黄地区											
中南部地区											
银川市											
银川市区	1290	1570	1697	1949	2310	3386	3905	4223	4440	4788	5132
兴庆区											
西夏区											
金凤区											
永宁县											
贺兰县											
灵武市											
石嘴山市											
大武口区	1225	1617	1493	1825	2109	2686	3331	3585	3628	3742	4249
惠农区											
平罗县	1067	1108	1401	1821	2253	2967	3300	3625	3968	4100	4166
吴忠市											
利通区	1269	1582	1501	1684	2077	2720	3157	3279	3269	3655	4045
红寺堡区											
盐池县											
同心县											
青铜峡市											
固原市											
原州区	898	1009	1265	1406	1570	2374	2342	2374	2560	2920	3200
西吉县											
隆德县											
泾源县											
彭阳县											
中卫市											
沙坡头区	1157	1263	1438	1616	2009	2624	2910	3104	3535	3680	4008
中宁县											
海原县											

主要年份各市县城镇居民人均可支配收入(续2)

单位:元

市 县	2000	2001	2002	2003	2004	2005	2006	2007	2008	2009
全 区	4894	5516	6030	6482	7155	8013	9074	10723	12751	13813
沿黄地区										
中南部地区										
银川市										
银川市区	5583	6214	6798	7195	7929	8791	9998	12101	14358	15607
兴庆区										
西夏区										
金凤区										
永宁县										
贺兰县										
灵武市										
石嘴山市										
大武口区	4757	5546	5771	6180	7103	8139	9512	10764	13358	14474
惠农区										
平罗县	4491	4990	5387	5831	36332	6953	7591	9219	11109	11908
吴忠市										
利通区	4541	5031	5377	5932	6456	7278	8128	10385	11825	12726
红寺堡区										
盐池县										
同心县										
青铜峡市										
固原市										
原州区	3594	4224	4496	4916	5617	6382	7288	8968	10413	11361
西吉县										
隆德县										
泾源县										
彭阳县										
中卫市										
沙坡头区	4296	4784	5269	5711	6319	6905	7770	9684	11416	12415
中宁县										
海原县				4746		5773	6555	7653	9274	

主要年份各市县城镇居民人均可支配收入(续3)

单位:元

市县	2010	2011	2012	2013	2014	2015	2016	2017
全 区	15093	17291	19507	21476	23285	25186	27153	29472
沿黄地区	15716	18011	20262	22288	24160	26154	28172	30540
中南部地区	11935	13618	15430	17003	18449	19920	21534	23383
银川市	16958	19335	21769	23940	26118	28261	30478	32981
兴庆区	18523	21120	23680	25835	28246	30514	32781	35452
西夏区	13660	15575	17641	19563	21347	23125	24976	26985
金凤区	17736	20222	22795	25530	27957	30361	32734	35560
永宁县	15023	16959	19252	21177	23017	25091	26948	29211
贺兰县	14796	16890	19117	20906	22791	24548	26468	28641
灵武市	15637	17867	20300	22405	24310	26255	28329	30624
石嘴山市	14408	16702	18906	20703	22380	24168	25970	28186
大武口区	15871	18397	20800	22734	24671	26768	28855	31365
惠农区	12883	14934	16777	18437	19914	21495	23110	25056
平罗县	13009	14769	16719	18308	19736	21216	22738	24607
吴忠市	12940	14720	16674	18298	19853	21553	23351	25364
利通区	14084	16122	18206	19953	21710	23582	25303	27387
红寺堡区	10354	11879	13528	15223	16489	17875	19412	21195
盐池县	12494	14217	16055	17653	19157	20919	22673	24677
同心县	10867	12337	14127	15774	17131	18758	20277	22101
青铜峡市	12874	15112	17107	18713	20292	22003	23633	25547
固原市	12556	14322	16223	18085	19677	21144	22717	24628
原州区	13136	15029	17001	19009	20680	22463	24154	26258
西吉县	11742	13425	15207	17107	18601	19965	21411	23240
隆德县	11008	12605	14348	15970	17441	18632	20047	21732
泾源县	11668	13393	15189	17027	18565	19735	21158	22918
彭阳县	11831	13521	15361	17128	18591	20049	21612	23345
中卫市	12997	14750	16610	18421	19931	21604	23277	25345
沙坡头区	13596	15495	17487	19293	20920	22703	24339	26488
中宁县	13303	14689	16487	18395	19831	21481	23141	25293
海原县	11062	12788	14348	16223	17570	19046	20592	22346

主要年份各市县城镇居民家庭人均生活消费支出

单位:元

市 县	1978	1979	1980	1981	1982	1983	1984	1985	1986	1987	1988
全 区	300	383	403	423	471	449	533	645	747	792	1014
沿黄地区											
中南部地区											
银川市											
银川市区				423	448	477	583	700	837	917	1177
兴庆区											
西夏区											
金凤区											
永宁县											
贺兰县											
灵武市											
石嘴山市				363	438	418	489	617	685	721	914
大武口区											
惠农区											
平罗县								606	685	831	965
吴忠市											
利通区						443	496	669	766	747	1006
红寺堡区											
盐池县											
同心县											
青铜峡市											
固原市											
原州区								602	724	724	828
西吉县											
隆德县											
泾源县											
彭阳县											
中卫市											
沙坡头区				290	353	423	480	637	736	756	945
中宁县											
海原县											

主要年份各市县城镇居民家庭人均生活消费支出(续表1)

单位:元

市县	1989	1990	1991	1992	1993	1994	1995	1996	1997	1998	1999
全区	1089	1212	1347	1506	1877	2478	2868	3039	3271	3387	3564
沿黄地区											
中南部地区											
银川市											
银川市区	1241	1433	1490	1684	2160	3036	3541	3685	4017	4398	4484
兴庆区											
西夏区											
金凤区											
永宁县											
贺兰县											
灵武市											
石嘴山市											
大武口区	977	1067	1190	1462	1671	2287	2662	2891	3014	2959	3210
惠农区											
平罗县	883	1121	1257	1386	1926	2122	2547	2939	3139	3118	2986
吴忠市											
利通区	1148	1199	1397	1487	1848	2206	2734	2782	2835	2781	3089
红寺堡区											
盐池县											
同心县											
青铜峡市											
固原市											
原州区	869	1026	1302	1369	1485	2272	2228	2464	2413	2624	2824
西吉县											
隆德县											
泾源县											
彭阳县											
中卫市											
沙坡头区	1008	1122	1316	1361	1785	2227	2722	2746	3187	2929	3227
中宁县											
海原县											

主要年份各市县城镇居民家庭人均生活消费支出(续表2)

单位:元

市 县	2000	2001	2002	2003	2004	2005	2006	2007	2008	2009
全 区	4231	4639	5166	5407	5919	6527	7362	8006	9815	10580
沿黄地区										
中南部地区										
银川市										
银川市区	5369	5508	5979	6093	6729	7311	8288	9176	11455	12272
兴庆区										
西夏区										
金凤区										
永宁县										
贺兰县										
灵武市										
石嘴山市										
大武口区	3631	4483	4627	4839	5394	6024	6731	7676	9321	10118
惠农区										
平罗县	3521	3754	4142	4509	5025	5299	5944	6695	8339	8928
吴忠市										
利通区	3801	4378	4760	5111	5307	5959	6786	7500	8677	9231
红寺堡区										
盐池县										
同心县										
青铜峡市										
固原市										
原州区	3473	3944	4068	4034	4769	5825	6062	6598	8113	8634
西吉县										
隆德县										
泾源县										
彭阳县										
中卫市										
沙坡头区	3694	3910	4454	4895	5393	4520	6049	6500	7796	8345
中宁县										
海原县				4062	4294	5257	4691	5625	6664	7245

主要年份各市县城镇居民家庭人均生活消费支出(续表3)

单位:元

地 区	2010	2011	2012	2013	2014	2015	2016	2017
全 区	11694	13305	14513	15321	17216	18984	20364	20219
银川市	13589	14931	16390	16844	20401	21694	22898	23124
兴庆区				18892	22352	24089	24367	24885
西夏区				14239	17550	19269	20957	21023
金凤区				16483	23411	24057	24291	24724
永宁县				13029	17014	18737	19876	21052
贺兰县				15418	16327	16702	17043	18375
灵武市				13876	14283	16309	18478	19415
石嘴山市				13396	13806	15005	16013	16947
大武口区	11074	13223	14051	14523	14413	16193	17392	18646
惠农区				12966	12481	12585	13403	14202
平罗县	9266	11087	12110	13168	14050	15562	16351	17620
吴忠市				13105	14293	15671	15280	16299
利通区	10400	11525	12386	13982	15391	17262	17268	17829
红寺堡区				10567	11080	11648	12716	14596
盐池县				13153	13019	13786	15200	15040
同心县				10721	12439	13299	14016	15216
青铜峡市				13208	16995	17530	15062	16220
固原市				12882	13585	13852	15527	16565
原州区	9607	11137	12494	14292	14799	15597	17710	19546
西吉县				12061	12755	12279	12610	13268
隆德县				8703	12350	12475	13709	16526
泾源县				13023	13791	12759	13662	13935
彭阳县				11443	10728	11577	12428	13284
中卫市				13387	15296	16747	18298	18960
沙坡头区	9919	11987	13245	12504	15576	16835	18794	18145
中宁县				15371	16349	18089	19557	21393
海原县	7872	8577	9445	9871	11585	14495	14300	15117

主要年份各市县农村居民人均可支配收入

单位：元

市县	1978	1979	1980	1981	1982	1983	1984	1985	1986	1987
全区	116	139	178	202	229	289	313	321	374	383
沿黄地区	123	150	206	267	306	354	370	434	503	539
中南部地区	102	113	126	147	127	188	214	211	244	215
银川市				267				482	593	628
兴庆区										
西夏区										
金凤区										
永宁县				320		538	597	495	585	607
贺兰县	138	158		321	420	432	446	432	545	621
灵武市						348	373	438	481	514
石嘴山市								451	485	515
大武口区										
惠农区						344	378	402	441	492
平罗县	143	163		223	289	388	378	478	507	518
吴忠市								377	452	471
利通区	127	152		249	292	282	316	353	418	447
红寺堡区										
盐池县	117	185		278	177	275	347	411	477	467
同心县						192	213	233	333	285
青铜峡市				294		436	437	409	506	534
固原市								208	230	204
原州区	74	65		122	117	179	237	270	291	226
西吉县				107		201	227	174	223	200
隆德县				136	155	206	183	193	213	261
泾源县						111	135	226	166	150
彭阳县								164	185	201
中卫市										
沙坡头区	97	140		208	257	304	323	358	427	473
中宁县				244		362	385	380	440	485
海原县				114		189	221	213	258	156

注：1. 2003年、2004年部分市县（区）数据按最新区划调整重新进行了测算，具体包括川区、山区、银川市、石嘴山市、吴忠市、固原市、中卫市、平罗县、中宁县、同心县。2003年以前市县（区）数是原区划数未做调整。

2. 2008年，因区划调整，原州区黑城镇、甘城乡划归海原县；海原县兴隆乡划归同心县，徐套乡划归中宁县，兴仁乡划归沙坡头区，因此对原州区、海原县、同心县、中宁县、沙坡头区的数据进行了调整，同时对川区、山区、吴忠市、固原市、中卫市的数据也进行了相应调整。2009年以后数据按新区划调整口径。

3. 2013年实施城乡一体化住户调查改革，按照年度间收入增速不变原则，将农民人均纯收入全部调整为新口径的农民人均可支配收入。

主要年份各市县农村居民人均可支配收入(续1)

单位:元

市县	1988	1989	1990	1991	1992	1993	1994	1995	1996	1997
全区	472	522	578	590	591	636	867	999	1398	1513
沿黄地区	645	742	833	845	872	917	1238	1584	2056	2432
中南部地区	290	317	383	407	376	454	626	634	967	948
银川市	734	888	1012	1004	986	1050	1381	1740	2328	2666
兴庆区										
西夏区										
金凤区										
永宁县	740	861	1035	1017	949	1002	1303	1746	2347	2666
贺兰县	690	927	1053	1043	998	1057	1304	1726	2328	2586
灵武市	606	697	777	798	803	898	1258	1529	1886	2355
石嘴山市	678	723	845	824	899	882	1186	1594	1893	2305
大武口区										
惠农区	621	672	775	762	866	883	1143	1482	1798	2195
平罗县	687	735	871	817	864	821	1115	1542	1851	2224
吴忠市	583	629	689	716	771	814	1121	1289	1811	1990
利通区	575	604	723	754	791	874	1101	1379	1870	2314
红寺堡区										
盐池县	682	578	601	576	799	718	1049	924	1394	1302
同心县	444	396	451	539	561	598	797	857	1467	1283
青铜峡市	578	720	743	729	777	816	1172	1509	2101	2360
固原市	265	305	374	386	345	431	602	588	861	841
原州区	300	351	429	425	379	481	637	683	909	887
西吉县	244	275	353	367	308	431	587	467	863	785
隆德县	274	314	396	410	380	461	645	653	908	897
泾源县	177	204	259	273	249	320	488	480	646	734
彭阳县	260	303	388	367	369	429	634	691	888	916
中卫市										
沙坡头区	592	661	737	838	830	848	1160	1450	1964	2352
中宁县	527	603	650	688	733	843	1184	1510	1940	2228
海原县	289	332	353	415	344	412	563	499	902	762

主要年份各市县农村居民人均可支配收入(续2)

单位:元

市县	1998	1999	2000	2001	2002	2003	2004	2005	2006	2007
全区	1734	1779	1760	1873	1984	2129	2435	2651	2938	3411
沿黄地区	2701	2719	2796	2940	3033	3147	3527	3710	4020	4523
中南部地区	1114	1171	1044	1140	1274	1369	1573	1784	1991	2316
银川市	2906	2747	2804	2948	3031	3085	3503	3611	3928	4448
兴庆区							4182	4337	4792	5392
西夏区							2590	2673	2925	3267
金凤区							3227	3303	3568	4042
永宁县	2842	2645	2694	2873	2999	3152	3658	3575	3897	4442
贺兰县	2841	2660	2714	2824	2944	3114	3572	3745	4112	4606
灵武市	2519	2567	2733	2867	2892	3040	3390	3635	3933	4472
石嘴山市	2679	2733	2826	2939	3019	3154	3589	3695	4008	4521
大武口区									3485	3959
惠农区	2586	2654	2740	2884	2958	3081	3484	3660	3964	4491
平罗县	2560	2598	2703	2848	2925	3135	3574	3782	4112	4630
吴忠市	2190	2261	2331	2488	2522	2520	2868	3072	3331	3836
利通区	2617	2664	2842	3028	3138	3354	3760	3959	4300	4966
红寺堡区										
盐池县	1512	1506	1278	1469	1608	1763	1983	2256	2518	2952
同心县	1396	1468	1260	1295	1388	1440	1652	1804	2005	2336
青铜峡市	2517	2667	2775	2970	3060	3218	3745	3967	4343	6
固原市	1009	1071	986	1099	1241	1371	1583	1823	2046	2354
原州区	1121	1134	1015	1152	1317	1453	1664	1879	2110	2438
西吉县	924	1024	942	1082	1192	1320	1547	1818	2027	2314
隆德县	1069	1072	1119	1168	1273	1345	1554	1755	1971	2250
泾源县	812	993	1019	1076	1129	1204	1371	1583	1824	2166
彭阳县	1100	1096	943	1141	1298	1395	1598	1857	2082	2385
中卫市						2180	2396	2578	2806	3174
沙坡头区	2579	2666	2620	2853	2947	3088	3348	3517	3816	4156
中宁县	2539	2639	2721	2785	2889	2857	3122	3398	3700	4107
海原县	946	1048	932	972	1165	1225	1394	1536	1683	2039

主要年份各市县农村居民人均可支配收入(续3)

单位:元

市 县	2008	2009	2010	2011	2012	2013	2014	2015	2016	2017
全 区	3978	4405	5125	5931	6776	7599	8410	9119	9852	10738
沿黄地区	5035	5445	6222	7149	8143	9104	10023	10821	11661	12661
中南部地区	2731	3084	3612	4193	4856	5550	6227	6818	7505	8347
银川市	5083	5571	6369	7309	8341	9341	10275	11148	12037	13087
兴庆区	6066	6521	7363	8425	9538	10663	11677	12625	13600	14788
西夏区	3791	4189	4970	5787	6678	7827	8618	9334	10112	10975
金凤区	4628	5026	5691	6535	7450	8359	9187	9941	10746	11629
永宁县	5029	5432	6247	7195	8225	9223	10130	10995	11865	12855
贺兰县	5204	5808	6585	7591	8692	9694	10667	11628	12560	13668
灵武市	5238	5792	6650	7649	8707	9752	10756	11650	12546	13659
石嘴山市	5074	5524	6298	7248	8279	9278	10215	10995	11829	12880
大武口区	4525	4887	5537	6354	7252	8124	8896	9563	10261	11185
惠农区	4971	5523	6344	7298	8321	9325	10269	11074	11850	12857
平罗县	5200	5643	6428	7420	8486	9530	10502	11300	12196	13276
吴忠市	4344	4665	5153	5921	6767	7605	8442	9150	9938	10912
利通区	5592	5805	6736	7741	8770	9823	10787	11589	12576	13675
红寺堡区		2981	3443	3956	4533	5211	5837	6408	7081	7896
盐池县	3378	3699	4128	4668	5392	6211	6975	7674	8532	9549
同心县	2747	3075	3610	4159	4783	5457	6123	6711	7388	8216
青铜峡市	5373	5755	6464	7466	8542	9457	10435	11200	12040	13135
固原市	2761	3147	3695	4297	4984	5695	6395	7002	7714	8579
原州区	2845	3269	3857	4501	5214	5944	6693	7296	8070	8961
西吉县	2706	3075	3613	4195	4866	5539	6222	6857	7566	8401
隆德县	2693	3061	3598	4174	4834	5535	6199	6769	7462	8305
泾源县	2544	2861	3325	3861	4529	5176	5805	6375	7032	7842
彭阳县	2803	3205	3743	4363	5050	5807	6530	7158	7861	8790
中卫市	3512	3914	4510	5260	6021	6681	7403	8002	8626	9365
沙坡头区	4538	4936	5628	6499	7353	8146	8971	9669	10375	11249
中宁县	4262	4746	5434	6243	7148	7945	8819	9580	10356	11245
海原县	2496	2804	3304	3852	4488	5138	5765	6258	6872	7658

主要年份各市县农村居民家庭生活消费支出

单位:元/人

地 区	1978	1979	1980	1981	1982	1983	1984	1985	1986	1987
全 区	91	102	135	142	179	209	232	265	301	335
沿黄地区		105	150	174	227	258	278	320	366	409
中南部地区		95	109	94	102	131	171	186	210	218
银川市									427	487
兴庆区				191	274	277	304	383	457	536
西夏区										
金凤区										
永宁县			162	164	265	300	340	384	430	484
贺兰县				211	262	310	315	331	397	444
灵武市					247	177	262	319	380	420
石嘴山市								312	347	391
大武口区										
惠农区					195	268	239	299	350	405
平罗县		82	130	155	222	242	290	324	349	372
吴忠市								275	325	352
利通区		115	147	137	223	236	266	286	315	361
红寺堡区										
盐池县		146	114	207	177	211	207	317	351	378
同心县					93	115	158	188	231	226
青铜峡市				228	270	314	284	294	352	409
固原市								186	206	217
原州区		61	117	47	73	118	156	227	260	274
西吉县				103	91	133	160	181	199	206
隆德县			95	124	131	150	194	185	206	242
泾源县					93	98	121	164	171	134
彭阳县								164	166	196
中卫市										
沙坡头区		113	143	123	198	226	219	256	323	366
中宁县				214	236	235	270	282	335	319
海原县				75	87	130	150	176	211	209

主要年份各市县农村居民家庭生活消费支出(续1)

单位:元/人

地 区	1988	1989	1990	1991	1992	1993	1994	1995	1996	1997
全 区	398	461	484	508	545	557	807	1063	1236	1250
沿黄地区	473	552	657	686	729	789	1074	1395	1731	1860
中南部地区	228	255	295	337	369	404	569	743	797	817
银川市	576	727	810	848	858	955	1169	1449	2055	2363
兴庆区	741	863	809	830	969	997	1059	1290	2525	2813
西夏区										
金凤区										
永宁县	528	707	887	849	858	1011	1274	1446	1821	2065
贺兰县	474	616	682	864	743	823	1122	1620	1952	2350
灵武市	551	579	594	619	672	800	943	1374	1311	1557
石嘴山市	498	574	656	692	742	823	1185	1438	1716	1732
大武口区										
惠农区	462	527	735	609	783	950	1371	1361	1626	1809
平罗县	568	657	656	723	691	715	1058	1391	1762	1782
吴忠市	452	500	531	549	612	672	886	1201	1365	1418
利通区	491	564	694	651	530	661	1002	1310	1548	1613
红寺堡区										
盐池县	509	481	469	459	592	608	790	1038	1074	1082
同心县	310	339	342	399	431	629	575	901	970	965
青铜峡市	503	598	622	634	763	702	1095	1566	2130	1910
固原市	229	259	288	326	359	367	568	709	759	749
原州区	266	272	330	386	453	381	600	692	764	722
西吉县	236	243	270	316	355	347	489	622	647	803
隆德县	236	311	324	386	390	421	617	857	932	934
泾源县	146	180	221	225	244	382	464	540	613	603
彭阳县	222	247	297	322	365	397	676	824	857	792
中卫市										
沙坡头区	399	479	495	546	681	641	862	1351	1429	1549
中宁县	424	452	472	581	674	704	997	1065	1362	1753
海原县	224	269	254	286	311	291	535	683	721	625

主要年份各市县农村居民家庭生活消费支出(续2)

单位:元/人

地 区	1998	1999	2000	2001	2002	2003	2004	2005	2006	2007
全 区	1328	1270	1417	1389	1418	1637	1927	2094	2247	2529
沿黄地区	1889	1855	1989	2012	2000	2139	2649	2712	2985	3397
中南部地区	906	902	906	949	985	1152	1377	1624	1762	2028
银川市	2100	2111	1886	2009	2050	2224	2510	2836	2902	3377
兴庆区	1789	2015	2022	2057	1966	2561	2384	2699	3105	3630
西夏区							2692	2175	2279	2577
金凤区							3161	2749	3359	4010
永宁县	2116	1850	1666	1709	2284	2129	2444	2871	2553	3001
贺兰县	2422	2610	2095	2287	1867	1967	2553	3164	3153	3798
灵武市	1544	1512	1770	2066	1553	2322	2347	2757	2981	3268
石嘴山市	2075	2196	2102	2096	2130	1918	2570	3187	3274	3628
大武口区									3112	3653
惠农区	2486	2502	2469	2207	2134	2313	2499	3425	3254	3717
平罗县	1744	1943	2027	2036	2046	1790	2588	3126	3308	3601
吴忠市	1447	1354	1641	1666	1700	1805	2133	2107	2582	2804
利通区	1442	1485	2345	2221	2521	2136	2849	2494	2804	3353
红寺堡区										
盐池县	1303	1152	1231	1174	1274	1463	1682	2513	2610	2777
同心县	885	898	958	870	1102	1215	1464	1384	1731	2179
青铜峡市	2165	1833	1849	2114	2183	2175	2567	2470	3739	3175
固原市	857	868	854	947	943	1122	1363	1680	1800	2070
原州区	787	886	985	1138	970	1245	1429	1716	1644	1917
西吉县	783	826	965	987	990	1147	1406	1653	1857	2077
隆德县	992	826	1110	1109	972	1073	1164	1680	1958	2191
泾源县	770	782	804	804	877	1040	1265	1835	2192	2432
彭阳县	933	927	753	803	1034	1008	1362	1592	1658	2073
中卫市							2146	1986	2142	2587
沙坡头区	1623	1437	1600	1685	1636	1909	2892	2142	2353	2994
中宁县	1772	1699	1982	2034	1987	2245	2700	2898	3142	3813
海原县	850	752	678	700	792	1085	1241	1288	1341	1466

主要年份各市县农村居民家庭生活消费支出(续3)

单位:元/人

地 区	2008	2009	2010	2011	2012	2013	2014	2015	2016	2017
全 区	3095	3348	4013	4727	5351	6465	7676	8415	9138	9982
沿黄地区	4005	4474	4914	6008	6851	7581	8651	9431	10236	10883
中南部地区	2411	2585	3003	3827	4316	5086	5985	6646	7010	7676
银川市	4119	4817	5394	6707	7089	8637	9334	10119	11061	11507
兴庆区	4360	4696	5923	7007	7055	8878	9148	10184	11550	12469
西夏区	3443	4385	5021	6203	7169	8811	8362	9142	10069	10938
金凤区	4924	5800	6562	6922	8073	8972	10613	9873	10472	10983
永宁县	3973	4196	4520	5757	6392	7213	7773	8554	9285	10094
贺兰县	4387	5105	6003	8006	8147	9688	10727	11865	13007	13278
灵武市	3813	5063	5277	6504	6561	8535	9165	10475	10335	11338
石嘴山市	4345	4542	4930	6041	7222	8210	8753	9551	9910	10845
大武口区	4132	4985	5109	6061	7261	9144	7533	8359	8961	9706
惠农区	4330	4535	4753	5849	6464	7241	8089	8698	9079	9500
平罗县	4388	4462	4941	6081	7389	8331	9274	10036	10660	11197
吴忠市	3191	3410	3763	4604	5410	6574	7373	8022	8487	9023
利通区	3511	3764	4255	5099	6274	7674	9029	9707	10718	11272
红寺堡区				5209	5699	6186	6197	6594	7155	8134
盐池县	2979	3322	3496	4658	5122	5846	7334	7850	8786	9280
同心县	2621	2723	3149	3770	4347	5003	6006	6899	7411	7815
青铜峡市	3906	4185	4363	5499	6330	7146	7548	8211	8107	8935
固原市	2463	2563	3085	3793	4248	4731	5863	6521	6884	7678
原州区	2298	2519	3002	4160	4209	5075	6175	7760	8268	9233
西吉县	2370	2479	3332	3651	3869	4501	5507	5781	6120	6665
隆德县	2743	2793	2969	3802	4384	5181	6540	6884	7594	8986
泾源县	2940	2723	3202	4114	4982	3946	5439	6014	6492	7031
彭阳县	2519	2560	2767	3469	4549	4673	5758	6130	6296	6806
中卫市	3060	3590	3877	4916	5670	6286	7133	7676	8271	8910
沙坡头区	3781	4161	4775	6065	7035	7301	8387	8997	9920	11106
中宁县	4100	4815	4932	5541	6574	7081	7512	8484	9328	10309
海原县	1829	2284	2422	3453	3797	4802	5957	6469	6670	7215

主要年份各市县全体居民人均可支配收入

单位:元

地区	2010	2011	2012	2013	2014	2015	2016	2017
全区	9864	11480	13104	14566	15907	17329	18832	20562
沿黄地区	12366	14179	15986	17638	19226	20803	22410	24306
中南部地区	5926	6813	7795	8734	9625	10499	11447	12623
银川市	14036	16017	18064	19914	21750	23551	25397	27517
兴庆区	17917	20431	22912	25011	27346	29542	31739	34323
西夏区	12524	14295	16208	18028	19683	21322	23033	25026
金凤区	15140	17272	19487	21829	23912	25960	27995	30183
永宁县	9374	10674	12154	13482	14722	16017	17239	18682
贺兰县	9954	11406	12968	14314	15666	16955	18295	19846
灵武市	10841	12414	14113	15653	17077	18460	19906	21661
石嘴山市	11987	13880	15734	17294	18748	20220	21747	23622
大武口区	14646	16970	19195	21303	23125	25082	27033	29437
惠农区	11510	13330	15001	16524	17888	19306	20745	22454
平罗县	8866	10143	11537	12786	13923	14974	16102	17474
吴忠市	7801	8912	10136	11241	12322	13373	14510	15848
利通区	9953	11411	12902	14259	15571	16841	18149	19727
红寺堡区	5190	5959	6807	7741	8529	9307	10198	11250
盐池县	7315	8306	9454	10570	11616	12720	13919	15362
同心县	5266	6025	6915	7811	8635	9460	10329	11279
青铜峡市	8733	10173	11574	12733	13924	15024	16144	17445
固原市	5827	6709	7688	8676	9591	10409	11330	12485
原州区	7219	8316	9485	10678	11761	12792	13898	15194
西吉县	4952	5715	6569	7445	8262	9017	9846	10803
隆德县	5055	5832	6705	7587	8410	9102	9937	11002
泾源县	5031	5810	6709	7600	8414	9107	9921	10883
彭阳县	5125	5928	6812	7741	8590	9361	10210	11294
中卫市	7010	8055	9141	10140	11094	12011	12941	14067
沙坡头区	8833	10118	11430	12630	13778	14912	15993	17356
中宁县	8290	9309	10538	11739	12817	13900	14998	16333
海原县	4536	5272	6054	6900	7641	8284	9046	10007

注：本表收入为空格者均无资料，2013—2017年为新口径可支配收入，2013年以前的人均可支配收入国家统计局按照2013年城乡一体化住户调查新口径重新测算。

主要年份全国各省、直辖市、自治区城镇居民人均可支配收入(新口径)

单位:元

省/直辖市/自治区	1978	1979	1980	1981	1982	1983	1984	1985	1986	1987
全 国	343	405	478	500	535	565	652	739	901	1002
北 京	365	415	501	555	561	591	694	908	1068	1182
天 津	388	425	527	540	577	604	728	876	1070	1187
河 北	276	313	401	402	433	449	519	631	766	855
山 西	301		380	401	433	452	517	595	718	807
内蒙古	301	350	407	449	453	474	549	686	774	820
辽 宁	363		494	508	529	549	636	704	882	992
吉 林			368	444	431	451	499	616	755	852
黑龙江	455	458	420	424	460	518	580	742	830	889
上 海	406	481	637	637	659	686	834	1075	1293	1437
江 苏	288		433	448	484	498	626	766	910	1005
浙 江	332		488	523	530	551	669	904	1104	1228
安 徽			0	425	453	488	559	642	815	925
福 建	371		450	452	520	573	582	733	929	1021
江 西	305		386	407	425	439	499	583	730	792
山 东	391	420	448	495	525	537	639	748	854	987
河 南	291		342	395	402	422	467	601	668	744
湖 北	325	324	414	456	481	511	591	704	851	952
湖 南	324		476	505	519	564	645	735	904	1018
广 东	412	416	473	561	631	714	818	954	1102	1321
广 西	289		455	460	427	444	563	745	784	899
海 南								778		986
重 庆		355	412	481	505	536	616	762	984	1109
四 川	338	369	391	457	445	493	581	700	849	948
贵 州	261	280	344	453	460	483	558	631	824	912
云 南	328	362	420	446	493	533	608	752	872	989
西 藏	565	625	683	715	768	840	915	983	1026	1229
陕 西	310		407	427	452	488	552	650	814	905
甘 肃	408	418	403	448	474	491	572	641	777	871
青 海				455			685	747	1002	1084
宁 夏	346	358	464	481	521	530	629	697	884	951
新 疆	319		427	581	513	548	649	697	843	920

注:本表收入为空格者均无资料,2013—2017年为新口径可支配收入,2013年以前的人均可支配收入国家统计局按照2013年城乡一体化住户调查新口径重新测算。

主要年份全国各省、直辖市、自治区城镇居民人均可支配收入(新口径)(续表1)

单位:元

省/直辖市/自治区	1988	1989	1990	1991	1992	1993	1994	1995	1996	1997
全　国	1180	1374	1510	1701	2027	2577	3496	4283	4839	5160
北　京	1437	1597	1902	2170	2556	3547	5085	6235	7332	7813
天　津	1330	1478	1639	1845	2238	2769	3982	4930	5967	6609
河　北	1080	1257	1397	1489	1763	2201	3008	3674	4430	4959
山　西	945	1176	1291	1410	1623	1957	2566	3306	3703	3990
内蒙古	916	1053	1149	1294	1495	1893	2498	2863	3432	3945
辽　宁	1204	1417	1551	1706	1949	2314	3063	3707	4207	4518
吉　林	987	1109	1230	1395	1637	1953	2561	3175	3806	4191
黑龙江	1004	1138	1211	1389	1630	1960	2597	3375	3768	4091
上　海	1723	1976	2183	2486	3009	4277	5868	7172	8159	8439
江　苏	1218	1372	1464	1623	2138	2774	3779	4634	5186	5765
浙　江	1589	1797	1932	2143	2619	3626	5066	6221	6956	7359
安　徽	1075	1248	1355	1485	1808	2248	3048	3795	4513	4599
福　建	1236	1555	1749	1953	2351	2923	3935	4853	5574	6144
江　西	938	1082	1188	1295	1585	1985	2777	3377	3780	4071
山　东	1163	1349	1466	1688	1974	2515	3444	4264	4890	5191
河　南	862	1015	1268	1385	1608	1963	2619	3299	3755	4094
湖　北	1128	1263	1427	1593	1874	2439	3346	4017	4350	4673
湖　南	1255	1493	1439	1715	2094	2688	3888	4699	5052	5210
广　东	1583	2086	2303	2752	3477	4632	6367	7439	8158	8562
广　西	1158	1304	1588	1794	2104	2895	3981	4792	5033	5110
海　南	1196	1367	1650	1799	2318	3072	3920	4770	4926	4850
重　庆	1278	1449	1691	1892	2195	2781	3634	4375	5023	5302
四　川	1130	1349	1488	1703	2001	2421	3311	4003	4483	4763
贵　州	1102	1275	1327	1481	1900	2313	3220	3931	4221	4442
云　南	1156	1305	1515	1703	2062	2639	3434	4065	4978	5558
西　藏	1376	1477	1613	2381	2083	2348	4014	4000	6556	5135
陕　西	1040	1239	1369	1498	1705	2102	2684	3310	3810	4001
甘　肃	979	1133	1197	1369	1708	2003	2658	3153	3354	3592
青　海	1154	1275	1321	1449	1806	2127	2813	3320	3834	3999
宁　夏	1084	1236	1421	1565	1821	2171	2986	3383	3612	3837
新　疆	1068	1176	1421	1614	1952	2423	3170	4163	4650	4845

主要年份全国各省、直辖市、自治区城镇居民人均可支配收入（新口径）（续表2）

单位：元

省/直辖市/自治区	1998	1999	2000	2001	2002	2003	2004	2005	2006	2007
全 国	5418	5839	6256	6824	7652	8406	9335	10382	11620	13603
北 京	8536	9322	10590	11939	12949	14535	16502	18775	21415	23752
天 津	7053	7527	7946	8672	8968	9823	10831	11839	13266	15062
河 北	5079	5353	5642	5957	6641	7188	7886	9020	10194	11550
山 西	4096	4337	4715	5377	6214	6977	7866	8866	9967	11487
内蒙古	4360	4785	5152	5568	6096	7076	8208	9247	10499	12566
辽 宁	4631	4929	5408	5871	6629	7381	8190	9346	10677	12710
吉 林	4194	4452	4765	5273	6159	6869	7662	8464	9488	10916
黑龙江	4288	4638	4981	5528	6246	6870	7722	8592	9583	10744
上 海	8788	10972	11781	12976	13367	15026	16891	18912	21001	24048
江 苏	6005	6510	6756	7311	8088	9140	10319	12098	13799	16009
浙 江	7825	8402	9236	10399	11624	13055	14387	16089	18007	20250
安 徽	4766	5054	5277	5645	6001	6735	7456	8399	9677	11350
福 建	6443	6770	7285	8092	8883	9601	10655	11667	12932	14478
江 西	4255	4729	5116	5525	6363	6937	7605	8679	9625	11551
山 东	5361	5766	6417	6995	7473	8212	9191	10422	11780	13726
河 南	4210	4513	4735	5221	6176	6833	7584	8512	9611	11217
湖 北	4823	5205	5512	5838	6762	7287	7978	8730	9733	11394
湖 南	5450	5849	6274	6861	7061	7811	8799	9754	10791	12669
广 东	8766	8975	9518	10068	10673	11759	12829	13783	14815	16228
广 西	5401	5597	5800	6612	7242	7692	8568	9138	9720	11953
海 南	4845	5320	5332	5800	6764	7185	7643	8013	9250	10807
重 庆	5431	5818	6152	6544	7000	7773	8793	9700	10878	11758
四 川	5125	5473	5886	6348	6595	7022	7684	8354	9310	11045
贵 州	4564	4930	5117	5444	5933	6555	7303	8127	9086	10638
云 南	6027	6147	6277	6729	7149	7528	8713	9078	9840	11202
西 藏	5446	6930	7459	7915	8137	8841	9196	9538	9053	11289
陕 西	4213	4638	5098	5447	6277	6737	7403	8159	9125	10578
甘 肃	4024	4508	4970	5461	6264	6803	7566	8323	9215	10380
青 海	4254	4734	5221	5931	6272	6879	7489	8271	9270	10620
宁 夏	4107	4462	4894	5516	6030	6482	7155	8013	9074	10723
新 疆	5023	5367	5721	6512	7058	7370	7743	8283	9239	10794

主要年份全国各省、直辖市、自治区城镇居民人均可支配收入(新口径)(续表3)

单位:元

省/直辖市/自治区	2008	2009	2010	2011	2012	2013	2014	2015	2016	2017
全　国	15549	16901	18779	21427	24127	26467	28844	31195	33616	36396
北　京	26918	29329	32132	36365	40306	44564	48532	52859	57275	62406
天　津	17726	19371	21800	24158	26586	28980	31506	34101	37110	40278
河　北	13263	14505	16009	18006	20222	22227	24141	26152	28249	30548
山　西	13021	13883	15510	17965	20232	22258	24069	25828	27352	29132
内蒙古	14676	16140	18050	20813	23611	26004	28350	30594	32975	35670
辽　宁	14924	16396	18487	21362	24238	26697	29082	31126	32876	34993
吉　林	12367	13457	14759	17043	19352	21331	23218	24901	26530	28319
黑龙江	12205	13305	14741	16699	18894	20848	22609	24203	25736	27446
上　海	27204	29461	32584	37079	41130	44878	48841	52962	57692	62596
江　苏	18215	19996	22273	25570	28808	31585	34346	37173	40152	43622
浙　江	22334	24148	26802	30340	33846	37080	40393	43714	47237	51261
安　徽	12836	13903	15566	18345	20729	22789	24839	26936	29156	31640
福　建	16649	18023	19914	22772	25650	28174	30722	33275	36014	39001
江　西	12990	14168	15656	17692	20085	22120	24309	26500	28673	31198
山　东	15628	17006	18971	21678	24496	26882	29222	31545	34012	36789
河　南	12901	13982	15463	17661	19843	21741	23672	25576	27233	29558
湖　北	13037	14229	15891	18183	20623	22668	24852	27051	29386	31889
湖　南	14288	15641	17229	19599	22173	24352	26570	28838	31284	33948
广　东	17930	19432	21332	24010	26981	29537	32148	34757	37684	40975
广　西	13829	15074	16613	18356	20681	22689	24669	26416	28324	30502
海　南	12367	13465	15229	17954	20446	22411	24487	26356	28453	30817
重　庆	13321	14502	16032	18517	21003	23058	25147	27239	29610	32193
四　川	12567	13759	15364	17787	20180	22228	24234	26205	28335	30727
贵　州	11710	12804	14073	16413	18608	20565	22548	24580	26743	29080
云　南	12876	13980	15528	17956	20371	22460	24299	26373	28611	30996
西　藏	12677	13775	15258	16496	18362	20394	22016	25457	27802	30671
陕　西	12613	13836	15343	17836	20269	22346	24366	26420	28440	30810
甘　肃	11413	12457	13820	15707	17979	19873	21804	23767	25693	27763
青　海	12071	13205	14462	16287	18336	20352	22307	24542	26757	29169
宁　夏	12751	13813	15093	17291	19507	21476	23285	25186	27153	29472
新　疆	12021	12948	14480	16464	19019	21091	23214	26275	28463	30775

主要年份全国各省、直辖市、自治区城镇居民人均生活消费支出(新口径)

单位:元

省/直辖市/自治区	1978	1979	1980	1981	1982	1983	1984	1985	1986	1987
全　国	311	.	412	457	471	506	559	673	799	884
北　京	360	409	490	511	535	574	667	923	1067	1148
天　津	345	385	475	486	497	521	600	771	949	1071
河　北	402	423	460	401	401	420	476	606	718	800
山　西	275	305	357	373	390	394	433	533	635	708
内蒙古	269	351	353	378	397	411	449	595	680	712
辽　宁	337		426	455	460	487	545	619	756	883
吉　林				348	367	397	425	554	662	715
黑龙江			361	378	405	459	505	651	726	771
上　海	357	429	553	585	576	615	726	992	1170	1282
江　苏	276		435	441	452	487	578	720	867	953
浙　江	301		428	476	471	484	562	795	969	1101
安　徽				392	403	435	479	566	700	806
福　建	285	339	392	405	466	504	494	675	790	893
江　西			382	374	374	387	436	521	631	703
山　东	340	367	396	450	455	473	521	670	751	813
河　南			384	396	408	431	460	605	654	711
湖　北			369	423	431	465	516	644	752	836
湖　南	290		426	466	449	493	541	685	715	811
广　东	400	425	486	517	592	660	744	890	999	1216
广　西				423	399	427	492	664	740	861
海　南								711	863	921
重　庆										
四　川	314	340	364	396	407	457	517	680	787	889
贵　州	247	274	333	393	404	426	480	618	693	761
云　南	303	343	381	412	456	480	527	704	814	884
西　藏				519	522	602	619	909	820	1008
陕　西	268		371	379	392	417	457	585	698	772
甘　肃			399	433	447	482	552	625	737	829
青　海						450	581	679	777	828
宁　夏	300	383	403	423	471	449	533	645	747	792
新　疆				446	456	472	564	651	722	765

注：本表收入为空格者均无资料，2013—2017年为新口径生活消费支出，2013年以前的生活消费支出国家统计局按照2013年城乡一体化住户调查新口径重新测算。

主要年份全国各省、直辖市、自治区城镇居民人均生活消费支出(新口径)(续表1)

单位:元

省/直辖市/自治区	1988	1989	1990	1991	1992	1993	1994	1995	1996	1997
全　国	1104	1211	1279	1454	1672	2111	2851	3538	3919	4186
北　京	1456	1520	1646	1748	2135	2940	4134	5020	5730	6532
天　津	1279	1291	1440	1586	1907	2322	3301	4064	4680	5204
河　北	1119	1188	1278	1336	1612	1984	2613	3257	3424	4004
山　西	856	993	1048	1171	1303	1560	2043	2641	3036	3229
内蒙古	844	913	982	1081	1254	1585	2111	2482	2768	3032
辽　宁	1128	1276	1346	1485	1639	1977	2588	3113	3493	3720
吉　林	879	967	1054	1179	1375	1596	2096	2598	3037	3408
黑龙江	933	1004	1051	1375	1378	1660	2164	2776	3111	3213
上　海	1648	1812	1937	2167	2509	3530	4669	5868	6763	6820
江　苏	1239	1301	1339	1592	1769	2311	3080	3772	4058	4534
浙　江	1453	1556	1604	1806	2154	2856	4079	5263	5764	6170
安　徽	1020	1138	1182	1307	1521	1846	2551	3161	3607	3694
福　建	1077	1340	1431	1659	1942	2418	3351	4132	4568	4936
江　西	876	978	984	1110	1276	1586	2201	2712	2942	3200
山　东	1026	1161	1229	1407	1599	1947	2635	3285	3771	4041
河　南	895	964	1068	1232	1343	1609	2155	2674	3009	3378
湖　北	1059	1131	1220	1380	1578	2098	2733	3434	3714	3856
湖　南	1049	1121	1162	1381	1654	2087	3138	3886	4098	4317
广　东	1507	1921	1984	2389	2831	3777	5181	6254	6736	6853
广　西	1198	1296	1338	1641	1740	2303	3327	4046	4339	4453
海　南	1030	1196	1382	1589	1851	2404	3014	3760	3815	3909
重　庆									4467	4920
四　川	1086	1184	1281	1520	1651	2034	2806	3429	3788	4093
贵　州	1020	1064	1109	1325	1564	1876	2532	3251	3573	3556
云　南	1143	1141	1272	1423	1704	2186	2844	3448	4007	4537
西　藏	1211	1432			1887				4537	
陕　西	983	1066	1117	1290	1405	1714	2246	2838	3211	3462
甘　肃	1026	1065	1031	1270	1457	1680	2209	2618	2839	2946
青　海	1048	1069	1118	1272	1533	1870	2422	2870	3178	3300
宁　夏	1014	1089	1212	1347	1506	1877	2478	2868	3039	3271
新　疆	956	977	1104	1261	1491	1835	2479	3187	3457	3887

主要年份全国各省、直辖市、自治区城镇居民人均生活消费支出(新口径)(续表2)

单位:元

省/直辖市/自治区	1998	1999	2000	2001	2002	2003	2004	2005	2006	2007
全　国	4340	4633	5027	5350	6089	6587	7280	8068	8851	10196
北　京	7069	7712	8866	9443	11050	12122	13487	14851	16869	17682
天　津	5482	5875	6158	7045	7265	7964	8930	9813	10745	12280
河　北	3859	4080	4439	4604	5249	5673	6112	7091	7829	8845
山　西	3278	3516	3982	4178	4791	5210	5790	6518	7395	8385
内蒙古	3106	3469	3928	4195	4859	5418	6218	6927	7665	9280
辽　宁	3910	4030	4423	4750	5483	6272	6787	7685	8373	9941
吉　林	3450	3662	4021	4338	4975	5493	6071	6797	7355	8564
黑龙江	3328	3535	3914	4324	4638	5256	5882	6579	7143	8137
上　海	6935	8430	9162	9747	11046	11777	13628	15022	16272	19243
江　苏	4922	5077	5429	5680	6246	6982	7684	9102	10236	11470
浙　江	6255	6600	7150	8153	8990	10087	11116	12894	14135	15014
安　徽	3748	3840	4132	4373	4548	4823	5392	5960	6767	7844
福　建	5190	5285	5668	6057	6690	7434	8263	8919	9965	11254
江　西	3267	3482	3623	3894	4548	4913	5336	6107	6643	7807
山　东	4136	4497	4991	5209	5539	5994	6577	7333	8309	9464
河　南	3423	3512	3855	4145	4553	5005	5374	6143	6816	7999
湖　北	4066	4323	4617	4767	5552	5891	6308	6628	7263	8525
湖　南	4390	4843	5290	5648	5701	6250	7108	7784	8513	9413
广　东	6997	7396	7821	7839	8624	9169	10088	11044	11530	13177
广　西	4362	4545	4785	5127	5287	5602	6234	6768	6508	7768
海　南	3837	4027	4096	4387	5492	5541	5849	5983	7202	8391
重　庆	4943	5345	5424	5658	6267	6991	7806	8417	9146	9596
四　川	4378	4489	4839	5153	5383	5720	6321	6829	7448	8592
贵　州	3801	3967	4283	4280	4606	4960	5508	6177	6871	7787
云　南	5025	4927	5162	5222	5785	5971	6766	6914	7282	7805
西　藏		5309	5610	6117	7174	8394	8786	9170	6635	8165
陕　西	3534	3943	4260	4614	5343	5623	6177	6588	7466	8318
甘　肃	3106	3697	4153	4458	5119	5367	6026	6641	7109	8045
青　海	3631	4014	4364	4969	5407	5870	6346	6978	7395	8634
宁　夏	3387	3564	4231	4639	5166	5407	5919	6527	7362	8006
新　疆	3740	4228	4526	5088	5865	5807	6098	6608	7221	8522

主要年份全国各省、直辖市、自治区城镇居民人均生活消费支出(新口径)(续表3)

单位:元

省/直辖市/自治区	2008	2009	2010	2011	2012	2013	2014	2015	2016	2017
全　国	11489	12558	13821	15554	17107	18488	19968	21392	23079	24445
北　京	19253	21230	23999	26467	28949	31632	33717	36642	38256	40346
天　津	13732	15174	17015	18928	20572	22306	24290	26230	28345	30284
河　北	9832	10547	11324	12741	13752	14970	16204	17587	19106	20600
山　西	9145	9747	10236	11869	12765	13763	14637	15819	16993	18404
内蒙古	10826	12367	13991	15874	17712	19244	20885	21876	22744	23638
辽　宁	11909	13137	14229	15847	17780	19318	20520	21557	24996	25379
吉　林	9733	10920	11685	13017	14621	15941	17156	17973	19166	20051
黑龙江	9409	10593	11847	13367	14398	15704	16467	17152	18145	19270
上　海	21875	23929	26737	28929	30256	32447	35182	36946	39857	42304
江　苏	12912	14276	15690	18339	20573	22262	23476	24966	26433	27726
浙　江	16252	18003	19391	22192	23395	25254	27242	28661	30068	31924
安　徽	8681	9251	10317	11812	13452	14594	16107	17234	19606	20740
福　建	12749	13742	15096	17052	19030	20565	22204	23520	25006	25980
江　西	8713	9735	10613	11741	12769	13843	15142	16732	17696	19244
山　东	10752	11711	12761	14164	15349	16647	18323	19854	21495	23072
河　南	9052	9820	11151	12692	14128	15249	16184	17154	18088	19422
湖　北	9266	10044	11149	12817	14114	15335	16681	18192	20040	21276
湖　南	10461	11443	12555	14230	15510	16867	18335	19501	21420	23163
广　东	14152	15233	16565	18144	20065	21622	23612	25673	28613	30198
广　西	9126	9765	10784	12059	13369	14470	15045	16321	17268	18349
海　南	9531	10230	11095	12838	14679	15834	17514	18448	19015	20372
重　庆	10781	11710	12818	14394	15931	17124	18279	19742	21031	22759
四　川	9557	10710	11923	13491	14824	16098	17760	19277	20660	21991
贵　州	8383	9088	10106	11407	12646	13768	15255	16914	19202	20348
云　南	8928	10019	10859	12011	13615	14862	16268	17675	18622	19560
西　藏	9118	10000	10831	11629	12507	13679	15669	17022	19440	21088
陕　西	9633	10539	11623	13550	15074	16399	17546	18464	19369	20388
甘　肃	8504	9119	10171	11500	13205	14411	15942	17451	19539	20659
青　海	9548	10382	11519	13127	14794	16223	17493	19201	20853	21473
宁　夏	9815	10580	11694	13305	14513	15807	17216	18984	20364	20219
新　疆	9459	10258	11305	13126	15401	16858	17685	19415	21229	22797

主要年份全国各省、直辖市、自治区农村居民人均可支配收入（新口径）

单位：元

省/直辖市/自治区	1978	1979	1980	1981	1982	1983	1984	1985	1986	1987
全　国	134	160	191	223	270	310	355	398	424	463
北　京	225		290	351	433	519	664	775	823	916
天　津	153	179	278	298	326	412	505	565	635	749
河　北	114	136	176	204	239	298	345	385	408	444
山　西	102	145	156	180	227	276	339	358	345	377
内蒙古	100		181	225	273	294	336	360	340	389
辽　宁	185		273	307	334	452	477	468	533	599
吉　林	179		236	293	333	462	487	414	457	523
黑龙江	172	191	205	224	252	388	432	398	476	474
上　海	290	360	401	444	530	563	785	806	937	1059
江　苏	155	200	218	258	309	357	448	493	561	627
浙　江	165		219	286	346	359	446	549	609	725
安　徽	113		185	246	269	305	323	369	397	429
福　建	138	142	172	232	268	302	345	396	419	485
江　西	141		181	227	270	302	334	377	396	429
山　东	115	160	210	252	300	361	395	408	449	518
河　南	101		161	216	217	272	301	329	433	378
湖　北	111	160	170	217	286	299	392	421	445	461
湖　南	143		220	242	284	316	348	395	440	471
广　东	193	223	274	325	382	396	425	495	546	662
广　西	120		174	204	235	262	267	303	316	354
海　南										
重　庆										
四　川	117		188	221	256	258	287	315	338	369
贵　州	108		161	209	223	225	261	288	304	342
云　南	131	125	150	178	232	267	310	338	338	365
西　藏								353	344	348
陕　西	133		142	177	218	236	263	295	299	329
甘　肃	101	112	153	159	174	213	221	257	283	303
青　海	113		129	158	201	252	294	343	369	392
宁　夏	116		178	202	229	289	313	321	374	383
新　疆	119		198	236	227	307	363	394	420	453

注：本表收入为空格者均无资料，2013—2017年为新口径可支配收入，2013年以前的人均可支配收入国家统计局按照2013年城乡一体化住户调查新口径重新测算。

主要年份全国各省、直辖市、自治区农村居民人均可支配收入(新口径)(续表1)

单位:元

省/直辖市/自治区	1988	1989	1990	1991	1992	1993	1994	1995	1996	1997
全　国	545	602	686	709	784	922	1221	1578	1926	2090
北　京	1063	1231	1297	1422	1572	1883	2401	3224	3562	3662
天　津	891	1020	1069	1169	1309	1473	1836	2406	3000	3244
河　北	547	589	622	657	682	804	1107	1669	2055	2286
山　西	439	514	604	568	627	718	884	1208	1557	1738
内蒙古	500	478	607	618	672	778	970	1208	1602	1780
辽　宁	700	740	836	897	995	1161	1423	1756	2150	2301
吉　林	628	624	804	748	807	892	1272	1610	2126	2186
黑龙江	553	535	760	735	949	1028	1394	1766	2182	2308
上　海	1301	1520	1665	2003	2226	2727	3437	4246	4846	5277
江　苏	797	876	884	921	1061	1267	1832	2457	3029	3270
浙　江	902	1011	1099	1211	1359	1746	2225	2966	3463	3684
安　徽	486	516	539	446	574	725	973	1303	1608	1809
福　建	613	697	764	850	984	1211	1578	2049	2492	2786
江　西	488	559	670	703	768	870	1218	1537	1870	2107
山　东	584	631	680	764	803	953	1320	1715	2086	2292
河　南	401	457	527	539	588	696	910	1232	1579	1734
湖　北	498	572	671	627	678	783	1170	1511	1864	2102
湖　南	515	558	664	689	739	852	1155	1425	1792	2037
广　东	809	955	1043	1143	1308	1675	2182	2699	3183	3468
广　西	424	483	639	658	732	892	1107	1446	1703	1875
海　南	567	674	696	730	843	992	1305	1520	1746	1917
重　庆									1479	1692
四　川	449	494	558	590	634	698	946	1158	1459	1681
贵　州	398	430	435	466	506	580	787	1087	1277	1299
云　南	430	478	541	573	618	675	803	1011	1229	1376
西　藏	374	397	650	707	830	889	976	1200	1353	1195
陕　西	404	434	530	534	559	653	805	963	1165	1273
甘　肃	345	376	431	446	489	551	724	880	1101	1210
青　海	493	458	560	556	603	673	869	1030	1174	1321
宁　夏	472	522	578	590	591	636	867	999	1398	1513
新　疆	496	546	683	703	740	778	947	1136	1290	1504

主要年份全国各省、直辖市、自治区农村居民人均可支配收入(新口径)(续表2)

单位:元

省/直辖市/自治区	1998	1999	2000	2001	2002	2003	2004	2005	2006	2007
全　国	2171	2229	2282	2407	2529	2690	3027	3370	3731	4327
北　京	3932	4183	4533	4921	5259	5429	5948	7041	7888	8948
天　津	3388	3396	3598	3911	4229	4502	4938	5475	6096	6845
河　北	2407	2445	2484	2611	2695	2865	3187	3501	3826	4324
山　西	1874	1800	1950	2018	2236	2410	2738	3082	3420	3975
内蒙古	1988	2016	2058	1999	2120	2312	2667	3070	3444	4089
辽　宁	2573	2488	2338	2532	2716	2889	3247	3614	3995	4648
吉　林	2387	2266	2029	2192	2315	2549	3025	3296	3682	4244
黑龙江	2249	2158	2136	2262	2381	2479	2962	3168	3486	4046
上　海	5399	5394	5572	5837	6178	6595	6993	8149	9015	9992
江　苏	3375	3492	3591	3778	3972	4229	4740	5258	5791	6533
浙　江	3838	3996	4332	4697	5096	5594	6210	7003	7763	8805
安　徽	1875	1925	1972	2073	2187	2211	2617	2784	3152	3804
福　建	2951	3100	3245	3401	3565	3767	4132	4503	4900	5549
江　西	2053	2140	2151	2254	2335	2495	2837	3194	3541	4152
山　东	2454	2552	2663	2810	2955	3159	3519	3946	4387	5009
河　南	1872	1965	2011	2133	2262	2292	2630	2970	3389	4021
湖　北	2186	2246	2313	2414	2525	2669	3027	3268	3631	4276
湖　南	2076	2151	2234	2351	2465	2619	2952	3262	3567	4134
广　东	3513	3601	3612	3711	3836	3960	4247	4544	4901	5403
广　西	1992	2091	1921	2024	2116	2225	2476	2708	3038	3579
海　南	2026	2104	2208	2262	2472	2651	2898	3102	3376	3949
重　庆	1804	1841	1900	1982	2112	2233	2536	2842	2911	3560
四　川	1797	1860	1929	2022	2155	2290	2599	2905	3126	3711
贵　州	1342	1379	1399	1446	1535	1622	1796	1971	2097	2526
云　南	1396	1457	1508	1575	1663	1766	1954	2155	2392	2821
西　藏	1231	1309	1330	1402	1460	1688	1858	2073	2429	2780
陕　西	1415	1475	1472	1529	1648	1741	1953	2162	2396	2824
甘　肃	1403	1433	1458	1550	1645	1742	1942	2091	2269	2493
青　海	1429	1476	1504	1577	1695	1828	2001	2206	2427	2771
宁　夏	1734	1779	1760	1873	1984	2129	2435	2651	2938	3411
新　疆	1609	1488	1644	1747	1914	2176	2332	2593	2876	3364

主要年份全国各省、直辖市、自治区农村居民人均可支配收入(新口径)(续表3)

单位:元

省/直辖市/自治区	2008	2009	2010	2011	2012	2013	2014	2015	2016	2017
全　国	4999	5435	6272	7394	8389	9430	10489	11422	12363	13432
北　京	10052	10942	12368	13742	15365	17101	18867	20569	22310	24240
天　津	7705	8441	9764	11941	13593	15353	17014	18482	20076	21754
河　北	4833	5194	6014	7187	8158	9188	10186	11051	11919	12881
山　西	4480	4677	5263	6225	7064	7949	8809	9454	10082	10788
内蒙古	4834	5143	5780	6942	7956	8985	9976	10776	11609	12584
辽　宁	5415	5770	6671	8011	9061	10161	11191	12057	12881	13747
吉　林	5001	5346	6341	7634	8741	9781	10780	11326	12123	12950
黑龙江	4743	5075	6040	7382	8367	9369	10453	11095	11832	12665
上　海	11250	12256	13702	15737	17452	19208	21192	23205	25520	27825
江　苏	7322	7962	9067	10744	12133	13521	14958	16257	17606	19158
浙　江	9927	10798	12277	14197	15806	17494	19373	21125	22866	24956
安　徽	4529	4887	5776	6811	7826	8850	9916	10821	11720	12758
福　建	6299	6801	7573	8952	10164	11405	12650	13793	14999	16335
江　西	4835	5238	5991	7133	8103	9089	10117	11139	12138	13242
山　东	5671	6154	7034	8395	9506	10687	11882	12930	13954	15118
河　南	4672	5064	5846	6989	7963	8969	9966	10853	11697	12719
湖　北	5018	5464	6375	7540	8582	9692	10849	11844	12725	13812
湖　南	4808	5262	6063	7082	8024	9029	10060	10993	11930	12936
广　东	6122	6580	7484	8889	9999	11068	12246	13360	14512	15780
广　西	4143	4517	5214	6003	6894	7793	8683	9467	10359	11325
海　南	4593	4984	5566	6801	7816	8802	9913	10858	11843	12902
重　庆	4193	4557	5378	6605	7526	8493	9490	10505	11549	12638
四　川	4334	4714	5400	6505	7432	8381	9348	10247	11203	12227
贵　州	2996	3240	3768	4499	5159	5898	6671	7387	8090	8869
云　南	3348	3661	4327	5170	5930	6724	7456	8242	9020	9862
西　藏	3166	3519	4123	4886	5698	6553	7359	8244	9094	10330
陕　西	3373	3722	4477	5484	6285	7092	7932	8689	9396	10265
甘　肃	2938	3237	3747	4278	4931	5589	6277	6936	7457	8076
青　海	3171	3477	4028	4806	5594	6462	7283	7933	8664	9462
宁　夏	3978	4405	5125	5931	6776	7599	8410	9119	9852	10738
新　疆	3723	4150	4993	5853	6876	7847	8724	9425	10183	11045

主要年份全国各省、直辖市、自治区农村居民人均生活消费支出（新口径）

单位：元

省\直辖市\自治区	1978	1979	1980	1981	1982	1983	1984	1985	1986	1987
全　国	116	135	162	191	220	248	274	317	357	398
北　京			253	313	362	384	435	510	644	706
天　津	132	135	208	249	267	336	371	426	480	539
河　北	95	116	142	165	175	225	243	298	333	365
山　西	91	118	134	148	168	203	224	273	287	313
内蒙古			157	177	205	227	246	291	307	349
辽　宁			228	259	266	307	335	402	434	472
吉　林			216	246	253	275	336	364	389	442
黑龙江	125	147	164	175	201	220	239	307	338	361
上　海	193	247	322	390	445	512	619	778	896	977
江　苏	140	169	195	226	261	322	360	416	499	579
浙　江	157		192	267	302	326	369	474	561	659
安　徽			163	193	240	258	263	299	340	383
福　建	112	133	158	199	231	262	288	351	394	443
江　西			156	194	220	252	270	303	341	390
山　东	94	128	165	202	230	264	287	322	365	406
河　南			136	166	178	196	220	260	292	310
湖　北	107	149	153	184	227	252	305	335	374	409
湖　南			193	208	249	274	293	348	386	435
广　东	185	205	222	266	312	329	346	388	454	545
广　西			151	171	210	224	238	268	284	309
海　南										
重　庆										
四　川			159	184	208	231	252	276	311	348
贵　州			139	163	187	185	209	255	272	304
云　南			125	138	186	224	261	267	305	326
西　藏								270	258	246
陕　西			140	148	169	203	214	233	263	286
甘　肃			127	135	141	163	178	205	233	253
青　海				153	153	202	225	275	314	345
宁　夏			135	142	179	209	232	265	301	335
新　疆			151	169	203	228	251	290	317	360

注：本表收入为空格者均无资料，2013—2017年为新口径生活消费支出，2013年以前的生活消费支出国家统计局按照2013年城乡一体化住户调查新口径重新测算。

主要年份全国各省、直辖市、自治区农村居民人均生活消费支出(新口径)(续表1)

单位:元

省\直辖市\自治区	1988	1989	1990	1991	1992	1993	1994	1995	1996	1997
全　国	477	535	585	620	659	770	1017	1310	1572	1617
北　京	883	976	981	1100	1149	1255	1584	2336	2565	2693
天　津	714	781	733	796	847	938	1161	1548	1957	1882
河　北	446	495	486	558	579	697	779	1104	1399	1395
山　西	354	409	488	496	493	599	674	928	1174	1145
内蒙古	404	448	492	571	600	695	835	1180	1438	1560
辽　宁	567	668	679	767	799	940	1241	1472	1764	1790
吉　林	516	563	633	648	643	670	854	1495	1513	1624
黑龙江	424	482	586	619	674	751	1043	1480	1537	1549
上　海	1229	1319	1262	1540	1967	2200	2715	3368	3868	4228
江　苏	747	811	787	878	953	1059	1501	1938	2414	2488
浙　江	839	927	946	1027	1112	1263	1680	2378	2702	2839
安　徽	455	498	515	475	502	609	934	1071	1309	1337
福　建	571	653	708	747	821	1070	1440	1794	2034	2120
江　西	477	520	577	597	648	712	1031	1256	1553	1569
山　东	482	513	547	613	656	724	996	1338	1653	1626
河　南	347	390	438	455	473	565	732	929	1206	1271
湖　北	451	540	608	615	612	722	1013	1245	1636	1660
湖　南	481	516	609	656	708	817	1089	1367	1737	1816
广　东	685	871	933	942	1060	1391	1882	2255	2584	2618
广　西	362	419	537	581	616	705	926	1203	1399	1376
海　南	466	578	566	560	672	726	1019	1080	1289	1287
重　庆									1328	1390
四　川	426	474	509	552	569	647	904	1093	1358	1440
贵　州	360	407	403	420	454	550	684	931	1068	1066
云　南	389	436	485	501	536	625	765	981	1209	1318
西　藏	271	290	491	490	541	638	564	897	773	805
陕　西	345	383	477	487	498	560	737	914	1098	1215
甘　肃	277	296	339	403	420	538	674	915	986	976
青　海	400	413	475	486	496	639	746	914	1052	1085
宁　夏	398	461	484	508	545	557	807	1063	1236	1250
新　疆	414	453	507	580	611	704	850	942	1347	1395

主要年份全国各省、直辖市、自治区农村居民人均生活消费支出(新口径)(续表2)

单位:元

省\直辖市\自治区	1998	1999	2000	2001	2002	2003	2004	2005	2006	2007
全　国	1604	1604	1714	1803	1917	2050	2326	2749	3072	3536
北　京	2873	3123	3426	3553	3733	4149	4619	5318	5728	6403
天　津	2008	1963	2088	2179	2334	2543	2945	3442	3850	4142
河　北	1314	1373	1420	1507	1578	1734	2019	2420	2831	3208
山　西	1064	1062	1175	1259	1407	1502	1728	2000	2421	2908
内蒙古	1602	1582	1694	1656	1784	1950	2337	2796	3225	3860
辽　宁	1701	1614	1747	1777	1770	1870	2054	2776	3030	3322
吉　林	1473	1351	1560	1671	1692	1831	1991	2333	2736	3111
黑龙江	1470	1381	1558	1629	1707	1701	1888	2629	2716	3248
上　海	4180	3820	4059	4629	5126	5444	6034	6888	7523	8253
江　苏	2350	2320	2378	2430	2699	2803	3121	3747	4373	5096
浙　江	2908	2840	3292	3568	3811	4453	4873	5723	6423	7261
安　徽	1355	1345	1387	1508	1603	1764	2042	2521	2829	3278
福　建	2225	2320	2522	2659	2786	2973	3356	3722	4125	4732
江　西	1558	1651	1711	1816	1911	2072	2309	2780	3040	3452
山　东	1587	1662	1743	1865	1945	2066	2301	2619	2992	3426
河　南	1251	1183	1351	1425	1517	1591	1772	2034	2422	2938
湖　北	1727	1623	1630	1758	1893	1986	2345	2780	3182	3664
湖　南	1913	1952	2017	2092	2203	2306	2703	3056	3385	3846
广　东	2697	2673	2686	2758	2898	3018	3360	3866	4073	4428
广　西	1430	1490	1537	1620	1782	1871	2085	2573	2672	3078
海　南	1259	1289	1536	1419	1698	1762	1892	2161	2480	2876
重　庆	1436	1426	1452	1556	1601	1716	2041	2394	2498	2906
四　川	1457	1458	1535	1566	1684	1870	2185	2496	2660	3090
贵　州	1103	1087	1123	1134	1184	1243	1371	1658	1752	2080
云　南	1322	1287	1298	1375	1433	1468	1654	1899	2352	2849
西　藏	716	782	1154	1172	1052	1095	1584	1878	2205	2468
陕　西	1192	1181	1285	1380	1561	1537	1726	2043	2374	2815
甘　肃	949	899	1121	1179	1220	1432	1587	1999	2061	2267
青　海	1135	1169	1276	1417	1499	1719	1874	2248	2520	2877
宁　夏	1331	1276	1429	1404	1438	1665	1965	2143	2305	2602
新　疆	1466	1309	1275	1409	1489	1563	1825	2104	2247	2631

主要年份全国各省、直辖市、自治区农村居民人均生活消费支出(新口径)(续表3)

单位:元

省\直辖市\自治区	2008	2009	2010	2011	2012	2013	2014	2015	2016	2017
全　国	4054	4464	4945	5892	6667	6626	8383	9223	10130	10955
北　京	7289	8904	9262	11086	11888	13553	14535	15811	17329	18810
天　津	4550	5167	6072	8273	10254	10155	13739	14739	15912	16386
河　北	3651	3968	4624	5666	6451	6134	8248	9023	9798	10536
山　西	3386	3642	4070	5096	6184	5813	6992	7421	8029	8424
内蒙古	4364	4870	5572	6880	7972	7268	9972	10637	11463	12184
辽　宁	3757	4184	4410	5311	5892	7159	7801	8873	9953	10787
吉　林	3500	3973	4228	5409	6307	7380	8140	8783	9521	10279
黑龙江	4025	4459	4635	5630	6035	6814	7830	8391	9424	10524
上　海	8453	9025	9336	10103	10947	14235	14820	16152	17071	18090
江　苏	5710	6260	7104	8788	9921	9910	11820	12883	14428	15612
浙　江	8096	8360	9721	10849	11598	11760	14498	16108	17359	18093
安　徽	3986	4516	5048	6235	6988	5725	7981	8975	10287	11106
福　建	5534	6048	6736	8013	9068	8151	11056	11961	12911	14003
江　西	3871	4191	4710	5611	6176	5654	7548	8486	9128	9870
山　东	3835	4132	4472	5489	6304	7393	7962	8748	9519	10342
河　南	3375	3793	4161	4881	5686	5628	7277	7887	8587	9212
湖　北	4414	4576	5114	6264	7159	6280	8681	9803	10938	11633
湖　南	4393	4703	5108	6138	6956	6610	9025	9691	10630	11534
广　东	5164	5348	5908	7205	7990	8343	10043	11103	12415	13200
广　西	3383	3704	4006	4882	5720	5206	6675	7582	8351	9437
海　南	3284	3559	4020	4860	5572	5466	7029	8210	8921	9599
重　庆	3368	3722	4359	5414	6035	5796	7983	8938	9954	10936
四　川	3562	4785	4550	5458	6265	6309	8301	9251	10192	11397
贵　州	2374	2679	3184	3857	4355	4740	5970	6645	7533	8299
云　南	3257	3208	3759	4424	5045	4744	6030	6830	7331	8027
西　藏	2472	2725	3061	3146	3406	3574	4822	5580	6070	6691
陕　西	3310	3758	4300	5091	5797	5724	7252	7901	8568	9306
甘　肃	2733	3188	3430	4273	4834	4850	6148	6830	7487	8030
青　海	3467	3906	4675	5619	6613	6060	8235	8566	9222	9903
宁　夏	3195	3466	4168	4909	5558	6465	7676	8415	9138	9982
新　疆	3050	3383	4014	5105	6154	6119	7365	7698	8277	8713

历年全区粮食生产情况

单位：亩、公斤、吨

年份	粮食			1.小麦			2.水稻		
	播种面积	亩产	总产量	播种面积	亩产	总产量	播种面积	亩产	总产量
1977	11342300	87.3	990100	4518500	83.6	377530	656800	342.6	225000
1978	11540000	102.5	1180000	4560000	106.5	485000	708000	395.5	280000
1979	11500000	92	1060000	4489000	93.5	420000	716000	349.5	250000
1980	11135000	108	1200000	4367000	133	495000	696000	472.5	330000
1981	10710000	118	1265000	4073000	132.5	540000	735000	502	370000
1982	10018000	119	1195000	4335000	142	615000	755000	521	395000
1983	10423000	139	1450000	4556000	160	730000	755000	530.5	400000
1984	10212118	151.1	1545000	4621767	162.1	748960	762539	547.8	417735
1985	9689000	147.5	1430000	4268000	146.3	625000	738000	568.7	420000
1986	9854000	157.8	1555000	4388000	163.6	718000	761000	551.6	420000
1987	10081000	141.9	1430000	3633000	131.8	479000	785000	558.0	438000
1988	10552146	156.2	1648626	4336000	147.8	641000	815000	557.6	453000
1989	10588584	166.7	1765360	4489000	158.4	711000	852000	566.9	483000
1990	10832120	177.0	1917028	4607000	169.3	780000	904000	600.7	543000
1991	10882240	183.6	1997842	4707201	181.6	854630	907140	617.9	560558
1992	10945659	170.7	1868109	3727501	185.8	692752	936758	461.8	432559
1993	10963521	187.2	2052813	4700340	183.0	860070	939903	463.1	435241
1994	11050493	182.1	2012208	4357212	158.9	692319	853767	544.8	465125
1995	11426471	177.9	2032529	4415209	156.0	688702	931461	495.5	461531
1996	11728530	219.9	2578678	4708372	185.4	872939	960718	562.0	539928
1997	11727493	218.8	2566049	4685544	175.3	821561	1008377	594.3	599259
1998	12260722	240.5	2948595	4752382	197.4	938304	997442	630.2	628558
1999	12550272	233.7	2932805	4025990	194.3	782139	1062782	618.7	657493
2000	12106089	208.8	2527416	4388836	169.7	744618	1150920	542.0	623764
2001	11721052	234.4	2747954	4488843	186.2	836029	1113264	555.3	618212
2002	13216999	228.4	3019142	5563086	172.8	961159	1145517	573.3	656686
2003	12079807	223.7	2701743	4789152	157.9	756142	700650	528.7	370423
2004	11874849	244.6	2904883	4185385	192.1	804188	965672	543.3	524620
2005	11638712	257.6	2998089	4140270	191.8	794139	1068722	571.3	610580
2006	11934180	260.5	3109369	3221019	215.6	694474	1224961	579.1	709368
2007	12845639	251.8	3235003	3505997	175.7	616005	1155006	523.8	605003
2008	12392463	265.7	3292404	3064305	209.1	640737	1204327	551.2	663810
2009	12409138	274.6	3407028	3276869	224.5	735631	1173687	550.0	645538
2010	12660739	281.6	3565096	3170550	221.8	703325	1247374	561.1	699862
2011	12786622	280.7	3589471	3031512	207.7	629758	1259133	561.9	707553
2012	12424055	301.9	3750337	2684701	231.1	620447	1265102	563.8	713259
2013	12024047	310.5	3734013	2232375	207.5	463158	1232159	559.1	688949
2014	11569990	326.6	3778932	1912047	212.1	405490	1170677	528.2	618346
2015	11556340	322.5	3726450	1836792	215.8	396361	1115146	544.8	607535
2016	11674765	317.4	3706116	1892861	216.0	408933	1125777	559.6	629995
2017	11633381	316.5	3681969	1987673	205.8	408973	1128956	566.3	639375

历年全区粮食生产情况(续表1)

单位:亩、公斤、吨

年 份	3.玉米			4.马铃薯		
	播种面积	亩产	总产量	播种面积	亩产	总产量
1977	196800	185.6	36530	657500	69.1	45460
1978	268000	224	60000	1242000	68.5	85000
1979	310000	218.5	70000	102200	65.5	65000
1980	418000	204	85000	940000	72	65000
1981	364000	181	65000	727000	58.5	45000
1982	306000	187	55000	629000	26.5	20000
1983	312000	226.5	70000	576000	61	35000
1984	484123	236.8	114650	553500	72.2	40000
1985	531708	267.3	142135	532500.0	75.1	40000
1986	694776	249.1	173095	531000.0	84.8	45000
1987	945503	307.3	290518	668500.0	53.1	35000
1988	1127000	259.1	292000	715500.0	90.9	65000
1989	996000	334.3	333000	690000.0	110.2	76000
1990	1132000	332.3	376000	660000.0	127.3	84000
1991	1138381	327.0	372268	676500.0	65	44000
1992	1077274	380.4	409815	660000.0	97	64000
1993	1051561	414.7	436065	667500.0	119.9	80000
1994	1181981	418.5	494718	684000	137.4	94000
1995	1425241	426.9	608485	793500	112.1	89000
1996	1822937	437.1	796745	1098000.0	134.8	148000
1997	1976540	420.9	831922	1134000.0	120.8	137000
1998	2147850	463.6	995797	1461000.0	139.6	204000
1999	2440433	441.0	1076200	1852500.0	134.5	249000
2000	1966162	416.8	819549	1146188.0	154	176485
2001	2216335	427.6	947715	1217419	163.6	199202
2002	2325883	448.3	1042723	1138147	142.5	162206
2003	2645027	453.4	1199260	1315319	171.9	226058
2004	2817790	417.7	1176885	1553468	170.1	264219
2005	2675812	453.8	1214150	1759014	156.5	275235
2006	2617748	464.3	1215411	2803579	115.8	324612
2007	3090002	474.4	1466001	3010003	137.5	414002
2008	3127872	479.4	1499400	3499117	120.8	422753
2009	3226160	484.7	1563817	3264612	119.7	390648
2010	3351079	494.8	1658047	3328313	127.7	425016
2011	3466567	497.4	1724292	3367775	132.2	445201
2012	3688433	518.3	1911770	3235540	130.6	422443
2013	3930306	524.8	2062431	3231317	136.2	439966
2014	4331316	517.3	2240724	2660268	158.3	421101
2015	4526615	501.2	2268820	2557730	145.4	371950
2016	4453439	497.3	2214650	2532727.0	140	354169
2017	4355390	493.4	2148735	2428320.0	151	366461

主要年份各市县粮食生产情况

单位:亩、公斤、吨

地区＼年份	2005年			2006年			2007年		
	播种面积	亩产	总产量	播种面积	亩产	总产量	播种面积	亩产	总产量
全 区	11638712	257.6	2998089	1193418	260.5	3109369	12845639	251.8	3235003
沿黄地区	5036710	404.2	2035971.0	5017123	423.7	2125563	4879971	418.7	2043187
中南部地区	6602002	145.7	962118.0	6917057	142.2	983806	7965668	149.6	1191816
银川市	1692644	411.3	696106.0	1685381	429.8	724312	1593516	399.8	637036
银川市辖区				287879	418.9	120595	309840	369.2	114392
永宁县	541502	412.6	223400.0	540507	428.7	231733	425556	395.6	168355
贺兰县	504742	401.4	202601.0	511761	429.4	219769	553815	425.4	235577
灵武市	355191	426.4	151442.0	345234	440.9	152215	304305	390.1	118712
石嘴山市	9666620	356.1	344169.0	946392	374.0	353962	943620	390.6	368531
大武口区	44070	324.7	14308.0	43546	363.1	15813	37785	362.6	13701
惠农区	190674	352.3	67166.0	177642	364.7	64782	178890	381.0	68162
平罗县	731876	358.9	262695.0	725204	377.0	273367	726945	394.3	286668
吴忠市	2736101	251.3	687645.0	2649437	284.1	752818	3198315	258.8	827814
利通区	377651	435	164267.0	389498	451.0	175655	365775	449.6	164437
红寺堡区	262155	364.9	95660.0	284243	383.7	109059	266835	427.6	114110
盐池县	505068	118.5	59861.0	579204	123.3	71401	769740	95.9	73822
同心县	927011	114.9	106559.0	755499	178.9	135145	1165035	185.5	216083
青铜峡市	664216	393.4	261298.0	640993	408.1	261558	630930	411.1	259362
固原市	4054017	149.1	604467.0	4403703	128.0	563794	4357830	143.9	626945
原州区	1012407	156.6	158531.0	1061881	131.0	139138	1072410	149.3	160107
西吉县	1617945	127	205491.0	1807593	102.7	185559	1823445	121.0	220562
隆德县	401373	190.8	76572.0	404223	177.6	71792	363525	169.4	61599
泾源县	226882	191.5	43111.0	224761	183.7	41280	202860	191.6	38864
彭阳县	795410	151.4	120432.0	905245	139.2	126025	895590	162.8	145813
中卫市	1709405	245.1	418984.0	1731403	252.6	437330	2253233	198.1	446358
沙坡头区	391644	356.4	139564.0	373300	372.6	139095	365670	360.3	131765
中宁县	464010	396.2	183849.0	463695	418.0	193828	481335	319.4	153737
海原县	853751	111.9	95571.0	894408	116.7	104407	1406228	114.4	160856
区 属	479925	514.1	246718.0	517864	535.2	277153	499125	657.8	328319
农 垦	446085	527	235067.0	480439	549.4	263941			

主要年份各市县粮食生产情况(续表1)

单位:亩、公斤、吨

年份/地区	2008年			2009年			2010年		
	播种面积	亩产	总产量	播种面积	亩产	总产量	播种面积	亩产	总产量
全 区	12392463	266.0	3292404	12409138	274.6	3407028	12660739.0	281.6	3565096.0
沿黄地区	5038964	427.0	2145157	5046275	436.7	2203602	4798000.0	450.2	2159869.5
中南部地区	7353499	155.0	1147247	7362863	163.4	1203426	7862739.0	178.7	1405226.5
银川市	1621099	440.0	712650	1666384	439.1	731788	1557413.0	453.5	706356.3
银川市辖区	277085	447.0	123948	41166	319.8	13163	38535.0	380.1	14646.0
永宁县	516698	422.0	218240	526248	425.0	223673	497762.0	427.3	212689.0
贺兰县	477688	450.0	214851	475539	448.4	213230	438777.0	476.1	208884.2
灵武市	349628	445.0	155611	370665	446.7	165586	336709.0	450.5	151700.4
石嘴山市	920465	403.0	369471	972418	410.2	398881	925982.0	418.7	387742.4
大武口区	41130	356.0	14658	36630	386.5	14158	35940.0	339.4	12199.0
惠农区	136522	416.0	56836	154179	412.1	63533	127986.0	433.7	55502.4
平罗县	742813	401.0	297977	781609	410.9	321190	762056.0	420	320041.0
吴忠市	2698731	301.0	816460	2861903	290.4	831049	3137468.0	283.2	888678.6
利通区	361189	475.0	171465	342271	471.4	161350	342916.0	477.5	163748.4
红寺堡区	256650	393.0	100763	243613	417.4	101690	284165.0	374.5	106414.0
盐池县	349214	198.0	69264	550776	157.7	86836	634564.0	152.6	96835.8
同心县	1061014	198.0	210114	1078506	200.4	216135	1266236.0	210.5	266573.4
青铜峡市	670664	395.0	264854	646737	409.8	265038	609587.0	418.5	255107.0
固原市	4198442	145.0	609546	4170496	154.9	646014	4183493.0	178.3	745826.7
原州区	912091	147.0	133642	910801	161.2	146777	901187.0	195.9	176526.7
西吉县	1789832	114.0	203098	1798759	117.2	210787	1817029.0	136.8	248530.8
隆德县	397115	221.0	87578	407317	218.1	88837	422875.0	219.9	92986.6
泾源县	190035	209.0	39670	181381	218.8	39687	171287.0	223.7	38314.7
彭阳县	909369	160.0	145558	872238	183.4	159926	871115.0	217.5	189467.9
中卫市	2429791	198.0	479677	2181917	219.0	477767	2335799.0	225	525657.0
沙坡头区	421800	323.0	136067	374866	368.6	138194	357591.0	398.4	142470.3
中宁县	519812	359.0	186050	487579	383.2	186822	483927.0	400.1	193610.1
海原县	1488179	106.0	157560	1319472	115.8	152751	1494281.0	126.9	189576.6
区属农垦	523935	581.0	304600	556020	578.3	321529	520584.0	597.1	310835.0

主要年份各市县粮食生产情况(续表2)

单位:亩、公斤、吨

年份 地区	2011年			2012年			2013年		
	播种面积	亩产	总产量	播种面积	亩产	总产量	播种面积	亩产	总产量
全 区	12786622	280.7	3589471	12424055	301.9	3750336.535	12024047	310.5	3734012.95
沿黄地区	4729361	460.4	2177229	4740572	475.8	2255388.55	4425438	499.9	2212248.95
中南部地区	8057261	175.3	1412242	7683483	194.6	1494947.985	7598609	200.3	1521764
银川市	1536824	451.4	693716	1509487	469.3	708452.0748	1378798	480.3	662274
银川市辖区	277038	459.3	127256	273415	470.4	128613.26	220893	478.8	105756
永宁县	497208	432.8	215175	497250	453.5	225496.1758	488000	474.0	231289
贺兰县	437578	473.2	207043	436252	488.6	213152	365905	494.3	180853
灵武市	325000	443.8	144241	302570	466.6	141190.639	304000	474.9	144376
石嘴山市	931595	423.8	394851	927600	437.7	405992.65	919407	443.4	407662
大武口区	37095	338.1	12542	37710	337.5	12729	34445	346.7	11941
惠农区	137500	424.5	58362	137135	445.8	61133.66	135850	448.7	60957
平罗县	757000	427.9	323947	752755	441.2	332129.99	749112	446.9	334764
吴忠市	3380917	267.0	902592	3120653	288.4	899942.768	3059442	295.8	904891
利通区	322800	474.9	153285	316650	502.1	158995	313500	500.6	156951
红寺堡区	291850	349.2	101905	331905	322.3	106973	325417	344.8	112219
盐池县	739720	134.3	99358	672000	132.4	88964	707500	136.5	96595
同心县	1427821	202.6	289244	1209250	229.7	277813	1145785	248.0	284193
青铜峡市	598726	432.3	258800	590848	452.2	267199	567240	449.4	254933
固原市	4110134	177.3	728740	3988978	201.4	803273.23	3939150	202.7	798556
原州区	899388	189.2	170186	860358	214.8	184770.1235	860160	218.2	187708
西吉县	1782850	139.7	249047	1766250	154.7	273174.022	1728600	159.9	276389
隆德县	409646	220.7	90409	383040	248.3	95100	379230	232.5	88161
泾源县	155000	219.7	34055	137670	216.5	29810.46	127000	202.1	25673
彭阳县	863250	214.4	185044	841660	261.9	220418.6285	844160	261.4	220625
中卫市	2312208	234.5	542146	2308568	254.4	587396	2198970	273.4	601220
沙坡头区	354764	411.1	145849	338655	440.2	149070.6	300493	504.9	151713
中宁县	469708	432.8	203303	488563	451.1	220399	417720	525.0	219306
海原县	1487736	129.7	192995	1481350	147.1	217926	1480757	155.5	230201
区 属	514944	635.8	327427	568769	607.1	345280	528280	680.3	359410
农 垦	492765	659.1	324777	500384	680.6	340566	512190	696.4	356666

主要年份各市县粮食生产情况(续表3)

单位:亩、公斤、吨

地区 \ 年份	2014年			2015年			2016年		
	播种面积	亩产	总产量	播种面积	亩产	总产量	播种面积	亩产	总产量
全 区	11569990	326.6	3778932	11556340.0	322.5	3726450	11674765	317.4	3706116
沿黄地区	4315441	496.0	2140630	4338932.0	504.8	2190489	4389030	507.7	2228169
中南部地区	7254549	225.8	1638302	7217408.0	212.8	1535961	7240135	204.1	1477947
银川市	1299038	476.2	618601	1280550.0	499.4	639505	1263352	513.0	648065
银川市辖区	219488	468.9	102911	216000.0	476.8	102994	215102	491.1	105634
永宁县	465000	478.6	222562	456000.0	498.3	227232	458000	514.0	235424
贺兰县	324050	486.2	157558	346550.0	494.7	171428	348250	497.1	173099
灵武市	290500	466.7	135570	262000.0	526.1	137851	252000	531.4	133908
石嘴山市	912392	449.0	409695	929130.0	441.7	410362	916372	427.7	391893
大武口区	33112	357.7	11845	32930.0	357.1	11759	38372	359.0	13777
惠农区	137330	448.3	61562	145100.0	444.3	64461	148550	432.9	64310
平罗县	741950	453.2	336288	751100.0	444.9	334142	735050	426.9	313806
吴忠市	2991778	314.3	940287	3042598.0	298	906774	3125288	312.1	975507
利通区	300100	502.9	150909	289300.0	524.4	151695	341100	519.4	177162
红寺堡区	328239	367.6	120651	316283.0	357.3	113015	301858	381.0	115006
盐池县	689000	153.8	105951	715595.0	122.4	87599	794510	133.5	106097
同心县	1126850	278.0	313244	1172550.0	257.4	301759	1179500	260.4	307184
青铜峡市	547589	455.7	249532	548870.0	460.4	252706	588320	459.0	270058
固原市	3685460	230.0	847596	3581780.0	221.9	794654	3551267	209.9	745464
原州区	830100	238.6	198025	798250.0	229.4	183138	782817	212.5	166376
西吉县	1615450	189.6	306301	1610250.0	182	292999	1607950	168.2	270474
隆德县	325950	255.5	83289	306500.0	249	76316	323900	248.0	80317
泾源县	113650	211.6	24044	80100.0	209.5	16777	75850	203.4	15427
彭阳县	800310	294.8	235937	786680.0	286.6	225424	790750	269.2	212870
中卫市	2141882	282.4	604765	2171167.0	278	603687	2138345	272.4	582571
沙坡头区	297600	474.6	141233	301000.0	504.9	151987	315250	502.1	158283
中宁县	419282	507.2	212672	438967.0	484.7	212766	430095	511.7	220092
海原县	1425000	176.0	250860	1431200.0	166.9	238934	1413000	144.5	204196
区 属	539440	663.6	357988	551115.0	674	371468	534541	678.4	362616
农 垦	532185	665.5	354150	537885.0	677.2	364230	521311	679.1	354046

主要年份各市县粮食生产情况(续表4)

单位:亩、公斤、吨

地区 \ 年份	2017年		
	播种面积	亩产	总产量
全　区	11633381	316.5	3681969
沿黄地区	4312261	511.7	2206661
中南部地区	7321120	201.5	1475308
银川市	1275666	502.6	641207
银川市辖区	219016	469.6	102854
永宁县	446000	508.5	226808
贺兰县	345650	506.8	175192
灵武市	265000	514.5	136353
石嘴山市	937205	421.5	395048
大武口区	37105	354.7	13161
惠农区	152800	432.4	66075
平罗县	747300	422.6	315812
吴忠市	3216097	303.7	976866
利通区	325900	513.7	167420
红寺堡区	304707	396.0	120675
盐池县	816200	133.9	109329
同心县	1249000	258.0	322183
青铜峡市	520290	494.5	257259
固原市	3542713	199.0	705135
原州区	793300	201.7	160031
西吉县	1610813	176.9	284933
隆德县	322500	241.4	77851
泾源县	57800	196.0	11327
彭阳县	758300	225.5	170993
中卫市	2136870	280.5	599330
沙坡头区	302550	524.0	158541
中宁县	425820	523.2	222803
海原县	1408500	154.8	217986
区　属	524830	694.3	364383
农　垦	511600	694.3	355205

历年全区猪、牛、羊、家禽出栏情况

单位:万头、万只

年份	猪	牛	羊	家禽
1978	25.77	0.56	23.90	
1979	28.49	0.69	30.70	
1980	32.71	0.50	42.91	
1981	30.97	0.53	42.38	
1982	32.41	0.53	71.58	
1983	32.51	0.41	53.55	
1984	33.14	0.73	52.97	
1985	39.09	0.98	60.64	
1986	44.00	1.48	62.10	
1987	48.20	2.83	87.10	
1988	48.90	3.04	68.70	
1989	53.83	3.97	104.17	
1990	59.08	4.42	104.69	
1991	59.80	4.81	120.00	
1992	62.93	5.40	100.83	
1993	68.90	6.38	87.10	
1994	76.10	9.86	89.80	
1995	88.42	15.36	107.37	
1996	95.19	17.29	117.67	
1997	104.32	17.62	127.75	
1998	120.57	21.19	154.99	1454.61
1999	134.12	27.33	228.18	1587.50
2000	147.09	28.16	234.04	1859.49
2001	120.17	18.61	222.96	1267.36
2002	138.20	23.26	288.71	1475.14
2003	165.09	30.59	357.49	1692.50
2004	155.66	34.52	370.65	1498.44
2005	163.08	37.57	389.23	1848.11
2006	111.90	39.70	319.10	1239.24
2007	115.30	45.60	329.30	1115.31
2008	118.49	47.66	341.91	1184.94
2009	127.22	50.94	395.26	1102.42
2010	120.24	52.09	425.11	1134.99
2011	99.68	52.03	443.87	1147.98
2012	103.35	57.04	475.01	1141.06
2013	95.59	59.49	521.40	1211.70
2014	101.20	58.71	552.03	1204.42
2015	91.46	64.40	579.68	1019.05
2016	96.15	68.19	598.22	1088.32
2017	99.19	70.99	622.65	1104.54

注：保留两位小数。

历年全区猪、牛、羊、家禽存栏情况

单位:万头、万只

年份	存栏						
	生猪	#能繁母猪	牛	#奶牛	羊	家禽	#蛋鸡
1958	17.11		21.83		174.57		
1959	16.96		21.29		215.16		
1960	12.88		19.98		245.25		
1961	14.00		18.88		241.45		
1962	23.21		19.53		254.37		
1963	28.12		21.57		274.18		
1964	36.60		24.02		309.45		
1965	43.86		26.57		334.35		
1966	41.20		26.53		322.37		
1967	37.12		25.20		313.16		
1968	34.99		25.04		292.08		
1969	32.24		24.74		271.52		
1970	35.80		24.11		280.36		
1971	54.75		23.44		290.60		
1972	56.89		22.27		277.55		
1973	48.83		21.37		287.02		
1974	47.78		19.43		273.97		
1975	58.57		18.96		285.42		
1976	70.31		17.78		230.67		
1977	71.30		17.43		267.88		
1978	71.98		17.86		295.95		
1979	64.90		18.42		319.61		
1980	55.92	2.70	19.61		322.37		
1981	51.80	2.80	18.99		301.13		
1982	48.10	3.10	17.78		272.22		
1983	47.88	3.40	16.97		247.52		
1984	49.59	4.10	18.88		269.57		
1985	60.43	5.40	23.24		309.70		
1986	65.79	4.70	27.31		344.22		
1987	59.89	3.40	27.86		349.03		
1988	57.81	4.70	28.01		381.35		
1989	65.38	5.40	27.07		350.69		
1990	66.00	4.70	27.85		317.61		
1991	66.82	5.00	28.05		271.69		
1992	70.72	6.50	30.35		252.54		
1993	79.42	7.00	33.50		249.30		
1994	84.53	7.10	42.93		269.12		
1995	91.87	8.10	51.90		292.70		
1996	98.24	8.30	58.85		310.30		
1997	100.55	9.80	49.86		340.10		
1998	121.12	13.41	52.82	4.60	358.87	1161.43	
1999	122.10	11.46	55.46	4.86	376.73	1303.35	
2000	132.89	11.49	60.50	5.61	394.27	1591.49	
2001	110.62	12.23	54.46	8.93	467.22	834.61	1095.68
2002	126.22	12.52	62.36	10.16	476.03	954.37	1143.80
2003	125.05	12.59	70.50	12.96	474.41	1055.09	843.65
2004	117.63	10.16	85.65	13.73	493.49	1130.62	759.52
2005	122.71	11.99	98.15	15.81	505.35	1127.94	857.07
2006	83.84	10.90	90.24	21.19	348.30	635.51	411.05
2007	82.60	8.93	96.60	26.35	385.20	722.20	615.31
2008	89.47	12.93	93.41	30.79	461.25	893.41	677.31
2009	91.73	13.69	92.05	27.30	470.24	863.57	533.76
2010	73.66	8.97	90.66	26.91	473.70	805.39	498.39
2011	68.31	8.28	91.76	29.84	479.46	884.45	517.82
2012	69.45	9.62	94.43	32.87	506.35	779.45	440.86
2013	75.31	10.12	95.80	34.09	570.11	1032.27	609.06
2014	75.43	8.88	103.12	37.37	611.95	1032.39	618.26
2015	65.47	7.69	107.57	35.44	587.78	933.93	601.94
2016	68.96	7.94	112.97	36.55	580.73	1064.46	736.88
2017	70.66	8.20	118.33	38.40	554.67	1150.68	810.60

注:保留两位小数。

2000年各市县猪、牛、羊、家禽存栏情况

	生猪(头)	#能繁母猪	牛(头)	#奶牛	羊(只)	家禽(百只)	#蛋鸡
全　区	1328938	114858	604976	56127	3942747	159149	
沿黄地区	1022568	95609	328061	54998	2414867	135595	
中南部地区	306370	19249	276915	1129	1527880	23554	
银川市	244218	21210	208677	18756	766488	42218	
银川市辖区	49424	3410	91760	5669	94446	10622	
永宁县	80726	6620	25498	5273	210566	7386	
贺兰县	55370	5989	48826	1155	120060	6078	
灵武市	58698	5191	42593	6659	341416	18132	
石嘴山市	124993	12559	49703	2088	575794	19447	
大武口区	7960	1480	758	186	33650	1594	
惠农区	39334	2196	9964	1629	216680	5107	
平罗县	77699	8883	38981	273	325464	12746	
吴忠市	307589	30754	140959	28144	1429992	27293	
利通区	34711	2303	77344	23371	177511	10804	
红寺堡区	1181	80	353		52880	73	
盐池县	45794	1325	1802	963	487819	1541	
同心县	9340	183	32641	51	396032	3171	
青铜峡市	216563	26863	28819	3759	315750	11704	
固原市	228701	15851	205340	98	299242	16497	
原州区	52136	3957	62590	73	101634	5833	
西吉县	53901	2946	49076		85348	3198	
隆德县	75209	6039	30883		18860	2720	
泾源县	175	19	23823		23104	1248	
彭阳县	47280	2890	38968	25	70296	3498	
中卫市	389279	30818	64892	2793	750564	51408	
沙坡头区	164906	12461	15442	1168	297337	35011	
中宁县	202066	16488	12470	1608	120070	14356	
海原县	22307	1869	36980	17	333157	2041	
区　属	34158	3666	9729	4248	120667	2286	

注：保留整数。

2005年各市县猪、牛、羊、家禽存栏情况(续表1)

	生猪(头)	#能繁母猪	牛(头)	#奶牛	羊(只)	家禽(百只)	#蛋鸡
全 区	1227100	119938	981504	158053	5053512	112794	85707
沿黄地区	911301	98204	501105	153849	2798016	95885	73285
中南部地区	315799	21734	480399	4204	2255496	16909	12422
银川市	212389	24001	192728	59996	996492	20676	12523
银川市辖区	67142	2197	64587	29397	241453	8270	5127
永宁县	55606	8986	60211	10415	269908	6825	4580
贺兰县	44520	5519	34754	5316	148458	3874	2304
灵武市	45121	7299	33176	14868	336673	1707	512
石嘴山市	94033	8964	70624	9790	649081	8390	3630
大武口区	7654	770	1425	120	19790	86	10
惠农区	13900	2152	20738	6965	195670	4861	2491
平罗县	73439	6042	48461	2705	441860	3766	1129
吴忠市	268856	36134	243643	67852	1746478	13774	8111
利通区	30700	2119	131715	53545	248309	4454	986
红寺堡区	9572	66	14740	557	252826	1216	1048
盐池县	55082	5483	6475	2083	571435	2475	2049
同心县	9528	144	55007	14	401133	1074	935
青铜峡市	163974	28322	35706	11653	272775	4555	3093
固原市	210583	12585	350788	1464	655478	11709	8040
原州区	47287	3364	90295	1209	252334	4058	2073
西吉县	66675	793	95080	18	153875	2062	1536
隆德县	46202	5090	39473	73	39172	1637	1552
泾源县	11100	850	50504	107	51504	476	310
彭阳县	39319	2488	75436	57	158593	3476	2569
中卫市	404079	33784	103196	7723	860050	55811	52471
沙坡头区	147406	11478	26227	1112	249643	49435	47965
中宁县	225639	18869	23927	6525	235783	5941	4156
海原县	31034	3437	53042	86	374624	435	350
区 属	37160	4470	20525	11228	145933	2434	932

2010年各市县猪、牛、羊、家禽存栏情况(续表2)

	生猪(头)	#能繁母猪	牛(头)	#奶牛	羊(只)	家禽(百只)	#蛋鸡
全　区	736550	89678	906590	269062	4736998	80539	49839
沿黄地区	488790	67581	432023	266062	2074738	65598	43103
中南部地区	247760	22097	474567	3000	2662260	14942	6736
银川市	139966	18927	166337	89891	640112	18776	10320
银川市辖区	34000	4456	70186	47126	87133	9219	5303
永宁县	44485	5539	42210	14622	110033	6490	3258
贺兰县	21040	2021	26891	11186	88823	2124	1241
灵武市	40441	6911	27050	16957	354123	943	518
石嘴山市	42914	3562	40313	13288	487650	6044	2973
大武口区	5050	800	1800	350	12000	1000	25
惠农区	7447	753	12468	9033	148899	2041	1128
平罗县	30417	2009	26045	3905	326751	3003	1820
吴忠市	169431	25375	214842	126627	2109073	11418	5548
利通区	21369	2332	109479	102980	253899	1816	866
红寺堡区	8968	957	15946	227	159960	824	484
盐池县	38128	3561	3444	2166	900114	1396	376
同心县	4157	200	52635	40	558868	2066	846
青铜峡市	96809	18325	33338	21214	236232	5316	2976
固原市	175454	15897	365620	537	628375	8876	4263
原州区	34527	3502	78053	485	240650	2573	1390
西吉县	58829	4311	96976		150901	1255	1005
隆德县	39718	3369	44232	52	32255	1110	950
泾源县	5000	65	57677		34022	428	90
彭阳县	37380	4650	88682		170547	3511	828
中卫市	174538	21219	87103	11974	798111	32437	25271
沙波头区	45636	5401	21393	4623	158227	28669	22977
中宁县	107849	14336	28788	7321	224941	1989	1527
海原县	21053	1482	36922	30	414943	1779	767
区　属	34247	4698	32375	26745	73677	2988	1465

2015年各市县猪、牛、羊、家禽存栏情况(续表3)

	生猪(头)	#能繁母猪	牛(头)	#奶牛	羊(只)	家禽(百只)	#蛋鸡
全 区	654708	76899	1075661	354422	5877796	93393	60194
沿黄地区	441805	55988	530407	348090	2346582	73629	51568
中南部地区	212903	20911	545254	6332	3531214	19764	8626
银川市	140091	19192	188119	125612	669591	21655	15584
银川市辖区	24838	2847	69568	54009	93892	3732	3050
永宁县	23798	3537	40654	13319	148082	11753	9161
贺兰县	15771	2112	53328	39052	106707	3071	2283
灵武市	75685	10696	24569	19232	320910	3099	1090
石嘴山市	40808	4289	62655	25991	614848	6795	3549
大武口区	18117	2369	26048	19807	233042	2335	543
惠农区							
平罗县	22691	1919	36607	6184	381807	4460	3006
吴忠市	149195	17275	285090	169957	2215266	26792	13208
利通区	11762	1988	156183	120388	299425	3480	1478
红寺堡区	8529	668	20708	145	317558	926	877
盐池县	52102	5389	5454	4904	783076	1087	622
同心县	4406	72	47653	759	620660	3604	446
青铜峡市	72397	9159	55092	43761	194546	17696	9785
固原市	135724	13792	425767	523	1094357	9737	3764
原州区	29148	2971	90814	523	356803	3889	2685
西吉县	38962	3054	122485		378075	1300	659
隆德县	31549	4822	56119		45670	1786	130
泾源县	2420	161	67644		48591	592	60
彭阳县	33645	2783	88705		265217	2171	230
中卫市	188889	22351	114029	32339	1283735	28414	24089
沙坡头区	61597	8070	31584	20908	222383	19444	18119
中宁县	115149	13289	36774	11431	345790	4560	3053
海原县	12142	991	45672	0	715562	4410	2916
区 属							

注：从2012年开始，区属部分按照属地原则统计在各市、县(区)，不再单列；大武口区与惠农区作为一个总体抽样，数据未分开。

2017年各市县猪、牛、羊、家禽存栏情况（续表4）

	生猪（头）	#能繁母猪	牛（头）	#奶牛	羊（只）	家禽（百只）	#蛋鸡
全 区	706631	82022	1183334	383995	5546749	115068	81060
沿黄地区	491579	60585	589945	373307	2291953	88689	65578
中南部地区	215052	21437	593389	10688	3254796	26379	15483
银川市	159511	20638	198179	125398	654003	28460	19693
银川市辖区	33376	4341	73817	51718	81152	6072	5451
永宁县	22197	2930	41462	13343	149885	11528	7784
贺兰县	19985	2638	57860	45985	110546	6579	5530
灵武市	83953	10729	25040	14352	312420	4281	928
石嘴山市	47502	4774	64472	20794	631311	9087	5726
大武口区	21607	2760	25960	14250	240392	3143	2069
惠农区							
平罗县	25895	2014	38512	6544	390919	5944	3657
吴忠市	160849	18570	334177	188851	2212883	28767	15878
利通区	12753	1773	174380	134600	275220	5956	1825
红寺堡区	8305	673	32055	1403	311265	991	477
盐池县	50456	5264	6986	5465	831275	865	701
同心县	5015	70	54516	503	618543	4327	1060
青铜峡市	84320	10790	66240	46880	176580	16628	11814
固原市	140476	14269	447732	423	944961	17256	10539
原州区	30750	3300	94200	380	290748	5993	5304
西吉县	40775	3239	140957		340876	4206	2317
隆德县	34651	4599	56510	43	36875	2382	1659
泾源县	2100	160	63890		33112	741	494
彭阳县	32200	2971	92175		243350	3935	764
中卫市	198293	23771	138774	48529	1103591	31499	29224
沙坡头区	76711	8710	41879	28477	247419	23554	22591
中宁县	110782	13900	44795	17158	307420	5005	3928
海原县	10800	1161	52100	2894	548752	2941	2705
区 属							

2000年各市县猪、牛、羊、家禽出栏情况

	猪(头)	牛(头)	羊(只)	家禽(百只)
全 区	1470896	281560	2340377	185949
沿黄地区	1191875	188550	1632394	171138
中南部地区	279021	93010	707983	14811
银川市	283354	78683	776704	59214
银川市辖区	75083	14433	207318	14973
永宁县	84184	16548	101673	8484
贺兰县	55762	16852	48148	13024
灵武市	68325	30850	419565	22733
石嘴山市	136189	44610	350992	51318
大武口区	8168	306	12300	2088
惠农区	43337	5203	121326	16186
平罗县	84684	39101	217366	33044
吴忠市	308004	78966	782639	24336
利通区	40139	40276	150192	9156
红寺堡区	1070	370	15593	15
盐池县	43170	146	269016	781
同心县	10650	29834	204853	2470
青铜峡市	212975	8340	142985	11914
固原市	205334	56496	131628	9165
原州区	39533	13268	50951	2233
西吉县	42254	11533	25462	1941
隆德县	74716	9568	8956	2022
泾源县	120	8704	8991	836
彭阳县	48711	13423	37268	2133
中卫市	502128	19308	243850	40909
沙波头区	220689	6529	90899	26254
中宁县	261832	6297	54151	12308
海原县	19607	6482	98800	2347
区 属	35867	3497	54564	1007

注：保留整数。

2005年各市县猪、牛、羊、禽出栏情况(续表1)

	猪(头)	牛(头)	羊(只)	家禽(百只)
全　区	1630783	375687	3892310	184811
沿黄地区	1292532	187675	2401924	159072
中南部地区	338251	18012	1490386	25739
银川市	271551	69510	748678	41409
银川市辖区	79742	20360	197023	12195
永宁县	79059	25121	191841	15032
贺兰县	74518	12045	119223	7727
灵武市	38232	11984	240591	6455
石嘴山市	115651	32508	584072	46515
大武口区	16075	985	37204	9597
惠农区	14577	7519	145504	20468
平罗县	84999	24004	401364	16450
吴忠市	436857	90810	1110322	31970
利通区	40891	38042	278780	9754
红寺堡区	7761	4290	132055	907
盐池县	87150	2114	205673	9647
同心县	8832	33597	304996	1341
青铜峡市	292223	12767	188818	10321
固原市	201523	119328	506363	11888
原州区	43073	32598	210302	3086
西吉县	50208	27528	75598	2131
隆德县	49409	6934	37973	866
泾源县	8035	24671	58431	1206
彭阳县	50798	25597	124068	4599
中卫市	563090	58140	812386	50808
沙坡头区	238612	18396	216511	38558
中宁县	291493	11061	254576	10303
海原县	32985	28683	341299	1947
区　属	42111	5391	130489	2221

2010年各市县猪、牛、羊、家禽出栏情况(续表2)

	猪(头)	牛(头)	羊(只)	家禽(百只)
全 区	1202377	520927	4251087	113499
沿黄地区	860570	219916	2059508	86539
中南部地区	341807	301011	2191579	26960
银川市	218398	93074	619036	31717
银川市辖区	43270	30841	100067	11160
永宁县	69099	26996	127767	10369
贺兰县	35092	17616	95182	5365
灵武市	70937	17621	296020	4823
石嘴山市	70153	32536	466787	16960
大武口区	7436	789	10214	3104
惠农区	13789	7822	147371	4431
平罗县	48928	23925	309202	9425
吴忠市	249829	102119	1620948	16624
利通区	26581	36998	256951	3906
红寺堡区	8373	9813	106548	790
盐池县	57903	1621	519521	3959
同心县	6224	37009	468795	2320
青铜峡市	150748	16678	269133	5649
固原市	246640	224414	758571	19032
原州区	46815	45957	267706	5357
西吉县	70824	56421	144234	3070
隆德县	49273	25677	46182	2096
泾源县	7440	39383	59074	1398
彭阳县	72288	56976	241375	7111
中卫市	364426	58909	741092	25552
沙波头区	99062	13594	181082	21066
中宁县	242696	17161	221866	3627
海原县	22667	28154	338144	859
区 属	52932	9875	44653	3614

2015年各市县猪、牛、羊、家禽出栏情况（续表3）

	猪（头）	牛（头）	羊（只）	家禽（百只）
全　区	914595	643956	5796846	101905
沿黄地区	645887	237042	2424028	75431
中南部地区	268708	406914	3372818	26474
银川市	187714	103259	812146	27435
银川市辖区	33817	29739	81198	3291
永宁县	45041	33282	184616	15425
贺兰县	25528	19974	86600	3502
灵武市	83327	20264	459732	5217
石嘴山市	60931	39366	558236	14916
大武口区	18749	9793	164433	6204
惠农区				
平罗县	42182	29573	393803	8712
吴忠市	183876	132128	2325044	18850
利通区	15417	42596	285678	5727
红寺堡区	9557	18808	219034	944
盐池县	51849	1256	756568	1165
同心县	4034	54121	828108	4616
青铜峡市	103020	15347	235656	6398
固原市	190229	299629	1060782	16995
原州区	41384	53360	346161	7321
西吉县	54095	70497	267893	1907
隆德县	51487	34344	57725	1688
泾源县	4065	75997	67702	1203
彭阳县	39198	65432	321301	4877
中卫市	291845	69574	1040638	23708
沙坡头区	94800	16771	193073	14467
中宁县	184007	19702	339238	6488
海原县	13039	33100	508326	2753
区　属				

注：从2012年开始，区属部分按照属地原则统计在各市、县（区），不再单列；大武口区与惠农区作为一个总体抽样，数据未分开。

2017年各市县猪、牛、羊、家禽出栏情况(续表4)

	猪(头)	牛(头)	羊(只)	家禽(百只)
全 区	991868	709851	6226543	110454
沿黄地区	708936	259143	2535174	79817
中南部地区	282932	450708	3691369	30637
银川市	194703	106975	859497	25052
银川市辖区	40539	30042	86963	2504
永宁县	39950	33979	211395	14164
贺兰县	24706	22563	97722	3788
灵武市	89508	20391	463417	4596
石嘴山市	68226	43660	587383	17756
大武口区	25649	10489	184406	8155
惠农区				
平罗县	42577	33171	402977	9601
吴忠市	230248	157918	2566388	21388
利通区	21013	44231	343855	6926
红寺堡区	11820	26925	312867	1714
盐池县	65098	1786	886434	1358
同心县	4505	63751	790952	4123
青铜峡市	127812	21225	232280	7267
固原市	184898	324875	1143044	21930
原州区	42637	60491	358225	8886
西吉县	53950	86958	343924	3668
隆德县	49972	36713	57010	2361
泾源县	3890	71363	62965	1569
彭阳县	34449	69350	320920	5447
中卫市	313793	76423	1070231	24328
沙坡头区	104607	20115	210121	16415
中宁县	192575	22937	302038	6401
海原县	16611	33371	558072	1512
区 属				

主要年份各市县猪、牛、羊、家禽肉产量

单位：吨

	1978年	1980年	1990年	2000年	2005年	2006年	2007年	2008年
全　区	12253	21491	62791	159364	222783	216001	228062	232396
沿黄地区	7703	14224	38107	118955	146647	129029	133729	137409
中南部地区	4550	7267	24684	40409	76136	86972	94333	94987
银川市	2191	4935	11543	35144	38812	35634	35905	38679
银川市辖区	454	1098	2917	9149	11347	7468	8792	9723
永宁县	681	1167	4060	7322	11170	13035	11661	11558
贺兰县	567	1161	3065	6429	8234	8156	7272	7443
灵武市	489	1509	1501	12244	8061	6976	8180	9955
石嘴山市	1402	2442	6571	19009	22026	21428	20977	20208
大武口区	493	976	2427	4942	7103	1433	1358	1221
惠农区						5236	5240	5409
平罗县	748	1229	3585	12611	14923	14759	14379	13578
吴忠市	2862	4147	14388	39857	58899	58884	60935	61907
利通区	1190	1759	5198	7096	11719	12828	12287	12506
红寺堡区	405	813	1395	9763	12822	2344	3526	3557
盐池县	498	476	3191	6920	9897	11081	12207	12141
同心县	344	1958	3457	3182		10546	10206	10525
青铜峡市	769	1099	4604	15734	21279	22085	22709	23178
固原市	2352	4339	13350	22354	39532	47360	58014	58076
原州区	1118	2853	2774	5133	11783	12044	13838	13928
西吉县	693	990	2563	4239	9126	11057	15426	15299
隆德县	496	419	3170	5266	5441	5263	6180	6224
泾源县	45	77	1044	1606	4447	5157	6010	6232
彭阳县			3799	6110	8735	13839	16560	16393
中卫市	2202	3111	14863	38907	58076	47337	47225	47937
沙坡头区	1002	1364	6626	17195	21586	17442	13511	13123
中宁县	690	1054	5292	18017	24684	19612	23334	24126
海原县	510	693	2945	3695	11806	10283	10380	10688
区　属	1244	2517	2076	4093	5438	5358	5006	5589

注：保留整数。

主要年份各市县猪、牛、羊、家禽肉产量(续表1)

单位:吨

	2009年	2010年	2011年	2012年	2013年	2014年	2015年	2016年	2017年
全 区	251855	254182	247448	261244	270247	281839	288854	305153	318037
沿黄地区	146333	141369	134079	136609	136888	139935	141909	149389	155182
中南部地区	105522	112813	113369	124635	133359	141904	146945	155764	162855
银川市	41923	44589	45055	49323	52430	50569	49597	51316	51665
银川市辖区	9587	11128	10900	10707	10715	9117	9218	9187	9781
永宁县	12704	12803	12518	12603	13791	14318	14610	14919	14718
贺兰县	7891	7562	7086	7261	7580	7766	7200	8230	7923
灵武市	11741	13096	14548	18752	20344	19369	18569	18980	19243
石嘴山市	19654	20372	20268	19483	20837	21840	22812	24081	26014
大武口区	1394	1379	1491	5613	5949	6935	7003	7980	8625
惠农区	4921	5349	5418						
平罗县	13339	13644	13358	13871	14888	14905	15809	16101	17389
吴忠市	68272	63968	60796	73289	73860	78539	79132	85274	92346
利通区	13491	12080	10446	11253	11378	11924	13703	14968	15819
红寺堡区	4403	4034	4365	5636	6802	6723	7458	8845	10661
盐池县	12821	15201	15054	16450	14826	18769	18434	20985	22430
同心县	13192	14427	15714	20214	23507	23451	23868	23059	24736
青铜峡市	24365	18226	15216	19735	17346	17672	15669	17418	18701
固原市	63858	66963	66269	68706	74041	78116	81727	86620	88619
原州区	14832	15578	15405	16651	17600	18352	18922	20147	20767
西吉县	15774	16336	15775	16200	17425	18147	19412	21285	23954
隆德县	7679	8480	8557	9291	10083	10895	10615	10993	10930
泾源县	6992	7580	7894	9465	10427	11448	13125	14036	12796
彭阳县	18581	18989	18636	17100	18506	19275	19653	20159	20172
中卫市	52164	51999	48804	50413	49120	52775	55587	57862	59393
沙波头区	16113	16106	14266	11720	12423	14714	15730	16828	17875
中宁县	24803	23705	22573	25064	22473	23216	24400	24778	25108
海原县	11248	12188	11967	13629	14224	14845	15458	16256	16410
区 属	5984	6291	6256						

注：从2012年开始，区属部分按照属地原则统计在各市、县(区)，不再单列；大武口区与惠农区作为一个整体抽样，数据未分开。

主要年份各市县牛奶产量

单位:吨

	1978年	1980年	1990年	2000年	2005年	2006年	2007年	2008年
全 区	3720	4152	40704	236042	578500	636667	795033	893830
沿黄地区	3662	4061	40250	233462	563609	621096	778768	878860
中南部地区	58	91	454	2580	14891	15571	16265	14970
银川市	578	706	17344	68049	168727	156540	215570	266499
银川市辖区	491	572	12166	20948	68994	55124	102934	141659
永宁县	35	65	2372	16943	27873	29175	35697	41737
贺兰县	28	36	2649	6380	22911	23608	23611	26162
灵武市	24	33	157	23778	48949	48634	53328	56941
石嘴山市	135	183	188	5739	20393	8967	26555	36372
大武口区	57	74	97	4802	13819	1225	886	881
惠农区						30	17791	24050
平罗县	78	105	91	925	6574	7712	7878	11441
吴忠市	620	723	13197	135884	308910	356026	445992	470627
利通区	515	708	11951	120600	263721	299163	382532	399837
红寺堡区					1611	654	852	542
盐池县		15	72	2404	8732	10035	10184	8070
同心县				85	27	20	34	142
青铜峡市	105		1174	12795	34819	46154	52390	62036
固原市	58	68	379	91	4301	4632	4965	5654
原州区	40	48	131	90	3572	4018	4404	5062
西吉县			108		20	22	30	68
隆德县	4	1			99	110	115	137
泾源县	14	19	140		379	262	200	235
彭阳县				1	231	220	216	152
中卫市	83	111	330	7945	25602	30426	31337	33538
沙波头区	48	44	230	3044	6634	15743	7161	13877
中宁县	35	67	100	4901	18748	14454	23946	19099
海原县					220	230	230	562
区 属	2246	2361	9266	18334	50567	80075	70614	81140

注:保留整数。

主要年份各市县牛奶产量(续表1)

单位:吨

	2009年	2010年	2011年	2012年	2013年	2014年	2015年	2016年	2017年
全　区	811437	845882	960602	1034945	1041933	1357400	1365312	1394654	1533317
沿黄地区	801172	837823	955396	1029291	1033915	1342893	1352194	1377019	1504861
中南部地区	10265	8059	5207	5654	8018	14507	13118	17635	28456
银川市	248632	271455	293280	401076	416489	534253	493392	471820	492494
银川市辖区	131832	144260	153220	214892	214858	259648	212223	202122	205458
永宁县	41439	44330	48586	59369	53450	60058	55537	53023	52112
贺兰县	25807	33619	38913	59475	74840	122814	137898	151696	175219
灵武市	49554	49246	52561	67340	73341	91734	87734	64978	59704
石嘴山市	29777	38562	43759	54743	59934	77511	90351	85468	87462
大武口区		1244	1257	38488	45260	57100	67806	61867	61769
惠农区	18395	26085	30114						
平罗县	11382	11233	12388	16255	14674	20411	22545	23601	25692
吴忠市	411679	397931	468240	526607	502292	650297	668158	709636	780956
利通区	342150	329883	384094	424384	392167	498284	501621	534579	581679
红寺堡区	719	738	649	764	829	722	850	452	625
盐池县	6932	5669	3138	2991	3087	6166	6908	7298	14422
同心县	139	108	120	25	1158	2362	2307	2731	2777
青铜峡市	61739	61533	80239	98442	105050	142762	156472	164576	181453
固原市	2389	1474	1299	1743	2826	5256	3053	1955	1483
原州区	1656	1050	1225	1603	2783	5211	3053	1849	1338
西吉县									
隆德县	156	126	74	139	43	46		106	144
泾源县									
彭阳县	577	298							
中卫市	31921	36948	37690	51687	60393	90083	110359	125776	170924
沙波头区	12738	14997	14870	20809	28892	49239	65678	72500	100191
中宁县	19097	21881	22820	30747	31383	40844	44680	48075	61583
海原县	86	70		131	118			5200	9150
区　属	87039	99512	116334						

注：从2012年开始，区属部分按照属地原则统计在各市、县(区)，不再单列；大武口区与惠农区作为一个总体抽样，数据未分开。

历年全区居民八大类消费价格指数

以上年价格=100

年 份	居民消费价格总指数	1.食品	2.衣着	3.家庭设备及用品	4.医疗保健	5.交通和通信工具	6.娱乐教育文化用品	7.居住	8.服务项目
1991	106.3	108.5	104.0	101.0	102.0	99.6	97.4	106.9	110.0
1992	108.3	112.6	104.1	101.2	117.1	104.2	93.2	109.2	109.8
1993	114.3	112.8	108.8	107.5	110.5	112.5	100.5	121.9	131.8
1994	123.1	132.5	120.7	112.0	106.4	106.5	110.4	116.0	128.9
1995	117.1	126.1	118.1	105.9	106.3	97.6	104.8	105.2	113.8
1996	106.8	106.2	109.8	105.8	107.5	97.2	108.1	107.8	106.6
1997	103.8	100.3	107.1	102.8	104.3	98.7	99.6	112.4	112.7
1998	100.0	96.5	101.1	98.1	102.8	96.2	94.6	99.5	117.3
1999	98.7	97.2	95.8	97.4	104.8	92.1	96.3	99.9	106.7
2000	99.6	97.2	96.6	97.3	99.7	90.8	94.6	105.8	110.1

年 份	居民消费价格总指数	1.食品	2.烟酒及用品	3.衣着	4.家庭设备用品及维修服务	5.医疗保健和个人用品	6.交通和通信	7.娱乐教育文化用品及服务	8.居住
2001	101.6	100.1	97.9	99.4	97.4	99.8	100.6	112.4	102.5
2002	99.4	99.8	101.3	98.4	96.0	98.1	96.8	102.8	99.8
2003	101.7	104.5	101.1	99.4	95.7	100.2	98.1	105.6	100.0
2004	103.7	109.6	104.5	99.1	97.9	98.1	99.7	100.1	106.3
2005	101.5	101.9	99.0	103.5	99.1	98.2	100.5	99.6	106.3
2006	101.9	103.8	100.6	101.7	100.7	99.8	100.4	97.9	105.2
2007	105.5	114.1	100.9	102.9	102.3	100.5	98.0	99.0	105.1
2008	108.5	118.0	102.3	103.4	104.2	102.6	100.5	99.2	109.9
2009	100.7	101.6	102.1	99.2	100.9	101.7	98.4	100.0	101.7
2010	104.1	108.3	101.4	101.3	100.9	101.8	100.1	103.9	103.4
2011	106.3	113.5	101.7	104.5	102.0	103.8	101.6	100.8	104.3
2012	102.0	104.5	101.5	103.0	100.2	101.6	99.5	98.6	100.8
2013	103.4	107.2	99.8	103.0	101.3	103.2	98.6	99.7	102.2
2014	101.9	102.7	99.1	102.7	101.1	101.6	99.6	102.8	101.2
2015	101.1	100.4	102.6	102.8	101.4	101.0	98.6	105.7	100.3

年 份	居民消费价格总指数	1.食品烟酒	2.衣着	3.居住	4.生活用品及服务	5.交通和通信	6.教育文化和娱乐	7.医疗保健	8.其他用品和服务
2016	101.5	102.4	101.7	100.4	100.3	98.6	102.2	102.9	103.2
2017	101.6	99.5	101.2	102.3	101.9	102.7	102.3	104.8	102.4

主要年份全区居民消费价格总指数

年 份	以1957年价格为100 1957=100	以1965年价格为100 1965=100	以1970年价格为100 1970=100	以1978年价格为100 1978=100	以1980年价格为100 1980=100
1958	102.4				
1959	105.4				
1960	109.9				
1961	132.1				
1962	125.6				
1963	111.7				
1964	106.0				
1965	103.5				
1966	101.7	98.2			
1967	104.2	100.7			
1968	105.6	102.0			
1969	108.2	104.5			
1970	109.1	105.3			
1971	108.9	105.1	99.8		
1972	109.3	105.6	100.2		
1973	109.6	105.9	100.5		
1974	110.1	106.3	100.9		
1975	110.7	106.9	101.5		
1976	111.7	107.9	102.4		
1977	120.9	116.7	110.8		
1978	121.6	117.4	111.5		
1979	123.6	119.3	113.3	101.6	
1980	133.6	129.0	122.4	109.8	
1981	136.4	131.7	125.0	112.1	102.1
1982	140.3	135.5	128.6	115.4	105.1
1983	142.6	137.7	130.7	117.2	106.7
1984	146.4	141.4	134.2	120.4	109.6
1985	159.0	153.6	145.8	130.8	119.1
1986	168.2	162.5	154.2	138.3	126.0
1987	180.5	174.3	165.5	148.4	135.2
1988	211.4	204.1	193.8	173.8	158.3
1989	247.8	239.3	227.1	203.7	185.5
1990	265.3	256.2	243.2	218.2	198.7
1991	282.1	272.4	258.6	231.9	211.2
1992	305.5	295.0	280.0	251.2	228.7
1993	349.1	337.2	320.1	287.1	261.4
1994	429.8	415.1	394.0	353.4	321.8
1995	503.3	486.0	461.4	413.8	376.8
1996	537.5	519.1	492.7	442.0	402.4
1997	557.9	538.8	511.5	458.8	417.7
1998	557.9	538.8	511.5	458.8	417.7
1999	550.7	531.8	504.8	452.8	412.3
2000	548.5	529.7	502.8	451.0	410.6
2001	557.3	538.2	510.8	458.2	417.2
2002	553.9	534.9	507.8	455.5	414.7
2003	563.3	544.0	516.4	463.2	421.8
2004	584.2	564.2	535.5	480.4	437.4
2005	592.9	572.6	543.6	487.6	443.9
2006	604.2	583.5	553.9	496.8	452.4
2007	636.8	615.0	583.8	523.7	476.8
2008	691.0	667.3	633.4	568.2	517.3
2009	695.8	672.0	637.8	572.1	520.9
2010	724.3	699.5	664.0	595.6	542.3
2011	770.0	743.6	705.8	633.1	576.5
2012	785.4	758.5	719.9	645.8	588.0
2013	812.1	784.2	744.4	667.7	608.0
2014	827.5	799.1	758.6	680.4	619.5
2015	836.6	807.9	766.9	687.9	626.3
2016	849.2	820.0	778.4	698.2	635.7
2017	862.7	833.2	790.9	709.4	645.9

主要年份全区居民消费价格总指数(续表1)

年 份	以1985年价格为100 1985=100	以1990年价格为100 1990=100	以1995年价格为100 1995=100	以2000年价格为100 2000=100	以2005年价格为100 2005=100	以上年价格为100
1958						102.4
1959						102.9
1960						104.3
1961						120.2
1962						95.1
1963						88.9
1964						94.9
1965						97.7
1966						98.2
1967						102.5
1968						101.3
1969						102.5
1970						100.8
1971						99.8
1972						100.4
1973						100.3
1974						100.4
1975						100.6
1976						100.9
1977						108.2
1978						100.6
1979						101.6
1980						108.1
1981						102.1
1982						102.9
1983						101.6
1984						102.7
1985						108.6
1986	105.8					105.8
1987	113.5					107.3
1988	132.9					117.1
1989	155.8					117.2
1990	166.9					107.1
1991	177.4	106.3				106.3
1992	192.1	115.1				108.3
1993	219.6	131.6				114.3
1994	270.3	162.0				123.1
1995	316.5	189.7				117.1
1996	338.0	202.6	106.8			106.8
1997	350.9	210.3	110.9			103.8
1998	350.9	210.3	110.9			100.0
1999	346.3	207.5	109.4			98.7
2000	344.9	206.7	109.0			99.6
2001	350.4	210.0	110.7	101.6		101.6
2002	348.3	208.8	110.1	101.0		99.4
2003	354.3	212.3	111.9	102.7		101.7
2004	367.4	220.2	116.1	106.5		103.7
2005	372.9	223.5	117.8	108.1		101.5
2006	380.0	227.7	120.1	110.2	101.9	101.9
2007	400.5	240.0	126.5	116.1	107.4	105.4
2008	434.5	260.4	137.3	126.0	116.5	108.5
2009	437.6	262.2	138.2	126.9	117.3	100.7
2010	455.5	273.0	143.9	132.1	122.2	104.1
2011	484.2	290.2	153.0	140.4	129.9	106.3
2012	493.9	296.0	156.0	143.2	132.5	102.0
2013	510.7	306.1	161.4	148.1	137.0	103.4
2014	520.4	311.9	164.4	150.9	139.6	101.9
2015	526.1	315.3	166.2	152.5	141.1	101.1
2016	534.0	320.0	168.7	154.8	143.2	101.5
2017	542.5	325.1	171.4	157.3	145.5	101.6

主要年份全区城市居民消费价格总指数

年份	以1957年价格为100 1957=100	以1965年价格为100 1965=100	以1970年价格为100 1970=100	以1978年价格为100 1978=100	以1985年价格为100 1985=100
1958	102.4				
1959	105.4				
1960	109.9				
1961	132.1				
1962	125.6				
1963	111.7				
1964	106.0				
1965	103.5				
1966	101.7	98.2			
1967	104.2	100.7			
1968	105.6	102.0			
1969	108.2	104.5			
1970	109.1	105.3			
1971	108.9	105.1	99.8		
1972	109.3	105.6	100.2		
1973	109.6	105.9	100.5		
1974	110.1	106.3	100.9		
1975	110.7	106.9	101.5		
1976	111.7	107.9	102.4		
1977	120.9	116.7	110.8		
1978	121.6	117.4	111.5		
1979	123.6	119.3	113.3	101.6	
1980	133.6	129.0	122.4	109.8	
1981	136.4	131.7	125.0	112.1	
1982	140.3	135.5	128.6	115.4	
1983	142.6	137.7	130.7	117.2	
1984	147.3	142.2	135.0	121.1	
1985	159.9	154.5	146.6	131.5	
1986	169.5	163.7	155.4	139.4	106.0
1987	186.3	179.9	170.8	153.2	116.5
1988	219.3	211.8	201.0	180.3	137.1
1989	254.8	246.1	233.6	209.5	159.3
1990	268.9	259.6	246.5	221.1	168.1
1991	287.4	277.6	263.5	236.3	179.7
1992	314.1	303.4	288.0	258.3	196.4
1993	361.9	349.5	331.7	297.6	226.3
1994	451.6	436.1	414.0	371.4	282.4
1995	529.8	511.6	485.6	435.6	331.2
1996	564.7	545.4	517.7	464.3	353.1
1997	586.7	566.6	537.9	482.5	366.8
1998	586.7	566.6	537.9	482.5	366.8
1999	581.5	561.5	533.0	478.1	363.5
2000	579.7	559.8	531.4	476.7	362.4
2001	587.3	567.1	538.3	482.9	367.2
2002	583.7	563.7	535.1	480.0	365.0
2003	592.5	572.2	543.1	487.2	370.4
2004	612.0	591.1	561.1	503.3	382.7
2005	621.8	600.5	570.0	511.3	388.8
2006	632.4	610.7	579.7	520.0	395.4
2007	664.7	641.9	609.3	546.5	415.5
2008	717.2	692.6	657.4	589.7	448.4
2009	719.3	694.7	659.4	591.5	449.7
2010	746.3	720.7	684.1	613.6	466.6
2011	789.6	762.5	723.8	649.2	493.6
2012	806.9	779.3	739.7	663.5	504.5
2013	833.5	805.0	764.1	685.4	521.1
2014	850.2	821.1	779.4	699.1	531.6
2015	860.4	830.9	788.7	707.5	537.9
2016	874.2	844.2	801.4	718.8	546.6
2017	889.1	858.6	815.0	731.0	555.8

主要年份全区城市居民消费价格总指数(续1)

年 份	以1990年价格为100 1990=100	以1995年价格为100 1995=100	以2000年价格为100 2000=100	以2005年价格为100 2005=100	以上年价格为100
1958					102.4
1959					102.9
1960					104.3
1961					120.2
1962					95.1
1963					88.9
1964					94.9
1965					97.7
1966					98.2
1967					102.5
1968					101.3
1969					102.5
1970					100.8
1971					99.8
1972					100.4
1973					100.3
1974					100.4
1975					100.6
1976					100.9
1977					108.2
1978					100.6
1979					101.6
1980					108.1
1981					102.1
1982					102.9
1983					101.6
1984					103.3
1985					108.6
1986					106.0
1987					109.9
1988					117.7
1989					116.2
1990					105.5
1991	106.9				106.9
1992	116.8				109.3
1993	134.6				115.2
1994	168.0				124.8
1995	197.0				117.3
1996	210.0	106.6			106.6
1997	218.2	110.8			103.9
1998	218.2	110.8			100.0
1999	216.3	109.8			99.1
2000	215.6	109.4			99.7
2001	218.4	110.9	101.3		101.3
2002	217.1	110.2	100.7		99.4
2003	220.4	111.8	102.2		101.5
2004	227.6	115.5	105.6		103.3
2005	231.3	117.4	107.3		101.6
2006	235.2	119.4	109.1	101.7	101.7
2007	247.2	125.5	114.7	106.9	105.1
2008	266.8	135.4	123.7	115.3	107.9
2009	267.6	135.8	124.1	115.7	100.3
2010	277.6	140.9	128.7	120.0	103.7
2011	293.7	149.0	136.2	127.0	105.8
2012	300.1	152.3	139.2	129.8	102.2
2013	310.0	157.3	143.8	134.0	103.3
2014	316.2	160.5	146.7	136.7	102.0
2015	320.0	162.4	148.4	138.4	101.2
2016	325.2	165.0	150.8	140.6	101.6
2017	330.7	167.8	153.4	143.0	101.7

主要年份全区农村居民消费价格总指数

年份	以1957年价格为100 1957=100	以1965年价格为100 1965=100	以1970年价格为100 1970=100	以1978年价格为100 1978=100	以1980年价格为100 1980=100
1958	102.4				
1959	105.4				
1960	109.9				
1961	132.1				
1962	125.6				
1963	111.7				
1964	106.0				
1965	103.5				
1966	101.7	98.2			
1967	104.2	100.7			
1968	105.6	102.0			
1969	108.2	104.5			
1970	109.1	105.3			
1971	108.9	105.1	99.8		
1972	109.3	105.6	100.2		
1973	109.6	105.9	100.5		
1974	110.1	106.3	100.9		
1975	110.7	106.9	101.5		
1976	111.7	107.9	102.4		
1977	120.9	116.7	110.8		
1978	121.6	117.4	111.5		
1979	123.6	119.3	113.3	101.6	
1980	133.6	129.0	122.4	109.8	
1981	136.4	131.7	125.0	112.1	
1982	140.3	135.5	128.6	115.4	
1983	142.6	137.7	130.7	117.2	
1984	144.9	139.9	132.8	119.1	
1985	156.9	151.5	143.8	129.0	108.3
1986	164.9	159.2	151.1	135.6	113.8
1987	173.6	167.7	159.2	142.8	119.9
1988	200.9	194.0	184.1	165.2	138.7
1989	238.0	229.9	218.2	195.7	164.3
1990	259.5	250.6	237.8	213.3	179.1
1991	273.2	263.8	250.5	224.7	188.6
1992	291.0	281.0	266.7	239.3	200.9
1993	331.1	319.8	303.5	272.3	228.6
1994	402.7	388.8	369.1	331.1	278.0
1995	468.7	452.6	429.6	385.4	323.6
1996	501.0	483.9	459.3	412.0	345.9
1997	518.6	500.8	475.4	426.4	358.0
1998	517.5	499.8	474.4	425.5	357.3
1999	507.7	490.3	465.4	417.5	350.5
2000	505.2	487.8	463.1	415.4	348.7
2001	516.3	498.6	473.3	424.5	356.4
2002	513.7	496.1	470.9	422.4	354.6
2003	524.0	506.0	480.3	430.8	361.7
2004	547.5	528.8	501.9	450.2	378.0
2005	554.1	535.1	507.9	455.6	382.5
2006	566.9	547.4	519.6	466.1	391.3
2007	600.3	579.7	550.3	493.6	414.4
2008	659.7	637.1	604.8	542.5	455.4
2009	669.6	646.7	613.8	550.6	462.3
2010	700.7	676.7	642.3	576.1	483.7
2011	751.8	726.1	689.2	618.2	519.0
2012	764.6	738.4	700.9	628.7	527.8
2013	793.7	766.5	727.5	652.6	547.9
2014	806.4	778.7	739.2	663.0	556.7
2015	814.4	786.5	746.6	669.7	562.2
2016	824.2	795.9	755.5	677.7	569.0
2017	834.9	806.3	765.4	686.5	576.4

主要年份全区农村居民消费价格总指数(续表1)

年 份	以1985年价格为100 1985=100	以1990年价格为100 1990=100	以1995年价格为100 1995=100	以2000年价格为100 2000=100	以2005年价格为100 2005=100	以上年价格为100
1958						102.4
1959						102.9
1960						104.3
1961						120.2
1962						95.1
1963						88.9
1964						94.9
1965						97.7
1966						98.2
1967						102.5
1968						101.3
1969						102.5
1970						100.8
1971						99.8
1972						100.4
1973						100.3
1974						100.4
1975						100.6
1976						100.9
1977						108.2
1978						100.6
1979						101.6
1980						108.1
1981						102.1
1982						102.9
1983						101.6
1984						101.6
1985						108.3
1986	105.1					105.1
1987	110.7					105.3
1988	128.0					115.7
1989	151.7					118.5
1990	165.4					109.0
1991	174.2	105.3				105.3
1992	185.5	112.1				106.5
1993	211.1	127.6				113.8
1994	256.7	155.2				121.6
1995	298.8	180.6				116.4
1996	319.4	193.1	106.9			106.9
1997	330.5	199.9	110.6			103.5
1998	329.9	199.5	110.4			99.8
1999	323.6	195.7	108.3			98.1
2000	322.0	194.7	107.8			99.5
2001	329.1	199.0	110.2	102.2		102.2
2002	327.4	198.0	109.6	101.7		99.5
2003	334.0	201.9	111.8	103.7		102.0
2004	349.0	211.0	116.8	108.4		104.5
2005	353.2	213.6	118.2	109.7		101.2
2006	361.3	218.5	120.9	112.2	102.3	102.3
2007	382.6	231.4	128.1	118.8	108.3	105.9
2008	420.5	254.3	140.8	130.6	119.1	109.9
2009	426.8	258.1	142.9	132.6	120.8	101.5
2010	446.6	270.0	149.5	138.7	126.5	104.6
2011	479.2	289.8	160.4	148.8	135.7	107.3
2012	487.4	294.7	163.1	151.4	138.0	101.7
2013	505.9	305.9	169.3	157.1	143.2	103.8
2014	514.0	310.8	172.0	159.6	145.5	101.6
2015	519.1	313.9	173.8	161.2	147.0	101.0
2016	525.4	317.7	175.9	163.2	148.7	101.2
2017	532.2	321.8	178.1	165.3	150.7	101.3

历年全区工业生产者出厂价格指数

指　标	2001	2002	2003	2004	2005	2006	2007	2008
全部工业品	100.29	99.68	103.85	109.97	106.23	106.17	103.70	112.85
其中：轻工业	100.73	98.84	101.37	102.6	102.47	102.48	103.47	112.07
以农产品为原料	100.72	98.81	101.37	103.61	104.14	101.09	102.83	110.46
以非农产品为原料	100.94	99.08	101.43	101.73	100.74	103.92	104.14	113.89
重工业	100.2	99.84	104.86	112.72	107.48	107.38	103.77	113.12
采掘	100.99	108.64	102.05	128.62	123.78	110.21	105.90	131.66
原材料	100.44	97.65	105.4	111.55	108.74	109.21	103.65	110.33
加工	99.75	100	104.44	112.43	99.41	101.66	103.53	115.29
其中：生产资料	100.33	99.82	104.26	110.57	106.47	106.60	103.61	113.39
采掘	100.94	108.39	101.57	133.6	128.56	111.29	106.98	136.30
原材料	100.4	97.59	105.92	109.07	106.18	108.80	103.13	106.87
加工	100	99.98	102.93	107.4	100.62	102.26	103.27	115.33
生活资料	100.1	98.77	100.36	103.21	103.44	101.75	104.51	107.74
食品	99.57	98.69	99.68	104.55	104.86	103.61	106.15	108.33
衣着	103.62	100.42	103.12	101.02	98.78	96.15	100.76	98.02
一般日用品	101.65	97.73	97.19	100.35	102.67	101.21	102.88	113.10
耐用消费品	100.69	92.47	97.16	97.47	99.55	99.15	99.79	105.77
按工业部门分：								
冶金工业	96.12	92.84	103.25	113.56	96.87	108.65	103.83	109.12
电力工业	106.07	100.81	103.32	107.21	104.32	103.36	102.87	101.21
煤炭及炼焦工业	102.02	112.16	103.02	133.53	127.73	111.00	107.12	135.60
石油工业	99.41	96.58	116.52	110.72	118.86	121.52	103.46	120.26
化学工业	99.39	101.55	104.5	106.58	104.72	100.42	103.40	117.64
机械工业	100.79	97.9	99.13	102.8	106.02	106.77	102.01	106.39
建筑材料工业	99.78	102.16	100.85	105.36	99.34	101.72	102.46	114.14
森林工业	100.38	100.54	97.71	95.12	98.84	99.15	101.05	102.84
食品工业	99.31	98.66	100.02	105.03	103.84	101.89	105.26	111.56
纺织工业	98.42	82.01	101.47	105.15	111.83	103.33	100.99	98.71
缝纫工业	103.67	98.95	100.76	100.91	98.79	95.77	100.32	98.02
皮革工业	101.33	99.34	113.12	103.76	103.56	100.43	101.67	99.56
造纸工业	103.94	99.13	98.01	100.92	103.56	101.23	101.33	119.83
文教艺术用品工业		99.41	100.89	100.05	100.78	103.71	110.34	110.72
其他工业	113.09	103.14	101.56	107.65	106.93	106.89	108.24	121.09
按工业行业分：								
煤炭开采和洗选业	101.06	113.21	101.58	133.66	128.63	111.34	107.06	136.70
石油和天然气开采业	99.51	98.88						
黑色金属矿采选业								
有色金属矿采选业								
非金属矿采选业	101.38	99.44	99.92	97.82	95.62	98.40	100.00	100.00
其他采矿业								
农副食品加工业	100.11	97.68	101.38	109.92	103.15	103.61	110.89	112.77
食品制造业	99.29	97.74	98.44	101.43	106.44	99.89	101.88	114.25
酒、饮料和精制茶制造业	98.04	101.01	100.01	104.25	101.92	102.11	101.86	107.99
烟草制品业		100.06	100	100.06	100.01	99.97	100.07	100.50

历年全区工业生产者出厂价格指数(续表1)

指　标	2009	2010	2011	2012	2013	2014	2015	2016	2017
全部工业品	93.93	109.13	109.5	97.4	96.0	96.3	93.7	99.1	112.1
其中：轻工业	97.50	107.14	114.4	100.4	99.4	99.9	98.8	98.1	100.8
以农产品为原料	93.76	110.71	114.8	101.3	100.8	100.4	98.9	97.9	100.8
以非农产品为原料	101.81	102.77	111.6	94.7	89.6	96.2	98.5	99.7	100.4
重工业	92.98	109.78	108.6	96.9	95.4	95.6	92.9	99.3	114.3
采掘	100.25	116.13	107.3	97.8	91.6	96.1	92.2	96.7	119.0
原材料	92.57	110.17	109.6	97.4	95.5	95.5	92.5	98.2	114.5
加工	91.46	105.46	106.6	95.3	96.5	95.8	94.1	103.1	111.6
其中：生产资料	93.53	109.37	109.4	97.4	95.8	96.1	93.4	99.2	113.4
采掘	93.92	114.37	107.3	97.8	91.6	96.1	92.2	96.7	119.0
原材料	93.40	109.65	109.6	97.5	95.6	95.4	92.1	98.2	114.7
加工	93.55	106.52	109.5	97.2	97.2	97.3	95.9	101.8	109.3
生活资料	98.50	106.56	110.4	97.9	98.7	98.5	98.2	98.1	100.9
食品	99.29	108.1	108.7	100.4	102.7	99.8	97.9	97.9	100.7
衣着	96.25	105.61	124.8	111.4	105.1	106.6	95.1	90.5	99.0
一般日用品	97.88	102.39	114.1	90.0	87.0	92.7	99.4	99.6	102.0
耐用消费品	100.25	112.74	100.6	99.7	98.6	100.1	100.3	99.7	100.1
按工业部门分：									
冶金工业	82.89	110.72	115.6	91.3	95.4	94.7	91.8	106.7	115.7
电力工业	101.48	104.57	101.1	102.9	99.7	98.9	98.2	98.5	107.6
煤炭及炼焦工业	93.60	114.41	108.7	96.5	89.6	92.3	88.7	95.6	129.7
石油工业	97.39	113.65	113.5	107.2	97.7	97.2	80.8	95.4	111.4
化学工业	90.66	109.25	111.9	92.0	92.9	94.5	96.4	98.1	109.6
机械工业	97.19	100.19	102.7	99.9	98.2	99.0	98.7	98.8	100.2
建筑材料工业	114.92	97.42	97.9	93.7	99.6	96.1	92.5	99.3	110.0
森林工业	100.26	104.36	100.5	100.4	100.6	100.4	100.8	100.2	100.0
食品工业	99.25	108.79	108.8	100.6	103.0	100.0	97.6	97.7	100.7
纺织工业	86.79	116.15	126.4	102.9	99.4	100.5	100.0	98.1	99.1
缝纫工业	96.22	104.81	110.1	105.5	100.5	104.4	100.5	100.0	100.3
皮革工业	93.44	104.56	129.5	113.0	107.8	105.9	91.5	89.7	98.8
造纸工业	86.91	108.46	107.3	98.5	98.2	100.6	99.9	99.8	113.1
文教艺术用品工业	97.19	98.85	101.9	101.7	101.6	100.1	99.4	100.2	87.9
其他工业	92.09	107.51	104.8	96.8	96.3	97.4	97.2	99.0	115.7
按工业行业分：									
煤炭开采和洗选业	93.91	114.48	110.2	96.9	89.3	93.1	91.1	96.5	127.2
石油和天然气开采业			128.9	113.2	105.3	97.0	71.0		
黑色金属矿采选业			124.4	88.4	88.2	99.3	89.3	100.2	103.0
有色金属矿采选业									
非金属矿采选业	105.82	99.25	103.3	106.5	100.0	106.8	108.4	100.1	121.1
其他采矿业									
农副食品加工业	96.92	109.85	113.6	99.2	104.5	99.9	98.3	100.3	101.0
食品制造业	99.51	111.09	110.3	96.6	94.3	96.5	93.7	94.7	100.9
酒、饮料和精制茶制造业	103.00	102.45	106.9	103.4	100.4	99.5	100.7	100.3	100.1
烟草制品业	98.24	99.58	100.3	101.1	100.8	100.6	106.7	100.3	100.0

历年全区工业生产者出厂价格指数(续表2)

指　标	2001	2002	2003	2004	2005	2006	2007	2008
纺织业	99.08	83.72	101.65	104.56	106	99.65	100.68	98.23
纺织服装、服饰业	116.14	100.42	99.99	99.2	100.03	100.07	100.12	100.88
皮革、毛皮、羽毛及其制品和制鞋业	101.33	96.19	113.12	103.76	103.56	100.43	101.67	99.56
木材加工和木、竹、藤、棕、草制品业							102.50	100.00
家具制造业	100.69	92.47	96.48	97.25	99.75	99.15	99.84	106.14
造纸和纸制品业	103.88	99.09	98.01	100.92	103.56	101.23	101.33	119.83
印刷和记录媒介复制业	102.98	102.03	101.07	100.05	100.78	103.71	110.34	110.72
文教体育用品制造业		96.94	88.89					
石油加工、炼焦和核燃料加工业	105.22	98.12	117.37	111.71	118.26	121.33	103.78	123.14
化学原料和化学制品制造业	99.18	102.58	105.99	112.75	107.44	96.96	102.93	122.35
医药制造业	102.85	101.44	100.19	99.11	98.56	99.16	106.31	110.49
化学纤维制造业	102.21	87.86	95.49	115.78	104.11	98.45	101.67	99.86
橡胶和塑料制品业								
非金属矿物制品业	99.76	102.18	100.95	105.87	99.75	101.98	103.21	121.67
黑色金属冶炼和压延加工业	104.99	99.53	114.58	119.54	87.85	98.75	109.13	129.70
有色金属冶炼和压延加工业	89.52	90.65	99.37	110.62	101.58	114.72	100.61	96.66
金属制品业	98.05	93.09	106.27	122.45	98.89	103.60	105.49	121.98
通用设备制造业	103.06	96.76	96.97	101.43	102.68	102.01	101.20	106.13
专用设备制造业	89.92	104.21	102.82	114.16	115.65	122.90	104.80	113.90
交通运输设备制造业		104.44	101.31	100	100	100.53	103.02	104.15
电气机械和器材制造业	99.46	96.54	99.86	105.89	102.92	110.66	101.98	103.28
通信设备、计算机及其他电子设备制造业		86.83	100.25	101.75	99.93	93.72	95.53	92.69
仪器仪表制造业	99.04	96.15	99.75	91.1	106.79	100.16	100.72	103.16
工艺品及其他制造业		99.47	106.6	100.16	106.01	102.70	100.00	100.00
废弃资源和废旧材料回收加工业								
电力、热力的生产和供应业	106.08	100.81	103.32	107.21	104.32	103.36	102.87	101.21
燃气生产和供应业		100.5	104.66	111	126.37	103.38	105.12	105.59
水的生产和供应业	117.47	104.25	100.73	104.93	113.2	113.40	111.82	102.33
全部原材料	102.49	97.81	106.83	117.29	109.69	108.48	107.14	121.80
燃料、动力类	103.54	103.67	108.03	116.52	113.62	107.86	107.45	126.78
黑色金属材料类	98.92	97.98	110.15	134.44	105.75	90.17	108.36	136.56
其中：钢材	99	97.58	109.13	133.29	103.77	89.67	106.52	133.33
其他	97.9	99.36	114.26	139.65	114.35	94.48	116.06	148.75
有色金属材料及电线类	84.88	69.99	108.43	114.75	101.93	129.64	108.40	105.07
化工原料类	98.5	98.61	103.11	114.53	110.46	99.17	104.31	116.73
木材及纸浆类	103.12	100.51	100.59	108.49	117.2	101.22	102.99	113.04
建筑材料及非金属矿类	103.92	99.89	101.1	110.98	109.49	105.01	104.55	127.00
其他工业原材料及半成品类	110.57	98.41	99.45	109.57	103.81	105.62	106.29	113.66
农副产品类	123.65	97.39	115.05	117.27	108.76	102.49	108.74	125.96
纺织原料类	98.07	79.22	80.52	100.67	122.67	100.67	100.85	99.52

历年全区工业生产者出厂价格指数(续表3)

指　标	2009	2010	2011	2012	2013	2014	2015	2016	2017
纺织业	91.36	115.46	126.2	102.9	99.4	100.6	100.0	98.1	99.1
纺织服装、服饰业	103.26	100.3	103	102.2	101.7	101.0	100.0	100.2	100.0
皮革、毛皮、羽毛及其制品和制鞋业	93.44	104.56	129.5	113	107.8	105.9	91.5	89.7	98.8
木材加工和木、竹、藤、棕、草制品业	101.34	101.04	98.9	100.3	100.7	100.6	101.1	100.2	100.0
家具制造业	100.23	105.87	102	100.4	100.6	100.2	100.4	100.2	100.0
造纸和纸制品业	86.92	108.46	107.3	98.5	98.2	100.6	99.9	99.8	113.1
印刷和记录媒介复制业	97.12	97.7	102.2	101.7	101.6	100.1	99.4	100.2	87.9
文教体育用品制造业									
石油加工、炼焦和核燃料加工业	96.36	114.07	110.1	103.2	95.5	94.2	78.8	95.3	118.2
化学原料和化学制品制造业	88.52	110.46	111.1	93.6	94.4	95.6	96.6	97.8	110.4
医药制造业	98.17	102.72	106.8	88.7	93.8	98.0	102.7	101.8	106.2
化学纤维制造业	94.10	90.89							
橡胶和塑料制品业								95.4	107.9
非金属矿物制品业	109.27	101.36	100.2	94.4	98.2	96.1	93.4	99.1	112.5
黑色金属冶炼和压延加工业	81.58	113.84	110.5	92.9	95.7	95.1	87.8	110.1	118.4
有色金属冶炼和压延加工业	82.93	110.4	119	90.1	95.1	94.3	93.7	104.9	113.0
金属制品业	94.18	97.73	107.3	96.1	97.1	97.0	93.1	97.6	112.3
通用设备制造业	98.80	101.49	103.9	100.3	99.9	99.9	99.9	99.1	99.8
专用设备制造业	93.92	101.78	104.8	100.3	98.2	97.9	96.5	97.6	100.0
交通运输设备制造业	101.05	107.54	104.1	97.8	99.7	100.0	100.0		
电气机械和器材制造业	97.59	96.22	99	98.8	95.1	99.0	98.8	99.5	100.7
通信设备、计算机及其他电子设备制造业	91.71	104.81	108.1	94	99.5	95.5	100.1		
仪器仪表制造业	98.17	98.81	101.2	102.7	100.7	99.0	100.0	95.5	99.6
工艺品及其他制造业									
废弃资源和废旧材料回收加工业									
电力、热力的生产和供应业	101.48	104.57	101.1	102.9	99.7	98.9	98.2	98.5	107.6
燃气生产和供应业	100.33	99.18	99.4	111	104.9	112.0	102.2	85.8	117.6
水的生产和供应业	99.94	100.63	100.5	100.1	101.3	101.4	102.1	100.4	101.7
全部原材料	94.69	114.06	112.8	99.5	97.0	97.0	92.1	96.9	
燃料、动力类	103.47	112.34	112.2	101.3	96.1	96.4	89.0	95.0	116.1
黑色金属材料类	81.08	111.74	108.7	92.5	92.6	93.4	88.7	104.3	119.0
其中:钢材	81.70	108.98	109.9	93	90.6	94.8	90.6	100.0	117.2
其他	77.52	118.76	105.4	91.1	98.0	89.9	83.2	110.5	119.6
有色金属材料及电线类	81.22	129.89	111.8	91.4	96.0	97.2	96.3	94.3	114.9
化工原料类	93.26	109.25	117	100.3	94.7	95.6	92.5	98.3	114.3
木材及纸浆类	93.48	107.87	104.1	98.2	98.0	98.3	99.8	98.4	106.0
建筑材料及非金属矿类	103.56	103.69	120.2	100.5	97.5	95.1	95.5	100.5	110.5
其他工业原材料及半成品类	92.35	108.96	109.5	101.5	102.1	98.2	96.2	99.0	102.8
农副产品类	89.49	118.7	115.3	101.3	101.8	101.0	96.3	98.2	104.8
纺织原料类	95.57	108.6	108.5	98.5	99.4	100.3	99.9	98.3	103.7

后 记

为迎接宁夏回族自治区成立60周年暨改革开放40周年，国家统计局宁夏调查总队编辑出版了《宁夏60年民生巨变》一书向自治区成立60周年献礼。本书利用丰富翔实的调查数据，采用图文并茂的形式，为各级党委、政府和社会各界了解60年来宁夏城乡面貌和民生方面发生的巨大变化提供参考。

《宁夏60年民生巨变》一书既是向自治区成立60周年的献礼书，也展现了调查队的工作成果。国家统计局宁夏调查总队于2006年4月6日挂牌成立，是国家统计局的派出机构。工作方式以抽样调查为主，现已建立起相对完善的调查体系，在全区范围组织实施城乡居民收支、粮食产量、主要畜产品产量、居民消费价格、月度劳动力调查、贫困监测、农民工就业等国家调查任务。同时，承担自治区群众评议机关作风满意度第三方测评、精准扶贫工作成效第三方测评、文明城市测评等调查工作，在服务地方发展上发挥了重要的作用。

本书全部书稿由王旭明统稿、总队长李强审定，陈郁、郭俊凯、姚小云等对书稿做了修改，书中所用图片由徐胜凯、王旭明、乔亚庆、陈岩、潘鑫、张海涛、张云云、杜伟提供，图说变化统计图由贺俊峰设计，为他们付出的辛勤劳动表示由衷的感谢！由于水平有限，本书难免有疏漏之处，恳请各位读者谅解！

图书在版编目(CIP)数据

宁夏60年民生巨变 / 国家统计局宁夏调查总队编.
—银川:宁夏人民出版社,2018.9
ISBN 978-7-227-06960-7

Ⅰ.①宁… Ⅱ.①国… Ⅲ.①人民生活—研究—宁夏
Ⅳ.①D669.3

中国版本图书馆CIP数据核字(2018)第216031号

宁夏60年民生巨变 国家统计局宁夏调查总队 编

责任编辑 姚小云 赵 亮
责任校对 陈 晶
封面设计 张芝艳
责任印制 肖 艳

黄河出版传媒集团
宁 夏 人 民 出 版 社 出版发行

地　　址 宁夏银川市北京东路139号出版大厦(750001)
网　　址 http://www.yrpubm.com
网上书店 http://www.hh-book.com
电子信箱 nxrmcbs@126.com
邮购电话 0951-5052104 5052106
经　　销 全国新华书店
印刷装订 银川恒瑞通彩色印刷有限公司
印刷委托书号 (宁)0010721

开 本 880mm×1230mm 1/16
印 张 40.5 **字数** 600千字
版 次 2018年9月第1版
印 次 2018年9月第1次印刷
书 号 ISBN 978-7-227-06960-7
定 价 128.00元